EUL VERLAG

Erstellung und empirische Validierung eines Modells der Technologiediffusion der PKI

Dissertation zur Erlangung des akademischen Grades
eines Doktors der Wirtschaftswissenschaft

eingereicht an der Wirtschaftswissenschaflichen
Fakultät der Universität Regensburg

vorgelegt von
Dipl.-Ing. Michael Gaude

Berichterstatter:

Erstgutachter: Prof. Dr. Günther Pernul
Zweitgutachter: Prof. Dr. Andreas Otto
Vorsitz: Prof. Dr. Dieter Bartmann

Tag der Disputation: 30. Juni 2009

Reihe: Electronic Commerce · Band 40

Herausgegeben von Prof. Dr. Dr. h. c. Norbert Szyperski, Köln, Prof. Dr. Beat Schmid, St. Gallen, Prof. Dr. Dr. h. c. mult. August-Wilhelm Scheer, Saarbrücken, Prof. Dr. Günther Pernul, Regensburg, Prof. Dr. Stefan Klein, Münster, Prof. Dr. Detlef Schoder, Köln, und Prof. Dr. Tobias Kollmann, Essen

Dr. Michael Gaude

Ein Modell der Technologiediffusion der elektronischen Signatur

Erstellung und empirische Validierung

Mit einem Geleitwort von Prof. Dr. Günther Pernul,
Universität Regensburg

EUL VERLAG

Bibliografische Information der Deutschen Nationalbibliothek

Die Deutsche Nationalbibliothek verzeichnet diese Publikation in der Deutschen Nationalbibliografie; detaillierte bibliografische Daten sind im Internet über <http://dnb.d-nb.de> abrufbar.

Dissertation, Universität Regensburg, 2009, unter dem Titel: Erstellung und empirische Validierung eines Modells der Technologiediffusion der PKI

ISBN 978-3-89936-876-5
1. Auflage Dezember 2009

JOSEF EUL VERLAG GmbH
Brandsberg 6
53797 Lohmar
Tel.: 0 22 05 / 90 10 6-6
Fax: 0 22 05 / 90 10 6-88
E-Mail: info@eul-verlag.de
http://www.eul-verlag.de

Bei der Herstellung unserer Bücher möchten wir die Umwelt schonen. Dieses Buch ist daher auf säurefreiem, 100% chlorfrei gebleichtem, alterungsbeständigem Papier nach DIN 6738 gedruckt.

Geleitwort

Vor etwas mehr als zehn Jahren wurden die Elektronische Signatur und im Zusammenhang damit die Public Key Infrastrukturen (PKI) als wesentliche Treiber einer digitalen Ökonomie angesehen. Es war geplant, über sie Nachweise der Identität von Akteuren, der Authentizität von Geschäftstransaktionen, im Rahmen von Geschäftsabschlüssen, Nachweise der Willensübereinkunft oder allgemein die Zuordenbarkeit elektronisch getätigter Transaktionen zu physischen Personen zu führen. Viele Länder haben Gesetze und Verordnungen über den Einsatz von Elektronischen Signaturen (basierend auf PKI) und ihre Gleichwertigkeit zur persönlich geleisteten Handunterschrift auf den Weg gebracht. In einigen Ländern wurden im großen Rahmen Bürgerkarten mit Signaturfunktion ausgegeben, viele große Unternehmen haben ihre Mitarbeiter mit Smartcards mit Signaturfunktion ausgestattet und intern PKI aufgebaut, und viele Unternehmen und Organisationen haben kostenintensive Trust Center (vertrauenswürdige Zertifizierungsstellen) gegründet, diese akkreditiert und sich darauf vorbereitet, dass die Technik der PKI grundlegend in das gesellschaftliche und wirtschaftliche Leben moderner Industrienationen einziehen wird. Erwartet wurde, dass PKI ein wesentlicher Bestandteil einer technischen Infrastruktur einer digitalen Ökonomie und Treiber von eCommerce und eGovernment werden würde.

Wider Erwarten ist heute in Unternehmen und in der Gesellschaft die Nutzung von PKI-Technologien und –Diensten nicht weit verbreitet. Das Potential der Technologie wird weiterhin als hoch eingeschätzt, allerdings stehen die Unternehmen immer noch vor der strategischen Fragestellung, ob und falls ja wann und in welcher Form der Einstieg in die PKI-Technologie erfolgen soll. In diesem Kontext leistet Herr Gaude einen wichtigen Beitrag zur Entscheidungsfindung, in dem er eine Bewertung und Analyse der entscheidenden Einflussfaktoren auf die Diffusion der PKI durchführt und davon ausgehend eine fundierten Vorhersage über die weitere Entwicklung der PKI-Technologie in Unternehmen erstellt. Dabei zeigt er, wie mit Schätzwerten aus einer umfangreichen Experten-Delphi-Studie die dafür notwendigen Parameter ermittelt werden können und Hypothesen aus seinem Diffusionsmodell entweder direkt aus den Ergebnissen des Delphi-Experiments geprüft bzw. über ein statistisches Aussagenetzwerk evaluiert werden können.

Die vorliegende Arbeit zeichnet sich einerseits durch ein hohes wissenschaftliches Niveau, andererseits aber auch durch die Fähigkeit des Verfassers aus, pragmatische Lösungen zu finden, zu belegen und die komplexen Zusammenhänge und die Ergebnisse der Delphi-Studie anschaulich in Abbildungen, Übersichten und Tabellen zu dokumentieren. Aufgrund der gut strukturierten Darstellung der Ergebnisse der Arbeit hat sie die Chance, auch zu einem praktisch verwertbaren Leitfaden für eine Entscheidungsfindung für Unternehmen bezüglich einer optimalen Adoptionsentscheidung für die PKI-Technologie zu werden. Das Buch sei allen Entscheidungsträgern empfohlen, die ihre Interessen im Bereich der Technologiediffusion, der PKI oder der Elektronischen Signatur haben.

Regensburg, im November 2009 — Prof. Dr. Günther Pernul

"We hope this will inspire others
to work in this fascinating area [of public key systems]"

Diffie and Hellmann, 1976

Vorwort

Die Worte, mit denen Diffie und Hellmann 1976 ihren bahnbrechenden Artikel über ein asymmetrisches Konzilationssystem mit öffentlichen Schlüsseln beendet haben, spiegeln die grundlegende Motivation wieder, mit der diese Arbeit entstanden ist. Die möglichen Anwendungen, die von der asymmetrischen Kryptographie ausgehen können, versprechen nicht weniger als eine Revolution der gesellschaftlichen und wirtschaftlichen Interaktionsmechanismen auf Basis einer Informationstechnologie, welche die eingenhändige, geschriebene Unterschrift obsolet macht und gegen eine mindestens ebenbürtige digitale Unterschrift zu ersetzen vermag.

Die routinierten Interaktionen innerhalb einer Gesellschaft ändern sich jedoch nicht auf Knopfdruck. Nach Ansicht vieler Experten gebührt der digitalen Signatur eine zentrale Stellung innerhalb der Informationsgesellschaft. Dort ist sie jedoch noch nicht angekommen. Trotz intensiver Bemühungen von Experten, Verbänden und Organisationen, die viele wichtige gesetzgeberische und infrastrukturpolitische Voraussetzungen geschaffen haben, hat die Anwendung der digitalen Signatur in den letzten 33 Jahren weder in Deutschland noch irgendwo anders eine bedeutsame Verbreitung erlangt.

Die Ergebnisse dieser Arbeit können hoffentlich einen Beitrag leisten, um die technologisch-gesellschaftlichen komplexen Vorgänge der Technologiediffusion der PKI-Technologie besser zu verstehen, und damit auch Anhaltspunkte für eine aktive Gestaltung im Sinne von Inspiration für Forschung und Anwendung bzgl. der digitalen Signatur aufzuzeigen.

Ich danke Prof. Dr. Günther Pernul und seinen wissenschaftlichen Mitarbeitern am Lehrstuhl für Wirtschaftsinformatik für die wissenschaftliche Unterstützung und die vielen guten Anregungen, wie das komplexe Thema der Technologiediffusion der PKI und der digitalen Signatur mit Hilfe wissenschaftlicher Methoden beschrieben werden kann. Mein Dank gilt weiterhin meiner Frau Katrin für ihre tatkräftige Unterstützung, meinen Kindern Justus, Lilly und Klara für ihre Geduld sowie Freunden und Kollegen für die vielen Gespräche über die Möglichkeiten und die Wirklichkeit der Nutzung der digitalen Signatur in unserer (Informations-)gesellschaft.

Sindelfingen, im November 2009 Michael Gaude

Inhaltsübersicht

Inhaltsverzeichnis ... xi
Abbildungsverzeichnis ... xvii
Tabellenverzeichnis ... xxii
Abkürzungsverzeichnis ... xxiii

1 Einleitung und Motivation ... 1
2 Definition und Situation der PKI-Technologie ... 7
3 Erstellung eines Diffusionsmodells für die PKI Technologie ... 45
4 Datenerhebung für die Modellevaluierung: Die PKI-Delphi-Studie ... 97
5 Ergebnisse: Zukünftiger Verlauf der PKI-Entwicklung ... 143
6 Validierung des T2D4JS-Modells der PKI-Diffusion ... 217
7 Mögliche weitere Forschungsfelder ... 263
8 Fazit ... 265

Literaturverzeichnis ... 267
Anhang ... 281

Inhaltsverzeichnis

Inhaltsverzeichnis xi
Abbildungsverzeichnis xvii
Tabellenverzeichnis xxii
Abkürzungsverzeichnis xxiii

1 Einleitung und Motivation 1

1.1 Forschungsfragen 2

1.2 Wissenschaftliche Methoden dieser Arbeit 3

1.3 Aufbau der Arbeit 4

2 Definition und Situation der PKI-Technologie 7

2.1 Die elektronische Signatur und die Infrastruktur für öffentliche Schlüssel 7

2.1.1 Die Willenserklärung mittels Unterschrift 7
2.1.2 Die Willenserklärung mittels Besiegelung 9
2.1.3 Die Willenserklärung mit digitalem Siegel (elektronische Signatur) 10
2.1.4 Zusammenfassung: Digitale Signatur und PKI 12
2.1.5 Bezug zu Datenschutz und Datensicherheit 13

2.2 Definition PKI-Technologie 14

2.2.1 Identifikation gegenüber der PSE 17
2.2.2 Vergleich der elektronischen Signatur mit der eigenhändigen Signatur 17
2.2.3 Vergleich der elektronischen Signatur mit anderen Formen der elektronischen Willenserklärung 19
2.2.4 Der Beweiswert der elektronischen Signatur 21
2.2.5 Die Rolle des vertrauenswürdigen ZDAs als Aussteller von Zertifikaten 23

2.3 Über die Entstehung, Entwicklung und Verbreitung der PKI-Technologie 23

2.3.1 Historie der PKI-Entwicklung 24
2.3.2 Vision und Desillusionierung der Nutzung der elektronischen Signatur 27

2.4 Die Wertschöpfungskette der PKI 29

2.5 Ziele der PKI-Entwicklung 29

2.6 Probleme und Hürden im Bereich der PKI-Technologie 32

2.7 Fazit: PKI als Ersatz und Konkurrent 42

3 Erstellung eines Diffusionsmodells für die PKI Technologie 45

3.1 Der Verlauf der PKI-Akzeptanz 46

3.2 Theorie der Adoption der PKI-Technologie 47

3.2.1 Grundlage: Das Adoptionsmodell von Rogers 49

3.2.2 PKI-Adoptionsmodell nach H. Roßnagel 51

3.2.3 PKI-Adoptionsmodell von Carayannis/Turner 52

3.2.4 Verwandte Untersuchungen 54

3.3 Theorie der Diffusion der PKI-Technologie 55

3.3.1 Klassische Theorie der Diffusion 55

3.3.2 Ergänzende Aspekte zur Technologiediffusion 57

3.3.3 Interaktionen zwischen PKI und anderen Technologien 59

3.3.4 Technology-Roadmaps 63

3.3.5 Verbindung von Adoption und Diffusion mit der Mastergleichung der Synergetik 65

3.4 Verwandte Theorien und Modelle 68

3.4.1 Technikfolgenabschätzung 68

3.4.2 Technology Forecast 69

3.5 Aufstellung eines neuen, allgemeinen Innovationsmodells der PKI 69

3.5.1 Postulat eines kombinierten Diffusions-/Adoptionsmodells für die PKI 69

3.5.2 Konzept der Einflussfaktoren: Problemauflösung und Lösungsetablierung 73

3.5.3 Abgeleitete Thesen über die allgemeine Affinität der PKI zu Geschäftsprozessen 76

3.6 Konzeptioneller Rahmen der Studie: Das T2D4JS-PKI-Diffusionsmodell 78

3.6.1 Die Ebenen des T2D4JS-Modells 78

3.6.2 Ebene D1: Zukünftige Integration der PKI in Sekundärtechnologien 81

3.6.3 Ebene D2: Nutzenpotenziale der PKI für Geschäftsprozesse 82

3.6.4 Ebene D3: Die Verbreitung der PKI in Nutzerpopulationen 85

3.6.5 Ebene D4: Die Verbreitung der PKI in Branchen 87

3.6.6 Ebene J: Die juristische Ebene 88

3.6.7 Ebene S: Die sozioökonomische Ebene 90

3.7 Interdependenzanalyse im T2D4JS-Modell und Hypothesenbildung 93

4 Datenerhebung für die Modellevaluierung: Die PKI-Delphi-Studie 97

4.1 Erläuterung der Delphi-Methode zur Vorhersage diffuser Sachverhalte 97

4.1.1 Einordnung der Delphi-Studie in die Forecast-Methoden 97

4.1.2 Gestaltung von Delphi-Studien 98

4.1.3 Fazit und Festlegung des Gestaltungsrahmens für die PKI-Delphi-Studie ... 99

4.2 Aufbau der PKI-Delphi-Studie 100

4.2.1 Struktur des PKI-Delphi-Fragebogens 100

4.2.2 Stichprobenauswahl: Beschreibung des Expertenpanels 102

4.3 Durchführung der PKI-Delphi-Studie 104

4.3.1 Absicherung der Qualität des Fragebogens mittels Pre-Tests 105

4.3.2 Runde 1: Design der Fragen- und Antwortdarstellung im PKI-Delphi-Fragebogen 106

4.3.3 Runde 2: Präsentation der Zwischenergebnisse im Fragebogen der Feedbackrunde 107

4.3.4 Runde 3: Feedback für neu aufgekommene Fragen aus der 2. Runde 109

4.3.5 Motivation der Teilnehmer: Erinnerungen 109

4.3.6 Schnelles Feedback für die Teilnehmer: Gesamtauswertung im Fragebogendesign 109

4.3.7 Ergebnispräsentation für die Teilnehmer 111

4.4 Auswertungsmethodik der PKI-Delphi-Studie 111

4.4.1 Statistische Grundlagen und Darstellungsformen der Auswertung 111

4.4.1.1 Erklärung univariate statistische Variable 111

4.4.1.2 Statistische Variable: Stichprobenziehung aus einer Grundgesamtheit 113

4.4.1.3 Kenngrößen statistischer Variablen 113

4.4.2 Erläuterung bivariate Statistik und Nutzung in der Studienauswertung 116

4.4.2.1 Abhängigkeiten zwischen statistischen Variablen 116

4.4.2.2 Maßzahlen der Abhängigkeit zwischen statistischen Variablen 119

4.4.3 Erläuterung multivariate Statistik und Nutzung in der Studienauswertung 120

4.4.3.1 Clusteranalyse: Agglomerativ hierarchische Clusterung nach Ward 120

4.4.3.2 MDS-Darstellung 122

4.4.3.3 Hauptkomponentenanalyse und Strukturgleichungsmodelle 123

4.4.4 Definition der Standardgruppen der PKI-Delphi-Studie 124

4.4.4.1 Standard-Verlaufsgruppen: M1-M7 125

4.4.4.2 Standard-Teilnehmersegmente: W A N 129

4.4.5 Standards der Ergebnisdarstellung von Facettenfragen 130

4.5 Formale Erfolgskontrolle der PKI-Delphi-Studie 130

4.5.1 Inhaltsunabhängige Akzeptanz- und Erfolgsindikatoren 131

4.5.2 Analyse der Kommentierungstätigkeit 131

4.5.3 Analyse von „Keine Angaben“ und ungültigen Stimmabgaben 134

4.5.4 Qualität der Stichprobenauswahl: Validierung der Expertise der Teilnehmer 138

4.6 Fazit: Datenerhebung für eine Modellevaluierung 141

5 Ergebnisse: Zukünftiger Verlauf der PKI-Entwicklung 143

5.1 Vorgehen zur Darstellung und Analyse der Ergebnisse 143

5.2 Ebene D1: Zukünftige Integration der PKI in Sekundärtechnologien. 143

5.2.1 Definition der Fragestellung 144

5.2.2 Überblick über die Ergebnisse 144

5.2.3 Detaildarstellung der Antworten 147

5.2.4 Überprüfung der Sekundärtechnologie-Hypothesen aus Kapitel 3 149

5.2.5 Zusammenfassung und Fazit 149

5.3 Ebene D2: Nutzenpotenziale der Q-Sig für Geschäftsprozesse 149

5.3.1 Definition der Fragestellung 150

5.3.2 Überblick über die Ergebnisse 151

5.3.3 Detaildarstellung der Antworten 153

5.3.4 Überprüfung der Prozesshypothesen aus Kapitel 3 159

5.3.5 Zusammenfassung und Fazit 159

5.4 Ebene D3: Einsatzpotenzial der Q-, F- und M-Sig in Populationen ... 160

5.4.1 Definition der Fragestellung 160

5.4.2 Überblick über die Ergebnisse 161

5.4.3 Detaildarstellung der Antworten 163

5.4.4 Zusammenfassung und Fazit 163

5.5 Ebene D3: Diffusionsbewegungen in verschiedenen Populationen 164

5.5.1 Definition der Fragestellung 165

5.5.2 Alle Regionen: Gruppenanalyse 165

5.5.3 Region Deutschland: Überblick über die Ergebnisse 167

5.5.4 Region Deutschland: Detaildarstellung der Antworten 167

5.5.5 Regionen weltweit: Überblick über die Ergebnisse 172

5.5.6 Regionen weltweit: Detaildarstellung der Antworten 172

5.5.7 Zusammenfassung und Fazit **172**

5.6 Ebene D4: Diffusion in Branchen *173*

5.6.1 Überblick über die Ergebnisse **173**

5.6.2 Detaildarstellung der Antworten **175**

5.6.3 Zusammenfassung und Fazit **175**

5.7 Ebene T1&S: Verbundprobleme und -lösungen im Umfeld der PKI-Technologie *176*

5.7.1 Überblick: Alle Facettenfragen der Vertiefungsstudie **180**

5.7.2 Überblick: Dringlichkeit und Wichtigkeit von Lösungen und Problemüberwindungen **180**

5.7.3 Überblick: Wirksamkeit von Lösungen und Problemüberwindungen heute und in 10 Jahren **184**

5.7.4 Übersicht der Etablierung von Lösungen oder Auflösungen von Problemen **188**

5.7.4.1 Übersicht zur Auflösung von Problemen 189

5.7.4.2 Darstellung der Facettenfragen zum Zeitpunkt der Problemauflösung 194

5.7.4.3 Übersicht zur Lösungsetablierung 194

5.7.4.4 Detaildarstellung der Facettenfragen zum Zeitpunkt der Lösungsetablierung 198

5.7.5 Gesamtüberblick über Lösungs- und Problembetrachtungen **198**

5.7.6 Zusammenfassung und Fazit **200**

5.8 Ebene T2: Die Wertschöpfungskette der PKI-Technologie *201*

5.8.1 Definition der Fragestellung **201**

5.8.2 Überblick über die Ergebnisse **202**

5.8.3 Detaildarstellung der Antworten **203**

5.8.4 Zusammenfassung und Fazit **206**

5.9 Ebene T1 & S: Thesen des Delphi-Boards *206*

5.9.1 Überblick über die Ergebnisse **207**

5.9.2 Darstellung der Antworten **208**

5.10 Ebene T1 & SJ: Thesen der Studienteilnehmer *209*

5.10.1 Überblick über die Ergebnisse **210**

5.10.2 Darstellung der 14 polarisierenden Teilnehmerthesen **213**

5.10.3 Zusammenfassung und Fazit **214**

5.11 Zusammenfassung der Ergebnisse Kapitel 5 und Fazit der PKI-Delphi-Studie *214*

6 Validierung des T2D4JS-Modells der PKI-Diffusion ... 217

6.1 Vorgehensmodell zur Evaluierung des T2D4JS-Modells ... 217

6.1.1 Vorgehensmodell für die Erstellung eines Pfadgleichungsmodells ... 219

6.1.2 Werkzeug: PLS-PM ... 219

6.1.3 Erläuterung wichtiger Gütekriterien von Modellstrukturergebnissen ... 221

6.2 Evaluierung der T2D4JS-Modellhypothesen ... 223

6.2.1 H4i: Verbindung zwischen relativer und absoluter Verbreitung der Q-Sig 223

6.2.2 H4k: Verbesserung der Vorhersage der relativen Verbreitung ... 224

6.2.3 H4j: Absolutverbreitung erklärt Relativverbreitung für F-Sig bei Konsumenten ... 228

6.2.4 H4c: Populationspotenzial spiegelt relative Verbreitung der PKI wieder ... 229

6.2.5 H1a: Sekundärtechnologie: Korrelation von Potenzial 2006 und Verbreitung 2016 ... 231

6.2.6 H1b: Sachlogische Gruppierung der Sekundärtechnologien ... 232

6.2.7 H3a: Die Diffusion von mit PKI ausgestatteter Sekundärtechnologie in Prozesse ... 234

6.2.8 H5a: Die Nutzung von PKI-affinen Prozessen in Populationen ... 237

6.2.9 H7a: Relation zwischen Branchen und Populationen ... 241

6.2.10 H7d: Einsatz der PKI in Automotive realistisch ... 244

6.2.11 H8g: Strukturierung von Problemlösungen und Lösungsetablierungen ... 246

6.2.12 H9: Explorative Analysen auf T1 zusammen mit D1 und D2 ... 249

6.2.13 H9 ExE01: Erfolgsfaktoren der F-Sig-Nutzung ... 250

6.2.14 H9 ExE02: Integration von Q-Sig- und F-Sig-Bild ... 252

6.2.15 H10a: Bezüge von Thesenfragen zu anderen Ebenen ... 254

6.3 Zusammenfassung der Hypothesenvalidierung ... 255

6.4 Fazit: Das T2D4JS-Modell nach der statistischen Validierung ... 259

7 Mögliche weitere Forschungsfelder ... 263

7.1 Mögliches weiteres Vorgehen ... 263

7.2 Ausblick ... 264

8 Fazit ... 265

Literaturverzeichnis ... 267

Anhang ... 281

Abbildungsverzeichnis

Abbildung 1: Aufbau der Arbeit ... 5

Abbildung 2: Entstehungsmodell eines unterschriebenen Dokumentes ... 8

Abbildung 3: Entstehungsmodell eines besiegelten Dokumentes ... 9

Abbildung 4: Entstehungsmodell der digitalen Signatur ... 11

Abbildung 5: Vergleich der elektronischen mit der eigenhändigen Unterschrift ... 18

Abbildung 6: Vor- und Nachbedingungen der eigenhändigen Unterschrift ... 22

Abbildung 7: Der Verlauf der PKI-Akzeptanz und zukünftige Erwartungswerte [Quelle: Gart01] ... 46

Abbildung 8: Nutzungsmodell der PKI-Technologie aus Sicht eines Nutzers ... 48

Abbildung 9: Rogers Technologie-Adoptionskurve ... 50

Abbildung 10: Security technology implementation research model [vgl. CaTu06] ... 53

Abbildung 11: Hypothetische Diffusion von PKI-Diensten in Bankprozesse [vgl. Gaud07] . 56

Abbildung 12: Die Aggregation von Diffusionskurven am Beispiel von Einkaufsprozessen. 57

Abbildung 13: Hypothetische Diffusion der PKI-Nutzung mit Netzeffekten [in Anlehnung an Scho95] ... 58

Abbildung 14: Verbreitung der PKI-Technologie als Verdrängungswettbewerb ... 59

Abbildung 15: Framework für Multiprodukt-Interaktionen [in Anlehnung an BaKS00, S. 155] ... 61

Abbildung 16: Technologieumfeld nach Geschka et al. [GeSZ05, S. 165] ... 63

Abbildung 17: Vorgehenskonzept für explorative Technology-Roadmaps (in Anlehnung an GeSZ05, S. 171) ... 64

Abbildung 18: Kombiniertes Adoptions-/Diffusionsmodell der PKI-Technologie ... 70

Abbildung 19: Wirkung von Problemauflösungen und Lösungsetablierungen auf die Diffusionskurve ... 74

Abbildung 20: Zielbezogene Bewertung von Einflussfaktoren: Lösungsfaktor versus Problemfaktor ... 75

Abbildung 21: Beziehungen zwischen Problemen und Lösungen und zeitliche Veränderung des Einflusses ... 75

Abbildung 22: Vier-Quadrantenschema für die Affinitätsanalyse von Geschäftsprozessen ... 77

Abbildung 23: Diffusionsmodell T2D4JS Treiber und Katalysatoren ... 79

Abbildung 24: Prozessschema mit Anwendung von digitalen Signaturen ... 83

Abbildung 25: BAC-D-Populationenmodell mit Anknüpfungen zum T2D4JS-Modell ... 86

Abbildung 26: Darstellung der hypothetischen Verbindungen zwischen den Ebenen des T2D4JS-Modells ... 93

Abbildung 27: Zeitlicher Ablauf der PKI-Delphi-Studie ... 104

Abbildung 28: Darbietung von Fragestellung und Facettenfragen im Word-Fragebogen ... 107

Abbildung 29: Auszug aus dem Fragebogen der 2. Runde der PKI-Delphi-Studie 108
Abbildung 30: Auszug aus dem PKI-Delphi-Fragebogen nach der Feedbackrunde 110
Abbildung 31: Variable X mit Variablenausprägung 112
Abbildung 32: Variable X mit Grundgesamtheit und Skala 112
Abbildung 33: Arithmetisches Mittel, Spanne und Standardabweichung 114
Abbildung 34: Gesamtmittelwert versus Gruppenmittelwerte der WAN-Gruppen bei Praxiswissen PKI.. 115
Abbildung 35: Graphische Abhängigkeitsanalyse zwischen X und Y 116
Abbildung 36: Graphische Abhängigkeitsanalyse zwischen Y und K 117
Abbildung 37: Zweidimensionale Häufigkeitsverteilung zwischen Y/X und Y/K................ 118
Abbildung 38: Korrelationsmatrix der Variablen X, Y, Z und K bei α=5% und 10% 120
Abbildung 39: Agglomerativ hierarchische Clusterung nach Ward 121
Abbildung 40: Erläuterung multidimensionales Skalieren (MDS) 122
Abbildung 41: Überblick über Verlaufsgruppen aus Initial- und Feedbackantwort 124
Abbildung 42: Variable U auf Grundlage von M1-M7 mit Einzelstimmenverfolgung......... 127
Abbildung 43: Anzeige der Gültigkeitsmengen der Standardverlaufsgruppen bei Variable Y 128
Abbildung 44: Standard Boxplot... 130
Abbildung 45: Absolutmengen und Dichte der Kommentierungen je Umfragekapitel......... 132
Abbildung 46: Graphische Korrelation zwischen Kommentarumfang und Menge der Kommentare je Facette... 132
Abbildung 47: Kommentarmenge und -größe je Teilnehmer 133
Abbildung 48: Durchschnittliche relative Häufigkeiten von KA- und UNG-Antworten nach Kapiteln 135
Abbildung 49 : Hauptstudie: Häufigkeit von KA- und UNG-Antworten nach Teilnehmern 136
Abbildung 50: Hauptstudie: Häufigkeit von KA- und UNG-Antworten nach Teilnehmern. 136
Abbildung 51: Vertiefungsstudie: Häufigkeit von KA- und UNG-Antworten nach Teilnehmern 137
Abbildung 52: Auszug Fragebogen Selbsteinschätzung des Theoriewissens der Teilnehmer 138
Abbildung 53: Selbsteinschätzung des Praxis- bzw. Theoriewissens.................................. 138
Abbildung 54: Auszug Fragebogen – Theoretisches Grundwissen und praktische Erfahrungen der Experten 139
Abbildung 55: Wissens- und Erfahrungsprofile der Teilnehmer der PKI-Delphi-Studie...... 140
Abbildung 56: Auszug Fragebogen D1: Sekundärtechnologien... 144
Abbildung 57: Studienaktivitäten der Teilnehmer bzgl. Integration der PKI in Sekundärtechnologien 144

Abbildung 58: Potenzial und Verbreitung der PKI in Sekundärtechnologien 145
Abbildung 59: Szenariogruppen zur PKI-Integration in Sekundärtechnologien 146
Abbildung 60: Portfolio aus Potenzial und Verbreitung der PKI-Technologie in Sekundärtechnologien 146
Abbildung 61: Boxplots - PKI in Sekundärtechnologien: Potenzial 2006 und Verbreitung 2016 148
Abbildung 62: Auszug Fragebogen: Hauptstudie 150
Abbildung 63: Studienaktivitäten der Teilnehmer bzgl. Wirkung der PKI auf Geschäftsprozesse 151
Abbildung 64: Einschätzung der Wirkung einer PKI auf Geschäftsprozesse 152
Abbildung 65: Szenariocluster der PKI-Affinität zu Prozessen 153
Abbildung 66: A1: PKI ohne Nutzen in Prozessen 154
Abbildung 67: A2: PKI stiftet Nutzen in Prozessen 154
Abbildung 68: A3: PKI bringt Vorteile in Prozessen – Teil 1 155
Abbildung 69: A3: PKI bringt Vorteile in Prozessen – Teil 2 156
Abbildung 70: A4: PKI fast unentbehrlich in Prozessen 157
Abbildung 71: B1: PKI-Nutzen unklar 157
Abbildung 72: B2: Überlegenheit der PKI in Prozessen nicht klar ersichtlich 158
Abbildung 73: Auszug Multiple-Choice-Fragebogen Potenzial in Nutzersegmenten 161
Abbildung 74: Studienaktivitäten der Tln. bzgl. Potenzial und Verbreitung der QFM-Sig in Populationen 161
Abbildung 75: Relative Verbreitung der PKI in Populationen im Jahr 2016 162
Abbildung 76: Szenariogruppen bzgl. der Verbreitung der PKI in Populationen 162
Abbildung 77: Relative erwartete Verbreitung der Q- und F-Sig im Jahr 2016 163
Abbildung 78: Auszug aus dem Fragebogen der PKI-Delphi-Studie 165
Abbildung 79: Studienaktivitäten der Teilnehmer bzgl. zeitlicher Absolutverbreitung der QFM-Sig 166
Abbildung 80: Szenariogruppen C1 und C2 zur Absolutverbreitung der QFM-Sig 166
Abbildung 81: Studienaktivitäten der Teilnehmer bzgl. zeitlicher Absolutverbreitung in Deutschland 167
Abbildung 82: Übersicht der zukünftigen Q- und F-Sig-Diffusion in Deutschland 168
Abbildung 83: Übersicht der zukünftigen QF-Sig-Diffusion weltweit 171
Abbildung 84: Studienaktivitäten der Teilnehmer bzgl. zeitlicher Absolutverbreitung in Regionen weltweit 172
Abbildung 85: Auszug Fragebogen Potenzial und Verbreitung in Branchen 173
Abbildung 86: Studienaktivitäten der Teiln. bzgl. Nutzenpotenzials der PKI in Branchen .. 174
Abbildung 87: Szenariogruppen der Branchenverbreitung im Jahr 2016 174

Abbildung 88: Zukünftige Verbreitung der PKI in Branchen ... 175
Abbildung 89: Struktur der Darstellung von Ziel sowie Problem- und Lösungsfaktoren ... 176
Abbildung 90: Auszug aus dem Fragebogen: Vorstellung Problem- und Lösungsfaktoren zur Biometrie ... 177
Abbildung 91: Struktur der inhaltlichen Facettenfragen zu Problem- und Lösungsfaktoren 178
Abbildung 92: Auszug aus dem Fragebogen: Multiple-Choice-Fragebogen zu Problem- und Lösungsfaktoren ... 179
Abbildung 93: Studienaktivitäten der Teilnehmer in der Vertiefungsstudie ... 180
Abbildung 94: Bedeutungsportfolio von Problemfaktoren (4 Szenarien) ... 181
Abbildung 95: Bedeutungsportfolio der Lösungsbausteine (4 Szenarien) ... 182
Abbildung 96: Studienaktivitäten der Teilnehmer bzgl. Dringlichkeit und Wichtigkeit bei P&L ... 183
Abbildung 97: MDS-Analyse der Szenariogruppen zur Dringlichkeit und Wichtigkeit: 4 Gruppen ... 183
Abbildung 98: Studienaktivitäten der Teilnehmer bzgl. Wirksamkeit 2006-2016 bei P&L . 184
Abbildung 99: Wirksamkeit von Problemfaktoren heute und 2016 ... 185
Abbildung 100: Portfolio der Wirksamkeit von Lösungsfaktoren heute und 2016 ... 186
Abbildung 101: MDS-Analyse der Szenariogruppen zur Wirksamkeit von P&L ... 187
Abbildung 102: Studienaktivitäten der Tln. bzgl. Lösungsetablierung und Problemüberwindung bei P&L ... 188
Abbildung 103: Szenariogruppen der Lösungsetablierung und Problemauflösung ... 189
Abbildung 104: Optimistisches Szenario der Problementwicklung und –auflösung für die PKI-Technologie ... 190
Abbildung 105: Pessimistisches Szenario der Problementwicklung und –auflösung für die PKI-Technologie ... 191
Abbildung 106: Zeitpunkt der Auflösung verschiedener PKI-Probleme ... 194
Abbildung 107: Etablierung von Lösungsfaktoren: Szenario: Optimistisch ... 196
Abbildung 108: Etablierung von Lösungsfaktoren: Szenario: Pessimistisch ... 197
Abbildung 109: Zeitpunkt der Etablierung verschiedener PKI-Lösungselemente ... 198
Abbildung 110: Liste der Problem- und Lösungsfaktoren der PKI-Technologie ... 199
Abbildung 111: Auszug Fragebogen T2: Betreiber, Anbieter, Player und Treiber ... 201
Abbildung 112: Studienaktivitäten der Teilnehmer bzgl. der Leistungsfähigkeit der PKI-Akteure ... 202
Abbildung 113: MDS-Analyse der Facette: Leistungsfähigkeit im Jahr 2016 ... 202
Abbildung 114: Treiberfunktionen innerhalb der PKI-Wertschöpfungskette im Jahr 2016.. 204
Abbildung 115: Auszug Fragebogen T1 & SOEC: Thesen des Delphi-Boards ... 206
Abbildung 116: Studienaktivitäten der Teilnehmer bzgl. 19 Autorenthesen ... 207

Abbildung 117: Thesen des Autors mit Szenariogruppen ... 208
Abbildung 118: Auszug Fragebogen T1 & SOEC: Beiträge der Studienteilnehmer ... 209
Abbildung 119: Studienaktivitäten der Teilnehmer bzgl. 76 Teilnehmerthesen ... 210
Abbildung 120: Szenariogruppen der TOP-Teilnehmerthesen ... 211
Abbildung 121: Polarisierende Thesen der Teilnehmer mit szenariobildender Funktion ... 213
Abbildung 122: Entstehung und Validierung von Hypothesen über das Verhalten des T2D4JS-Modells ... 218
Abbildung 123: Prinzipdarstellung eines PLS-Modells [Quelle PaBo07, S. 313] ... 220
Abbildung 124: PLS-Pfadmodell für den Zusammenhang Absolutverbreitung zu Relativverbreitung ... 224
Abbildung 125: Verbesserung des Bestimmtheitsmaßes durch weitere exogene Variablen . 225
Abbildung 126: Verschlechterung des Bestimmtheitsmaßes durch weitere exogene Variablen ... 225
Abbildung 127: Vergleich der Szenariogruppen zu der Hypothese H4k ... 226
Abbildung 128: Boxplots für Hypothese H4k mit Szenariogruppen ... 227
Abbildung 129: Vergleich von relativen und absoluten Verbreitungen der QFM-Sig ... 228
Abbildung 130: 6 Korrelationsplots von Sig-Potenzial & -Verbreitung ... 230
Abbildung 131: Korrelationsplots univariater Maße der Potenzialeinschätzung 2016 und Verbreitung 2016 ... 231
Abbildung 132: Latente Variablen der Klasse „Zukunftschance“ für PKI in Technologien. 232
Abbildung 133: Gruppierung der Bereiche der Zukunftschancen der PKI in Technologien. 233
Abbildung 134: Eingang von PKI-affinen Sekundärtechnologien in PKI-affine Prozesse ... 235
Abbildung 135: MDS-Analyse der Mischung der Variablen bzgl. Prozessen und Q-/F-Sig-Verbreitung ... 237
Abbildung 136: Latente Prozess- und Populations-Variablen nach der AHC-Gruppierung . 238
Abbildung 137: Pfaddiagramm für die Prozessbeiträge des Q-/F-Sig-Einsatzes in Wirtschaftsgebieten ... 238
Abbildung 138: MDS-Darstellung der PKI-Verbreitung in Branchen und Populationen ... 242
Abbildung 139: Pfadmodell für die Verbindung von Populationen mit Branchen ... 243
Abbildung 140: Reduziertes Pfadmodell für Automotive ... 243
Abbildung 141: Pfaddiagramm zu H7d: PKI-Chancen in Branche *Automotive* ... 245
Abbildung 142: Vorbedingungen für einen Einsatz der Q-Sig ... 247
Abbildung 143: MDS-Analyse der PKI-Technologie-Lösungsbausteine mit Prozessen und Technologien ... 250
Abbildung 144: Kausalitäten zwischen Erfolgsfaktoren der F-Sig-Nutzung ... 251
Abbildung 145: Verlauf des 80% Erfolgspotenzials für die Nutzung der F-Sig ... 252
Abbildung 146: Konstruktion eines Multi-Ebenenmodells ... 253

Abbildung 147: MDS-Darstellung der 89 Thesen zur PKI-Diffusion 255
Abbildung 148: Gesamtevaluierung des T2D4JS-Modells der PKI-Diffusion 260
Abbildung 149: Ladungen der latenten Variablen der Klasse „Zukunftschance“ für PKI in Technologien 281
Abbildung 150: Dendrogramm zur AHC-Analyse der 89 Thesen zusammen mit Ebene-T2-Variablen 282

Tabellenverzeichnis

Tabelle 1: Bündelung möglicher Konstellationen der PKI-Technologie in 3 Qualitäten 15
Tabelle 2: Vergangene Meilensteine der PKI-Entwicklung 25
Tabelle 3: Sekundäre IT-Technologien mit PKI-Affinität 81
Tabelle 4: T2D4JS-Ebene D2: Liste der Prozesse 85
Tabelle 5: Struktur der PKI-Delphi-Studie 101
Tabelle 6: Statistische Variablen X,Y,Z und K 111
Tabelle 7: Definitionen der Verlaufsgruppen M1,M2, M3, M4, M5, M6 und M7 125
Tabelle 8: Übersicht formaler Erfolgskriterien zur Studienakzeptanz 131
Tabelle 9: Schnittmengen zwischen WAN und Kompetenz-Gruppen 141
Tabelle 10: Korrelationen von QFM-Sig-Potenzial 2006 zu QFM-Sig-Verbreitung 2016 ... 229
Tabelle 11: Prozessnachfrage aus Wirtschaftsgebieten für F- und Q-Sig-Unterstützung...... 239
Tabelle 12: Zusammenfassung der Modellevaluierung 256

Abkürzungsverzeichnis

AAI	Authorization and Authentication Infrastructure
AHC	Agglomerativ hierarchische Clusterung
BNetzA	Bundesnetzagentur
bsplw.	beispielsweise
bzgl.	bezüglich
CA	Certification Authority
ca.	zirka
CPS	Certification Practice Statements
ders.	derselbe
DMS	Dokumentenmanagementsystem
DRM	Digital Rights Management
engl.	englisch
et al.	et alii (und andere)
ggf.	gegebenenfalls
IuK	Informations- und Kommunikationssysteme
MDS	Multidimensionale Skalierung
OEM	Original Equipment Manufacturer
P&L	Problemlösung- und Lösungsetablierung (im Bereich der PKI-Technologie
PDA	Personal Digital Assistant
PIN	Personal Identification Number
PKI	Public Key Infrastructure
PMI	Privilege Management Infrastructure
PSE	Personal Security Environment
QFM-Sig	Q-, F- und/oder M-Sig
QF-Sig	Q- und/oder F-Sig
SC	Smartcard
SigG	Signaturgesetz
SOA	Serice-Oriented-Architecture
sog.	sogenannte
TA	Technikfolgenabschätzung
Tln.	Teilnehmer
u.a.	unter anderem
usw.	und so weiter
vgl.	vergleiche
z.B.	zum Beispiel
z.T.	zum Teil
ZDA	Zertifizierungsdiensteanbieter

1 Einleitung und Motivation

Durch den globalisierten Wettbewerb entsteht für die Akteure der freien Wirtschaft ein starker Druck, ihre Produkte und Dienstleistungen schnell den Anforderungen der unterschiedlichen Märkte anzupassen.[1] In diesem Szenario kommt der sicheren Kommunikation und den agilen Transaktionen zwischen den Teilnehmern der Development- und Supply-Chains[2] eine zentrale Bedeutung zu [Dude01, CHM+03, PrDu04].

Die grundlegende IT-Technologie für diese anspruchsvollen Netzwerktransaktionen ist die *Public Key Infrastructure* (PKI) [KaLP05]. Mittels einer PKI werden die grundlegenden Anforderungen an nachvollziehbare und sichere Kommunikation sowie an sichere und authentische Transaktionen erfüllt. PKIs mit höchster Qualität erlauben die Erzeugung von qualifizierten Signaturen und damit die Erstellung von beweiswürdigen Dokumenten aller Art. Zudem ist eine PKI die Grundlage für die effiziente Authentifikation in offenen Netzwerken. Die qualifizierte elektronische Signatur ist in Deutschland und vielen anderen europäischen und außereuropäischen Ländern der eigenhändigen Unterschrift gleichgestellt [Heus04].

In deutschen Unternehmen ist die Nutzung von PKI-Technologien und -Diensten nicht weit verbreitet. Stand heute wird auch bei staatlichen Stellen und Bürgern ebenfalls nur eine sehr geringe Verbreitung der Nutzung von elektronischen Signaturen in Geschäftsprozessen beobachtet, wenngleich viele Einzelprojekte gestartet wurden [EiPü02, Hvar04, GuSB04, Lio+05, HeSc07]. Weiterhin besteht Ungewissheit über die zukünftige Verfügbarkeit und Verbreitung von PKI-Diensten in Deutschland, in Europa sowie im gesamten globalen ökonomischen System. Dies wäre aber gerade für international agierende Unternehmen, wie z.B. die Automobil-, Pharma- oder Luftfahrtindustrie, ein wichtiger Faktor bei der Ausgestaltung ihrer IT-Strategie [Ecke05].

Heute stehen die Unternehmen noch immer vor der strategischen Fragestellung, wann und in welcher Form der Einstieg in die PKI-Technologie erfolgen soll [PeOL05].[3] Im Rahmen dieser strategischen Frage der Technologieadoption stellt sich für Entscheider die Frage nach der dy-

[1] Ein wichtiger Erfolgsfaktor bei der Realisierung der Anpassung liegt dabei im Management von Änderungen. Das Änderungsmanagement zieht sich von der Entwicklung über die Produktion bis zum After Sales und Service. Viele Produkte und Dienstleistungen entstehen heute in Entwicklungspartnerschaften und Montagenetzwerken, die aus rechtlich unabhängigen Unternehmen gebildet werden.

[2] Als Development- und Supply-Chains sind die Zulieferketten bezeichnet. Ein Zulieferer kann dabei sowohl reiner produzierender Zulieferer als auch als Entwicklungspartner auftreten. Beide Funktionen können auch getrennt von verschiedenen Entitäten ausgefüllt werden.

[3] In der Automobilindustrie haben bislang nur wenige Akteure eine eigene PKI aufgebaut oder in Benutzung. Zum Teil wurden in den späten 90ern Projekte aufgesetzt, welche die Erwartungen nicht erfüllen konnten.

namischen Verbreitung der PKI-Technologie allgemein und damit die Frage nach der Technologiediffusion.[4]

Ein offener Punkt der wissenschaftlichen Betrachtung der PKI-Technologie ist die innovationstheoretische Analyse der relevanten Einflussfaktoren auf die PKI-Diffusion und davon ausgehend eine fundierte Extrapolation der Entwicklung im Sinne eines Technologie-Forecasts für die PKI-Technologie. Dabei stellt insbesondere die Untersuchung der Potenziale der digitalen Signatur in Geschäftsprozessen mittels wissenschaftlichen Methoden ein offenes Feld dar.

Diese Arbeit stellt ein Diffusionsmodell für die zukünftige Verbreitung der Nutzung von PKI-Diensten auf und zeigt wie die Modellparameter mit Hilfe einer Experten-Delphi-Studie mit Schätzwerten befüllt werden können. Das dynamische Modellverhalten wird mittels Hypothesen beschrieben. Als zentrales Forschungsergebnis werden die Ergebnisse einer im Rahmen dieser Arbeit durchgeführten Delphi-Studie vorgestellt und für die Validierung der aufgestellten Hypothesen herangezogen.

1.1 Forschungsfragen

1. Welche immanente Affinität für den Einsatz der elektronischen Signatur liegt in den verschiedenen Geschäftsprozessen eines global agierenden Industrieunternehmens vor?

Unter dieser Frage ist zu untersuchen, inwieweit bestehende Prozesse bereits heute nach rechtsverbindlichen, beweiswürdigen Unterschriften von Personen verlangen und inwieweit diese Anforderungen von der elektronischen Signatur erfüllt werden können. Weiterhin stellt sich die Frage, wie einfache „fortgeschrittene Signaturen" die unternehmensinternen Prozesse beschleunigen oder verbessern können.

2. Wie wird sich die Bereitstellung der nötigen Basistechnologien für eine PKI entwickeln?

Hier ist die Wertschöpfungskette der elektronischen Signatur zu betrachten. Es ist zu untersuchen, wie die heutigen und zukünftigen Fähigkeiten der Hersteller von Biometrie und Kryptographie sowie von Hardware (z.B. Smartcardss) und Software für PKIs sich darstellen. Weiterhin sind die Strategien der Hersteller von Unternehmenssoftware zu beachten. Schließlich müssen komplexe Problembereiche und Lösungsansätze analysiert werden, bei denen sowohl technologische als auch soziologische und gesetzgeberische Einflüsse einen schwer trennbaren Verbund eingehen.

[4] Für eine fundierte Entscheidung ist es wichtig, Kenntnisse über den aktuellen Stand der PKI-Technologie zu haben, sowie die Erfahrungen anderer Wettbewerbsteilnehmer mit der PKI-Technologie zu kennen. Bei der Größe und Komplexität einer globalisierten Supply-Chain mit ihren vielen tausend Zulieferern und Entwicklungspartnern ist insbesondere eine Prognose über die weitere Entwicklung des PKI-Gebrauches in der Wirtschaft und bei anderen Wirtschaftssubjekten eine wichtige Entscheidungsgrundlage.

3. Wie wird sich die Verbreitung der personengebundenen elektronischen Signatur in Zukunft entwickeln?

Hier ist zu untersuchen, wie sich aus heutiger Sicht die Verbreitung der Nutzung der elektronischen Signatur weltweit und in verschiedenen Populationen entwickeln wird. Darin sind Fragen der Technologiebereitstellung und -nutzung über den Zeitverlauf zu betrachten. Es sind angemessene Populationsbegriffe zu definieren und entsprechende Untersuchungsmetriken festzulegen.

4. Wie kann die theoretische und beobachtete Affinität, Bereitstellung und Verbreitung der PKI in Technologien, Prozessen und Populationen transparent und nachvollziehbar beschrieben werden?

Hier muss mithilfe eines geeigneten Modellierungsansatzes eine Modellierung der beobachteten Mikro- und Makroinnovationsimpulse der PKI-Technologie geschehen. Dieses Modell sollte zudem in der Lage sein, durch eine statistische Analyse evaluierbar zu sein.

Diese vier Forschungsfragen dienen in den weiteren Grundlagenkapiteln als Spiegel und Filter für die dort vorgestellten Sachverhalte. Mithilfe der Forschungsfragen geschieht eine Bewertung und Einordnung der Grundlagen. Schließlich werden die Forschungsfragen sukzessive durch die theoretischen Grundlagen und später durch die Forschungsergebnisse beantwortet werden.

1.2 Wissenschaftliche Methoden dieser Arbeit

Der Fokus der Arbeit liegt auf Betrachtungen von Fragestellungen des Technologiemanagements und der Technologiediffusion im Zusammenhang mit PKI-Technologien und -Diensten. Der primäre Fokus der Arbeit richtet sich dabei auf Einsatzgebiete der PKI-Technologien und -Diensten in Industrieunternehmen allgemein, in sonstigen staatlichen oder nicht-staatlichen Organisationen sowie bei Bürgern bzw. Endkunden.

Der sekundäre Betrachtungsfokus der Arbeit liegt auf der Anwendung von PKI-Technologien und -Diensten in Prozessen der Automobilindustrie. Dies inkludiert einerseits die Wertschöpfungskette vom Zulieferer bis zum Hersteller von Automobilen, aber auch die Nutzer von Automobilen selbst.

Das der Arbeit zugrunde liegende T2D4JS-Modell wird zunächst mit induktiven Methoden entwickelt. Danach wird das Modell mittels deduktiven Methoden validiert.

Die Erstellung und theoretische Analyse des in dieser Arbeit entwickelten Diffusionsmodells geschieht induktiv. Aufgrund bestehender, verifizierter wissenschaftlicher Beiträge zum Innovationsgeschehen wird ein allgemeines Modell erstellt. Unter Berücksichtigung der Forschungsfragen wird daraus ein auf diese Arbeit passendes Modell abgeleitet. Aufgrund sachlogischer Argumentationsketten werden schließlich Hypothesen über das Verhalten des Modells gebildet.

Für die Interdependenzanalyse der Auswirkungen von PKI-Technologien auf Geschäftsprozesse wird eine Methode in Anlehnung an die Methode „Nutzwertanalyse" herangezogen. Dabei wird die allgemeine Nachfrage von Geschäftsprozessen nach PKI-Diensten analytisch ermittelt. Die Ergebnisse der Delphi-Studie werden später zur Verifizierung oder Falsifizierung des analytischen Modells herangezogen.

Für die Prognose diffuser Sachverhalte im Bereich von PKI-Diensten wurde 2006 eine Delphi-Studie durchgeführt [Häde02]. In einem mehrstufigen Befragungsprozess wurden dabei 69 Experten über ihre persönlichen Einschätzungen zu Entwicklungen im Bereich der PKI befragt. Der Kreis der Experten setzt sich dabei zu jeweils gleichen Teilen aus den Bereichen Anbieter, Anwender und Wissenschaftler zusammen. Die Fragestellung der Delphi-Studie richtet sich auf die Gebiete Wertschöpfungsnetzwerk PKI, Potenzial in Geschäftsprozessen und Sekundärtechnologien heute und in Zukunft, Verbreitungsraten von Signier- und Verschlüsselungstechnologie in der Zukunft und auf bestehende Hindernisse und Lösungsinstrumente im Bereich der PKI-Technologie.

Für die Basisauswertung der Delphi-Studie werden Methoden der multivariaten Statistik sowie verschiedene Visualisierungsmethoden angewandt.

Die Validierung des aufgestellten PKI-Diffusionsmodells geschieht wiederum deduktiv und explorativ, d.h. aus den konkreten Beobachtungen der Delphi-Studie werden Regeln über das Modellverhalten abgeleitet. Dabei kommt die Methode der Szenarioanalyse zum Einsatz. Aufgrund der dem Ergebnis der Delphi-Studie zugrunde liegenden Daten können signifikante Szenarien identifiziert und mit Begrifflichkeiten des T2D4JS-Modells beschrieben werden. Dabei kommen multivariate statistische Methoden, wie z.B. die agglomerativ hierarchische Clusterung, die multidimensionale Skalierung sowie die Hauptfaktorenanalyse zum Einsatz. Mithilfe dieser Werkzeuge wird eine Voranalyse der Erhebungsdaten durchgeführt. Für eine statistisch basierte Evaluierung des T2D4JS-Modells kommt die Methode der Pfadmodellierung zum Einsatz.

1.3 Aufbau der Arbeit

In Kapitel 2 wird zunächst eine Einführung in die PKI-Technologie gegeben. Dabei werden die für den Benutzer zentralen Dienste, wie z.B. die elektronische Signatur, die Verschlüsselung und die Authentifizierung, erläutert. Es wird auf spezifische Problembereiche der PKI und Lösungsansätze eingegangen. [Vgl. Abbildung 1]

In Kapitel 3 wird das Innovationsgeschehen rund um die PKI-Technologie in einem Forschungsmodell beschrieben. Zunächst wird das Forschungsgebiet der Innovationsforschung vorgestellt und die zentralen Punkte, Innovationstheorie und Adoptionstheorie, im Kontext der

PKI-Technologie erläutert. Die existierenden Modelle für die PKI-Innovation werden vorgestellt und diskutiert. Schließlich wird ein allgemeines Modell der Adoption und Diffusion der PKI-Technologie aufgestellt.

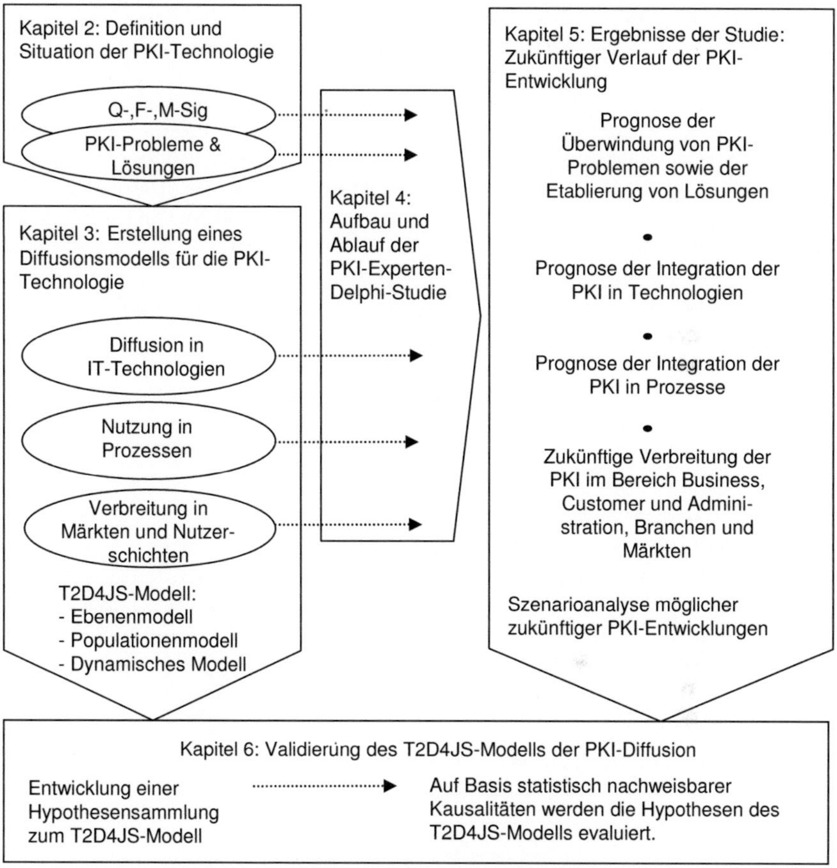

Abbildung 1: Aufbau der Arbeit

Von diesem Totalmodell wird ein Arbeitsmodell abgeleitet und verfeinert. Dieses wird T2D4JS-Modell genannt. Es beinhaltet zwei technische Ebenen (PKI-Qualitäten, PKI-Wertschöpfungskette), vier Diffusionssubjektebenen (Sekundärtechnologien, Prozesse, Nutzergruppen und Märkte), eine sozioökonomische sowie eine juristische Ebene. Es werden 11 Hypothesen aufgestellt, welche das dynamische Zusammenwirken der einzelnen Modellebenen beschreiben.

Kapitel 4 stellt den Ablauf und Aufbau der dieser Arbeit zugrunde liegenden PKI-Delphi-Studie dar. Zunächst wird die wissenschaftliche Methode der Delphi-Studie vorgestellt. Dabei wird der prinzipielle Aufbau und Ablauf einer Delphi-Studie unter den Aspekten der Facettentheorie erläutert und anschließend der tatsächliche Aufbau und Ablauf der PKI-Delphi-Studie vorgestellt. Schließlich werden die angewandten Auswertungsmethodiken vorgestellt und der formale Erfolg der Delphi-Studie anhand relevanter Parameter nachgewiesen.

Im Kapitel 5 werden die Ergebnisse der PKI-Delphi-Studie dargelegt. Anhand der Ebenen des T2D4JS-Modells der PKI-Diffusion werden nun die Ergebnisse in 9 Abschnitten vorgestellt. Insgesamt sind in diesen Themenkomplexen 254 Fragestellungen beinhaltet. Darin finden sich zusammen 629 Facettenfragen mit insgesamt 2894 Antwortmöglichkeiten. Die durchschnittliche Antwortquote über alle Fragestellungen lag bei 87% der Teilnehmer. Die Ergebnisse der Fragestellungen werden in verschiedenen Aggregationsstufen dargestellt und in einem Fazit nochmals in Verbindung zum Diffusionsmodell gesetzt. Mittels Methoden der multivariaten Varianzanalyse werden verschiedene zukünftige Szenarien der PKI-Entwicklung aufgezeigt.

Kapitel 6 zielt speziell auf die Validierung des T2D4JS-Modells mittels eines statistischen Aussagenetzwerkes. Dabei werden die Hypothesen operationalisiert und mit verschiedenen statistischen Methoden verifiziert oder falsifiziert. Mittels explorativer statistischer Analysemethoden werden weitere Erkenntnisse über verborgene Modellvariablen gewonnen.

Kapitel 7 stellt mögliche weitere Forschungsschritte im Bereich der PKI-Innovationstheorie dar. Weiterhin wird ein Ausblick auf darüber hinaus gehende Aktivitäten gegeben.

Kapitel 8 zieht ein Fazit der Ergebnisse dieser Arbeit in Hinblick auf die eingangs dargestellten Forschungsfragen.

2 Definition und Situation der PKI-Technologie

Im Folgenden wird die PKI-Technologie als der zentrale Begriff dieser Arbeit erläutert. Dieser Begriff beschreibt die Fokus-Technologie, deren Potenzial und zukünftige Entwicklung in den weiteren Kapiteln dieser Arbeit analysiert wird. Zunächst wird die PKI-Technologie als eine Technologie für den Ersatz der eigenhändigen Unterschrift dargestellt. Die Entstehung einer elektronischen Signatur wird mit dem Vorgang des Besiegelns verglichen. Es wird die technologische und gesellschaftliche Entwicklung der elektronischen Signatur seit ihrer Entstehung dargestellt.

Dabei wird verdeutlicht, wie eine elektronische Signatur die Willenserklärung von Akteuren im Internet qualifizieren kann und unter welchen Umständen dies sogar mit der gesetzlichen Beweiswürdigkeit funktioniert. Weiterhin wird gezeigt, wie Konkurrenztechnologien ebenso in der Lage sind, Willenserklärungen zu qualifizieren. Schließlich werden Problempunkte, die heute für eine schlechte Position der elektronischen Signatur im Vergleich zu Konkurrenztechnologien sorgen, genannt und erläutert.

Weiterhin werden mögliche Lösungsansätze, welche die existierenden Problemfelder zu reduzieren in der Lage sind, aufgezeigt. Diese Lösungsansätze und Problemfelder der PKI werden in nachfolgenden Kapiteln aufgegriffen und bewertet.

2.1 Die elektronische Signatur und die Infrastruktur für öffentliche Schlüssel

Die PKI-Technologie versetzt uns in die Lage, die eigenhändige Unterschrift durch eine gleichwertige, elektronische Signatur zu ersetzen. Damit besteht die Möglichkeit, nahezu alle bekannten, papierbasierten und auch juristisch beweisrelevanten Vorgänge zu virtualisieren, und damit alle bekannten Vorteile der Virtualisierung nutzbar zu machen [Heus04].

Digitale Signaturen sind besser zu verstehen, wenn sie als Siegel verstanden werden [vgl. LaUl02, S. 52], daher werden im Folgenden die Entstehungsmodelle der eigenhändigen Unterschrift und der besiegelten Urkunde dargestellt. Im Anschluss wird mit derselben Beschreibungssystematik das Entstehungsmodell der elektronischen Signatur hergeleitet.

2.1.1 Die Willenserklärung mittels Unterschrift

Die eigenhändige Unterschrift ist immer ein Unikat. Jeder Mensch bildet beim handschriftlichen Schreiben sein eigenes Bewegungsmuster aus. Der Bewegungsapparat entwickelt dabei möglichst energiesparende Handbewegungen, die sich mit der Zeit automatisieren. Trotzdem variiert die Handschrift innerhalb einer gewissen Bandbreite – eine Unterschrift ist nie identisch mit einer anderen, selbst wenn der Schreiber die zweite nur Sekunden später auf das Papier gebracht haben sollte.

Wichtige, grundlegende Merkmale der eigenhändigen Unterschrift sind:

- Strichbeschaffenheit mit Strichspannung und Strichsicherheit;
- Druckstärke und Druckrhythmus der Schrift;
- Bewegungsfluss und Verbundenheit innerhalb und zwischen den Buchstaben;
- Buchstabenform, graphische Vereinfachungen oder Verschnörkelungen;
- Bewegungsrichtung der Schrift und ihr Neigungswinkel;
- vertikale oder horizontale Ausdehnung und Größenproportionen der Buchstaben sowie Buchstabenbreite und Wort- und Zeilenabstände;
- sonstige Merkmale wie beispielsweise Besonderheiten der Orthographie. [Vgl. Seib04 S. 51]

Die beweiswürdige Überprüfung einer Unterschrift kann nicht durch Laien geschehen. Die Experten für die Prüfung von Unterschriften werden Schriftsachverständige genannt. Mittels physikalischen, technischen und logischen Methoden können diese Experten die Echtheit von Unterschriften ermitteln.

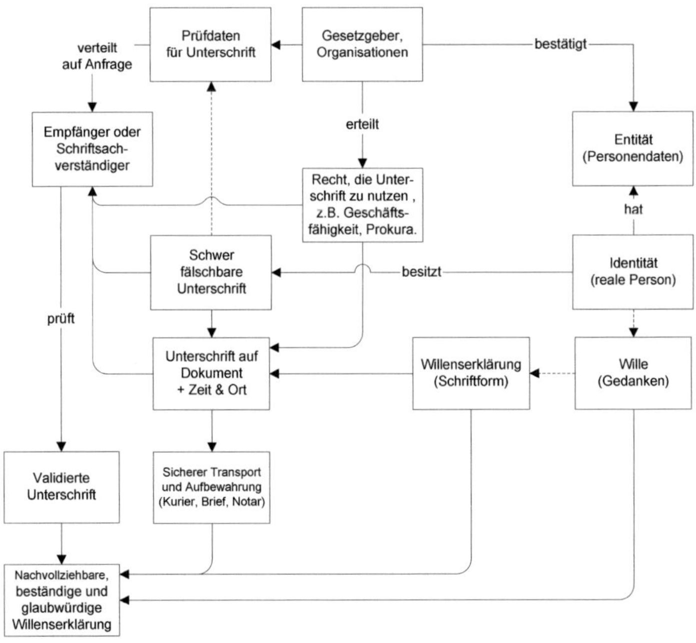

Abbildung 2: Entstehungsmodell eines unterschriebenen Dokumentes

Im Entstehungsmodell der eigenhändigen Unterschrift [vgl. Abbildung 2] verleiht der Gesetzgeber oder eine Organisation an eine reale Person das Recht, mit seiner namentlichen Unterschrift rechtswirksame Willenserklärungen zu verfassen. Diese Autorität bestätigt auch verschiedene personenbezogene Daten, welche einen Rückschluss auf die reale Person erlauben würden. Dabei handelt es sich z.B. um den Personalausweis. Diese Person besitzt, wie schon oben ausgeführt, eine schwer fälschbare Unterschrift. Wird die Person nun einen Gedanken schriftlich fixieren wollen, so wird sie den Gedanken aufschreiben und unter Nennung von Zeit- und Ortsangaben die eigenhändige Unterschrift setzen. Damit liegt laut Gesetzgeber eine beweiswürdige Willenserklärung vor. Es kann nun ein Schriftsachverständiger eingesetzt werden, um diese Unterschrift zu validieren. Der Schriftsachverständige benutzt neben der vorliegenden Unterschrift, die es zu validieren gilt, noch weitere Unterschriftsproben des Absenders wie auch weitere personenbezogene Daten. Das Ziel ist es, die Willenserklärung als eine nachvollziehbare, glaubwürdige und beständige Willenserklärung zu identifizieren – oder eben nicht. Ein forensisches Schriftvergleichsgutachten eines Schriftsachverständigen ist ein Beweismittel vor Gericht [vgl. Heck93].

2.1.2 *Die Willenserklärung mittels Besiegelung*

Ein Siegel ist ein Beglaubigungsmittel für urkundliche Willenserklärungen und wird heute noch eingesetzt.

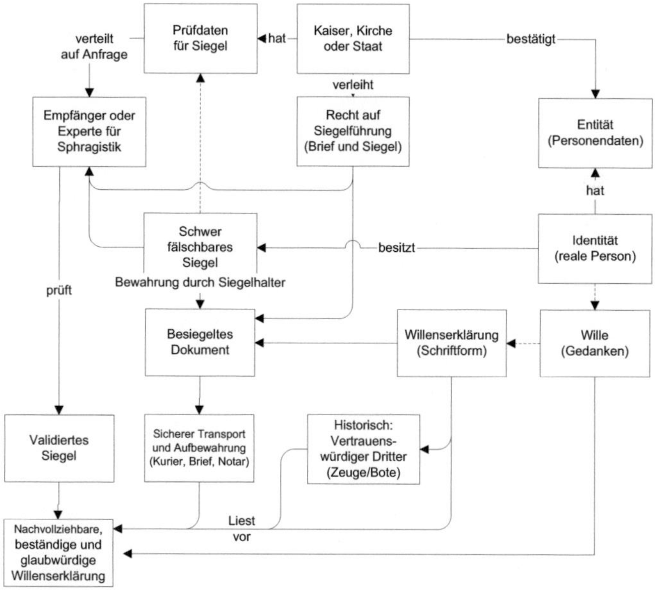

Abbildung 3: Entstehungsmodell eines besiegelten Dokumentes

Es gibt verschiedene Ausführungsformen von Siegeln. Für ein Siegel wird zunächst immer ein Stempel benötigt. Mit diesem Stempel kann Farbe oder die Stempelform selber auf ein Papier geprägt werden oder es kann eine Umformung von heißem Siegelwachs mithilfe der Form des Siegels geschehen. Siegel sind immer Gegenstände und müssen vor Missbrauch geschützt und daher sicher aufbewahrt werden. In historischer Vergangenheit gab es das Amt des Siegelhalters, welches nur hohen Beamten vorbehalten war.

Die Kultur der Besiegelung ist insbesondere in Japan und dem asiatischen Raum noch weit verbreitet, hier wird gerade wegen der komplizierten Schriftformen immer noch ein Siegel als schwer fälschbares, personenbezogenes Attribut zur Qualifizierung einer Willenserklärung akzeptiert. [Vgl. Stie04] Heute eingesetzte Siegel sind z.B. Plomben an Gaszählern, Prüfplaketten auf Automobilnummernschildern oder dienstliche Siegel, z.B. von Notaren auf Beglaubigungen.

Im Entstehungsmodell des besiegelten Dokumentes [vgl. Abbildung 3] verleiht der Kaiser (historisch), die Kirche oder der moderne Rechtsstaat das Recht, einen Siegel zu führen. Im Fall des Bedarfs einer beweiswürdigen Validierung eines Siegels stellt diese vertrauenswürdige Autorität Prüfdaten für eine Überprüfung des Siegels zur Verfügung. Freilich können diese Prüfdaten auch von anderer Stelle bezogen werden, etwa aus vorangegangenen, glaubwürdigen und ebenfalls besiegelten Dokumenten. Erwähnenswert sind hier zwei Funktionen, die bei dem Entstehungsmodell der eigenhändigen Unterschrift so nicht explizit vorkommen: 1. Das Siegel muss sicher aufbewahrt werden, dies geschieht, historisch gesehen, durch einen Siegelhalter und der bewahrt es, wie man es bis heute tut, in einem Tresor oder in einem Versteck auf. Wer Zugang zu dem Siegel haben will, benötigt also entweder einen speziellen Besitz (Schlüssel zum Tresor) oder ein spezielles Wissen (Tresorkombination, Ort des Versteckes) oder, um es sicherer zu machen gleich beides: Besitz und Wissen. - 2. Weiterhin ist die historische Dienstleistung der sicheren Übermittlung der Willenserklärung nebst der Versiegelung erwähnenswert. Hierbei wurden schon damals zwischen einem Transportsiegel und einem Urkundensiegel unterschieden. Des weiteren wurden verschiedene Farben des Siegellacks eingesetzt, um dem Siegel weitere Attribute, etwa über die Funktion des Absenders, zu vermitteln (z.B. Rot für Könige / Weiß für Städte / Grün für Kirchen). Auch gab es weitere Dienstleistungen wie das Vorlesen der Nachricht (engl. *Value Added Services*). [Vgl. Stie04]

2.1.3 Die Willenserklärung mit digitalem Siegel (elektronische Signatur)

Das Entstehungsmodell der Willenserklärung mittels der elektronischen Signatur hat viele Gemeinsamkeiten mit der eigenhändigen Signatur wie auch mit der besiegelten Willenserklärung.

Im Entstehungsmodell der elektronischen Signatur [vgl. Abbildung 4] bestätigt eine vertrauenswürdige Autorität bestimmte personenbezogene Daten. Diese Autorität wird meist als „Vertrauenswürdige dritte Partei“ (engl. *trusted third party*) bezeichnet. Sie wird in Deutschland im Falle der qualifizierten oder fortgeschrittenen Signatur Zertifizierungsdiensteanbieter (ZDA) genannt (engl. CSP = *Certification Service Provider*). Dieser ZDA erhält seine Autorität wiederum durch staatliche Behörden im Rahmen einer Zertifizierung, Beaufsichtigung oder Akkreditierung. Der ZDA bescheinigt die Echtheit und Personengebundenheit eines digitalen Siegelinstrumentes, dem sog. „geheimen Schlüssel" (engl. *private key*). Mit diesem geheimen Schlüssel verschlüsselt die willenserklärende Person ihr Dokument. Das Ergebnis ist die elektronische Signatur. Die ursprüngliche Willenserklärung wird immer als beiliegende, nicht verschlüsselte Unterlage der elektronischen Signatur beigestellt.

Auf Wunsch stellt der ZDA der Öffentlichkeit Daten zur Verfügung, mit dem die Echtheit einer Signatur nachvollzogen werden kann. Um dabei einer elektronischen Reproduktion des Siegels, also des geheimen Schlüssels, vorzubeugen, sind die Prüfdaten derart gestaltet, dass eine Rückrechnung von den Prüfdaten auf den geheimen Schlüssel praktisch nicht möglich ist. Die Prüfdaten selber gehen jedoch zu 100% auf den geheimen Schlüssel zurück. Die Erzeugung der Prüfdaten aus dem geheimen Schlüssel geschieht mittels einer mathematischen Einwegfunktion. Eine Umkehrrechnung dieser Funktion ist kaum möglich. Die Prüfdaten bestehen im Wesentlichen aus dem Ergebnis dieser Einwegfunktion, dem so genannten „öffentlichen Schlüssel" (engl. *public key*). Weiterhin werden die Prüfdaten wiederum durch eine elektronische Signatur des ZDAs auf Glaubwürdigkeit qualifiziert. Prüfdaten in dieser Form werden daher auch (elektronische) Zertifikate genannt. Im Gegensatz zur eigenhändigen Unterschrift und zur Besiegelung ist für eine beweiswürdige Überprüfung der elektronischen Signatur kein Experte notwendig. Diese Überprüfung kann jeder Laie einfach und billig und jederzeit durchführen lassen.

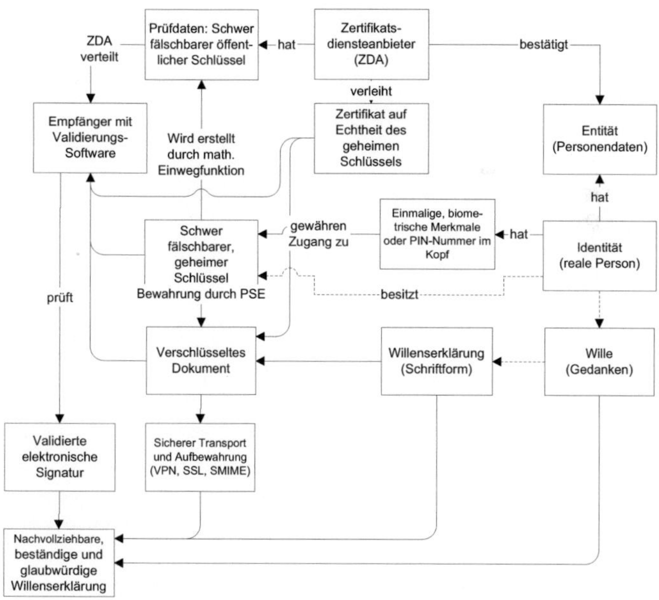

Abbildung 4: Entstehungsmodell der digitalen Signatur

Wie auch bei der echten Besiegelung, gibt es bei der elektronischen Signatur einen „Siegelhalter“. Der geheime Schlüssel wird in einer sog. persönlichen Sicherheitsumgebung oder engl. *Personal Security Environment* (PSE) aufbewahrt. Im besten Fall ist dies ein elektronischer Chip, der in einer Plastikkarte analog einer Kreditkarte untergebracht ist. Damit kann die PSE immer im Zugriff ihres Besitzers aufbewahrt werden. Eine derart „ertüchtigte“ und „gewiefte“ Plastikkarte wird im englischen und deutschen Sprachgebrauch daher Smartcard oder kurz SC genannt. Der Zugriff zur SC ist wiederum durch ein Wissenselement, der PIN, abgesichert. Somit wird der Zugriff auf die PSE und damit auf den geheimen Schlüssel durch Besitz und Wissen abgesichert.

Bemüht man den Vergleich mit der echten Besiegelung einer Willenserklärung, so nimmt die PSE die Position des Schlüsselhalters ein. Die Beziehung des Siegelhalters zu dem Besitzer des Schlüssels wurde früher durch die Loyalität des Siegelhalters zu seinem Siegelbesitzer bestimmt. Im Falle der digitalen Signatur erkennt die PSE den Besitzer des geheimen Schlüssels im einfachsten Fall durch ein geteiltes Geheimnis, z.B. der PIN, an.

Die sichere Aufbewahrung und der sichere Transport der Signatur und des ursprünglichen Dokumentes ist immer noch wichtig für die Verhinderung einer Verfälschung der Willenserklärung auf dem Transportweg. Ob das Dokument jedoch während der Aufbewahrung oder des Transportes verändert wurde, lässt sich auf jeden Fall immer feststellen. Die gesamte Infrastruktur zur Erstellung und Verteilung von Zertifikaten wird mit dem englischen Begriff *Public Key Infrastructure,* kurz PKI, bezeichnet (deutsch: Infrastruktur zur Verteilung von öffentlichen Schlüsseln).

2.1.4 Zusammenfassung: Digitale Signatur und PKI

Die englischsprachige Abkürzung PKI bedeutet *Public Key Infrastructure* und bezeichnet generell die Infrastruktur, die nötig ist, um die Verteilung von öffentlichen Schlüsseln von Personen oder Organisationen zu gewährleisten. Die sichere Verteilung von öffentlichen Schlüsseln ist wiederum die Grundlage für eine flächendeckende Nutzung der elektronischen Signatur.

Die PKI-Dienste „Erstellen einer elektronischen Signatur“, „Verschlüsseln“ und „Zeitstempel“ stellen die Basis für elektronische Verhandlungen und Vereinbarungen in virtualisierten, papierlosen und globalen Geschäftsprozessen dar [ReTa02, SiRe04, Scho05]. Davon betroffen sind einfache wie auch komplexe Geschäftstransaktionen aller Art.

Um die oben genannten Dienste rechtsverbindlich und im technologischen Kontext korrekt durchzuführen, müssen vom Benutzer weitere PKI-Dienste in Anspruch genommen werden. Dies sind die „Registrierung bei einem Zertifizierungsdiensteanbieter“ und die „Verzeichnisabfragen mit Zertifikatsprüfung“, um Vertrags- und Kommunikationspartner verlässlich und beweiswürdig zu identifizieren. Der Benutzer schenkt dem Zertifizierungsdiensteanbieter (ZDA) dabei grundsätzlich das Vertrauen, seinen geheimen und öffentlichen Schlüssel zu erzeugen. Danach stellt der ZDA eine digitale Signatur über die folgende Information aus: „Dieser öffentliche Schlüssel gehört zu jener Person." Die Echtheit dieser Aussage wird zuvor mit Hilfe, z. B. des Personalausweises, überprüft. Damit ist ein so genanntes Zertifikat entstanden, welches von jeder Person, die dem ZDA Vertrauen schenkt, überprüft werden kann [vgl. Lory03].

Für die Erstellung einer qualifizierten Signatur wird eine spezielle Hardware benötigt, um die PKI-Dienste zu nutzen (Smartcard und Kartenleser, ggf. Biometrie). Weiterhin sind gesetzliche Regulierungen zur Ausführung und Konfiguration einer PKI für so genannte qualifizierte Signaturen zu beachten. In Deutschland bildet diese gesetzliche Grundlage das Signaturgesetz (SigG).

Das Konglomerat aus technischen, juristischen und sozioökonomischen Faktoren, welches diese Virtualisierung ermöglicht, wird im Folgenden als PKI-Technologie bezeichnet. Die exakte Definition und Einteilung der PKI-Technologie geschieht in den nachfolgenden Kapiteln.

2.1.5 Bezug zu Datenschutz und Datensicherheit

Das Thema Datenschutz umfasst das Gebiet der personenbezogenen Daten und deren Schutz vor missbräuchlicher Nutzung. Zum Datenschutz existieren in Deutschland und Europa verschiedene Regulierungen und Gesetze, welche als Ordnungsregeln für die Nutzung personenbezogener Daten fungieren. Nach Ansicht der Datenschutzexperten sind dabei die personenbezogenen Daten kein handelbares Gut, welches ein Individuum ggf. auch verkaufen kann, so ist bsplw. die persönliche Adresse einerseits eine personenbezogene Information, andererseits wird diese Information von Dritten benötigt, um gegenüber dieser Person eine Leistung zu erbringen und rechtlich nachzuweisen. Datenschutz regele daher, laut A. Roßnagel, „keine Eigentumsordnung, sondern eine Informations- und Kommunikationsordnung, die bestimmt, wer in welcher Relation befugt ist, mit den Modellen [den Daten] über bestimmte Personen in einer bestimmten Weise umzugehen." [Vgl. RoAl02, S. 134]

Zum Datenschutz gehört als Grundlage eine umfassende Sicherheit der Informations- und Kommunikationsinfrastruktur. Gemeint ist die Datensicherheit. Die Datensicherheit befasst sich im Schwerpunkt mit dem Schutz vor beabsichtigten Angriffen auf IuK-Systeme. Zu einer modernen Datensicherheitsarchitektur gehört wiederum die Nutzung der PKI-Technologie und der elektronischen Signatur. [Vgl. FePf00]

Fazit:

Aus der Perspektive des Datenschutzes ist die PKI-Technologie ein wichtiges Teilgebiet der Datensicherheit. Wann immer also der Datenschutz für Personen, Unternehmen oder staatlichen Organisationen aus rechtlichen oder marktwirtschaftlichen Gründen eine wichtige Rolle spielt, so rückt dann auch die PKI-Technologie in den Vordergrund, um eine Basisinfrastruktur für die Gewährleistung von Datenschutz anzubieten. Damit ergibt sich ein Lösungsbeitrag für die Forschungsfrage vier, also für die Frage nach der Modellierung der Beziehungen der PKI zu Prozessen, Technologien und Populationen.

Im Folgenden wird eine Definition und Segmentierung der PKI-Technologie ausgeführt, mit dem Ziel diese Technologie hinreichend prägnant zu beschreiben, um daraus in Kapitel 3 ein Modell für die zukünftige Verbreitung der PKI-Technologie und ihrer Teilbereiche zu erstellen.

2.2 Definition PKI-Technologie

Eine PKI ermöglicht dem Benutzer verschiedene Dienste auszuführen: Registrierung, Verzeichnisabfragen, Zertifikatsprüfungen und Authentifizierung, Erstellung einer elektronischen Signatur, Verschlüsseln sowie Zeitstempeldienste. Diese Basisdienste, zusammen mit der PKI-Technik und den zugehörigen gesetzlichen Regulierungen, werden im folgenden PKI-Technologie genannt.

Ebenen der PKI-Technologie:

- PKI-Regularien
- PKI-Dienste
- PKI-Technik

Unter dem Begriff *PKI-Regularien* seien die Richtlinien, Standards und Gesetze verstanden, welche für die PKI-Technologie verschiedene Regularien und Klassifikationen vorgeben. Dies können Standards, Gesetze oder Verordnungen sein. In Deutschland sind die wichtigsten Regularien im deutschen Signaturgesetz (SigG) niedergeschrieben.

Unter *PKI-Diensten* seien die für den Anwender erlebbaren Dienste summiert: Registrierung beim ZDA, Verzeichnisabfragen, Zertifikatsprüfungen, Erstellung einer elektronischen Signatur und Zeitstempeldienste. Weitere Dienste sind Widerruf von Schlüsseln (engl. *Key Revocation*), Wechseln von Schlüsseln und Ändern des ZDAs. Es gibt weiterhin Dienste, die eng mit PKI-Diensten verbunden sind, die aber ebenso auch mit anderen, PKI-fremden Methoden realisiert werden können. Dies sind die Dienste Verschlüsselung und Authentifizierung (engl. *Authorization and Authentication Infrastructure:* AAI) sowie die Rechteverwaltung (engl. *Privilege Management Infrastructure*: PMI) [vgl. Wölf07, S. 29-41].

Unter dem Begriff *PKI-Technik* seien die einzelnen technischen Komponenten einer PKI verstanden: Verzeichnisserver, Zertifikatsserver, Middleware, Treibersoftware, Hardwarekomponenten und Clientsoftware [Koel02]. Weiterhin sind die Qualitätsklassen 1-4 der zum Einsatz kommenden Schlüsselzertifikate inkl. der gelebten und dokumentierten Praxis der Zertifikation (engl. *Certification Practice Statements*: CSP) von großer Bedeutung. Die Einteilung der PKI in Qualitätsklassen ist ein wichtiger Schritt, da mit jeder Klasse ganz unterschiedliche Ansprüche an die elektronische Signatur gestellt werden und damit ganz unterschiedliche Geschäftsprozesse realisiert werden können.

Alle drei Ebenen der PKI-Technologie weisen jeweils unterschiedliche, teils konkurrierende Ausprägungen auf, die in ihrer spezifischen Kombinatorik mannigfaltig sind und die jeweils in ihrer Qualität unterschiedlich sind.

Tabelle 1: Bündelung möglicher Konstellationen der PKI-Technologie in 3 Qualitäten

Strukturelemente	Q-Sig	F-Sig	M-Sig
Beaufsichtigung durch BNetzA	Ja, zwingend	Nicht nötig	Nicht nötig
Akkreditierung bei der BNetzA	Ja, zwingend	Nicht nötig	Nicht nötig
Zertifikate Klasse 4	Ja, zwingend	Nicht nötig	Nicht nötig
Zertifikate Klasse 3	Nein	Ja	Nicht nötig
Bezug zu Personen	Ja, immer	Nicht nötig	Meist nein
Bezug zu Organisationen	Nein	Ja, möglich	Ja, möglich
Bezug zu Clients	Nein	Nein	Ja, möglich
Bezug zu Servern	Nein	Nein	Ja, möglich
Bezug zu Diensten (SOA)	Nein	Nein	Ja, möglich
Aufbewahrung geheimer Schlüssel	Zert. Smartcard	Softtoken oder höher	Browser oder höher
Registrierung der Nutzer	Zert. Ausgabestelle	Orga. mit Reputation	Nicht möglich
Identifikation gegenüber PSE	PIN oder Biometrie	PIN oder Biometrie	-
Vorliegen einer CPS	Ja, zwingend	Unstrukturiert	Nicht nötig

Für die hier geschilderte Delphi-Studie zur PKI-Entwicklung werden in Anlehnung an Lopez, Oppliger und Pernul drei sinnvolle Konstellationen der PKI-Technologie definiert [vgl. Tabelle 1 in Anlehnung an LoOP05]. Ähnliche Einteilungen wurden auch von Gruhn et al. getroffen [vgl. GWK+07, S. 24][5].

Im Folgenden sei unter dem Begriff Q-Sig die personengebundene qualifizierte Signatur nach dem deutschen Signaturgesetz verstanden. F-Sig soll die einfachen und fortgeschrittenen, personengebundenen Signaturen (auch juristische Personen, also Organisationen) bezeichnen und M-Sig die Signaturen, die an Maschinen, wie Server oder Clients, oder an Softwaredienste gebunden sind. Für Q-Sig wird eine spezielle Hardware benötigt, um die PKI-Dienste zu nutzen (Smartcard und Kartenleser, ggf. Biometrie). Weiterhin sind gesetzliche Regulierungen zur Ausführung und Konfiguration einer PKI für Q-Sig zu beachten. In Deutschland bildet diese gesetzliche Grundlage das Signaturgesetz (SigG). Für F-Sig ist nicht zwingend eine PSE auf einer Smartcard vorgeschrieben. M-Sig wiederum benötigt keinen Zusammenhang zu einer Person. Die Kategorien werden im Folgenden näher erläutert:

- Q-Sig – Qualifizierte Signaturen: Klasse-4-Zertifikate und PKI-Dienste von beaufsichtigten oder akkreditierten ZDAs stellen die höchst mögliche Klasse einer PKI dar. Das Klasse-4-Zertifikat wird ausschließlich an lebende Personen vergeben. Der Zertifizierungsdiensteanbieter muss nach den Regeln des SigG qualifiziert sein. Für die Aufbewahrung des geheimen Schlüssels kommt in der Regel nur eine Smartcard in Frage, das Lesegerät besitzt üblicherweise eine spezielle Zulassung und ermöglicht eine direkte Eingabe der PIN. Ggf. verfügt es über eine biometrische Sensorik. Qualifizierte Signatu-

[5] Für eine genaue Beschreibung der aktuellen Möglichkeiten, die digitale Signatur in Programmcode zu integrieren, sei auf die Übersicht von K.-R. Müller verwiesen [Vgl. Müll07]. Eine gute Übersicht über die Sicherheitsrelevanz der digitalen Signatur in elektronischer Kommunikation bieten Bless et al. [vgl. BMB+06].

ren, die mit Zertifikaten eines akkreditierten ZDAs versehen sind, sind auch noch 30 Jahre nach Ablauf des Zertifikates gültig. D.h., dass der ZDA des Zertifikats, auf dessen Grundlage die Signatur erstellt wurde, während des ganzen Zeitraumes das entsprechende Zertifikat im Verzeichnisdienstsystem führt. Ein strukturiertes CPS oder eine äquivalente Certification Policy (CP) muss zwingend vorliegen.

- F-Sig – Fortgeschrittene Signaturen: – Klasse-3-Zertifikate und PKI-Dienste auch von unbeaufsichtigten ZDAs. Dabei kommen personenbezogene Zertifikate zum Einsatz. Beim Registrationsprozess kann im Gegensatz zu Klasse-4-Zertifikaten die identitätsprüfende Stelle auch eine einfache Organisation, z.B. der Werksschutz eines Unternehmens oder das Sekretariat eines Vereins, sein. Diese als ZDAs agierende Organisationen unterliegen nicht einer behördlichen Kontrolle. Weiterhin müssen hier nicht zwingend geprüfte Kartenleser zum Einsatz kommen. Als Aufbewahrungsort für die geheimen Schlüssel kommt neben der Smartcard auch ein Softtoken auf dem Rechner oder dem PDA in Frage. Ein strukturiertes Certification Practice Statement (CPS) oder eine äquivalente Certification Policy (CP) sollte immer vorliegen.

- M-Sig – Maschinensignatur: Zertifikate, die an Server, Clients oder Dienste gebunden sind. Diese Zertifikate sind nur mittelbar mit Personen verbunden. Bei Serverzertifikaten sind diese meist an die juristische Person eines Unternehmens gebunden. Clientzertifikate hingegen sind an die Installationen von Programmen auf einzelnen Rechnern gebunden. Die Aussteller der Clientzertifikate haben ggf. ergänzende Angaben zu den mutmaßlichen Benutzern gespeichert. Der Zusammenhang zwischen Nutzer- und Clienttransaktionen ist jedoch nur schwer beweiswürdig nachzuweisen. Dienstezertifikate werden, z.B. für die Kommunikation und Vergabe von Rechten, in dezentralen sog. *Service-Oriented-Architectures* (SOA) benötigt, bei denen sich Services gegenüber anderen Services authentifizieren müssen. Ein weiteres Beispiel für die M-Sig wäre das *Trusted Platform Module* (TPM), das heute zumeist als integraler Bestandteil von PC-Mainboards ein asymmetrisches Schlüsselpaar vorhält und damit Dienste wie Festplattenverschlüsselung bis hin zu Single-Sign-On zu realisieren vermag [vgl. Rohr08].

Die Dienste einer PKI können auf allen Ebenen von Geschäftsprozessen zum Einsatz kommen. Dies beginnt bei der sicheren Kommunikation mittels SSL und wird fortgesetzt mit z.B. den Sicherheitsmechanismen von Modellierungsmethoden für Geschäftstransaktionen (M-Sig), wie auch ebXML oder Web Services [vgl. HoHu04]. Danach folgen personengebundene, einfache Signaturen (F-Sig) auf elektronischen Dokumenten des gewöhnlichen Geschäftsverkehrs, wie sie bsplw. in Unternehmens-PKIs aktuell zur Anwendung kommen [vgl. Siemens-PKI in HeSc07]. Bis hin schließlich zu qualifizierten Signaturen auf beweiswürdigen Vertragsdokumenten mit langjährigen Archivierungspflichten, wie sie im behördlichen Umfeld benötigt und von zertifizierten ZDAs angeboten werden.

Somit liegt die Fokustechnologie dieser Arbeit, die PKI, definiert und abgegrenzt vor. Diese grundlegenden drei Qualitäten einer PKI werden im weiteren Verlauf herangezogen, um die Beschreibung des Innovationsmodells für die PKI und die Erstellung des Fragebogens für die Delphi-Studie praxisgerecht zu gestalten.

2.2.1 *Identifikation gegenüber der PSE*

Die Erstellung der elektronischen Signatur geschieht im Falle der Q-Sig auf einer sicheren persönlichen Umgebung, der sog. *Personal Security Environment* (PSE). Die PSE bestehe zumeist aus einer Chipkarte mit einem zertifizierten Mikroprozessor mit angeschlossenem nicht flüchtigen Speicher, auf dem sowohl der geheime Schlüssel des Benutzers, als auch weitere Schlüssel und Zertifikate des Benutzers oder anderer Nutzer gespeichert werden können. Um Zugriff zu den Diensten auf der Chipkarte zu erlangen, muss der Benutzer sich gegenüber seiner PSE identifizieren. Dies tut er zumeist mittels einer PIN-Nummer. Aber auch andere Methoden, wie z.B. die biometrische Identifikation, stehen hier zur Auswahl, um als zusätzliche Sicherheit zum PIN oder gar als Ersatz der PIN herangezogen zu werden.

Es sind aber auch andere Methoden der Identifikation gegenüber der PSE möglich. Dies sind hauptsächlich biometrische Methoden, d.h. Methoden, die in der Lage sind personenindividuelle, meist von der Person nicht mehr beeinflussbare, aber körperliche Merkmale mit einem hohen Grad an Einmaligkeit. Diese einmaligen Merkmale sind informationstechnisch erfassbar und können auf einer PSE verfügbar gehalten werden. Folgende prinzipielle Methoden der biometrischen Identifikation sind denkbar:

- Fingerabdruck
- Handgeometrie
- Gesichtsform
- Irisform
- Stimmencharakteristik
- Unterschriftsform und –dynamik [Vgl. Bhar02, S. 270-271] [6]

Die biometrische Identifikation kann nur als eine Komponente im Rahmen einer Mehrfaktoridentifikation eingesetzt werden, da die Erkennung einer Person aus zigtausenden möglichen Personen heute noch nicht ohne Zuhilfenahme eines zweiten Faktors funktioniert. Im Zusammenschluss mit dem Faktor „Ich habe etwas“, nämlich die Karte, die jede Identifikation genau auf die eine These überprüft, dass nämlich derjenige, der sich anmeldet, jener ist, dem die Karte auch zugeschrieben wird, funktionieren biometrische Methoden mit hoher Zuverlässigkeit, d.h. die Rate der irrtümlichen Abweisungen, wie auch die Rate der fälschlichen Akzeptanz sind sehr gering. Vorausgesetzt es kommt eine ausgereifte biometrische Technologie, wie z.B. das Scannen des Fingerabdrucks, zum Einsatz.

2.2.2 *Vergleich der elektronischen Signatur mit der eigenhändigen Signatur*

Sowohl für die eigenhändige Unterschrift als auch für die elektronische Signatur werden rechtliche Grundlagen und eine funktionierende Infrastruktur benötigt. Die Infrastruktur auf Seiten der eigenhändigen Unterschrift wird beispielsweise durch Meldeämter, dem Personalausweis

[6] Bharvada erwähnt auch weitere Methoden, wie Körpergeruchsspektrum und Organresonanzverhalten.

oder durch Notariate gebildet. Auf Seiten der elektronischen Signatur sind dies die ZDAs. Als rechtliche Grundlage fungiert z.B. das Beurkundungsgesetz oder das Urheberrechtsgesetz. Auf Seiten der elektronischen Signatur stellt das deutsche Signaturgesetz (SigG) die Grundlage dar.

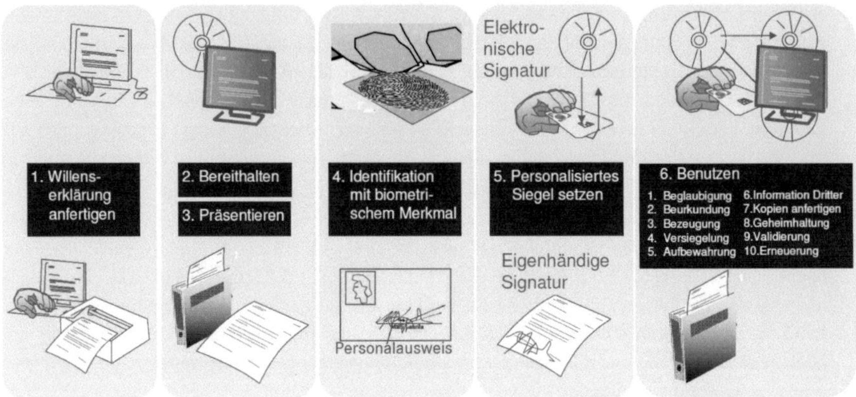

Abbildung 5: Vergleich der elektronischen mit der eigenhändigen Unterschrift

Beide Verfahren können ansonsten ähnliche Prozessabläufe vorweisen. Ein expliziter Vergleich der Abläufe [vgl. Abbildung 5] macht deutlich, dass nur die heutige notarielle Unterschrift an das Verfahren der elektronischen Signatur heranreicht. Die Verfassung der Willenserklärung verläuft bei beiden Verfahren ähnlich und mit großer Wahrscheinlichkeit zunächst virtuell im Computer. Für die elektronische Unterschrift geschieht nun das Bereithalten und das Präsentieren der Willenserklärung rein elektronisch, dahingegen wird für die eigenhändige Unterschrift ein Ausdrucken auf Papier und Bereithalten in Ablagen oder Ordnern nötig. Die Identifikation der Person bei der PSE dient der Vorbereitung für die elektronische Signatur. - Und ist vergleichbar mit der Identifikation der unterschriftsberechtigten Person kurz vor oder nach der Leistung der eigenhändigen Unterschrift durch betroffene Dritte, etwa durch einen Notar oder durch das Verkaufspersonal eines Geschäftes.

Der folgende Prozess der eigenhändigen Unterschrift setzt einen Schriftzug auf demselben Papierbogen auf dem auch die Willenserklärung steht. Dabei ist über die eingefärbten und verformten Papierfasern ein nur mit erheblichem Aufwand zu entfernendes Siegel entstanden. Das Siegel enthält zudem die einmaligen und schwer fälschbaren biometrischen Informationen des Unterschriftsgebers. Der Unterschriftgeber nutzt dabei sein nur schwer zu kopierendes und daher als geheim zu bezeichnendes Muster seiner motorischen Neuronen zusammen mit seinem ebenfalls schwer zu entwendenden Bewegungsapparat, um die Unterschrift zu erzeugen. Das Ergebnis ist eine Unterschrift, die von Dritten nicht gefälscht, aber dennoch mit Hilfe der vorhandenen Infrastruktur auf Korrektheit überprüft werden kann. Ein nachträgliches Verändern des Dokumentes kann durch die Gestaltung des Schriftstücks oder durch die Nachbedingungen der Unterschrift, etwa das Anfertigen von Kopien, für die von der Willenserklärung betroffenen Personen, verhindert werden.

Das Setzen des elektronischen Siegels besiegelt die Willenserklärung ebenfalls in einer nicht mehr umkehrbaren, manipulationsrobusten Form. Die Unumkehrbarkeit wird durch die Einwegfunktionen der asymmetrischen Kryptographie in Zusammenarbeit mit dem geheimen kryptographischen Schlüssel auf der Chipkarte gewährleistet. Alle zu verschlüsselnden Informationen fließen über den Chipkartenleser auf die Chipkarte und werden dort so verschlüsselt, so dass das Ergebnis dazu dienen kann, den Unterschriftsgeber wie auch die Willenserklärung beweiswürdig zu identifizieren. Eine Veränderung der Signatur kann zwar nicht immer verhindert werden, wohl kann aber die Veränderung sicher erkannt werden. Die elektronische Signatur ist also bzgl. Manipulationssicherheit der eigenhändigen Unterschrift ähnlich gestellt. Die Korrektheit der Signatur lässt sich jederzeit durch Entschlüsseln der Signatur mit dem öffentlich zugänglichen Gegenstück zum geheimen Schlüssel nachweisen. Die Entschlüsselung der Signatur mit dem öffentlichen Schlüssel erzeugt nämlich das ursprüngliche Dokument. In heutigen Signatursystemen wird jedoch aus Datensparsamkeit und aus Gründen der Performance nicht das Schriftstück selber, sondern eine auf Standardmaß verkleinerte Version des Dokumentes in die Signatur integriert. Entsprechend muss immer das Originaldokument vorliegen, um eine elektronische Signatur zu verifizieren. Dann wird nämlich der Vorgang der Verkleinerung der Willenserklärung auf Standardmaß (Hashwertbildung) durch den Verifizierer vor dem Vergleich der entschlüsselten Signatur reproduziert.

Ebenso wichtig wie die Erzeugung ist die Nutzung der Willenserklärung. Dies kann eine Beglaubigung oder Beurkundung durch einen Notar sein. Oder eine Bezeugung von Dritten. Ebenso kann das Anfertigen von Kopien der Willenserklärung entweder mit dem Ziel der Information Dritter oder auch mit dem Ziel der Aufbewahrung über kurze oder lange Zeiträume sein. Nach vereinbarter Zeit kann auch eine Erneuerung der Unterschrift bzw. der elektronischen Signatur nötig werden. Die Validierung, etwa im Rahmen der Nutzung der Willenserklärung, durch Dritte, geschieht bei der eigenhändigen Unterschrift oft durch scharfes Anschauen der Unterschrift und nur in seltenen Fällen durch ein Gutachten. Die Validierung der elektronischen Unterschrift geschieht hingegen ausschließlich durch das zuvor beschriebene Verfahren. Im Idealfall überprüft die PSE vor dem Validierungsprozess das öffentliche Zertifikat durch eine Abfrage beim ZDA per Realtimezugriff. Dabei ist die Validierung der elektronischen Unterschrift mit der Qualität der Validierung einer eigenhändigen Unterschrift durch einen Schriftsachverständigen zu vergleichen. Die Validierung einer digitalen Signatur benötigt dabei nur einen Bruchteil des Aufwandes und der Kosten.

2.2.3 Vergleich der elektronischen Signatur mit anderen Formen der elektronischen Willenserklärung

Die digitale Signatur mit den Ausprägungen Q-Sig, F-Sig und M-Sig sind nicht die einzigen Methoden zur Erzeugung einer beweiswürdigen elektronischen Signatur. Im Folgenden werden Beispiele und Ausführungen gegeben, die aufzeigen sollen, welche Methoden heute einer elektronischen Willenserklärung genügen. Die häufigste elektronische Willenserklärung ist der Kauf einer Ware im Internet.

Das Zustandekommen eines Kaufvertrages geschieht durch Abgabe eines Angebots und dessen Annahme. Jedes Angebot auf einer Website stellt meistens eine sog. *invitatio ad offerendum* dar, also eine Einladung des Anbieters an den Nachfrager, ein Vertragsangebot abzugeben. Dabei handelt es sich also nicht um verbindliche Angebote. [Vgl. Rein98]

Jegliche Angebotserstellungen, sei es das Vertragsangebot des Nachfragers oder jenes des Anbieters, findet rechtlich gesehen zumeist unter Abwesenheit der jeweils anderen Partei statt. Daher ist für eine elektronische Willenserklärung zwingend, dass das Vertragsangebot auch nachweislich bei dem jeweiligen Geschäftspartner eingegangen ist.

Je nach Art des Produktes und nach Art des Marktplatzes im speziellen gibt es sog. verkehrsübliche Anzeichen und Verhaltensweisen, die auf das Zustandekommen eines Vertrages und damit auf eine gemeinsame Willenserklärung hindeuten. Dies muss nicht immer die eigenhändige Unterschrift sein. Es kann auch eine sog. „vereinbarte elektronische Form" sein, in diesem Fall sind auch einfache elektronische Signaturen möglich. Folgende Beispiele machen deutlich, welche verkehrsüblichen Verhaltensweisen dann ausreichend sein können, um eine gemeinsame elektronische Willenserklärung einzugehen:

- Absenderangabe in einer Email.
- Im Falle eines eShops: Mehrfachklicks, um versehentliche Zustimmung zum Kauf zu verhindern.
- Zustimmung zu ABGs durch einfaches Häkchen setzen und Freigabe-Button.
- Zertifizierung von elektronischen Geschäftsprozessen durch Prüfungsgesellschaften.
- Entfall der eigenhändigen Unterschrift zugunsten zertifizierter Dialogführung für die elektronische Willenserklärung.
- Digitalisierte eigenhändige Unterschrift: Hierbei wird eine eigenhändige Unterschrift gerastert und die Form und Dynamik digital gespeichert.

Generell gilt: Weist die getätigte Transaktion eine Art Abgeschlossenheit, Nachverfolgbarkeit und Transparenz auf, dann ist dies die Grundlage für das Zustandekommen eines Vertrages. Auch diese einfachen Signaturen sind grundsätzlich als Beweismittel geeignet und daher rechtsgültig, sie unterliegen jedoch der individuellen Beweiswürdigung eines Richters. [GKW+07, S.7]

Bei elektronischen Willenserklärungen tritt das Problem der Identifikation der Geschäftspartner auf. Hier gilt prinzipiell der rechtliche Grundsatz der Anscheinsvollmacht, was bedeutet, dass wenn nach aller Voraussicht die Identität des Anbieters bzw. des Nachfragers als sicher anzusehen ist, das Geschäft zustande kommt und zwar auch dann, wenn tatsächlich jeweils nur Vertreter der durch die Willenserklärung angesprochenen Personen gehandelt haben.

Ist die Willenserklärung zustande gekommen, ist eine Anfechtung meist schwer, d.h. eine Anfechtung mit kompletter Rückabwicklung ist nur dann möglich, wenn z.B. echte Übertragungsfehler des Providers nachweisbar sind. „Dem Gesetz liegt die Intention zugrunde, fehlerhafte Willensäußerungen korrigierbar zu machen, wie Versprechen, Verschreiben, Verklicken und andere Versehen. Motivationswechsel und Willensbildungsdefizite gehen jedoch ausschließlich zulasten des Erklärenden.“ [BMWI00]

Es wird deutlich, dass es viele Alternativen für das Zustandekommen der elektronischen Willenserklärung gibt. - Und das manche Alternativen selber noch in einer Entwicklungsphase stehen. Viele Alternativen jedoch sind schon heute etabliert und vielfach bewährt. Jede Alternative hat ihre Schwächen und ihre Stärken, daher gibt es je nach Geschäftsvorfall unterschiedliche Konkurrenten für die digitale Signatur (Q-Sig/ F-Sig).

2.2.4 Der Beweiswert der elektronischen Signatur

Eine elektronische Signatur, insbesondere auch die Q-Sig, hat genau dann einen geschützten Beweiswert im Sinne des Gesetzes, wenn sie folgende Kriterien erfüllen kann:

Prüfbarkeit der Willenserklärung:

- Korrekte Anzeige des Prüfergebnisses
- Verfügbarkeit aller Verifikationsdaten, auch langfristig

Zuordnung der Willenserklärung:

- Unikateigenschaft des Signaturschlüssels
- Nachprüfbare Zertifikatskette
- Sichere Identifizierung
- Sichere Übergabe des Schlüssels und des Geheimnisses
- Nachweis einer Berechtigung durch Bestätigung von Attributen
- Autorisierung der Willenserklärung durch eine eindeutige, unmanipulierte Präsentation von zu signierenden Daten. [Vgl. BPRS02]

Eine Fallstudie über die Rolle der elektronischen Signatur in der Versicherungsbranche kommt zu dem Schluss, dass durch den Einsatz der qualifizierten elektronischen Signatur eine maximale Sicherheit geboten werden würde. Dies bezieht sich insbesondere auf die Einschränkung bzw. die bessere Verfolgbarkeit von betrügerischen Vertragsabschlüssen. Die Nutzung der Q-

Sig im Einzelfall wird jedoch nur als theoretische Möglichkeit dargestellt, weil es keine hinreichende Verbreitung der Q-Sig unter Versicherungsnehmern gäbe. [Vgl. GWK+07, S. 95ff]

Laut deutschem Signaturgesetz ist die Q-Sig sogar pauschal beweiswürdig, dass heißt sie ist der eigenhändigen Unterschrift vorangestellt. Die eigenhändige Unterschrift unterliegt nämlich in der deutschen Rechtssprechung der individuellen richterlichen Würdigung, d.h. ein Richter kann eine vorliegende Unterschrift als Beweismittel für eine Willenserklärung würdigen, er kann aber auch die Unterschrift anzweifeln und ihren Beweiswert niedriger einschätzen. Bei dieser Einschätzung hilft ihm z.B. ein Gutachten eines Schriftsachverständigen. Bei der elektronischen Signatur hat ein Richter laut SigG jedoch nicht die Möglichkeit bei dieser Signatur je nach Fall den Beweiswert unterschiedlich einzustufen. Man spricht daher von einer Beweislastumkehr für die qualifizierte elektronische Signatur [vgl. Schr05, S. 1189]. Die Signatur gilt vor Gericht als authentisch, wenn keine ernsthaften Zweifel an ihrer Echtheit begründet werden können. [Vgl. GWK+07, S. 5ff]

Generell gilt, dass je nach Gegenstand der Willenserklärung eine oder mehrere Unterschriften geleistet werden müssen, um eine Willenserklärung in Kraft treten zu lassen. Weitere Vorraussetzungen müssen zum Zeitpunkt der Unterschriftensetzung gegeben sein. Dies können sein: Anwesenheit von Zeugen, von Notaren, Vorliegen weiterer überprüfbarer Willenserklärungen. Es können weitere Nachbedingungen an das unterschriebene Dokument zu stellen sein. Dies können sein: Aufbewahrungsfristen, Aufbewahrungsart, Inkenntnissetzung verschiedener weiterer Parteien zur Fristenwahrung oder auch das Anfertigen von Kopien.

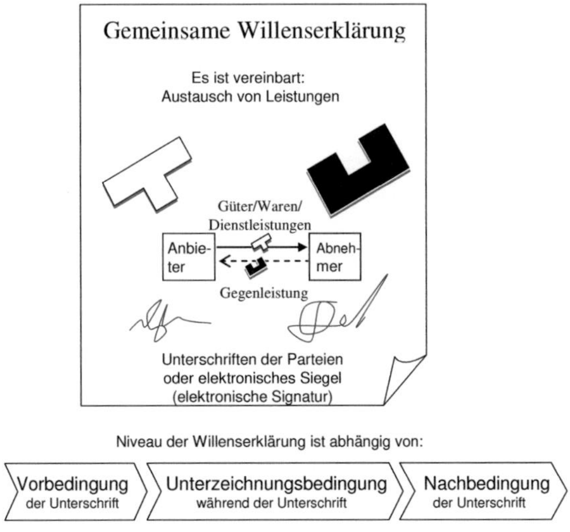

Abbildung 6: Vor- und Nachbedingungen der eigenhändigen Unterschrift

Die Vor- und Nachbedingungen wie auch die Bedingungen während der Unterschriftenabgabe bilden insgesamt das Niveau der Willenserklärung [vgl. Abbildung 6]. Beispielsweise ist eine erzwungene Unterschrift nichtig, weil hier mit der Unterschrift nicht der eigene Wille zum Ausdruck kommt. In den Unterzeichnungsbedingungen hat die eigenhändige Unterschrift einen Vorteil, da sie einen besseren Übereilungsschutz bietet. Zwar bietet auch die elektronische Signatur eine Warnfunktion, die den Unterzeichner auf die Verbindlichkeit der Unterschrift hinweisen kann, dennoch sprechen im Moment subjektive Gründe für eine verringerte Warnfunktion der elektronischen Signatur. Aus diesem Grund hat der Gesetzgeber etwa für Bürgschaftserklärungen, Schuldversprechen und Schuldanerkenntnisse jeweils die elektronische Form der Unterschrift ausgeschlossen [vgl. Schr05, S.1198-1190].

Diese Abwägungen der Qualität einer Willenserklärung gelten auch für jegliche Willenserklärungen in elektronischer Form. Für die Anwendung der M-Sig gelten diese Überlegungen nicht, da hier zumeist kein direkter, zielgerichteter Wille des Anwenders in Verbindung mit der maschinellen Verschlüsselung oder Signierung zu erkennen ist.

2.2.5 *Die Rolle des vertrauenswürdigen ZDAs als Aussteller von Zertifikaten*

Um die öffentlichen Schlüssel der Teilnehmer zu verteilen, und um den geheimen Schlüssel zweifelsfrei zu einer Personenidentität zuzuordnen, werden, wie schon weiter oben beschrieben, vertrauenswürdige Dritte, sog. Intermediäre, benötigt. Diese müssen im persönlichen Kontakt die Einheit von PSE und damit dem geheimen Schlüssel und der leibhaftigen Person feststellen. Dies geschieht in einem Antragsprozess, der papierbasiert ist und in einer eigenhändigen Unterschrift gipfelt. Das Ergebnis der Anmeldeprozedur ist ein elektronisches Dokument, das durch den Intermediär elektronisch signiert wurde und damit beglaubigt ist. Dieses Dokument wird Zertifikat genannt und kann von jedermann jederzeit beim Intermediär angefragt werden. Diese Dienstleistung bringt dem Intermediär in Deutschland die Bezeichnung „Zertifizierungsdiensteanbieter", kurz ZDA, ein.

Der ZDA muss, um im Sinne des Signaturgesetzes tätig sein zu dürfen, von einer Bundesbehörde, dem Budesamt für Sicherheit in der Informationsgesellschaft (BSI), zertifiziert oder sogar dauerhaft beobachtet werden, d.h. akkreditiert sein. Die in dieser Arbeit verwendete Klassifikation Q-Sig entspricht der qualifizierten Signatur einer ZDA, egal ob dieser nun akkreditiert oder nur zertifiziert ist.

2.3 Über die Entstehung, Entwicklung und Verbreitung der PKI-Technologie

Gegenwärtig wird die PKI-Technologie hauptsächlich auf Maschinenebene eingesetzt. So wenden z.B. virtuelle private Netzwerke (VPN) zwar die digitale Signatur an, um eine Client-Server-Authentifizierung durchzuführen, das dabei verwendete Zertifikat wird jedoch nur zur Identifikation des Servers gegenüber dem Client, der sich anmelden möchte, eingesetzt. Für die Identifikation des Clients gegenüber des VPN wird weiterhin auf z.B. Einmalpasswörter oder andere Kombinationen aus traditionellen Authentifizierungstechniken gesetzt. Die Integration der PKI-Technologie in Geschäftsprozesse von Bürgern, Unternehmen oder staatlichen Stellen in Deutschland und Europa nimmt in der Praxis heute nur eine marginale Rolle ein.

2.3.1 Historie der PKI-Entwicklung

Im Folgenden werden einige wichtige Ereignisse und Entwicklungsschritte in der Geschichte der PKI-Technologie aufgezeigt und erläutert [vgl. auch Tabelle 2 auf S. 25].

Diffie und Hellman haben in den 70er Jahren des 20. Jahrhunderts nach einer Lösung gesucht, wie das Problem des Austausches von geheimen Schlüsseln in symmetrischen Konzilationssystemen gelöst werden könne. 1976 haben sie die grundlegende Arbeit zum Thema PKI und asymmetrischer Kryptographie auf der Basis von mathematischen Einwegfunktionen veröffentlicht [DiHe76]. Wie sich später herausstellte, hatte der Mathematiker James Ellis bereits im Jahre 1974 im Auftrag der britischen Regierung ein PKI-ähnliches System beschrieben. Da es sich jedoch um einen geheimen Auftrag handelte, ging diese Entdeckung nicht in die freie wissenschaftliche Forschungsgemeinde ein und hat entsprechend erst eine späte Würdigung erfahren [Sing00]. Im Jahre 1978 haben Adleman, Rivest und Shamir den nach ihnen benannten und heute noch am häufigsten eingesetzten Algorithmus für asymmetrische Kryptographie, den RSA-Algorithmus, veröffentlicht [vgl. RSA78].

In den 80er und insbesondere in den 90er Jahren, als das World-Wide-Web im Entstehen begriffen war, war unter Informatikern und Sicherheitsexperten ausgemacht, dass die Technik der PKI die größten Vorteile und Flexibilität unter allen Identifizierungstechniken bietet. Die Hoffnung auf eine rasche Verbreitung dieser Technologie war entsprechend weit verbreitet. Vgl. Lio+05, LaUl02]

Kurz vor der Jahrtausendwende hat sich unter Experten, die von dieser Erwartungshaltung geprägt waren, eine schleichende Enttäuschung verbreitet, weil die Verbreitung durch verschiedene Hürden und starke Konkurrenztechnologien längst nicht die Formen angenommen hatte, wie dies noch 10-15 Jahre vorher prophezeit worden war. Die Bemühungen in Deutschland werden exemplarisch durch die Aktivitäten des Vereins TeleTrusT e.V. deutlich: „[Bei TeleTrust] bemühen sich Experten aus rund 90 Mitgliedsunternehmen seit 15 Jahren um die Erschließung des Potenzials der asymmetrischen Kryptographie für verbindliche und vertrauenswürdige, elektronische Geschäftsprozesse.“ [Vgl. Reim04, S. 23] Unter der Gemeinde der Datensicherheitsexperten hatte sich im Zuge der New-Economy-Blase von 1997-2001 neue Hoffnung auf den längst erwarteten grundlegenden Durchbruch der PKI verbreitet. Renommierte Unternehmen der Technologieberatungsbranche, wie z.B. die Gartner Group, verhießen der PKI im Jahre 1999 unter Bezugnahme auf die RSA-Konferenz in jenem Jahr ein hohes Potenzial und darauf folgend eine rasche Verbreitung.

Wenig später war die PKI im Gartner Hype Cycle in das sog. Tal der Desillusion abgerutscht und ist nun auch nach Ansicht der Technologieberater weit davon entfernt als eine Art „Killerapplikation“ des Internetzeitalters, eine explosionsartige Verbreitung zu finden.

In Deutschland wurde das Potenzial der PKI-Technologie früh erkannt, als Konsequenz hat der deutsche Gesetzgeber, als erster Staat überhaupt, 1997 ein Gesetz speziell zur Definition und Regulierung des Umgangs mit der qualifizierten elektronischen Signatur aufgestellt: das deutsche Signaturgesetz (SigG alter Fassung). Darin wurde eine Form der elektronischen Signatur beschrieben, die schließlich sogar der individuellen Beweiswürdigung der Richter entzogen war und pauschal als Beweismittel und rechtsgültiger Ersatz der eigenhändigen Unterschrift Geltung erlangt hat. Dieses Gesetz hat 2005 eine Novellierung erfahren, was insbesondere auf dem Kritikpunkt der einseitigen Anforderungen an die Technik und den Betrieb einer PKI herrührte. Dem Beispiel Deutschlands folgten bald weitere Länder, mit speziellen Gesetzen und Regelungen zur elektronischen Signatur. 1999 hat die europäische Union eine Signaturrichtlinie (1999/93/EG) erlassen, die bis 2001 durch die europäischen Staaten in nationales Recht zu übertragen war. Dem folgend hat der deutsche Gesetzgeber 2001 das Signaturgesetz erlassen (SigG) [vgl. Heus04, S. 30ff.]. Die europäische Signaturrichtlinie und in Folge die nationalen Gesetze der europäischen Länder haben aber nicht das erstrebte Ziel erreicht. Letztgenanntes war das der Stimulierung der Wirtschaft, sowie die Generierung von einer Vielfalt von verbesserten Anwendungen für die PKI. [Vgl. Schr05]

Tabelle 2: Vergangene Meilensteine der PKI-Entwicklung

1969	Geheime Forschungsergebnisse über asymmetrische Kryptographie (J. Ellis)
1976	Freie Forschungsergebnisse über asymmetrische Kryptographie (W. Diffie, M. Hellman)
1978	Erfindung RSA-Algorithmus (R. Rivest, A. Shamir, L. Adleman)
1990	Gründung des BSI (Bundesamt für Sicherheit in der Informationstechnik)
1991	1. Freeware: PGP (Pretty Good Privacy) von P. Zimmermann
1991	Erste amerikanische RSA-Konferenz
1996	Erste Version der Common Criteria for Information Technology Security Evaluation (CC)
1997	Deutsches Signaturgesetz, alte Fassung
1999	1. Europäische IT-Sicherheitskonferenz: ISSE (Information Security Solutions Europe)
1999	7 Trustcenter in Deutschland
1999	Weltweiter Höhepunkt der PKI- Euphorie: RSA Konferenz 1999
1999	EG-Signaturrichtlinie
2000	Start European-Bridge-CA
2001	Deutsches Signaturgesetz (SigG)
2003	Deutsches Signaturbündnis
2004	EU-Projekt: FIDIS - "Future of Identity in the Information Society"
2004	Erste EuroPKI-Konferenz
2005	Deutsche Signaturgesetz-Nouvelle

Der Grund für diese immer wieder auftretenden Enttäuschungen bzgl. der Verbreitung der PKI wird von vielen Experten an den umfangreichen Prämissen festgemacht, die an eine erfolgreiche Verbreitung der PKI geknüpft sind. In der Theorie der asymmetrischen Kryptographie wird die Schlüsselverteilung zwischen Kommunikationspartnern radikal vereinfacht, insbesondere wenn man den Aufwand der Schlüsselverteilung im Falle symmetrischer Konzilationssysteme vergleicht. Dieser Vorteil gegenüber der symmetrischen Konzilationssysteme wird aber nur in dem künstlichen Szenario, in dem niemand irgendjemanden kennt, in dem also noch gar keine Trustmodelle existieren, wirklich wirksam.

In der Realität jedoch gibt es viele Gemeinschaften, die heute schon ein ausgeprägtes gemeinsames Trustmodell entwickelt und dabei auch eine Infrastruktur geschaffen haben, welche den sicheren Austausch von geheimen Informationen ermöglicht. Da aber der einfache Schlüsselaustausch der Hauptvorteil einer PKI ist, relativiert sich damit der Vorteil der PKI gegenüber anderen Identifikationstechnologien! Zudem lassen sich symmetrische und asymmetrische Kommunikationsprotokolle beliebig kombinieren.

Daher sind im Laufe der Jahre eine Vielzahl von hybriden Verschlüsselungsmethoden und Identifikationsmethoden zur Anwendung gekommen, die allesamt im Rahmen ihrer Trustmodelle den jeweiligen Ansprüchen der Nutzer genüge tun. Freilich erreicht keine der Anwendungen die eigentliche Vision, welche die Vordenker der PKI-Technologie zugedacht hatten, obschon sie auf asymmetrischer Kryptographie basieren.

Um die Zusammenarbeit zwischen Wirtschaft, Wissenschaft und staatlichen Stellen besser zu koordinieren, wurde 2003 das Signaturbündnis gegründet, mit dem Ziel, gemeinsam den Weg für einen ersten großen Durchbruch der PKI zu ebnen [vgl. Schr05]. Ein grundlegendes Problem wurde damals schon spürbar: Es gibt nicht die eine PKI, sondern viele PKI-Inseln. Um dieses Problem zu beheben, kann entweder eine dominierende, ggf. staatliche PKI, aufgebaut werden oder aber die Interoperabilität der verschiedenen PKI-Inseln verbessert werden. Um PKI-Inseln zu vernetzen, wurde im Jahr 2000 die European-Bridge-CA gestartet, welche, betrieben durch den e.V. TeleTrusT, langsam aber kontinuierlich ihre Knotenfunktion zwischen verschiedenen privatwirtschaftlichen und staatlichen PKIs ausbaut [vgl. Lio+05, BüEs04].

Bereits 1999 waren in Deutschland sieben große Trustcenter gemäß dem SigG zertifiziert und haben ihre Dienste dem freien Markt angeboten [vgl. Bune08, LiRo05].

In 2004 fand die erste große wissenschaftliche Konferenz, die EuroPKI2004, statt, die ausschließlich dem Thema PKI gewidmet war. In diesem Jahr wurde auch das europäische Forschungsprojekt FIDIS gestartet, das unter anderem die Verbreitung von PKI-, Biometrie- und anderen Security-Techniken untersucht [vgl. Fidi08].

Zuletzt wurde 2005 eine Nouvelle des deutschen Signaturgesetzes erlassen, die u.a. eine Abstufung von ZDAs in unterschiedliche Qualitäten vorsieht sowie die ZDA-Prozesse vereinfacht und damit auch PKIs zulässt, die etwas mehr an einfachen Signaturabläufen orientiert sind [Schr05].

Fazit:

Der Blick auf die Historie zeigt, dass es sich bei der PKI-Technologie um einen verhältnismäßig jungen Zweig der Kryptographie handelt. Aus dieser Perspektive könnte die festgestellte Verbreitungsgeschwindigkeit dieser Technologie mit Gelassenheit betrachtet werden. Wird jedoch als Vergleichsmaßstab die Entwicklung anderer elektronischer Kommunikationsstandards, wie das World-Wide-Web oder Sicherheitsprotokolle, wie SSL, angelegt, so wird deutlich dass die PKI-Technologie eine nur untergeordnete Nebenrolle im Reigen der modernen IT-Technologien spielt. Es wird auch deutlich, dass sowohl auf regulativer Ebene wie auch auf privatwirtschaftlicher Ebene viel getan wurde, um der PKI-Technologie Vortrieb zu geben. Dennoch wird klar, dass vermutlich so bald nicht mit einer explosionsartigen Verbreitung der PKI-Technologie zu rechnen ist. Dies rechtfertigt eine differenziertere Analyse der Situation der PKI-Technologie in ihrem Umfeld. Somit kann festgehalten werden, dass die Relevanz der Forschungsfragen dieser Arbeit mit Blick auf die relativ langsame und schleppende Verbreitung der PKI-Technologie begründet ist.

2.3.2 Vision und Desillusionierung der Nutzung der elektronischen Signatur

Die Nutzung einer qualifizierten, elektronischen Signatur ist ein vollständiger Ersatz der eigenhändigen Signatur, so beschreibt es das SigG. Als vollwertiger und gleichgestellter Ersatz der eigenhändigen Signatur muss, so kann geschlossen werden, demnach die elektronische Signatur das Potenzial haben, die eigenhändige Signatur in allen ihren Anwendungsgebieten zu verdrängen.

Lamberti [Lamb03] sieht die digitale Signatur als Mittelpunkt umfangreicher Geschäftstransaktionen. Die Vision von der Nutzung und Verbreitung der digitalen Signatur umfasst dabei folgende Gebiete bzw. Anwenderschichten:

- Verwaltungen und Behörden bieten ihre Dienste wesentlich effizienter an als bisher: Dies sind in erster Linie: Ummeldung, Steuererklärung, Fahrzeuganmeldung, Personalausweis verlängern, Bafög und Wohngeld beantragen sowie online wählen.
- Gleichzeitig solle der Staat ein höheres Maß an innerer Sicherheit bieten.
- Die Konsumenten schließen im Internet rechtsverbindliche Verträge ab, dies sind in erster Linie: Kaufverträge des Versandhandels, Versicherungen und Aktien.
- Die Unternehmen würden Liefer- und Leistungsbeziehungen vernetzen und dabei mittels weiteren Dienstleistungen die Wertschöpfungstiefe senken. Weiterhin vergrößern PKI-basierte Zutrittsysteme für IT-Systeme und Gebäude die Sicherheit allgemein. [Vgl. Lamb03]

Als besonders affin zur PKI-Technologie gelten Geschäftsprozesse des Gesundheitswesens, hoheitliche Aufgaben, wie z.B. Visumsausstellung, Personalausweis und Pass, sowie Marketingprozesse wie Rabattierungen und die elektronische Archivierung. Als gesamtheitliche Killerapplikation werden allgemein das Versenden von sicheren Emails sowie die elektronische Willenserklärung allgemein angesehen. [Vgl. HaPa04]

Ebenso wird sich für verschiedene Bankprozesse eine starke Verbreitung der digitalen Signatur in naher Zukunft erwartet [vgl. LePi07]. Wenngleich auch die gegenwärtige Nutzung von beispielsweise der qualifizierten Signatur für Erstellung und Übermittlung von Rechnungen von nur 3% der Unternehmen betrieben wird [vgl. Sta+08], wird die qualifizierte Signatur sowohl in Intra-Bank-Prozessen wie auch in externen Bankprozessen zunehmend Verbreitung finden [vgl. Bart07].

Aus verschiedenen Gründen ist heute diese breite Nutzung der PKI noch nicht eingetreten. Experten bewerten die Problemlage als typisches „Henne-Ei-Problem". Anwendungsentwickler und ZDAs würden demnach darauf warten, dass jeweils die andere Seite in Vorleistung geht und dem Massenmarkt preisgünstige PKI-Lösungen zur Verfügung stellt [vgl. Reim04, S.43]. Bürger und Esslinger bezeichnen diese Lage als „Patt-Situation": Als Netzwerkprodukt steige der Nutzen einer PKI mit der Anzahl der Nutzer. Solange sich aber keine Infrastruktur mit großer Verbreitung abzeichne, warten Privatpersonen wie auch Anwendungsentwickler lieber ab, um nicht die falsche Investition zu tätigen [vgl. BüEs04].

Fazit:

Die PKI-Technologie kann theoretisch die Lösung aller Probleme der Identifikation in offenen Netzen bringen. Heute schon haben aber die allermeisten Nutzergruppen ihre Kommunikationsprobleme bereits evolutionär entwickelt und auch evolutionär gelöst. Dies geschah durch schrittweises Anpassen von Technologien und Trustmodellen. Dic Nutzung der PKI ist keine „Herzensentscheidung" sondern eine Ratio-Entscheidung zwischen Nutzen und Kosten. Insbesondere die Unsicherheit über die zukünftige Verbreitung der PKI oder spezieller PKI-Produkte führt zusätzlich zu einer Zurückhaltung bzgl. einer Entscheidung für die Nutzung von PKI-Diensten.

Die PKI wurde von vielen Autoren als eine Art Wundermittel gegen alle Arten von „Kommunikationskrankheiten" gepriesen, ihre Anwendung versprach sofortige Genesung und ewige Gesundheit. Nur, es gab keine Patienten, die einer Heilung bedurften! Weil sich die meisten einer guten Kommunikations-Gesundheit erfreuten, war die Einnahme eines neuen Medikamentes überflüssig, man erfreue sich, unter Hinzunahme verschiedenster Mittelchen, bester Gesundheit.

Der Vergleich der PKI-Technologien mit einem Medikament im Sinne eines universellen Allheilmittels ist sinnvoll, wenn die Erwartungen und Befürchtungen, die mit der PKI-Technologie einhergingen und heute noch einhergehen, plastisch dargelegt werden sollen. Im weiteren Verlauf dieser Arbeit wird dieses Bild jedoch nicht weiter verfolgt. Vielmehr wird mit Hilfe der Innovationstheorie ein wissenschaftliches Sprachgebilde zur weiteren Erörterung des Phänomens der Verbreitung der PKI-Technologie in Vergangenheit, heute und in Zukunft herangezogen.

2.4 Die Wertschöpfungskette der PKI

Die PKI-Technologie wird durch das Zusammenwirken von einer Reihe von Wirtschaftssubjekten bereitgestellt. Durch den Verkauf von Software und Hardware, sowie durch Dienstleistungen, wie z.B. Beratungsleistungen, werden in einer Wertschöpfungskette Leistungen erbracht und mit Gegenleistungen, wie z.B. Geld, vergolten. Weiterhin wird das Produkt „Digitale Signatur" von Gesetzgebern und Standardisierungsorganisationen weltweit beeinflusst. In dieser Arbeit werden daher 11 Glieder der Wertschöpfungskette der PKI-Technologie unterschieden:

- A1 - Internationale Organisationen und Konferenzen, z.B. Normungsorganisationen, wie ETSI/ESI [vgl. ETSI08] oder Normen wie ISIS-MTT, PKIX, PKCS, X.509 oder S/MIME; Konferenzen, wie RSA[7] oder ISSE;
- A2 - Europäische Richtlinien;
- A3 - Deutscher Gesetzgeber;
- A4 - Hersteller von Mainstream-Software;
- A5 - Hersteller von Unternehmenssoftware;
- A6 - Middleware-Software PKI - Application Interfaces, Schnittstellen;
- A7 - Backend-Software PKI - Trustcenter-SW, Verzeichnisserver, Archivierungsserver;
- A8 - Hersteller von Smartcards;
- A9 - Hersteller für Biometriehardware;
- A10 - Anbieter von Endgeräten: Laptops, Mobiltelefone, PDAs, Mobile Devices;
- A11 - Emissäre von Smartcards – Wirtschaftssubjekte, dessen bestehendes Geschäftsmodell auf intelligenten Checkkartenobjekten basiert. Z.B. Banken, Krankenkassen oder Bonisystemanbieter.

Alle genannten Institutionen und Wettbewerber stellen gemeinsam die Wertschöpfungskette der PKI-Technologie dar. Ihr gemeinsames Angebot ist die digitale Signatur in verschiedenen Qualitäten. Sie müssen gemeinsam realisieren, ihr Angebot einer sich entwickelnden und sich verändernden Nachfrage nach der Nutzung von digitalen Signaturen ständig anzupassen und in einem wirtschaftlichen Maßstab mit Hilfe der PKI-Technologie Werte zu schaffen. - Und sich diesem Mehrwert von den Nutznießern der digitalen Signatur auch bezahlen lassen.

2.5 Ziele der PKI-Entwicklung

Die Mitglieder der PKI-Wertschöpfungskette verfolgen gemeinsam die Verbesserung des schlussendlich gemeinsam erzeugten Produktes bzw. Dienstleistung der elektronischen Signatur. Die Weiterentwicklung kann als ein zielorientierter Prozess gesehen werden, der sich einer-

[7] Die RSA-Konferenz ist die weltgrößte Veranstaltung der Informationssicherheitsbranche. Die Veranstaltung ist heute ein wichtiger Treffpunkt für die IT-Sicherheitsindustrie in Nordamerika und zieht über 10.000 Teilnehmer an. [Vgl. Reim04, S. 32]

seits durch eine sehr konkrete Tätigkeit der Fehlerausbesserung ergibt. Andererseits werden Entwicklungsziele verfolgt, die von einem erwartetem zukünftigen Nutzen ausgehen. Eine wichtige Rolle spielen dabei auch die allgemeinen Nutzungserwartungen verschiedener potentieller Nutzergruppen bzgl. der elektronischen Signatur. Daraus ergeben sich die folgenden Ziele der PKI-Entwicklung:

Z01. Verbesserung der eGeschäftsprozesse von Unternehmen: Dieses Ziel wird erreicht, wenn entweder mehr Beteiligte elektronische Geschäftsprozesse nutzen oder aber eine breitere Palette von elektronischen Geschäftsprozessen zur Nutzung bereit stehen.

Z02. Verbesserung der eGeschäftsprozesse von staatlichen Organisationen: Dieses Ziel wird erreicht, wenn entweder mehr Nutzer elektronische Behördenprozesse nutzen oder eine breitere Palette von elektronischen Behördenprozessen angeboten werden kann.

Z03. Verbesserung der eGeschäftsprozesse der Endkunden/Bürger: Dieses Ziel wird erreicht, wenn entweder ein Nutzer häufiger elektronische Geschäftsprozesse nutzen kann oder eine breitere Palette von elektronischen Geschäftsprozessen nutzen kann.

Z04: Verbesserung der Situation der ZDAs: ZDAs sind wirtschaftlich organisierte Einheiten. Sie handeln als Profit-Center innerhalb von privatwirtschaftlichen oder staatlichen Organisationen und müssen eine ausgeglichene Bilanz von Einnahmen und Ausgaben vorweisen. Die Angebotsqualität einer PKI hängt von deren Investitionsfähigkeit ab.

Z05. PKI-Nutzungskosten reduzieren: Anfallende Kosten im Rahmen der Nutzung der PKI-Dienste sollen minimiert werden.

Z06. PKI-Transaktionskosten reduzieren: Direkt anfallende Transaktionskosten, wie z.B. die Kosten für eine Zertifikatsprüfung im Rahmen einer Transaktion, sollen reduziert werden.

Z07. Indirekte Benutzerkosten der PKI minimieren: Indirekte Kosten der PKI fallen vorzugsweise in Form von Investitionskosten in Hard- und Software oder durch entsprechende Miet- oder Lizenzgebühren an.

Z08. Erfüllung von Datenschutzzielen: Der Nutzer von PKI-Diensten muss gute Kontrollmöglichkeiten über die Verwendung seiner personenbezogenen Daten haben.

Z09. Antizipation betrieblicher Trustmodelle: Einfache und robuste PKI-Strukturen mit Anlehnung an die bestehende hierarchische Ordnung in Unternehmen und anderen Organisationen.

Z10. Ausweitung der elektronisch abwickelbaren Geschäftsabschlüsse: Die elektronische Signatur soll auch bei bestehender Formerfordernis zum Einsatz kommen.

Z11. Breites Angebot an nützlichen PKI-Diensten: Die Programme in der Sphäre des Benutzers und die PSE des Benutzers sollen ein breites Spektrum an möglichen PKI-Diensten anbieten.

Z12. Beweiswürdige Willenserklärungen in elektronischer Form (Primärziel der PKI).

Z13. Eine Person = eine elektronische Identität: Es ist anzustreben, dass jede Person jeweils genau eine PSE für die Ausübung von PKI-Diensten führt. Es handelt sich hierbei um ein Subziel des Schlüsselmanagements.

Z14. Verbesserung Schlüsselmanagement: Bereitstellung einer einfachen und insbesondere interoperablen Methode für den PKI-Nutzer, seine verschiedenen Schlüssel und Zertifikate am „virtuellen Schlüsselbund“ zu halten [vgl. Hess07]. Dies beinhaltet z.B. das Wechseln des ZDAs oder das Wechseln von PSEs ohne neue Schlüssel generieren zu müssen.

Z15. Stärken der Identifikationsfunktion der elektronischen Signatur: Die Identifikation einer Person bei der PSE sollte für die PSE grundsätzlich irrtumsfrei möglich sein. Der Besitzer einer PSE muss in der Lage sein, sich bei der persönlichen Sicherheitsumgebung, z.B. Smartcard, zu identifizieren, ohne sich ein 15-stelliges Passwort zu merken. Die Identifizierung der handelnden Person bei der mitgeführten PSE soll eindeutig und für den Benutzer einfach und schnell geschehen.

Z16. Eindeutige Identifikation bei PSEs: Elektronische Willenserklärungen, die durch Vertreter oder Bevollmächtigte signiert werden, sollen unmissverständlich durch die PSE als „signiert in Vertretung“ gekennzeichnet werden.

Z17. Reduzierung des Missbrauchspotenzials: Starke Verschlüsselung soll nicht als informatorische Waffe für Verbrechen eingesetzt werden können.

Z18. Erhöhung des Langzeitkomforts der PKI: Der Anwender ist vor unerwarteten und aufwändigen Aktionen zu schützen und nur in geringstem Maße zu behelligen. Hierbei handelt es sich um ein Subziel des Schlüsselmanagements.

Z19. PKI-Opportunitätskosten minimieren: Der entgangene Nutzen einer PKI-alternativen Form der elektronischen Willenserklärung muss reduziert werden. Dieser Verzicht kann z.B. in Form einer im Vergleich längeren Wartezeit für PKI-Zertifikatsprüfungen gegenüber einer Rating-Abfrage mit zusätzlicher Email Validierung (aber ohne digitale Signatur) zu Tage treten. Opportunitätskosten sind der subjektive Verlust, den der Benutzer empfindet, wenn er eine PKI-Transaktion tätigt.

Z20. Ausgleich von asymmetrischen Kosten- und Nutzenstrukturen: Oft ist es so, dass die anfallenden Kosten und der Nutzen im Rahmen der PKI-Nutzung ungleich unter den Beteiligten eines Geschäftsprozesses anfallen. Ziel ist es, die Kosten nutzungsgerecht zu verteilen und insgesamt zu optimieren. [Vgl. Hess07, S.68]

Z21. Trustmodellgerechter PKI-Aufbau: Die Vorteile einer PKI sollen nachfragegerecht, dem jeweiligen Trustmodell der Nutzer angepasst werden.

Z22. Hindernisfreie Kommunikation und Interoperabilität: Es ist einerseits anzustreben, dass die Bürger frei zwischen verschiedenen ZDAs in Europa wählen können und andererseits, dass die Bürger problemlos beweisbare Kommunikation mit Personen oder/und Services durchführen können, obwohl sie die Dienste unterschiedlicher ZDAs in Anspruch nehmen.

Z23. Vereinfachung der Benutzbarkeit von PKIs: Der Anwender von Signaturdiensten sollte die Applikationen zu seiner subjektiven vollsten Zufriedenheit bedienen können. Die Softwareergonomie muss an die Einfachheit der Bedienung eines Kugelschreibers heranreichen, um mit der eigenhändigen Unterschrift in Konkurrenz treten zu können. Dies beinhaltet u.a. effektive und komfortable Methoden für den Schlüsselwechsel.

Z24. 1:1-Präsentation der Willenserklärung oder „What you see is what you sign“: Es ist der erklärte, in Textform vorliegende Wille einer Person in der Art darzustellen, dass der tatsächliche Wille daraus erschlossen werden kann.

Z25. PKI-Bereitstellungskosten minimieren: Zu den Bereitstellungskosten für eine PKI sind insbesondere die Betreiberkosten der ZDA zu zählen.

Die Beziehungen zwischen den Zielen der Entwicklung der PKI-Technologien sind nicht widerspruchsfrei. Beispielsweise kann das Ziel 4: *Verbesserung der Situation der ZDAs* kurzfristig mit dem Ziel 5 und 6: *Reduzierung Transaktions- und Nutzungskosten* kollidieren. Jeder Schritt in Richtung eines ganz bestimmten Ziels hat im Gesamtkontext der gesellschaftlichen und technologischen Zielhierarchie spezielle Auswirkungen, die bei einem Eingriff in die Wertschöpfungskette der PKI-Technologie zu berücksichtigen sind.

Fazit:

Für eine Bewertung der Aktivitäten der Akteure der Wertschöpfungskette der PKI wird ein Zielsystem als Messgröße und als Orientierung der Ausrichtung der Aktivitäten benötigt. Die Extrapolierung von zukünftigen Aktivitäten der Teilnehmer der Werkschöpfungskette wird durch die Existenz von längerfristigen Zielen geleitet. Wenn also heutige oder zukünftige Strukturen der PKI-Technologie zu erklären sind, ist es wichtig, die Ziele der beteiligten Akteure zu verstehen.

Die Ziele der PKI-Entwicklung stellen einen wichtigen Beitrag zur Forschungsfrage 4. In Forschungsfrage 4 wird u.a. die Frage nach der Nachvollziehbarkeit der Bereitstellung und Verbreitung der PKI-Technologie heute und in Zukunft gestellt. Eine Zielhierarchie gibt nachvollziehbare Erklärungen über das beobachtete Verhalten verschiedener Konstrukte der PKI-Verbreitung. Die Zielhierarchie stellt somit bereits eine Basis des Modells der PKI-Adoption und –Diffusion dar.

2.6 Probleme und Hürden im Bereich der PKI-Technologie

Sowohl einzelne Elemente, als auch das Zusammenspiel der verschiedenen Elemente der PKI Technologie weisen zum Teil noch Mängel auf. Diese Probleme entstehen aus dem komplexen Verbund von kleinen Teilproblemen. Ebenso zeichnen sich verschiedene Lösungen ab, die in der Lage sind, jeweils Teilaspekte der Probleme zu beheben. Diese Verbundlösungen und Verbundprobleme entfalten im Zusammenspiel zwischen den Elementen PKI-Dienste, PKI-Technik und PKI-Regulierungen ihre Wirkung. Zumeist korrespondiert das Verbundproblem nicht exakt mit einer spezifischen Lösung. Allen gemein ist, dass sowohl Probleme als auch Lösungen vor dem Hintergrund des oben beschriebenen Zielsystems zu beurteilen sind. Im Folgenden werden daher die Probleme (P) und Lösungen (L) vor dem Hintergrund des Zielsystems dargestellt. Falls es eine ungefähre Passung von Problem zu Lösung gibt, so werden beide als Problem-Lösungs-Pärchen vorgestellt.

(L1) Einsatz von sicherer Biometrie als Lösungsinstrument, um dem Ziel Stärken der Identifikationsfunktion der elektronischen Signatur näher zu kommen

Der Sachverhalt „Einsatz von sicherer Biometrie" ist ein Lösungsbeitrag, um das Ziel „Stärken der Identifikationsfunktion der elektronischen Signatur" zu erreichen.

Kurzbeschreibung der Lösung: Der Einsatz von biometrisch geschützten PIN- und Passwort-Börsen wird zur Standardlösung, um die Identifikation zwischen PSEs und dem Nutzer abzusichern.

(P2) Gläserner Verbraucher - Zeitstempel und Zertifikatsverifikationen für den Überwachungsstaat

Problem: Gläserner Verbraucher - Zeitstempel und Zertifikatsverifikationen für den Überwachungsstaat steht der Erfüllung von Datenschutzzielen im Weg.

Der Sachverhalt „Gläserner Verbraucher - Zeitstempel und Zertifikatsverifikationen für den Überwachungsstaat" stellt ein Hindernis dar, um das Ziel „Erfüllung von Datenschutzzielen" zu erreichen.

Kurzbeschreibung des Problems: Der vermehrte Einsatz von Zeitstempeln in Verbindung mit Ortsangaben, sowie das Gebot, Zertifikate realtime bei einem TrustCenter zu überprüfen, hinterlässt Datenspuren, aus denen Rückschlüsse auf Aufenthaltsorte und Geschäftstätigkeit gezogen werden können. Dies birgt in sich das Gefahrenpotenzial von Datenschutzkonflikten sowie die Verletzung von Persönlichkeitsrechten. [Vgl. SoTi02]

Detailbeschreibung des Problems: Die Dienste einer PKI erzeugen beweisfähige Tätigkeits- und Bewegungsprofile des Nutzers, die für Behörden und Wirtschaft interessant sein könnten. Allgemein ist hier das Interesse der Verbrechensbekämpfung sowie die Gewinnung von Marketingprofilen zu erwähnen. Vorgänge bei Telekommunikationsdiensteanbietern (Mobilfunk und Internetprovider) legen nahe, dass in Zukunft auch die ZDAs im Namen der Verbrechensbekämpfung zu einer Profilspeicherung und –herausgabe verpflichtet werden.

Eine Lösung des Problems stellten z.B. Pseudonym-Zertifikate dar, wie es das SigG für ZDAs vorsieht [vgl. Schr05, Dum+05].

(P3) Langwierige Zertifikatsprüfungen

Problem: Zertifikatsprüfungen stellen Transaktionen mit einem bestimmten Zeitbedarf dar. Daraus können sich für die Benutzer hohe Wartezeiten ergeben, welch dem Ziel der Vereinfachung der Benutzbarkeit von PKIs entgegenwirken.

Der Sachverhalt „Zertifikatsprüfungen in der Warteschleife“ stellt also ein Hindernis dar, um das Ziel „Vereinfachung der Benutzbarkeit von PKIs“ zu erreichen.

Kurzbeschreibung des Problems: Schlechte Verfügbarkeit sowie die Dauer von Zertifikatprüfungsdiensten verhindern eine effektive Nutzung von elektronischen Signaturen.

(L3) Europaweites, datenschutzkonformes, hochverfügbares Verzeichnisdienste-Netzwerk

Der Sachverhalt „Europaweites, datenschutzkonformes, hochverfügbares Verzeichnisdienste-Netzwerk“ ist ein Lösungsbeitrag, um das Ziel „Vereinfachung der Benutzbarkeit von PKIs“ zu erreichen.

Kurzbeschreibung der Lösung: Europaweit soll sich ein plattformunabhängiger, hochverfügbarer Service etablieren, der es ermöglicht, realtime den Status von Zertifikaten abzufragen. Konflikte des Datenschutzes werden dabei bereits durch einheitliche europäische Richtlinien zur Zufriedenheit aller Beteiligter geregelt. [Vgl. Dum+05, S.135]

(P4) Feststellungs- und Benachrichtigungsproblematik kompromittierter Schlüssel

Der Sachverhalt „Feststellungs- und Benachrichtigungsproblematik kompromittierter Schlüssel“ stellt ein Hindernis dar, um das Ziel „Erhöhung Langzeitkomfort der PKI“ zu erreichen. [Vgl. Gutm02]

Kurzbeschreibung des Problems: Wird ein geheimer Schlüssel vor Auslauf des Zertifikates kompromittiert, so stellt sich zunächst die Frage, wie diese Tatsache sicher erkannt werden kann. Weiterhin müssen frühere und zukünftige Transaktionspartner davon in Kenntnis gesetzt werden, dass der alte Schlüssel kompromittiert ist, ggf. müssen früher getätigte Transaktionen einer Überprüfung unterzogen werden.

Detailbeschreibung des Problems: Der geheime Schlüssel eines Schlüsselpaares ist prinzipiell allein aus der Kenntnis des öffentlichen Schlüssels zu rekonstruieren. Allein die Schlüssellänge und die verwendeten Kryptographiemethoden führen zu sehr langen Rekonstruktionszeiten bei extrem hohem Aufwand auf Seiten der eingesetzten Hardware. Wird ein geheimer Schlüssel beispielsweise durch einen solchen Angriff kompromittiert, so ist dies durch den Besitzer zunächst nicht feststellbar. Dies ist der Grund, warum die benutzten Schlüssellängen einem Verfallsdatum unterliegen. Gelingt es, den geheimen Schlüssel vor dem offiziellen Verfallsdatum zu entwenden oder zu rekonstruieren, so gilt der Schlüssel als kompromittiert. [Vgl. Dum+05]

(P5) Geringe Interoperabilität zwischen verschiedenen Zertifizierungsdiensteanbietern

Der Sachverhalt „Geringe Interoperabilität zwischen verschiedenen Zertifizierungsdiensteanbietern (ZDAs)“ stellt ein Hindernis dar, um das Ziel „Unbehinderte, beweiswürdige Kommunikation“ zu erreichen. [Vgl. GoMe01, FiSW04]

Kurzbeschreibung des Problems: Unterschiedliche technische, prozessuale und organisatorische Standards von unterschiedlichen PKIs hemmen die dienstanbieterübergreifende Einsatzfähigkeit von Zertifikaten für elektronische Signaturen [vgl. Dum+05].

Detailbeschreibung des Problems: Die jeweils den elektronischen Unterschriften zugrunde liegenden Zertifikate weisen unterschiedliche Qualitätsmerkmale auf. Dies führt zu einer unterschiedlichen Würdigung der elektronischen Signatur in jeweils unterschiedlichen Rechtskörpern. Auch die CPSs der ZDAs weisen unterschiedliche technische, prozessuale und organisatorische Realisierungen für den Betrieb einer PKI auf. Daher müssen die Bedingungen, unter denen zwei verschiedene ZDAs gegenseitig ihre Zertifikate anerkennen, immer neu festgelegt werden. Bei vielen ZDAs, beispielsweise im europäischen Raum, wird dies zu einer komplexen Aufgabe. Diese mehrseitige Inkompatibilität verschiedener PKIs untereinander wird allgemein als Schwäche angesehen.

(L5) Intermediäre ZDAs als Vermittlungsstellen

Der Sachverhalt „Intermediäre ZDAs als Vermittlungsstellen“ ist ein Lösungsbeitrag, um das Ziel „Unbehinderte, beweisbare Kommunikation“ zu erreichen.

Kurzbeschreibung der Lösung: Etablierung von intermediären ZDAs als Vermittlungsstellen zwischen ZDAs mit verschiedenen rechtlichen und technologischen Hintergründen, wie z.B. die European Bridge-CA.

(P6) Langwierige, unvollständige Schlüsselwechselprozeduren des Anwenders

Der Sachverhalt „Langwierige, unvollständige Schlüsselwechselprozeduren des Anwenders“ stellt ein Hindernis dar, um das Ziel „Vereinfachung der Benutzbarkeit von PKIs“ zu erreichen. [Vgl. Dum+05, S. 134]

(L6) Serviceorientierter Schlüsselwechsel

Der Sachverhalt „Serviceorientierter Schlüsselwechsel“ ist ein Lösungsbeitrag, um das Ziel „Vereinfachung der Benutzbarkeit von PKIs“ zu erreichen.

Kurzbeschreibung der Lösung: Der Wechsel von Signatur- oder Verschlüsselungsschlüsseln wird von weiteren *Value Added Services* begleitet. So wird der mit den alten Schlüsseln verschlüsselte Datenbestand des Benutzers auch mit den neuen Schlüsseln uneingeschränkt nutzbar gemacht.

Detailbeschreibung der Lösung: Um die Value-Added Services beim Schlüsselwechsel zu erbringen sind z.T. aufwendige Anforderungen zu erfüllen: 1. Identifikation von Dokumenten, die mit den alten Schlüsseln signiert oder verschlüsselt wurden. Diese Dokumente können in der Sphäre des Benutzers, aber auch in fernen Systemen beherbergt sein. 2. Übersignieren bzw.

neuverschlüsseln aller relevanten Dokumente, möglichst ohne den Nutzer in operative Tätigkeiten zu involvieren.

(P7) Transaktionsstau durch Realtimezertifikatsabfragen

Der Sachverhalt „Transaktionsstau durch Realtimezertifikatsabfragen" stellt ein Hindernis dar, um das Ziel „Vereinfachung der Benutzbarkeit von PKIs" zu erreichen. [Vgl. FiSW04]

Kurzbeschreibung des Problems: Um gesetzeskonform zu signieren, und Signaturen zu überprüfen, muss heute eine Echtzeitüberprüfung der zugrunde liegenden Zertifikate erfolgen. Dieser Vorgang kann sehr lange subjektive Wartezeiten in elektronischen Transaktionen erzeugen. [Dum+05, S.144, Gutm02, S. 43]

Detailbeschreibung des Problems: Für die Überprüfung von Zertifikaten wird der Verzeichnisdienst des ZDAs in Anspruch genommen. Da für Anfrage und Rückantwort jeweils teilrekursive Zertifikatsabfragen vorgenommen werden, kann es zusammen zu einer sehr hohen Transaktionsdichte am Server des ZDAs und zu entsprechend langen Wartezeiten für die anfragende Partei kommen.

(L7) Trustmodellbasierte Batch-Verifizierung von Zertifikaten

Der Sachverhalt „Trustmodellbasierte Batch-Verifizierung von Zertifikaten" ist ein Lösungsbeitrag, um das Ziel „Vereinfachung der Benutzbarkeit von PKIs" zu erreichen.

Kurzbeschreibung der Lösung: Die Abfrage der Gültigkeiten und der Stati von Zertifikaten geschieht zeitraumbezogen. Dabei werden die getätigten Transaktionen im Nachhinein bestätigt.

Detailbeschreibung der Lösung: Die Batch-Zertifikatsüberprüfungen werden durch de-jure Transaktions- und Trustmodelle abgesichert. Sollten sich dabei unsichere Zertifikate zeigen, so können die Transaktionen einer kontrollierten Rückabwicklung zugeführt werden. Das Trustmodell gibt dabei vor, für welche Zeitdauer auf eine Zertifikatsabfrage verzichtet werden kann. [Vgl. Wölf07, S. 43-56]

Seltene Transaktionen mit hohen Verkehrswerten zwischen Partnern, die sich nur selten begegnen, sollten hingegen durch Realtimeabfragen bei einem ZDA abgesichert werden.

Generell gilt: Die Frequenzen von Zertifikatsabfragen beim ZDA müssen abhängig vom Vertrauensmodell der Transaktionskette sein. Dabei spielen sowohl der Transaktionswert und die Transaktionshäufigkeit sowie die Anforderungen an die Transaktionsgeschwindigkeit als auch die Rechtsbasis, auf die sich die Partner geeinigt haben, für die Gestaltung von Transaktionen eine Rolle.

(P8) Kostenexplosion durch Langzeitarchivierung

Der Sachverhalt „Kostenexplosion durch Langzeitarchivierung“ stellt ein Hindernis dar, um das Ziel „Verbilligen der Nutzung von PKIs“ zu erreichen.

Kurzbeschreibung des Problems: Durch die hohen Anforderungen an akkreditierte Zertifizierungsdiensteanbieter, alle ausgegebenen Zertifikate über einen Zeitraum von 30 Jahren verfügbar zu halten, entstehen unabhängig von dem tatsächlichen Bedarf der Anwender, hohe Kosten, welche der Anwender letztendlich zu tragen hat. [Vgl. BPRS02, Beck08]

Detailbeschreibung des Problems: Nutzt der Anwender die Zertifikate nur um Transaktionen zu tätigen, die z.B. einer Aufbewahrungspflicht von 1 Jahr unterliegen, so muss er trotzdem die Kosten für eine Langzeitarchivierung tragen.

Kosten entstehen immer dann, wenn die bei den Signaturen der archivierten Dokumente eingesetzten Algorithmen oder die benutzten Schlüssellängen als unsicher eingestuft werden. In diesem Fall muss sichergestellt sein, dass alle betroffenen Dokumente mittels entsprechenden kryptographischen Maßnahmen wieder als sicher eingestuft werden können und damit ihre Beweiswürdigkeit erhalten werden kann [vgl. Gond07, GWK+07, S.75ff, Dum+05].

(L8) Einführung von Notariatsdiensten mit Archivfunktion

Der Sachverhalt „Einführung von Notariatsdiensten mit Archivfunktion“ ist ein Lösungsbeitrag, um das Ziel „Verbilligen der Nutzung von PKIs“ zu erreichen.

Kurzbeschreibung der Lösung: Ein Dienstleister (Intermediär) übernimmt auf Wunsch abgelaufene Zertifikate und archiviert diese unter definierter Verfügbarkeit in einem Langzeitarchiv. [Vgl. LeDi04]

(P9) Rechtlich unsichere Massensignatur

Der Sachverhalt „Rechtlich unsichere Massensignatur“ stellt ein Hindernis dar, um das Ziel „Breites Angebot an PKI-Diensten“ zu erreichen.

Kurzbeschreibung des Problems: Die Massensignatur ist rechtlich heute nicht eindeutig abgesichert. Das Signaturgesetz benennt die automatische Massensignatur nicht explizit, verbietet sie aber auch nicht. Massensignaturen fallen z.B. bei der Transformation von signierten Dokumenten an. Solche Transformationen werden beispielsweise nötig, wenn behördliche Akten den Bürgern als Teilauszüge zugänglich und nutzbar gemacht werden sollen. [Vgl. FKSV05, HüKn03]

Detailbeschreibung des Problems: Die Begründung zur Signaturverordnung fordert zuvor geprüfte und abgenommene Anwendungen. Die Rechtslage ist heute unklar.

(P10) Unsichere Anzeigemedien für elektronische Willenserklärungen

Der Sachverhalt „Unsichere Anzeigemedien für Willenserklärungen" stellt ein Hindernis dar, um das Ziel „1:1-Präsentation der Willenserklärung" zu erreichen.

Kurzbeschreibung des Problems: Die Anzeige von zu signierenden Daten, wie z.B. Rechnerbildschirme oder PDA-Bildschirme, sind nicht sicher gegen eine Manipulation geschützt.

Detailbeschreibung des Problems: Der §17 Abs. 2 des SigG fordert wörtlich: „Für die Darstellung zu signierender Daten sind Signaturanwendungskomponenten erforderlich, die die Erzeugung einer qualifizierten elektronischen Signatur vorher eindeutig anzeigen und feststellen lassen, auf welche Daten sich die Signatur bezieht." Dies ist jedoch bei heute verfügbaren Systemen nicht immer der Fall. [Vgl. dazu: Schr05, S. 1199; Pord00, S. 89ff; Schm00, S. 154ff; BoEi02, S. 78]

(P11) Hürdenlose, einfache Weitergabe der PIN-Nummer

Der Sachverhalt „Hürdenlose, einfache Weitergabe der PIN-Nummer" stellt ein Hindernis dar, um das Ziel „Sichere Identifikation des signierenden Benutzers" zu erreichen.

Kurzbeschreibung des Problems: Die Hemmschwelle, im Namen anderer Personen elektronisch zu signieren, liegt relativ niedrig. Auch die Weitergabe der PIN-Nummer im Sinne einer Vollmacht kann allzu leicht geschehen. [Vgl. Maur03, ElSc00]

Detailbeschreibung des Problems: Die Eingabe oder Weitergabe einer „Persönlichen Identifikationsnummer" (PIN) baut keine besonderen emotionalen oder technischen Barrieren auf.

Das illegale Ausspähen oder die unbedachte Offenbarung von PINs, falls diese beispielsweise auf Zetteln notiert wurden, schwächt die Identitätsfunktion der elektronischen Signatur. Gegen die Konsequenzen, die für einen Benutzer in einem solchen Fall entstehen könnten, werden verbraucherschutzrechtliche und datenschutzrechtliche Bedenken entgegen gehalten.

(L11) Einsatz biometrischer Verfahren

Der Sachverhalt „Einsatz biometrischer Verfahren" ist ein Lösungsbeitrag, um das Ziel „Sichere Identifikation des signierenden Benutzers" zu erreichen. [Vgl. MeHa06]

Kurzbeschreibung der Lösung: Für die Identifikation des Benutzers bei seiner PSE ersetzen oder ergänzen biometrische Verfahren die Identifikation der Person mittels einer PIN. [Vgl. Pfit05]

Detailbeschreibung der Lösung: Das Pärchen „Wissen und Besitz" wird ausgetauscht gegen „Individualität und Besitz".

(P12) Ausbremsen betrieblicher Routineprozesse durch Security-PKI-Regularien

Der Sachverhalt „Ausbremsen betrieblicher Routineprozesse durch Security-PKI-Regularien“ stellt ein Hindernis dar, um das Ziel „Antizipation betrieblicher Trustmodelle“ zu erreichen.

Kurzbeschreibung des Problems: In Unternehmen entsteht schnell ein Stau der Routinehandlung, wenn bei Benutzern ein kryptographisches Problem, wie etwa ein Schlüsselverlust nicht schnellstens kompensiert werden kann [vgl. Dum+05, S. 134].

Detailbeschreibung des Problems: Die Folge kann sein, dass der betriebliche Workflow und die Prozessdurchlaufzeiten in Unternehmen durch unnötig hohe Anforderungen an die strikt einpersonengebundene PSE verschlechtert werden.

(P13) Gesetzgeberische Akzeptanz falscher Identifikation gegenüber der PSE

Der Sachverhalt „Gesetzgeberische Akzeptanz falscher Identifikation gegenüber der PSE“ stellt ein Hindernis dar, um das Ziel „Eindeutige Identifikation bei PSEs“ zu erreichen.

Kurzbeschreibung des Problems: Der Gesetzgeber interpretiert die Identifikation einer zweiten Person B bei der PSE einer anderen Person A unter gegebenen Umständen als Scheinvollmachtsgeschäft. Dies ist aber nicht durch die Transaktion selber ersichtlich, sondern nur durch begleitende Umstände. [Vgl. ElSc00]

Detailbeschreibung des Problems: Der entfernte Transaktionspartner in der Rolle des Erklärungsempfängers kann nicht sehen, ob die Transaktion von der natürlichen Person A oder von einem Bevollmächtigten B oder sogar von einem nicht berechtigtem Erklärungsgeber getätigt wurde.

(P14) PKI-Verschlüsselung als potenzieller Förderer von kriminellen Handlungen

Der Sachverhalt „PKI-Verschlüsselung als potenzieller Förderer von kriminellen Handlungen“ stellt ein Hindernis dar, um das Ziel „Reduzierung des Missbrauchspotenzials“ zu erreichen.

Kurzbeschreibung des Problems: Starke Verschlüsselung fördert die Effizienz mutwillig böser und illegaler Handlungen. Durch starke Verschlüsselung können Beweise in elektronischer Form sicher versteckt werden. Verschlüsselte Daten entziehen sich somit dem Zugriff staatlicher Autorität.

Detailbeschreibung des Problems: Gerade das Berufen auf „Erinnerungslücken“ macht es schwer an einmal verschlüsselte Daten zu gelangen. Da durch Erinnerungslücken die PINs als einziger Zugang zu PSEs verloren gehen können.

(P15) Hoher PKI-Aufwand, aber geringere Anforderungen der Anwender

Der Sachverhalt „Hoher PKI-Aufwand, aber geringere Anforderungen der Anwender“ stellt ein Hindernis dar, um das Ziel „Nachfragegerechter PKI-Aufbau“ zu erreichen.

Kurzbeschreibung des Problems: Das pauschale 0% Trustmodell zwischen Kommunikationspartnern ist nur ein Extremfall. Gleichwohl ist dies die gesetzliche Grundlage für die Regelungen zur qualifizierten elektronischen Signatur. Dies trifft häufig nicht die Nachfrage nach einfachen, geschlossenen PKIs mit abgegrenzten Trustmodellen.

(L12) Implementierung von Vertreterregelungen in betriebliche PSEs

Der Sachverhalt „Implementierung von Vertreterregelungen in betriebliche PSEs“ ist ein Lösungsbeitrag, um das Ziel „Antizipation betrieblicher Trustmodelle“ zu erreichen.

Kurzbeschreibung der Lösung: PSEs im betrieblichen Umfeld antizipieren in allen kryptographischen Diensten, wie z.B. AAI und PMI, ausgehend von einem einheitlichen Unternehmenstrustmodell die Vertreterregelung und den Hierarchiedurchgriff.

Detailbeschreibung der Lösung: Wichtige Detailfragen, wie 1. Der Schlüsselwechsel von Vertretern und von Hierarchievorgesetzten, sowie 2. Der Wechsel des persönlichen Vertreters oder des eigenen Hierarchievorgesetzten, müssen von der Architektur der PKI gelöst werden. Dies beinhaltet auch die Integration von Dokumentenmanagementsystemen in PKI-Dienste sowie die Existenz von automatischen Massenverschlüsselungs- und Massensignaturdiensten. Die Lösungen müssen auf einem für betriebliche Erfordernisse ausreichendem Niveau realisiert werden. [Vgl. Wölf07, S. 65-69]

(L13) Implementierung von Vollmachtsregelungen in PSEs

Der Sachverhalt „Implementierung von Vollmachtsregelungen in PSEs“ ist ein Lösungsbeitrag, um das Ziel „Eindeutige Identifikation bei PSEs“ zu erreichen.

Kurzbeschreibung der Lösung: PSEs sind in der Lage, mittels biometrischer Identifikation oder mittels unterschiedlicher PINs, verschiedene Vertreter als bevollmächtigte Personen zu erkennen, und je nach Art der anstehenden Transaktion bzw. des Signier- oder Verschlüsselungsfalles die Bevollmächtigten für PKI-Dienste der Person rechtlich abgesichert zuzulassen.

(L14) PSEs mit Fähigkeiten, Rechten und Pflichten

Der Sachverhalt „PSEs mit Fähigkeiten, Rechten und Pflichten“ ist ein Lösungsbeitrag, um das Ziel „Reduzierung des Missbrauchspotenzials“ zu erreichen.

Kurzbeschreibung der Lösung: Die PSE realisiert die Informationsfreiheit der Person solange sie nicht die Freiheit anderer einschränkt. PSEs realisieren Vollmachts- und Vertreterregelungen. Die PSE kann zeitnah den erkannten Willen der berechtigten Personen berechtigungsspezifisch in elektronische, beweiswürdige Transaktionen einbinden. Die PSE akzeptiert staatliche Autoritäten als handlungsberechtigte Instanzen, wenn sie entsprechende datenschutzkonforme Berechtigungen vorweisen können.

Detailbeschreibung der Lösung: Im Rahmen der Vertreterregelung kann die PSE staatliche Autoritäten als zugriffsberechtigte Instanzen erkennen. Vorbedingungen sind: Die staatliche Instanz kann eine entsprechende elektronische Genehmigung vorweisen. Diese elektronische Genehmigung muss weiterhin die genaue Art der Zugriffsberechtigung ausweisen. D. h. Art und Umfang der erlaubten Transaktionen und Zugriffe müssen datenschutzkonform ausgewiesen werden. Ferner muss die PSE in der Lage sein, die mitgeführten Zertifikate realtime zu überprüfen.

(L15) De-jure Anerkennung von nur „fortgeschrittenen“ Signaturanwendungen

Der Sachverhalt „De-jure Anerkennung fortgeschrittener Signaturanwendungen“ ist ein Lösungsbeitrag, um das Ziel „Nachfragegerechter PKI-Aufbau“ zu erreichen.

Kurzbeschreibung der Lösung: In Abhängigkeit von geschäftsfallspezifischen Trustmodellen werden auch (nur) fortgeschrittene Signaturanwendungen (F-Sig) unter Berücksichtigung des zugrunde liegenden Vertrauensmodells zwischen den Parteien juristisch akzeptiert. Dumortier et al. sehen weiterhin eine generelle Reduzierung des Zulassungsaufwandes für PKI-Hard- und –Software als wichtiges Lösungsinstrument [vgl. Dum+05, S.150].

(L16) Nutzung der elektronischen Signatur auch in Dokumenten mit hoher Formerfordernis

Der Sachverhalt „Nutzung der elektronischen Signatur auch in Dokumenten mit hoher Formerfordernis“ ist ein Lösungsbeitrag, um das Ziel „Ausweitung der elektronisch abwickelbaren Geschäftsabschlüsse“ zu erreichen.

Kurzbeschreibung der Lösung: Bislang de-jure ausgeschlossene Geschäftsabschlüsse sind für die qualifizierte elektronische Signatur (bei akkreditierten ZDAs) zugelassen.

Detailbeschreibung der Lösung: Es wird geschätzt, dass ca. 4000 Regelungen in Deutschland spezielle Formerfordernisse verlangen. Diese Regelungen sind mittlerweile der elektronischen Unterschrift prinzipiell zugänglich.

(P17) Kontrollprobleme durch multiple PSEs

Der Sachverhalt „Kontrollprobleme durch multiple PSEs“ stellt ein Hindernis dar, um das Ziel „Eine Person = eine elektronische Identität“ zu erreichen.

Kurzbeschreibung des Problems: Aufgrund der heterogenen Anbieterstruktur von PSEs bzw. ZDAs mit unterschiedlichen Technologien und Kostenmodellen, ist der Endnutzer im Besitz mehrerer PSEs. Dies eröffnet Raum für Irrtümer und Fehlbedienungen. [Vgl. ElSc00]

(P18) Schwächung der kryptographischen PKI-Grundlagen

Der Sachverhalt „Schwächung der kryptographischen PKI-Grundlagen“ stellt ein zukünftiges Hindernis für die PKI dar.

Kurzbeschreibung des Problems: Die fortschreitende Forschung ermöglicht in zunehmenden Maße die Dechiffrierung von früher als sicher geglaubten Algorithmen. Schließlich wird ein Quantencomputer die grundlegenden mathematischen Probleme, auf welche die asymmetrische Kryptographie ermöglichen, lösen. [Vgl. Renn05, AlWa04]

(P20) Unterschiedliche Rechtssysteme der EU-Staaten

Der Sachverhalt „Unterschiedliche Rechtssysteme der EU-Staaten“ stellt ein Hindernis dar, um das Ziel „Einheitliche Nutzung von PKI-Diensten in Europa“ zu erreichen.

Kurzbeschreibung des Problems: Die für den Einsatz der elektronischen Signatur nötige Angleichung der Formvorschriften innerhalb der Rechtssysteme der EU-Staaten ist noch nicht vollzogen. Es gibt unterschiedliche Auffassung über die Beaufsichtigung und Qualitätssicherung von ZDAs durch staatliche Stellen [vgl. Dum+05]

Detailbeschreibung des Problems: Die Formvorschriften eines jeden EU-Landes passten zur jeweiligen Rechtspraxis der Länder und können nicht so einfach geändert werden. Hier greifen sehr viele einzelne Themengebiete ineinander und werden daher nur über eine Angleichung aller Rechtssysteme geändert werden.

(P21) Ungenügende Software- und Hardwareergonomie von Signaturanwendungen

Der Sachverhalt „Software- und Hardwareergonomie von Signaturanwendungen ist im Durchschnitt für den einfachen wie für den anspruchsvollen Nutzer nicht ausreichend“ stellt ein Hindernis dar, um das Ziel „Anwenderfreundlichkeit“ zu erreichen.

Kurzbeschreibung des Problems: Die Ergonomie von Signaturanwendungen bzw. von signaturfähigen Applikationen ist heute nicht ausreichend. [Vgl. FrRo05]

2.7 Fazit: PKI als Ersatz und Konkurrent

Es wurde gezeigt, dass im Internetzeitalter die rechtsgültige Abgabe einer Willenserklärung im elektronischen Medium heute schon möglich ist. Es wurde deutlich, dass es unterschiedliche Arten der elektronischen Willenserklärung gibt und dass die qualifizierte elektronische Signatur die höchwertigste Signatur darstellt. Es wurden 3 Kategorien von Signaturen gebildet: Die Q-

Sig für die höchste Klasse, die F-Sig für alle personenbezogenen Signaturen ohne vollständige Deckung durch das SigG und die Kategorie M-Sig für die vielfältigen Formen der Maschinensignaturen. Es wurde weiterhin dargelegt, welche Infrastruktur für die Signaturerstellung nötig ist. Dabei wurde die zentrale Rolle der Zertifizierungsdiensteanbieter erläutert.

Auf der Grundlage der historischen Entwicklung der PKI wurde ein Zielsystem der PKI-Entwicklung dargestellt, nach dem die verschiedenen Akteure der PKI-Wertschöpfungskette ihr Handeln ausrichten. Bekannte Problem- und Lösungsaspekte wurden benannt und herausgearbeitet.

In diesem Kapitel wurden die Grundlagen für die Bearbeitung der Forschungsfrage F2 gelegt, denn es wurden die Komponenten der PKI-Basistechnologie dargestellt und die Begrifflichkeiten für diese Arbeit definiert. Weiterhin wurden die vielfältigen Probleme und Lösungsansätze, die heute im Bereich der Basistechnologien in Verbindung mit der gelebten Praxis existieren, aufgezeigt und systematisch erläutert.

Damit sind nicht nur die Rahmenbedingungen für Forschungsfrage F2 (Entwicklung der Bereitstelllung der PKI-Basistechnologien) abgesteckt, sondern auch die Grundlagen für die weiteren Forschungsfragen gelegt worden: Die Frage nach der zukünftigen Verbreitung der PKI (F3), die Frage nach den Prozessaffinitäten (F1) wie auch Fragen nach der Art und Weise der Beschreibung der PKI-Technologieentwicklung (F4) wurden angeschnitten. Letztgenannte Forschungsfrage wird nun im nächsten Kapitel systematisch aufgebaut und schließlich beantwortet werden.

3 Erstellung eines Diffusionsmodells für die PKI Technologie

Im Folgenden wird gezeigt, wie die PKI-Technologie mit der Terminologie des Innovationsmanagements kategorisiert und deren Marktdurchsetzung in Form eines Diffusionsmodells beschrieben werden kann. Es wird beschrieben, wie typische Diffusionskurven allgemein verlaufen und wie diese für die PKI-Technologie definiert werden können.

Bewährte Modelle des Innovationsmanagements beschreiben die Entstehung, den Einsatz und die Verbreitung von Neuerungen als Grundelemente des technischen Fortschritts. Die Grundbegriffe dieser Modelle sind: Invention, Innovation und Diffusion [vgl. Roge95]. Im Bereich der PKI-Technologie hat die Inventionsphase, also die Phase der Entwicklung neuer Ideen, einen ausgereiften Entwicklungsstand erreicht.

Die wichtigsten Inventionen hinter der PKI-Technologie sind die Entwicklung der asymmetrischen Kryptographie sowie die juristische Gleichstellung der eigenhändigen Unterschrift. Der Stand der Innovation weist allgemein einen ausbaufähigen Stand auf. Der Stand der Diffusion, also der Verbreitung der PKI in Märkte, wird allgemein als sehr gering angesehen [PeOL05].

Wenn sich eine Technologie, wie die der PKI, in Märkten verbreiten soll, müssen viele Individuen eine Entscheidung für den Erwerb der nötigen Hard- und Software inkl. der Zertifikate treffen. Dieser Vorgang wird Adoption genannt [MaPe85]. Es schließt sich danach eine länger andauernde Phase der Nutzung der PKI-Technologie an. Während dieser Phase wird die PKI-Technologie für verschiedene Geschäftstransaktionen benutzt, sie wird im übertragenen Sinne von den Geschäftsprozessen adoptiert. Die PKI-Technologie kann daher als eine technologische Nutzungsinnovation bezeichnet werden [vgl. Albe01, AlBH01].

Die aggregierte Betrachtung vieler Adoptionsprozesse wird als Technologie-Diffusion bezeichnet und wird im Rahmen der Diffusionstheorie beschrieben. Das wichtigste dynamische Modell ist in diesem Gebiet die *Diffusionskurve*, welche den Verbreitungsgrad einer Technologie über den Zeitablauf beschreibt. [Vgl. Roge95, Bass69, PuSr00]

Der Steigungsverlauf der Standard-Bass-Diffusionskurve führt zu Rogers *Innovation Adoption Curve* [Roge95]. Der *Hype Cycle* der Gartner Group schließlich basiert auf subjektiven Faktoren und ist daher in den Inventionszeitraum der PKI-Technologie einzuordnen.

In den folgenden Kapiteln 3.1, 3.2 und 3.3 werden die drei Kurven zur Akzeptanz, zur Adoption und zur Diffusion von neuen Technologien vorgestellt und mittels der PKI-Technologie erläutert. In Kapitel 3.4 werden verwandte Konzepte vorgestellt. Kapitel 3.5 widmet sich der Aufstellung eines allgemeinen Innovationsmodells der PKI, welches schließlich in Kapitel 3.6 zum für diese Arbeit relevanten T2D4JS-Diffusionsmodell selektiv ausdetailliert wird.

3.1 Der Verlauf der PKI-Akzeptanz

Die Gartner Group hat die Diffusionstheorie um den Aspekt der Erwartungshaltung erweitert. Darin kommt die subjektive Erwartung an eine Technologie zum Ausdruck. Als „Gartner Hype Cycle" wird ein bestimmtes Muster des Akzeptanzverlaufs einer Technologie bezeichnet. Für die PKI-Technologie hat die Gartner Group [vgl. Abbildung 7] ebenfalls einen solchen Akzeptanzverlauf aufgestellt.

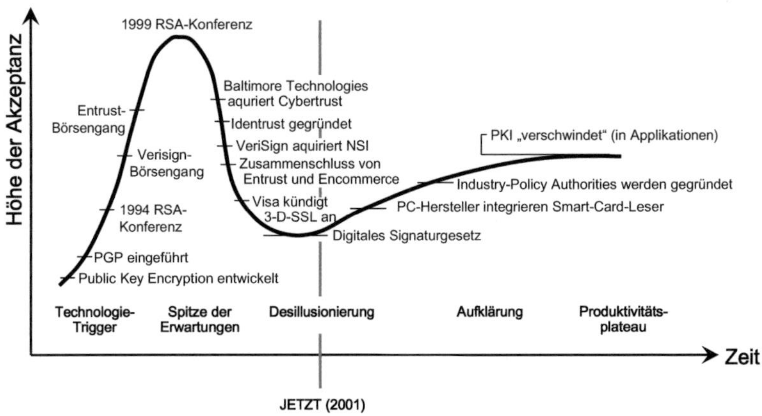

Abbildung 7: Der Verlauf der PKI-Akzeptanz und zukünftige Erwartungswerte
[Quelle: Gart01]

Die Akzeptanz einer Technologie setzt dabei die Kenntnisse über die Technologie voraus. Die Kenntnis einer Technologie in Verbindung mit den Erwartungen an den Einsatz der Technologie führt zu der Größe „Akzeptanz", wie ihn die Gartner Group benutzt. Die Gartner Group argumentiert, dass es einen typischen Akzeptanzverlauf für neue Technologien gibt. Dieser beginne mit einer sehr geringen Akzeptanz, was hauptsächlich auf den geringen Bekanntheitsgrad zurückzuführen sei. Diese Phase wird „Technologietrigger" (engl. *technology trigger*) benannt. Es folgt eine Phase der rasch ansteigenden Erwartungen, bei der der Kenntnisstand über die Technologie eine rasche Verbreitung erfährt und infolgedessen sehr hohe Erwartungen und Akzeptanzwerte generiert werden. Diese Phase wird „Spitze der Erwartungen" (engl. *peak of inflated expectations*) genannt. Anschließend, so wird postuliert, würden zu hohe Erwartungen zusammenbrechen und die Akzeptanz in ein „Tal der Desillusionierung" (engl. *trough of disillusionment*) fallen. Danach würde eine Phase der Aufklärung (engl. *slope of enlightenment*) und schließlich das Plateau der Produktivität (engl. *plateau of productivity*) folgen. Augenblicklich befindet sich die PKI-Technologie demnach im Stadium *climbing the slope* [vgl. Whea06].

Im Falle der PKI wird dieser finale Produktivitätsstatus der PKI als ein „Verschwinden der PKI in Applikationen" benannt.

Kritische Würdigung:

Der Verlauf des Gartner Hype Cycle erinnert an die Kursverläufe von Blasen auf Aktienmärkten: Hype - Absturz - Erholung. Damit wird die neue Technologie als eine Art Optionsderivat angesehen, dessen Wert sich aus den erwarteten zukünftigen Kursverläufen ergibt.

Die Kurvenverläufe sind wissenschaftlich nicht abgesichert. Berücksichtigt man jedoch die faktische Etablierung, so kann das Modell als eine nicht widerlegte Hypothese für marktrelevante Reaktionen im Falle neuer Technologien bezeichnet werden. Interessant wäre es aber, die zugrunde liegenden individuellen und massenpsychologischen Phänomene des Hype Cycles mit wissenschaftlichen Methoden zu untersuchen.

Es bleibt kritisch anzumerken, dass der finale Status der PKI-Technologie „Verschwinden in Applikationen" in Widerspruch zu der Vision für die personengebundene elektronische Signatur steht [vgl. Kapitel 2.3.2]. In dieser Vision ist die PKI zwar voll integriert in Applikationen, aber eben nicht „verschwunden", sondern vielmehr ein voll vergegenwärtigtes alltägliches Werkzeug von Mitarbeitern und Bürgern der Informationsgesellschaft.

Fazit:

Der Gartner Hype Cycle fördert das Verständnis und lässt die über Jahrzehnte aufgestauten Erwartungen bzgl. der PKI-Etablierung lebendig werden. Der schlussendliche Verlauf im Gartner Hype Cycle weist nach oben. Der Weg nach oben ist zwar nur langsam ansteigend, aber er weist nach oben. Der Hype Cycle leistet einen Erklärungsbeitrag zur Forschungsfrage 4. Es wird nämlich deutlich, wie es zu den großen Abweichungen zwischen der theoretischen Affinität der PKI-Technologie zu Geschäftsprozessen und der tatsächlichen Verbreitung kommen kann.

Der Hype Cycle macht deutlich, welchen Einfluss die Erwartungen der Menschen auf die Technologieentwicklung haben, wie wichtig also sozioökonomische Faktoren für die Entwicklung oder Behinderung einer Technologie sind.

Auch die Forschungsfrage 3 (Entwicklung und Diffusion der PKI) erhält einen Hinweis: Als ein wichtiger Faktor der Technologieverbreitung wird die Akzeptanz der PKI-Technologie bei den Nutzern gesehen.

3.2 Theorie der Adoption der PKI-Technologie

Im folgenden Kapitel wird die mikroökonomische Theorie der Technologieadoption vorgestellt. Hierzu werden zunächst grundsätzliche Überlegungen über den Erwerb und die Nutzung der PKI vor dem Hintergrund der Erkenntnisse aus Kapitel 2 (Definition und Situation der PKI-Technologie) angestellt.

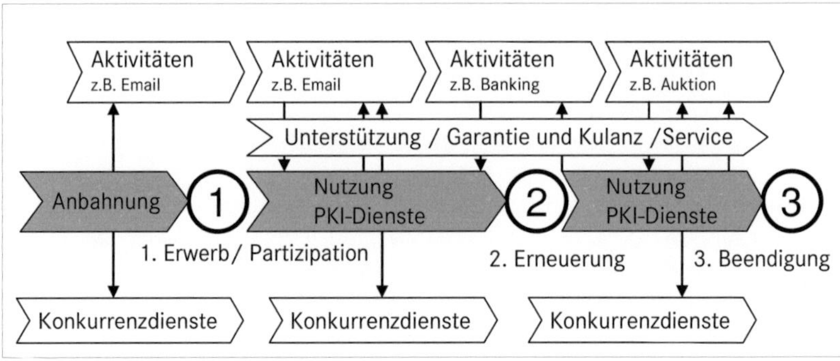

Abbildung 8: Nutzungsmodell der PKI-Technologie aus Sicht eines Nutzers

Der Vorgang der individuellen Entscheidung, eine Technologie zu nutzen, wird Adoption genannt. Diese Entscheidung der Adoption der PKI-Technologie kann sich auf der Ebene eines Individuums, eines Unternehmens oder einer Organisation vollziehen. Die Prozessabschnitte eines Nutzungsmodells [vgl. Abbildung 8] bestehen dabei aus Anbahnung und Erwerb, Nutzung und Erneuerung sowie Nutzung mit anschließender Beendigung der Nutzung der PKI-Technologie. In der Phase der Nutzung werden Aktivitäten mit der PKI-Technologie durchgeführt (z.B. Email). Diese werden von Untersützungsprozessen wie Garantie&Kulanz oder Service begleitet.

Die Anbahnungsphase führt nicht zwangsweise zum Erwerb oder der Partizipation an der PKI-Technologie. Diese Phase stellt sich für eine Organisation wie auch für eine Person als ein Kreislauf dar. Dabei werden in regelmäßigen Abständen Entscheidungen getroffen, die auf die Analyse von externen und internen Gegebenheiten beruhen. Als mögliche Entscheidung bzgl. des Technologieeinsatzes kommen die Entscheidung abzuwarten, die Entscheidung in die PKI-Technologie zu investieren und die Entscheidung in eine Konkurrenztechnologie zu investieren in Frage. Auch kann die Entscheidung bzgl. der PKI-Technologie eingebettet sein in eine größere Technologieportfolio-Entscheidung.

Die Entscheidung wiederum kann an verschiedenen Orten einer Organisation getroffen werden. Nowey et al. sehen als wahrscheinlichen Ort für solche Entscheidungen den Bereich des IT-Risikomanagements einer Organisation an. Dort würde im Rahmen der IT-Risikosteuerung die Entscheidung pro oder contra der PKI-Technologie gefällt werden. [Vgl. NFKP05] Für die Entscheidung und die erstmalige Nutzung von PKI-Diensten müssen Zeit und Kosten investiert werden. Es schließt sich danach eine länger andauernde Phase der Nutzung der PKI-Technologie an, währenddessen die Benutzer wiederum Zeit und Kosten aufwenden oder, an anderer Stelle, einsparen.

In den folgenden Unterkapiteln werden verschiedene Adoptionsmodelle dargestellt. Die Erläuterung geschieht dabei jeweils aus Perspektive der PKI-Technologie. Zunächst wird die universelle Theorie der Technologieadoption von Rogers vorgestellt und im Anschluss danach die Modelle von H. Roßnagel sowie Carayannis/Turner, welche durch die Autoren bereits spezifisch für die PKI-Technologie adaptiert wurden.

3.2.1 Grundlage: Das Adoptionsmodell von Rogers

Im Folgenden werden die Hauptbestimmungsfaktoren, die zu einer Entscheidung für oder gegen den Einsatz einer Technologie führen, vorgestellt. Diese Faktoren wurden 1962 von Everett Rogers erstmals publiziert und seitdem von vielen Autoren differenziert und weiterentwickelt. Die Erläuterung geschieht im Folgenden direkt im Zusammenhang mit der PKI-Technologie.

Nach Rogers sind diese Faktoren eine Kategorisierung der relevanten Eindrücke, die eine individuelle Person oder eine Organisation sich von einer neuen Technologie oder von einer Idee machen kann. Wesentliche Erfahrungskategorien für eine Technologieadoption sind nach Rogers demnach:

- Relativer Vorteil gegenüber existierenden oder konkurrierenden Technologien, darin enthalten: Preisverlauf, laufende Ausgaben, Kostenersparnis, Zeitersparnis und Geschenkmöglichkeit. Der Preis für die Nutzung der PKI teilt sich in einen einmaligen Investitionspreis und in den Preis für die fallweise Nutzung einer PKI-Technologie. Dabei wird unterstellt, dass der Entscheider den vergangenen Preisverlauf kennt und auch eine Erwartungshaltung über den zukünftigen Preisverlauf hat. Falls der Preisverlauf volatil ist, können spekulative Momente die Adoptionsentscheidung zusätzlich beeinflussen. Der wichtigste Faktor aber bildet sich aus dem Preis für die PKI-Technologie selbst und sein Verhältnis zu dem Preis für Konkurrenztechnologien mit vergleichbarem Nutzwert. Eine Zeitersparnis bei der Nutzung der PKI kann ggf. noch in die Entscheidung einfließen, wenn es plausibel wird, dass bestehende Methoden der elektronischen Signatur (Methoden ohne PKI) mehr Zeit vom Nutzer verlangen als die Q- oder F-Sig.
- Kompatibilität mit existierenden Erfahrungen, im Falle PKI, z.B. der Vergleich mit anderen Authentifizierungssystemen oder mit anderen zertifizierungsfähigen elektronischen Willenserklärungen. Unter Kompatibilität sind insbesondere die Vorbedingungen, für den Erwerb und Gebrauch der Technologie zu verstehen. Im Falle der PKI können diese Vorbedingungen die Existenz eines geeigneten stationären oder mobilen Computers sein. Im Falle des mobilen Computers kommen Laptops, Smartphones oder andere Minicomputer in Frage.
- Komplexität des Gebrauchs, im Falle der PKI, z.B. die Handhabbarkeit des Kartenlesers und allgemein die Softwareergonomie.
- Kommunizierbarkeit, im Falle der PKI: Begründung gegenüber Dritten, was die prinzipiellen Leistungen und Vorteile einer PKI sind.
- Sichtbarkeit und Erprobbarkeit, im Falle der PKI: Der Entscheider imitiert andere Marktteilnehmer. Sind also bei anderen Marktteilnehmern Anzeichen für eine Nutzung der PKI zu erkennen, so kann sich dies positiv auf eine Entscheidung für die PKI auswirken. Falls die Möglichkeit besteht die PKI-Technologie unverbindlich zu erproben,

können ggf. die Berichte über Vor- und Nachteile der PKI-Nutzung beispielhaft überprüft werden.

- Technisches Risiko, im Falle der PKI: Risiko mit der in der PKI realisierten Standards ggf. auf die falsche Entwicklung gesetzt zu haben. [Vgl. Roge95]

Anhand dieser individuellen Erfahrungen bzgl. einer Technologie wird der Entscheider Prozesse der Entscheidungsfindung durchlaufen, in denen die Personen sich gegen oder für die jeweilige Technologie entscheiden.

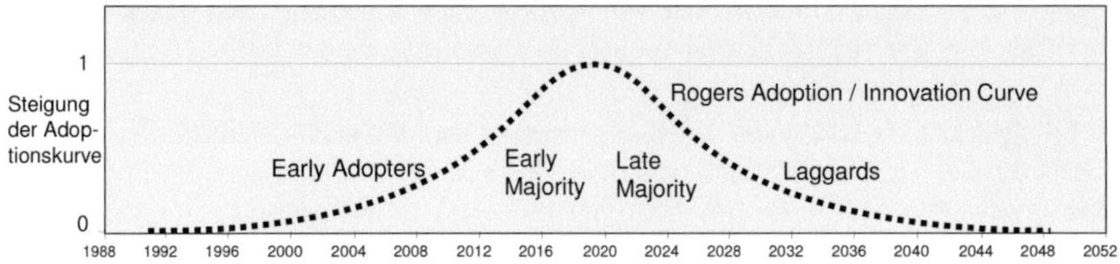

Abbildung 9: Rogers Technologie-Adoptionskurve

Rogers hat zudem die mögliche Zielgruppe für eine spezifische Technologie in vier prägnante Gruppen eingeteilt, die jeweils nacheinander die Technologie adoptieren. Die erste Gruppe ist sehr klein und wird *early adopters* genannt, gefolgt von der großen Gruppe der *early majority*, die am Schluss ihres Zeitfensters, am Höhepunkt der Adoptionsintensität, in die Gruppe der *late majority* übergeht, welche schließlich die Adoptionstätigkeiten an die Gruppe der *laggards* (Nachzügler) übergibt, unter denen die Aktivitäten der Adoption schließlich wieder gegen null gehen [vgl. Abbildung 9].

Fazit:

Rogers Entscheidungskriterien sind ein wichtiger Hinweis für Forschungsfrage 4: Affinität zu Technologien, Prozessen und Populationen. Populationen bestehen aus Individuen. Will man nun die Affinität von Populationen zur PKI verstehen und modellieren, so muss zunächst die Affinität von einzelnen Individuen zur PKI-Technologie verstanden werden. Rogers Adoptionskriterien können aber auch als Leitfaden für eine ideale Produktentwicklung verstanden werden. Dann wäre die Aussage folgende: Schaffe eine im Preis-/Leistungsniveau konkurrenzfähige PKI-Technologie, die einfach im Gebrauch ist und nicht stark von den bisherigen Erfahrungen im Bereich Vertragsabschluss abweicht. Mache die Vorteile und Funktionsweise prägnant und einfach deutlich, sorge für einheitliche Standards und schaffe möglichst niedrige Einstiegshürden. Fördere möglichst viele frühe Adoptoren, damit die große Masse einen starken Nachahmungsimpuls erhält.

3.2.2 PKI-Adoptionsmodell nach H. Roßnagel

H. Roßnagel schildert den Stand der Diffusion der qualifizierten elektronischen Signatur auf der Grundlage der Diffusionstheorie von Rogers. Dabei kommen die Definition des Adoptionsprozesses zum Einsatz sowie auch das Innovationsentscheidungsmodell von Rogers. Anhand von fünf Entscheidungskriterien schildert H. Roßnagel Aspekte einer Adoptionsentscheidung für die qualifizierte Signatur. 1) Als relativen Vorteil nennt H. Roßnagel die Freiheit, mit verschiedenen Geschäftspartnern unabhängig von Zeit und Ort Geschäftstätigkeiten aller Art abzuwickeln. Als markanteste Einflussgröße werden die Anzahl anderer Netzteilnehmer mit kompatibler qualifizierter Signatur genannt. 2) Unter dem Adoptionsaspekt „Kompatibilität mit existierenden Erfahrungen" wird der Aspekt der PIN-Eingabe als kompatible Erfahrung genannt, die dem Nutzer, der zum ersten Mal eine qualifizierte elektronische Signatur abgeben muss, einen Widererkennungswert bietet und daher kein Hindernis für eine Nutzung darstellen. 3) Unter dem Aspekt der Komplexität des Gebrauchs wird zugleich der Aspekt der Kommunizierbarkeit behandelt. Die Benutzung des Kartenlesers, nebst Installation der Software, wird als potentielles Problem geschildert. Dem Nutzer könne die technischen Details der Wirkungsweise einer qualifizierten elektronischen Signatur vorenthalten bleiben, solange er über rechtliche Konsequenzen aufgeklärt werden würde. 4) Unter dem Aspekt der „Erprobbarkeit" wird verdeutlicht, dass es heute nicht möglich ist, die qualifizierte elektronische Signatur auszuprobieren, da die Geschäftsmodelle der deutschen Anbieter eine Bezahlung vor dem ersten Benutzen vorsehen würden. 5) Unter dem Aspekt der „Sichtbarkeit" wird angemerkt, dass die Überprüfung einer elektronischen qualifizierten Signatur für Personen, die nicht über eine PKI-Ausstattung und über Software für elektronische Signaturen verfügen, nicht möglich ist.

H. Roßnagel bezeichnet die qualifizierte elektronische Signatur mit den Worten von Rogers [vgl. Roge02] als *preventive innovation*, also als präventive Innovation und unterstellt dem Nutzer die Intention mittels dieser Innovation, ein zukünftiges Risiko umgehen zu wollen. Dieses Risiko wird jedoch nicht näher benannt.

Kritische Würdigung:

H. Roßnagel nimmt an, dass der Nutzer eine binäre Entscheidung zwischen der eigenhändigen Unterschrift und der qualifizierten elektronischen Signatur zu treffen hat. Dies sind jedoch rein theoretische Wahlmöglichkeiten. In der Praxis ist der Benutzer mit einer Vielzahl von elektronischen Systemen konfrontiert, die es ihm, dem Benutzer, ermöglichen eine elektronische Willenserklärung abzugeben. Auch Langenbach et al. kommen in ihrer Technikfolge-Abschätzung zum Schluss, dass die eigenhändige Unterschrift nicht mit der Q-Sig gleichzusetzen sei, weil sie von der Sicherheitsqualität grundverschieden seien [LaUl02, S. 10]. Zumeist stehen dem Benutzer dabei Anbieter von entsprechenden elektronischen Web-Service-Seiten zur Seite und treten als *trusted third party* auf. In dieser Rolle haben sie eine akzeptierte Macht, innerhalb ihrer Sphären den Teilnehmern eine sichere und vertrauenswürdige Umgebung zu schaffen. Diese vielen, nicht signaturgesetzkonformen, aber dennoch machtvollen, „Schutzherren" heißen: A-mazon, Google, MySpace etc. Sie stellen die eigentliche Konkurrenz für die qualifizierte elektronische Signatur dar. Dies wurde jedoch bei der Betrachtung der relativen Vorteile ausgeblendet. H. Roßnagels Schlussfolgerungen sind konsequent und folgerichtig, jedoch nur auf Basis seiner Argumentation. Da diese aber von einer binären Entscheidung zwischen eigenhändiger versus qualifizierter elektronischer Signatur ausgehen, entfernt sich die Argumentationskette von der Realität.

Die Charakterisierung der elektronischen Signatur als präventive Innovation wird nicht näher begründet und der genannte Grund nicht vollständig erläutert. Die Idee jedoch, dass die PKI, insb. die Q-Sig, eine ganz besondere Innovation sei, ist grundlegend nachvollziehbar. Rogers hat den Begriff der *preventive innovation* jedoch vor dem Hintergrund von Gesundheitsmaßnahmen, wie z.B. den Medikamenteneinsatz oder den Einsatz von modernen Hygienestandards, formuliert [vgl. Roge02], so dass eine Übertragung des Begriffs wenig prägnant erscheint.

3.2.3 PKI-Adoptionsmodell von Carayannis/Turner

Carayanis und Turner haben 2006 ein Modell vorgeschlagen, welches die Einflussfaktoren einer Adoptionsentscheidung für oder gegen die Adoption einer PKI aufführt. Das Modell bezieht sich explizit auf die Entscheidung in Organisationen. Dabei wurden die Adoptionsmerkmale Kompatibilität und Komplexität, wie sie Rogers beschrieben hat, in eine Art Entscheidungsbaum eingebaut. Die Betrachtungsebene ist dabei nicht die einzelne Person, sondern die Organisation. Um eine Verbindung zwischen den beiden Ebenen zu schaffen, wird auf die Theorie des organisationalen Lernens zurückgegriffen, daraus wird eine spezielle Theorie des IT-Technologie-Lernens abgeleitet.

Das Modell ist universell auf verschiedene IT-Sicherheitstechnologien anwendbar und wird von Carayanis und Turner benutzt, um die Entscheidungssituationen der PKI-Implementierung beispielhaft zu erläutern. Dabei werden drei Fallstudien aus den USA anhand des Modells analysiert. Der zentrale Punkt des Modells ist die Entscheidung für oder gegen die Implementierung einer IT-Sicherheitstechnologie. Das Modell sei soweit auch unabhängig von der PKI-Technologie anwendbar. Das Modell sagt aus, dass positive Impulse auf die Entscheidung für eine IT-Sicherheitstechnologie einwirken, wenn die Geschäftsprozesse des Unternehmens in einem günstigen Kompatibilitätsverhältnis mit den Charakteristiken der IT-Sicherheitstechnologie ständen. Negative Einflüsse würden entstehen, wenn es ein Missverhältnis zwischen der Komplexität der IT-Technologie und der Fähigkeit der Organisation mit dieser IT-Komplexität umzugehen, geben würde [vgl. CaTu06].

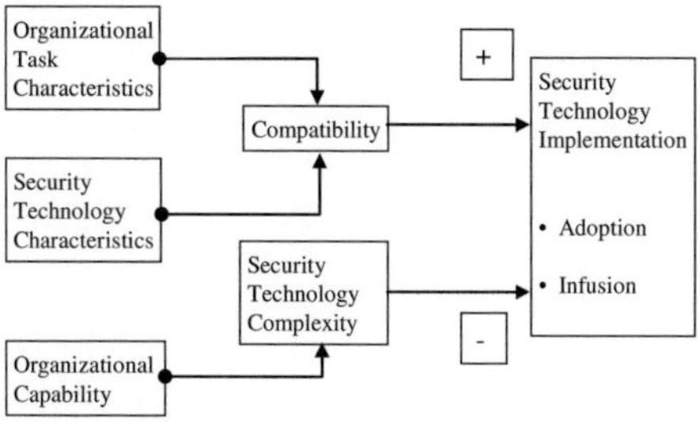

Abbildung 10: Security technology implementation research model [vgl. CaTu06]

Carayanis und Turner kommen nach Analyse der Fallstudien zu einer verbalen Beschreibung einer Modellvariante, welche die IT-Sicherheitstechnologie der PKI zur Grundlage hat. Die Komplexität der PKI wird anhand der zu realisierenden PKI-Dienste aufgezeigt. Die betrachteten Organisationen der Fallstudien waren Unternehmen aus dem Banken-, Versicherungs- und Gesundheitssektor und konnten alle eine gute Kompatibilität ihrer Geschäftsprozesse mit den Angeboten der PKI-Technologie nachweisen. Als Angebote der PKI-Technologie wurden dabei die in Kapitel 2 dargestellten primären Dienstangebote der PKI dargestellt. Diese führten also modellgemäß zu positiven Impulsen in Richtung einer Adoptionsentscheidung. Die in der Fallstudie aufgeführten Unternehmen konnten mit der Komplexität der PKI-Technologie umgehen. Insbesondere, so Carayanis und Turner, waren die Unternehmen in der Lage in einer, auch für IT-Projekte außergewöhnlich langen Pilotphase, Schwachstellen und mögliche Fallstricke des Rollouts präventiv abzubauen. Somit gingen vom Komplexitätskriterium keine oder nur schwache negative Impulse auf die Adoptionsentscheidung für die PKI-Technologie aus. Die hohen Ansprüche an die Fähigkeiten der Organisation waren insbesondere begründet in dem Implementierungsziel, nämlich alle Dienste einer PKI mit internen, eigenen Mitteln anzubieten. Bei allen Organisationen bestand die Anforderung, externe Kunden und Partner in Geschäftsprozesse einzubinden. Die Lösung in allen betrachteten Fällen war die Ausstattung der Mitarbeiter, der Kunden und der Partner mit organisationsinternen Zertifikaten der neu eingerichteten organisationsinternen PKI.

Kritische Würdigung:

Das PKI-Adoptionsmodell von Carayanis und Turner beschreibt die organisationalen Voraussetzungen, die gegeben sein müssen, um eine erfolgreiche Implementierung der PKI-Technologie in einer Organisation durchzuführen. Voraussetzung ist dabei, dass die Organisation zugleich Nutzer- wie auch Anbieter der PKI-Dienste ist und dass viele interne und externe Nutzer mit Zertifikaten ausgestattet werden sollen. Auch andere Forscher kommen zu ähnlichen Erfolgsfaktoren der PKI-Einführung [vgl. Hess07].

Fazit:

Das Modell kann indirekt einige Aspekte der Forschungsfrage F1 beantworten: Nach den Erfahrungen von Carayanis und Turner, die in dem kleinen und praxisorientiertem Modell zum Ausdruck kommen, sind es große, staatliche Organisationen oder Banken, die viele Kundenbeziehungen haben. Die Population der Kunden bestand dabei aus niedergelassene Ärzte oder in einem anderen Fall aus Bankinstituten. Somit können staatliche Organisationen und Banken als *early adopters* im Sinne Rogers bezeichnet werden. Industrieunternehmen sind implizit von dieser Gruppe der PKI-Profiteure ausgenommen. Carayanis und Turner haben zweifellos die Einführung von fortgeschrittenen Signaturen beschrieben. Das allgemeine PKI-Problem der interorganisationalen Interoperabilität von Zertifikaten und PKI-Diensten wurde als theoretisches Hemmnis beschrieben. Praktisch wurde dieses Problem in den Fallbeispielen aber nicht wirksam, weil die jeweilige Organisation den Nutzern gegenüber als PKI-Monopolist aufgetreten ist. Damit haben diese Organisationen die Möglichkeit geschaffen, ihre eigenen IT-Security-Prozesse zu verschlanken. Die Sicht der Nutzer, also der Kunden und Partner der jeweiligen Organisation, blieb bei den von Carayanis und Turner aufgezeigten Fallstudien hingegen ausgespart, so dass mögliche Aufwände oder aber Nutzeneffekte auf Ebene der einzelnen Nutzer leider keine Erwähnung fanden.

3.2.4 Verwandte Untersuchungen

Neben den oben beschriebenen Arbeiten gibt es eine Reihe von Arbeiten die sich mit der Adoption von Sicherheitstechnologien allgemein beschäftigt haben.

Weitzel et al. untersuchen die Adoptionseinflussfaktoren für die Einführung von X.500-Verzeichnissen auf der Ebene von sechs großen Industrieunternehmen [vgl. WeSK01]. Die durchgeführten Nutzenanalysen schließen aber explizit die langfristigen, nicht monetarisierbaren Größen aus der Entscheidungsfindung aus. Weizel et al. verweisen zwar auch auf Effekte wie sie in der Netzeffekttheorie und in der Theorie der Optionspreise beschrieben werden, dennoch konzentrieren sie sich ganz auf die monetäre Wirtschaftlichkeitsrechnung.

Fazit:

Es wurde in Kapitel 3.2 gezeigt, dass die Entstehungsparameter, die zu einer individuellen Adoption einer neuen Technologie führen, vielgestaltig sind. Für die PKI-Technologie gilt, dass nach der Entscheidung für diese Technologie eine lange Phase der Nutzung beginnt. Unter einer langfristigen Perspektive müssen Netzeffekte, wie z.B. Konkurrenz und Standardisierungsdruck, während der ganzen Nutzungsdauer berücksichtigt werden. Dies muss in die Entscheidung für die Adoption mit eingehen.

Als Erkenntnis hinsichtlich der Forschungsfrage F1 kann die These festgehalten werden, dass die Geschäftsprozesse eines globalen Industrieunternehmens noch nicht in wissenschaftlichen Analysen über erfolgreiche Implementierungen der PKI-Technologie Erwähnung gefunden haben. Für F3 kann die These festgehalten werden, dass die Verbreitung der fortgeschrittenen Signaturen zu allererst über große Organisationen, die über überdurchschnittlich viele Kontakte zu Kunden und Partnern verfügen, geschehen wird. Diese Organisationen treten dabei in der Doppelrolle des PKI-Dienstleisters, wie auch des dominanten Geschäftspartners auf.

3.3 Theorie der Diffusion der PKI-Technologie

Die aggregierte Betrachtung vieler Adoptionsprozesse wird als Technologie-Diffusion bezeichnet und wird im Rahmen der Diffusionstheorie beschrieben. Das wichtigste dynamische Modell in diesem Gebiet ist die *Diffusionskurve* welche den Verbreitungsgrad einer Technologie über den Zeitablauf beschreibt. [Vgl. Bass69, PuSr00]

3.3.1 Klassische Theorie der Diffusion

Bass hat 1969 in seinem Diffusionsmodell prinzipiell den zeitlichen Verlauf einer Diffusionskurve für eine Technologie auf makroökonomischer Ebene beschrieben. Es handelt sich dabei um eine Kurve mit gestrecktem s-förmigem Verlauf. Die Verbreitung einer Technologie geschieht danach zunächst mit geringer aber zunehmender Geschwindigkeit. Nach erreichen einer maximalen Verbreitungsgeschwindigkeit (Mittelpunkt der S-förmigen Kurve) geht die Geschwindigkeit zurück. Dadurch nähert sich die Verbreitungstiefe der Technologie asymptotisch an ein angenommenes Populationsmaximum. Bass identifiziert vier grundlegende Einflussparameter, welche die Form der Kurve prägen:

- Population – im Falle der PKI z.B. Menge der Nutzer mit homogenen Präferenzen und homogenen Entscheidungskriterien für eine Adoption der PKI-Technologie;
- Marktpotenzial – im Falle der PKI z.B.: Maximal erreichbarer Verbreitungsgrad innerhalb der Population Banken & Versicherungen. Das Marktpotenzial kann im Zeitablauf der Diffusion verändern. Zumeist wird eine kontinuierliche Vergrößerung unterstellt;
- Innovationskoeffizient – im Falle der PKI z.B. Die Wahrscheinlichkeit, dass jemand sich für eine PKI-Nutzung entscheidet und dies aufgrund von nachvollziehbaren Nutzenargumenten tut, wie z.B. den relativen Vorteilen zu anderen Technologien und unter Akzeptanz etwaiger technischer Risiken;
- Immitationskoeffizient – im Falle der PKI z.B. die Wahrscheinlichkeit, dass sich jemand für die Nutzung der PKI-Technologie entscheidet aufgrund von Empfehlungen oder des positiven Beispiels derer, welche die PKI-Technologie bereits nutzen. [Vgl. Bass69]

Der zeitliche Verlauf einer Technologiediffusion wird im Folgenden am fiktiven Beispiel der PKI-Nutzung im Bankensektor charakterisiert [vgl. Abbildung 11].

Nach einer langen Phase geringer Verbreitung, in der kaum ein Wachstum der Nutzungsanteile im der Population zu beobachten ist, folgt eine Phase der stark anwachsenden Steigung der Diffusionskurve. An einem nicht genau definierten Punkt des Anwachsens dieser Wachstumsrate der Diffusionskurve steht die *kritische Masse* [ClLP98]. Hierbei handelt es sich um einen Punkt mit noch relativ geringer Verbreitung, der jedoch ein stürmisches Wachstum beinhaltet. Es folgt eine Phase des konstant starken Wachstums, in der die Diffusionskurve schnell eine 80%-Verbreitung erreicht. Darauf folgt die asymptotische Annäherung an dieses theoretisch mögliche 100%-Marktpotenzial im Nutzersegment. [Bass69]

Bass hat den Verlauf der Standarddiffusionskurve inkl. die Einflussparameter mathematisch beschrieben. Auch die Verbindung zu Rogers Adoptionskurve lässt sich darin mathematisch durch die erste Ableitung herstellen. Die mathematische Beschreibung von Bass war die Grundlage für viele Weiterentwicklungen, die alle zum Ziel hatten, das Modell besser an reale Gegebenheiten und spezielle Marktphänomene anzupassen.

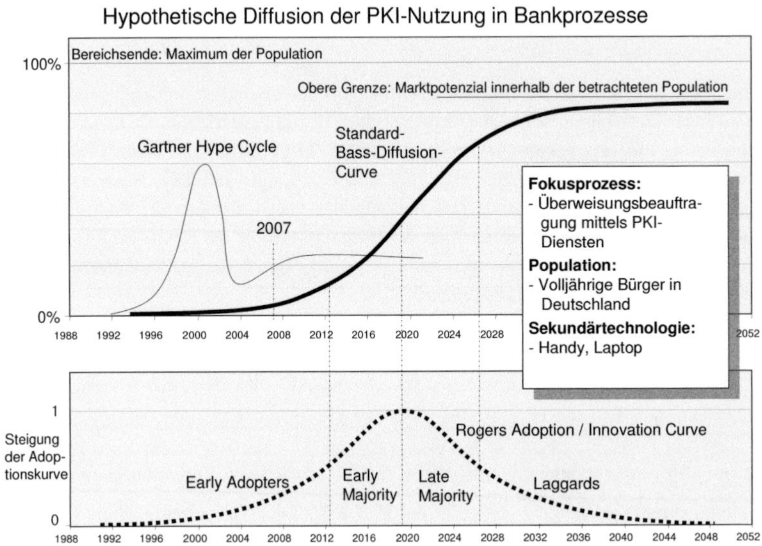

Abbildung 11: Hypothetische Diffusion von PKI-Diensten in Bankprozesse [vgl. Gaud07]

Mit diesem Modell einer parametrisierbaren Diffusionskurve steht ein erprobtes Verbreitungsmodell zur Verfügung, das sowohl durch vergangene als auch aktuelle Analysen [MaPe85, Bask05] in seinem theoretischen Ansatz bestätigt und ergänzt wurde. Viele Autoren kommen jedoch zum Schluss, dass eine Schätzung der vier Kurvenparameter sowohl Laien als auch Experten überfordert.

3.3.2 Ergänzende Aspekte zur Technologiediffusion

Um das makroökonomische Phänomen der Technologiediffusion genauer zu verstehen, wurde das Bass´sche Standardmodell im Laufe der Zeit ergänzt und erweitert. Diese Ergänzungen beziehen sich sowohl auf das mathematische Modell als auch auf die zugrunde liegenden individuellen Motive von Personen oder Organisationen oder anderen Populationen. Diese Aspekte sollen im Folgenden herausgehoben werden.

Um ein Zukunftsbild der Entwicklung einer Technologie aufzuzeigen, können die Parameter der Diffusionskurve laut Diffusionstheorie qualifiziert geschätzt werden. Diese Schätzung muss speziell an die zugrunde liegenden populationsspezifischen Eigenarten angepasst werden. Je mehr aktuelle Daten einer Diffusionskurve bereits in Form von Vergangenheitswerten vorliegen, desto besser ließe sich die Diffusionskurve in die Zukunft extrapolieren. [Vgl. Bähr99]

Um bsplw. die Entstehung und Verbreitung der PKI-Technologie von den jüngsten Anfängen 1976 bis heute zu beschreiben, müssen zunächst prägnante Indikatoren gefunden werden, welche den Durchdringungsgrad dieser Technologie hinreichend präzise beschreiben können. Diese könnten z.B. die Anzahl der ausgestellten Zertifikate sein oder die Menge der Zertifikatsüberprüfungen pro Monat, aufgetragen über mehrere Jahre. Weitere, mehr indirekte Indikatoren wären z.B. die Anzahl der Zertifizierungsdiensteanbieter oder die Anzahl der verkauften Kartenleser. Um solche Daten zu erheben, unterscheidet Fischer technische Messungen und umfragebasierte Messungen, dabei kommen drei prinzipielle Methoden in Frage: 1. die Server-Logfile-Analyse, 2. die benutzerbasierte Logfile-Analyse und 3. die Repräsentativbefragung. [Vgl. Fisc04]

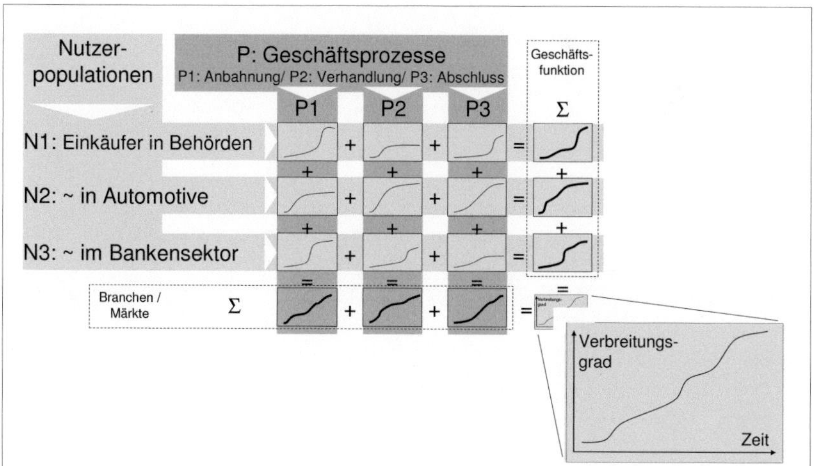

Abbildung 12: Die Aggregation von Diffusionskurven am Beispiel von Einkaufsprozessen

Verfolgt man nun die Annahme, dass mit diesen Werkzeugen Diffusionskurven für abgegrenzte Nutzungssegmente gewonnen wurden, so lassen sich diese durch Aggregation über z.B. mehrere Prozessbreiche zu Diffusionskurven der PKI-Dienste für ganze Geschäftsfunktionen zusammenfassen. Im Beispiel [vgl. Abbildung 12] werden für die Populationen „N1: Einkäufer in Behörden", „N2: Einkäufer im Automotive" und „N3: Einkäufer im Bankensektor" einzelne elementare Diffusionsverläufe von PKI-Diensten jeweils segmentiert nach den Teilprozessschritten „P1: Anbahnung", „P2: Verhandlung" sowie „P3: Abschluss" erfasst. Diese Elementardiffusionskurven sind jeweils in den Schnittpunkten der Geschäftssektoren N123 mit den Teilprozessen P123 dargestellt. Rechts davon sind die aggregierten Diffusionskurven der Geschäftssektoren N123 dargestellt. Unterhalb wurden die Elementardiffusionskurven zu Diffusionskurven für die Teilprozesse P123 aggregiert. Beide Teilaggregationen können nun wiederum aggregiert werden und ergeben jeweils den rechts unten dargestellten Gesamtverlauf der Diffusion der PKI. Der etwas kantig wirkende Verlauf der Diffusion von PKI-Diensten in diesem Gesamtbild kann durch die einzelnen Standard-Bass-Diffusionskurven der Teilprozesse erklärt werden. [Vgl. Gaud07]

Nach Schoder [Scho95] hat sich die Theorie der Technologiediffusion im Bereich der Analyse des Phänomens der „Kritischen Masse", sowie im Bereich der Berücksichtigung von sozioökonomischen Einflussfaktoren auf der Ebene der Adoptoren erweitert. Der Punkt der kritischen Masse wird von neueren Beiträgen nicht länger als eine Landmarke angesehen, die nur anzeigt, dass jetzt gleich der steile Anstieg der Diffusionskurve beginnt, sondern vielmehr als zentrales Phänomen, aus dem weitere spezifische Diffusionsmuster wie der Lock-In und der Flop hervorgehen [vgl. Abbildung 13].

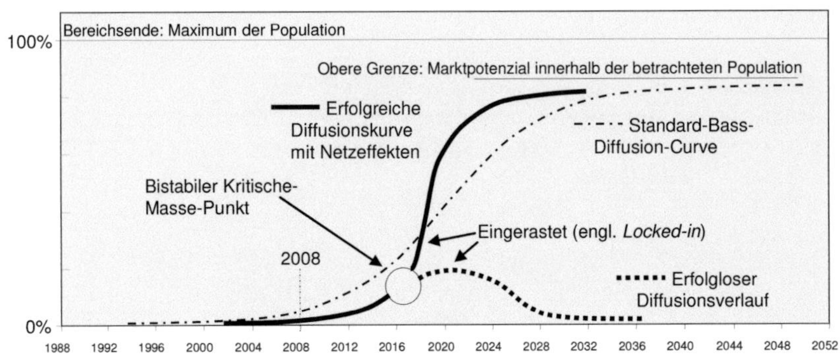

Abbildung 13: Hypothetische Diffusion der PKI-Nutzung mit Netzeffekten [in Anlehnung an Scho95]

Albers et al. weisen auf verschiedene empirische Untersuchungen im Bereich neue und interaktive Medien hin, nach denen das maximal erreichbare Marktpotenzial von den Hauptfaktoren Preisentwicklung und Nutzenstiftung abhängt, wohingegen die Geschwindigkeit der Diffusion von der begleitenden Kommunikation, der Distributionsstrategie und den marktwirksamen Regulierungen abhängt. [AlBH01]

Fazit:

Die Diffusionstheorie stellt eine gute Grundlage für die fundierte Aufstellung einer Experten-Delphi-Studie dar. Das Modell ist zudem ergänzungsfähig. Damit besteht die Möglichkeit, die ggf. speziellen Eigenschaften der PKI-Diffusion modellieren zu können. Um die Forschungsfrage 3 nach der zukünftigen Verbreitung der PKI zu beantworten, wäre eine Darstellung von Diffusionskurven, die einen zukünftigen Verbreitungsgrad der PKI-Technologie aufzeigen, erstrebenswert, weil sie einfach und plakativ zu verstehen sind. Bei der Erstellung dieser Kurven ist es wichtig, die richtige Segmentierung aus Technologiesegmenten und Populationen zu treffen, damit die Aufgabe der Schätzung im Bereich des Möglichen bleibt. Als unmittelbares Werkzeug einer Experten-Delphi-Studie scheidet die Schätzung der Diffusionsparameter der Basskurve aus. Eine direkte Expertenschätzung von einzelnen Stützstellen der Diffusionskurve scheint dahingegen einfacher zu sein.

3.3.3 Interaktionen zwischen PKI und anderen Technologien

Eine weitere fruchtbare Erklärung von Diffusionsvorgängen liefert der Adoptionsfaktor „Relativer Vorteil". Dieser beschreibt die Technologiediffusion als einen Wettkampf verschiedener, miteinander konkurrierender Technologien. Eine Neueinführung einer Technologie hat dabei immer die Verdrängung von etablierten Technologien zur Folge. Weiterhin drängen weitere konkurrierende Technologien auf den Markt, die das gleiche Ziel verfolgen. Der Konkurrenzkampf ist immer dann besonders intensiv, wenn der Nutzen der neuen Technologie vergleichbar ist mit dem Nutzen der etablierten Technologien [vgl. ShBK04]. Metcalfe weist außerdem darauf hin, dass eine neue Technologie im Verlauf ihrer Diffusion weitere Veränderungen erfährt, und dass gerade diese Veränderungen und Folgeinnovationen entscheidenden Einfluss auf die Diffusionskurve haben [vgl. Metc05].

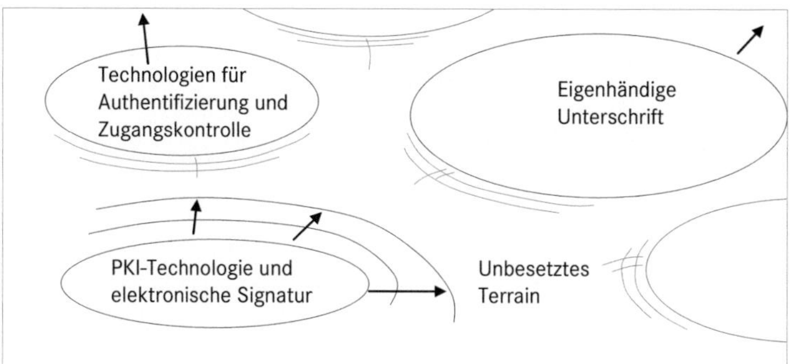

Abbildung 14: Verbreitung der PKI-Technologie als Verdrängungswettbewerb

Für die PKI-Technologie ist ein wichtiger Konkurrent in diesem Sinne die eigenhändige Unterschrift, die allerdings gar keine Technologie im engeren Sinne darstellt. Weitere Konkurrenz für die PKI-Technologie ist im Bereich der Technologien für Authentifizierung und Zugangskontrolle, wie z.B. Single-Sign-On, zu finden. Andererseits kann eine Technologie, wie die PKI auf dem Pfad ihrer Diffusion auch bislang unbesetztes Terrain einnehmen.

Die differenzierende Sichtweise von Metcalfe lässt sich für den Fall der PKI-Technologie bestätigen. Hier haben sich, ausgehend von der Initialzündung 1976, eine Reihe von Innovationen rund um die asymmetrische Kryptographie entwickelt, die sich heute sogar gegenseitig Konkurrenz machen. In dieser Arbeit trägt die Einteilung nach M-Sig, F-Sig und Q-Sig diesem Umstand Rechnung.

Bayus et al. haben verschiedene Beziehungen zwischen einem neuen Produkt, also einer Innovation und einem bestehenden Produkt kategorisiert. Gerade im Hinblick auf die differenzierende Sichtweise von Metcalfe ist die darauf folgende Systematisierung von Bayus et al. lohnend für ein tieferes Verständnis über das Verhältnis der PKI-Technologie zu sich selbst und zu anderen Technologien. Im Folgenden wird daher die PKI-Technologie in das „*Framework for Multiproduct Interactions*“ von Bayus et al. eingeordnet:

1. Kategorie: Technologische Produktsubstitution (engl. *technological product substitution*):

Hier wird davon ausgegangen, dass das neue Produkt ein bestehendes Produkt ersetzt, wobei die Funktionen und Einsatzgebiete des neuen Produktes die des alten Produktes mindestens überdecken und damit die alte Produktgeneration dominieren. Die Wirkung der PKI-Technologie ist generell im Bereich der elektronischen Prozesse angesiedelt. Eine Substitution im Sinne dieser Kategorie kann also nur Technologien betreffen, die auch im Bereich der elektronischen Prozesse beheimatet sind. In diesem Sinne können die Verdrängungsversuche der Q- und F-Sig bzgl. der etablierten einfachen elektronischen Willenserklärungen als versuchte technologische Produktsubstitution angesehen werden. Es besteht jedoch auch innerhalb der PKI-Technologie eine substitutive Produktbeziehung: Die Interaktionen zwischen Q-Sig und F-Sig können nämlich als technologische Produktsubstitution angesehen werden, da die Q-Sig alle Funktionen der F-Sig abdeckt und darüber hinaus noch weitere Funktionalitäten bietet. Gleichwohl besteht die Möglichkeit und Gefahr, wie sie auch Bayus et al. schildern, dass die neue Generation, also die Q-Sig, durch subjektive Faktoren, wie Nutzeneinschätzung, und objektive Faktoren, wie Nutzungskosten, in den Augen der potenziellen Nutzer keinen begründeten Mehrwert für einen Wechsel (von der F-Sig auf die Q-Sig) bietet.

2. Kategorie: Neuproduktfiasko (engl. New-Product Failure):

In diesem Szenario wird von einer verunglückten Innovation, also einer versuchten Produktsubstitution, ausgegangen. Mit Blick auf die Historie der Q-Sig in Deutschland trifft dieses Szenario auf die gescheiterten Versuche, z.B. einer Deutschen Post Signtrust, die Q-Sig auf dem deutschen Markt anzubieten, zu.

3. Kategorie: Ersatz-Innovation (engl. Product Substitutes-In-Use):

In diesem Szenario wird davon ausgegangen, dass in einer bestimmten Nutzerpopulation, ein neues Produkt ein bestehendes Produkt vollständig ersetzt, ohne die Nutzungsgewohnheiten der Nutzergruppen zu verändern. Die PKI-Technologie verdrängt zwar andere Technologien für elektronische Willenserklärungen, gleichzeitig fordert sie vom Nutzer eine Veränderung der Nutzungsgewohnheiten. Laut Kommentierung von Bayus et al. kann es auch zu einer friedlichen Koexistenz von verschiedenen Ersatz-Innovationen kommen. Dies lässt die Bezeichnung der PKI-Technologie als Ersatz-Innovation für die eigenhändige Unterschrift zu.

4. Kategorie: Komplementärprodukte (engl. Complementary Products):

Hier wird davon ausgegangen, dass existierende Technologien von der Verbreitung der neuen Technologie profitieren können, ebenso wie auch die neue Technologie von einer weiten Verbreitung der existierenden Technologie profitieren kann. Für die PKI-Technologie besteht hier insbesondere im Teilbereich der PKI-Technik eine solche Beziehung. Diese besteht zwischen der Verbreitung von Kartenlesern und der Verbreitung von Smartcards. Beiderlei Verbreitung gereicht dem jeweils anderem Element zu einem Vorteil, weil die PKI-Technologie der Q-Sig gerade ja auf die Existenz von beiden Elementen angewiesen ist.

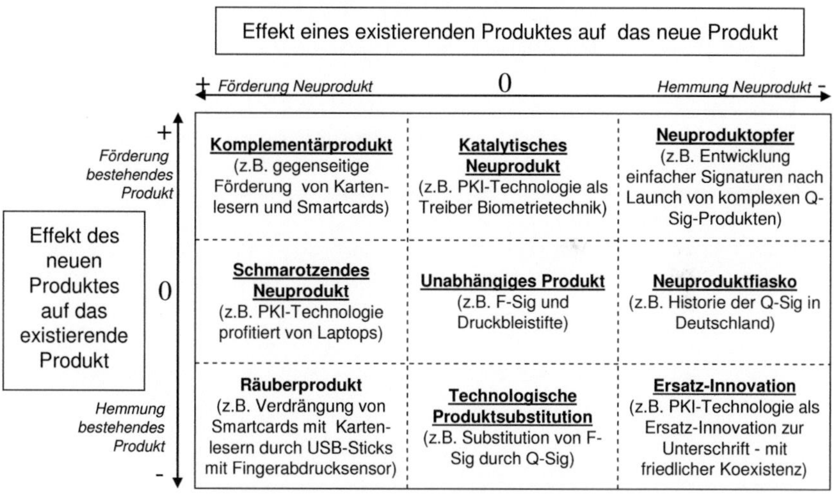

Abbildung 15: Framework für Multiprodukt-Interaktionen [in Anlehnung an BaKS00, S. 155]

5. Kategorie: Schmarotzendes Neuprodukt (engl. Auxiliary Products):

In diesem Szenario üben bestehende Technologien eine treibende Kraft auf die neue Technologie aus, ohne selber direkt davon zu profitieren. Für die Produktgruppe der Laptops kann die PKI-Technologie als Schmarotzer in diesem Sinne angesehen werden, da der mobile Laptop mit seinen Anschlussmöglichkeiten für die PKI-Technologie ein deutlicher Treiber ist. Andererseits ist offensichtlich, dass der Nutzenbeitrag der PKI für das Gesamtprodukt „Laptop" nur einen sehr kleinen Einfluss auf dessen Gesamtnutzen hat.

6. Kategorie: Katalytisches Neuprodukt (engl. *Facilitating Products*):

In dieser Kategorie bewegen sich Neuprodukte, die bereits bestehenden Produkten einen Vorteil verschaffen. So könnte man die PKI-Technologie durchaus als möglichen Treiber für die Biometrie ansehen. Die Biometrie hat sich in dem Bereich der Zutrittssysteme für Hochsicherheitsanwendungen entwickelt und war dort auf ein relativ kleines Marktsegment begrenzt. Durch die potenzielle Massentechnologie PKI kann die Biometrie einen deutlichen Nachfrageschub erwarten.

7. Kategorie: Neuproduktopfer (engl. Predator-Prey Situation, wörtlich: Räuber-Beute-Situation):
Zu einem Opferprodukt wird ein neues Produkt, wenn es die Fortentwicklung bestehender Produkte antreibt, und dies in solch starkem Maße geschieht, dass es selbst von dieser Entwicklung vernichtet oder zumindest stark gehemmt wird. So könnte man die Entwicklung der M-Sig als eine, durch die Bemühungen, ein perfektes Q-Sig-Produkt zu entwickeln, großgewordene Schmarotzertechnologie ansehen, die durch ihre rasante Verbreitung und Akzeptanz in Form von, z.B. SSL und VPN, die Q-Sig in eine Opferrolle drängte. Ob und wann die Q-Sig schließlich aus dieser Opferrolle ausbrechen kann, ist noch nicht abzusehen.

8. Kategorie: Räuberprodukt (engl. *Prey-Predator Situation*, wörtlich: Beute-Räuber-Situation): In dieser Situation zerstört das neue Produkt jegliche Überlebensgrundlage für das alte Produkt. Ein hypothetisches Beispiel könnte z.B. die Verdrängung von Smartcards und Kartenlesern durch Smart-USB-Sticks mit Fingerabdrucksensor sein.

9. Kategorie: Unabhängige Produkte (engl. *Independent Product*) üben mit ihrem Erscheinen keinen nennenswerten Einfluss auf andere Produkte aus, verbreiten sich aber dennoch.

Die Autoren weisen darauf hin, dass die Einordnung von Produkten und Technologien in diese 9 Kategorien sich im Zeitablauf verändern kann [vgl. BaKS00].

Fazit:

Der Nutzen dieser Erkenntnis, dass neue Technologien im Laufe ihrer Existenz weiter ausdifferenzieren und sowohl untereinander als auch mit Bezug zu bestehenden Technologien in vielfältige Interaktionen treten können, liegt in der praktischen Anwendbarkeit. So kann beispielsweise die Gestaltung der Facettenfragen der Delphi-Studie davon profitieren. Für Experten ist es nämlich sicher leichter, eine Verbreitung der PKI-Technologie im Vergleich zu anderen Technologien einer Population zu schätzen, als für diese Population einen absoluten Verbreitungsgrad der Technologie angeben zu müssen. Der relative Verbreitungsgrad hat daher eine gewisse Populationsunabhängigkeit. Die Relativverbreitung ist daher gut geeignet, um sie durch Experten schätzen zu lassen, auch wenn die Population nur relativ grob vorgegeben wäre. Ebenso können die neun Technologiebeziehungen zum Verständnis beitragen, in welchem Maße verschiedene andere PKI-bezogene Technologien, wie Smartcards oder Kartenleser, mit der PKI-Technologie interagieren.

3.3.4 Technology-Roadmaps

Der englische Begriff *„Technology-Roadmap"* kennzeichnet ein Vorgehen zur Erstellung von Zukunftsbildern und Entwicklungslinien von komplexen Themen. Dem Begriff liegt die Analogie der Straßenkarte zugrunde. Von einer sog. prospektiven Roadmap werden klare Aussagen über die zukünftige Entwicklung eines Technologiefeldes erwartet. Dabei soll aufgezeigt werden, wann die beteiligten Einzeltechnologien zur Verfügung stehen und wie sie aufeinander aufbauen. [Vgl. GaBr02]

Geschka, Schauffele und Zimmer [GeSZ05] beschreiben in mehreren Modellen die generelle Vorgehensweise für eine Prognose der zukünftigen Entwicklung einer Technologie. Dabei greifen sie auf vereinfachte Technologieseparierungskonstrukte zurück, wie sie Bayus et al. aufgestellt haben [vgl. Kapitel 3.3.3]. Als wichtige angrenzende Technologiesegmente, welche eine Abgrenzung zu der Fokus-Technologie bilden, werden Konkurrenz- und Komplementärtechnologien genannt. Als näheres Umfeld einer Technologie werden vorgelagerte Technologien, nachgelagerte Systeme sowie Absatzkanäle genannt [vgl. Abbildung 16].

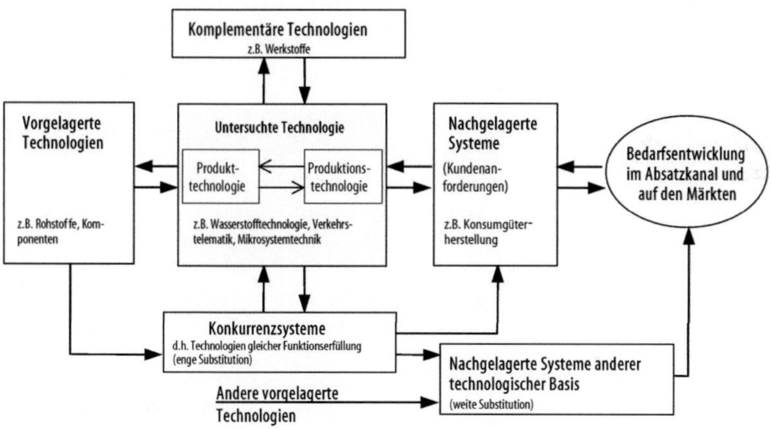

Abbildung 16: Technologieumfeld nach Geschka et al. [GeSZ05, S. 165]

Im Falle der PKI-Technologie wäre unter einer Komplementärtechnologie zur PKI beispielsweise die Smartcard zu verstehen und unter einer Konkurrenztechnologie z.B. die transaktionsbezogenen Passwortlisten.

Die Grundannahme für das dynamische Modell der Autoren ist die Unterteilung in endogene, also Technologie-interne Entwicklungsfaktoren, und in exogene, also vom äußeren Umfeld auf die Technologie einwirkende Einflussfaktoren. Diese beiden Globalfaktoren verändern die Situation einer Technologie vom heutigen Stand bis zu einem gewünschten Zielzeitpunkt in der Zukunft. Um zu einem detaillierten Bild über die sich schrittweise entwickelnde Zukunft einer Technologie zu gelangen, wird geraten, zunächst ein bis zwei Szenarien, basierend auf einer durch Experten bewerteten logisch konsistenten Zielkonfiguration, weit in der Zukunft festzulegen. Als nächster Schritt wird eine Rückwärtsszenariobildung vorgeschlagen mit dem Ziel, Zwischenstopps auf dem Weg zum Zielszenario einzubauen. Schließlich solle mittels genauer Analysen der benötigten endogenen und exogenen Faktorenentwicklungen zu den jeweiligen Zeitpunkten die Szenarien in Einzeletappen plausibilisiert und ausgearbeitet werden [siehe Abbildung 17].

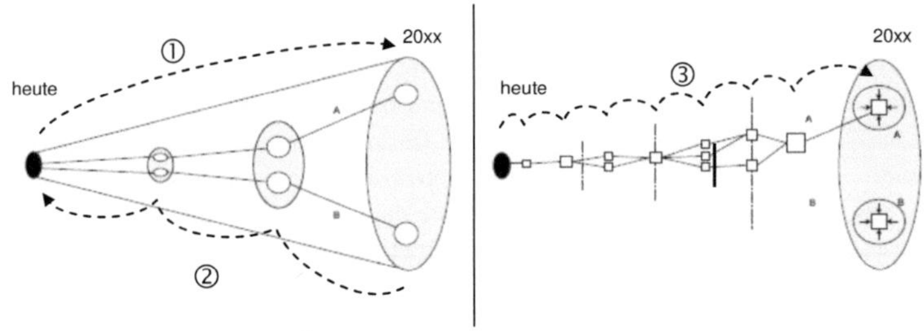

Abbildung 17: Vorgehenskonzept für explorative Technology-Roadmaps (in Anlehnung an GeSZ05, S. 171)

Welfens et al. haben im Rahmen einer BMWA-Studie auch verschiedene Szenariofragen bzgl. der Nutzung der elektronischen Signatur integriert. Der Horizont der Studie betrug 5 Jahre und bezog sich auf das Jahr 2010. Daraus haben sie zwei Szenarien entwickelt:

1. Szenario „Druchbruch" mit einer Wahrscheinlichkeit von 30%: „Zur gestiegenen Akzeptanz von Paymodellen im Internet hat auch die starke Verbreitung von digitalen Signaturkarten und entsprechender Lesegeräte beigetragen. Voraussetzung dafür war zum einen, dass man seit 2005 mit jedem Internet-Browser digitale Signaturen bedienerfreundlich nutzen kann und zum anderen, dass Banken und Sparkassen digitale Signaturen auf allen EC-Karten integrierten. Inzwischen werden digitale Signaturen immer häufiger für Kontakte der Bürger und Firmen mit der öffentlichen Verwaltung eingesetzt. Auch im Banking-Bereich sind digitale Signaturen dabei, die herkömmlichen Authentifizierungsformen mit PIN und TAN zu ersetzen, welche zunehmend als kompliziert und umständlich empfunden werden." [Vgl. Wel+05, S. 223]

2. Szenario: „Verhaltenes Wachstum" mit einer Wahrscheinlichkeit von 70%: „Die Nachfrage nach sicheren Ausweis- und Bezahlverfahren im Internet, insbesondere in Form von digitalen Signaturkarten, ist nicht in dem Maße gestiegen, wie erwartet. Tatsächlich werden andere Ver-

fahren, wie z.B. Mikropayment oder Subscription-Modelle, eingesetzt, um Bezahlvorgänge im Internet bedienerfreundlich, wenngleich weniger sicher abzuwickeln. Digitale Signaturkarten wurden von den Bürgen wenig nachgefragt und finden lediglich bei bestimmten Berufsgruppen mit häufigen Ämterkontakten und bei Unternehmen größere Verbreitung.“ [Vgl. Wel+05, S. 217]

Fazit:

Es ist festzuhalten, dass die Modellierung von Technology-Roadmaps explizit mit verschiedenen Zukunftshorizonten arbeitet. Zunächst geschieht ein gewagter Sprung weit in die Zukunft, dann die logische Rückrechnung in „Zwischenzukünfte“ und schließlich die systematische Findung von möglichen Kombinationen auf exogene und endogene Entwicklungsfaktoren im Zeitverlauf.

Die Methode des Rückgriffs auf unterschiedliche Zeitkonstrukte, die Plausibilisierung verschiedener Aspekte zueinander sowie die Segmentierung möglicher Szenarien in signifikant unterschiedliche Gruppen, kann also als ein nachweisbar erfolgreiches, wissenschaftliches Vorgehen angesehen werden. In Bezug auf die PKI wurde bereits von Welfens et al. gezeigt, dass sich mit dieser Methode nachvollziehbare Ergebnisse erzielen lassen. Für Kapitel 5 und 6 dieser Arbeit ist diese Methode daher als Leitlinie prädestiniert.

Im Sinne des Sprachgebrauchs des Forschungszweiges „Technology Roadmapping“ kann die Forschungsfrage 3, über die zukünftige Verbreitung der PKI, mittels einer prospektiven, explorativen Roadmap beantwortet werden.

3.3.5 Verbindung von Adoption und Diffusion mit der Mastergleichung der Synergetik

Schoder beschreibt ein formales Modell, welches die Beziehung zwischen individuellen Entscheidungen und aggregierten Diffusionskurven darstellt [vgl. Scho2000]. Schoder stellt dieses Modell im Jahr 2000 auf, um die Vorhersagen bzgl. der Diffusion von Telekommunikationsdiensten zu verbessern. Er führt als Beispiel die Verbreitung von Teletext-Diensten im Jahr 1998 in Europa an. Damals waren große Unterschiede zwischen der Population „Haushalte in Frankreich“ und anderen Populationen festzustellen, die mit einfachen Diffusionsmodellen nicht zu erklären waren. In Frankreich waren die Teletextterminals weit verbreitet, in Deutschland und anderen Ländern jedoch kaum.

Schoder zeigt, dass die einfache zweidimensionale Diffusionskurve nach Rogers ein Sonderfall bzw. ein Ausschnitt von Schoders Modell ist. Schoder propagiert als Modellierungsansatz ein Denken in Wahrscheinlichkeiten sowie den Ansatz, dass jedes Einzelelement eines Systems von allen anderen Elementen beeinflusst wird. Zentrales Element des Modells ist daher auch die „Master Equation“, also die Mastergleichung der Synergetik, welche für jeden Zeitpunkt die Veränderung der Wahrscheinlichkeit einer bestimmten sozioökonomischen Situation bestimmt. Diese Gleichung ist rekursiv aufgebaut, d.h. jede Veränderung baut auf der Kenntnis des vollständigen Ist-Standes der sozioökonomischen Situation auf. Die Forschungssicht gleicht damit jener der Physik, welche ja auch das Bestreben hat, die komplexen makroskopischen physikalischen Phänomene auf einfache elementare Interaktionsregeln auf der Mikroebene zurückzuführen.

Als kleinstes Teil von Schoders Erklärungskosmos wird dabei die individuelle Nutzeneinschätzung einer Person angesehen. Dabei geht es um die Einschätzung der Nützlichkeit von verschiedenen Verhaltensmustern. Es wird davon ausgegangen, dass die Verhaltensmuster nur exklusiv adaptiert werden können. Der Kosmos, den Schoder beschreibt, besteht damit aus i Verhaltensweisen von j Individuen in p Populationen. Eine Dynamik erhält dieser Kosmos durch den funktionalen Zusammenhang einer populationsspezifischen Vergleichsfunktion. Dabei werden alle Nutzwerte einer bestimmten „alten" Verhaltensweise j in allen Populationen mit der Nützlichkeit einer „neuen" Verhaltensweise j+1 innerhalb einer bestimmten Population verglichen. Aus den Eingangsdaten wird mit einer nicht näher bezeichneten Funktion eine Übergangswahrscheinlichkeit der „alten" Verhaltensweise hin zur „neuen" Verhaltensweise j berechnet. Wird nun anstatt des Wortes *Verhaltensweise* der Ausdruck *Technologienutzung* substituiert, so entsteht daraus eine Gleichung, die theoretisch in der Lage ist, Aussagen über aktuelle und zukünftige Technologienutzung zu treffen.

Zur Gewinnung eines initialen Wahrscheinlichkeitsfeldes für eine Population schlägt Schoder eine Fragestellung aus dem Bereich der Conjoint Measurement Fragetechnik vor: „Would you use the telecommunications services X, if Y% of your communication partners were already using it?"

Kritische Würdigung:

Die Beschreibung der grundlegenden Feedbackkomponenten zwischen der Adoptionsentscheidung von Individuen und der resultierenden Diffusionsbewegung in Populationen werden von Schoder plausibel und exemplarisch belegt geschildert. Es wird auch gezeigt, wie diese Grundannahmen in ein formales Modell überführt werden können. Ebenso wird die Erklärungsleistung des Modells durch hypothetische, exemplarische Überlegungen anderer Autoren belegt. Schoder schildert auch ansatzweise, wie Fragestellungen in empirischen Untersuchungen aussehen sollen, um die Gleichungen mit den nötigen Realdaten zu befüllen. Neben der von ihm selbst erwähnten Problematik der Erfassung von Übergangswahrscheinlichkeiten zwischen verschiedenen Verhaltensmustern für alle Gruppen gibt es zwei weitere Aspekte, die eine direkte Übertragung des Modells für diese Arbeit jedoch nicht sinnvoll erscheinen lassen.

1. Schoder beschreibt nicht systematisch, was unter „Verhaltensmustern" von Individuen zu verstehen sei. Es wird nur exemplarisch die Nutzung von Technologie A versus der Nutzung von Technologie B erwähnt. Da *Verhaltensmuster* sich jedoch per Definition gegenseitig ausschließen, es aber durchaus realistisch ist, dass ein Individuum gleichzeitig Technologie A und B nutzt [vgl. Kapitel 3.3.3], muss daraus geschlossen werden, dass die gleichzeitige Nutzung von Technologie A und B als ein weiteres exklusives Verhaltensmuster zu betrachten sei. Damit

entsteht aber eine Mannigfaltigkeit von möglichen Verhaltensmustern, die eine sinnvolle Applikation äußerst anspruchsvoll macht, zudem wohl auch ein Proband nicht in der Lage wäre, die Nützlichkeit von sehr vielen, ggf. auch ähnlichen Verhaltensmustern widerspruchsfrei festzulegen. Die Endlichkeit der Definition der Schoderschen „Soziokonfiguration" lässt allerdings die Vermutung zu, dass der Autor an einen wohl definierten Kosmos aus Populationen, Individuen und Verhaltensweisen denkt. Wie dieser Kosmos jedoch abgegrenzt werden soll, bleibt offen.

2. Schoders zentrale Mastergleichung der Synergetik ist prinzipiell sehr reichhaltig. So erinnert sie z.B. an die Definition von zellulären Automaten [vgl. Zuse67], deren zentrale Bewegungsgleichung ja auch die Summe der Zu- und Abflüsse einer Zelle in einer Zeitperiode berechnet. Schallnus [Scha06] findet noch weitere verwandte Theorien, wie z.B. die Chaostheorie und die physikalische Thermodynamik. Wobei eine Zelle bei Schoder eine mögliche Konfiguration des Kosmoses auf i Verhaltensweisen von j Individuen in p Populationen ist. Diese Sicht wiederum lässt Assoziationen zum physikalischen Konzept des Multiversums aufkommen [vgl. Hawk01], das ja von der gleichzeitigen Existenz von unendlich vielen Universen ausgeht. Im Vergleich dazu vereinfacht Schoders „Master Equation" die Zusammenhänge dahingehend, dass er davon ausgeht, dass sich die Individuen auf Mikroebene immer in streng getrennte Populationen einteilen lassen. Um der Realität näher zu kommen, wäre mindestens eine Ebene zwischenzuschalten, welche die Interdependenz zwischen verschiedenen Populationen beschreibt.

Fazit:

Schoders Ansatz, makroskopische Netzwerkeffekte auf individuelle, mikroskopische Adoptionsentscheidungen zurückzuführen, hilft, die grundlegenden Zusammenhänge zwischen Adoption und Diffusion besser zu verstehen. Die Idee dieser „Mathematik menschlicher Interaktion" geht unter anderem auf Buchanan zurück [Buch01]. Die Grundlagen für die ökonomische Anwendung der Synergetik [vgl. Hake95] wie auch die Entwicklung der Spieltheorie gehen wiederum auf die Theorien komplexer Phänomene in der Arbeit von Hayek zurück [Haye72]. Für die Erstellung eines Modells für diese Arbeit kann festgehalten werden, dass die Idee der konkurrierenden Nutzung verschiedener Technologien für eine Modellerstellung zielführend ist. Ebenso ist die Erkenntnis wichtig, dass es in einer instabilen Entwicklungsphase um einen kritischen Punkt der Verbreitung nicht-lineare Rückkopplungseffekte gibt, die ihren Ursprung in kleinen, aber entscheidenden, externen Impulsen haben können. Unter diesem Blickwinkel können die Schilderungen von Problemen und Lösungsansätzen im Bereich der PKI-Technologie [vgl. Kap. 2.6] als nicht-lineare Rückkopplungseffekte auf die Entwicklung der PKI-Technologie angesehen werden. Wenn nun die Eintrittswahrscheinlichkeiten dieser Faktoren bekannt wären, so wäre eine genauere Bewertung von verschiedenen möglichen zukünftigen Konstellationen der PKI-Technologie möglich. Insbesondere könnten so auch aussagekräftige Szenariobeschreibungen für die Entwicklung der PKI erstellt werden. Der Ansatz, in Wahrscheinlichkeiten zu denken, kann dabei helfen. So können die unterschiedlichen Aussagen von Experten zu einer speziellen PKI-Entwicklung A als Wahrscheinlichkeitsfeld P(A) angesehen werden. Dies wäre dann eine Grundlage für die Entwicklung von Szenarien zukünftiger PKI-Entwicklungspfade.

Damit sind grundlegende methodische Fragen für die Forschungsfrage 3 nach der zukünftigen Verbreitung sowie für die Forschungsfrage 4, bzgl. der Modellierung der PKI-Innovationsdynamik, einer Beantwortung näher geführt worden.

3.4 Verwandte Theorien und Modelle

Die Verbreitung der Nutzung der digitalen Signatur, so wurde dargestellt, geschieht über Einzelaktivitäten, dessen Verhalten sich mittels der Theorie der Technologieadoption beschreiben lässt. Die aggregierte Darstellung vieler Adoptionsaktivitäten wird wiederum durch die Theorie der Technologiediffusion dargestellt. Viele Autoren haben unabhängig von der Kenntnis dieser beiden Theoriegebäude, oder wenigstens ohne erkennbare Referenz zu jenen, die Vor- und Nachteile der elektronischen Signatur in verschiedenen Einsatzgebieten geschildert. Dabei wurde Wert auf die Findung von dominanten Faktoren gelegt, anhand derer plausible Einsatzszenarien abgeleitet werden können. Die Methoden der Analyse variieren dabei von einer rein theoriegeleiteten Herleitung bis hin zu Feldstudien und Expertenbefragungen.

Im Folgenden werden die einzelnen Aktivitäten vorgestellt und mit der oben erarbeiteten Theorie der Adoption und Diffusion beschrieben.

3.4.1 Technikfolgenabschätzung

Das Feld der Technikfolgenabschätzung (TA) ist stark auf die Beratung des politischen Bereichs ausgerichtet und zudem verwoben mit der Grundannahme, dass letztlich das Handeln von Menschen die Entwicklung von Technologien vorantreibt. Grunwald begründet das Entstehen der TA dadurch, dass ausgehend von technischen Entwicklungen komplexe Folgeprobleme und damit Unsicherheiten in der Gesellschaft entstanden seien [vgl. Grun07]. Diese Unsicherheiten werden nun mittels Methoden der TA konstruktiv bearbeitet. Dabei handle es sich um eine wissenschaftliche Abschätzung von Folgen mit dem Ziel der Beratung. Ziel sei es also, Empfehlungen für die gesellschaftliche und politische Meinungsbildung und Entscheidungsfindung zu liefern. Die Existenz eines sog. „Büro für Technikfolgenabschätzung" beim Deutschen Bundestag zeigt, dass im aktuellen gesellschaftlichen Kontext tatsächlich eine enge Verknüpfung von TA und Politik vorhanden ist [vgl. TAB08].

Andere Autoren problematisieren den etwas passiven, vergangenheitsorientierten Anschein der von dem Wort „Folgenabschätzung" ausgeht [vgl. PaPe92] und schlagen daher andere Benennungen des Forschungsfeldes, wie z.B. Technikgeneseforschung oder Technikchancenabschätzung vor.

Unter dem Titel „Elektronische Signaturen: Kulturelle Rahmenbedingungen einer technischen Entwicklung" wurde 1999 ein explizites TA-Projekt zu dem Thema PKI gestartet und 2002 abgeschlossen. [Vgl. LaUl02]

Die Beziehung von TA zu dem Forschungsfeld Forecast ist laut Grunwald noch undefiniert, es sei nicht klar, ob das Feld „Foresight“ eine Konkurrenz oder eine Erweiterung und Ergänzung zum Feld der Technologiefolgenabschätzung darstelle [Grun07, S.13]. TA-Experten in Deutschland sind über das „Netzwerk TA“ miteinander verbunden [vgl. NeTA08].

3.4.2 Technology Forecast

Die Vorhersage von technologischen Entwicklungen hat in Japan seit 1971 eine starke Tradition. Der englische Begriff *Foresight* oder auch *Technology Forecast* steht heute für die Aktivitäten, die im weitesten Sinne eine Vorausschau auf zukünftige Technologieentwicklungen bieten [vgl. CoMö05]. Auch in Deutschland wurden 1993 und 1998 in Anlehnung an das japanische Verfahren, groß angelegte Delphi-Studien durchgeführt, bei der viele hundert Experten eingebunden waren. Kennzeichnend war zudem die hohe Zahl von unterschiedlichen Technologiefeldern, die untersucht wurden. Das europäische Monitoring Netzwerk EFMN (European Foresight Monitoring Network) [EFMN08] macht deutlich, dass der wissenschaftlich abgesicherte Blick in verschiedene mögliche Zukunftsszenarien der Technologieentwicklung sowohl im wissenschaftlichen als auch im politischen Bereich zunehmend an Bedeutung gewinnt. Es fällt auf, dass die beiden Themencluster Technikfolgenabschätzung und Forecasting auch über ihre übergreifenden Organisationen Netzwerk-TA und EFMN nicht vernetzt sind, obwohl eine inhaltliche Überschneidung offensichtlich ist.

3.5 Aufstellung eines neuen, allgemeinen Innovationsmodells der PKI

Im Folgenden sollen die Erkenntnisse aus der Diskussion der verschiedenen allgemeinen und speziellen Innovationsmodelle mit oder ohne Bezug zur PKI zusammengeführt werden. Damit ist das Forschungsziel 4 verbunden, das zum Ziel hat, die Bereitstellung der PKI-Technologie in den Ebenen der Technologien, der Prozesse und der Personen bzw. Populationen modellhaft zu beschreiben.

3.5.1 Postulat eines kombinierten Diffusions-/Adoptionsmodells für die PKI

In Abbildung 18 wird ein Modell vorgeschlagen, das eine kombinierte Darstellung von Adoptions- und Diffusionsphänomene für die PKI-Technologie erlaubt. Grundsätzlich ist es in eine linke, subjektorientierte Seite und eine rechte, objektorientierte Seite aufgeteilt.

Das Objekt ist in dem Fall die zu untersuchende Technologie, also die Public-Key-Infrastruktur (PKI) [vgl. Abbildung 18, rechts] . Dieses Objekt durchläuft als abstraktes Objekt passiv eine Diffusion. Dabei stößt es auf Einflussfaktoren, die entweder die Diffusion beschleunigen oder auch abbremsen können. Diese Diffusionsbewegung endet schließlich in einer konkreten Verbreitung der PKI. Dabei können verschiedene PKI-Konfigurationen den Weg über die Gestaltungsfaktoren, über die Diffusion hin zum Zustand der Verbreitung nehmen. Die PKI wird dabei mittels Treiber durch diesen Weg geschoben. Die Treiber sind die Mitglieder der PKI-Wertschöpfungskette. Diese Treiber wiederum lassen ihr Tun durch bestimmte Ziele lenken.

Wenn schließlich im Modell verschiedene PKI-Konfigurationen eine Verbreitung gefunden haben, so wird zunächst einmal die Zahl der Konfigurationen auf die Q-Sig, die F-Sig und die M-Sig eingeschränkt.[8] Dann wird die Verbreitung nach Verbreitungsebenen segmentiert. Diese Verbreitungssegmente sind größtenteils identisch mit den Nutzungssegmenten der subjekt- und nutzerorientierten linken Seite des Modells. Im ersten Segmenttyp wird die Verbreitung der PKI in verschiedene Nutzer-Populationen eingeteilt. Eine Population besteht dabei einfach aus einer Anzahl von konkreten Personen, welche die PKI-Dienste nutzen. Auf der nächsten Ebene liegen die IT-Technologien, mit Hilfe derer die PKI-Dienste im Kern realisiert werden. Für den Nutzer stellt sich diese Ebene als seine Applikationsebene dar, auf der er verschiedene Werkzeuge bedient, um die PKI-Dienste aufzurufen. Es folgt als nächste Ebene die Prozessebene, welche den Technologieeinsatz und die Populationen in den Zusammenhang mit Prozessen stellt. Populationen und IT-Technologien sind die elementaren Ressourcen von Geschäftsprozessen. Aus Sicht der PKI-Nutzer ist dies die Ebene der Leistungserstellung.

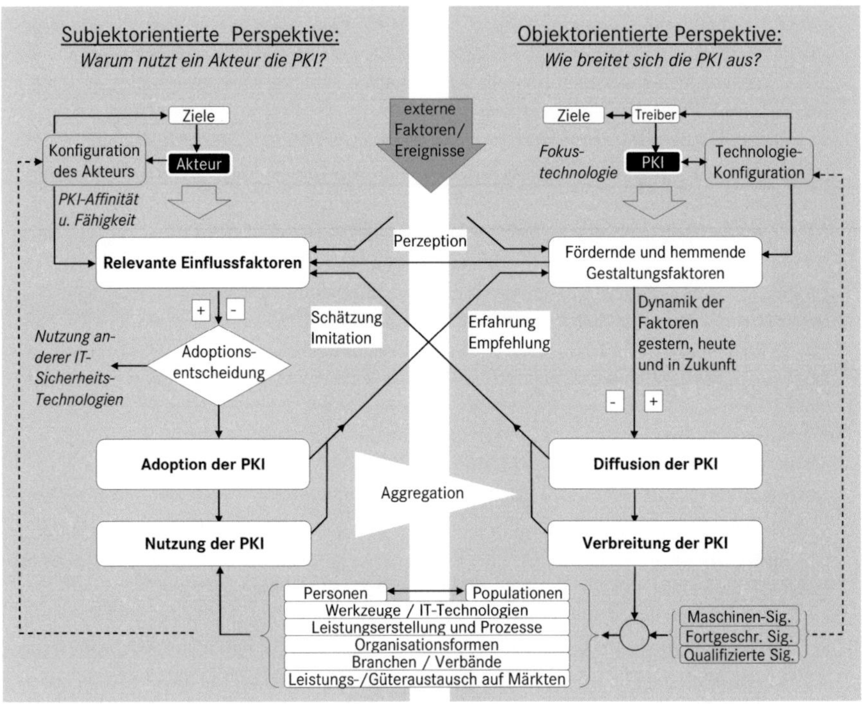

Abbildung 18: Kombiniertes Adoptions-/Diffusionsmodell der PKI-Technologie

[8] Die Einschränkung der möglichen Konfigurationen ist geboten, um die Kombinatorik mit den nachfolgenden Verbreitungsebenen zu begrenzen.

Die nächste Ebene betrifft die Organisation von Prozessen, hier werden organisationale Formen, wie Unternehmen, staatliche Stellen, Verbände oder Gemeinschaften, als eine Art regulativer Prozessbündler und grenzziehende Einheit betrachtet. In der nächsten Ebene werden Organisationen zu Branchen oder ähnlichen horizontalen Verbundformen zusammengefasst. Die letzte Ebene segmentiert die PKI-Diffusion bzw. die PKI-Nutzung nach Märkten und deren Lieferketten. Darin sei auch die Einteilung nach Regionen verstanden.

Der linke Flügel des Modells beschreibt das Verhalten des Subjekts der PKI-Adoption, nämlich den Akteur, der sich für eine dauerhafte Nutzung von PKI-Diensten entscheidet. Auf dem Weg zu einer Entscheidung ist dieser Akteur relevanten Einflussfaktoren ausgesetzt. Diese sind 1. die wahrgenommene Diffusion der PKI-Technologie innerhalb und außerhalb seines potentiellen Nutzungssegments, 2. verschiedene fördernde und hemmende Gestaltungsfaktoren der PKI sowie 3. weitere externe Einflussfaktoren. Zu den externen Einflussfaktoren seien die regulativen Faktoren wie Standardisierung und Gesetzgebung sowie verschiedene sozioökonomische Faktoren verstanden. Hinzu kommt die eigene innere Konfiguration des Akteurs sowie seine daraus abgeleitete Fähigkeit, mit der PKI-Technologie umgehen zu können.

Unter dem Eindruck dieser individuellen Einflussfaktoren kommt es zu einer Entscheidung, die im positiven Fall in die Implementierung und Nutzung der PKI-Technologie mündet. Der Akteur kann dabei eine körperliche Person oder eine juristische Person, z.B. ein Unternehmen, sein. Die Modellschritte können wahlweise bewusst und möglicherweise formalisiert oder aber auch unbewusst und affektiv ablaufen. Eine wichtige Rolle spielt die Ausgangskonfiguration des Akteurs, insbesondere die Prozesskonfiguration für den Fall, dass der Akteur eine Organisation ist. Auf jeden Fall sind dem Akteur zusätzlich langfristige Ziele zu unterstellen, welche das Handeln des Akteurs grundlegend antreiben.

Das grundlegende Verhältnis der linken adoptionsorientierten Seite mit der rechten diffusionsorientierten Seite ist der Mechanismus der Aggregation. Links geschehen Adoptionsereignisse, rechts aggregieren sich diese Ereignisse zu einem Diffusionsverlauf. Links werden PKI-Dienste genutzt, rechts findet die PKI-Technologie eine gesamthafte Verbreitung. Dabei beeinflussen sich Adoptionsaktivitäten und Diffusionsprozesse gegenseitig. Diese gegenseitige Beeinflussung wird im Modell durch das Konstrukt der Einfluss- bzw. der Gestaltungsfaktoren in jeweils zwei Schritte aufgebrochen. Von links gehen die gesammelten Erfahrungen der Nutzer aus den erlebten Adoptionsvorgängen als z.B. Best-Practice-Berichte in die Bildung von fördernden und hemmenden Gestaltungsfaktoren ein. Von rechts geht die reale, registrierte Diffusion und Verbreitung in Form von z.B. Wettbewerbs- und Marktanalysen als relevante Einflussfaktoren der Adoptionsentscheidung des Akteurs pro oder contra PKI ein.

Die strukturelle und dynamische Beschreibung dieses Modells spricht je nach betrachtetem Modellausschnitt verschiedene Wissenschaftsdisziplinen an. Diese Modellausschnitte mit zugehörigen Wissenschaftsdisziplinen werden im Folgenden dargestellt:

Innovationstheorie PKI: Dieser Bereich umfasst die Objekte Adoption/Nutzung und Diffusion/Verbreitung und beschäftigt sich mit der Entstehung und Verbreitung von Innovationen, dabei liegt der Fokus auf der Frage, wie Unternehmen ihr Technologieportfolio auswählen sollten und weiterentwickeln, sowie die Frage nach den vorhandenen Marktpotenzialen für Neuprodukte. Neben der betriebswirtschaftlichen Orientierung gibt es auch einen mehr volkswirtschaftlichen Betrachtungsfokus, der losgelöst von dem einzelnen Akteur die Gesamtverbreitung und die Diffusionsbewegung einer Technologie betrachtet. In diesem Gebiet liegt die Forschungsfrage 4, mit der Frage nach der Modellbildung für die Entwicklung der PKI-Technologie.

Technologievorschau PKI: Dieser Bereich umfasst den Bereich der Diffusion/Verbreitung und deren Schätzung und Extrapolation in die Zukunft. Wie wird sich die Verbreitung der Q-/F- und M-Sig in Zukunft entwickeln? Mit welchen Methoden lässt sich diese Vorschau gestalten? In diesem Gebiet liegt die Forschungsfrage 3 dieser Arbeit.

Wissensmanagement PKI: Dieser Bereich umfasst die Objekte Adoption/Nutzung mit dem Wirkmechanismus der Erfahrung und Empfehlung. In diesem Bereich liegt die wissenschaftliche Betrachtung von existierenden PKIs mittels Werkzeugen, wie z.B. der Erfolgsfaktorenanalyse. In diesem Bereich wird die vorliegende Arbeit keine Antworten geben, wenngleich natürlich existierende Best-Practice-Berichte in dieser Arbeit schon zitiert worden sind.

Geschäftsprozesse, Geschäftstransaktionen und PKI: Dieser Bereich umfasst den Konfigurationsbereich des Akteurs und den Konfigurationsbereich der PKI-Technologie. Welche Affinität für den Einsatz der PKI haben die verschiedenen Geschäftsprozesse eines Unternehmens? Welche bestimmte Konfiguration der PKI passt am besten zu den Geschäftsprozessen des Unternehmens? Hier ist die Forschungsfrage 1 dieser Arbeit angesiedelt.

IT-Technik PKI: Dieser Bereich umfasst die Objekte PKI, Treiber und Konfiguration der PKI. Wie wird sich die Bereitstellung der nötigen Basistechnologien für eine PKI entwickeln? In diesem Bereich liegt die Forschungsfrage 2 nach den Fähigkeiten der Wertschöpfungskette der PKI sowie nach der Entwicklung verschiedener beteiligter Techniken der PKI, wie Smartcards, Kartenleser oder Personal Computer.

IT-Strategie in Unternehmen für PKI: Dieser Bereich umfasst die Konfiguration und die Ziele eines Akteurs sowie die Entscheidungsmechanismen des Akteurs. Ausgehend von der Annahme, dass der Akteur, der vor einer Entscheidung bzgl. Nutzung der PKI steht, ein Unternehmen ist, stellt sich die Frage, welche langfristigen Ziele und Strategien der Akteur verfolgt, und wie die IT-Strategie im Unternehmen zu gestalten ist, so dass die PKI erfolgreich integriert werden kann. Dieses Gebiet wird in dieser Arbeit nicht behandelt.

Politischer/Gesellschaftlicher Bereich: Hier spielen regulative Faktoren wie Standards und Gesetzesvorschriften eine Rolle. Es geht um die gesellschaftlichen Rahmenbedingungen und damit um die sozioökonomischen Faktoren. Aus einer politischen Sicht wird hier die Frage nach sinnhafter Förderung und Unterstützung der PKI-Verbreitung gestellt. Unerwartete Ereignisse im Internetumfeld, wie z.B. große Verletzungen des Datenschutzes oder globale Sicherheitsprobleme des Internets können dabei ebenso Einfluss auf mögliche Entwicklungsszenarien ausüben.

Investitionsrechnung PKI: Dieser Bereich umfasst explizit die Entscheidung eines Akteurs. Unter der Annahme einer Ratio-Entscheidung lässt sich die Entscheidung für oder gegen eine PKI durch vorhandene Methoden der Investitionsrechnung mit z.B. NPV oder Optionspreisbildung modellieren. Die Frage, die sich hier stellt, ist, ob sich eine PKI unter marktwirtschaftlichen Bedingungen profitabel betreiben lässt.

3.5.2 Konzept der Einflussfaktoren: Problemauflösung und Lösungsetablierung

Im vorangegangen Kapitel wurde das Modellelement der „Fördernden und hemmenden Gestaltungsfaktoren“ vorgestellt. Das Ziel der folgenden Betrachtungen ist es, eine Beschreibungssystematik für dieses Element zu definieren, welche in der Lage ist, auf prägnante Weise Einflussfaktoren auf die Entwicklung einer Diffusionskurve zu beschreiben. Diese Systematik soll auch geeignet sein, in Rahmen des Fragebogens der PKI-Delphi-Studie verschiedene Einflussfaktoren transparent und in immer gleicher Weise für die teilnehmenden Experten zu beschreiben.

Für die folgende Erstellung einer Experten-Delphi-Studie stellt sich die Frage nach der Externalisierung des Wissens der beteiligten Experten. Dies muss mit Hilfe geeigneter Fragekonstrukte geschehen. Es stellt sich weiterhin die Frage nach Form und Angemessenheit dieser Fragestellungen. Ein wichtiger Hinweis ergibt sich hier aus dem Bereich der Kompetenzforschung [vgl. KaGr07]. Kauffeld und Grote führen aus, dass die Problemerläuterung, die Lösungserläuterung sowie die Verknüpfung von Lösungen mit Problemen zentrale Merkmale der Fachkompetenz von Experten sind. Daraus kann geschlossen werden, dass sich Fragekonstrukte, welche Lösungsansätze und Problemschilderungen präsentieren, gut eignen, um einen Zugang zu dem Expertenwissen zu erlangen. Dieser Ansatz wird durch Schmidt mit Analysen zum Thema Komplexitätsbewältigung und Kontingenz von Problemlösungen bestätigt. Schmidt führt aus, dass „das Verhältnis von Problem und Problemlösung im Zentrum funktionaler Analysen stehe“. [Schm96, S. 93] Schmidts Argumentationskette beruht dabei größtenteils auf Arbeiten von Niklas Luhmann: „Formale Analysen orientieren sich an Problemlagen und untersuchen, welche Prozesse und Strukturen für deren Lösung in Frage kommen. Damit machen sie primär einen Alternativenraum sichtbar, in dem unterschiedliche Lösungen im Hinblick auf das vorgestellte Problem verglichen und die jeweils realisierte Lösung als kontingent erkannt werden“. [Vgl. Luhm93]

In der Realität gibt es verschiedene Einflussfaktoren auf die Adoption einer neuen Technologie. Diese Einflussfaktoren prägen den Verlauf der Diffusionskurve einer Technologie in einer Population. Auch die Einflüsse, die als Innovationskoeffizient in die Standard-Bass-Kurve eingehen, verändern sich mit der Zeit.

Viele Autoren aus dem Bereich Innovationsmanagement unterscheiden zwischen externen und internen Einflussfaktoren, welche den Verlauf der Adoptionsaktivitäten und damit den Verlauf der Diffusionskurve im Zeitverlauf wechselnden Einflüssen aussetzen, Abbildung 19 soll das visualisieren. Externe Einflussfaktoren würden dabei zu Anfang dominieren und später durch einen dominanten Einfluss von internen Einflüssen, wie z.B. Netzeffekten abgelöst werden [MaMW00]. Schoder integriert diese Einflüsse mittels des Vektors κ (Kappa) in sein Gleichungssystem auf Basis der Mastergleichung [vgl. Scho00].

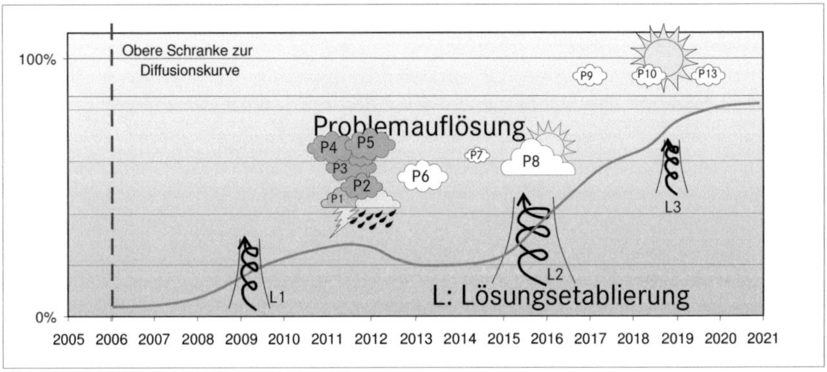

Abbildung 19: Wirkung von Problemauflösungen und Lösungsetablierungen auf die Diffusionskurve

Mit Blick auf die Standarddiffusionskurve ist zunächst festzustellen, dass es wohl Einflussfaktoren gibt, die den Verlauf der Diffusion fördern als auch solche, die ihn hemmen. Wenn es gelingt solche signifikanten Einflussfaktoren zu identifizieren, so kann deren Beschreibung hinsichtlich inhaltlicher und zeitlicher Entwicklung helfen, den zukünftigen Verlauf der Diffusionskurve zu fundieren [vgl. Abbildung 19]. Ist beispielsweise bekannt, wann ein problematischer Faktor, z.B. ein vorhandenes Gesetz, an Gültigkeit verliert, so kann dieser Zeitpunkt der Problemlösung als Knick in der Diffusionskurve beschrieben werden. Andersherum kann ein bekannter Zeitpunkt, wann ein bestimmter Lösungsfaktor an Wirksamkeit gewinnt, ebenfalls einen Wendepunkt in der Diffusionskurve markieren.

Im Folgenden werden die Begriffe „Problemlösung“ und „Lösungsansatz“ um das Konstrukt „Ziel“ ergänzt und seine Erklärungskraft mit Beispielen aus der PKI-Technologie näher aufgezeigt werden.

Es ist wichtig, den problemauslösenden Sachverhalt möglichst neutral zu schildern und seine Auswirkung als mögliches Hindernis oder als möglicher Lösungsansatz immer im Zusammenhang mit einem Ziel zu erläutern, denn je nach Ziel kann aus einem Hindernis eine Lösung werden und umgekehrt. Erst das Zielsystem gibt einem Ereignis das Prädikat „Lösung“ oder „Problem“. Abbildung 20 soll das illustrieren: Ein und derselbe Sachverhalt, im Beispiel der ausschließliche Einsatz von zertifizierten Kartenlesern für Smartcards, kann hinsichtlich des Ziels „Einfache Nutzung der PKI“ als Hindernis wahrgenommen werden. Andererseits kann der Sachverhalt auch als Lösungsansatz gelten, wenn es darum geht, das Ziel „Missbrauch von PKI-Diensten verhindern“ zu erreichen.

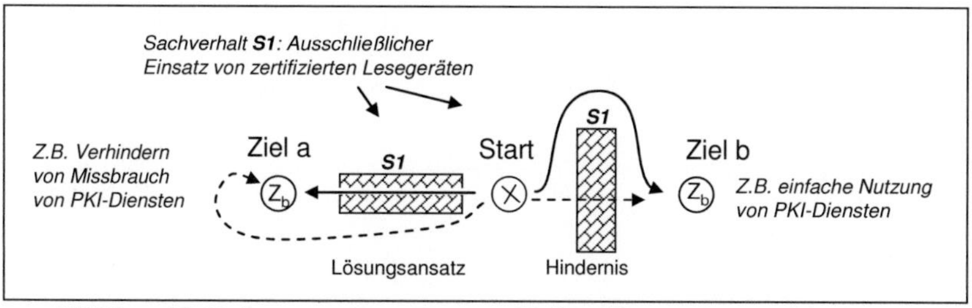

Abbildung 20: Zielbezogene Bewertung von Einflussfaktoren: Lösungsfaktor versus Problemfaktor

Weiterhin sind noch die möglichen Beziehungen von Lösungsfaktoren und Problemfaktoren zu betrachten. Es kann mehr oder weniger klare Zusammengehörigkeiten zwischen Problemfaktoren und dazu maßgeschneiderten Lösungsfaktoren geben, z.B. L1 mit P1 [vgl. Abbildung 21, linke Seite]. Genauso kann es aber auch diffuse Lösungsansätze (z.B. L2) geben, denen nicht genau ein bestimmter Lösungsansatz zuzuordnen ist. Ebenso ist es denkbar, dass es Problemfaktoren gibt, zu denen es keine spezifische Lösung gibt (z.B. P2).

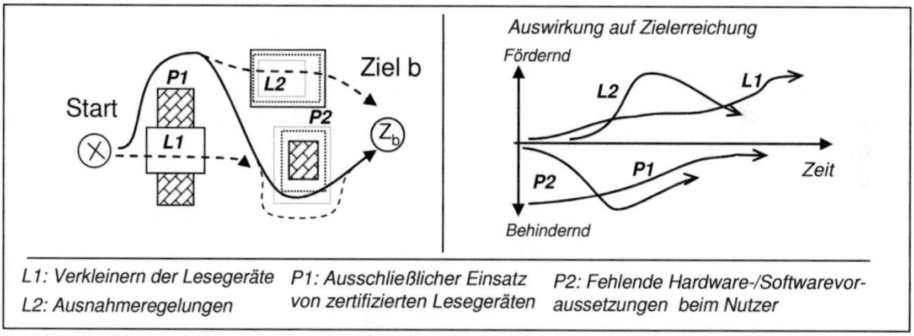

Abbildung 21: Beziehungen zwischen Problemen und Lösungen und zeitliche Veränderung des Einflusses

Weiterhin ist die Dynamik der Entwicklung der Lösungsfaktoren bzw. der Problemfaktoren zu beachten [vgl. Abbildung 21, rechte Seite]. Es kann sein, dass sich ein Problem langsam entwickelt und danach wieder abbaut (z.B. P1), oder ein Problem ist sofort sehr groß und wird dann langsam reduziert. Genauso kann es sein, dass ein Problem niemals ganz beseitigt wird. Für Lösungsfaktoren gilt dasselbe.

Fazit:

Die geschilderten Ansätze der Ziel-Einflussfaktor-Dynamik werden in der Delphi-Studie genutzt, um den Verlauf der Diffusionskurven zu fundieren. Mit Hinblick auf die simple und gut vermittelbare Ergänzung des PKI-Diffusionsmodells, werden die möglichen Einflussfaktoren generell in zwei Kategorien eingeteilt: a) Problemfaktoren, welche die Diffusion behindern und b) Lösungsfaktoren, welche die Diffusion begünstigen [vgl. Abbildung 19]. Problemfaktoren können, müssen aber nicht zwangsläufig, mit Lösungsfaktoren einhergehen.

Es ist kritisch anzumerken, dass Einflussfaktoren durchaus eine höhere Komplexität aufweisen können, so dass der Wirkungscharakter nicht eindeutig als hemmend oder fördernd zu beschreiben ist. Solche komplexen Einflussfaktoren sind, wenn sie im Rahmen einer Experten-Delphi-Studie zu qualifizieren gewünscht werden, durch geschickte Reduktion und Aufspaltung in einfacher handhabbare Faktoren zu zerlegen.

In der Studie wird im Teil der Vertiefungsstudie intensiv auf die aufgestellte Theorie der Problem- und Lösungsfaktoren zurückgegriffen, um die vielen diffusen Problemfelder und Lösungskonzepte im Bereich der PKI-Technologie für eine systematische Diffusionsanalyse nutzbar zu machen.

3.5.3 Abgeleitete Thesen über die allgemeine Affinität der PKI zu Geschäftsprozessen

Mit den vollzogenen theoretischen Analysen können für die Forschungsfrage F1 (Affinität von Geschäftsprozessen zur PKI-Technologie) verschiedene Thesen abgeleitet werden. Dies soll in diesem Kapitel geschehen. Damit ist dieses Kapitel gleichzeitig die Zusammenfassung des oben beschriebenen „Kombinierten Adoptions-/Diffusionsmodells der PKI". Diese Thesenerstellung stellt einen weitern Schritt dar, um zu einem für diese Arbeit einsetzbaren Diffusionsmodell zu gelangen.

Als Fazit zu den vorgestellten theoretischen Überlegungen und Theorien zur PKI-Adoption und Diffusion wird die These zweier für Geschäftsprozesse dominanter Faktoren aufstellen: *Situative Erfordernisse in den Geschäftsprozessen* und *Gesetzgeberische Erfordernisse an die Geschäftsprozesse*.

Der Faktor „Situative Erfordernisse" beschreibt die Situation anhand der Variablen: Anzahl der Transaktionen, Aufwand für die Transaktionen und Schutzbedarf derselben. Es werden zwei Cluster von möglichen Ausprägungen gebildet:

- Situative Erfordernisse 1: Viele und aufwendige Transaktionen mit hohem Schutzbedarf.
- Situative Erfordernisse 2: Wenige, sporadische Transaktionen mit geringem Aufwand und geringem Schutzbedarf.

Diese situativen Cluster können sich wahlweise auf Personen, auf Unternehmen, auf Prozesse oder auf ganze Populationen beziehen, es sind immanente Faktoren der Prozesse, so die These.

Der Faktor „gesetzgeberische Erfordernisse" beschreibt die Situation von der Seite der vorgegebenen und verlangten Standards für elektronische Willenserklärungen. Darin sind enthalten die Stärke der Erfordernisse an die Willenserklärung, wie z.B. die Authentifizierungsfunktion, die Transparenzfunktion und die dauerhaft Nachvollziehbarkeit. Es werden ebenfalls zwei Cluster möglicher Faktorenausprägungen gebildet:

- Gesetzgeberische Erfordernisse 1: Explizite Willenserklärung mit gesetzlich geforderten langen Aufbewahrungsfristen.
- Gesetzgeberische Erfordernisse 2: Willenserklärung muss (nur) zertifizierbar im Sinne der geschäftsüblichen Praktiken sein.

Beide Ausprägungen der jeweiligen Dimensionen werden nun kombiniert und zu einem Portfolio zusammengestellt, das vier Felder aufweist [vgl. Abbildung 22]. Sehr gute Chancen werden der digitalen Signatur im Falle von vielen Transaktionen, wobei explizite Willenserklärungen gefordert werden, zugeschrieben. (Situative Erfordernisse 1 in Kombination mit gesetzgeberischen Erfordernissen 2). Das Gegenteil ist der Fall, falls die Situation nur wenige und sporadische Transaktionen verlangt, in welcher der Gesetzgeber keine besonderen Ansprüche an die Willenserklärung anlegt. Ist die ein oder andere Dimension jeweils nur schwach ausgeprägt so wird erwartet, dass der Konkurrenzdruck durch etablierte Verfahren für elektronische Willenserklärungen bereits recht stark entwickelt ist, so dass hier keine pauschale Aussage über die Vorteilhaftigkeit der elektronischen Signatur zu treffen ist.

	Situative Erfordernisse	
Gesetzgeberische Erfordernisse	**SE1**: Viele Transaktionen oder komplexe Transaktionen oder hoher Schutzbedarf	**SE2**: Wenige Transaktionen oder einfache Transaktionen oder geringer Schutzbedarf
GE1: Beweiswürdige Willenserklärung und Aufbewahrungsfristen gefordert.	3: (+) Gute Chancen für die elektronische Signatur	2: (+/-) Hoher Konkurrenzdruck durch bestehende Verfahren insb. durch die eigenhändigen Unterschrift
GE2: Willenserklärung muss nachvollziehbar sein und zertifizierbar sein.	2: (+/-) Hoher Konkurrenzdruck durch bestehende oder andere neue Techniken und Verfahren	1: (-) Sehr starker Konkurrenzdruck für die elektronische Signatur

Abbildung 22: Vier-Quadrantenschema für die Affinitätsanalyse von Geschäftsprozessen

Je häufiger Prozesse im Rahmen ihrer Aktivitäten nach Transaktionen mit elektronischen Signaturen verlangen, desto stärker rücken diese Prozesse in den Bereich der besonderen Vorteilhaftigkeit der Q-Sig oder F-Sig für Prozesse. Ebensolches gilt für gesetzgeberische Vorgaben, die die jeweiligen Prozesse betreffen. Auf beide Erkenntnisse lässt sich ein Vier-Quadrantenschema entwickeln. Der Quadrant mit besonders affinen Prozessen vereinigt sowohl häufige Transaktionen als auch hohe gesetzgeberische Anforderungen [Abbildung 22]. Positive Affinität bzgl. einer Nutzung der elektronischen Signatur haben sicherlich Prozesse, für die von Gesetzes wegen eine beweiswürdige Dokumentation der beteiligten Personen und ggf. Aufbewahrungsfristen über 5 Jahre vorgeschrieben sind. Solche Prozesse, die eine nachweisliche Willenserklärung mittels einer einfachen elektronischen Signatur benötigen, fallen in einen Bereich, in den die Konkurrenz für die Q- und F-Sig recht hoch ist. Wenn jetzt der Prozess nur wenige ggf. sporadische Transaktionen beinhaltet, wenn diese Transaktionen recht einfach gestaltet sind und sich insgesamt ein nur geringer Schutzbedarf für den Prozess ergibt, dann befindet sich der Prozess in einem Quadranten des Portfolios, in dem der Konkurrenzdruck durch etablierte Systeme sehr hoch ist. Tendenziell gute Chancen für den Einsatz von F- oder Q-Sig ergeben sich jedoch, wenn viele Transaktionen anfallen, bei denen ggf. auch viele Personen beteiligt sind und diese Transaktionen komplex sind und einen hohen Schutzbedarf aufweisen.

Diese Strukturierungsthese bzgl. der Affinität von Geschäftsprozessen zur PKI-Technologie wird für die weitere thesengestützte Aufstellung des speziell auf das Forschungsziel dieser Arbeit zugeschnittenen T2D4JS-Diffusionsmodells im folgenden Kapitel 3.6 Verwendung finden.

3.6 Konzeptioneller Rahmen der Studie: Das T2D4JS-PKI-Diffusionsmodell

Es wurde gezeigt, dass neue Technologien in der Betrachtung ex post entlang einer Diffusionskurve in Nutzersegmente hineindiffundieren.

In diesem Kapitel wird ein Arbeitsmodell der Diffusion der PKI-Technologie aufgestellt. Dieses wird T2D4SJ-Modell genannt [vgl. Abbildung 23]. Es beinhaltet zwei technische Ebenen (PKI-Kategorien, Technologielieferanten/ Betreiber/ Treiber), vier Diffusionssubjektebenen (Sekundärtechnologien, Prozesse, Nutzergruppen und Märkte), eine sozioökonomische sowie eine juristische Ebene. Es folgt der Annahme, dass die Experten die inneren Zusammenhänge zwischen den einzelnen Ebenen intuitiv kennen. Das Modell beschreibt dabei Schnitte durch das komplexe, dynamische Wirkungsszenario der Technologiediffusion der PKI.

Dieses Modell reduziert und konkretisiert das in Kapitel 3.5 postulierte „Kombinierte Adoptions- und Diffusionsmodell der PKI-Technologie“ mit dem Ziel, die Forschungsziele dieser Arbeit zu beantworten.

3.6.1 Die Ebenen des T2D4JS-Modells

Es gilt nun aus dem generischen Gesamtmodell der Technologieadoption und der Technologiediffusion ein spezielles Arbeitsmodell für die Diffusion von PKI-Technologien abzuleiten, das den Forschungsfragen dieser Arbeit gerecht werden kann. Das in diesem Kapitel aufgestellte Modell soll zudem alle nötigen Parameter enthalten, um als Basis für die Erstellung und Auswertung der PKI-Delphi-Studie zu dienen.

Die Diffusion der PKI-Technologie kann modellhaft als eine Nutzungsverbreitung der digitalen Signatur über verschiedene Ebenen verstanden werden. Die PKI-Technologie wird in einem ersten Schritt von Sekundärtechnologien, wie Laptops und Handy, vereinnahmt (Ebene D1). Danach kommen die Sekundärtechnologien innerhalb von Geschäftsprozessen zum Einsatz (Ebene D2). Die Geschäftsprozesse wiederum werden von verschiedenen Nutzerpopulationen realisiert (Ebene D3). Verschiedene Populationen bilden schließlich Branchen und Märkte (Ebene D4). So kann von einer Diffusionsbewegung der PKI-Technologie in Branchen und Märkte gesprochen werden [vgl. Gaud07]. Dieses so formulierte Modell wird für diese Arbeit übernommen und um zwei Ebenen erweitert, der juristischen Ebene und der sozioökonomischen Ebene [vgl. Abbildung 23].

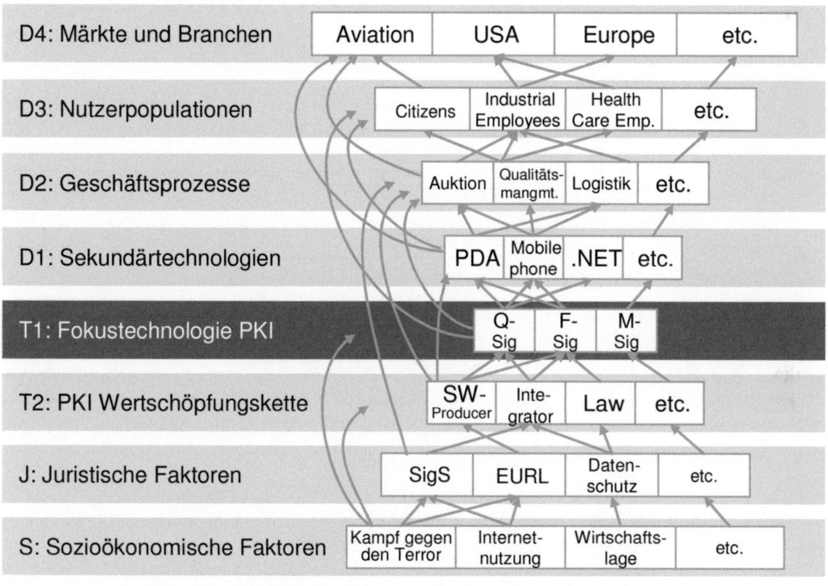

Abbildung 23: Diffusionsmodell T2D4JS Treiber und Katalysatoren

- Ebene T1 – Primäre Dienstangebote einer PKI: Diese Dienstangebote sind die eigentlichen Kristallisationskeime sowohl für die Sekundärtechnologien (D1) als auch für die Prozesse (D2). Dabei ist immer zu beachten, dass es verschiedene Qualitäten von PKIs gibt und diese einer unterschiedlichen Nutzenwirkung und Verbreitungsgeschwindigkeit unterliegen. Die Fokustechnologie PKI wurde daher in die bereits oben definierten Ausprägungen: Q-Sig (Qualifizierte Signatur), F-Sig (Fortgeschrittene Signatur) und M-Sig (Maschinelle Signatur) unterteilt. In dieser Ebene sind auch die Zertifizierungsdiensteanbieter im Rahmen ihrer permanenten Dienstleistungsfunktionen (u.a. Zertifikatsausstellung und -abfragen) angesiedelt. Diese Ebene stellt, vermittelt durch die Ebene D1, die primären Dienste einer PKI zur Verfügung (Zertifikatsausstellung, Zertifikatsvalidierung und -verteilung, Time-Stamping).

- Ebene T2 – PKI-Wertschöpfungskette: Hersteller, Betreiber, Enabler und Verkäufer. Auf dieser Ebene sind die Mitwirkenden der Wertschöpfungskette PKI versammelt. Das der Studie zugrunde liegende Modell führt 11 beteiligte Gruppen auf. Diese Gruppen bilden das Geflecht der Wertschöpfungskette und können aus volkswirtschaftlicher Sicht als Anbieter der PKI-Technologie verstanden werden.
- Erste Diffusionsebene D1 – Diffusion der Primärtechnologie PKI in Sekundärtechnologien, wie z.B. Telefone, PDAs, USB-Sticks. Das der Studie zugrunde liegende Modell führt 20 Sekundärtechnologien auf.
- Zweite Diffusionsebene D2 – Diffusion der Sekundärtechnologien und der Primärtechnologie PKI in Prozesse, wie z.B. elektronischer Vertragsabschluss, Archivierung von Qualitätsdokumenten oder Aktienkauf. Das der Studie zugrunde liegende Modell führt 42 Sekundärprozesse auf. Die hier untersuchten Prozesse partizipieren an den zur Verfügung gestellten PKI-Diensten und bauen diese in ihre internen Prozessabläufe ein.
- Dritte Diffusionsebene D3 – Realisierung von Sekundärprozessen durch PKI-Nutzerpopulationen. Das der Studie zugrunde liegende Modell führt 10 Populationen auf. Die Populationen nutzen Prozesse der Ebene D2.
- Vierte Diffusionsebene D4 – Komposition von Nutzersegmenten zu Märkten und Branchen, z.B. Komposition der Branche Automotive durch die PKI-Nutzersegmente: Mitarbeiter in Zuliefernetzwerken und Mitarbeiter in Automotive OEMs. Das der Studie zugrunde liegende Modell führt 5 Märkte und 17 Branchen auf.
- J: Juristische Faktoren: Hier werden die Diffusionskräfte abgebildet, die von Gesetzen und Richtlinien ausgehen. Es werden die Auswirkungen dieser Regularien auf die Entwicklung und Verbreitung der PKI-Technologie untersucht.
- S: Sozioökonomische Faktoren: Paulus kommt 2007 [Paul07] zum Schluss, dass trotz offensichtlicher technologischer Überlegenheit der PKI soziologische Aspekte eine große Bedeutung bei der Frage über die erfolgreiche Verbreitung der PKI-Technologie zukommt.

Die zwischen den Ebenen bestehenden Beziehungen können als Einflussmatrizen dargestellt werden. Es wird postuliert, dass es nicht nötig ist, nach den jeweiligen Kausalitäten zu fragen, sondern vielmehr entlang der Schnittebenen die Experten nach Momentaufnahmen des Wirkungssystems zu befragen. Daraus lässt sich dann ein Gesamtbild rekonstruieren. Dieses Gesamtbild wiederum erlaubt es, die wirksamen Kausalitäten zwischen den Ebenen zu rekonstruieren. Für eine vertiefte Detailauswertung der Studie ist die zumindest teilweise Kenntnis dieser Kausalitäten hilfreich. Nachfolgend werden die einzelnen Ebenen des T2D4JS-Modells näher erläutert. In Kapitel 3.7 werden dann die Kausalitäten zwischen den Ebenen diskutiert.

3.6.2 *Ebene D1: Zukünftige Integration der PKI in Sekundärtechnologien*

Die PKI-Technologie kann sich nicht aus sich selbst heraus betreiben, sie benötigt eine Trägertechnologie, die z.B. die Anzeige der Willenserklärung vornimmt oder welche den Betrieb eines Kartenlesers gewährleistet.

Die innovationstheoretischen Fragestellungen zu dieser Ebene lauten:

1. In welchem Maße kann die PKI-Technologie heute von diesen sekundären IT-Technologien genutzt werden?
2. Welche Vorteile oder Nachteile ergäben sich für die jeweilige sekundäre IT-Technologie, wenn sie Signaturen (Q-, F- oder M-Sig) in sich integrieren würde?
3. Welcher Durchdringungsgrad der PKI in diese sekundäre IT-Technologien ist für die Zukunft zu erwarten?

Tabelle 3: Sekundäre IT-Technologien mit PKI-Affinität

Nr.	Technologiebenennung:	Bz1	Bi2	Be3	Br4	Σ
T1	Mobile Computing allg.	2	2	2	3	= 9
T2	Handy (engl. mobile phones)	3	2	2	2	= 9
T3	Personal digital assistant	3	2	2	3	= 10
T4	Multimedia-Geräte (Audio und Video)	3	2	2	3	= 10
T5	RFID-Tags	2	1	1	1	= 5
T6	Elektronische Steuergeräte im Automobil	3	2	2	3	= 10
T7	Elektronische Steuergeräte in sonstigen Endprodukten des Alltagsgebrauchs	3	2	1	2	= 8
T8	Elektronische Steuergeräte in sonstigen Industrieanlagen	3	2	2	3	= 10
T9	Personalausweis/Sozialversicherungsausweis	3	1	3	1	= 8
T10	Firmenausweise: Corporate-ID-Cards	3	2	3	1	= 9
T11	Bankkarten	3	2	2	2	= 9
T12	USB-Sticks	3	2	1	1	= 7
T13	Compact Flash etc.	1	2	1	2	= 6
T14	Dokumentenmanagementsysteme	3	2	1	3	= 9
T15	Unternehmenssoftware (SAP etc.)	3	2	1	3	= 9
T16	Digital Rights Management (DRM)	2	2	1	3	= 8
T17	Authentication and Authorisation Infrastructures (AAI)	3	2	1	3	= 9
T18	Service Oriented Architectures (SOA)	2	2	1	3	= 8
T19	J2EE	3	2	3	3	= 11
T20	. NET	3	2	3	3	= 11

Bz1=Lebenszyklus, Bi2=Integrationsfähigkeit, Be3=Entwicklung, Br4=Rechenkraft

Um ein Potenzial einer ausgewählten IT-Technologie auf Basis logischer Überlegung zu ermitteln, werden 4 Kriterien definiert:

Bz1. Position der Technologie im Lebenszyklus: Steht die Technologie am Anfang ihrer Verbreitung (2P), hat sie bereits einen Massenmarkt erreicht (3P) oder befindet sich die Technologie bereits am Ende ihres Lebenszykluses (1P)?

Bi2. Integrationsfähigkeit der Technologie: Hat die Technologie die Möglichkeit neue Technologien, wie die PKI, in sich aufzunehmen (3P) oder sind die Technologietreiber dazu eher nicht in der Lage (1P)?

Be3. Entwicklungsmethode: Die Entwicklungsmethode spielt sicherlich auch in die Integrationsfähigkeit hinein. Hier ist vor allem die Art der Entwicklung gemeint: Zentrale Entwicklung an einer Stelle mit De-Facto-Standards (3P), verteilte Entwicklung mit einfachen Standardisierungsprozessen (2P) und dezentrale Entwicklung mit branchenübergreifende, kooperative Entwicklung und aufwändiger Standardisierung (1P).

Br4. Rechenkraft: Wenn eine sekundäre IT-Technologie die PKI einbetten will, benötigt sie dafür gewisse Computerressourcen, die den Betrieb der PKI-Dienste ermöglichen. Sind diese Ressourcen schon jetzt ausreichend vorhanden (3P), müssen die Ressourcen noch ausgebaut werden (2P) oder müssen sie gar neu entwickelt werden (1P).

Tabelle 3 zeigt die Auswahl der für diese Studie relevanten Technologien wie auch die vom Autor durchgeführte Potenzialbewertung der jeweiligen Technologie. Um einen groben Anhaltspunkt über eine Gesamtpotenzialaussage zu erhalten, wurden die einzelnen Bewertungen ungewichtet addiert. Demnach wären T19: *J2EE* und *T20:* .NET die Technologie mit dem höchsten Potenzial für eine Integration der PKI, gefolgt von T3: Personal digital assistant, T4: Multimedia-Geräte, T6: Elektronische Steuergeräte im Automobil und T8: Elektronische Steuergeräte in sonstigen Industrieanlagen.

SOA-Konzepte werden auch von Paulus [Paul07] als stark affin zu einer PKI angesehen. Als sehr visionär und wegen der eingeschränkten Rechenkapazität wird die aufstrebende Logistik-Technologie RFID (T5) auch in der Literatur eher als zukünftiger Kandidat für eine PKI-Nutzung angesehen. Insbesondere das Produkt-Echtheitszertifikat durch eine Herstellersignatur auf einem RFID-Tag wird als zukunftsträchtige Anwendung angesehen. Als erste solle demnach die Pharma-Industrie einen Nachfrageschub in diese Richtung generieren [vgl. HNS07, S. 359]. Für Authentifizierungs- und Autorisierungsinfrastrukturen ergeben sich mittels digitaler Zertifikate Chancen, das Problem der Delegation von Rechten einfach und elegant zu lösen [vgl. Wölf07].

Mit dieser Bewertung stehen neben der Prozessauswahl auch eine Reihe weiterer Prozesspotenzialhypothesen, die in der Delphi-Studie einer Validierung unterzogen werden können.

3.6.3 Ebene D2: Nutzenpotenziale der PKI für Geschäftsprozesse

Für die einführende Erläuterung über die Affinität von Geschäftsprozessen zur PKI-Technologie wird ein einfaches Prozessmodell vorgestellt, mit dessen Hilfe die prinzipiellen Einsatzpunkte von digitalen Signaturen aufgezeigt werden können. Die folgende Modellierung folgt der Erkenntnis, dass es nicht die Geschäftsprozesse sind, die sich der Sicherheitstechnologie unterordnen müssen, sondern dass es die Sicherheitslösungen sind, die den Geschäftsprozessen dienen sollen [vgl. Reim04]. In diesem Modell für Geschäftsprozesse kann die digitale Signatur an vier Stellen zum Einsatz kommen [vgl. HePe99]. Der erste Einsatz erfolgt bei der Etablierung von Geschäftsprozessen [vgl.Abbildung 24].

In der Informationsphase kann die digitale Signatur zu einer schnellen und sicheren Verifikation der angebotenen Leistung durch den Nachfrager beitragen. Auch Ausschreibungen mit Nachweispflichten können so einen beweiswürdigen Charakter erhalten und trotzdem vollständig virtuell abgewickelt werden.

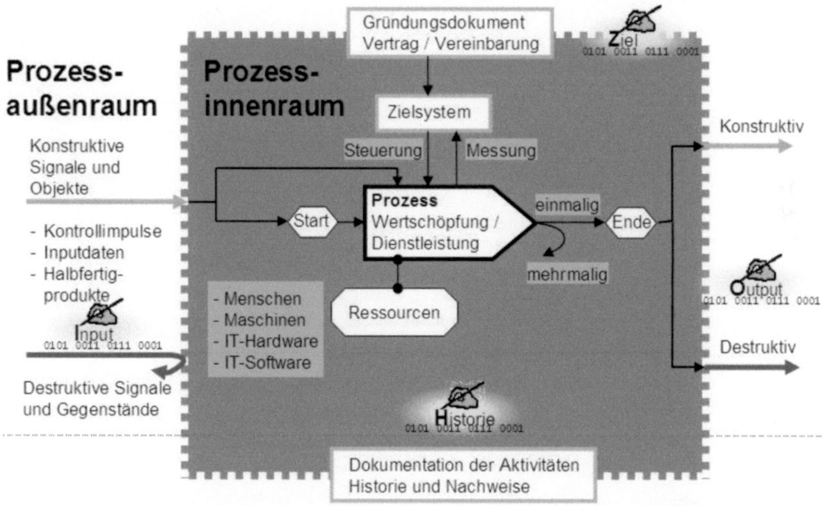

Abbildung 24: Prozessschema mit Anwendung von digitalen Signaturen

Die anschließende Vereinbarungsphase mit ihren Geboten, Gegengeboten und abschließender Vereinbarung kann durch PKI-Dienste, insbesondere durch Verschlüsselung, zu der nötigen vertraulichen Geschäftsatmosphäre beitragen. Ein anderes Beispiel für die Unterstützung der Vereinbarungsphase stellen Auktionen mit iterativen Schleifen dar. Diese benötigen zumeist einen vertrauenswürdigen Auktionator. Auch bei kombinatorischen Auktionen ist es in gewissen Fällen der PKI-Dienst „Zeitstempel“, der die Gebotsauswahl beweiswürdig für einen bestimmten Bieter entscheidet [BPS05].

Für die anschließenden Prozessaktivitäten, seien es einmalige Lieferungen von einfachen Produkten oder aber sich wiederholende Dienstleistungen, findet die digitale Signatur ihre Anwendung, insbesondere beim Schutz gegen beabsichtigte Angriffe von außen und innen. Dabei werden die Schutzziele Vertraulichkeit und Integrität verfolgt.

Verschiedene Personen/Populationen sind hier direkt oder indirekt an der Steuerung und Durchführung von Prozessen beteiligt. Prozessinputs werden ausgewählt und den Kernprozessen zugeführt. Die Prozessverarbeitung wird durchgeführt und nachvollziehbar mittels PKI dokumentiert. Schließlich wird das Prozessergebnis ausgesteuert und für weitere Nutzung und Konsumierung bereitgestellt. Ein- und ausgehende Prozesssignale werden mittels PKI-Diensten authentifiziert. Interne, für die Prozessdurchführung benötigte Ressourcen, erhalten ebenso mittels PKI-Diensten die benötigten Autorisierungen. Für die interne Dokumentation der Prozessaktivitäten und die ggf. vorhandenen Nachweis- und Archivierungspflichten über diese Dokumente eignen sich PKI-Dienste ebenfalls. Diese Aktivität fällt in das Gebiet „Safety", den Schutz gegen unbeabsichtigte Ereignisse [vgl. FePf00].

Der Output von Prozessen kann ein Dokument sein oder wird von Dokumenten begleitet. Gruhn et al. weisen darauf hin, dass diese Ergebnisdokumente erst dann Rechtsgültigkeit erlangen, wenn sie durch ein oder auch mehrere Personen unterzeichnet wurden. Bei mehrfachen Unterschriften stellt sich bisweilen auch die Herausforderung, die Unterschriften innerhalb eines bestimmten Zeitraumes zu leisten. Auch können hier Massensignaturen zur Anwendung kommen, etwa falls es sich beim Output um Kunden- oder Lieferantenanschreiben handelt. [Vgl. GWK+07, S. 56 ff.]

Um nun Geschäftsprozesse konkret in die elektronische Applikationen zu übertragen, sind einerseits Planungswerkzeuge und andererseits entsprechende IT-Applikationen notwendig, welche die Integration leisten können. Fritsch et al. zeigen theoretisch und exemplarisch, wie eine solche Planung und Übertragung ablaufen kann [vgl. Fri+06].

Sämtliche Signaturen im generischen Prozessmodell können als Q-, F- oder M-Sig aufgeführt sein. Hierbei ist auch eine gemischte Anwendung der verschiedenen Qualitäten der Signaturen möglich. Beispielsweise können in der Vereinbarungsphase die verhandelten Konditionen für einen Dienstleistungsprozess mittels qualifizierten Signaturen in einem Gründungsdokument abgelegt werden.

Die regulären Inputdaten für den Prozess liegen z.B. durch Produktdaten vor, die sich mit einer fortgeschrittenen Signatur gegenüber dem Prozess identifizieren. Die Aktivitäten des Geschäftsprozesses, beispielsweise eine rechenintensive Simulation von Fluidströmungen, werden im Rahmen einer Qualitätsdokumentation mittels Maschinensignaturen der Prozessrechner dokumentiert und durch die qualifizierte Signatur des Bedieners schließlich freigegeben. Die Ergebnisse des Prozesses werden dann mit der fortgeschrittenen Signatur des Rechenzentrums versehen und an den Auftraggeber als Output ausgeführt.

Im Folgenden soll eine Auswahl relevanter Geschäftsprozesse dargestellt werden [vgl. Tabelle 4]. Selbstverständlich fällt die Auswahl einiger weniger Prozesse nicht leicht. Ein dominierendes Kriterium für die Auswahl eines Prozess ist sicherlich die Relevanz für den E-Commerce. Alle E-Commerce-Prozesse benötigen Komponenten der Authentifikation der Geschäftspartner sowie ein System, das gemeinsame elektronische Willenserklärungen zwischen Geschäftspartnern zulässt. Aufgrund dieses Kriteriums wurden aus der aktuellen Literatur die am häufigsten genannten Prozesse entnommen und als Basis für das T2D4JS-Modell bereitgestellt.

Tabelle 4: T2D4JS-Ebene D2: Liste der Prozesse

Prozess		Potenzial für Q-Sig
P1	Allgemein: Abschluss von Kaufverträgen im Internet	2
P2	E-Reisebuchung	2
P3	E-Medienkauf: Bücher, DVDs, CDs etc.	2
P4	Elektronische Produkte: Übertragung von Nutzungs-, Genuss- oder Kopierrechten an MP3s, Videos, Bildern inkl. Digital Rights Management (DRM)	2
P5	E-Berechtigungshandel: z.B. Eintrittskarten, Tickets, Gutscheine	1
P6	Versandhandel: Alle Katalogwaren	1
P7	Mobile Transaktion: Kauf übers Handy etc.	1
P8	B2C – Auktionen: Business to Consumer	1
P9	B2B – Auktionen: Business to Business	2
P10	C2C – Auktionen: Consumer to Consumer	3
P11	Allgemein: Elektronische Rechnung, beweiswürdige Präsentation von Rechnungen aller Art	3
P12	Electronic Payment, Zahlen per digital signiertem Scheck	2
P13	Elektronisches Geld	2
P14	Aktienhandel	2
P15	Versicherungsabschluss	3
P16	Kreditverträge	3
P17	Allgemein: Behördengänge und andere Vorgänge im virtuellen Rathaus	2
P18	E-Wahlen	3
P19	Elektronische behördliche Benachrichtigungen	3
P20	E-Urkunden, z.B. E-Geburtsurkunde	3
P21	E-Grundbuch	3
P22	Stellenvermittlung Arbeitsmarkt	1
P23	E-Bafög	2
P24	E-Steuererklärung	2
P25	E-Veräußerungsmitteilungen für Fahrzeuge oder Immobilien	3
P26	E-Handelsregister-Eintragung	3
P27	E-Meldewesen: Elektronische Melderegisterauskunft und –eintragung, An- und Ummelden.	3
P28	E-Personalausweis	3
P29	E-Ausschreibung Auftragsvergabe der öffentlichen Hand	2
P30	E-Fahrzeuganmeldung	2
P32	Allgemein: Geschäftsprozesse in Unternehmen	2
P31	Vertraglicher Auftragsabschluss	3
P33	Auftragsabwicklung	2
P34	Lieferabrufe	1
P35	Wareneingangsvereinnahmung	1
P36	Bestands- und Kapazitätsabfragen beim Lieferanten	2
P37	Qualitätsdokumentation	2
P38	Online-Transport-Begleitschein	1
P39	Allgemein: Elektronischer Schriftverkehr; Email in denselben Prozessen und Kontextsituationen wie Email heute eingesetzt wird.	2
P40	Kommunikationsvorgänge von Standesorganisationen mit ihren Mitgliedern	2
P41	Elektronische Patientenakte	3
P42	Elektronischer Arztbrief	3

Legende: 3=gute Chancen; 2=hoher Konkurrenzdruck; 1=starker Konkurrenzdruck für die PKI

Alle Prozesse wurden vom Autor in das Vier-Quadrantenschema für die Affinitätsanalyse von Geschäftsprozessen [siehe Kapitel 3.53] eingeordnet. Die Einordnung steht als begründetes Hypothesenkonglomerat für eine spätere empirische Überprüfung zur Verfügung.

3.6.4 Ebene D3: Die Verbreitung der PKI in Nutzerpopulationen

Die Nutzer von PKI-Diensten sind für diese Arbeit in folgende Nutzerkreise unterteilt:

- <u>B – Geschäftsbereich/ Industrie</u>
- B0: Mitarbeiter in der Industrie allgemein (enthält u.a. B1-B4)
- B1: Mitarbeiter in Großkonzernen
- B2: Mitarbeiter in Unternehmen von klein- und mittelständischen Unternehmen
- B3: Mitarbeiter von Automobilherstellern

- B4: Mitarbeiter von Zulieferern in der Wertschöpfungskette der Automobilindustrie
- A – Staatliche und halbstaatliche Organisationen
- A1: Mitarbeiter in staatlichen Stellen (ausgenommen Gesundheitswesen)
- A2: Mitarbeiter im Gesundheitswesen (Heilberufe)
- C – Konsumenten
- C1: Bürger/Endkunde ab 12 Jahren
- D – Dienstleister
- D1: Mitarbeiter bei Banken und Versicherungen
- D2: Mitarbeiter bei IT-Dienstleistern, Logistikdienstleistern und weiteren

Die Verbreitung einer Technologie geschieht über die Benutzung dieser Technologie durch Personen. Alle Vorüberlegungen hinsichtlich Treibern, Prozessen, Technologien münden in einen Nutzungsvorgang einer einzelnen Person. Viele Personen wiederum bilden Gruppen, sog. Populationen. Populationen sind so gewählt, dass sie hinsichtlich der Fragestellung ein im Durchschnitt homogenes Verhalten aufweisen. Die oben gewählten Populationen sind Nutzer von Prozessen und Technologien, an ihnen kristallisiert sich die abstrakte Diffusion der PKI-Technologie aus.

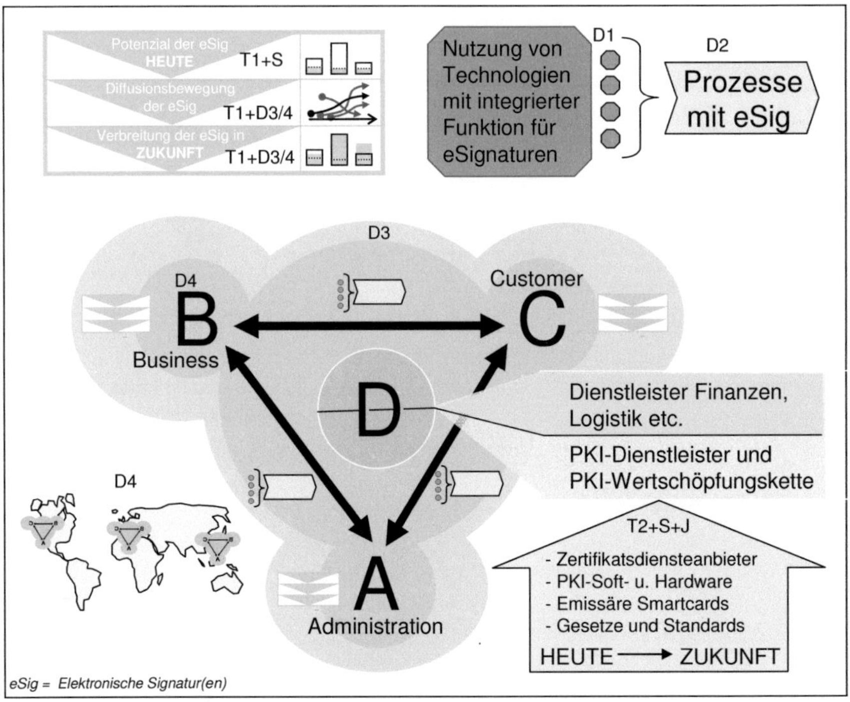

Abbildung 25: BAC-D-Populationenmodell mit Anknüpfungen zum T2D4JS-Modell

Das BAC-D-Modell in Abbildung 25 fasst die Wirkzusammenhänge des T2D4JS-Modells aus Perspektive der Populationen zusammen. Als 4 Hauptpopulationen sind die Bereiche Business (B1-4), Customer (C1), Administration (A1-2) und Dienstleister (D1-2) dargestellt. B, A und C bilden Dreieckspunkte, die Dreiecksseiten werden durch die zwischen den Partnern aufgespannten Prozessbeziehungen gebildet. Die Prozesse repräsentieren dabei die möglichen Geschäftprozesse, die mittels M-, F- oder Q-Sig unterstützt werden können, die kleinen roten Punkte, die in die Prozesse eingehen, stehen für die Technologien auf denen letztlich die PKI-Dienste erbracht werden. Für jede Population lässt sich nun postulieren, dass 1. dort heute ein bestimmtes abstraktes Potential für den Einsatz der PKI-Technologie besteht und dass dies 2. im weiteren Verlauf zu einer Diffusionsbewegung von M-, F- und Q-Sig führen wird. Zukünftig wird daher 3. ein bestimmter Verbreitungsgrad der PKI in diesen Populationen zu beobachten sein. Diese drei Schnittebenen der zeitlichen PKI-Verbreitung werden durch die drei gestapelten grünen Dreiecke auf weißem Grund repräsentiert. In der Mitte des Dreiecks BAC liegt die 4. Partei, die Dienstleister. Dazu gehören einerseits die Prozessdienstleister allgemein, die hier nach Banken &Versicherung und sonstige Dienstleister eingeteilt sind und im Besonderen die gesamten Teilnehmer der Wertschöpfungskette der PKI, welche in ihrer Gesamtheit die Dienstleistung der PKI-Technologie erbringen.

Aus globaler Perspektive betrachtet existiert dieses BAC-D-Konglomerat auch in anderen Teilen der Welt, was durch die Weltkarte mit applizierten Miniatur-BAC-D-Modellen zum Ausdruck kommen soll.

Innovationstheoretische Fragestellungen zu diesem Modell:

1. Welche Veränderungen würden in den Nutzpopulationen spürbar werden, wenn hier durchgängig elektronische Signaturen anstelle der eigenhändigen Unterschrift genutzt würden?
2. In welchem Maße werden heute Verbesserungspotenziale für die Nutzerpopulationen geschehen, wenn sie Formen der PKI anwenden würden? Wie verhält sich der Nutzen, wenn M-Sig, F-Sig oder Q-Sig eingesetzt werden würde?
3. Wie wird sich die tatsächliche Nutzung der PKI-Technologie in den Nutzerpopulationen entwickeln?

3.6.5 Ebene D4: Die Verbreitung der PKI in Branchen

Die Auswahl der Branchen ergibt sich wie folgt:

- Maschinenbau
- Automotive
- Eisen & Metall
- Luftfahrt
- Pharma
- Elektrotechnik

- Elektronik
- Chemie
- Nahrung
- Textil
- Steine, Erden
- Holz
- Druck
- Keramik
- Bau
- Bergbau

Auf dieser Ebene stellt sich die Frage, in welcher Branche die größten Innovationspotenziale durch die Einführung der PKI in die Geschäftsprozesse bestehen? – Und welche Branche die PKI am schnellsten implementieren wird.

3.6.6 Ebene J: Die juristische Ebene

A. Roßnagel [RoAl99] schildert die Situation der rechtlichen Regelungen bzgl. der elektronischen Signatur als innovationsrechtliches Paradoxon. Früher seien technische Innovationen durch juristische Regelungen tendenziell im Nachhinein gefördert oder ihre Wirksamkeit bzw. unerwünschten Auswirkungen erst mit Inkrafttreten der Innovation reguliert worden. Für die PKI-Technologie sei die rechtliche Regelung jedoch eine Grundvoraussetzung für das Zustandekommen der Innovation der elektronischen Signatur auf. Zum SigG schreibt A. Roßnagel: „Recht soll helfen, die durch wissenschaftliche Dekontextualisierung entwickelte Technik für die gesellschaftliche Nutzung zu rekontextualisieren. Die Integration der Innovation in gesellschaftliche Strukturen und Abläufe setzt die vorherige rechtliche Einpassung der Technik (gemeint sind elektronische Signaturen) in diese voraus." [Vgl. RoAl99, S. 4] Recht solle zudem die Zukunftsfähigkeit einer Innovation gewährleisten. Dies sei der Grund weshalb die Signaturverordnung ein zentrales Monitoring[9] der Algorithmen der elektronischen Signatur vorsieht. Recht ist im Falle der elektronischen Signatur die Vorbedingung und der Wegbereiter. Diese Funktion führe aber auch Paradoxien mit sich.

Lutterbeck urteilt über die geschaffenen Regulierungen in Deutschland jedoch hart: „Geblieben sind einige ansehnliche Gesetze, praktisch eher nutzlose Regulierungen wie die Gesetzgebung über elektronische Signaturen." [Lutt07]

Die grundsätzliche Paradoxie ist, dass das Recht etwas Neues regeln muss, das es noch gar nicht gibt. Der Gesetzgeber muss Innovationsfolgen antizipieren, die weit in der Zukunft liegen und diese Entwicklungen korrekt bewerten. Einen wichtigen Regulierungsansatz sieht A. Roßnagel in der Vorgabe von Regelungsverfahren. Als Beispiel wird das Datenschutz-Audit genannt, dies würde die Eigenverantwortung von Innovatoren fördern. Allgemein empfiehlt A. Roßnagel „in

[9] Das zentrale Monitoring der Algorithmen der elektronischen Signatur wird durch das Bundesamt für Sicherheit in der Informationsgesellschaft (BSI) gewährleistet.

den Prozess der Regulierung organisierte Lernphasen einzubauen". Diese können beispielsweise durch wiederholte Technikfolge-Abschätzungen geschehen. [Vgl. RoAl99]

Mit der Reform der Zivilprozessordnung im Jahr 2001 fand laut Klein eine fundamentale, der technischen Innovation „elektronische Signatur" vorauseilende Regelung statt [vgl. Klei07]. Klein beschreibt die Einführung des „Formvorschriftenanpassungsgesetz" am 13.7.2001 als u.a. die Einführung einer „dogmatisch neuartigen Figur", des so genannten „gesetzlichen Anscheinsbeweis" für Dokumente mit qualifizierter elektronischer Signatur. Andere elektronische Dokumente wurden in diesem Zuge mindestens noch als ordentliches Beweismittel, die dem Augenscheinbeweis unterliegen, rechtlich anerkannt. In diesem Fall geht die Rechtspraxis laut Klein davon aus, dass ein elektronisches Dokument auch ohne qualifizierte elektronische Signatur regulär ein verlässliches Beweismittel mit einem hohen Beweiswert sei.

Dies führe in Konsequenz letztlich jedoch, laut Klein, wiederum dazu, dass ein elektronisches Dokument doch nicht mehr, wie ursprünglich vorgesehen, als ordentliches Beweismittel zu dienen habe. Dies begründet Klein mit den tagtäglich durch Spam-Mails gefälschten Email Absender-Adressen und den immer häufiger bekannt werdenden Phishing-Attacken auf Privatpersonen. Hier scheint sich das von A. Roßnagel angesprochene rechtliche Paradoxon zu manifestieren. Heusch weist allerdings darauf hin, dass das Fälschen von eigenhändigen Unterschriften auch heute häufig ohne größere Schwierigkeiten möglich wäre [vgl. Heus04].

Durch diese unterschiedlichen Auffassungen auf juristischer Ebene entsteht ein Spannungsfeld zwischen gelebtem Recht und formaljuristischen Haftungs- und Beweisfragen. Dieses Feld ist jeweils im B2C-, B2B- und C2C-Bereich mit ganz verschiedenen Differenzen aufgeladen, greifen doch, je nachdem ob Privatpersonen oder Geschäftspersonen in eine Transaktion eingebunden sind, unterschiedliche Gesetze.

Fazit:

Die juristische Ebene des T2D4JS-Modells ist durch die grundsätzliche Paradoxie bestimmt, dass das Recht in einem Vorgriff auf die möglichen Konsequenzen der massenweisen Verbreitung von Q-Sig oder F-Sig etwas zu regeln hat, das de facto noch keine große Verbreitung gefunden hat. Wichtig ist auch die Erkenntnis, dass in der Entwicklung von Gesetzen Lernschleifen einzubauen sind. Die unmittelbare Einschätzung der Wirksamkeit oder Unwirksamkeit von Rechtsprechung mit elektronischen Dokumenten als potenzielle Beweise muss aber durch Erfahrung gewonnen werden. Die Feststellung von A. Roßnagel, dass rechtliche Regelungen Vertrauen in IuK-Technologien stiften soll, ist eine wichtige Funktion von Gesetzen und ein wichtiger Hinweis für die Forschungsfrage 1, bzgl. der Affinität der Q-, F- und M-Sig für Geschäftsprozesse von Unternehmen. Die Erkenntnis ist die, dass existierende Gesetze, auch ohne deren Anwendung im Streitfall, in der Lage sind, Vertrauen zu stiften. Dies führt zu der Annahme, dass schon die Bemühungen um die Erstellung von Regularien für die elektronische Signatur sich positiv auf die Nutzung der elektronischen Signatur, unabhängig ob F- oder Q-Sig, auswirken.

3.6.7 *Ebene S: Die sozioökonomische Ebene*

Innovationsprozesse im Bereich der IuK-Technologie und insbesondere die PKI-Technologie müssen mit paradoxen Problemen rechnen, die sowohl aus der Technik selber, als auch aus der Entwicklung von rechtlichen Regelungen entspringen. Zur Lösung dieser Probleme müssen Antworten mittels interdisziplinärer Zusammenarbeit zwischen Technik-, Wirtschafts- und Sozialwissenschaften gesucht werden. [Vgl. RoAl99, S.15]

Die Kenntnis der grundlegenden sozioökonomischen Faktoren ist dabei die Grundlage, um diesen interdisziplinären Analyseansatz zu verstehen. Bartelheimer et al. [BaB+06] haben auf der Grundlage des ersten Berichts zur sozioökonomischen Entwicklung in Deutschland [vgl. Baet05] ein sozioökonomisches Indikatorenmodell entwickelt. Dies soll im Folgenden vorgestellt werden, um damit den Rahmen der sozioökonomischen Ebene des T2D4JS-Modells aufzuzeigen:

1. *Bildungssystem* mit dem Trend zur ungleichen Bildungsteilhabe. Dies hat Einfluss auf Nutzungsgewohnheiten von IuK-Technologien und damit auf die Nutzung der PKI-Technologie.

2. Der Forschungsbereich *Genderstudies* beschäftigt sich mit der Frage nach sozial konstruierten Geschlechterunterschieden. Eventuell existierende Unterschiede in der geschlechterspezifischen Affinität zur Nutzung von elektronischen Medien könnten wichtige Hinweise auf die Akzeptanz der PKI-Technologie geben.

3. *Gesamtwirtschaftliche Entwicklung*: Langfristige Veränderung wie Massenproduktion und Massenkonsum oder das Verhältnis von Inflation und Realzins sowie die Handelsbillanzüberschüsse werden als Hauptindikatoren angesehen. Hier ist auf den ersten Blick kein Zusammenhang zur PKI-Nutzung zu erkennen.

4. *Branchenstrukturen* mit dem Großtrend „Rückgang der Landwirtschaft“ und „Aufstieg der Informationsbranchen“ bilden hier das Spannungsfeld. Dies ist ein Trend der grundsätzlich die PKI-Technologie betrifft und befördert.

5. *Erwerbsarbeit und Konsum*: Hier wird die Beziehung des Einzelnen zum Sozialstaat analysiert sowie auch die Beziehungen zwischen den Generationen, innerhalb Familien und anderen sozialen Gruppen. Besonderes Augenmerk liegt auf den finanziellen Transfers innerhalb diesen Gruppen. Für die PKI-Technologie steht hier die Frage, wo die PKI-Dienste eine große Nachfrage erleben werden: Während der Erwerbstätigkeit oder während des Freizeitkonsums?

6. *Demographie*: Als wichtigster Trend wird die Destabilisierung der Finanzen durch die Überalterung der Gesellschaft angeführt. Für die PKI stellt sich die Frage, welche Altersschichten der Nutzung von PKI-Diensten offen gegenüber stehen. Die Einteilung geschieht in drei Klassen: 1. Die Phase der jungen Erwachsenen bis etwa 35 Jahre, während des Berufseinstiegs und der Familiengründung, 2. die Haupterwerbsphase und 3. die Altersübergangsphase der über 55-

jährigen. Für alle Phasen, so liegt es nahe, werden sich unterschiedliche Nutzungsgewohnheiten von IuK-Technologien inkl. der PKI-Dienste manifestieren.

7. *Regulierung und soziale Sicherung*: Hier liegt das Spannungsfeld zwischen staatlicher Alimentierung und liberalem Freiheitsbegriff. Für die PKI stellt sich z.B. die Frage, ob die PKI-Dienste zum Rahmen einer sozialen Grundsicherung gehören werden, weil der Gesetzgeber dies irgendwann zu den Grundbedürfnissen des normalen Lebens dazuzählen wird.

8. *Regionale Disparitäten*: Bevölkerungsschrumpfung, Armut, Kaufkraft und Einkommensverteilung sind hier die bestimmenden Themen. Für die PKI stellt sich die Frage nach dem Preismodell und den Bevölkerungsschichten, die ein solches Preismodell anspricht.

9. *Energiewende*: Hier ist der große Trend die Diffusion der regenerativen Energietechniken und damit auch die Systemintegration der dezentralisierten Stromproduktion. Es geht hier um ein Geschäftsmodell, das dezentral sehr viele Energieerzeuger in ein neues Großhandelssystem für Energie integrieren muss. Neue elektronische Geschäftsmodelle, ggf. mit Integration einer „Energie-PKI" werden sicher eine Rolle dabei spielen.

10. *Internationaler Vergleich*: Die EU-Strukturindikatoren bieten für EU-25 sowie ergänzend für die USA und Japan harmonisierte Daten in vergleichbarer Qualität.

Bartelheimer et al. haben unter Berücksichtigung dieser Indikatoren aktuelle sozioökonomische IT-Trends ausgemacht [vgl. BaB+06, S. 77]:

<u>Trend 1: Staatliche und unternehmerische Regulierung des Internets:</u> Darunter fällt die Zunahme kostenpflichtiger Inhalte und Unterhaltungsinhalte und die Veränderung der Netztechnik (z.B. Breitband, W-LAN, UMTS) sowie die Auswirkungen der größeren Übertragungsmengen auf Zugangskosten und Inhalte. Für Trend 1 werden IT-Techniken benötigt, welche diese Regulierungswelle bewältigen können und die PKI gehört zu den Technologien, denen diese Leistung zugetraut werden darf. Langenbach geht sogar noch weiter und fordert weit reichende internationale Normungsprozesse für alle gängigen Rechtsgeschäfte und für den Verbraucherschutz vermehrt Datenschutz-Audits sowie wirksame Gütesiegel für Software [LaUl02, S. 11]. Weiterhin soll die Anonymität der Bürger durch Nutzung von Pseudonymzertifikaten erhalten bleiben.

<u>Trend 2: Digitale Spaltung:</u> Grundannahme ist, dass heute oder in naher Zukunft der Zugang zum Internet egalisiert ist, daher rücke jetzt die Qualität der Nutzung in den Fokus.

<u>Trend 3: Erwerbsarbeit im Wandel:</u> Beschäftigte sind immer und überall erreichbar, Arbeiten werden zunehmend außerhalb der formellen Arbeitszeit und außerhalb der Arbeitsstätte (des Betriebs oder Büros) verrichtet. Diese Arbeitsformen werden u.a. durch die M-Sig, beispielsweise durch den Aufbau virtuell-privater Firmennetzwerke über das Internet, erreicht.

Trend 4: Wandel im Konsum: Die Angebote und die Nutzung von Unterhaltungselektronik und Nachrichtenübermittlung entwickeln und vernetzen sich mit hoher Geschwindigkeit. Angebot und Nachfrage im E-Commerce werden entsprechend von diesem Trend partizipieren.

Interpretation:

Der Trend 1 der Regulierung des Internets birgt die Gefahr eines Kontrollverlusts durch regulierte Prozesse: Die Integration von PKI-Diensten in Geschäftsprozesse von Unternehmen führt in der Regel ein intensives Reengineering von Prozessschritten mit sich. Dazu gehören auch die Vereinheitlichung und Standardisierung von Prozessschritten. Anwender und Gestalter von Prozessen waren es gewohnt, Prozesse mehr oder weniger individuell umzugestalten und ggf. schnell Prozessverbesserungen auf lokaler Ebene zu implementieren. Werden im Rahmen der PKI-Einführung begleitende, sinnvolle Prozessstandardisierungen durchgeführt, so kann die ggf. negative Erfahrung der Anwender ausstrahlen auf die Sympathie, die diese Anwender den PKI-Diensten entgegenbringen [vgl. Hess07]. Der Organisation als Gesamtes mag die Standardisierung der Prozesse Vorteile bringen, die Kritik der Nutzer richtet sich trotzdem gegen „diesen ganzen Kartenkram".

Aufgrund der immer noch hohen Komplexität der PKI-Dienste wird die Gefahr der digitalen Spaltung der Gesellschaft eher verstärkt. Die Gefahr besteht darin, dass die Gesellschaft unterteilt wird in Menschen, die noch verstehen, was sie im Internet tun und solche die dieser Vielfalt nicht mehr folgen können oder wollen.

Ein Beispiel von Komplexität ist die Entscheidungsunfähigkeit bei der Einordnung von Zertifikaten in Trustmodelle: Anwenderprogramme würden, laut Hesse [Hess07, S. 66], die Anwender überfordern, wenn sie von ihnen eine Anerkennung von Zertifikaten verlangen. Diese Anerkennung sollte daher immer im prozessualen Kontext mit Unterstützung der Prozessapplikation geschehen. Dieses Problem der Trustmodelleinordnung wird bei organisationsübergreifenden Kooperationsformen potenziert und wirkt sich hemmend auf eine Akzeptanz der Benutzer aus.

Ein anderer Punkt ist die Unerfahrenheit der Anwender: Die PKI-Technologie und deren Dienste ist für die meisten Anwender neu, somit ergibt sich laut Hesse ein Supportaufwand, der ungleich höher ist als bei anderen IT-Projekten.

Fazit:

Es wurde gezeigt, welche generellen sozioökonomischen Indikatoren bei einer sozioökonomischen Faktorenanalyse für die PKI-Technologie herangezogen werden können. Weiterhin wurden die wichtigsten sozioökonomischen Trends, die sich aus der Nutzung von IuK-Technologien ergeben, aufgezeigt. Damit sind einige wichtige Aspekte für Forschungsfrage 4 (Modellierung der Affinität der PKI zu Technologien, Personen und Prozessen) identifiziert worden.

3.7 Interdependenzanalyse im T2D4JS-Modell und Hypothesenbildung

Die einzelnen Ebenen des T2D4SJ-Diffusionsmodells stehen in Beziehung zueinander. Diese Beziehungen sind komplexer Natur, da die Ebenen zum Teil gar nicht stofflicher Natur sind, wie z.B. die Ebene der Prozesse, und nur deswegen im Modell angelegt sind, weil damit die Komplexität der realen Beziehung zwischen der einzelnen PKI-Nutzung einer Person mit den höher aggregierten Begrifflichkeiten, wie z.B. „Unternehmen" oder „Gesundheitswesen", zu vereinfachen sind.

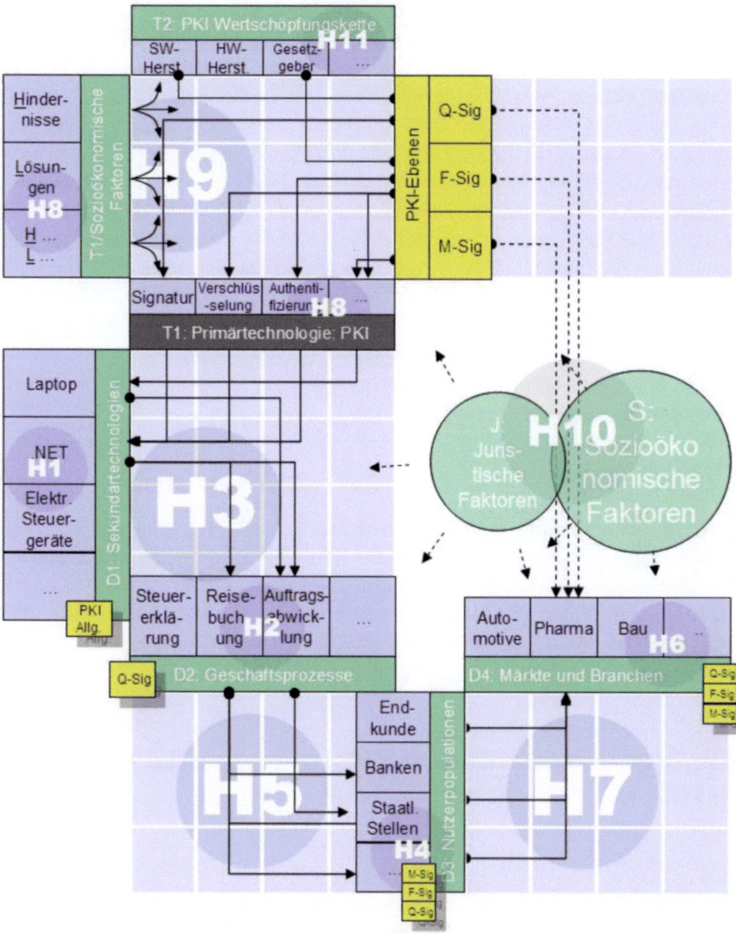

Abbildung 26: Darstellung der hypothetischen Verbindungen zwischen den Ebenen des T2D4JS-Modells

Welche Hypothesen über das Verhältnis der Ebenen untereinander lassen sich nun aufstellen? Im Folgenden werden Thesen formuliert, die jeweils die Beziehungen der einzelnen Elemente innerhalb einer Ebene betreffen. Des Weiteren werden Thesen formuliert, welche die Dynamik zwischen zwei oder mehreren Modellebenen beschreiben.

Abbildung 26 zeigt das T2D4JS-Modell der Technologiediffusion zusammen mit den Hauptinteraktionsfeldern zwischen den Ebenen. Exemplarisch sind Elemente der jeweiligen Ebenen angeschrieben. Die Ebenen sind so positioniert, dass die Hauptbeziehungen zwischen aufeinander folgenden Ebenen durch eine Matrix symbolisiert werden. In der Mitte oben stehen die drei Ebenen der PKI: Q-Sig, F-Sig und M-Sig, sie bilden die Ebene T1 der Primärtechnologie der PKI. Eine weitere an dem Quadrant H9 liegende Ebene ist die Ebene T2, die PKI-Wertschöpfungskette, welche in starken Beziehungen zur Primärtechnologieebene T1 steht. Die dritte Ebene im Quadrant H9 wird durch die kombinierte Ebene T1/Sozioökonomische Faktoren gebildet, darin sind verschiedene Diffusionsfaktoren, die sich entweder hemmend oder fördernd auf die Verbreitung der PKI-Technologie auswirken. Die Ebene der Primärtechnologie bildet wiederum eine Einflussmatrix (H3) mit der Ebene D1 der Sekundärtechnologien, wie oben beschrieben. Der Übersichtlichkeit der Darstellung ist es geschuldet, dass die Beziehungen der Elemente der letztgenannten Ebene, der Sekundärtechnologien, nun in demselben Quadrant in Beziehung mit den einzelnen Prozessen der Ebene D2, der Geschäftsprozessebene, gesetzt werden.[10] Über den Quadranten unten links (H5) stehen die Geschäftsprozesse wiederum in Beziehung zu den Nutzerpopulationen. Die Nutzerpopulationen ihrerseits stehen über eine Aggregation in Beziehung zu der Ebene der Märkte und Branchen (H7). Die weiteren juristischen und sozioökonomischen Faktoren (H10) stehen in vielfältiger Verbindung mit den Elementen aller genannten Ebenen. Zu den einzelnen Ebenen und zu den angesprochenen Zwischen-Ebenen-Beziehungen und deren dynamischen Verhalten untereinander werden im Folgenden Arbeitsthesen formuliert:

These H1: Beziehungen innerhalb der Ebene D1, Sekundärtechnologien: Je größer das PKI-Potenzial einer Technologie ist, desto größer wird die PKI-Verbreitung in diesen Technologien in Zukunft sein. Aus Kap. 3.6.2 kommt die These, dass das PKI-Potenzial einer Technologie aus Einzelbewertungen abgeleitet werden kann: B1: Position der Technologie im Lebenszyklus, B2: Integrationsfähigkeit der Technologie, B3: Entwicklungsmethode und B4: Rechenkraft. Das Gesamtpotenzial ergibt als Summe über die Bewertungspunkte der Einzelbewertungen B1-B4.

These H2: Beziehungen innerhalb der Ebene D2, Geschäftsprozesse: Die theoretisch vorgegebene Gliederung der Prozesse entspricht der Wirklichkeit.

[10] Die Zuordnung von Personen, IT-Security und Geschäftsprozessen in analytisch sinnvoller Weise ist eine komplexe Aufgabe. Paulus sieht zwischen der echten Person und dem Geschäftsprozess 5 Ebenen: Jede Person hat demnach ein oder mehrere PSEs, die in verschiedenen Sicherheitsinfrastrukturen mitwirken. Über eine Referenzebene, die Paulus „Förderation" nennt, werden die digitalen Identitäten der Personen referenziert. Diese sind wiederum mit Applikationen verbunden, welche ihrerseits wiederum lose mit Geschäftsprozessen verkoppelt sind. [Vgl. HaPa04]

Aus Kap 3.5.3 kommt zusätzlich die Strukturierungsthese bzgl. der Affinität von Geschäftsprozessen zur PKI-Technologie über die Einordnung in 4 Quadranten. Dabei werden zwei Dimensionen unterschieden: *Situative Erfordernisse* und *Gesetzgeberische Erfordernisse*. Daraus wurden in Kapitel 3.6.2 konkrete theoretische Prozessbewertungen durchgeführt.

These H3: Interaktion zwischen Ebene D1: Sekundärtechnologien und D2: Geschäftsprozesse: Ein hohes PKI-Integrationspotenzial einer Technologie geht einher mit einem hohen Nutzen in Geschäftsprozessen, welche diese Technologien einsetzen. Unter der Voraussetzung, dass eine Technologie oder ein bestimmtes Bündel von Technologien in Prozessen zum Einsatz kommt, verhält sich das Nutzenpotenzial der PKI in Prozessen proportional zum Nutzenpotenzial der PKI in Technologien.

These H4: Beziehungen innerhalb der Ebene D3: Nutzerpopulationen: a) Die Potenziale der Q-, F- und M-Sig haben immer eine Rangfolge: Das geringste Potenzial besteht für Q-Sig, das zweithöchste Potenzial besteht für F-Sig und das höchste Potenzial für M-Sig; b) Die Verbreitungsrate je Population ist für die M-Sig am höchsten, gefolgt von der F-Sig und schließlich von der Q-Sig; c) Die Potenziale und erwartete Verbreitung für Q-, F- oder M-Sig korrelieren positiv mit der zukünftigen Verbreitung; d) Großunternehmen profitieren zuerst von der Q-Sig; e) Die Verbreitung der PKI wird auf allen Signaturebenen und in allen Populationen kontinuierlich zunehmen; f) Die Verbreitungsrate der M-Sig wird höher sein als die der F-Sig; g) Die Verbreitungsrate der F-Sig wird wiederum höher sein als die der Q-Sig; h) Die Diffusionskurve hat den Verlauf der Standard-Bass-Kurve: Zunächst beginnender Aufstieg bei einer zunehmenden Steigung, später dann Aufstieg der Verbreitungskurve mit sinkender Grenzrate. Dies entspricht einer Abflachung der Diffusionskurve und asymptotische Annäherung an ein Populationsmaximum.

Aus Kapitel 3.2.4 kommt zusätzlich die These, dass fortgeschrittene Signaturen zu allererst in großen Organisationen Verbreitung finden. Bevorzugt werden dabei solche Organisationen, die über überdurchschnittlich viele Kontakte zu Kunden und Partnern verfügen.

These H5: Interaktion zwischen der Ebene D2: Geschäftsprozesse und D3: Nutzerpopulationen: Populationen, welche eine hohe Nutzungsrate von PKI-affinen Prozessen aufweisen, haben auch ein entsprechend hohes Adoptionspotenzial für die PKI.

These H6: Beziehungen innerhalb der Ebene D4, Märkte und Branchen: Je höher das PKI-Nutzenpotenzial in einer Branche ist, desto höher wird die zukünftige Verbreitung in der Branche sein.

These H7: Interaktion Ebene D4, Märkte und Branchen mit anderen Ebenen: a) Je mehr eine Branche PKI-affine Prozesse und Technologien einsetzt, desto größer wird die Verbreitung von F- oder Q-Sig in dieser Branche sein; b) Je stärker entwickelt die Wirtschaft einer Weltregion ist, desto höhere Verbreitungsraten der einzelnen Signaturebenen sind zu erwarten; c) Die Verbreitung von F-Sig und Q-Sig verhalten sich zum Teil umgekehrt proportional, d.h. eine besonders hohe Verbreitung von Q-Sig in einer Population wird eine reduzierte F-Sig-Verbreitung nach sich ziehen. Der Grund liegt darin, dass Q- und F-Sig nicht gleichzeitig verwendet werden, bzw. die Q-Sig in der Lage ist, die F-Sig-Anwendungen abzudecken.

These H8: Beziehungen innerhalb der Ebene T1&SOEC: Verbundprobleme und Verbundlösungen zur PKI-Technologie: Der Kenntnisstand, den der Teilnehmer bzgl. einer Frage mitbringt, ist entscheidend für die nachfolgende Einschätzungen zum jeweils geschilderten Sachverhalt.

Allgemein lässt sich die Einschätzung von Jahreszahlen der Problemlösung bzw. die Lösungsetablierung durch Fragen mit höher aggregierten Fragestellungen untermauern und kreuzvalidieren.

Aus Kapitel 2.6 kommt weiterhin die These, dass Problem- und Lösungsbausteine prägnante Unterschiede in Dringlichkeit und Wichtigkeit aufweisen.

These H9: Interaktion zwischen der Ebene T1 und anderen Ebenen: Eine insgesamt frühe Problemüberwindung oder Lösungsetablierung geht einher mit einer hohen Potenzialeinschätzung für Prozesse, mit einer hohen Technologieverbreitung in der Zukunft sowie mit einer hohen zukünftigen Verbreitung in den Populationen.

These H10: Interaktion mit Ebene S/J: Söziöökonomische und juristische Ebene: Komplexe Aussagen mit juristischen und sozioökonomischen Faktoren können durch Kombination mit verschiedenen einfachen Hypothesen aus dem T2D4JS-Modell aufgespaltet werden und in einfache Aussagen überführt werden.

These H11: Beziehungen innerhalb der Ebene T2, PKI Wertschöpfungskette: a) Die Softwarehersteller für Mainstreamsoftware haben einen Nachholbedarf bei der Integration der PKI; b) Die Hersteller von PKI-Software haben einen Nachholbedarf bei der Softwareergonomie für das User-Interface zur PKI.

Fazit:

Die oben genannten Thesen lassen sich in diesem Status nur argumentativ überprüfen, da sie primär durch qualitative Analysen und Modellbildung entstanden sind. Um eine Überprüfung mittels wissenschaftlichen Testmethoden zu ermöglichen, müssen diese Thesen transformiert und detailliert werden. Im Kapitel 4 wird durch die Aufstellung des PKI-Delphi-Fragebogens die Grundlage für die Detaillierung der Thesen gelegt. Weitere offensichtliche und nicht offensichtliche Beziehungen innerhalb der jeweiligen Ebene werden in Kapitel 5 mittels explorativer statistischer Analysemethoden untersucht. Schließlich werden in Kapitel 6 auf Basis dieser qualitativen Thesen verschiedene quantitativ überprüfbare Hypothesen generiert und evaluiert.

4 Datenerhebung für die Modellevaluierung: Die PKI-Delphi-Studie

Im Folgenden wird geschildert, wie mittels einer Delphi-Studie die Grundlagen für eine Überprüfung des T2D4JS-Modells der PKI-Diffusion geschaffen werden können. Es wird in Kapitel 4.1 dargestellt, wie diffuse Sachverhalte mit Hilfe der wissenschaftlichen Methode der Delphi-Studie bewertet und wie daraus valide Expertenurteile gewonnen werden können, um die zukünftige Dynamik komplexer Systeme zu prognostizieren. In Kapitel 4.2 wird gezeigt, wie die PKI-Delphi-Studie aufgebaut ist und wie der Kreis der Studienteilnehmer akquiriert wurde und welche Zusammensetzung dieser aufweist. Die Planung und Durchführung der Delphi-Studie wird in Kapitel 4.3 dargelegt. In Kapitel 4.4 werden die nötigen statistischen Auswertungsinstrumente erläutert sowie die Formen der Ergebnisdarstellung für diese Arbeit definiert. Schließlich wird in Kapitel 4.5 der formale Erfolg der Studiendurchführung und der Studienakzeptanz mithilfe von geeigneten Kennzahlen diskutiert.

4.1 Erläuterung der Delphi-Methode zur Vorhersage diffuser Sachverhalte

Im Folgenden soll aufgezeigt werden, dass die Delphi-Methode ein geeignetes Instrument ist, die zukünftige Entwicklung der PKI-Technologie zu skizzieren und Thesen, die aus den Modellen zur PKI-Technologiediffusion abgeleitet wurden, mittels wissenschaftlichen Methoden zu testen.

4.1.1 Einordnung der Delphi-Studie in die Forecast-Methoden

Für die Prognose diffuser Sachverhalte im Bereich von PKI-Diensten lässt sich das Forschungsinstrument der Delphi-Studie anwenden. Geschka et al. sehen die Delphi-Methode neben der Szenariotechnik als die Kernmethode für eine systematische Technologievorschau [GeSZ05, S. 167]. Die Technik ist laut Cuhls [vgl. Cuhl98, S. 301; Cuhl07] insbesondere in Japan aber auch in anderen Ländern bewährt. Die Delphi-Studie hat nach Steinmüller [Stein05] einen qualitativen Charakter und genügt normativen wie auch explorativen Zwecken. Unter normativen Zwecken wird dabei die Formulierung wünschenswerter Zukünfte und unter explorativen Zwecken die Erkundung möglicher Zukünfte verstanden.

In Deutschland wurden 1993 und 1998 jeweils breit angelegte Delphi-Studien zur Technologievorschau in 100%-iger Anlehnung an die in Japan schon traditionellen Technology-Forecasts durchgeführt. Cuhls und Möhrle [CuMö05] kommen in einem Resumée zum Schluss, dass Delphi-Studien für Unternehmen eine große Arbeitserleichterung bei der eigenen Technologieentwicklung darstellen und daraus wichtige Anregungen für die Bestimmung der eigenen Technologieposition gezogen werden können, sofern allerdings die Ergebnisse nicht als gegebene Zukunft angenommen werden, sondern kritisch hinterfragt und ggf. mit weiteren Vertiefungsstudien analysiert werden.

Die Delphi-Studie als Instrument für Foresight-Aktivitäten wird laut Popper, Keenan und Butter [PoKB05, S. 12] in ca. 40% aller Studien, Stand 2005, angewendet. Typischerweise kämen bei den von den Autoren untersuchten Studien immer Kombinationen verschiedener Methoden zum Einsatz. Weiterhin stehe an erster Stelle der angewandten Methoden die Literaturanalyse, gefolgt von 2. Szenarioanalysen, 3. Brainstorming, 4. Expertenbefragungen und 5. Zukunftsworkshops. Das Instrument der Delphi-Studie stehe an sechster Stelle.

4.1.2 Gestaltung von Delphi-Studien

Im Rahmen einer Delphi-Studie werden Experten in einem mehrstufigen Befragungsprozess über ihre persönlichen Einschätzungen zu Entwicklungen in ihren jeweiligen Expertengebieten befragt. Die Total-Design-Methode und die Facettentheorie beschreiben dabei, wie die einzelnen Themenkomplexe zu einem Fragebogen mit einfachen Multiple-Choice-Fragen dekonstruiert werden können [Häde02, Dill78]. Ein wichtiges Ziel ist es dabei, die Befragung so zu gestalten, dass dem Befragten den tatsächlichen Prozess der Fragenbeantwortung erleichtert wird und ihm den Eindruck vermittelt wird, dass seine Teilnahme wichtig ist [Vgl. Wack02, S. 3].

Häder unterteilt zwei Klassen von Delphi-Studien: 1. Die klassische Delphi-Studie zur Prognose zukünftiger Verbreitung und Entwicklung von technischen Systemen und 2. das Experten-Delphi. Hier sollen die Experten zu einem Urteil über verschiedene Aussagen und Thesen über eine Technologie kommen. Dies hat das Ziel, nützliche Hinweise auf mögliche Handlungsoptionen zur Verbesserung der Prognose für die zugrunde liegende Technologie zu erhalten. In den dieser Arbeit zugrunde liegenden Fragebögen wurden beide Delphi-Klassen realisiert.

Eine Delphi-Befragung verläuft in mehreren Runden. In der Initialrunde werden die ersten Einschätzungen sowie die Kommentare der Experten aufgenommen. In den folgenden Feedbackrunden bekommen die Experten die Gelegenheit, ihre erste Meinung unter dem Eindruck der Kommentare und der Schätzungen der anderen Experten zu verändern. Ziel der Feedbackrunden ist eine Verbesserung der inhaltlichen Abdeckung und eine Konvergenz der Einschätzungen der Experten. Bereits eine Anzahl von 15-20 Experten wird dabei bereits als eine wissenschaftlich valide Grundlage angesehen [vgl. Häde02].

Laut der Total-Design-Methode von Dillmann unterliegt die Gestaltung von Delphi-Fragebögen zwei Grundprinzipien: 1. Die Kosten der Teilnahme bzw. Beantwortung der Fragebögen sind für die Befragten zu minimieren; 2. Die erkennbaren Vorteile einer vollständigen Beantwortung der Fragebögen sind zu maximieren. Diese Grundprinzipien dienen der Motivationssicherung der Teilnehmer der Studie [vgl. Dill78].

Häder nennt im Rahmen der Facettentheorie konkrete Gestaltungsziele des Delphi-Fragebogens:

- Einfache, klare und präzise Fragestellungen;
- Verständliche und einheitliche Auswahlmöglichkeiten;

- Möglichkeit als Antwort „Keine Angabe“ zu wählen;
- Ansprechende graphische Gestaltung;
- Gezielte Feedbackfragen einbauen, z.B. „Wie kamen Sie mit dem vorherigen Frageblock zurecht?“ [vgl. Häde02].

Insbesondere die Integration von offenen Fragen mit der Möglichkeit zur Freitexteingabe ist laut Häder weit verbreitet. Dabei würde jedoch meist nur am Ende der Studie ein gemeinsamer Platz für freie Kommentare bereitstehen. Die Integration dieser Kommentarfelder sei dabei eine wichtige, motivatorische Stütze für die teilnehmenden Experten [vgl. Häde02, S. 135].

4.1.3 Fazit und Festlegung des Gestaltungsrahmens für die PKI-Delphi-Studie

Der PKI-Delphi-Fragebogen wurde unter der Maßgabe der genannten Prinzipien und Ziele aufgestellt. Aus den Gestaltungszielen wurde folgende Gestaltungsrichtlinie abgeleitet:

Der Fragebogen sollte derart gestaltet sein, dass sich für den Bearbeiter eine höchstmögliche positive Stimulans ergibt, den Fragebogen aufmerksam und vollständig zu bearbeiten. Im PKI-Fragebogen wurde dies in Form von speziellen Frage-Antwortdesigns versucht zu erfüllen. Damit sollte bei der Fülle der Fragestellungen vermieden werden, dass das Antwortverhalten durch Gewöhnung verändert wird. Um Missinterpretationen der zur Auswahl gebotenen Skalen durch die Teilnehmer vorzubeugen, wurden die einzelnen Kategorien zusätzlich verbal beschrieben. [Vgl. Grev07, S. 68 ff.]

Folgende wesentliche Elemente einer Delphi-Studie kommen im PKI-Fragebogen zum Einsatz:

- Zustimmungs-/Ablehnungsgrade, z.B. Ablehnung / teilweise Zustimmung / volle Zustimmung.
- Zeitpunktschätzung, z.B. Angabe einer Jahreszahl.
- Relative Rangeinschätzung, z.B. untergeordnete~ / führende ~/ dominierende Verbreitung.
- Absolutwertschätzung mit und ohne Vorgabe von Wertekategorien, z.B. Abfrage der Technologie-Verbreitung innerhalb einer Population als freier Prozentwert.
- Nutzwertschätzung, z.B. kein~ / mittlerer ~/ hoher Nutzen.
- Gebundene Kommentare: Die Möglichkeit der Eingabe von Kommentaren steht immer im Zusammenhang mit jeweils einer Multiple-Choice-Frage. Die Zugehörigkeit von gewählter Option aus dem Multiple-Choice-Block zum Kommentar ist sichtbar.
- Möglichkeit als Antwort „Keine Angabe“ zu geben.
- Offene Frage mit Freitextantwort, z.B. „Haben Sie eigene Thesen bzgl. der PKI-Technologieverbreitung?“.
- Gezielte Feedbackfragen einbauen, z.B. „Wie kamen Sie mit dem vorherigen Frageblock zurecht?“.

Die detaillierte Diskussion der konkreten Fragengestaltung wird im Rahmen der Vorstellung der Ergebnisse in Kapitel 5 geschehen.

4.2 Aufbau der PKI-Delphi-Studie

In dieser Arbeit wird die zukünftige Verbreitung verschiedener Aspekte der PKI-Technologie durch Experten geschätzt. Daten werden dabei empirisch als Schätzdaten erhoben. Diese Schätzdaten werden durch eine Stichprobenerhebung aus der Grundgesamtheit der deutschsprachigen PKI-Experten erhoben. Dies unterscheidet die Delphi-Studie von der empirischen Ermittlung von Indikatoren zur Verbreitung der PKI, wie z.B. die Anzahl der Zertifikatsabfragen bei ZDAs. Die erhobenen Schätzdaten sollen sich dabei sowohl auf die Gegenwart, als auch auf die Zukunft der PKI beziehen.

Bei der Erstellung und dem Design der Facettenfragen mit ihren Multiple-Choice-Antworten muss einerseits eine angemessene wissenschaftliche Herangehensweise gewährleistet sein. Andererseits müssen die Fähigkeit und Motivation der beteiligten Experten, mit eben diesen wissenschaftlichen Konstrukten und Fragestellungen umgehen zu können, beachtet werden. Im Zweifelsfall wurde zugunsten der unmittelbaren Verständlichkeit der Fragestellung auf eine wissenschaftliche Ausdrucksweise verzichtet. Das wird jedoch nicht als Widerspruch angesehen, da die Zielgruppe der deutschsprachigen PKI-Experten über ähnliche Voraussetzungen, was z.B. die landesübliche Nutzung von Metaphern und bildhafter Ausdrucksweise angeht, verfügen. Der Aufbau der Fragen sollte es zumeist erlauben, aus einer Reihe von einfach erscheinenden Fragestellungen, Antworten auf komplexe Zusammenhänge zu erhalten. So besteht die eigentliche Aufgabe bei der Gestaltung des Fragebogens, das zugrunde liegende T2D4JS-Modell in Form von leichten und verständlichen Facettenfragen dem Studienteilnehmer darzulegen.

4.2.1 Struktur des PKI-Delphi-Fragebogens

Der Gesamtfragebogen der ersten Runde umfasst 8 Kapitel mit insgesamt 71 Seiten. Er ist unterteilt in eine Hauptstudie (Studienkapitel 1-6 mit 26 Seiten) und eine Vertiefungsstudie (Studienkapitel 7-8 mit 45 Seiten). Darin werden 139 (Hauptstudie: 98 / Vertiefungsstudie: 41) Fragekomplexe und Thesen mit insgesamt 476 (243 / 233) Detailfragen bearbeitet. Jede Detailfrage ist als Multiple-Choice-Frage ausgelegt und bietet im Durchschnitt 5 Auswahlmöglichkeiten für eine Antwort. Jeder Fragekomplex bietet zudem die Möglichkeit, „Keine Angabe“ zu wählen. 359-mal besteht die Möglichkeit, die Entscheidung freitextlich zu kommentieren. Einmal können explizit eigene Thesen geäußert werden.

Im Fragebogen der 2. Runde, der Feedbackrunde, werden die Ergebnisse der 1. Runde und die Zusammenfassungen der Antworten der Experten zum Review dargeboten. Die Hauptstudie ist zum Beginn der 2. Runde um die von den Experten in der ersten Runde geäußerten 71 Thesen, Statements und Meinungen insgesamt um 31 Seiten angewachsen. Zudem führte die hohe Zahl der abgegebenen Kommentare in der Runde 1 zu einem zusätzlichen Anwachsen des Umfangs um 72 Seiten auf 156 (74/81) Seiten.

Tabelle 5: Struktur der PKI-Delphi-Studie

Modell-Ebene aus PKI-Diffusionsmodell	Angewandte Werkzeuge der Innovationstheorie	Kapitelverweis zum Delphi-Fragebogen mit Facettenfrage
D1: Sekundärtechnologien	Potenzial und Entwicklung von 20 IT-Technologien bzgl. Aufnahmefähigkeit einer PKI; Potenzialanalyse heute; Rangwert-Schätzung: Relative Verbreitung in Zukunft	Studienkapitel 4 Facettenfragen: 1. Leistungsfähigkeit heute 2. Leistungsfähigkeit 2016
D2: Geschäftsprozesse	Allg. Nutzenschätzung bzgl. 42 Geschäftsprozessen	Studienkapitel 3 Facettenfragen: - Nutzeneffekte der Q-Sig in Prozessen
D3: Nutzerpopulationen	Einteilung in 10 Populationen in Deutschland, Potenzial- und Rangwertverfahren	Studienkapitel 6.1-6.10 Facettenfragen je Population: 1. Allg. Potenzialschätzung mit Randbed. 100% Verfügbarkeit der Q-,F- und M-Sig 2. Schätzung relative Verbreitung 2006 3. Schätzung relative Verbreitung 2016 jeweils separat für Q-,F- und M-Sig
	Schätzung des Diffusionspfades von Q-Sig, F-Sig und M-Sig - Drei Populationen in Deutschland - Fünf Populationen weltweit	Studienkapitel 8 (Vertiefungsstudie) Facettenfragen: 4 Absolutwerte als Stützstellen für die Diffusionskurve
D4: Branchen	Einteilung in 17 Populationen (Industriebranchen)	Studienkapitel 6.11 Facettenfragen, jeweils mit Bezug zu F- oder Q-Sig: 1. Allg. Potenzialschätzung 2006 2. Schätzung relative Verbreitung 2016
T1 & SOEC: PKI-Technologie und sozioökonomische Faktoren	Problemauflösung 16 Problemfaktoren	Studienkapitel 7 (Vertiefungsstudie) Facettenfragen: A. Persönlicher Kenntnisstand bzgl. des Problems B. Dringlichkeit: Muss Problem überwunden werden? C. Wichtigkeit: Beigemessene Bedeutung des Problems D. Einschätzung: Auswirkungen des Problems heute E. Einschätzung: Auswirkungen des Problems in 2016 F. Prognoseschätzung: 80%-Überwindungspunkt des Problems im Jahr X
	Lösungsetablierung 8 Lösungsfaktoren	Facettenfragen: A. Persönlicher Kenntnisstand bzgl. der Lösung B. Dringlichkeit: Sollte sich die Lösung etablieren? C. Wichtigkeit: Beigemessene Bedeutung der Lösung D. Einschätzung: Wirksamkeit der Lösung heute E. Einschätzung: Wirksamkeit der Lösung in 2016 F. Prognoseschätzung: 80%-Lösungsverbreitungspunkt im Jahr Y
T2: Betreiber, Anbieter, Player und Treiber	11 Akteure Potenzialanalyse heute und 2016 nach Rangwerteinordnung	Studienkapitel 2: Facettenfragen: - Leistungsfähigkeit heute - Entwicklung bis 2016
T1 & SOEC: PKI-Technologie und sozioökonomische Faktoren	19 Thesen - mit Zeitpunktbezug - mit Populationsbezug - mit Bezug zur PKI-Technologie	Studienkapitel 5.1-5.19 (Thesen des Autors) Facettenfragen: - Geschätzter Wahrheitsgehalt - Beigemessene Bedeutung

Modell-Ebene aus PKI-Diffusionsmodell	Angewandte Werkzeuge der Innovationstheorie	Kapitelverweis zum Delphi-Fragebogen mit Facettenfrage
T1 & SOEC: PKI-Technologie und sozioökonomische Faktoren der Teilnehmer	17 Thesen - mit Zeitpunktbezug - mit Populationsbezug - mit Bezug zu PKI-Technologien	Studienkapitel 5.21-5.32: (79 Beiträge der Teilnehmer) Facettenfragen: - Zustimmung zur These - Bedeutung der These
	6 Empfehlungen - Hinweis auf Problemfaktoren - Handlungsanweisung mit Hinweis auf Lösungsfaktoren	Facettenfragen: - Zustimmung zur Empfehlung - Bedeutung der Empfehlung
	50 Meinungen - Darstellung einer allg. Kausalitätsbehauptung - Explizite oder implizite Bewertung der Kausalitätsbehauptung	Facettenfragen: - Zustimmung zur Meinung - Bedeutung der Meinung
	6 Statements - Komplexe Kausalitätsbehauptungen - Diffuser Bezug zu Populationen und Zeiträumen	Facettenfragen: - Bedeutung des Statements

Tabelle 5 zeigt die Struktur des Fragebogens der PKI-Delphi-Studie auf. Jede Ebene aus dem Diffusionsmodell wird mit den Methoden der Innovationsforschung durch einzelne, in sich homogene Themenkomplexe beschrieben (Spalte 1 und Spalte 2). Themenkomplexe sind *n* Fragestellungen, die von ihrer Natur gleichartig sind, sich jedoch hinsichtlich ihres Kernpunkts unterscheiden, bsplw. 10 Fragen nach der Implementierung der PKI in Sekundärtechnologien. Wobei jede Fragestellung 1.) den gleichen Frageaufbau aufweist, 2.) die gleichen Facettenfragen besitzt, welche 3.) die immer identischen Antwortmöglichkeiten bieten. In der dritten Spalte geschehen die Zuweisungen zu den konkreten Kapiteln des Delphi-Fragebogens und die Darstellung der Facettenfragen. Die Diskussion der Facettenfragen und deren Antwortmöglichkeiten geschieht detailliert in Kapitel 5.

4.2.2 Stichprobenauswahl: Beschreibung des Expertenpanels

Ziel der Teilnehmerauswahl für die PKI-Delphi-Studie war es, eine hinreichende Anzahl von Experten aus dem Umfeld der PKI-Technologie zu gewinnen, so dass diese Expertengruppe für die Gesamtpopulation der PKI-Experten repräsentative Befragungsergebnisse liefern würden. Die Teilnehmer der PKI-Delphi-Studie rekrutieren sich zu je einem Drittel aus den Professionen *Wissenschaft*, *Nutzer* und *Anbieter* und wurden selektiv mit der Maßgabe der besonderen Expertise im Gebiet der PKI-Technologie ausgewählt. Folgende Such- und Entscheidungskriterien wurden dabei angewandt:

- Reputation durch Veröffentlichung von Büchern oder Zeitschriftenartikel zur PKI-Technologie.
- Reputation durch eingeladene Redebeiträge auf Messen und Seminare zum Thema IT-Security oder PKI.
- Reputation durch Empfehlung von anderen ausgewiesenen Experten.

- Rolle in Unternehmen: Für die Experten der Nutzerseite wurden solche Personen ausgewählt, welche in ihrer Organisation die Stellung eines CISO (Chief Information Security Officer) oder vergleichbare Stellungen innehatten. Dies kann z.B. durch die Leitung eines PKI-Einführungsprojektes gegeben sein. Der Schwerpunkt bei der Auswahl der Nutzungs-Experten lag bei Unternehmen der Automobilindustrie.
- Rolle des Unternehmens: Für die Experten der Anbieter und Berater wurde gezielt nach Personen gesucht, die aus der Wertschöpfungskette der PKI stammen und entsprechende Positionen in staatlichen Organisationen oder Wirtschaftsunternehmen ausfüllen.

Die Medien für die Primärauswahl waren Literatur- und Internetrecherchen. Im zweiten Schritt erfolgte eine Kontaktierung per Telefon. Insgesamt wurden ca. 250 Telefonkontakte in dieser Art hergestellt. Im persönlichen Gespräch stellte sich dann heraus, ob der oder die Kandidatin sich selber für geeignet hielt oder ob andere persönliche Präferenzen zeitlicher oder thematischer Art für oder gegen eine Teilnehme der Personen sprachen. Die Zusammenstellung der Stichprobe war geleitet von der Annahme, dass es drei maßgebliche Expertengruppen gibt, welche die Entwicklung der PKI-Technologie in der Vergangenheit geprägt haben. Und welche die Entwicklung auch weiterhin prägen würden: Dies sind die Gruppe der Wissenschaftler, die Gruppe der Nutzer und die Gruppe der Anbieter. Unter die Gruppe der PKI-Anbieter fällt auch die Gruppe der Berater und Systemintegratoren. Die Gruppenzuordnung geschah durch den Autor ohne ausdrückliche Bestätigung durch den Experten. Das finale Bild der gruppierten Stichprobe der PKI-Delphi-Studie ergibt sich wie folgt [vollständige Teilnehmerliste siehe Anhang S. 281]:

- W: 20 Wissenschaftler (29%); Unter die Profession *Wissenschaftler* fallen Mitarbeiter von Universitäten und Forschungseinrichtungen sowie Buchautoren.
- A: 27 Anbieter (39%); Unter die Profession *Anbieter* fallen Anbieter von Soft- und Hardware für PKI sowie Berater und Systemintegratoren für IT-Security allgemein.
- N: 22 PKI-Nutzer (32%); Unter die Profession *Nutzer* fallen IT-verantwortliche Mitarbeiter und Führungskräfte von Industrieunternehmen oder anderen Organisationen. Der Verantwortungsbereich der Teilnehmer erstreckt sich von der zentralen IT allgemein, über IT-Security bis hin zur expliziten Verantwortung für eine Unternehmens-PKI oder ein PKI-Projekt.

Aus Perspektive der Statistik lässt sich das angewandte Verfahren als Teilerhebung mit Auswahlverfahren unter einfacher und geringer Zufallsbeteiligung bei bewusster Auswahl nach dem Konzentrationsverfahren (Expertenauswahl) und Quotenverfahren (WAN-Drittelung) beschreiben [vgl. Voß00, S.53].

Von einer Zufallsbeteiligung kann insofern gesprochen werden, als dass die Recherche und die Kontaktaufnahme durchaus durch zufällige Begebenheiten entstanden, wie etwa die Abwesenheit bei telefonischer Kontaktierung oder die Auswahl der Stichwörter im Rahmen der Internetrecherche. Von einer systematischen Zufallsauswahl, wie etwa die Auswahl von gegebenen Experten nach einem zufallsgetriebenen Algorithmus, kann nicht die Rede sein. Dies ist insofern auch nicht nötig, da weiterführende Hochrechnungsverfahren, die eine solche Zufallsauswahl als Grundvoraussetzung haben, nicht verfolgt werden sollen und auch nicht zur Voraussetzung von Delphi-Studien gehören. Beim Konzentrationsverfahren werden „diejenigen Merkmalsträger ausgewählt, die den überwiegenden Teil des interessierenden Sachverhalts auf sich vereinigen" [Voß00, S. 54]. Dies ist eine Umschreibung für die oben erläuterte Expertenauswahl, die ja durch ihr Wissen über die PKI-Technologie tatsächlich den überwiegenden Teil des interessierenden Sachverhalts, die PKI-Technologie und deren Entwicklung, auf sich vereinen. Von einer quotierten Stichprobenerhebung kann gesprochen werden, da im Rahmen der Recherche auf eine Drittelung nach Wissenschaftler-, Nutzer- und Anbieterbeteiligung geachtet wurde.

4.3 Durchführung der PKI-Delphi-Studie

Die Delphi-Studie wurde in 3 Durchgängen vollzogen. Zwischen dem 26.03.2006 und dem 08.05.2006 haben nach 226 Kontaktaufnahmen 75 Experten ihre Teilnahme an der Studie per Email bestätigt.

Abbildung 27 zeigt den zeitlichen Verlauf der Delphi-Studie. Dabei werden die vorbereitendeden und durchführenden Tätigkeiten anhand eines Zeitstrahls dargestellt.

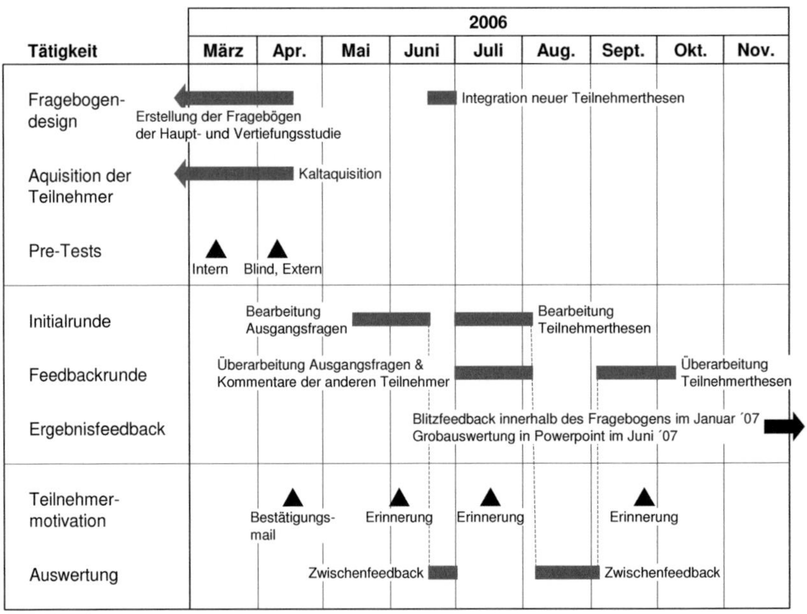

Abbildung 27: Zeitlicher Ablauf der PKI-Delphi-Studie

Am 03.05.2006 wurde ein Pre-Test der Fragebögen mit zwei Experten durchgeführt. Am 17.05.2006 wurde der Fragebogen der ersten Runde an die Experten verteilt. Zur ersten Runde haben 69 Experten geantwortet, die zweite Runde wurde von 49 Teilnehmern beantwortet, die dritte Runde von 24 Teilnehmern bestritten. Die meisten Fragen wurden durchschnittlich von 43 Experten zweimal bearbeitet.

41 Teilnehmer haben sich entschlossen zusätzlich an der vorher nicht angekündigten Vertiefungsstudie teilzunehmen und haben die entsprechenden Fragebögen ebenso zurückgesendet.

Nach der Zusammenfassung der Antworten und einer Erweiterung der Fragen um die von den Teilnehmern aufgestellten Thesen, wurde der Fragebogen der 2. Runde am 26.06.2006 an die 69 Teilnehmer versendet. Das Ziel der zweiten Runde bestand in der Konvergenz der Antworten. Die Experten können in dieser Feedbackrunde die statistischen Ergebnisse zu den Antworten lesen, diese mit ihren eigenen Antworten aus Runde 1 vergleichen und ggf. Änderungen ihrer Stimmabgabe vornehmen. Über 1700 Kommentare aus Runde 1 halfen dabei, von der eigenen Stimmabgabe abweichende Antworten zu verstehen und ggf. neue Erkenntnisse zu gewinnen.

Nach der Feedbackrunde wurde ein schnelles Feedback analog des Zwischenfeedbacks erstellt und an die Teilnehmer versand. Eine umfangreichere, zum Teil graphische Auswertung im Format einer Powerpointpräsentation folgte fünf Monate später. Regelmäßig vor Ablauf von vereinbarten Rückmeldefristen wurden Erinnerungsmails an die Teilnehmer versendet. Dabei wurde darauf geachtet, dass zwischen der Erinnerung und der Frist noch ein Arbeitstag und ein Wochenende lag, so dass die Erinnerungen nicht zu Stress oder Aversionen bei den Teilnehmern führen würden.

4.3.1 Absicherung der Qualität des Fragebogens mittels Pre-Tests

Um die Qualität der Fragbögen abzusichern wurden in 2 Stufen Pre-Tests durchgeführt.

Zunächst wurden 2 Mitarbeiter der Universität Regensburg, Lehrstuhl Prof. Dr. Günther Pernul, gebeten den fertigen Fragebogen zu bearbeiten und zu kritisieren. In der zweiten Stufe wurde der Fragebogen an 2 akquirierte Teilnehmer verschickt, die anders als die Mitarbeiter in Stufe 1, nicht wussten, dass sie bei einem Pre-Test mitwirkten.

Die erste Stufe hat einige Verbesserungen in den Formulierungen der Aufgaben gebracht. Der Test der Stufe 2 hat erstaunlicherweise wenig Hinweise für Verbesserungen gebracht. Im Rahmen der telefonischen Feedbackgespräche wurden keine gravierenden Mängel bzgl. Verständnis und Handhabung erwähnt. Mit Blick auf die Vollständigkeit der Bearbeitung und der Kommentierungstätigkeit im Fragebogen, im Sinne eines einfachen Motivationsindikators, kann Desinteresse als Ursache für den Mangel an Verbesserungsvorschlägen ausgeschlossen werden.

Die Fragebögen waren alle beide akkurat ausgefüllt und wiesen zusätzlich Kommentare auf. Beide ungewollten Pre-Tester wurden mit kleinen Geschenken bedacht, um die Motivation für die weiteren Runden aufrecht zu erhalten.

Somit konnte am Ende der Pre-Tests davon ausgegangen werden, einen inhaltlich und technisch angemessenen Fragebogen für die PKI-Delphi-Studie vorliegen zu haben.

4.3.2 Runde 1: Design der Fragen- und Antwortdarstellung im PKI-Delphi-Fragebogen

Die im Fragebogen gestellten Fragen können durch Ankreuzen einer Checkbox beantwortet werden. Weiterhin gibt es häufig die Möglichkeit, Kommentare in Freitextform abzugeben. Diese Kommentare werden für die Feedbackrunde zusammengefasst. Die Studienteilnehmer können diese Kommentierung nutzen, um ihre Entscheidungen zu begründen, dies kann für die anderen Experten ggf. ein interessanter Hinweis in der 2. Runde werden. Besonders wichtige Aspekte oder Hinweise zum Fragenverständnis haben dabei zu einer Erweiterung des Fragebogens in der 2. Runde geführt. Das Medium des Fragebogens ist ein Worddokument. Das Design ist sowohl geeignet als ausgedruckter Fragebogen wie auch als Offline-Computerfragebogen bearbeitet zu werden.

Drei Teilnehmer haben den Fragebogen auf manuelle Weise ausgefüllt. 66 Teilnehmer haben die Offline-Computervariante der Ausfüllung gewählt und erfolgreich durchgeführt.

Jeder Themenkomplex im Fragebogen besteht aus folgenden Elementen:

- 1-n Fragestellungen;
- Einleitender Text zur Fragestellung;
- Je Fragestellung: Kernobjekt der Fragestellung;
- Je Fragestellung: Antwortmöglichkeit: „Keine Angabe";
- Je Fragestellung: 1 bis 7 Unterfragen (sog. Facettenfragen);
- Je Facettenfrage: Eine Auswahlmöglichkeit „Keine Angabe";
- Je Facettenfrage: 1 bis 5 Antwortmöglichkeiten;
- Je Facettenfrage: Ein Kommentarfeld.

Einschränkend ist zu bemerken, dass nicht immer auf Ebene der Fragestellung eine Antwortmöglichkeit „Keine Angabe" besteht. Weiterhin gibt es Fragestellungen, bei denen sich die Auswahl „Keine Angabe" auf mehr als eine nachfolgende Facettenfrage bezieht. Diese Ausnahmen betreffen auch die Kommentare. Es gibt also, wenn sinnvoll begründbar, Abweichungen von der Regelstruktur der Darstellung der Themenkomplexe.

Abbildung 28 zeigt exemplarisch die Darbietung der Fragestellung nach der Leistungsfähigkeit der Akteure der PKI-Wertschöpfungskette. Die Darstellung weist viele tabellarische Elemente auf. D.h. viele Informationen, die alle Fragestellungen des Themenkomplexes betreffen, werden nur einmal im Kopfbereich der tabellarischen Anordnung aufgeführt.

In diesem Beispiel sind sowohl das Feld „Keine Angabe" als auch das Kommentarfeld direkt auf die Fragestellung bezogen, sie umfassen also beide Facettenfragen. Ein strenges Festhalten an der grundsätzlichen, oben geschilderten Regelstruktur, hätte in diesem Grenzfall (2 Facettenfragen) den Bearbeitungsprozess sicher nur unnötig verkompliziert.

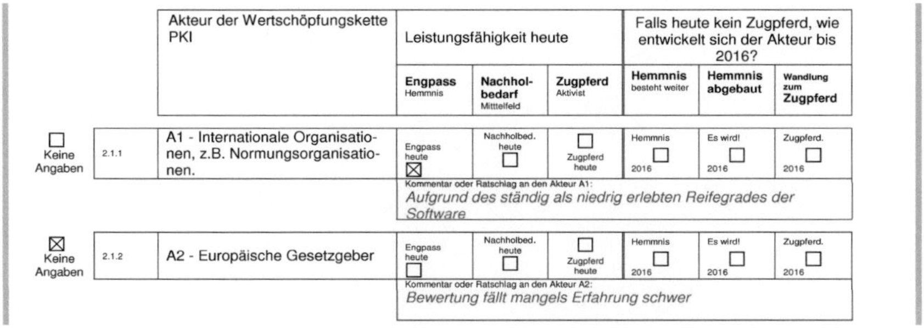

Abbildung 28: Darbietung von Fragestellung und Facettenfragen im Word-Fragebogen

Ein wichtiges Element beim Design ist die Wiederholung der Bedeutungen der Facettenauswahlmöglichkeiten. Dies geschieht mit Hinblick auf die Bearbeitung am Computer, bei der die Situation, dass die erläuternde Kopfzeile aus dem Blickfeld entschwindet, sicherlich häufig auftritt. Damit wird dem Fehlerbild des „Versehentlichen Spaltensprungs“ oder allgemein einer Ermüdung des Studienteilnehmers während des Ausfüllens vorgebeugt.

4.3.3 Runde 2: Präsentation der Zwischenergebnisse im Fragebogen der Feedbackrunde

Die Studie ist so angelegt, dass die Antworten der Experten vollständig anonymisiert dargestellt werden. Den Experten war zum Zeitpunkt der Fragebogenbearbeitung nicht bekannt, welche anderen Experten an der Studie teilnahmen. Kommentare, die Rückschlüsse auf die Identität des Autors zulassen könnten, wurden redaktionell entschärft. Die Autoren von Kommentaren erhalten Aliasnamen, damit die Zusammenhänge zwischen Kommentaren und Kommentatoren erkennbar bleiben. Die Kommentare weisen neben den Aliasnamen noch die Professionskategorie des Kommentators und den Hinweis, welche Antwortmöglichkeit der Kommentator gewählt hat, aus.

In Abbildung 29 ist ein Auszug aus dem individualisierten MS-Word-Fragebogen eines Teilnehmers in der zweiten Runde zu sehen. Ziel der 2. Runde ist die Konvergenz der Expertenmeinungen. Dafür standen den Teilnehmern mehrere Hilfsmittel zur Verfügung:

- Kennzeichnung der Stimmabgabe des jeweiligen Teilnehmers in Runde 1 durch Ausgrauung des Antwortfeldes.
- Anschreibung der Absolutanzahl der gesetzten Kreuze je Antwortmöglichkeit und Visualisierung durch flächenäquivalente Kreisformen, um einen einfachen Vergleich der Absolutwerte zu ermöglichen.

- Heraushebung der Stimmabgabe ausgewählter Teilnehmer durch „Sternchen": Durch Rangbildung nach den Kriterien Häufigkeit und Umfang von abgegebenen Kommentaren wurden die 10 rangbesten Teilnehmer als „Star" definiert. Es bestand die Annahme, dass die „Stars" die Studie mit besonderer Sorgfalt und Engagement bearbeitet haben und dass ggf. andere Experten sich für die Meinung dieser Personen interessieren würden.

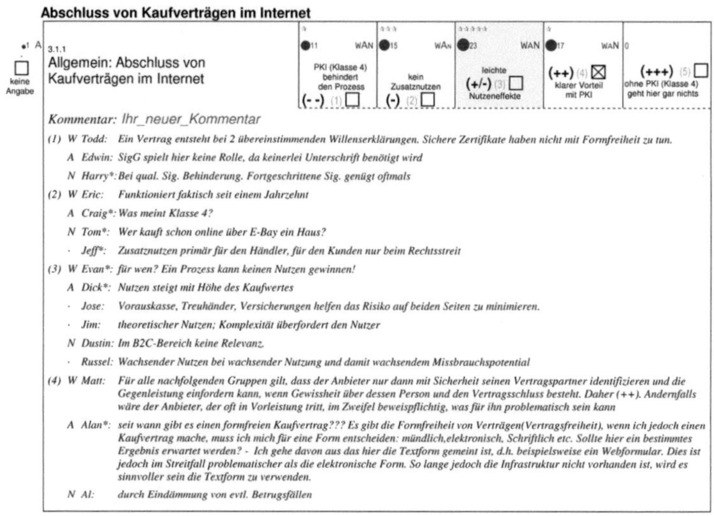

Abschluss von Kaufverträgen im Internet

keine Angabe

3.1.1 Allgemein: Abschluss von Kaufverträgen im Internet

11 WAN	15 WAN	23 WAN	17 WAN	0
PKI (Klasse 4) behindert den Prozess (- -) (1)	kein Zusatznutzen (-) (2)	leichte (+/-) (3) Nutzeneffekte	(++) (4) ☒ klarer Vorteil mit PKI	(+++) (5) ohne PKI (Klasse 4) geht hier gar nichts

Kommentar: Ihr_neuer_Kommentar

(1) W Todd: Ein Vertrag entsteht bei 2 übereinstimmenden Willenserklärungen. Sichere Zertifikate haben nicht mit Formfreiheit zu tun.
A Edwin: SigG spielt hier keine Rolle, da keinerlei Unterschrift benötigt wird
N Harry: Bei qual. Sig. Behinderung. Fortgeschrittene Sig. genügt oftmals*
(2) W Eric: Funktioniert faktisch seit einem Jahrzehnt
A Craig: Was meint Klasse 4?*
N Tom: Wer kauft schon online über E-Bay ein Haus?*
· Jeff: Zusatznutzen primär für den Händler, für den Kunden nur beim Rechtsstreit*
(3) W Evan: für wen? Ein Prozess kann keinen Nutzen gewinnen!*
A Dick: Nutzen steigt mit Höhe des Kaufwertes*
· Jose: Vorauskasse, Treuhänder, Versicherungen helfen das Risiko auf beiden Seiten zu minimieren.
· Jim: theoretischer Nutzen; Komplexität überfordert den Nutzer
N Dustin: Im B2C-Bereich keine Relevanz.
· Russel: Wachsender Nutzen bei wachsender Nutzung und damit wachsendem Missbrauchspotential
(4) W Matt: Für alle nachfolgenden Gruppen gilt, dass der Anbieter nur dann mit Sicherheit seinen Vertragspartner identifizieren und die Gegenleistung einfordern kann, wenn Gewissheit über dessen Person und den Vertragsschluss besteht. Daher (++). Andernfalls wäre der Anbieter, der oft in Vorleistung tritt, im Zweifel beweispflichtig, was für ihn problematisch sein kann
A Alan: seit wann gibt es einen formfreien Kaufvertrag??? Es gibt die Formfreiheit von Verträgen(Vertragsfreiheit), wenn ich jedoch einen Kaufvertrag mache, muss ich mich für eine Form entscheiden: mündlich,elektronisch, Schriftlich etc. Sollte hier ein bestimmtes Ergebnis erwartet werden? - Ich gehe davon aus das hier die Textform gemeint ist, d.h. beispielsweise ein Webformular. Dies ist jedoch im Streitfall problematischer als die elektronische Form. So lange jedoch die Infrastruktur nicht vorhanden ist, wird es sinnvoller sein die Textform zu verwenden.*
N Al: durch Eindämmung von evtl. Betrugsfällen

Abbildung 29: Auszug aus dem Fragebogen der 2. Runde der PKI-Delphi-Studie

- Darstellung des gruppenspezifischen Antwortverhaltens: Für die Gruppen (W)issenschaftler, (A)nbieter und (N)utzer wurden die jeweiligen Relativanteile an den Antworten durch höhenäquivalente Größendarstellung der Buchstaben W, A und N angezeigt. Es bestand die Annahme, dass die Meinungen der drei genannten Studiengruppen voneinander abweichen und dass die Information über diese Abweichung meinungsbildend sei.

- Möglichkeit zur Kommentierung der Antwort: In jeder Runde konnten die Teilnehmer einen freien Kommentar eingeben. Dieser Kommentar wurde häufig genutzt, um die eigene Stimmabgabe zu begründen. In der zusammenfassenden Darstellung der Kommentare wurden die Antworten daher mit einer Referenz zur gegebenen Antwort im Multiple-Choice-Bereich versehen. Die Kommentare wurden mit Pseudonymen versehen. Somit war die Verfolgung der Kommentierung eines Charakters möglich, ohne jedoch die Anonymität der Studie zu gefährden.

Unter dem Eindruck der fünf Hilfsmittel, hat der Teilnehmer, wie im Beispiel zu sehen ist, seine Meinung geändert und nun für „Klarer Vorteil mit PKI" votiert.

4.3.4 Runde 3: Feedback für neu aufgekommene Fragen aus der 2. Runde

In Runde 3 wurde ein reduzierter Fragebogen mit 51 Seiten an die Teilnehmer versendet. Es wurden nur diejenigen Facettenfragen integriert, die in der Fragerunde zwei zum ersten Mal präsentiert wurden. Das waren einige Erweiterungen zu bestehenden Fragekomplexen der Haupt- und Vertiefungsstudie sowie insgesamt 152 neue Facettenfragen, die sich aus den Thesen, Meinungen, Empfehlungen und Statements der Teilnehmer ergeben haben.

4.3.5 Motivation der Teilnehmer: Erinnerungen

Um die Teilnehmer für eine schnelle und fristgerechte Bearbeitung zu motivieren, wurden drei Instrumente eingesetzt:

1. Schriftliche Zusage der Einhaltung der Abgabetermine: In einem Anschreiben noch vor der Versendung der Fragebögen, wurden die Teilnehmer gebeten, eine Stellungnahme zu der Abgabefrist abzugeben. Im Falle der bereits bekannten Unmöglichkeit der fristgerechten Abgabe wurde um einen individuellen Vorschlag für den Abgabetermin gebeten. Diese Möglichkeit wurden von den Teilnehmern, die z.B. einen Urlaubsaufenthalt zur Abgabefrist geplant hatten, genutzt. So konnte verhindert werden, dass diese Teilnehmer nicht pauschal durch ein Mahnverfahren mit Emails belastet wurden.

2. Erinnerungen noch vor Fristablauf: Zirka fünf Tage vor Fristablauf wurde ein Serienbrief an jeden Teilnehmer als Email verfasst, welcher auf die Frist aufmerksam gemacht hat. Dabei wurde darauf geachtet, dass die Erinnerung z.B. vor einem Wochenende an die Teilnehmer ging, damit hier ggf. noch das Wochenende für eine Beantwortung verwendet werden konnte.

3. Freundliche, individuelle Anschreiben mit Mehr- und Erinnerungswert: Die Anschreiben wurden nicht als Rundmail verfasst, vielmehr wurde mittels Serienbrieffunktion Anschreiben mit persönlicher Ansprache erstellt und per Mail versendet. Die Anschreiben waren ggf. noch mit einem passenden Zitat verbunden, um so den Aufmerksamkeits- und Erinnerungsgrad der Email zu erhöhen.

4.3.6 Schnelles Feedback für die Teilnehmer: Gesamtauswertung im Fragebogendesign

Nach der Feedbackrunde wurde der Delphi-Fragebogen um graphische Symbole bzgl. der Anzahl von Merkmalsausprägungen ergänzt. Die Symbole der Initialrunde wurden belassen und um die größenäquivalenten Symbole inkl. Anschreibung der Absolutgrößen ergänzt. Dabei wurden die Hinweise auf „Stars“ jedoch nicht mehr in den Fragebogen integriert. Zusätzlich wurde nun eine weitere Gliederungsebene für die Kommentare der Teilnehmer eingeführt, weil nun noch weitere Kommentare aus der Feedbackrunde die gesamte Kommentarmenge weiter hat ansteigen lassen („R1“ und „R2“). [Vgl. Abbildung 30]

Inhaltsverzeichnis

Hauptstudie & Vertiefungsstudie

1 Ihre Erfahrung und Tätigkeit im Bereich Public Key Infrastrukturen (PKI) sowie elektronische Signaturen ___ 6

2 Leistungsfähigkeit der Akteure in der PKI-Wertschöpfungskette: IST-Einschätzung, Erwartungen 2016 und Empfehlungen ___ 10

3 Wirkung der PKI auf Geschäftsprozesse ___ 23

4 Implementierung der PKI in aktuelle und zukünftige Technologien ___ 47

5 Thesen bzgl. elektronischer Signatur und PKI ___ 59

6 Einsatzpotenziale der PKI heute und Verbreitung im Jahr 2016 ___ 124

7 Stand und Entwicklung von PKI-Schwachstellen und Lösungsinstrumenten ___ 147

8 Verbreitung verschiedener Klassen von Signaturen in Nutzer-Zielgruppen ___ 235

9 Weitere Schritte der Delphi-Studie ___ 248

Abschluss von Kaufverträgen im Internet

(ka) ☐ keine Angabe	3.1.1 Allgemein: Abschluss von Kaufverträgen im Internet	10 / 8 PKI (Klasse 4) behindert den Prozess (- -) (1) ☐	12 / 11 kein Zusatznutzen (-) (2) ☐	15 / 20 leichte (+/-) (3) ☐ Nutzeneffekte	11 / 10 (++) (4) ☐ klarer Vorteil mit PKI	0 / 0 (+++) (5) ☐ ohne PKI (Klasse 4) geht hier gar nichts

Kommentar:

(1) R1 W Todd: Ein Vertrag entsteht bei 2 übereinstimmenden Willenserklärungen. Sichere Zertifikate haben nicht mit Formfreiheit zu tun.

· A Edwin: SigG spielt hier keine Rolle, da keinerlei Unterschrift benötigt wird (1)+(2)

· N Harry: Bei qual. Sig. Behinderung. Fortgeschrittene Sig. genügt oftmals*

(2) · W Eric: Funktioniert faktisch seit einem Jahrzehnt

· A Craig: Was meint Klasse 4?*

· N Tom: Wer kauft schon online über E-Bay ein Haus?*

· · Jeff: Zusatznutzen primär für den Händler, für den Kunden nur beim Rechtsstreit*

R2 W Neil: Bringt keinen Zusatznutzen, da hierfür keine qual. Sign. nötig

· A Craig: Warum werden "qualifizierte Zertifikate angezeigter Anbieter" nicht berücksichtigt? Die sogenannte Klasse 4 ist nirgends verbindlich definiert und führt zu einer Diskrimierung der Vorgaben der europäischen Regulierung zu elektronischen Signaturen, somit im internationalen Kontext "kein Zusatznutzen"*

· N Jeff: Per se kein zusätzlicher Nutzen, außer im Schadensfall; der Nachteil liegt darin begründet, dass man mit der qualifizierten Signatur zwar zweifelsfrei die Partner festlegen kann, das eigentliche Bezahlen außen vor bleibt. Damit ist die unsichere Methode des Kaufs mittels Kreditkarte einfacher implementiert*

(3) R1 W Evan: Für wen? Ein Prozess kann keinen Nutzen gewinnen!*

· A Dick: Nutzen steigt mit Höhe des Kaufwertes*

· · Jim: Theoretischer Nutzen; Komplexität überfordert den Nutzer

· · Jose: Vorauskasse, Treuhänder, Versicherungen helfen das Risiko auf beiden Seiten zu minimieren.

· N Russel: Wachsender Nutzen bei wachsender Nutzung und damit wachsendem Missbrauchspotential

· · Dustin: Im B2C-Bereich keine Relevanz.

R2 W Todd: Nach Korrektur der Fragestellung macht die Frage auch Sinn

· · Phil: Kaufverträgen wird eine zu hohe Bedeutung bei der Signatur zugemessen.

· A Steve: Insgesamt hätte ich mir weniger (deutsche) Klassifizierung gewünscht. Auch DaimlerChrysler denkt doch international! Was hilft Ihnen das bei einem Autokauf in USA, wo der Händler viele Marken vertreibt und deshalb weniger an den Konzern gebunden ist? Es geht um Business Trust Requirements im B2B und B2C*

(4) R1 W Matt: Für alle nachfolgenden Gruppen gilt, dass der Anbieter nur dann mit Sicherheit seinen Vertragspartner identifizieren und die Gegenleistung einfordern kann, wenn Gewissheit über dessen Person und den Vertragsschluss besteht. Daher (++). Andernfalls wäre der Anbieter, der oft in Vorleistung tritt, im Zweifel beweispflichtig, was für ihn problematisch sein kann

· A Alan: Seit wann gibt es einen formfreien Kaufvertrag??? Es gibt die Formfreiheit von Verträgen(Vertragsfreiheit), wenn ich jedoch einen Kaufvertrag mache, muss ich mich für eine Form entscheiden: mündlich,elektronisch, schriftlich etc. Sollte hier ein bestimmtes Ergebnis erwartet werden? - Ich gehe davon aus, dass hier die Textform gemeint ist, d.h. beispielsweise ein Webformular. Dies ist jedoch im Streitfall problematischer als die elektronische Form. So lange jedoch die Infrastruktur nicht vorhanden ist, wird es sinnvoller sein, die Textform zu verwenden.*

· N Al: Durch Eindämmung von evtl. Betrugsfällen

Abbildung 30: Auszug aus dem PKI-Delphi-Fragebogen nach der Feedbackrunde

4.3.7 *Ergebnispräsentation für die Teilnehmer*

Am 22.6.2007 wurde an die Teilnehmer eine 57-seitige Powerpointpräsentation versendet. Diese beinhaltete eine Grobauswertung der einzelnen Themengebiete. Damit war die PKI-Delphi-Studie aus Sicht der Teilnehmer beendet.

4.4 Auswertungsmethodik der PKI-Delphi-Studie

Im Folgenden werden die Grundlagen der statistischen Mathematik am Beispiel der vorliegenden PKI-Delphi-Studie erläutert. Nach der Definition der grundlegenden Begriffe und Maße statistischer Variablen werden Methoden der univariaten, bivariaten und multivariaten Statistik, wie sie im Rahmen der Auswertung in Kapitel 5 benötigt werden, vorgestellt. Dabei werden auch die Darstellungsformen der Ergebnisse präsentiert. Abschließend werden die Standardgruppeneinteilungen der PKI-Studie vorgestellt.

4.4.1 *Statistische Grundlagen und Darstellungsformen der Auswertung*

Am Beispiel der Frage, 4.1.10: *Diffusion der PKI in die Technologie Corporate ID-Cards* und deren zwei Facettenfragen: 1. (Variable X) nach dem *Potential der PKI für Corporate ID-Cards heute* (FK4_1_10_FCIC__HPDPI) und 2. (Variable Y) nach der *Verbreitung der PKI für Corporate ID-Cards im Jahr 2016* (FK4_1_10_FC_2016VDPI). Als weitere Beispiele dienen die Facettenfragen 6.2.6 (Variable Z) nach der *relativen Verbreitung der F-Sig in Großkonzernen im Jahre 2016* (FK6_2_6_B_B1K3VI2016) und die Frage 1.3 (Variable K) nach der *Selbsteinschätzung bzgl. der praktischen Erfahrungen mit der PKI* (FK1_3_SPbeSu_ SPBESUP). Um das Beispiel möglichst einfach zu gestalten, wurden nur solche Teilnehmer berücksichtigt, die zu allen 4 Facettenfragen eine gültige Antwort gegeben haben. [Vgl. Tabelle 6]

Tabelle 6: Statistische Variablen X,Y,Z und K

Variable\Teilnehmer	6	11	43	46	51	53	56	77	88	94	106	115	123	124	125	126	127	128	130	131	132	133	134
Gruppe	N	N	N	A	N	A	W	A	N	N	A	N	N	N	A	N	W	A	A	W	W	A	W
K	5	2	4	4	4	5	4	3	4	4	3	1	3	3	4	5	3	3	5	5	4	5	2
X	2	2	1	2	2	2	2	2	2	3	2	1	3	2	1	2	2	2	3	2	2	3	2
Y	3	2	1	3	3	2	3	3	3	3	3	2	3	2	3	3	3	3	3	2	3	3	3
Z	3		3	3	3	3	3	3	4	2	3	3	2	3	3	3	3	3	3	2		2	2

Variable\Teilnehmer	136	137	139	140	144	145	146	149	150	151	152	153	157	158	159	160	161	164	167	171	173	182	184
Gruppe	A	N	A	W	A	A	N	W	W	A	A	A	W	W	W	A	W	W	A	A	W	N	N
K	2	3	5	5	4	4	3	4	4	5	4	4	3	2	3	5	2	5	3	5	5	4	5
X	3		2	2	2	2		1		2		1	1	2	2	3	3	3	2	2	2	1	2
Y	2		3	3	3	3	3	3		2		3	2	2	2	3	3	3	3	2	3	2	3
Z	4		3	3	3	4	3	3	3		2	3	2	1	3			3	3	3	3	2	1

Variable\Teilnehmer	186	188	190	191	192	195	196	197	204	207	212	214	216	217	218	232	234	243	245	248	249	250	251
Gruppe	N	N	A	N	N	N	A	A	A	A	W	W	N	W	W	N	W	N	A	A	W	A	A
K	3	2	5	4	5	3	4	5	5	5	3	4	4	3	2	2	3	4	4	5	3	5	3
X	1	2	3	2	2	3	3	3	3	1	2	2	2	3	2	2	2	2	1	1	1	2	
Y	3	2	3	3	3	3	3	3	3	2	2	3	3	3	3	2	3	3	2	3	1	3	
Z	4	2	4	4		3	3	3	3	2	3	4	3	3	2	2	3	2	3	4		3	

Dabei werden Erläuterungen der verschiedenen mathematischen Begriffe wie statistische Variable, Skalenniveau, Maße statistischer Variablen sowie uni-, bi- und multivariater Statistik gegeben. Weiterhin werden verschiedene Grafiken zur Unterstützung der Aussagen herangezogen und schließlich die für diese Arbeit ausgewählte Standardgrafik vorgestellt.

4.4.1.1 *Erklärung univariate statistische Variable*

Das gesetzte Kreuz innerhalb einer Multiple-Choice-Frage der PKI-Delphi-Studie wird als sog. *statistisches Element* bezeichnet. Die Menge aller Kreuze, die zu einer Facettenfrage gesammelt wurden, wird als *statistische Grundgesamtheit* bezeichnet. Durch die Facettenfrage werden die gesammelten Kreuze sachlich abgegrenzt. Dabei wird der Wert, den ein solches Kreuz repräsentiert als *Merkmalsausprägung* oder auch als *Variablenausprägung* bezeichnet. Alle möglichen und interessierenden Merkmalsausprägungen zu der Facettenfrage werden als *Merkmal* oder auch als *Variable* bezeichnet. In diesem Sinne kann eine Facettenfrage als *Variable X* bezeichnet werden, alle abgegebenen Stimmen als *Grundgesamtheit von X* und alle aufgetretenen Werte als *Variablenausprägungen von X*. [Vgl. Voß00, S. 24-25.]

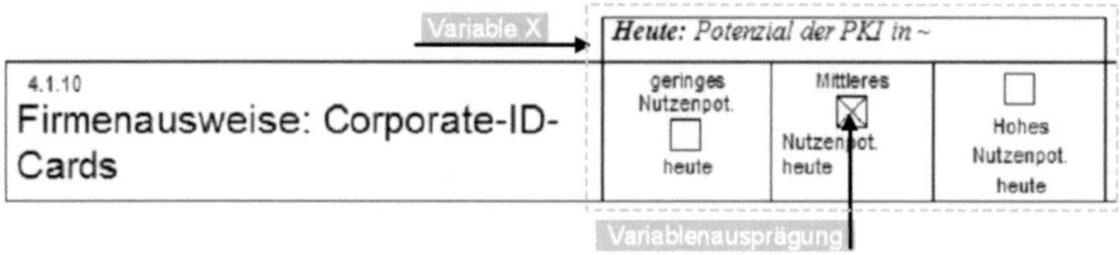

Abbildung 31: Variable X mit Variablenausprägung

Die statistischen Elemente (Kreuzchen) einer Facettenfrage im Multiple-Choice-Format nehmen in der PKI-Delphi-Studie 2-5 Ausprägungen an, es sind mithin abzählbar viele Merkmalsausprägungen. Daher wird diese Art von statistischer Variable auch *diskrete Variable* genannt.

Der Studienteilnehmer wird durch geeignete Fragengestaltung stimuliert, seine Kreuzchen nach einheitlichen, vergleichbaren Maßstäben zu setzen. Die den Studienteilnehmer dabei präsentierte möglichen Merkmalsausprägungen werden als *Skalenwerte* und die Gesamtheit der Skalenwerte als *Skala* bezeichnet. Die Skalenwerte in der PKI-Delphi-Studie werden durch die Facettenfrage und die Skala konstruiert.

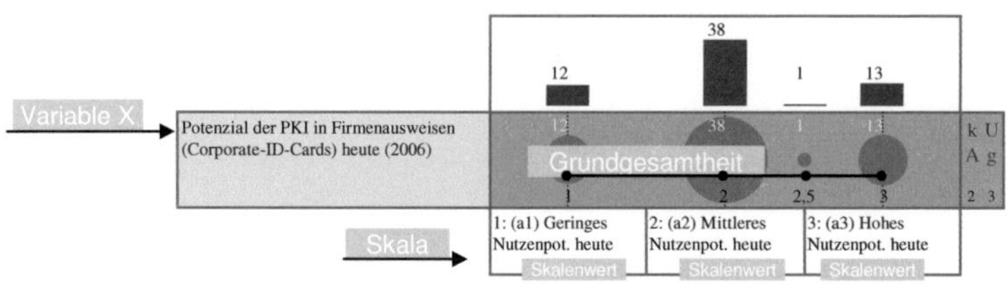

Abbildung 32: Variable X mit Grundgesamtheit und Skala

Bei der Konstruktion der Skalen wurde immer darauf geachtet, dass die Skalenwerte, die nebeneinander liegen einen fließenden Bedeutungsübergang haben, d.h. dass sich deren Merkmalsausprägungen als eine Reihe von reellen Zahlen ausdrücken lassen. Mithin kann ein Merkmal auch Werte, die zwischen zwei Skaleneinträgen liegen, annehmen. Solche Skalen werden *metrische Skalen* genannt. Wenn, wie es in der PKI-Studie der Fall ist, die Abstände zwischen zwei Merkmalen quantifiziert werden können, so wird die Skala als *metrische Inter-*

vallskala benannt. Die Facettenfrage nach Jahreszahlen ist aufgrund des vorhandenen Nullpunktes „Christi Geburt“ sogar eine *Verhältnisskala*. Aufgrund ihrer Vorgabe von festen 4-Jahres-Intervallen ist diese Skala gleichzeitig eine *Absolutskala*. [Vgl. Voß00, S. 26.]

In Kapitel 5 bildet die Darstellung der Facettenfrage und deren Skalenwerte und –bedeutungen die Grundlage für die Ergebnisdarstellung. Abbildung 32 zeigt die grundlegenden Elemente der Darstellung: Rechts wird die sachlogische Bedeutung der Variable angeschrieben. Links davon werden die Ergebnismengen in Form von Flächenäquivalenten ausgefüllten Kreisflächen dargestellt. Die Skalierung der Kreisflächen wird dabei immer so gewählt, dass die größte Merkmalsausprägung der Variable den zur Verfügung stehenden Raum voll einnimmt. Auf Position 12 Uhr werden jeweils die Absolutmengen angeschrieben. Das Balkendiagramm überhalb der Darstellung wurde nur zum Vergleich mit der sonst üblichen Darstellung von Merkmalsausprägungen in Form von Histogrammen einmalig mit eingezeichnet.

Zusammenfassend kann die typische Facettenfrage der PKI-Delphi-Studie als *diskrete statistische Variable mit diskreten Merkmalsausprägungen auf einer metrischen Intervallskala* charakterisiert werden.

4.4.1.2 Statistische Variable: Stichprobenziehung aus einer Grundgesamtheit

Die Delphi-Studie stellt, wie schon oben erläutert, eine Stichprobenziehung aus der Grundgesamtheit der PKI-Experten dar. Ein wichtiges Maß dieser Stichprobe ist das Konfidenzintervall des Mittelwertes für eine Variable dieser Stichprobe. Das Konfidenzintervall gibt in den Maßen der Skala der Variablen ein Intervall an, für das mit 95%-iger Wahrscheinlichkeit gilt, dass eine erneute Stichprobenziehung, also eine neu aufgelegte Studie, einen Mittelwert ergeben würde, der genau in diesem Konfidenzintervall liegt. Das Konfidenzintervall wird normalerweise mit einem Signifikanzniveau von $\alpha=5\%$ berechnet, aber auch $\alpha=10\%$ ist noch ein vertretbarer Wert. Das Konfidenzintervall mit $\alpha=5\%$ wird in den Standard-Boxplots für diese Arbeit in Form einer blauen Box mit weinrotem Rahmen dargestellt.

Das Konfidenzintervall wird kleiner, d.h. der Mittelwert ist weniger zufällig, wenn der Stichprobenumfang erhöht wird, oder wenn die Streuung der Variable abnimmt. Das Konfidenzintervall wird mittels der Streuung und des Standardfehlers der Variablen berechnet. Dabei wird von einer Standardnormalverteilung der Merkmalsausprägungen ausgegangen.

4.4.1.3 Kenngrößen statistischer Variablen

Betrachtet man die Merkmalsausprägungen der statistischen Variablen X,Y,Z oder K, so wird deutlich, dass die Merkmalsausprägungen jeweils unterschiedliche Charakteristika aufweisen. Diese Charakteristika von statistischen Variablen werden Kenngrößen oder auch Maße genannt.

Der Mittelwert [Voß00, S. 115ff.] ist ein Maß der zentralen Tendenz. In der PKI-Delphi-Studie wird ausschließlich das *arithmetische Mittel* als Maß der zentralen Tendenz eingesetzt. Der somit ermittelte Mittelwert der Merkmalsausprägungen wird Stichprobenmittel genannt. Dieses

Stichprobenmittel ist gleichzeitig die beste Schätzung des tatsächlichen Populationsmittelwertes [vgl. Voß00 S. 78]. Der Mittelwert wird durch Extremwerte stark beeinflusst. Trotzdem wurde auf getrimmte Mittelwerte, bei denen Extremwerte identifiziert und abgeschnitten werden, verzichtet. Vielmehr wird versucht, eine Erklärung von Extremwerten durch eine weitere Analyse der Verteilung der Variablenausprägungen zu erreichen.

Die Analyse der Verteilung der Variablenausprägungen geschieht mittels der sog. *Streuungsmaße*. Ein einfaches Streuungsmaß ist die Spanne. Die Spanne ist ein Intervall, das links durch den kleinsten und rechts durch den größten Wert der Variablenausprägungen aufgespannt wird. Die mittlere absolute Abweichung der Variablenausprägung vom Mittelwert gibt Aufschluss wie weit im Mittel die Werte vom Mittelwert entfernt liegen. Dabei werden die Absolutbeträge der Differenz zwischen Mittelwert und einer Variablenausprägung addiert und durch die Grundgesamtheit dividiert. Durch Nutzung der Absolutdifferenzen wird vermieden, dass sich positive und negative Abweichungen letztlich zu Null aufaddieren. Eine andere Methode dies zu vermeiden, ist die Quadrierung der Mittelwertsabweichungen der Merkmalswerte. So gelangt man zu der *Definition der Varianz* einer Variable als die mittlere quadrierte Abweichung der Merkmalswerte vom arithmetischen Mittelwert. Um jetzt zu einem der „Mittlere Abweichung" vergleichbaren Maß zu gelangen, wird von der Varianz die Quadratwurzel gezogen. Das Ergebnis, die Quadratwurzel der mittleren quadrierten Abweichung der Merksmalswerte vom arithmetischen Mittel, wird *Standardabweichung* genannt. Die Standardabweichung wird mit dem kleingeschriebenem griechischem Buchstaben δ (Delta) bezeichnet.[11]

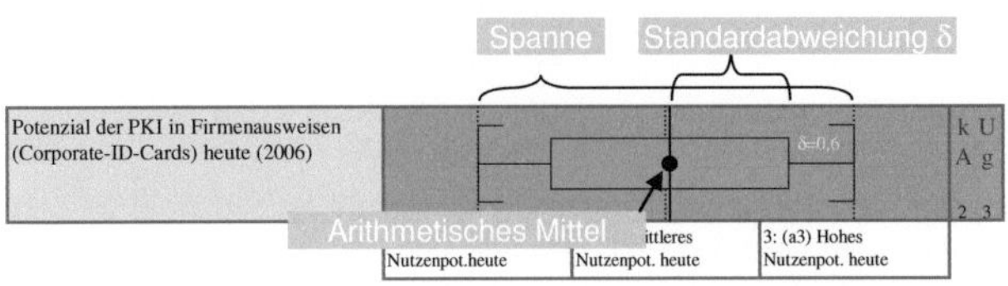

Abbildung 33: Arithmetisches Mittel, Spanne und Standardabweichung

In der PKI-Delphi-Studie wird für die Ergebnisdarstellung von einzelnen Stichprobenerhebungsvariablen eine kombinierte Darstellung aus Variablenbeschreibung, Skalendarstellung, Kreisflächen-Häufigkeitsdiagramm, Mittelwertdarstellung, Spanne und Standardabweichung benutzt.

Im Falle der PKI-Delphi-Studie liegt die Stichprobe gruppiert vor, d.h. die gesamte Teilnehmermenge ist in die drei überschneidungsfreie Gruppen Wissenschaftler (W), Anbieter (A) und Nutzer (N) eingeteilt. Ein einfaches univariates Varianzanalyseverfahren lässt sich nun durch die gruppenspezifische Ermittlung der jeweiligen Variablenmaße realisieren. Dies ist in Abbildung 34 für die Variable K beispielhaft dargestellt. Deutlich ist zu erkennen, dass die

[11] Auf die Anwendung weiterer Maße für z.B. die Schiefe oder die Wölbung oder verschiedener Konzentrationsmaße wurde verzichtet.

Gruppen W und N unter dem durchschnittlichen Wert für PKI-Praxiswissen und die Gruppe A über diesem Wert liegen.

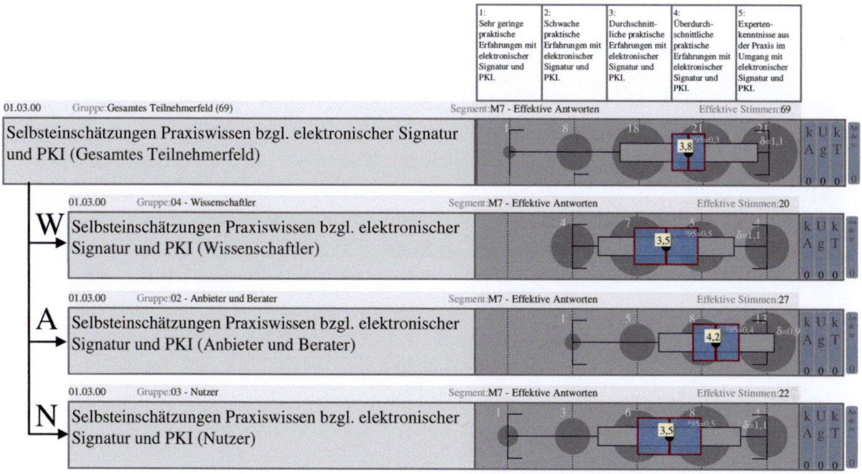

Abbildung 34: Gesamtmittelwert versus Gruppenmittelwerte der WAN-Gruppen bei Praxiswissen PKI

Die Gesamtvarianz lässt sich bei metrischen Variablen, wie sie hier mit Variable K vorliegt, in Varianzen innerhalb der Gruppen und einer Varianz zwischen den Gruppen zerlegen. Die durchschnittliche Varianz der Gruppen wird *innere Varianz* genannt.[12] Der Varianz, die sich aus den Gruppenmittelpunkten und dem Mittelwert errechnet, wird dagegen *äußere Varianz* genannt. Je kleiner die innere Varianz einer gruppierten Variable ist, desto besser ist die Gruppierung der Variable gelungen. Durch eine sachlogisch aufgebaute Gruppierung der Variable kann also eine plausible Begründdung für eventuell auffällige Varianzen der ungruppierten Variable abgeleitet werden.

Im Falle der Variable K: *Selbsteinschätzung des Praxiswissens* ist zu sehen, dass dieses Varianzkriterium nur für die Gruppe Anbieter zutrifft: Hier liegt eine gegenüber der Gesamtstandardabweichung um 0,2 reduzierte Standardabweichung vor.

Fazit:

Durch eine gruppierte Aufteilung der Stichprobe einer Studie kann der Standardfehler gegenüber einer einfachen Zufallsstichprobe verkleinert werden. So können die Schichten unter-

[12] Bei der Durchschnittsberechnung der inneren Varianz werden die jeweiligen Gruppenvarianzen jeweils mit ihren Gruppengrössen gewichtet.

schiedlich stark gewichtet werden. Wie sich später herausstellen wird, war die Gruppenzusammensetzung der Stichprobenschichten W, A und N weit weniger inhomogen als angenommen wurde.

Bei überschneidungsfreien Konfidenzintervallen kann von einer signifikant unterschiedlichen Gruppenaussage ausgegangen werden. Gibt es Überschneidungen zwischen den Konfidenzintervallen, so besteht die Möglichkeit, dass je nach Stärke der Überschneidung nicht mehr eine gruppenspezifische Aussage angenommen werden kann. In diesem Fall überwiegt die Hypothese, dass die Varianz mehr durch Unsicherheit der Teilnehmer bzgl. der Fragestellung geprägt ist.

4.4.2 Erläuterung bivariate Statistik und Nutzung in der Studienauswertung

Mit Methoden zur Untersuchung des Zusammenhanges zwischen zwei Variablen [vgl. Voß00, S. 169ff] beschäftigt sich die sog. *bivariate Statistik*. Dabei sollen Fragen über einen möglichen Zusammenhang zwischen zwei Variablen geklärt werden. Die wäre z.B. der Fall, wenn eine bestimmte Variablenausprägung der einen Variablen immer mit einer bestimmten Ausprägung der anderen Variablen einherginge. Nicht immer ist ein Zusammenhang in dieser starken Ausprägung zu beobachten, daher stellt sich die Frage nach der Maßzahl der Stärke der Zusammenhänge zwischen zwei Variablen.

4.4.2.1 Abhängigkeiten zwischen statistischen Variablen

Durch eine graphische Abhängigkeitsanalyse am Beispiel der Variablen X und Y [vgl. Abbildung 35] wird deutlich, dass eine Abhängigkeit zwischen den Variablen besteht. Zu sehen sind die Verbindungen zwischen den Stimmen der jeweiligen Teilnehmer in Form einer Linie. Die Aussage einer Linie, die z.B. bei (a1) beginnt und bei (b3) endet, ist folgende: Ein Studienteilnehmer, der das Potenzial der PKI für Firmenausweise heute als gering eingeschätzt hat, erwartet, dass die PKI im Jahr 2016 eine führende Verbreitung in Firmenausweisen erobert hat.

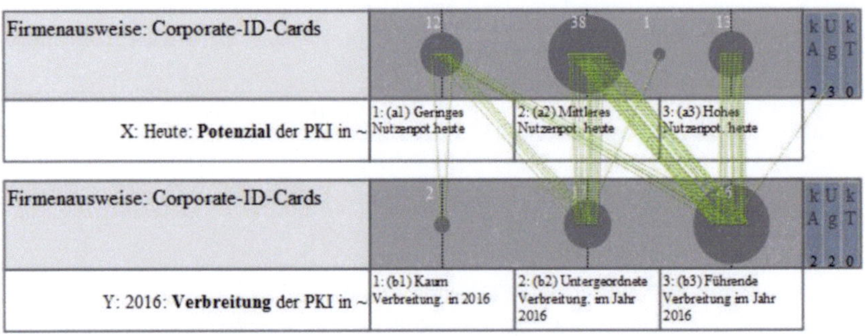

Abbildung 35: Graphische Abhängigkeitsanalyse zwischen X und Y

Die auffälligste Abhängigkeit der beiden Variablen besteht darin, dass zwischen der Merkmalsausprägung (a3) von X und (b2) von Y nicht eine einzige Verbindung besteht, so dass insgesamt der Eindruck entsteht, dass jeweils die Merkmale von Y jeweils nur von gleich- oder niederwertigeren Merkmalsausprägungen von X ausgewählt worden wären. Inhaltlich kann die These aufgestellt werden, dass die Einschätzung eines hohen Potenzials der PKI in 2006 für Firmenausweise im nächsten Schritt zu einer hohen Verbreitung im Jahr 2016 führen wird. Eine niedrige Verbreitung, ausgehend von einer hohen Potenzialschätzung kann ausgeschlossen werden.

Eine solche Abhängigkeit ist zwischen den Variablen K und Y jedoch nicht auffällig [vgl. Abbildung 36]. Hier scheinen die Verbindungen zwischen den Merkmalen von Y und K wesentlich zufälliger angeordnet zu sein.

Inhaltlich kann hier die These abgeleitet werden, dass die Einschätzung der Teilnehmer über die zukünftige Verbreitung nicht vom Praxiswissen der Teilnehmer abhängig ist. Anders formuliert: Von der Einschätzung der PKI-Verbreitung in 2016 kann nicht auf das Praxiswissen der Teilnehmer geschlossen werden.

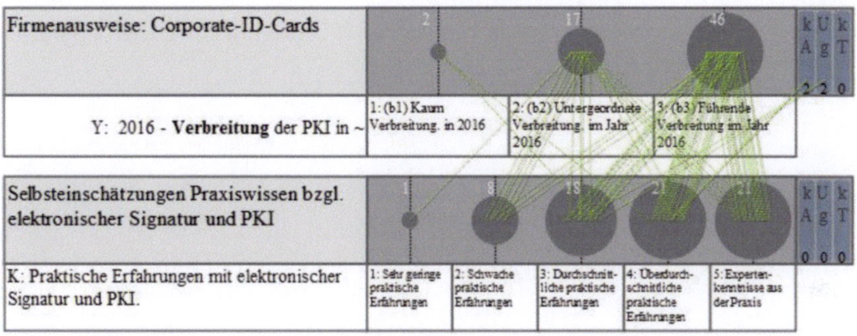

Abbildung 36: Graphische Abhängigkeitsanalyse zwischen Y und K

Die Abhängigkeit zwischen zwei Variablen lässt sich auch als zweidimensionale Häufigkeitsverteilung aufzeigen. Da beide Variablen metrisch messbar sind, wird von einer *Korrelationstabelle* gesprochen [vgl. Voß00, S. 173]. In Abbildung 37 sind oben die Korrelationstabellen jeweils für die Variablen Y/X und Y/K zu sehen. Zur Vereinfachung wurden nur diejenigen Stimmen zur Grundgesamtheit gezählt, welche in den Variablen X,Y,Z und K niemals eine ungültige Stimme abgegeben hatten. Zu sehen sind in den Korrelationstabellen jeweils auch die Zeilen- bzw. Spaltensummen. Diese Summen werden *Randverteilungen oder marginale Verteilungen* genannt.

Die Korrelationstabellen mit den marginalen Verteilungen können in eine bedingte Verteilung überführt werden. Bei einer bedingten Verteilung wird angenommen, dass die Merkmalsausprägungen einer abhängigen Variable jeweils von der Ausprägung einer anderen, unabhängigen Variable abhängt. Dabei kann sowohl die eine als auch die andere Variable als abhängige Variable angesehen werden. Für das Beispiel in Abbildung 37 unten wurde davon ausgegangen, das Y die abhängige Variable sei und X bzw. K die unabhängigen Variablen seien.

Korrelationstabellen mit Randverteilung

Y \ X	1	2	3	Σ
1	1			1
2	5	10		15
3	5	25	11	41
Σ	11	35	11	57

Y \ K	1	2	3	4	5	Σ
1				1		1
2	1	4	4	2	4	15
3		2	10	15	14	41
Σ	1	6	14	18	18	57

Bedingte Verteilung Y (X)

Y \ X	1	2	3	+
1	0,09	0,00	0,00	0,02
2	0,45	0,29	0,00	0,26
3	0,45	0,71	1,00	0,72
Σ	1,00	1,00	1,00	1,00

Bedingte Verteilung Y (K)

Y \ K	1	2	3	4	5	+
1	0,00	0,00	0,00	0,06	0,00	0
2	1,00	0,67	0,29	0,11	0,22	0,3
3	0,00	0,33	0,71	0,83	0,78	0,7
Σ	1,00	1,00	1,00	1,00	1,00	1,00

Abbildung 37: Zweidimensionale Häufigkeitsverteilung zwischen Y/X und Y/K

Sachlogisch ist diese Annahme als These zu bestätigen: So ist es vorstellbar, dass die zukünftige Technologieverbreitung (Y) von dem gegenwärtigen Technologiepotenzial (X) abhängt. Die umgekehrte Abhängigkeit würde sachlogisch keinen Sinn machen. Die Tabelle für die bedingte Verteilung Y(X) liest sich beispielhaft wie folgt: Liegt für die unabhängige Variable X eine Merkmalsausprägung 2 vor, so wird die Variable Y sicher keine 1 aufweisen. Die Merkmalsausprägung y=1 hat bei x=2 jedoch eine Wahrscheinlichkeit von 29% für y=3 liegt die Wahrscheinlichkeit im Falle von x=2 bei 71%.

Zu erkennen ist weiterhin, dass die Merkmalsausprägung der abhängigen Variable Y für das Merkmal y=2 unterschiedlich wahrscheinlich in Abhängigkeit von X ist, nämlich für x=1 folgt eine Wahrscheinlichkeit von y=2 von 45%, wohingegen für x=2 die Wahrscheinlichkeit von y=2 auf 29% gesunken ist. Bei x=3 besteht schon mehr keine Wahrscheinlichkeit für y=2. Die marginale Randwahrscheinlichkeit für das Ereignis y=2 beträgt 0,26. Abweichungen der Einzelwahrscheinlichkeiten von der Randwahrscheinlichkeit der abhängigen Variablen deuten also auf eine vorhandene Abhängigkeit zwischen den Variablen hin.

Auch die These der Abhängigkeit der Zukunftseinschätzung (Y) von dem Grad der Praxiskenntnis (K) ist eine sachlogisch vertretbare These. Wohingegen das Postulat einer Abhängigkeit der Praxiskenntnis (K) von der Zukunftseinschätzung sachlogischer Unsinn ist. Würde die Abhängigkeit im letzteren Fall jedoch als Schätzfunktion für die Praxiskenntnis eines Teilnehmers gewertet, so würde die statistische ermittelbare Abhängigkeit wieder einen Sinn ergeben. Wendet man die Erkenntnis, dass Abweichungen der Einzelwahrscheinlichkeiten von der Randverteilung auf eine Abhängigkeit der Variablen untereinander hindeuten, an, so lässt sich mit Blick auf die Merkmalsausprägung y=3 feststellen, dass für die Merkmalsausprägungen k=3,4 oder 5 die Abweichung der Wahrscheinlichkeiten von der marginalen Wahrscheinlichkeit eher gering ausfallen, wohingegen die Abweichungen für k=1 oder 2 mit 1,0-0,3=0,7 und 0,67-0,3=0,37 deutlicher hervortreten. Sachlogisch könnte hier die These aufgestellt werden, dass von Teilnehmern mit höherem Praxiswissen tendenziell eine höhere Einschätzung der zukünftigen Verbreitung der PKI in Corporate ID-Cards zu erwarten ist, wohingegen Teilnehmer mit geringem Praxiswissen eher eine mittlere Verbreitungseinschätzung äußern. Ob jedoch diese Gruppeneinteilung tatsächlich signifikant ist, darf angezweifelt werden, da die Gruppe „mit geringem Praxiswissen" mit Blick auf die Korrelationstabelle von nur 6 Personen gebildet wird. (k=1 oder 2). Es ist anzunehmen, dass die getroffene Aussage für die Abhängigkeit der Variablen für die Gruppe stark von zufälligen Schwankungen überlagert ist, d.h. die Korrelation und die abgeleitete Aussage, dass Teilnehmer mit geringer Praxiskompetenz die zukünftige Verbreitung der PKI in Unternehmens-ID-Karten unterschätzen, weist eine geringe Signifikanz auf. Die Aussage, dass die Praxiskompetenz keine Auswirkung auf die Einschätzung der zukünftigen Verbreitung der PKI auf Unternehmens-ID-Karten hat, ist deutlich wahrscheinlicher.

Fazit:

Es ist zu erkennen, dass die möglichen statistischen Zusammenhänge immer einer sachlogisch argumentierbaren Unterfütterung bedürfen. Wenn dies gegeben ist, kann sowohl durch eine visuelle Überprüfung als auch mit Hilfe von Korrelationstabellen mit Randverteilungen eine Einschätzung über die Art und die Intensität der Abhängigkeiten geschlossen werden.[13] Um nun eine sachlogische These, die auf der Abhängigkeit zweier Variablen beruht, zu bestätigen, bedarf es einer einheitlichen Maßzahl der Stärke der Abhängigkeit wie auch einer Maßzahl, die etwas über die Signifikanz der Abhängigkeit aussagt.

4.4.2.2 Maßzahlen der Abhängigkeit zwischen statistischen Variablen

Die wichtigste Maßzahl für den Grad der Abhängigkeit zwischen zwei Variablen ist der Korrelationskoeffizient nach Pearson. Bei diesem Koeffizient wird grundsätzlich von einem linearen Zusammenhang der beiden Variablen ausgegangen.[14] Ausgehend von einer optimalen Geraden, die durch das 2-dimensionale Feld, das durch die beiden Variablen aufgespannt wird, führt, werden die Abweichungen der jeweiligen Variablenwerte von dieser Geraden aufsummiert und gewichtet. Der Korrelationskoeffizient ist skalenneutral, d.h. von der Höhe des Korrelationskoeffizienten kann nicht mehr auf das Skalenniveau der beteiligten Variablen geschlossen werden. Die Werte des Korrelationskoeffizienten rangieren von -1 bis 1. Der Wert 1 weist auf einen perfekten proportionalen Zusammenhang zwischen den Variablen hin. Der Wert -1 entspricht der perfekten umgekehrten Proportionalität. Der Wert 0 zeigt einen vollständig nicht linearen Zusammenhang zwischen den Variablen an. Dennoch kann eine Korrelation vorliegen, wenn

[13] Bei systematischen Analysen von gruppenspezifischen Abhängigkeiten zwischen zwei oder mehreren Variablen können sog. Klassifikations- und Regressionsbäume benutzt werden.

[14] Für das Verständnis des Korrelationskoeffizienten wäre eine Herleitung der Kovarianz aus der linearen Regressionsanalye nötig. Da es sich aber bei dem Korrelationskoeffizienten von Pearson um das klassische Standardmaß für die Messung von Abhängigkeiten handelt, wird hier auf weitere Begründungen, warum dieser Koeffizient in dieser Arbeit benutzt wird, verzichtet.

die Beziehung zwischen den Variablen komplex und nicht linear ist. Das Quadrat des Korrelationskoeffizienten wird Bestimmtheitskoeffizient genannt und gibt einen Anhaltspunkt, welcher Anteil der Variabilität einer Variablen durch eine andere Variable erklärt wird.

Korrelationsmatrix (Pearson):

Variablen	K	X	Y	Z
K	**1**	0,136	0,261	0,157
X	0,136	**1**	**0,378**	-0,018
Y	0,261	**0,378**	**1**	0,238
Z	0,157	-0,018	0,238	**1**

Werte in Fettdruck sind signifikant von Null verschieden mit einem Signifikanzniveau von alpha=0,05

Korrelationsmatrix (Pearson):

Variablen	K	X	Y	Z
K	**1**	0,136	**0,261**	0,157
X	0,136	**1**	**0,378**	-0,018
Y	**0,261**	**0,378**	**1**	**0,238**
Z	0,157	-0,018	**0,238**	**1**

Werte in Fettdruck sind signifikant von Null verschieden mit einem Signifikanzniveau von alpha=0,1

Abbildung 38: Korrelationsmatrix der Variablen X, Y, Z und K bei α=5% und 10%

In Abbildung 38 können die Korrelationskoeffizienten zwischen den Variablen X,Y,K und Z aus einer Matrix abgelesen werden. In der Matrix links wurden die Werte fett hervorgehoben, die einem Signifikanzniveau von 5% genügen. Dies ist nur zwischen den Variablen X und Y der Fall. In der Matrix rechts wurden alle Werte fett hervorgehoben, die einem Signifikanzniveau von 10% genügen, dies trifft dann auch auf die etwas niedriger abhängigen Beziehungen zwischen K/Y und Y/Z. Y/Z wäre auf jeden Fall sachlogisch begründet, weil die zukünftige Verbreitung der PKI in Unternehmen sicher in Abhängigkeit von der Potenzialeinschätzung der PKI für Corporate-ID-Cards steht. Mit der hohen Signifikanz von 5% ist auf jeden Fall die Abhängigkeit zwischen Potenzial (X) und zukünftiger Verbreitung der PKI in Coporate-ID-Cards (Y) nachgewiesen worden.

Fazit:

Einige Thesen, welche in Kapitel 3 aufgestellt wurden, lassen sich über die Abhängigkeit zweier Variablen der PKI-Delphi-Studie zurückführen. Für diese Thesenklasse wird in Kapitel 6 die Beweisführung über die Berechnung von Korrelationsmaßen durchgeführt.

4.4.3 Erläuterung multivariate Statistik und Nutzung in der Studienauswertung

Am Beispiel der 42 Prozessfragen zum Potenzial der PKI in Prozessen werden im Folgenden die Methoden AHC-Clusterung, MDS-Analyse und Hauptkomponentenanalyse dargestellt.

4.4.3.1 Clusteranalyse: Agglomerativ hierarchische Clusterung nach Ward

Mittels der statistischen Clusteranalyse können Merkmalsträger nach Gruppen geordnet werden. Diese Gruppen sollen die Eigenschaft haben, dass sie für mehrere Variablen die Merkmalsausprägungen derart zu schichten in der Lage sind, dass die Gesamtvarianz der Variablen sich jeweils in eine deutlich erkennbare gruppeninterne Varianz und in eine gruppenexterne Varianz zerlegen lässt. Die so erzeugten Gruppen müssen inhaltlich interpretiert werden und können schließlich für eine Szenariodarstellung herangezogen werden.

In dieser Arbeit kommt für die Ermittlung der Gruppen die sog. agglomerativ hierarchische Gruppierung nach Ward zum Einsatz. Das Verfahren ist deterministisch und erzielt reproduzierbare Ergebnisse. Das Verfahren ist agglomerativ insofern, da es beginnt alle möglichen Kombinationen aus 2er-Clustern, die sich aus den Merkmalsträgern (Teilnehmer der Studie) ergeben, zu erzeugen, zu bewerten und die besten zueinander passenden Paare als erste Stufe der Clusterung festzuhalten. Aufbauend auf diese erste Clusterung werden nun rekursiv alle Cluster der ersten Stufe miteinander kombiniert, bewertet und zu größeren Clustern zusammengefasst. Die Erstellung von Clustern geschieht also von unten, in Schritten aufbauend. Daraus ergibt sich eine Baumstruktur, an deren Astenden alle Merkmalsträger stehen. Die graphische Darstellung dieser Struktur wird Dendrogramm genannt [vgl. Abbildung 39].

Um zu bewerten, welche Paare von Merkmalsträgern am besten zueinander passen, gibt es verschiedene sog. Distanzmaße. Eine einfache und in den meisten Fällen überlegene Methode, um die besten Paare herauszufinden, ist die vergleichende Varianzzunahme nach Ward. Dabei werden die Merkmalsausprägungen der Variablen kombiniert und davon die sich ergebende Gesamtvarianz berechnet. Schließlich wird unter allen möglichen Kombinationen diejenige ausgewählt, bei der die Zunahme der Gesamtvarianz am geringsten ausgefallen ist [vgl. BEPW05, S. 523ff.]. Die Länge der Astabschnitte im Dendrogramm wird gerade von dieser Zunahme der Gesamtvarianz bestimmt.

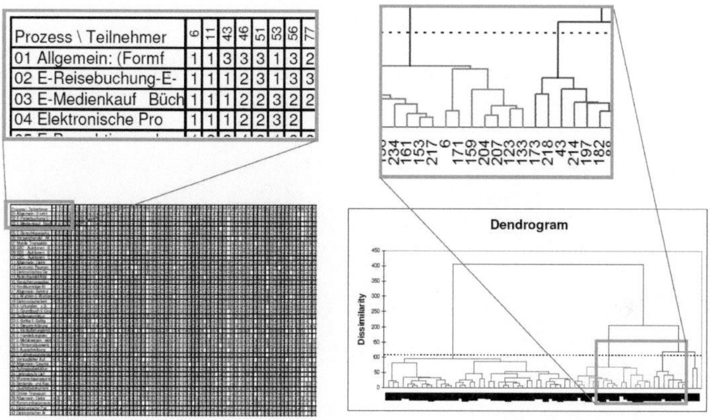

Abbildung 39: Agglomerativ hierarchische Clusterung nach Ward

Fazit:

Die Methode der AHC-Clusterung wird für die PKI-Delphi-Studie primär dazu verwendet, um die Merkmalsträger bzgl. mehreren Variablen zu geeigneten Clustern zu kombinieren und um darauf aufbauend eine sachlogisch durchgängige Erklärung für vorhandene Varianzen von einzelnen Variablen (Facettenfragen) zu erhalten. Die AHC-Clusterung ist für jede Fragestellung der PKI-Delphi-Studie eine Basis, um darauf aufbauend eine Szenarioanalyse nach prägnanten Gruppen durchführen zu können, und um letztlich die Hypothesen aus dem T2D4JS-Modell zu verifizieren oder zu falsifizieren.

Die Methode der AHC-Clusterung kann aber auch angewandt werden, um Facettenfragen zu clustern - um also ähnliche Fragestellungen zu identifizieren - und damit schließlich latente Variablen zu entdecken. Latente Variablen sind Merkmale, die nicht explizit abgefragt wurden, die aber 2 oder mehrere Variablen ganzheitlich zu erklären vermögen.

4.4.3.2 MDS-Darstellung

Die Methode der multidimensionalen Skalierung (MDS) wird im Zusammenhang mit der vorliegenden PKI-Delphi-Studie verwendet, weil mittels der MDS-Methode Datenpunkte in 3- und höherdimensionalen Räumen auf 2-Dimensionen herunterskaliert werden können. Dabei sorgt der Algorithmus dafür, dass die Abstände der Punkte innerhalb des resultierenden 2-D-Diagramms den tatsächlichen Abständen in dem höherdimensionalen Ursprungsraum entsprechen.

Damit eignet es sich für die Delphi-Studie besonders, um die Ähnlichkeit von mehreren Variablen oder die Ähnlichkeit des Stimmverhaltens der Studienteilnehmer über mehrere Facettenfragen hinweg optisch gut aufbereitet darzustellen. In Kombination mit der Clusteranalyse können die so entstehenden 2D-Punktekarten durch Einfärbung für eine übersichtliche Darstellung von Teilnehmergruppen herangezogen werden.

Correlation matrix (Pearson (n))

	6	11	43	46	51	53	56	77
6	1	0,76	0,36	0,62	0,52	0,76	0,41	0,80
11	0,76	1	0,49	0,60	0,64	0,63	0,60	0,66
43	0,36	0,49	1	0,46	0,34	0,05	0,24	0,35
46	0,62	0,60	0,46	1	0,40	0,42	0,50	0,55
51	0,52	0,64	0,34	0,40	1	0,24	0,68	0,34
53	0,76	0,63	0,05	0,42	0,24	1	0,29	0,70
56	0,41	0,60	0,24	0,50	0,68	0,29	1	0,27
77	0,80	0,66	0,35	0,55	0,34	0,70	0,27	1

Proximity matrix (Euclidean distance):

	6	11	43	46	51	53	56	77
6	0	6,5	10,2	7,3	7,9	6,3	9,2	8,1
11	6,5	0	9,2	8,1	7,1	8,5	8,2	10,2
43	10,2	9,2	0	9,2	8,7	12,7	10,7	13,2
46	7,3	8,1	9,2	0	7,0	8,2	6,3	7,8
51	7,9	7,1	8,7	7,0	0	9,9	6,3	10,8
53	6,3	8,5	12,7	8,2	9,9	0	9,8	7,8
56	9,2	8,2	10,7	6,3	6,3	9,8	0	10,2
77	8,1	10,2	13,2	7,8	10,8	7,8	10,2	0

Pair	Dissimilarity	Disparity	Distance
53 - 77	7,765	7,765	6,217
43 - 77	13,206	13,206	16,897
43 - 53	12,701	12,701	15,439

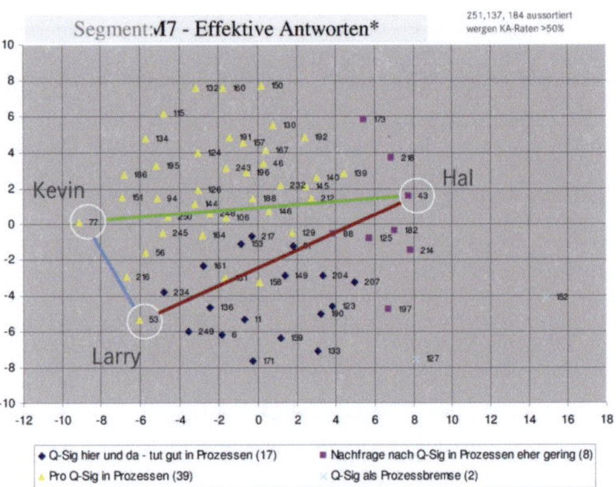

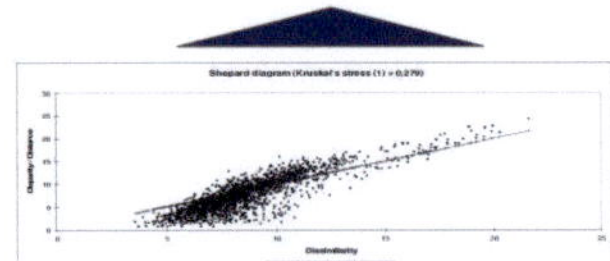

Abbildung 40: Erläuterung multidimensionales Skalieren (MDS)

Abbildung 40 zeigt das Verfahren exemplarisch auf. Die Basismenge bildet sich aus allen 42 Facettenfragen der PKI-Delphi-Studie bzgl. der PKI-Affinität zu Prozessen. Damit lässt sich die

Gesamtmeinung eines einzelnen Teilnehmers über einen Vektor mit 42 Dimensionen darstellen. Mit Hilfe der MDS-Methode können nun diese 42 Dimensionen auf zwei Dimensionen reduziert werden. Grundlage sind dabei die jeweiligen euklidischen Distanzen zwischen den einzelnen Teilnehmervektoren.[15]

Auf Grundlage der Distanzen zwischen den Teilnehmervektoren versucht der MDS-Algorithmus nun eine 2D-Konfiguration zu finden, bei der die euklidischen Distanzen zwischen allen Teilnehmervektoren den ursprünglichen Distanzen des 42-dimensionalen Raumes entsprechen, oder wenigstens die Abweichungen für alle Teilnehmer so gering wie möglich zu halten. Dabei wird in mehreren Versuchen jeweils mit einer zufälligen zweidimensionalen Verteilung gestartet und davon ausgehend die Punkte iterativ verschoben, so dass der Stress, also der Unterschied (engl. *dissimilarity*) zwischen der 42-dimensionalen Distanz zu der tatsächlichen zweidimensionalen Distanz so gering wie möglich gehalten wird. Wie gut dies gelungen ist, kann einem Distance/Dissimilarity-Diagramm entnommen werden, in dem jede Distanz eines jeden Punktes zu jedem anderen Punkt in ein XY-Diagramm eingezeichnet wird. Eine optimale Anpassung an die zwei Dimensionen würde eine perfekte 45-Grad-Linie erzeugen, suboptimale Anpassungen erzeugen hingegen Punktwolken kleineren oder größeren Ausmaßes.

Fazit:

Die MDS-Darstellung ist ein unverzichtbares Instrument, um komplexe Gruppenzugehörigkeiten einfach darzustellen und wird daher in der Auswertung der PKI-Delphi-Studie entsprechend häufig eingesetzt.

4.4.3.3 Hauptkomponentenanalyse und Strukturgleichungsmodelle

In den vorangegangenen zwei Kapiteln wurde die Clusteranalyse als ein Instrument dargestellt, das in der Lage war, aufgrund von Ähnlichkeiten zwischen einer Reihe von Variablen Teilnehmer einer Studie zu Gruppen zusammenzufassen. Ziel dieser Verfahren war also immer eine klare und eindeutige Zuordnung eines Merkmalsträgers oder einer Variable zu einer Gruppe. Dabei wurde schon deutlich, dass es zwischen Gruppen Ähnlichkeitsmaße gibt, die auch eine eher stufenlose Beziehung zwischen verschiedenen Variablen darzustellen in der Lage sind. Die Hauptkomponentenanalyse ist ein Verfahren, dass in der Lage ist, verschiedene Variablen gewichtet zu einzelnen Gesamtfaktoren zusammenzuführen. Dabei muss eine Variable nicht zwingend nur einem Gesamtfaktor zugeordnet sein. Vielmehr kann eine Variable mit unterschiedlicher Intensität in verschiedene Faktoren eingehen. Diese Hauptkomponentenanalyse hat zum Ziel, aus einer Vielzahl von Einzelfaktoren wenige Hauptfaktoren, so genannte latente oder auch verborgene Variablen, zu ermitteln [vgl. BEPW05, S. 260 ff.]. So könnte z.B. hinter den 3 Variablen der PKI-Affinität für A. Fahrzeuganmeldungen, für B. Meldebestätigungen und für C. Elektronische Wahlen ein gemeinsamer Faktor stecken, der so gar nicht abgefragt wurde, der

[15] Die euklidische Distanz zweier 42-dimensionaler Vektoren berechnet sich aus der Quadratwurzel der Summe der quadrierten Abstände aller 42 Vektorenkomponenten [vgl. BEPW05, S. 503]. Die euklidische Distanz im zweidimensionalen Raum führt zum Satz von Pythagoras.

aber statistisch nachweisbar und sachlogisch ggf. zu der latenten Variable „Elektronische Behördengänge“ zusammengefasst werden könnte.

Eine Erweiterung der Hauptkomponentenanalyse stellen sog. Strukturgleichungsmodelle dar. Ziel dieser Methode ist die Aufstellung und Validierung von Kausalitäten zwischen statistischen Variablen mit Hilfe eines theoretisch fundierten Hypothesensystem und einer statistischen Datenbasis. Diese Methode der Strukturgleichungsmodelle wird im Kapitel 6 zu Anwendung kommen.

Fazit:

Die Hauptkomponentenanalyse wird im Rahmen der Delphi-Studie in Einzelfällen als Ergänzung zur AHC- und MDS-Analyse angewandt. Indirekt wird die Hauptkomponentenanalyse in Kapitel 6 im Rahmen der Strukturgleichungsmodelle zum Einsatz kommen.

4.4.4 Definition der Standardgruppen der PKI-Delphi-Studie

Jede statistische Auswertung basiert auf einer Grundgesamtheit. Die Grundgesamtheit definiert sich aus allen bekannten Antwortvektoren der teilnehmenden Personen. Ebenso ist die Grundgesamtheit aus den Antwortvektoren zu allen Facettenfragen definiert. Um die Auswertung aussagekräftig zu gestalten, kann es sein, dass nur ein Ausschnitt aus der Grundgesamtheit für die Auswertung herangezogen werden soll. Nach der Definition der Grundgesamtheit kann mit verschiedenen Methoden die Auswertung geschehen.

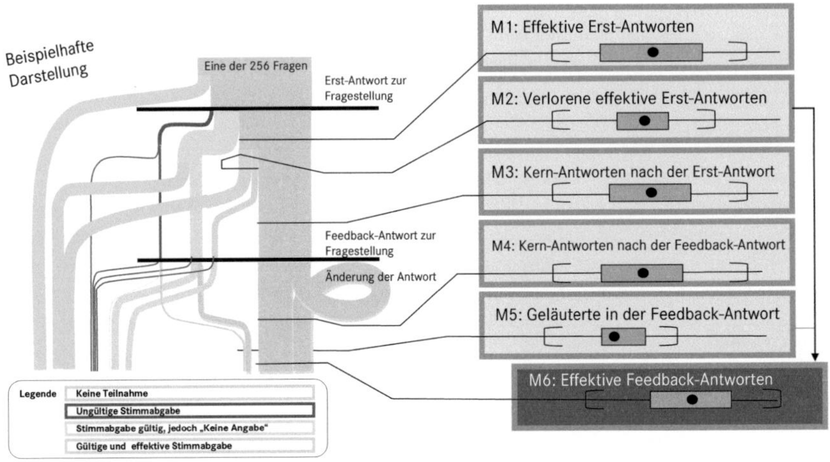

Abbildung 41: Überblick über Verlaufsgruppen aus Initial- und Feedbackantwort

Es kann auch sein, dass für verschiedene Auswertemethodiken verschiedene Grundgesamtheiten herangezogen werden müssen. Im Falle der PKI-Delphi-Studie liegen je Facettenfrage ein bis zwei Antworten vor, nämlich die aus der Initialrunde und ggf. eine Antwort aus der Feedbackrunde. Dies führt zu der Definition von Standardverlaufsgruppen für die Auswertung der PKI-Delphi-Studie.

4.4.4.1 Standard-Verlaufsgruppen: M1-M7

Generell gibt es 16 mögliche Mengen, die sich aus den personengebundenen Zuständen zu einer Frage ergeben: Zu jeder Frage kann eine gültige Antwort gegeben worden sein, diese gültige Antwort kann 1. eine effektive Antwort (G=Gültig) sein oder 2. die Antwort „Keine Angabe" (KA) oder 3. die Antwort kann ungültig gewesen sein (UNG=Ungültig) oder 4. der Teilnehmer hat in der jeweiligen Runde die Frage gar nicht bearbeitet, weil er an der Befragungsrunde 2 bzw. 3 gar nicht teilgenommen hat (KT= keine Teilnahme).

Die Teilgesamtheit wird mit dem Buchstaben M und einer laufenden Nummer bezeichnet und teilt sich in 7 Grundgesamtheiten auf. Für jede Grundgesamtheit ist es möglich, jeweils die Anzahl der gültigen Stimmen, die Anzahl der KA-Stimmen, der UNG-Stimmen und der KT-Stimmen zu ermitteln [vgl. Tabelle 7]. Weitere nicht zuordnenbare Stimmen wurden unter „Andere" summiert.

Tabelle 7: Definitionen der Verlaufsgruppen M1,M2, M3, M4, M5, M6 und M7

M1 - Effektive Erst-Antworten: Alle gültigen Erst-Antworten für eine Fragenfacette, ohne „Keine Angabe"	
M1-G= 1+2+3+4 M1-KA= 5+6+7+8 M1-UNG= 9+10+11+12 M1-KT= 16 M1-Andere= [-]	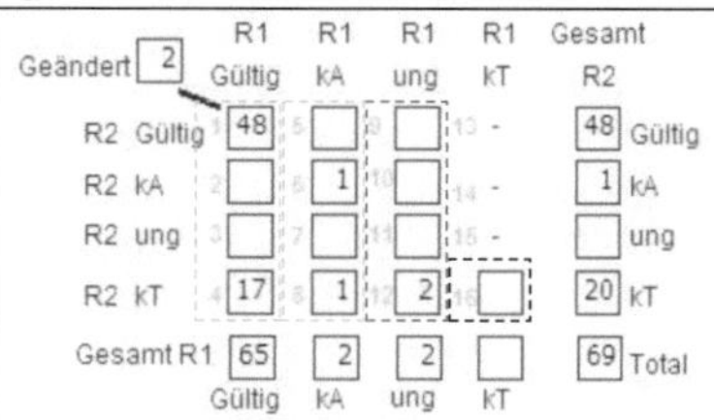

M2 – Verlorene effektive Erst-Antworten: Alle effektiven Erst-Antworten ohne effektive Zweit-Antwort, d.h. in der Feedback-Runde „Keine Angabe", „Keine Teilnahme" oder „Ungültige Stimmabgabe".	
M2-G= 2+3+4 M2-KA= 5+6+7+8 M2-UNG= 9+10+11+12 M2-KT= 16 M2-Andere= 1	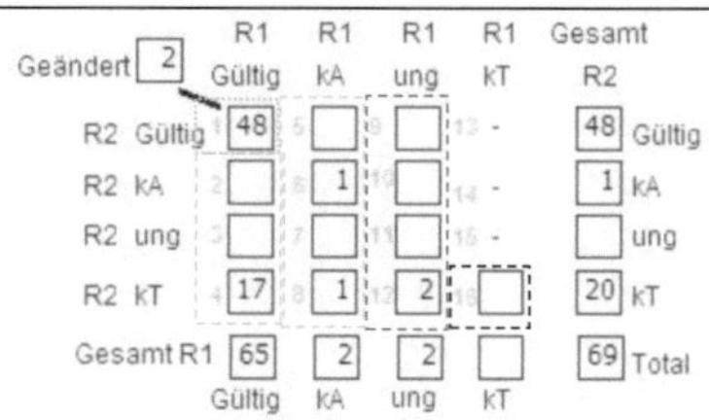

M3 - Kern-Antworten nach der Erst-Antwort:
Erst-Antworten, die in der Erst- UND Feedback-Abfrage effektiv wirksam, d.h. gültig und nicht „Keine Angabe“ waren.

M3-G= 1
M3-KA= 5+6+7+8
M3-UNG= 9+10+11+12
M3-KT= 16
M3-Andere=2+3+4

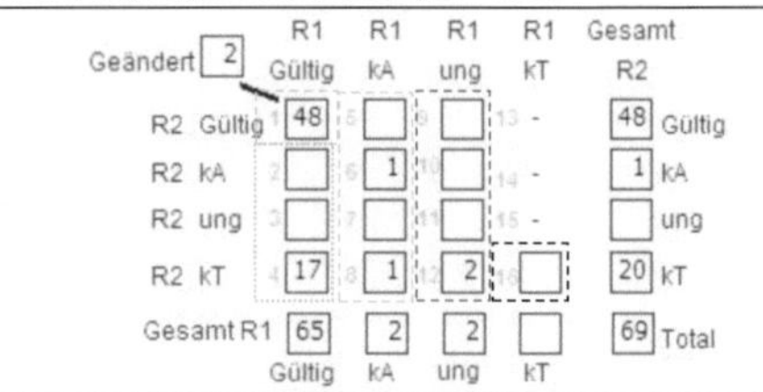

M4 – Kern-Antworten nach der Feedback-Antwort:
Feedback-Antworten, die in der Erst- UND Feedback-Abfrage effektiv wirksam waren.

M4-G= 1
M4-KA= 2+6+10
M4-UNG= 3+7+11
M4-KT= 4+8+12
M4-Andere=5+9

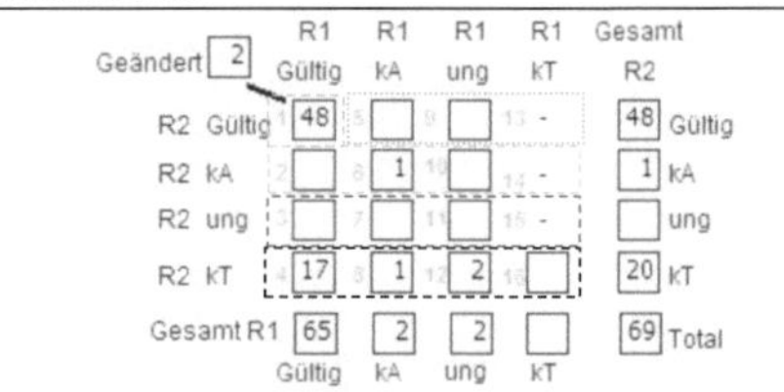

M5 – Newcomer in der Feedback-Antwort:
Effektive Feedback-Antworten, deren Erst-Antwort nicht effektiv, d.h. „Ungültig“, „Ohne Teilnahme“ oder „Keine Angabe“ waren.

M5-G= 5+9
M5-KA= 2+6+10
M5-UNG= 3+7+11
M5-KT= 4+8+12
M5-Andere= 1

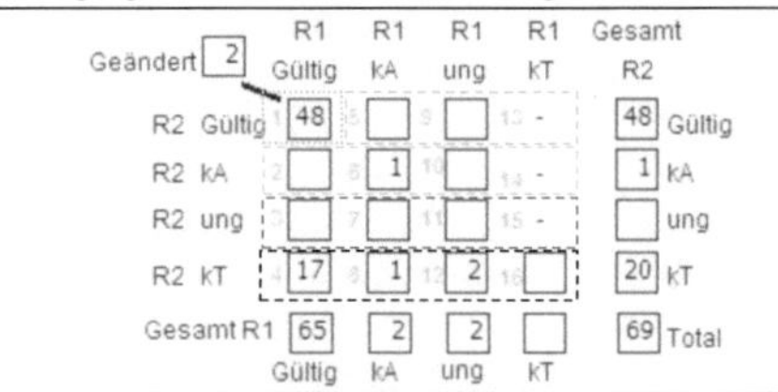

M6 – Effektive Feedback-Antworten:
Alle gültigen Feedback-Antworten für eine Fragenfacette, ohne „Keine Angabe“.

M6-G= 1+5+9
M6-KA= 2+6+10
M6-UNG= 3+7+11
M6-KT= 4+8+12+16
M6-Andere=[]

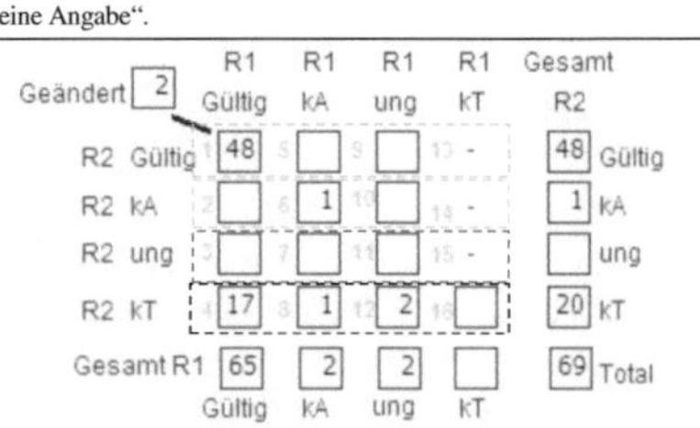

M7 - Effektive Antworten: Alle gültigen Erst-Antworten, die keine Feedbackantworten haben (M2) plus alle gültigen Feedbackantworten (M6).	
M7G=1+5+9+13+3+4 , //3 u. 4.: in der Annahme, besser die alte Stimme als ungültig oder KT. M7KA=2+6+10+7+8 //7 u. 8: in der Annahme, besser KA als ungültig oder KT M7UNG= 11+12 M7KT= 16 M7Andere= []	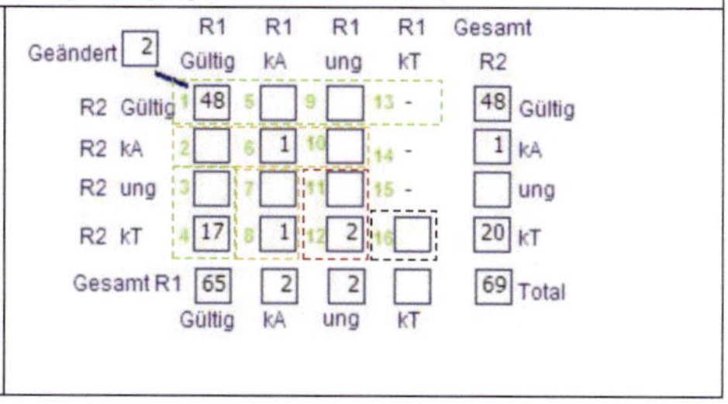

Tabelle 7 definiert die Standardverlaufsgruppen M1-M7. In der Linkenspalte sind jeweils die Definitionen für die Menge der gültigen Stimmabgaben (MxG), „Keine Angabe"-Stimmen (MxKA), der ungültigen Stimmen (MxUNG), der Menge der Teilnehmer, die sich nicht an der Frage beteiligt haben (MxKT) sowie ein Reste-Sammler (MxAndere).

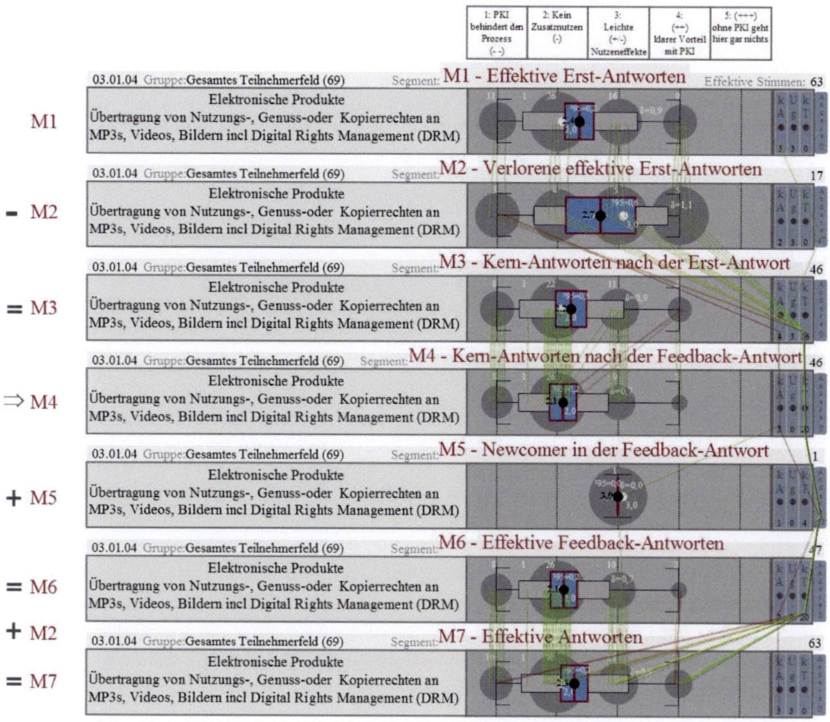

Abbildung 42: Variable U auf Grundlage von M1-M7 mit Einzelstimmenverfolgung

Die Definition basiert jeweils auf den Einzelwerten einer Matrix, welche durch die jeweiligen möglichen Ergebnisse von Initialrunde (R1) und Feedbackrunde (R2) aufgespannt wird. Daraus ergeben sich 16 mögliche Zustände, die ein Teilnehmer durch seine Bearbeitung oder Nicht-Bearbeitung einer Facettenfrage in Initial- bzw. Feedbackrunde erzeugen kann. Die Matrix ist jeweils auf der rechten Spalte der Tabelle zu sehen. Die 16 möglichen Zustände sind dabei mit den Nummern 1-16 bezeichnet. Die Matrix rechts ist jeweils mit exemplarischen Werten der Variable Y befüllt. Auf diese Nummern beziehen sich die Definitionen auf der linken Seite. Rechts sind die Summen der linken Seite nochmals mit eingefärbten gestrichelten Umrandungen hervorgehoben. Der einfachste und zugleich idealste Zustand liegt im Summand 1: Abgabe einer gültigen Stimme in Runde 1 und Abgabe einer gültigen Stimme in Runde 2. Andere Kombinationen sind möglich, aber längst nicht so häufig.

Die Entwicklung der gültigen Stimmen zwischen den Mengen M1-M7 geben Aufschluss über die Akzeptanz der Frage bei den Teilnehmern. Dabei hat jede Menge unterschiedliche statistische Maße aufzuweisen, dies betrifft insbesondere den Mittelwert, die Standardabweichung und das Konfidenzintervall. Abbildung 42 zeigt die Variable U, *Einschätzung Nutzeneffekte der PKI im Bereich elektronischer Produkte*, jeweils auf Grundlage der sieben verschiedenen Antwortmengen.

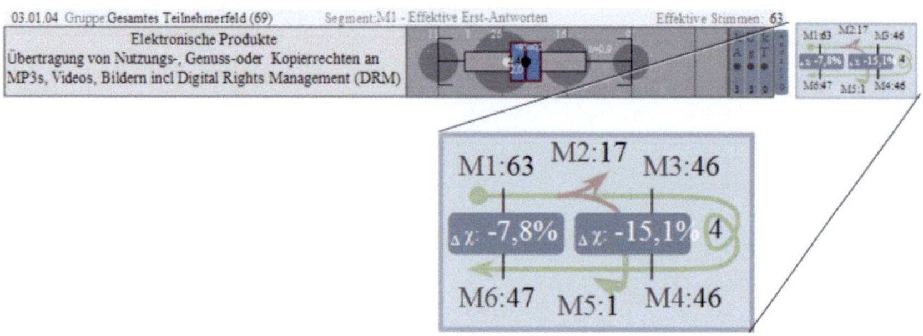

Abbildung 43: Anzeige der Gültigkeitsmengen der Standardverlaufsgruppen bei Variable Y

Von zentraler Bedeutung ist die Frage, ob es durch die Feedbackrunde tatsächlich zu einer Konvergenz der Meinungen unter den Experten geführt hat. Aufschluss gibt hier eine kleine Grafik, welche, unabhängig von der für den Boxplot gewählten Verlaufsgruppe, die Veränderungen des Konfidenzintervalls des Erwartungswertes des Mittelwertes als Prozentzahl aufzeigt. Eine negative Prozentzahl ist als Erfolg zu bewerten, denn hier hat sich im Verlauf die Zuverlässigkeit des Erwartungswertes verbessert. Die beiden Haupteinflussfaktoren des Konfidenzintervalls ist die Größe der Stichprobe und die Varianz der Stichprobe. Da wegen des Studiendesigns eine wesentliche Vergrößerung der Stichprobe ausgeschlossen ist, kann die Konfidenzintervallverkleinerung mit einer Verringerung der Streuung der Stichprobe zur Facettenfrage nahezu gleichgesetzt werden. Dies entspricht einer Konvergenz der Expertenmeinungen.

Eine Vergrößerung des Konfidenzintervalls zeigt hingegen an, dass die Streuung der Stichprobe gestiegen ist, oder der Stichprobenumfang geschrumpft ist. In Abbildung 43 ist zu sehen, dass das Konfidenzintervall sich von M1 nach M6 um 7.8 % verkleinert hat. Die Verringerung des Konfidenzintervalls zwischen M3 und M4 betrug sogar 15.1 %. Worauf diese Änderungen zurückzuführen sein mögen, kann ebenfalls aus der Grafik abgelesen werden: Ganz rechts im Looping stehen die Anzahl der Merkmalsausprägungen, die durch Teilnehmer gültig verändert wurden. Diese vier Veränderungen haben also zu der Verringerung der Streuung und damit zu einer Reduzierung des Konfidenzintervalls geführt.

Direkt nach den jeweiligen Verlaufsgruppen ist die Anzahl der effektiven Stimmen abzulesen. Im Fall M3 und M4 ist diese Anzahl per Definition immer gleich, so dass hier eine Konfidenzintervallveränderung immer 100% durch eine Streuungsveränderung der Stichprobe zu erklären ist. Die Menge M4 ist nach strengsten Maßstäben die relevante Menge für die Ergebnisauswertung, da in dieser Menge nur die Stimmen gezählt wurden, die in beiden Runden gültige und wirksame Stimmen abgegeben haben.

Fazit:

Die Verlaufsgruppen M1-M7 sind Gruppierungen, mit deren Hilfe sich die Veränderung von Streuungen von Facettenfragen analysieren lassen. Für eine strenge Erfolgskontrolle der Delphi-Studie sollte dabei ein Vergleich der Ergebnismaße zwischen der Gruppe M3 und M4 herangezogen werden. Aus einem Vergleich zwischen M1 mit M6 geht hervor, ob der Abgang der Beteiligung in der Feedbackrunde einen starken Einfluss auf das Gesamtergebnis hat. Unter der Voraussetzung, dass die Maße der Menge M2 nicht wesentlich unterschiedlich von den Maßen der Menge M1 sind, kann die Menge M7 als finale Auswertemenge herangezogen werden. Der Vorteil der Menge M7 ist, dass die größere Grundgesamtheit eine deutlich validere Varianzanalyse ermöglicht.

4.4.4.2 Standard-Teilnehmersegmente: W A N

Weiterhin werden Definitionen der Teilnehmer in spezielle Gruppen vorgenommen. Folgende Initialgruppen wurden definiert:

- Alle - Gesamtes Teilnehmerfeld
- A - Anbieter und Berater
- N - Nutzer
- W - Wissenschaftler
- H - Nur Hauptstudie bearbeitet
- H+V - Auch Vertiefung bearbeitet

Weitere Gruppen werden im Rahmen der Gruppen- und Szenarioanalyse auf Basis von statistischen Verfahren gebildet. Um nun für die Auswertungsmethodik der PKI-Delphi-Studie die Grundgesamtheit zu definieren, müssen zwei Festlegungen getroffen werden: Es ist 1. die

Gruppe zu definieren und 2. den Verlaufsbezug Mx. Durch Variation der Gruppe oder des Verlaufsbezuges Mx können Unterschiede aufgezeigt werden, insbesondere Unterschiede im Stimmverhalten bestimmter Gruppen und Unterschiede im zeitlichen Verlauf der Studie.

4.4.5 Standards der Ergebnisdarstellung von Facettenfragen

Der Standard für die Darstellung der statistischen Ergebnisse ist in Abbildung 44 dargestellt.

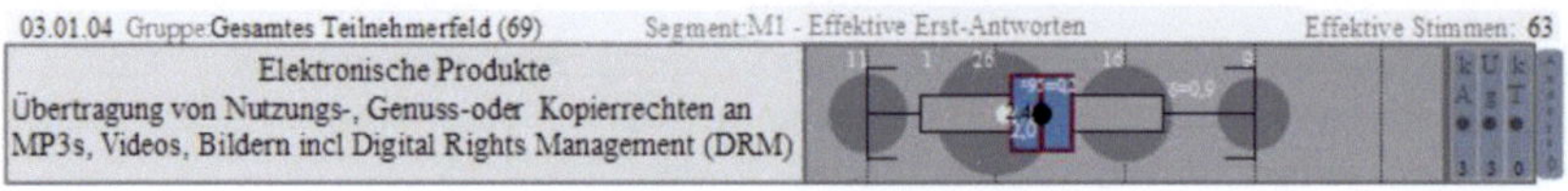

Abbildung 44: Standard Boxplot

Aus dem Boxplot gehen die Min/Max-Werte hervor. Im Zentrum der ausgefüllten dünnen, grauen Box liegt das arithmetische Mittel aller Antworten. Die halbe Länge der ausgefüllten Box entspricht dabei der Standardabweichung. Das doppelt so hohe, blau gefüllte Intervall stellt das Konfidenzintervall mit einer Mittelwert-Signifikanz von 95% dar. Hinter dem Boxplot liegend befinden sich graue Kreise, deren Fläche proportional mit den tatsächlich abgegebenen Stimmen für diese Kategorie sind. Ungültige Stimmen und „Keine Angabe"-Stimmen werden im Kasten rechts des Boxplotdiagramms als Summe aufgeführt. Hier werden auch die Anzahl der Studienteilnehmer summiert, die nicht an der Beantwortung der entsprechenden Frage teilgenommen haben. Das Sammelfeld „Andere" ist nur dann gefüllt, wenn die Standardverlaufsgruppen M2 oder M5 zur Anzeige kommen.

4.5 Formale Erfolgskontrolle der PKI-Delphi-Studie

Die PKI-Delphi-Studie beinhaltet insgesamt 7 große Themenkomplexe mit zusammen 254 Fragestellungen. Darin finden sich zusammen 629 Facettenfragen mit insgesamt 2894 Antwortmöglichkeiten.

Um die Teilnehmerakzeptanz einer Studie zu ermitteln, gibt es zwei einfache Kurztests, die einen ersten Eindruck vermitteln können: Die Quote der gültigen Antworten auf Fragen der Studie (Antwortquote) und die Quote derjenigen Teilnehmer, welche in der Feedbackrunde nicht mehr teilgenommen haben (Mortalitätsquote). Die durchschnittliche Antwortquote im Falle der PKI-Delphi-Studie lag bei 76%. In durchschnittlich 24% der Fälle wurde also eine Fragestellung ungültig oder mit „Keine Angabe" beantwortet. Die Mortalitätsquote in der Feedbackrunde lag bei durchschnittlich 29,1%, d.h. alle Fragestellungen wurden von durchschnittlich 49 Teilnehmern zweimal bearbeitetet.

Dieser erste Blick auf formale Erfolgskriterien zeigt hinsichtlich Akzeptanz und Studienerfolg positive Ausprägungen. Nachfolgend werden weitere formale Erfolgskriterien definiert und deren Ausprägungen über die verschiedenen Kapitel der Studie diskutiert. Im Anschluss geschieht eine Validierung der Expertise der Teilnehmer, um die Qualität der Teilnehmerauswahl zu prüfen und die Aussagekraft der Expertenurteile ermessen zu können.

4.5.1 Inhaltsunabhängige Akzeptanz- und Erfolgsindikatoren

Die statistische Erfolgskontrolle einer Delphi-Studie kann teils unabhängig vom Inhalt der Studie und teils inhaltsbezogen geschehen.

Inhaltsunabhängige, direkt messbare Erfolgsindikatoren sind:

- Hoher Ausfüllungsgrad über alle Fragen hinweg, d.h. wenige ungültige Antworten und geringe Rate von „Keine Angabe“ als Antwort. Eine erste Übersicht (siehe Anhang) zeigt, dass drei Teilnehmer mehr weiße Flecken als alle Anderen ausweisen. Dies sind die Teilnehmer mit den Aliasnamen Donald, Mitt und Ray;
- Geringe Mortalitätsrate in der Feedbackrunde;
- Geringe Rate von „Keine Angabe“-Stimmen;
- Geringe Rate ungültiger Stimmen;
- Große Summe von geänderten Stimmen in der Feedbackrunde.

Tabelle 8: Übersicht formaler Erfolgskriterien zur Studienakzeptanz

	Gesamt		Tln.-Profil	Akteure	Prozesse	Technol.	Thesen A	Thesen Tln.	Potenziale	Prob.&Lös.	Verbreitng.
	ohne 05T	mit 05T	01	02	03	04	05A	05T	06	07	08
Anzahl Facettenfragen	*573*	*719*	19	23	43	41	33	152	97	212	99
Mittelwert gültige Antworten (G)	*41,0*	*40,9*	68,9	53,7	63,6	58,6	60,5	**38,6**	52,1	**33,7**	**16,8**
Mittelwert "Keine Angabe" (KA)	*7,9*	*7,9*	0,0	5,8	3,7	7,4	6,5	7,7	**15,3**	3,0	**15,7**
Mittelwert ungültige Antwort (UNG)	*4,1*	*3,5*	0,1	**6,0**	1,7	2,9	2,1	2,7	1,6	3,2	**8,5**
Mittelwert keine Teilnahme (KT)	*16,1*	*16,8*	0,0	3,5	0,0	0,0	0,0	**20,0**	0,0	**29,1**	**28,0**
Mittelwert G-Rate	*75,7%*	*77,0%*	99,9%	81,8%	92,2%	85,0%	87,6%	78,8%	**75,5%**	84,5%	**40,9%**
Mittelwert KA-Rate	*15,2%*	*15,4%*	0%	8,80%	5,43%	10,8%	9,40%	**15,8%**	**22,2%**	7,29%	**38,3%**
Mittelwert UNG-Rate	*9,12%*	*7,57%*	0,08%	**9,38%**	2,39%	4,24%	2,99%	5,41%	2,36%	**8,19%**	**20,8%**
Mittelwert KT-Rate	*23,3%*	*24,3%*	0,00%	5,04%	0,00%	0%	0%	**29,0%**	0%	**42,2%**	**40,6%**
Mittelwert Mortalitätsrate	*29,1%*	*32,5%*	29,2%	27,8%	27,4%	25,4%	28,7%	**45,3%**	24,3%	31,4%	31,2%
Summe geänderter Stimmen	*776*	*844*	9	42	118	75	83	77	160	204	76
Max. geänderte Stimmen	*7*	*7*	2	6	5	4	7	3	5	4	2
Anteil geänderter Stimmen	*3,4%*	*3,0%*	0,7%	3,3%	**4,4%**	3,1%	**4,1%**	1,3%	3,1%	2,9%	**4,7%**
Mittelwert Verkleinerung StdAbw.	*4,5%*	*4,4%*	6,0%	6,3%	3,7%	3,9%	3,5%	3,7%	5,8%	5,3%	2,0%
Max Verkleinerung der StdAbw.	*29,0%*	*29,0%*	29,0%	18,2%	7,0%	11,4%	9,8%	13,4%	28,7%	24,0%	8,4%
Mittelwert Vergrösserung der StdAbw.	*1,4%*	*1,1%*	0,0%		0,8%	1,1%	1,4%	0,4%	0,2%	2,3%	0,2%
Max Vergrösserung der StdAbw.	*69,3%*	*69,3%*	0,2%	0,0%	1,2%	1,8%	6,4%	8,4%	1,3%	69,3%	4,6%

Tabelle 8 führt die formalen Erfolgskriterien jeweils für die einzelnen Studienkapitel auf. Die Kriterien für die gesamte Studie wurden einmal mit und einmal ohne die zusätzlichen Fragen der Teilnehmer berechnet. Abweichungen, die in ungünstiger Weise vom Studienmittelwert abweichen, wurden gelb schattiert. Abweichungen, die mit besonders positiver Bewertung verbunden sind, wurden hellblau schattiert.

4.5.2 Analyse der Kommentierungstätigkeit

Die Analyse der Kommentierungstätigkeit der Studienteilnehmer gibt Aufschluss über die Bearbeitungsintensität der Studienteilnehmer. Einer hohen Dichte an Kommentaren wird unterstellt, dass der entsprechenden Frage auch ein hohes Maß an Aufmerksamkeit der Studienteilnehmer zuteil geworden ist. Die Absolutmenge aller Kommentare beträgt 275.000 Zeichen. Dies entspricht ca. 137 DIN A4 Seiten mit jeweils 2000 Zeichen. Jeder Studienteilnehmer hat damit zwei DIN-A4-Seiten Kommentare geschrieben. Dies kann primär als positives Akzeptanzzeichen interpretiert werden.

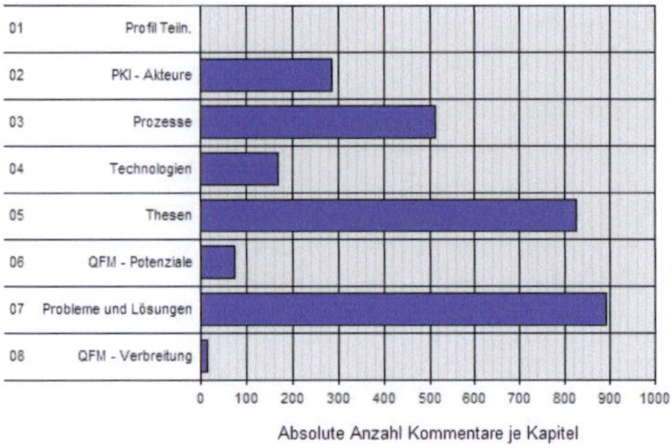

Abbildung 45: Absolutmengen und Dichte der Kommentierungen je Umfragekapitel

Die Kommentare sind nicht gleichmäßig über die Teilnehmer verteilt. Ebenso weisen die Kapitel unterschiedliche Kommentierungsdichten auf, da die Studienkapitel eine unterschiedliche Menge von Facettenfragen aufweisen [vgl. Abbildung 46].

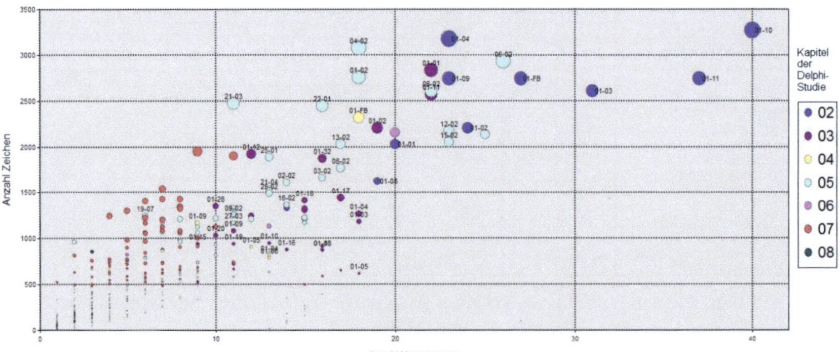

Abbildung 46: Graphische Korrelation zwischen Kommentarumfang und Menge der Kommentare je Facette

Das XY-Blasendiagramm [vgl. Abbildung 47] zeigt für jede Facettenfrage die Gesamtgröße als Blasen auf. Die Blasenposition ist auf der X-Achse durch die Menge der Kommentare und auf der Y-Achse durch die Gesamtgröße der Kommentare bestimmt. Ebenfalls durch die Gesamtgröße der Kommentare ist die Größe der Blasenfläche festgelegt. Es lässt sich erkennen, dass es eine gewisse Linearität zwischen Menge und Umfang der Kommentare gibt.

Aus Abbildung 47 ist die Kommentierungstätigkeit der Teilnehmer für alle Studienteile zu entnehmen. Der umschlossene Bereich einer Blase ist proportional zu der Gesamtkommentargröße des Teilnehmers. Die Blasen sind nach Kommentarmenge (X-Achse) und Gesamtsumme der Kommentarzeichen (Y-Achse) in das Diagramm eingeordnet.

Unterschiede in der Kommentierungstätigkeit können auf Verschiedenartigkeiten des Wissenshintergrunds oder der Einstellung zur Durchführung der Studie allgemein hindeuten. Aus der Grobanalyse der Kommentierungstätigkeit lassen sich verschiedene Thesen formulieren, welche die weitere Detailauswertung bereichern können:

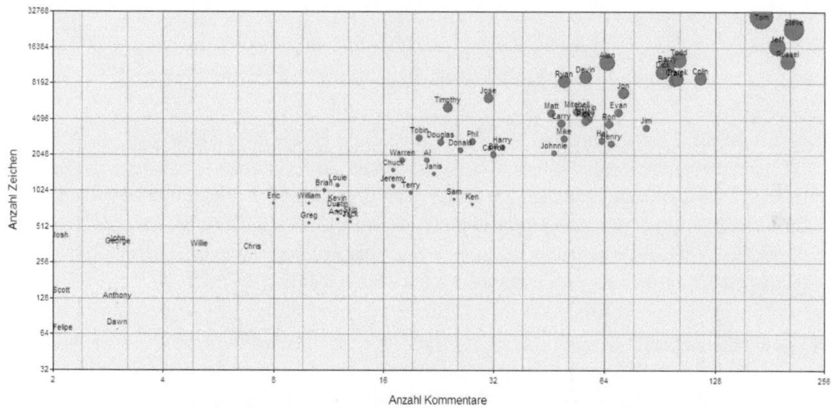

Abbildung 47: Kommentarmenge und -größe je Teilnehmer

- Wenige große Kommentare zu einer Fragestellung sind ein Zeichen dafür, dass hier einige Experten durch die Frage herausgefordert wurden. Ein Vorteil der langen Kommentare ist, dass in der Feedbackrunde tendenziell gut verständliche Kommentare vorliegen, an denen sich die anderen Experten mit ihrer Meinung vergleichen können.
- Viele Kommentare bei einer Frage sind ein Zeichen, dass die Fragestellung viele Teilnehmer angesprochen oder herausgefordert hat, es kann von einer intensiven Bearbeitung der Frage ausgegangen werden, vorausgesetzt die Kommentare werfen keine Verständnisprobleme auf.
- Viele Kommentare einer Person deuten auf ein hohes inhaltliches und formales Engagement der Person und eine positive Einstellung zur Studie hin.
- Relativ wenige aber große Kommentare deuten auf eine nicht kontinuierliche jedoch engagierte Abarbeitung der Studie hin. Es kann aber auch ein Zeichen von Wissenslücken zu bestimmten Fragestellungen sein.

Relativ wenige Kommentare von geringem Umfang deuten auf eine zurückhaltende Einstellung zur Studie hin. Es besteht verstärkt die Gefahr, dass die Antworten mit weniger Hintergrundwissen oder mit weniger Bedacht gegeben wurden.

Fazit:

Es zeigt sich, dass der Blick auf die Kommentierungstätigkeit verschiedene Ansätze bietet, die Studienakzeptanz der Teilnehmer zu untersuchen. Eine wichtige Erkenntnis in Bezug auf das Engagement der Teilnehmer, welche die Feedbackrunde nicht mitgemacht haben, wurde gefunden: Die Kommentierungstätigkeit legt nahe, dass die Stimmabgaben auch dieser Teilnehmer mit Bedacht und persönlichem Engagement geschehen sind. Eine Berücksichtigung dieser Stimmen in der Endauswertung der Studie erscheint aus dieser Perspektive durchaus begründet. Detailliertere Interpretationen der Kommentierungstätigkeiten, sowie eine inhaltliche Zusammenfassung und Diskussion der Kommentare werden im Rahmen der Detaildiskussion der einzelnen Studienkapitel gegeben.

4.5.3 Analyse von „Keine Angaben“ und ungültigen Stimmabgaben

Die Analyse der Facettenantwort „Keine Angabe“ (KA) geschieht mit dem Ziel, die Validität der Facettenantworten abzuschätzen. So kann eine hohe Quote von KA-Antworten, ein Zeichen für eine ggf. unverständlich formulierte Frage sein. Teilnehmer mit generell hohen KA-Quoten können sich ggf. mit den Fragen überfordert fühlen und offenbaren so einen geringen Kenntnisstand zur Sache. Denkbar ist auch, dass der Teilnehmer der Frage eine Unschärfe attestiert, die keine Entscheidung für eine der dargebotenen Antworten möglich macht.

Der Studienteilnehmer, welcher durch ankreuzen von „Keine Angabe“ aktiv die Antwort verweigert, tut dies, so wird unterstellt, nach einer bewussten Beschäftigung mit der Fragestellung. So wurden immerhin 218 KA-Antworten (von über 5600) mit Kommentaren versehen. Als Motivation für die Verweigerung der Antwort kommen nach Analyse der Kommentare folgende Motive in Betracht:

- Der Teilnehmer hat einen zu geringen Kenntnisstand zur Frage;
- Der Teilnehmer hält die Fragestellung für inakzeptabel.

Im Gegensatz zur KA-Angabe steht die ungültige Stimmabgabe. Eine Stimmabgabe zu einer Facettenfrage wird bei folgenden Sachverhalten als ungültig angesehen:

- Kein Kreuz vorhanden, weder in der regulären Facettenfrage noch in der zugehörigen Box für „Keine Angabe“;
- Mehr als eine Wahlmöglichkeiten zu der Multiple-Choice-Frage angekreuzt. Ausnahme: Zwei Kreuze sitzen direkt nebeneinander, in dem Fall wurde angenommen, dass der Studienteilnehmer seine Stimme genau zwischen den beiden Boxen sieht.

Auch ungültige Stimmabgaben können kommentiert werden und werden in den Kommentaren auch als ungültig vermerkt. 85 von ca. 2500 ungültigen Antworten wurden mit Kommentaren versehen. Folgende Motive für eine ungültige Stimmabgabe kommen in Betracht:

- Vergessene Stimmabgabe: Die Facettenfrage wurde vom Studienteilnehmer übersehen und daher ausgelassen. Tiefer liegende Gründe können im Studiendesign oder in der individuellen Einstellung der Studienteilnehmer während der Ausfüllung des Fragebogens sein.
- Frustration bei der Ausfüllung des Fragebogens: Der Studienteilnehmer ist über den Verlauf der Befragung frustriert und reduziert sein Engagement.
- Technischer Fehler: Doppelankreuzungen können versehentlich aufgetreten sein. Der Word-Fragebogen hat eine Doppelankreuzung prinzipiell zugelassen.

Die Möglichkeit, eine Frage nicht zu beantworten und dies aktiv durch Ankreuzen von „Keine Angabe" kundzutun, wurde intensiv von den Teilnehmern genutzt. „Keine Angabe" trat sogar doppelt so häufig auf wie die ungültige Stimmabgabe.

In Abbildung 48 sind die nach Studienkapitel aufgeteilten durchschnittlichen Raten je Facettenfrage mit den gegebenen KA-Antworten bzw. ungültigen Antworten dargestellt. Es sind für jedes Kapitel die Raten der Kernantworten nach der Erstantwort: M3 sowie die aufgrund der Mortalität in der Feedbackrunde entstandenen verlorenen effektiven Erst-Antworten: M2 aufgezeigt. Zu sehen ist, dass in fast allen Fällen die KA- und UNG-Raten im Falle M2 größer ausfallen.

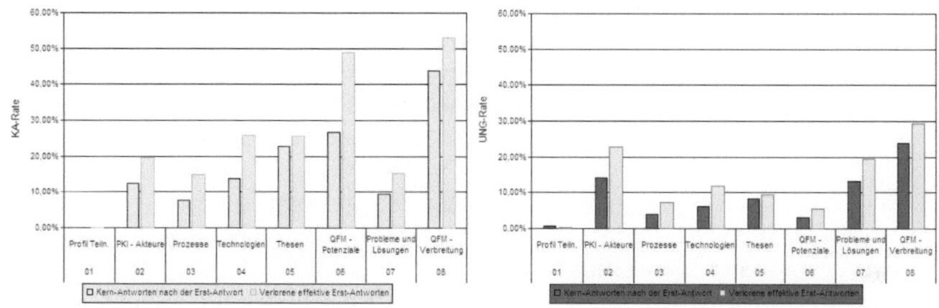

Abbildung 48: Durchschnittliche relative Häufigkeiten von KA- und UNG-Antworten nach Kapiteln

Hier zeigt sich, dass durch den Abgang von Studienteilnehmern in der Feedbackrunde die KA- bzw. UNG-Raten in der Feedbackrunde indirekt verbessert wurden. Auffällig sind die hohen KA-/UNG-Raten im Studienkapitel 8: QMF-Verbreitung. Hier wurde eine KA-Rate über 40% plus eine UNG-Rate von 20% gemessen, d.h. es verbleiben noch 40% der Teilnehmer, die überhaupt eine gültige Stimme abgegeben haben. Auch hier wird die Situation in Kapitel 5 für jeden Fragenblock differenzierter analysiert werden.

Die Analyse der KA- / UNG-Antworten aus Perspektive der Teilnehmer soll nun weitere Erkenntnisse über die Studienakzeptanz der Teilnehmer erbringen. In Abbildung 49 sind die gültigen (G) und nicht gültigen Stimmabgaben für jeden Teilnehmer als Stapeldiagramm dargestellt.

Die nicht gültigen Stimmen wurden nochmals in KA (Keine Angaben), UNG (ungültige Angaben) und KT (keine Teilnahme an der Frage) unterschieden.

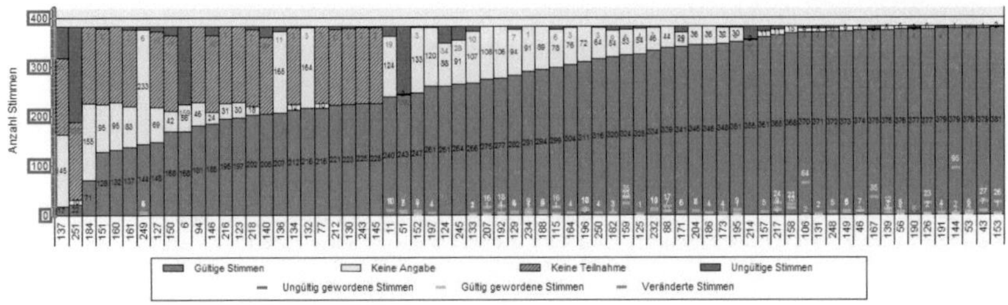

Abbildung 49 : Hauptstudie: Häufigkeit von KA- und UNG-Antworten nach Teilnehmern

Die Darstellung ist nach den nicht gültigen Stimmen absteigend sortiert. Mit kurzen eingefärbten Horizontalbalken wird ein jeder Teilnehmer hinsichtlich seines Verhaltens in der Feedbackrunde charakterisiert. Der kleine blaue Horizontalstrich markiert die Absolutzahl der veränderten Stimmen. Ein roter Horizontalstrich bezeichnet vormals gültige Stimmabgaben, die nun ungültig geworden sind und ein grüner Horizontalstrich solche Stimmen, die vormals ungültig waren oder auf „Keine Angabe" lauteten und dann in der Feedbackrunde gültig wurden. Zu erkennen ist, dass durchaus fast jeder Teilnehmer, der an der Feedbackrunde teilgenommen hat, die Möglichkeit zu einer Korrektur von Stimmabgaben genutzt hat. Daraus lässt sich schließen, dass der getätigten Stimmveränderung ein Studium der Feedbackunterlagen vorangegangen sein muss.

Betrachtet man die Grenzkurve zwischen den gültigen und ungültigen Stimmen, so fällt auf, dass von unten gelesen bei den ersten ca. 16 Teilnehmern eine lineare Zunahme ungültiger Stimmen gleicher Steigung zu sehen ist. Es folgt eine weitere lineare Zunahme stärkerer Steigung. Diese wird durch die drei letzten Teilnehmer (184, 251, 137) beendet, die völlig aus dem Rahmen fallen mit jeweils 315, 368 und 373 ungültigen Stimmen zu 391 Facettenfragen.

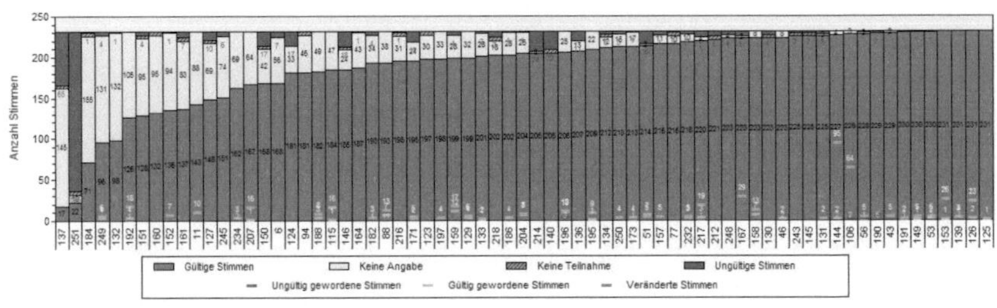

Abbildung 50: Hauptstudie: Häufigkeit von KA- und UNG-Antworten nach Teilnehmern

Da in der zweiten Runde sehr viele neue Fragen durch die Teilnehmer in Kapitel 5 hinzugekommen sind, haben die Teilnehmer, die nicht die zweite Runde durchlaufen haben, pauschal viele ungültige Stimmen. In Abbildung 50 wurden die entsprechenden neuen Fragen hauptsächlich aus Kapitel 5 ausgeblendet. Weiterhin wurden auch die Kompetenzfragen nicht berücksichtigt..

Es zeigt sich nun eine mit steigender Grenzrate wachsende Kurve gültiger Stimmen. Zusätzlich zu den oben benannten Ausreißern zeigen sich jetzt die Teilnehmer 249, 132 mit ebenfalls von dem Rest deutlich abgesetzten KA-/ UNG-Raten. Die als Ausreißer identifizierten Teilnehmer 184, 251, 137, 249 und 132 weisen zudem eine KA-/UNG-Rate von über 50% aus, wohingegen die verbliebenen Teilnehmer unter dieser Marke bleiben.

Für die Vertiefungsstudie ergibt sich ein ähnliches, wenn auch im Detail anderes Bild [vgl. Abbildung 51]. Der Anfangs- und Mittelteil des Grenzverlaufs zwischen gültigen und ungültigen Stimmen weist ein anderes Bild auf als dies bei der Hauptstudie der Fall ist. Deutlich wird, dass es keine so starke Anfangsabsenkung des Engagements gibt. Dies ist sicherlich der absoluten Freiwilligkeit der Teilnahme an der Vertiefungsstudie zuzuschreiben. Denn im Fall der Vertiefungsstudie konnten sich die Teilnehmer spontan beim Erhalt des Studienfragebogens entscheiden, die Vertiefungsstudie zu bearbeiten. Die endgültige Teilnahme wurde schließlich erst mit dem Zurücksenden der ausgefüllten Unterlagen der Studienleitung offenbar.

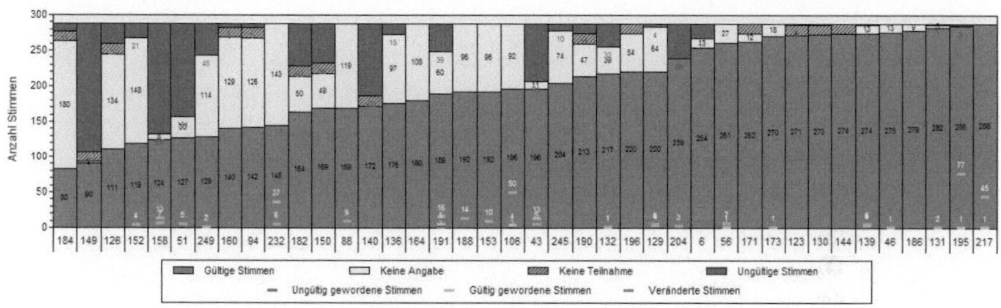

Abbildung 51: Vertiefungsstudie: Häufigkeit von KA- und UNG-Antworten nach Teilnehmern

Weiterhin liegt ein Unterschied zur Hauptstudie in den langsamen und linearen Anstieg der Grenzkurve zwischen gültigen (blau) und ungültigen (gelb/rot) Stimmen. Ein motivatorischer Punkt könnte in dem großen Umfang der Vertiefungsstudie zu finden sein, der ggf. den ein oder anderen Experten zu einer im Zweifelsfall rascheren Beantwortung einer Frage mittels Überspringen oder durch Ankreuzen von „Keine Angabe“ bewegt hat. Die relativ hohe Rate von ungültigen Stimmen, die oft auch einfach bedeuten, dass keine Stimmabgabe registriert wurde, unterstützt diese Hypothese.

4.5.4 *Qualität der Stichprobenauswahl: Validierung der Expertise der Teilnehmer*

Um die Expertise der ausgewählten Experten im Nachgang zu verifizieren hat, jeder Studienteilnehmer in Kapitel 1 der Studie Fragen zu seiner konkreten theoretischen und praktischen Expertise im Bereich PKI-Technologie beantwortet. Anschließend gab er eine Selbsteinschätzung seines Theoriewissens und seines Praxiswissens ab [vgl. Abbildung 52].

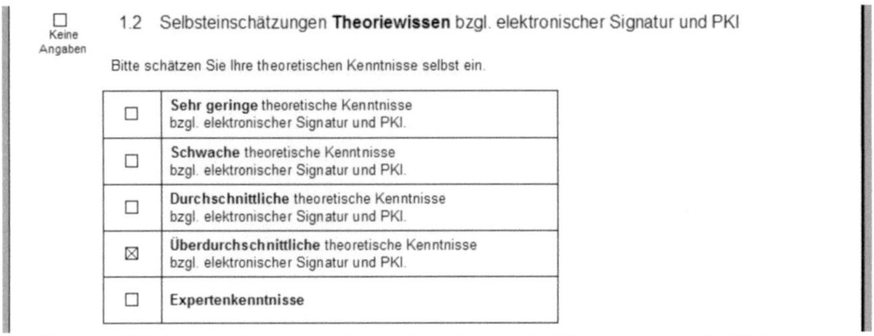

☐ Keine Angaben

1.2 Selbsteinschätzungen **Theoriewissen** bzgl. elektronischer Signatur und PKI

Bitte schätzen Sie Ihre theoretischen Kenntnisse selbst ein.

☐	**Sehr geringe** theoretische Kenntnisse bzgl. elektronischer Signatur und PKI.
☐	**Schwache** theoretische Kenntnisse bzgl. elektronischer Signatur und PKI.
☐	**Durchschnittliche** theoretische Kenntnisse bzgl. elektronischer Signatur und PKI.
☒	**Überdurchschnittliche** theoretische Kenntnisse bzgl. elektronischer Signatur und PKI.
☐	**Expertenkenntnisse**

Abbildung 52: Auszug Fragebogen Selbsteinschätzung des Theoriewissens der Teilnehmer

In Abbildung 53 wird dies als Wissensportfolio dargestellt. Jeder Experte wird dabei als Punkt in dem 2-D-Diagramm, dass aus den Dimensionen *Theoriewissen* und *Praxiswissen* besteht, dargestellt. Die Anzahl der Experten an einem Punkt werden durch die Fläche eines Kreises an derselben Stelle visualisiert (Blasendiagramm). Die Auswertung der Antworten zeigt, dass 78% der Experten sich selber ein überdurchschnittliches Theoriewissen und Praxiswissen zuweisen. Nur 22% weisen keine überdurchschnittlichen Wissenskomponenten aus.

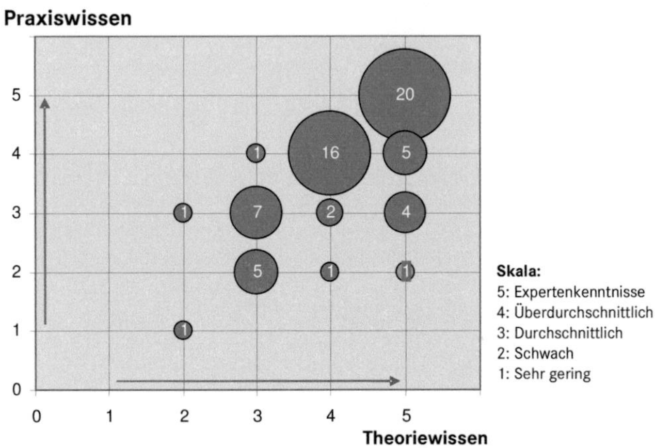

Abbildung 53: Selbsteinschätzung des Praxis- bzw. Theoriewissens

Damit sichergestellt ist, dass die Einschätzungen der Teilnehmer auf einem ähnlichen Mindset basieren, wurde den Fragen bzgl. der Selbsteinschätzung der Kompetenzen ein Fragenkomplex mit 14 Facettenfragen vorausgeschickt, der konkrete theoretische Grundkenntnisse sowie konkrete praktische Erfahrungsbausteine abfragt. [Vgl. Abbildung 54]

1.1.6	Mir sind Inhalte der ***Europäischen Richtlinie*** zur elektronischen Signatur bekannt.	☐ Ja, trifft zu	☒ teilweise ja	☐ Nein, trifft nicht zu
1.1.7	Ich kenne den Unterschied zwischen einer „qualifizierten elektronischen Signatur“ und einer „akkreditierten elektronischen Signatur“.	☒ Ja, trifft zu	☐ teilweise ja	☐ Nein, trifft nicht zu
1.1.8	Ich habe mind. einen **Fachartikel** zur elektronischen Signatur und PKI veröffentlicht.	☐ Ja, trifft zu	☐ teilweise ja	☒ Nein, trifft nicht zu

Abbildung 54: Auszug Fragebogen – Theoretisches Grundwissen und praktische Erfahrungen der Experten

Demnach kann festgehalten werden, dass alle beteiligten Experten den Begriff der *elektronischen Signatur*, den Begriff *Public Key Infrastructure* sowie die *PKI-Dienste* kennen. 64 von 69 Teilnehmern (93%) sind Inhalte des deutschen Signaturgesetzes bekannt. 82% kennen Inhalte der europäischen Richtlinie zur elektronischen Signatur. Der Unterschied zwischen qualifizierten und akkreditierten Zertifizierungsdiensteanbieter ist bekannt. Ebenso der Unterschied zwischen fortgeschrittenen und qualifizierten Signaturen. Die Hälfte der Teilnehmer hat bereits mind. einen Fachartikel zur elektronischen Signatur veröffentlicht. Nahezu allen Teilnehmern sind mind. 2 öffentliche PKI-Dienstleister bekannt. 70% nutzen persönlich und regelmäßig PKI-Dienste. 38 Teilnehmer sind im PKI-Sektor beratend tätig. 70% haben am Aufbau einer PKI und an entsprechenden Schulungen mitgewirkt.

Eine Clusteranalyse der Kompetenzfragen liefert 2 Gruppen. Jede Gruppe zeigt im Dendrogramm eine fast symmetrische Aufsplittung, die zu letztlich vier Gruppen mit geringen Abweichungen innerhalb der jeweiligen Gruppe führt. Damit lässt sich für diese vier Gruppen ein Wissens- und Erfahrungsprofil darstellen [vgl. Abbildung 55].

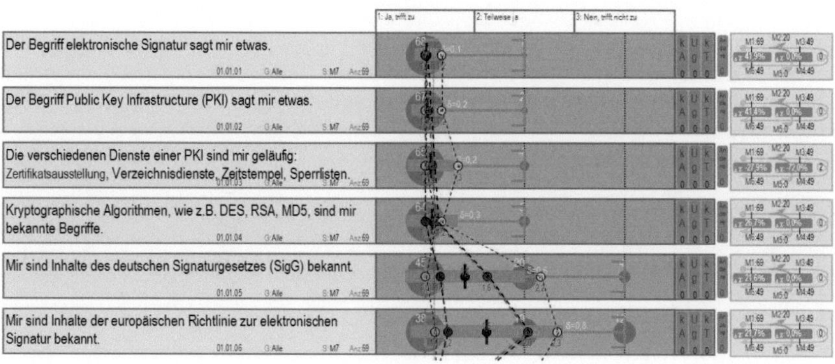

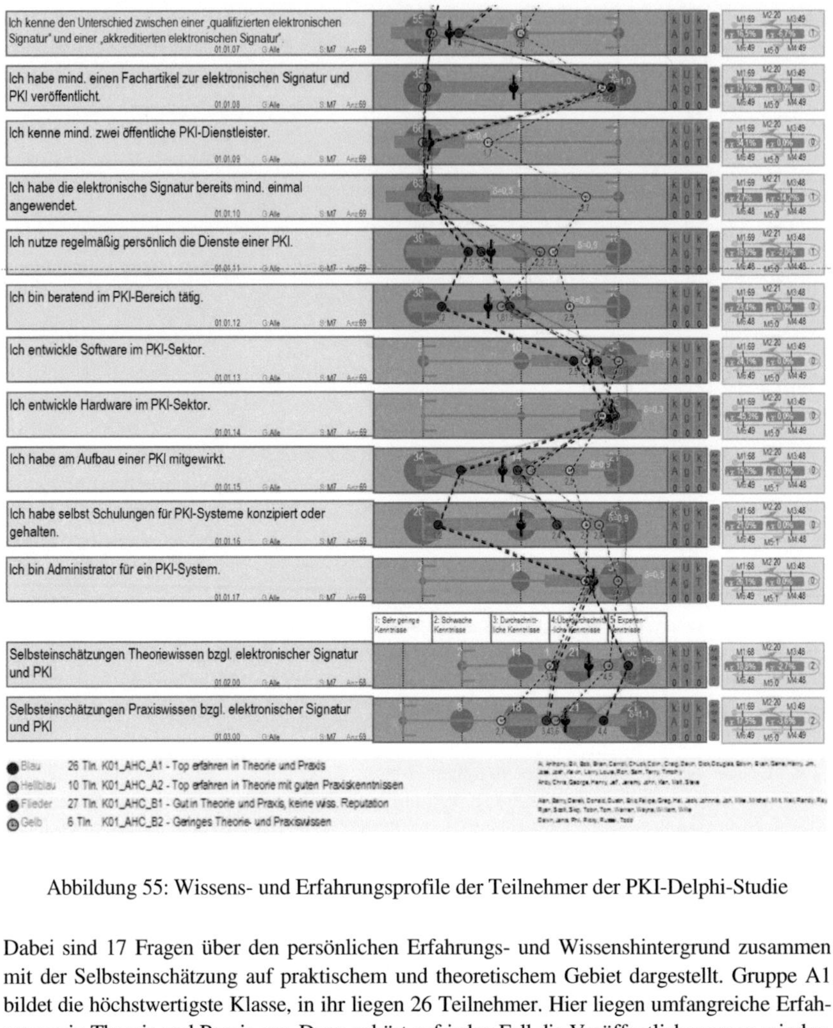

Abbildung 55: Wissens- und Erfahrungsprofile der Teilnehmer der PKI-Delphi-Studie

Dabei sind 17 Fragen über den persönlichen Erfahrungs- und Wissenshintergrund zusammen mit der Selbsteinschätzung auf praktischem und theoretischem Gebiet dargestellt. Gruppe A1 bildet die höchstwertigste Klasse, in ihr liegen 26 Teilnehmer. Hier liegen umfangreiche Erfahrungen in Theorie und Praxis vor. Dazu gehört auf jeden Fall die Veröffentlichung von mindestens einem Fachartikel zum Thema PKI sowie die Konzeptionierung oder Durchführung von Schulungen für PKI-Prozesse und Systeme. Mitglieder der Gruppe A1 sind nach eigenen Angaben (Frage 13) mit Consultingfunktionen in der Wirtschaft betraut. 19 der Gruppe A1-Mitglieder haben zudem am Aufbau einer PKI persönlich mitgewirkt. Ebenso wie die Gruppe A1 weist auch die Gruppe A2 (10 Mitglieder) ein exzellentes Wissen über die gesetzlichen Grundlagen der PKI in Deutschland und Europa auf. Auch die wissenschaftliche Reputation liegt hier auf gleichem Niveau. Im Bereich der Praxiserfahrung liegt die Gruppe A2 jedoch deutlich hinter A1. Insbesondere liegt keine Erfahrung im Bereich „Schulung" vor. Das Wissen und die Erfahrung der Gruppen-A1/A2 spiegelt sich auch in der Selbsteinschätzung wieder: Hier liegen A1 und A2 im Bereich Theoriewissen quasi gleichauf, im Bereich Praxiswissen liegt A2 jedoch um einen Punkt hinter A1 zurück.

In Gruppe B1/B2 liegen 27+6=33 Studienteilnehmer. B1 hat ein ausgeprägtes Nutzungsprofil, d.h. Mitglieder von B1 nutzen regelmäßig Dienste einer PKI und kennen daher die Dienste der PKI. Darin stehen sie den A1 Mitgliedern in nichts nach und sind sogar deutlich besser als A2-Mitglieder. Diese Erfahrung wird auch durch beratende Tätigkeiten weitergegeben. Es gibt hier jedoch keine wissenschaftliche Reputation und eine etwas geringer ausgeprägte theoretische und praktische Expertise. B2 liegt sowohl in der Praxis als auch in der Theorie klar hinter B1. Auffallend bei B2 ist die Tatsache, dass hier persönlich die digitale Signatur noch nie angewandt wurde und entsprechend nicht alle Dienste einer PKI bekannt sind.

Tabelle 9: Schnittmengen zwischen WAN und Kompetenz-Gruppen

Kompetenzgruppen	Wissenschaftler	Anbieter	Nutzer	Summe
A1: Top erfahren in Theorie und Praxis	8	13	5	26
A2: Top erfahren in Theorie mit guten Praxiskenntnissen	4	5	1	10
B1: Gut in Theorie und Praxis, keine wiss. Reputation	4	9	14	27
B2: Geringes Theorie- und Praxiswissen	4	-	2	6
Summe	20	27	22	69

Nur sehr wenige, zumeist Gruppe A1-Mitglieder, üben die Funktion des Softwareentwicklers für PKI-Programme aus und nahezu kein Teilnehmer ist im Bereich der Hardwareentwicklung angesiedelt. 15 der 69 Teilnehmer üben teilweise eine administrative Funktion für PKI-Systeme aus.

Die Tabelle der Schnittmengen zwischen der Kompetenzgruppen [vgl.Tabelle 9] und der Einteilung in Wissenschaftler, Anbieter und Nutzer lassen erkennen, dass die Nutzer im Schwerpunkt gutes Theorie- und Praxiswissen haben. Anbieter haben mindestens gute und im Schwerpunkt beste Erfahrungen in Theorie und Praxis. Wissenschaftler haben ebenfalls ihren Schwerpunkt in der höchsten Kompetenzkategorie A1. Zugleich wird durch die Besetzung der untersten Kompetenzkategorie B2 deutlich, dass auch Stimmen von Nachwuchswissenschaftlern in die Studie eingegangen sind.

Fazit:

Die Ergebnisse dieser Fragen lassen darauf schließen, dass die Experten der Delphi-Studie hinreichend qualifiziert sind und dass die Ergebnisse der Studie einen belastbaren Stand erreichen können.

4.6 Fazit: Datenerhebung für eine Modellevaluierung

In Kapitel 4 wurde gezeigt, dass die Delphi-Studie ein geeignetes und wissenschaftlich erprobtes Instrument ist, um Expertenwissen über die zukünftige Entwicklung der PKI-Technologie zu externalisieren und zu bündeln. Der Aufbau der Studie, die Auswahl der Experten und die Durchführung von Initial- und Feedbackrunden wurden dokumentiert. Es wurde definiert, mit welchen statistischen Werkzeugen und Standardauswertungen die Ergebnisse der PKI-Delphi-Studie im folgenden Kapitel 5 dargestellt und analysiert werden. Als erste Anwendung der Auswertemethodik wurde die Expertise der teilnehmenden Experten mittels Selbstauskunft der Experten in Kapitel 1 der Studie ausgewertet. Durch die Analyse verschiedener formaler Erfolgskriterien konnten einige genauer zu betrachtenden Problempunkte identifiziert und für eine inhaltliche Auswertung im Kapitel 5 vorbereitet werden.

5 Ergebnisse: Zukünftiger Verlauf der PKI-Entwicklung

5.1 Vorgehen zur Darstellung und Analyse der Ergebnisse

Die nachfolgende Darstellung der Ergebnisse ist nach dem PKI-Diffusionsmodell geordnet. Die Darstellung erfolgt in 9 Kapiteln, jedes Kapitel weist dabei eine Standardstruktur auf:

- *Definition der Fragestellung*: Erläuterung der Fragestellung mit Darstellung eines Fragebogenauszugs, aus dem die Skalenwerte der Multiple-Choice-Boxen hervorgehen. Es wird eine Begründung der Facettenwahl gegeben und ein Hinweis auf den Stand der Forschung und existierende Thesen aus Kapitel 3 dieser Arbeit.
- *Überblick über die Ergebnisse*: Es wird ein Überblick über die Ergebnisse zum Fragenkomplex gegeben. Dabei geschieht auch eine Einteilung und Kategorisierung der Facettenfragen. Mit statistischen Methoden der Clusteranalyse wird die Einteilung der Teilnehmerantworten in relevante Szenariogruppen vorgenommen, sofern dies anhand des Datenmaterials möglich ist. Die Szenariogruppen erhalten eine prägnante Beschreibung der vermuteten zugrundeliegenden dominanten Einstellungen der jeweiligen Teilnehmergruppen zu vorliegenden Sachverhalten.
- *Detaildarstellung der Facettenfragen:* Facettenfragen, die eine besondere Relevanz zur Fragestellung haben, werden als Boxplots dargestellt. Dabei werden die Ausprägungen der unterschiedlichen Szenariogruppen berücksichtigt. Es erfolgt eine Erläuterung der Darstellung, gegebenenfalls unter Einbeziehung der Kommentare der Teilnehmer zu den Facettenfragen.
- *Zusammenfassung und Fazit:* Es wird eine zusammenfassende Schlussbetrachtung der Ergebnisse gegeben. Erkannte Unterschiede zum Stand der Forschung werden diskutiert. Im Fazit wird auf die Angemessenheit der Fragebogengestaltung in Bezug zur Fragestellung auch unter Hinzunahme der schriftlichen Feedbackantworten der Teilnehmer eingegangen. Die Auswirkungen der Ergebnisse auf das T2D4JS-Modell werden diskutiert.

Falls die in Kapitel 3 aufgestellten Thesen im jeweiligen Abschnitt berührt werden, so werden diese analysiert und evaluiert.

5.2 Ebene D1: Zukünftige Integration der PKI in Sekundärtechnologien

Die Teilnehmer der Studie wurden in Sektion 4 der PKI-Delphi-Studie nach deren Einschätzung über 20 spezielle Technologien befragt. Diese Fragen zielen auf die Ebene D1: *Sekundärtechnologien* des T2D4JS-Diffusionsmodells.

5.2.1 Definition der Fragestellung

In einer ersten Facettenfrage wurden die Studienteilnehmer nach ihrer Beurteilung des heutigen Potenzials der PKI in der jeweiligen Technologie befragt. Die zweite Facettenfrage bezieht sich auf die Verbreitung der Nutzung der PKI in dieser Technologie im Jahr 2016.

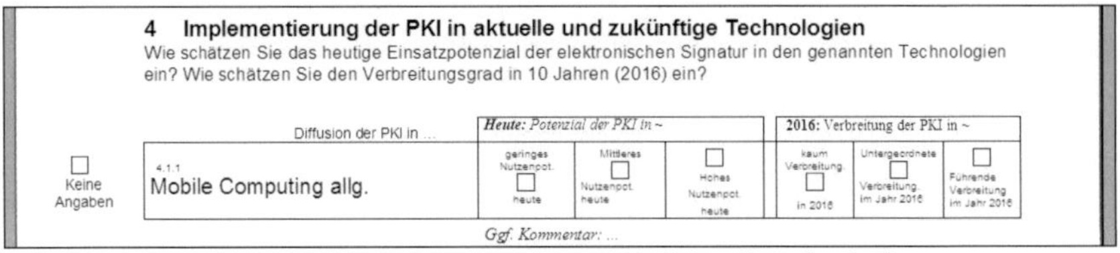

Abbildung 56: Auszug Fragebogen D1: Sekundärtechnologien

Der Zweck der doppelten Facettenfrage liegt in der Heranführung der Experten an die Frage nach der zukünftigen Verbreitung der PKI in den jeweiligen Technologien. Es wird unterstellt, dass die Frage nach dem *Potenzial heute* einen gedanklichen Einstieg in die Verbindung der PKI und der jeweiligen Sekundärtechnologie motiviert. Die nachfolgende schwierigere Frage nach der zuknünftigen Verbreitung kann dann von den solchermaßen aktivierten Teilnehmern leichter angegangen werden. Durch diesen aufbauenden Schwierigkeitsgrad soll Frustration vermieden werden, eine flüssige Arbeitsweise unterstützt werden und eine einheitliche Mindset unter den Experten erzeugt werden, mit dem Ziel, eine Bewertung zu erhalten, die aufgrund möglichst gleichartiger Kriterien gebildet wurde.

5.2.2 Überblick über die Ergebnisse

Die Übersicht der Studienaktivitäten der Teilnehmer zur Fragestellung der Integration der PKI in Sekundärtechnologien zeigt eine hohe Beteiligung mit nur wenigen ungültigen Stimmen. In der Feedbackrunde haben 20 Teilnehmer ihre Stimmabgabe an vielen Stellen verändert, dies lässt ein äußerst reges Interesse an den Meinungen der Teilnehmer untereinander erkennen.

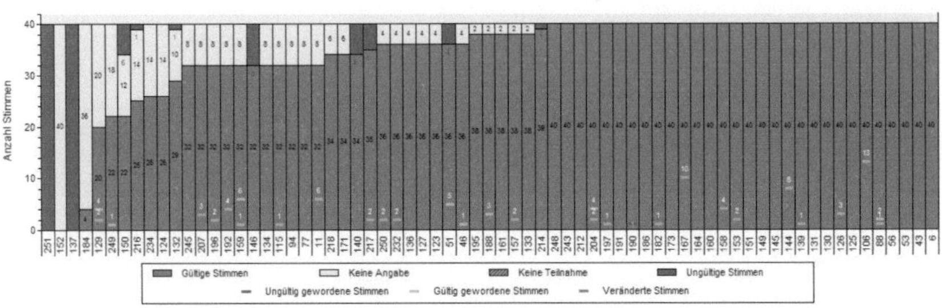

Abbildung 57: Studienaktivitäten der Teilnehmer bzgl. Integration der PKI in Sekundärtechnologien

Aus der graphischen Clusteranalyse der 2D-Darstellung der Durchschnittsantworten beider Facettenfragen können 2 Cluster identifiziert werden [vgl. Abbildung 58]. Der erste Cluster *PKI out* ist durch geringes zugesprochenes Potenzial heute und durch eine untergeordnete geschätzte Verbreitung im Jahr 2016 gekennzeichnet. Der Cluster *PKI in* beinhaltet Technologien, denen heute ein mittleres Potenzial und für 2016 eine untergeordnete bis führende Verbreitung zugeschrieben wird. Als besonders zukunftsträchtig werden dabei die Softwaretechnologien eingeschätzt, allen voran die *Authentication and Authorization Infrastructures* (AAI), gefolgt von *Unternehmenssoftware* und *Dokumentenmanagementsysteme*. Identitätsausweise, insbesondere Corporate-ID-Cards sowie Bankkarten gehören auch zu der Gruppe *PKI in*. Schließlich wird das *Mobile Computing* in allgemeiner Form die PKI Technologie stark adoptieren.

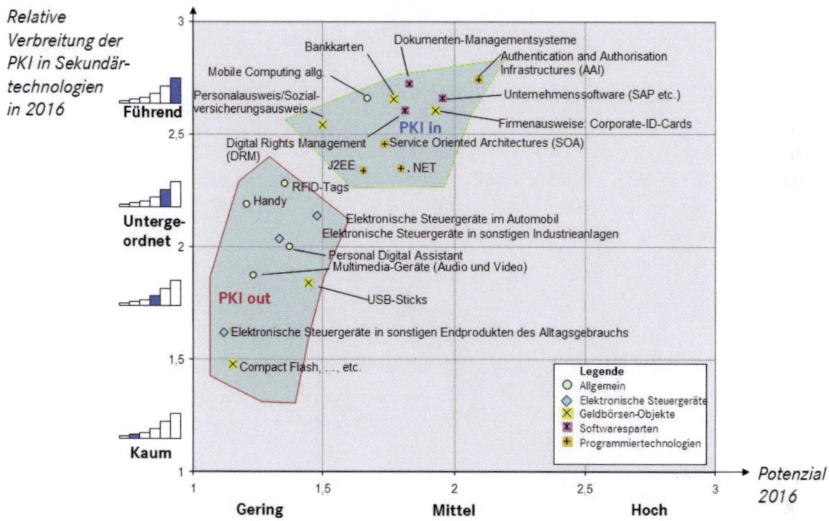

Abbildung 58: Potenzial und Verbreitung der PKI in Sekundärtechnologien [Vgl. Gaud07]

Die Gruppenanalyse der Teilnehmerstimmen mittels des AHC-Verfahrens nach Ward führt zur Bildung von 5 relevanten Szenariogruppen mit jeweils spezifischem Stimmverhalten unter Berücksichtigung von 40 Facettenfragen [vgl. Abbildung 59].

40% der Teilnehmer (Blau, K04_All2 mit 26 Tln.) haben demnach eine gemäßigte Potenzialvorstellung der PKI für eine Sekundärtechnologie zum Stichtag der Untersuchung in 2006 und eine mittelmäßig optimistische Verbreitungserwartung für das Jahr 2016.

22% der Teilnehmer (Türkis, K04_All1 mit 14 Tln.) äußern sich sehr pessimistisch zum Potenzial in 2006, äußern sich für das Jahr 2016 jedoch im Vergleich dazu relativ optimistisch.

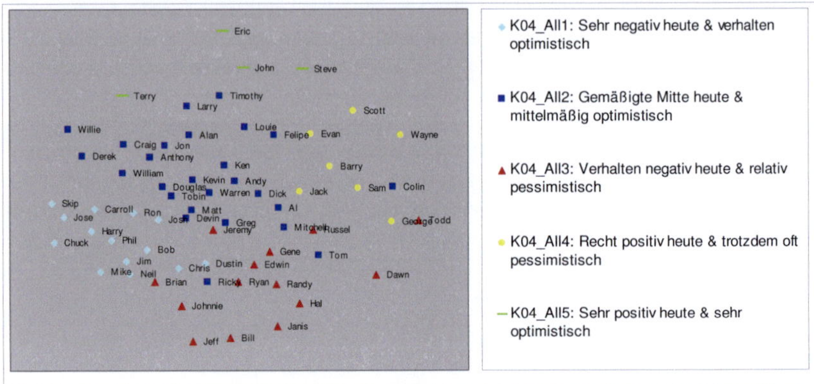

Abbildung 59: Szenariogruppen zur PKI-Integration in Sekundärtechnologien

Weitere 22% der Teilnehmer (Rot, K04_All3 mit 14 Tln.) haben ebenfalls eine pessimistische Einschätzung des Potenzials und sehen für 2016 tatsächlich keine nennenswerte Verbreitung der PKI in Sekundärtechnologien.

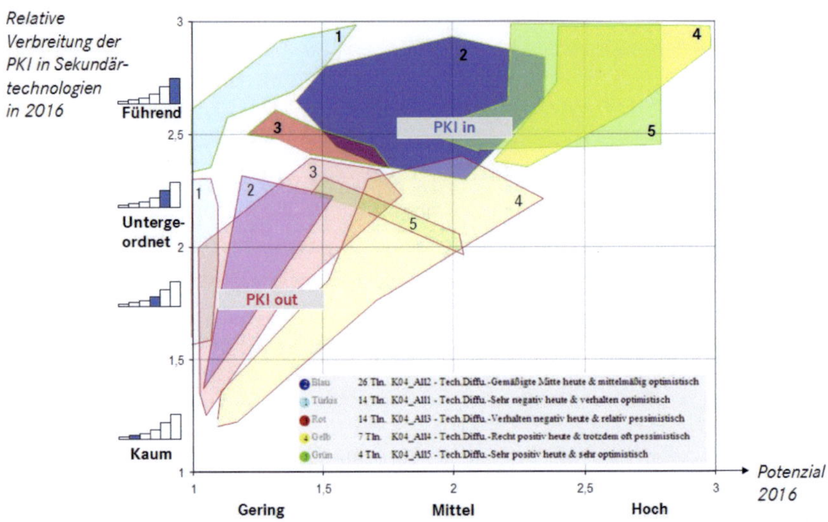

Abbildung 60: Portfolio aus Potenzial und Verbreitung der PKI-Technologie in Sekundärtechnologien

11% der Teilnehmer (Gelb, K04_All4 mit 7 Tln.) sehen trotz guter Ausgangslage für 2016 ebenfalls keine nennenswerte Verbreitung.

Nur 6% der Teilnehmer (Grün, K04_All4 mit 5 Tln.) sehen sowohl das PKI-Potenzial als auch die zukünftige Verbreitung in Sekundärtechnologien uneingeschränkt optimistisch.

In Abbildung 60 sind die Ergebnisse aus der Gruppenanalyse mit der Portfoliodarstellung fusioniert. Die möglichen Zukünfte der PKI in Sekundärtechnologien stellen sich hier als Felder dar, dessen Eintrittswahrscheinlichkeit als proportional zur jeweiligen Gruppengröße angenommen werden kann.

Aus dem Szenarioportfolio kann zum einem abgelesen werden, welche Spannweiten zwischen den verschiedenen Einschätzungen der Teilnehmer liegen. Das große Feld mit einer entsprechenden Varianz lässt sich jedoch in die Szenariofelder aufteilen, die jeweils für sich betrachtet homogener sind als das Gesamtfeld. Unter der Voraussetzung, dass die Experten alle tatsächlich über Expertenwissen verfügen, und unter der Berücksichtigung, dass die Experten durch die Feedbackrunde bereits die Möglichkeit hatten, die Begründungen der anderen Experten auf sich wirken zu lassen, kann die These von der Äquivalenz zwischen der Eintrittswahrscheinlichkeit des Szenarios und der Gruppengröße des Szenarios als belastbar angesehen werden. Im Folgenden werden daher die relativen Gruppengrößen der Szenariogruppen gleichzeitig auch als Eintrittswahrscheinlichkeiten des jeweiligen Szenarios gedeutet.

5.2.3 Detaildarstellung der Antworten

In Abbildung 61 sind die Boxplots der jeweils beiden Facetten zu allen 20 untersuchten Sekundärtechnologien der PKI dargestellt.

In jedem Boxplot sind neben dem Gesamtmittelwert die Mittelwerte für alle 5 Szenariogruppen eingezeichnet. Auf die graphische Darstellung der Standardabweichung der Gesamtheit wurde verzichtet, stattdessen werden die Standardabweichungsintervalle der Szenariogruppen eingezeichnet. Die Größe der Szenariogruppe spiegelt sich dabei proportional in der Höhe der Box wieder.

Die Strichstärke der Box wurde fallweise auf ein Minimum reduziert. Dies war immer dann der Fall, wenn es eine größere Szenariogruppe gibt, die der kleineren Gruppe bzgl. Mittelwert und Standardabweichung ähnelt. Diese Vorgehensweise betont die wirklich relevanten Unterschiede zwischen den Szenariogruppen und erhöht die Lesbarkeit der Boxplots. Mit dicken, schattierten Strichen wurden zudem die Gruppenmittelwerte verbunden. Dies ermöglicht den visuellen Vergleich der Gruppen in Form von Profillinien. Mittels dieser Darstellung wurden die bereits dargelegten Charakterisierungen der Szenariogruppen vorgenommen.

Auffällig ist, dass die Unterschiede zwischen den Gruppen auf der Seite der Potenzialschätzung größer sind als die Unterschiede auf der Seite der Verbreitungsschätzung für 2016. Die Einbeziehung der Höhe der Profile lässt den Schluss zu, dass sich die Experten darüber einig sind, dass es zu einer zunehmenden Integration der PKI in Sekundärtechnologien kommen wird. Die Gruppen Blau und Türkis unterscheiden sich hinsichtlich der Mittelwerte im Bereich der Potenzialaussage für 2006. In 2016 werden von beiden Gruppen in etwa die gleichen Vorhersagen getätigt, mit dem Unterschied, dass Gruppe Türkis die geringere Varianz aufzuweisen hat und damit in ihrem Urteil homogener ist.

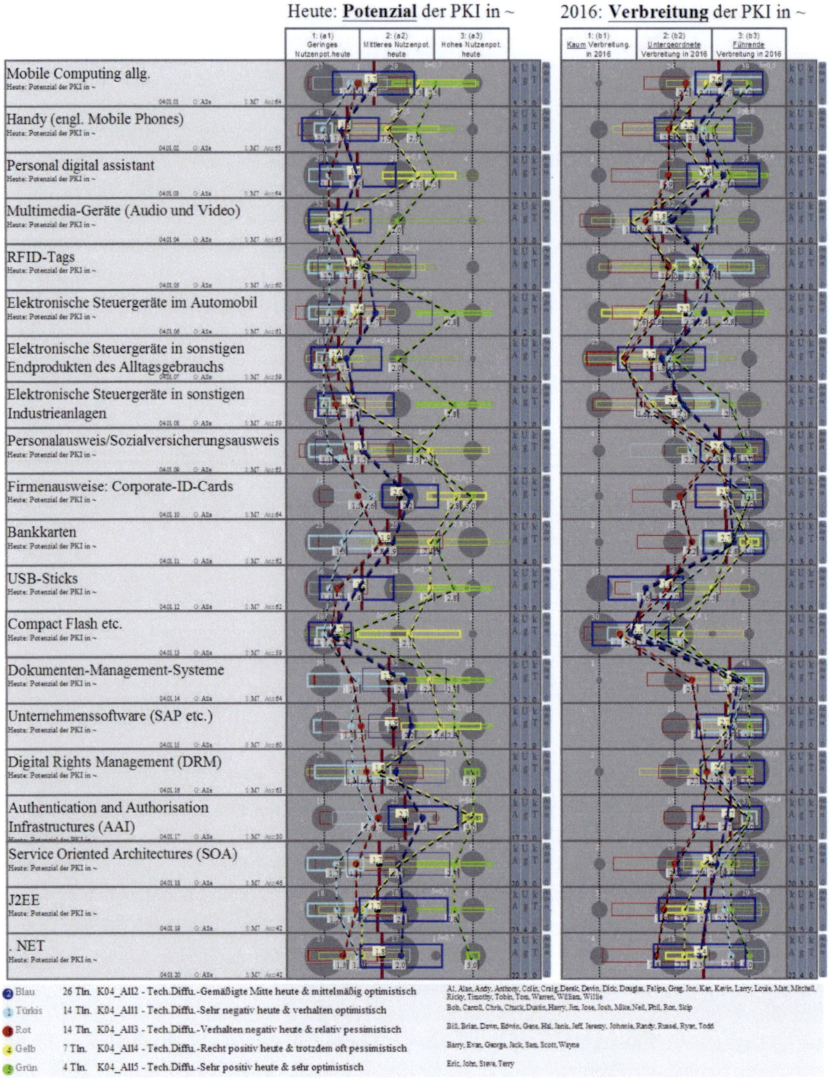

Abbildung 61: Boxplots - PKI in Sekundärtechnologien: Potenzial 2006 und Verbreitung 2016

5.2.4 *Überprüfung der Sekundärtechnologie-Hypothesen aus Kapitel 3*

In Kapitel 3.6 [vgl. Tabelle 4, S. 85] wurde mittels einer Potenzialanalyse aus den Teilfaktoren Bz1: *Position der Technologie im Lebenszyklus*, Bi2: *Integrationsfähigkeit der Technologie*, Be3: *Entwicklungsmethode* sowie Br4: *Rechenkraft* das Gesamtintegrationspotenzial der PKI für jede der untersuchten Sekundärtechnologien vorhergesagt.

Eine Korrelationsanalyse der fünf Szenariogruppen zusammen mit den Werten der Potenzialanalyse aus Kapitel 3.6 zeigt genau eine signifikante Korrelation von 0,514 mit der Gruppe Grün (All5) auf, sowie eine Korrelation von 0,311 mit der Gruppe Türkis (All2). Die Bewertungskriterien Bz1, Bi2, Be3 und Br4 haben selber keine signifikanten Korrelationen zu einer der fünf Gruppenmeinungen.

Daraus kann geschlossen werden, dass die theoretische Potenzialanalyse tatsächlich in der Lage ist, die Meinung der Teilnehmer vorherzusagen. Die Aussagekraft ist jedoch beschränkt, da nur 6% der Teilnehmereinschätzungen zuverlässig vorhergesagt werden konnten.

5.2.5 *Zusammenfassung und Fazit*

In einem Szenario mit 68%-Wahrscheinlichkeit wird die PKI im Jahr 2016 im *Mobile Computing* insbesondere in PDAs eine führende Verbreitung gefunden haben. Diese Verbreitungserwartung, welche sich aus der Szenarioanalyse der Antworten der Teilnehmer der PKI-Delphi-Studie ergibt, trifft ebenso auf Bankkarten, Firmenausweise und den Personalausweis zu. Des weitern wird für die Softwaretechnologien *Dokumenten-Management-System*, *Digital-Rights-Management*, *AAI* und *Unternehmenssoftware* ebenfalls eine führende Verbreitung der PKI im Jahr 2016 mit einer Eintrittswahrscheinlichkeit von ca. 70% gesehen. Eine nur untergeordnete Verbreitung wird für Multimediageräte, elektronische Steuergeräte in Alltagsprodukten sowie für USB- und Speicherkarten gesehen.

Ca. 75% der Studienteilnehmer kamen mit dieser Frage nach eigener Aussage gut zurecht. Als Defizit wurde beschrieben, dass die Fragestellung den Bezug zu F-Sig, Q-Sig und M-Sig nicht deutlich genug gemacht hat, und dass eine Trennung der Fragestellung auf verschiedene Qualitätsebenen der PKI wünschenswert gewesen wäre. Insgesamt hat die Fragestellung Ergebnisse geliefert, die bestehende theoretische Erkenntnisse bestätigt. Die Ergebnisse zeigen aber auch Ansätze auf, wie die empirischen Ergebnisse, die hier für die Ebene D1 des T2D4JS-Modells gewonnen wurden, durch weitere analytische Arbeiten zu detaillieren wären.

5.3 Ebene D2: Nutzenpotenziale der Q-Sig für Geschäftsprozesse

Um die Ebene D2 des T2D4JS-PKI-Diffusionsmodells zu beschreiben, wurden die Teilnehmer der Studie in Kapitel 3 der Hauptstudie nach ihren Einschätzungen über 42 Prozesse aus dem Bereich E-Commerce befragt. In jeweils einer Facettenfrage wurden die Studienteilnehmer nach dem nutzenstiftenden Wert einer PKI in verschiedenen Prozessen gefragt. Dabei war eine hypothetische Ausrüstung aller Prozessteilnehmer mit Hard- und Software für qualifizierte Signaturen anzunehmen.

5.3.1 Definition der Fragestellung

Die Zielsetzung hinter der Fragestellung ist die Abschätzung der Rentabilität der PKI-Technologie für heute existierende Geschäftsprozesse. Der Schwerpunkt lag hierbei auf einer möglichst großen Menge von Prozessen. Daher wurde die Anzahl der Facettenfragen je Prozess auf genau eine begrenzt.

Da der Begriff „Rentabilität" für die Teilnehmer der Studie schwer zu schätzen wäre, wurde nach der Vorbedingung der Rentabilität, dem Nutzeneffekt allgemein, gefragt. Die Frage nach der Rentabilität wäre zwar diffusionstheoretisch interessanter, jedoch steht dem gegenüber die Erwägung, dass die nötige Erläuterung zum Konstrukt „Rentabilität" die Teilnehmer ggf. überfordert hätte oder zumindest deren Frustrationslevel während der Bearbeitung gesteigert hätte. Daher wurden die Studienteilnehmer in genau einer Facettenfrage nach dem nutzenstiftenden Wert einer PKI in dem jeweiligen Prozess befragt [vgl. Abbildung 62]. Dabei war eine hypothetische Ausrüstung aller Prozessteilnehmer mit Hard- und Software für qualifizierte Signaturen anzunehmen. Zu einem gegebenen Prozess standen 5 Antwortfacetten bereit, aus der eine zu wählen war. Zu jeder der 42 Fragen konnte zudem ein Kommentar abgegeben werden.

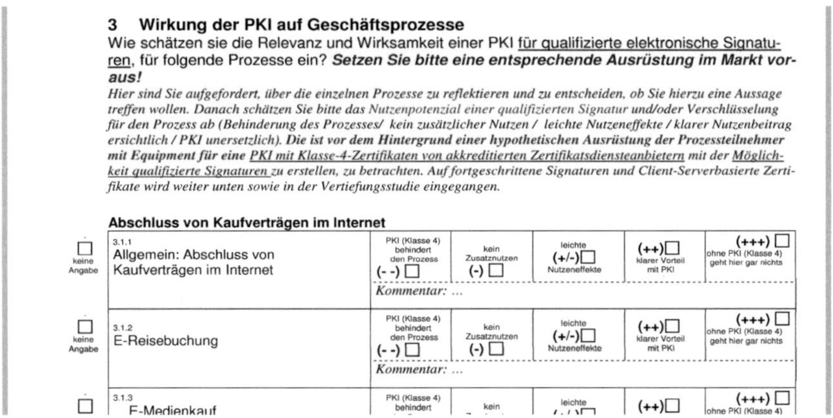
3 Wirkung der PKI auf Geschäftsprozesse

Wie schätzen sie die Relevanz und Wirksamkeit einer PKI für qualifizierte elektronische Signaturen, für folgende Prozesse ein? ***Setzen Sie bitte eine entsprechende Ausrüstung im Markt voraus!***

Hier sind Sie aufgefordert, über die einzelnen Prozesse zu reflektieren und zu entscheiden, ob Sie hierzu eine Aussage treffen wollen. Danach schätzen Sie bitte das Nutzenpotenzial einer qualifizierten Signatur und/oder Verschlüsselung für den Prozess ab (Behinderung des Prozesses/ kein zusätzlicher Nutzen / leichte Nutzeneffekte / klarer Nutzenbeitrag ersichtlich / PKI unersetzlich). ***Die ist vor dem Hintergrund einer hypothetischen Ausrüstung der Prozessteilnehmer mit Equipment für eine*** *PKI mit Klasse-4-Zertifikaten von akkreditierten Zertifikatsdiensteanbietern mit der Möglichkeit qualifizierte Signaturen zu erstellen, zu betrachten. Auf fortgeschrittene Signaturen und Client-Serverbasierte Zertifikate wird weiter unten sowie in der Vertiefungsstudie eingegangen.*

Abschluss von Kaufverträgen im Internet

☐ keine Angabe	3.1.1 Allgemein: Abschluss von Kaufverträgen im Internet	PKI (Klasse 4) behindert den Prozess (- -) ☐	kein Zusatznutzen (-) ☐	leichte (+/-)☐ Nutzeneffekte	(++)☐ klarer Vorteil mit PKI	(+++) ☐ ohne PKI (Klasse 4) geht hier gar nichts
		Kommentar: ...				
☐ keine Angabe	3.1.2 E-Reisebuchung	PKI (Klasse 4) behindert den Prozess (- -) ☐	kein Zusatznutzen (-) ☐	leichte (+/-)☐ Nutzeneffekte	(++)☐ klarer Vorteil mit PKI	(+++) ☐ ohne PKI (Klasse 4) geht hier gar nichts
		Kommentar: ...				
☐	3.1.3 E-Medienkauf	PKI (Klasse 4) behindert	kein	leichte	(++)☐	(+++) ☐ ohne PKI (Klasse 4)

Abbildung 62: Auszug Fragebogen: Hauptstudie

Die Teilnehmer waren aufgerufen, den Nutzeneffekt der PKI-Technologie durch eine Selektion aus fünf möglichen Antworten einzuschätzen:

1. PKI behindert den Prozess;
2. Keine Nutzeneffekte zu beobachten;
3. Leichte Nutzeneffekte;

4. Deutliche Nutzeneffekte;
5. Ohne PKI geht hier gar nichts.

Das Skalenniveau wurde wegen der zugrunde liegenden hypothetischen Ausrüstung der Teilnehmer mit Q-Sig um die Randskalenausprägungen links: „Deutliche Prozessbehinderung durch PKI (PKI behindert den Prozess)“ und rechts: „Vollständige Unentbehrlichkeit der PKI (Ohne PKI geht hier gar nichts)“ erweitert.

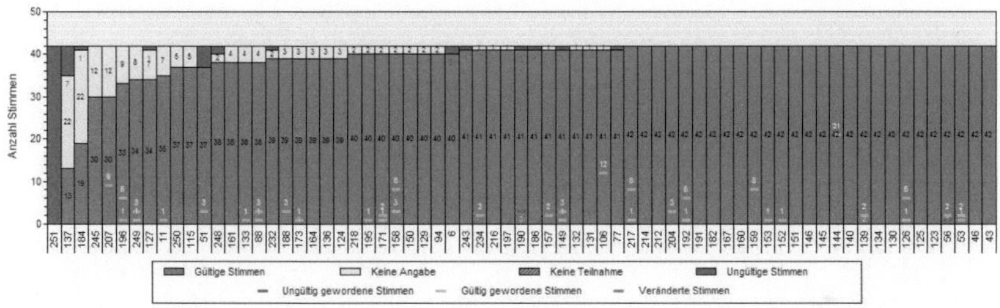

Abbildung 63: Studienaktivitäten der Teilnehmer bzgl. Wirkung der PKI auf Geschäftsprozesse

5.3.2 Überblick über die Ergebnisse

Die Übersicht der Studienaktivitäten der Teilnehmer zur Fragestellung *Wirkung der PKI auf Geschäftsprozesse* zeigt eine sehr hohe Beteiligung mit sehr wenigen ungültigen Stimmen. In der Feedbackrunde haben 29 Teilnehmer ihre Stimmabgabe an vielen Stellen verändert, dies lässt ein äußerst reges Interesse an den Meinungen der Teilnehmer untereinander erkennen.

Eine graphische Clusteranalyse auf der Grundlage des Durchschnittswertes und der Standardabweichung der Facettenantworten unterteilt die 42 Prozesse in vier Bereiche mit einer klaren Aussage zum Nutzen einer PKI (A1-A4) und in zwei Bereiche mit indifferenten Antwortbildern (B1, B2) bei denen die Varianz der Antworten so hoch ist, dass eine weitere Analyse Aufschluss geben muss, ob die Varianz durch Unsicherheit oder grundsätzlich unterschiedliche Meinungen der Teilnehmer bedingt ist. In Abbildung 64 sind die Prozesse in den jeweiligen Bereichen aufgeführt.

Die Gruppenanalyse der Teilnehmerstimmen mittels des AHC-Verfahrens nach Ward führt zur Bildung von 4 relevanten Szenariogruppen mit jeweils spezifischem Stimmverhalten unter Berücksichtigung von 42 Facettenfragen [vgl. Abbildung 65]. 59% oder 39 der Teilnehmer sehen demnach einen deutlichen Nutzeneffekt in der Anwendung der qualifizierten elektronischen Signatur in Prozessen (Gruppe Grün, B3). Ihre Nutzenurteile liegen zumeist einen halben Skalenpunkt über dem Durchschnitt.

A1: PKI ohne Nutzen	A2: PKI stiftet Nutzen	A3: PKI bringt Vorteile	A4: PKI fast unentbehrlich
P3: E-Medienkauf Bücher, DVDs, CDs etc. P4: Elektronische Produkte Übertragung von Nutzungs-, Genuss-oder Kopierrechten an MP3s, Videos u. Bildern inkl. Digital Rights Management (DRM) P6: Versandhandel Alle Katalogwaren P22: Stellenvermittlung Arbeitsmarkt P35: Wareneingangs-vereinnahmung P36: Bestands- und Kapazitätsabfragen beim Lieferanten	P2: E-Reisebuchung P7: Mobile Transaktion Kauf übers Handy etc. P33: Auftragsabwicklung P34: Lieferabrufe P40: Kommunikations-vorgänge von Standesorganisationen mit ihren Mitgliedern	P1: Allgemein: (Formfreier) Abschluss von Kaufverträgen im Internet P9: B2B - Auktionen Business to Business P11: Allgemein: Elektronische Rechnung Beweiswürdige Präsentation von Rechnungen aller Art P12: Electronic Payment Zahlen per digital signiertem Scheck P14: Aktienhandel P37: Qualitätsdokumentation P39: Allgemein: Elektronischer Schriftverkehr E-Mail in denselben Prozessen und Kontextsituationen wie E-Mail heute eingesetzt wird. P15: Versicherungsabschluss P16: Kreditverträge P17: Allgemein: Behördengänge und andere Vorgänge im "Virtuellen Rathaus„ P19: Elektronische behördliche Benachrichtigungen P23: E-Bafög P24: E-Steuererklärung P30: E-Fahrzeuganmeldung P25: E-Veräußerungsmitteilungen für Fahrzeuge oder Immobilien P26: E-Handelsregister -Eintragung P31: Vertraglicher Auftragsabschluss elektronische Signatur und Timestamping P27: E-Meldewesen elektronische Melderegisterauskunft und –eintragung, An- und Ummelden.	P20: E-Urkunden, z.B. E-Geburtsurkunde P21: E-Grundbuch P28: E-Personalausweis P41: Elektronische Patientenakte P42: Elektronischer Arztbrief
B1: PKI-Nutzen unklar			B2: Vorteile der PKI nicht klar ersichtlich
P5: E-Berechtigungshandel z.B. Eintrittskarten, Tickets, Gutscheine P8: B2C - Auktionen Business to Consumer P10: C2C - Auktionen Consumer to Consumer P32: Allgemein: Geschäftsprozesse in Unternehmen P38: Online-Transport-Begleitschein			P13: Elektronisches Geld P18: E-Wahlen P29: E-Ausschreibung Auftragsvergabe der öffentlichen Hand

Abbildung 64: Einschätzung der Wirkung einer PKI auf Geschäftsprozesse

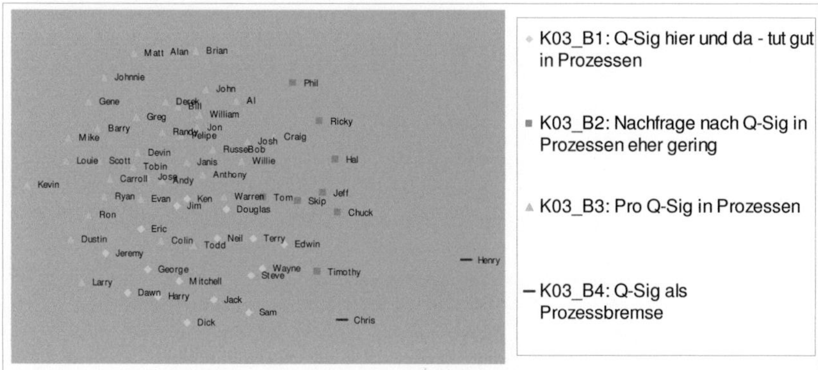

Abbildung 65: Szenariocluster der PKI-Affinität zu Prozessen

26% oder 17 sehen den Nutzen der Q-Sig in Prozessen differenzierter. Für manche Prozesse wird ein überdurchschnittliches Nutzenpotenzial ausgewiesen, für andere jedoch fällt die Potenzialschätzung deutlich unterdurchschnittlich aus (Gruppe Türkis, B1). 12% oder 8 der Teilnehmer sehen den Prozessnutzen der qualifizierten elektronischen Signatur überwiegend als unterdurchschnittlich an. (Gruppe Orange, B2). 3% oder 2 Teilnehmer sehen die qualifizierte elektronische Signatur in den meisten Prozessen als Hindernis an (Gruppe Rot, B4).

5.3.3 Detaildarstellung der Antworten

Im Folgenden werden die Cluster aus Abbildung 64 im Detail und unter Berücksichtigung der Kommentare der Teilnehmer vorgestellt.

A1: PKI ohne Nutzen [vgl. Abbildung 66]: Für den *Kauf von Medien* (P3), wie z.B. Bücher oder CDs, sowie den *Verkauf von reinen elektronischen Produkten* (P4), wie z.B. Software, Lieder und Videos, und sogar für den gesamten *Versandhandel* (P5) gilt: Diese Prozesse werden einhellig als nicht affin zu einer PKI gesehen. Als Gründe werden etablierte Bezahl- und Transaktionssysteme der Gegenwart angeführt. Auch die relativ geringen Kosten der gehandelten Produkte stünden in einem ungünstigen Verhältnis zu dem erwarteten PKI-Aufwand.

Auch die heute schon weite Verbreitung der Prozesse ist als PKI-Hindernis zu sehen, da das Handling der PKI-Dienste nicht allen Internetbenutzern zugemutet werden kann. Positive Aspekte werden der PKI jedoch für diejenigen Teilprozesse ausgesprochen, welche einen Altersnachweis oder einen Nachweis der Geschäftsfähigkeit zwingend voraussetzen. Auch Copyright-Aspekte bei elektronischen Produkten wurden als positive Nutzeneffekte genannt. Vor dem Hintergrund von bereits etablierten Trustmodellen, die nicht auf PKIs basieren, werden die Geschäftsprozesse *Wareneingangsvereinnahmung* (P35), die *Bestands- und Kapazitätsabfragen beim Lieferanten* (P36) sowie die *Arbeitsplatzvermittlung* (P22) ebenfalls als nicht nutzenstiftend angesehen.

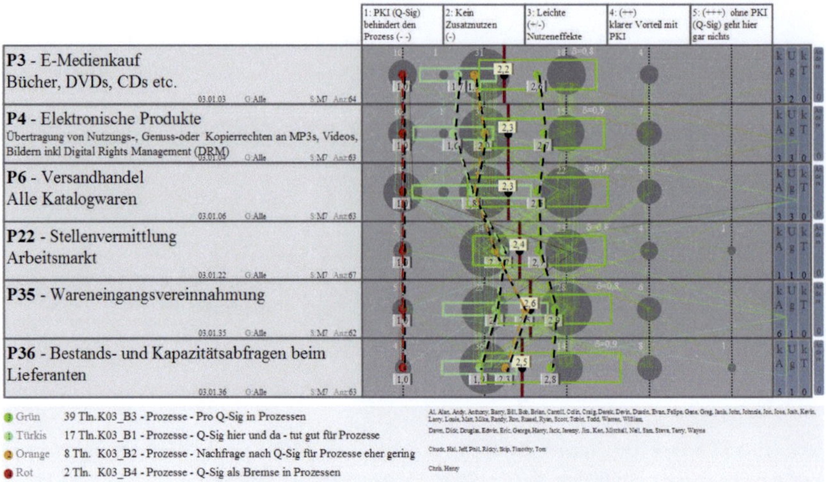

Abbildung 66: A1: PKI ohne Nutzen in Prozessen

A2: PKI stiftet Nutzen [vgl. Abbildung 67]: Folgende Prozesse können durch den Einsatz einer PKI Nutzen erwarten: *E-Reisebuchung* (P2), *Mobile Transaktion* (P7), *Kommunikationsvorgänge innerhalb von Standesorganisationen (Ärzteschaft)* (P40). Zwar gibt es hier bestehende Konkurrenzmethoden, wie etwa das automatische Storno nach Auslaufen der Zahlungsfrist oder die klassische Einmalauthentisierung, dennoch ergäbe sich „ein hypothetischer Nutzen", der in der Einheitlichkeit der Authentisierung liegt.

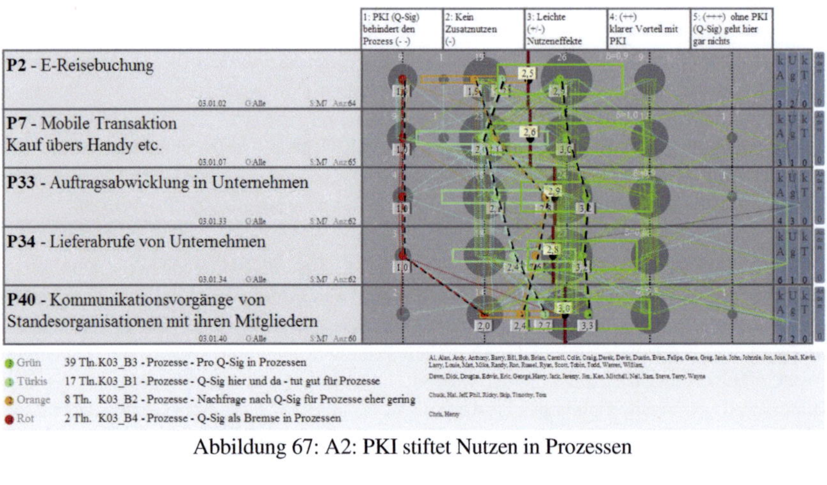

Abbildung 67: A2: PKI stiftet Nutzen in Prozessen

Insbesondere die heutige Einfachheit der Nutzung wird nach Einschätzung der Teilnehmer durch einen PKI-Einsatz nicht erreicht. Geschäftsprozesse im Unternehmen könnten im Bereich *Auftragsabwicklung* (P33) und *Lieferabruf* (P34) von einer PKI profitieren, insbesondere bei „Beweiswerterhaltung in sensiblen Fällen“, wie z.B. die „Zollabwicklung“ oder chemische Güter oder Produkte, die einer staatlichen Kontrolle, wie z.T. Lebensmittel oder Sondermüll, unterliegen. Dennoch würde heute vieles „zwischen Partnern einvernehmlich ohne PKI geregelt“.

A3: PKI bringt Vorteile [vgl. Abbildung 68]: Allgemein wird im Falle der Abgabe einer *gemeinsamen Willenserklärung von zwei oder mehr Personen* (P1) eine PKI als vorteilhaft angesehen. Dies betrifft *B2B-Auktionen* (P3), den *Aktienkauf* (P14), den *Abschluss von Versicherungen* (P15) und *Kreditverträgen* (P16). In den Kommentaren der Studienteilnehmer wird insbesondere auf bestehende flankierende Maßnahmen, wie „Vorkasse, Treuhänder, Versicherungen“ und bestehende Widerrufsrechte hingewiesen. Auch der Hinweis auf die Wichtigkeit des Vertrauens in die Bezahlwilligkeit, noch vor der Bedeutung der Identifikation der Person, dämpft hier jedoch den zu erwartenden Nutzenbeitrag einer PKI im Allgemeinen: „Business Trusts Requirements kann man nicht auf die qualifizierte Signatur reduzieren“, jedoch „bei Konkursfällen ist die Signatur für die Beweisführung sicherlich förderlich“.

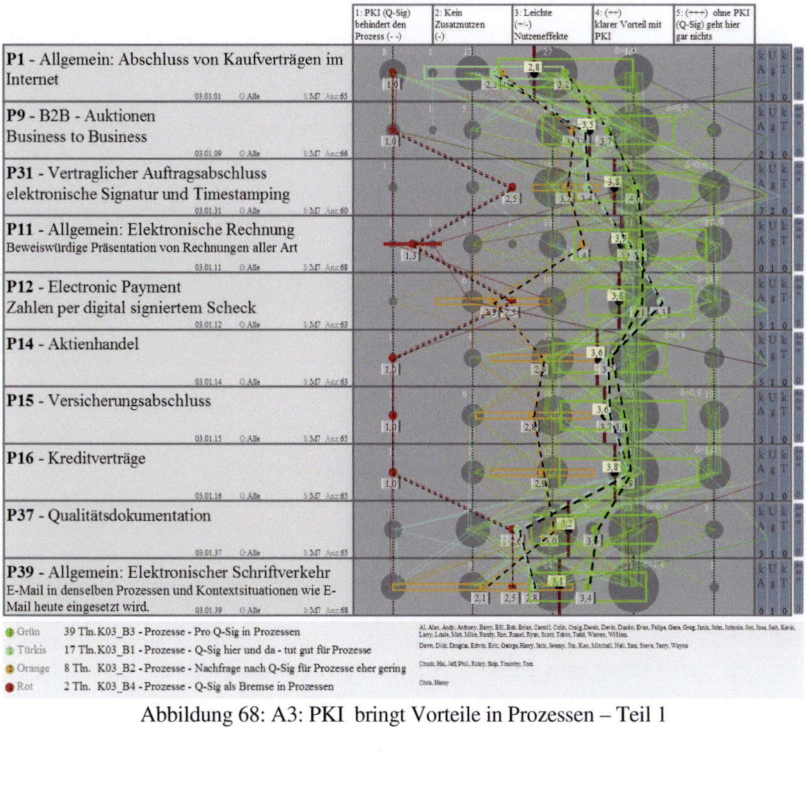

Abbildung 68: A3: PKI bringt Vorteile in Prozessen – Teil 1

Auch den einfachen einseitigen Willenserklärungen werden mit PKI klare Vorteile bescheinigt. Dazu gehören *elektronische Rechnungen* (P11), *elektronische Zahlungsanweisungen* (P12), *Steuererklärungen* (P24) und *Veräußerungsmitteilungen* (P25) und ganz *allgemein der elektronische Schriftverkehr* (P33). Kritisch wird vermerkt, dass eine elektronische Signatur sehr wohl das Fälschen von Rechnungen erschwere, dass aber gerade die „inhaltliche Überprüfung des Dokumentes" immer nötig sein wird.

Wegen den vorherrschenden isolierten Lösungen im Bereich der Zahlungsverfahren, stehen frei verfügbare Zertifikate kaum zur Verfügung. Dies schränke somit eine freie elektronische Zahlungsanweisung ein. Für den elektronischen Schriftverkehr wird die Möglichkeit zur vertraulichen, verschlüsselten Kommunikation und der Schutz vor Spam-Mails in den Kommentaren der Studienteilnehmer hervorgehoben.

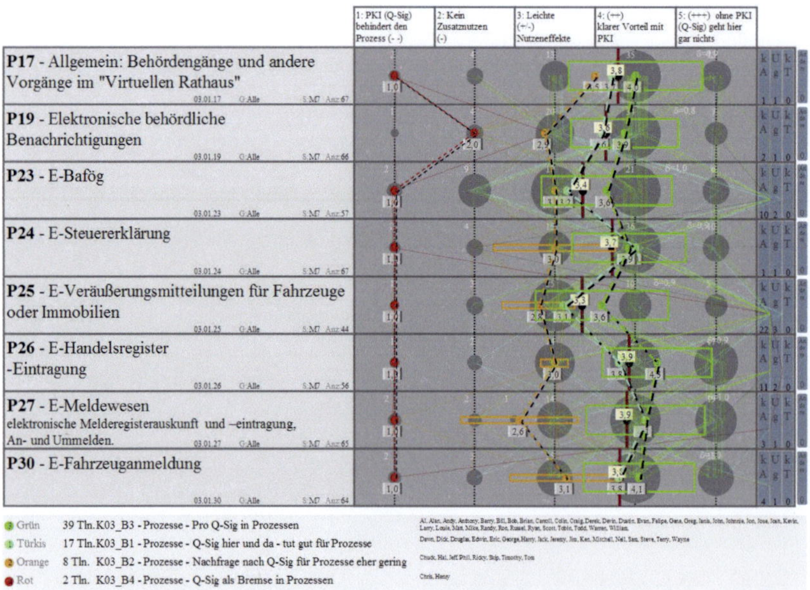

Abbildung 69: A3: PKI bringt Vorteile in Prozessen – Teil 2

Klare PKI-induzierte Vorteile werden auch im Bereich der komplexen Prozesse gesehen [vgl. Abbildung 69]: *Handelsregisterprozesse* (P26), *Fahrzeuganmeldung* (P30), *Qualitätsdokumentation in Unternehmen* (P37), *Bafög-Prozesse* (P23) und *Prozesse des Meldewesens* (P27). Der Nutzen von virtualisierter, *behördlicher Kommunikation* (P17) steige mit der Häufigkeit. Vielfach kam jedoch der Hinweis auf, dass die geringe Häufigkeit von Behördenkontakten auf Seiten des Normalbürgers auch zu entsprechend geringen Nutzeneffekten auf der Seite des Bürgers käme. Der Nutzen läge sehr häufig auf Seiten der staatlichen Stellen bzw. der Unternehmen.

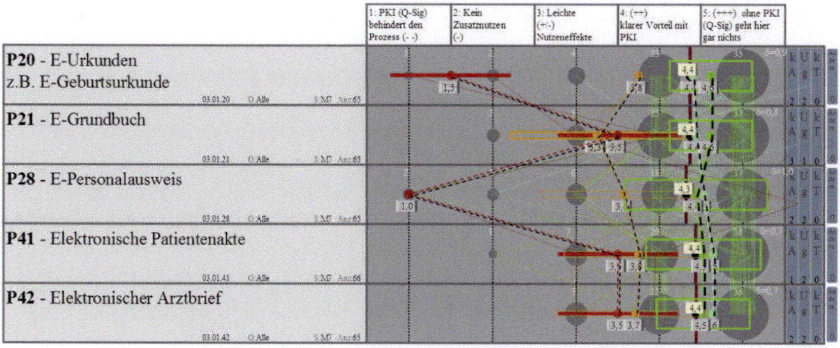

Abbildung 70: A4: PKI fast unentbehrlich in Prozessen

A4: PKI fast unentbehrlich [vgl. Abbildung 70]: Das Erstellen und Benutzen eines *elektronischen Personalausweises* (P28), das Führen eines *elektronischen Grundbuches* (P21) und das Ausstellen von *elektronischen behördlichen Urkunden* (P20) ist nach einhelliger Ansicht der Teilnehmer ohne eine PKI nahezu undenkbar. In den Kommentaren wird deutlich, dass es sich dabei immer um eine elektronische Kopie einer physikalisch vorhandenen Urkunde handelt. Dabei wird insbesondere die sichere Aufbewahrung (Langzeitarchivierung) für den Aussteller und das einfache Vorzeigen (Verfügbarkeit) und Kopieren für den Nutzer als Vorteil angesehen. Zumal die Verifikation für elektronische Urkunden für Laien wesentlich einfacher mit elektronischen Urkunden durchzuführen ist, als dies für papierbasierte Urkunden möglich wäre. Dem *Arztbrief* (P42) und der *Patientenakte* (P41) in elektronischer Form, die bereits im Rollout begriffen sind, werden wegen der „sehr hohen Anforderungen an Integrität und Authentizität" und insbesondere wegen des Geheimhaltungsbedarfs eine zwingende Affinität zur PKI nahe gelegt. Gegen den PKI-Einsatz in diesen Gebieten sprechen datenschutzrechtliche Bedenken und ein diffus vorhandenes „Missbrauchspotenzial".

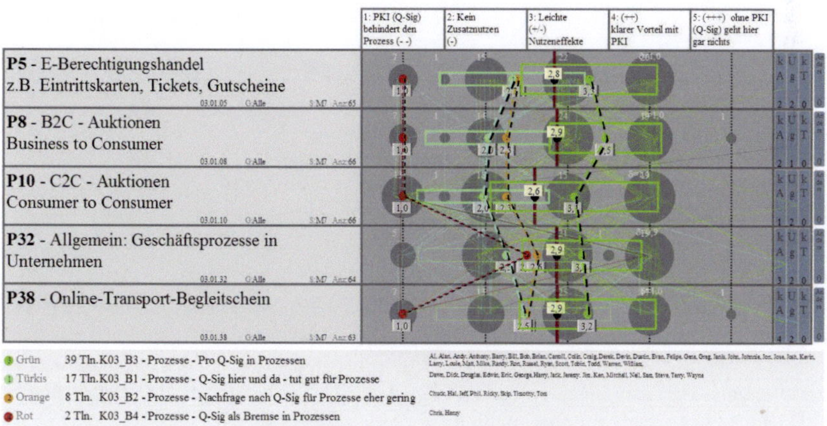

Abbildung 71: B1: PKI-Nutzen unklar

B1: PKI-Nutzen unklar [vgl. Abbildung 71]: In dieser Kategorie liegen Antworten, die von einer Behinderung bis zu leichten Nutzeneffekten durch eine PKI für Prozesse ausgehen. *Geschäftsprozesse in Unternehmen allgemein* (P32) werden unklar bewertet. Contra PKI sprechen Kommentare wie „innerhalb einer Organisation kann alles ohne PKI geregelt werden“, dafür brauche man also keine qualifizierte elektronische Signatur. Bei Großunternehmen spricht die Möglichkeit der Einschränkung von Missbrauch und Manipulation wiederum für den PKI-Einsatz. Ebenso wird die Situation bei unternehmensübergreifender Kooperation gesehen und überall dort, wo rechtsverbindliche Dokumentationspflichten bestehen, so auch beim *Online-Transport-Begleitschein* (P38) für z.B. Sondermüll. Für den *klassischen Einkaufsabschluss* (P31) wird insbesondere der Zeitstempeldienst einer PKI relevant. Besonders internationalen Großunternehmen wird zu einer „hausinternen Ausstattung mit Zertifikaten“ geraten.

Bezüglich Auktionen unter Beteiligung von Endkonsumenten herrscht ebenso geteilte Meinung, dies betrifft *C2C-* (P10) und *B2C-Auktionen* (P8). Hier zeichnet sich ein klares Szenario ab, in dem Gruppe Türkis keinen Zusatznutzen durch die PKI sieht, Gruppe Grün aber sehr wohl einen Vorteil der PKI für diese Prozesse attestiert. Mit Hinblick auf den Erfolg von Ebay und Co. werden auf besondere Nachteile der Konsumenten hingewiesen. Dies wären die „Verfolgbarkeit des Kunden“ und die Nichtabweisbarkeit einer Willenserklärung. Gerade die Nichtabweisbarkeit als ein Vorteil der elektronischen Signatur ist von Seiten des Gesetzgebers gar nicht gewünscht, da der Konsument ja heute schon befähigt ist, den Kauf ohne Angaben von Gründen zu widerrufen, ungeachtet einer beweiswürdigen Nachweisbarkeit der Transaktion. Dies trifft auch auf den *Verkauf von Berechtigungen* (P5), wie Tickets und Gutscheine zu.

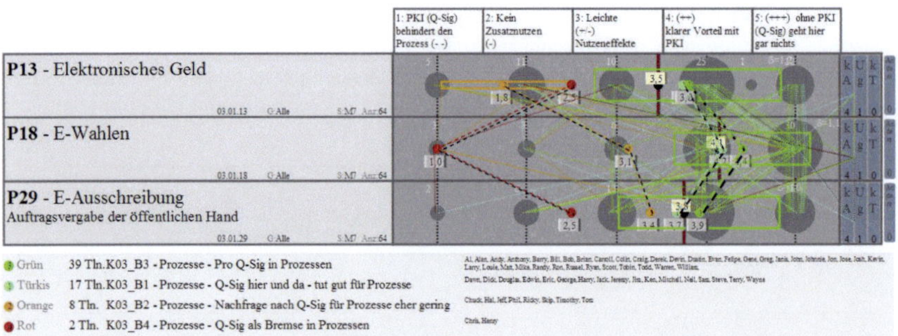

Abbildung 72: B2: Überlegenheit der PKI in Prozessen nicht klar ersichtlich

B2: Überlegenheit der PKI nicht klar ersichtlich [vgl. Abbildung 72]: In dieser Kategorie liegen Antworten, die zwar eine PKI-Beteiligung als positiv ansehen, die jedoch aufgrund der großen Streuung der Antworten keine eindeutige Kennzeichnung der Prozesse als „eindeutig überlegen mit PKI“ erlauben. Neben den Prozessen *Auftragsausschreibung* (P29) *der öffentlichen Hand* und *Bezahlen mit elektronischem Geld* (P13) gehen insbesondere bei *elektronischen Wahlen* (P18) die Meinungen auseinander, ob für diese Prozesse die PKI unabdingbar wäre oder ob nur ersichtliche Vorteile mit einer PKI zu verzeichnen wären. Gruppe Grün sieht hier einen klaren Vorteil für Prozesse, für die anderen Gruppen jedoch muss aufgrund immer noch hohen Varianzen angenommen werden, dass ein klares Urteil aufgrund von Unsicherheiten nicht gegeben werden konnte.

In allen Prozessen ist die Anonymität der Akteure und die Geheimhaltung eine wichtige Prozessvoraussetzung. Mit der Virtualisierung wird jedoch auch das Anfertigen von Kopien erleichtert, dies steht jedoch im Widerspruch zur Anonymität und Geheimhaltung. Die Nicht-Zurückweisbarkeit ist für den Ausschreibungsprozess „dringend erforderlich". Für den elektronischen Wahlprozess jedoch ist dies gerade nicht gewünscht.

5.3.4 Überprüfung der Prozesshypothesen aus Kapitel 3

In Kapitel 3.6 [vgl. 3.6.3 auf Seite 85] wurde mittels des Vier-Quadrantenschemas auf Seite 77 [vgl. Abbildung 22] die 42 Prozesse klassifiziert. In Abhängigkeit von situativen und gesetzgeberischen Erfordernissen bzgl. des zu untersuchenden Prozesses wurden drei Prozessklassen vergeben: 3=Gute Chance für die PKI in einem entsprechendem Prozess zum Einsatz zu kommen, 2=Hoher Konkurrenzdruck durch bestehende Verfahren und 1=Sehr starker Konkurrenzdruck und entsprechend wenig Zusatznutzen der PKI im jeweiligen Prozess. Diese Kategoriesierung wird gleichzeitig als Vorhersage für die Nutzenbeimessung der PKI in Prozessen durch die Experten der PKI-Delphi-Studie angesehen.

Eine Korrelationsanalyse der vier Szenariogruppen zusammen mit der Klassifikation der Potenzialanalyse aus Kapitel 3.6 ergibt zwei signifikante Korrelationen. Die Gesamtgruppe korreliert mit der Vorhersage in Höhe von 0,658, die Gruppe Grün (B3) korreliert mit der Vorhersage noch mit 0,652.

Fazit:

Es kann als bestätigt gelten, dass die theoretische Affinitätsanalyse durch das Vier-Quadrantenschema tatsächlich in der Lage ist, die Meinung der Teilnehmer vorherzusagen. Die Aussagekraft ist allgemein gültig und hat einen besonderen Wert für die Gruppe Grün (B3), die ja 59% der Gesamtteilnehmer umfasst.

5.3.5 Zusammenfassung und Fazit

Die Frage nach der Affinität der PKI zu Prozessen und nach dem Nutzen für Prozesse führt allgemein zu der Frage nach dem Nutzen der PKI für die Prozessbeteiligten. Nutzen ergibt sich meist aus der Interaktion von zwei Prozessbeteiligten. Es kommt bei Geschäftsprozessen vor, dass der Nutzen einer digitalen Signatur ungleich zwischen den Prozesspartnern aufgeteilt ist.

Diese Situation kann zu einer Blockierung führen. Eine Lösung wäre der Vorteilsausgleich zwischen den Beteiligten, diese Möglichkeit muss jedoch fallabhängig untersucht werden. Nur so jedoch können potenzielle Nutzeneffekte in eine Verbesserung der Rentabilität von Geschäftsprozessen münden.

5.4 Ebene D3: Einsatzpotenzial der Q-, F- und M-Sig in Populationen

Um die Ebene D3: *Verbreitung der PKI in Populationen* zu modellieren, wurden die Teilnehmer der Studie in Kapitel 6 nach deren Einschätzung über die Einsatzpotenziale der Q-, F- und M-Sig in 10 spezielle Nutzerpopulationen aus Deutschland befragt.

5.4.1 Definition der Fragestellung

Die Teilnehmer der Studie wurden in Kapitel 6 nach deren Einschätzung über 10 spezielle Nutzerpopulationen [vgl. Abbildung 73] in Deutschland befragt. Diese Fragen zielen auf die Ebene D3: *Nutzerpopulation.* Jede Nutzerpopulation wurde mit 2x3 Facettenfragen belegt. Die Skaleneinteilung hat sich an dem Verfahren der relativen Verbreitung analog Kapitel 3.3.3 orientiert.

6 Einsatzpotenziale der PKI heute und Verbreitung im Jahr 2016

In welchen Nutzerkreisen hat Ihrer Meinung nach eine PKI im Moment Einsatzpotenziale? Wie wird die Verbreitung verschiedener PKI-Formen in 10 Jahren **in Deutschland** aussehen?

Hier werden die Wirtschaftsubjekte in prägnante Nutzerkreise unterteilt. Der Studienteilnehmer wird gebeten, sich zunächst auf PKI-Dienste für qualifizierte Signaturen (Q-SIG) zu fokussieren und zu bewerten. Danach wird er gebeten dieselbe Bewertung vor dem Hintergrund von PKI-Diensten für fortgeschrittene Signaturen (F-SIG) durchzuführen.

Um die Lesbarkeit zu verbessern, wird der Begriff "elektronische Signatur" stellvertretend für die PKI-Dienste Verschlüsselung, Zugriffsberechtigung, Zeitstempel und Signatur verwendet.

Die Nutzer von PKI-Diensten sind in folgende Nutzerkreise unterteilt:

B – Geschäftsbereich/ Industrie	*B0:Mitarbeiter (Mas) in der Industrie allgemein (enthält u.a. B1-B4)*
	B1:Mitarbeiter in Großkonzernen
	B2: Mas in Unternehmen von Klein- und Mittelständischen Unternehmen
	B3: Mitarbeiter von Automobilherstellern
	B4: Mitarbeiter von Zulieferern in der Wertschöpfungskette der Automobilindustrie
A – Staatliche und halbstaatliche Organisationen	*A1: Mitarbeiter in staatlichen Stellen (ausgenommen Gesundheitswesen)*
	A2: Mitarbeiter im Gesundheitswesen (Heilberufe)
C – Konsumenten	*C1: Bürger/Endkunde ab 12 Jahren*
D – Dienstleister	*D1: Mitarbeiter bei Banken und Versicherungen*
	D2: Mitarbeiter bei IT-Dienstleistern, Logistikdienstleistern und weiteren

In den einzelnen Nutzerklassen ist jeweils das heutige Potenzial der PKI-Ausprägungen zu bewerten (kein ~, mittleres~, hohes~). ***Dabei soll über die angenommene Wirksamkeit von PKI-Diensten räsoniert werden, so als ob sie für alle Wirtschaftsteilnehmer voll zur Verfügung ständen.*** *Des Weiteren wird er um eine Einschätzung der Verbreitung der jeweiligen PKI-Ausprägungen heute und in 2016 innerhalb der Nutzerklasse gebeten (keine ~, teilweise ~, führende~ und über 90%ige~). Denken Sie bei Ihren Einschätzungen bitte primär an das Verbreitungsgebiet Deutschland.*

"Teilweise Verbreitung" *bedeutet, dass es Konkurrenztechnologien gibt, welche eine höhere Verbreitung im Marktgeschehen aufweisen.*

"Führende Verbreitung" *bedeutet dass die PKI die erste Position einnimmt.*

"90% Verbreitung" *bedeutet, dass im Bereich der e-Transaktionssysteme nur noch 10% der Systeme ohne die jeweilige PKI-Form ausgestattet sind.*

Nächste Seite: Erläuterung von verschiedenen Qualitäten von Zertifikaten.

☐ Keine Angaben

6.1 Nutzerkreis B0: Mitarbeiter in der Industrie allgemein

PKI-Dienste, für Mitarbeiter in der *Industrie allgemein*
Basierend auf Zertifikaten von ***voll qualifizierten und akkreditierten*** *Zertifikatsdiensteanbietern*

6.1.1 B0 K4 Potenzial heute			6.1.2 B0 K4 Verbreitung heute				6.1.3 B0 K4 Verbreitung in 2016			
kein Potenzial ☐	**mittleres** ☐ Potenzial	☐ **hohes** Potenzial	**sehr geringe** Verbreitung ☐	**teilweise** Verbreitung ☐	**führende** Verbreitung ☐	☐ **90%** Verbreitung	**sehr geringe** Verbreitung ☐	**teilweise** Verbreitung ☐	**führende** Verbreitung ☐	☐ **90%** Verbreitung

PKI-Dienste, für *Mitarbeiter in der Industrie allgemein*

Abbildung 73: Auszug Multiple-Choice-Fragebogen Potenzial in Nutzersegmenten

Jeweils für die Q- und F-Sig wurden drei Facettenfragen gestellt: Potenzial heute (keines, mittleres, hohes), Verbreitung heute (sehr gering, teilweise, führend, 90%), Verbreitung im Jahr 2016 (sehr gering, teilweise, führend, 90%).

5.4.2 Überblick über die Ergebnisse

Die Übersicht der Studienaktivitäten der Teilnehmer zur Fragestellung von Potenzial und Verbreitung der Q-, F- und M-Sig in Populationen zeigt eine hohe Beteiligung mit einer geringen Anzahl ungültiger Stimmen. In der Feedbackrunde haben 18 Teilnehmer ihre Stimmabgabe an vielen Stellen verändert, dies lässt ein reges Interesse an den Meinungen der Teilnehmer untereinander erkennen.

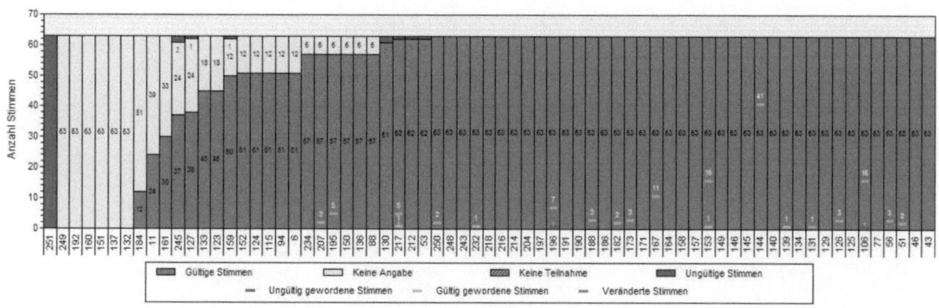

Abbildung 74: Studienaktivitäten der Tln. bzgl. Potenzial und Verbreitung der QFM-Sig in Populationen

In Abbildung 75 sind die Ergebnisse der jeweils dritten Facettenfrage (Verbreitung im Jahre 2016) als Rangdarstellung innerhalb der Antwortkategorien der Facettenfrage dargestellt.

Zu erkennen ist, dass die maschinelle Signatur eine 90% Verbreitung im Jahr 2016 erlangen wird. Fortgeschrittene Signaturen werden in vielen Populationen im Jahr 2016 zumindest die Technologien für den Ersatz der eigenhändigen Unterschrift anführen. Eine Führungsrolle der Q-Sig ist im Bereich des Gesundheitswesens im Jahr 2016 zu finden. Weitere Anwendungen der Q-Sig in verschiedenen Sektoren, u.a. auch im Bereich Bürger/Endkunde, werden nach Einschätzung der Teilnehmer eine vergleichsweise geringe Verbreitung erlangen. Vereinfachend lässt sich festhalten, dass die Q-Sig das geringste Verbreitungspotenzial hat, davor liegt die F-Sig und davor die M-Sig.

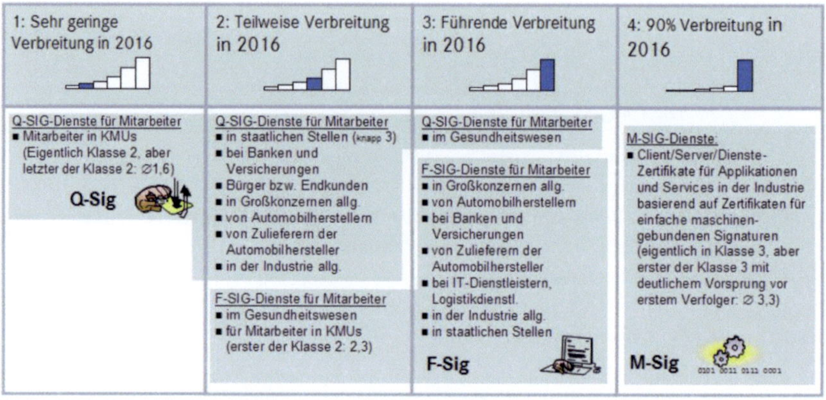

Abbildung 75: Relative Verbreitung der PKI in Populationen im Jahr 2016

Die Gruppenanalyse der Teilnehmerstimmen mittels des AHC-Verfahrens nach Ward führt zur Bildung von 3 relevanten Szenariogruppen mit jeweils spezifischem Stimmverhalten unter Berücksichtigung von 63 Facettenfragen [vgl. Abbildung 76].

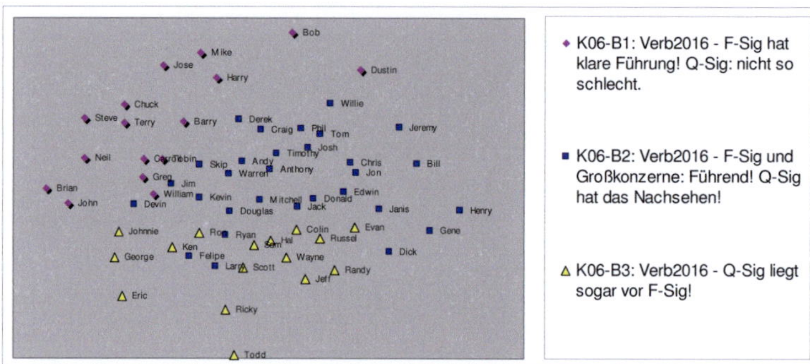

Abbildung 76: Szenariogruppen bzgl. der Verbreitung der PKI in Populationen

48% der Teilnehmer (Gruppe Blau, B2, 30 Tln.) äußern demnach die Vorstellung, dass im Jahr 2016 die F-Sig allgemein führend verbreitet ist und insbesondere in Großkonzernen zum Einsatz kommt. Die Q-Sig ist in diesem Szenario ohne Bedeutung.

26% der Teilnehmer (Gruppe Flieder, B1, 16 Tln.) äußern die Ansicht, dass die F-Sig im Jahr 2016 klar die Führungsposition einnimmt, dass jedoch die Q-Sig in vielen Bereichen ebenfalls eine beachtenswerte Position erreicht hat.

Ebenfalls 26% der Teilnehmer (Gruppe Gelb, B3, 16 Tln.) sehen die Verbreitung der Q-Sig im Jahr 2016 sogar vor der Verbreitung der F-Sig. Diese Gruppe schätzt die Verbreitung der Q-Sig in 2016 deutlich überdurchschnittlich ein. Die F-Sig-Einschätzungen verbleiben auf Durchschnittsniveau. Daher könnte diese Gruppe auch als „Q-Sig-Propheten“ charakterisiert werden.

5.4.3 Detaildarstellung der Antworten

Das Profil der Gruppe Gelb fällt in der Gegenüberstellung der Boxplotdarstellungen für Q- und F-Sig besonders auf [vgl. Abbildung 77], da die Verbreitungseinschätzung für die Q-Sig immer überdurchschnittlich ist und umgekehrt die Einschätzung der F-Sig-Verbreitung unter der gedachten Durchschnittsprofillinie rangiert. Hier mag die gegenseitige Substitutionsrolle von Q- und F-Sig eine Rolle gespielt haben. Auch wenn die Urteile für die Q-Sig nicht so prägnant sind wie die für die F-Sig, so ist z.B. für die Population „Staatliche Stellen“ und „Gesundheitswesen“ die Beziehung offensichtlich.

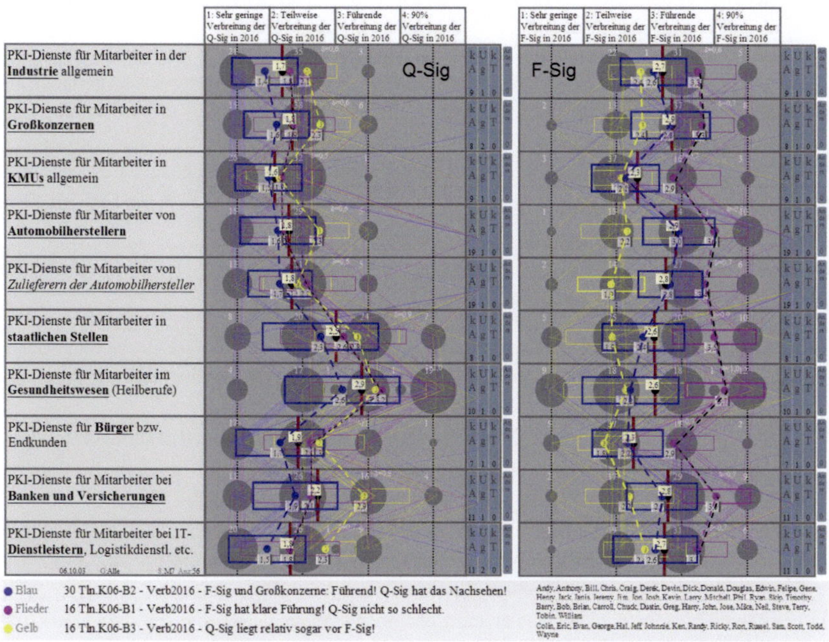

Abbildung 77: Relative erwartete Verbreitung der Q- und F-Sig im Jahr 2016

Gruppe Flieder fällt durch mehrere beinahe „90%-Prognosen“ auf: Im Bereich „Staatliche Stellen“, „Gesundheitswesen“ und „Banken und Versicherungen“ weist diese Gruppe, ganz entgegen der Ansicht der Gruppe Gelb, eine schon mehr als führende Position der F-Sig im Jahr 2016 auf. Hier werden also durch die Gruppen Gelb und Flieder diametral gegensätzliche Zukunftsszenarien beschrieben, denen jeweils eine Eintrittswahrscheinlichkeit von 26% zugeschrieben wird.

Die Gruppe Blau steht für ein „friedliches" weniger substitutives Verhältnis zwischen Q- und F-Sig. Auch hier sind die Unsicherheiten über die Q-Sig-Verbreitung deutlich größer als dies für die F-Sig der Fall ist.

5.4.4 Zusammenfassung und Fazit

Im Gesamturteil über die zukünftige Verbreitung der F-Sig in Populationen liegen Großkonzerne und im speziellen die Automobilhersteller an erster Stelle. Es besteht ein begründetes Szenario nachdem die F-Sig fast eine 90%-Verbreitung im Bereich der „Staatlichen Stellen, des Gesundheitswesens und bei Banken&Versicherungen" erhalten wird. Dem stehe mit der gleichen Wahrscheinlichkeit eine führende Verbreitung der Q-Sig in den eben genannten Populationen gegenüber, so dass hier von einer Pattsituation der Expertenurteile gesprochen werden kann.

Die Vorhersage sieht die F-Sig in allen Populationen mit einer stärkeren Verbreitung als die Q-Sig, mit einer Ausnahme: Im Sektor Gesundheitswesen wird eine größere Verbreitung der Q-Sig vorhergesagt.

Die Frage wurde allgemein gut von den Studienteilnehmern angenommen. In der ersten Runde litt die Beantwortung noch unter einer zu unscharfen Definition von Q-, F- und M-Sig. Dies konnte jedoch in der zweiten Runde behoben werden.

Der Fragenschwerpunkt lag hier auf der Unterscheidung zwischen verschiedenen Populationen und Signaturqualitäten. Daher ist die tatsächliche Verteilungsrate nicht abgefragt worden, sondern nur die Relativverbreitung. Die tatsächliche Verbreitungsrate wird jedoch im Studienkapitel 8 der Vertiefungsstudie abgefragt, dann jedoch wieder mit verallgemeinerten Populationen.

Es konnte gezeigt werden, dass auf Basis des T2D4JS-Modells die Ebene D3 der Nutzerpopulationen auf Basis des Fragekonstruktes der „relativen Verbreitung" im Rahmen der Delphi-Studie relevante und aussagekräftige Ergebnisse generiert werden können.

5.5 Ebene D3: Diffusionsbewegungen in verschiedenen Populationen

In der Studie wurden die Teilnehmer nach deren Einschätzung über die zukünftige Absolutverbreitung der PKI in 8 Populationen gefragt. Dabei sollten Prozentualwerte für die Jahre 2006, 2016, 2026 und 2036 geschätzt werden. Zur Einschätzung stand jeweils die PKI-Technologie mit den Kategorien Q-Sig, F-Sig und M-Sig bereit. 19 Experten von 41 haben diese Fragesektion bearbeitet.

5.5.1 Definition der Fragestellung

Als Fokuspopulationen wurden die in Kapitel 3 definierten Populationen herangezogen: Fünf Populationen weltweit, darunter Europa. Drei Populationen innerhalb von Deutschland: Privatpersonen, Unternehmen und staatliche Stellen. Für die vier Stützstellen des interpolierten Graphen wurden aufgrund der abgegebenen Stimmen der Mittelwert und die Streuung berechnet. Auf eine Schätzung der zentralen Diffusionsparametern der Bass´schen Diffusionskurve wurde mit Hinweis auf die Komplexität des Modells und aufgrund nicht vorhandener Panel-Daten der aktuellen Situation verzichtet. Stattdessen wurden die Teilnehmer gebeten, direkt 4 Stützstellen je Population zu schätzen. Dieses Vorgehen ist für die meisten Teilnehmer, die keine Kenntnisse über die Parameter einer innovationstheoretischen Diffusionskurve besitzen, sicherlich einfacher erklärbar. [Vgl. Abbildung 78]

☐ Keine Angaben

8.1 Verbreitung von Klasse-4-Zertifikaten und qualifizierten Signaturen **in Deutschland**

Wie schätzen Sie die Entwicklung der Verbreitung von qualifizierten Signaturen in Deutschland ein?
Bitte unterscheiden Sie die Gruppen Privatpersonen, Mitarbeiter in Unternehmen und Mitarbeiter in staatlichen Organisationen.

PKI-Benutzergruppen mit Q-SIG		2006 heute	2016 in 10 Jahren	2026 in 20 Jahren	2036 in 30 Jahren
8.1.1	Verbreitung unter **Privatpersonen** *(in Deutschland)*	...	...	...	...
		[Angaben bitte in % der Bevölkerung in Deutschland]			
8.1.2	Verbreitung bei Mitarbeitern in **Unternehmen** *(in Deutschland)*	...	...	...	...
		[In % der Arbeiter und Angestellten in Deutschland]			
8.1.3	Verbreitung bei Mitarbeitern in **staatlichen Organisationen** *(in Deutschland)*	...	...	...	...
		[In % der Angestellten und Beamten in Deutschland]			
Kommentare:					

Abbildung 78: Auszug aus dem Fragebogen der PKI-Delphi-Studie

Arbeiten über die Schätzung von Diffusionsparametern existieren zwar, jedoch sind die zugrunde liegenden Schätzmodelle relativ komplex und beziehen sich im Schwerpunkt auf Nicht-Verbrauchsgüter [SrPu00]. Das Konzept der Delphi-Studie sieht des weiteren keine populationsrepräsentativen Befragungen vor, wie es bei der Conjoint-Analyse üblich ist. Bei Experten-Delphi, wie sie auch als Grundlage für diese Arbeit durchgeführt wurde, richtet sich die Auswahl der ausgewiesenen Experten an ihrem bekannten Know-How im Bereich der PKI-Technologie aus.

5.5.2 Alle Regionen: Gruppenanalyse

Die Übersicht der Studienaktivitäten der Teilnehmer zur Fragestellung der zeitlichen Absolutverbreitung der PKI in Populationen [vgl. Abbildung 79] zeigt eine geringe Beteiligung mit mäßig vielen ungültigen Stimmen und einem großen Anteil an verweigerten Stimmen („Keine Angabe"). In der Feedbackrunde haben nur 2 Teilnehmer ihre Stimmabgabe an vielen Stellen verändert, dies lässt ein relativ geringes Interesse an den Meinungen der Teilnehmer untereinander erkennen. Zudem ist der Anteil der Teilnehmer, die ein unvollständiges Fragenfeld - also eine relativ geringe Anzahl von effektiven Stimmen – aufweisen, relativ hoch, was auf eine insgesamt diffus vorhandene Unsicherheit oder Unlust der Teilnehmer in Bezug auf die Fragestellung schließen lässt.

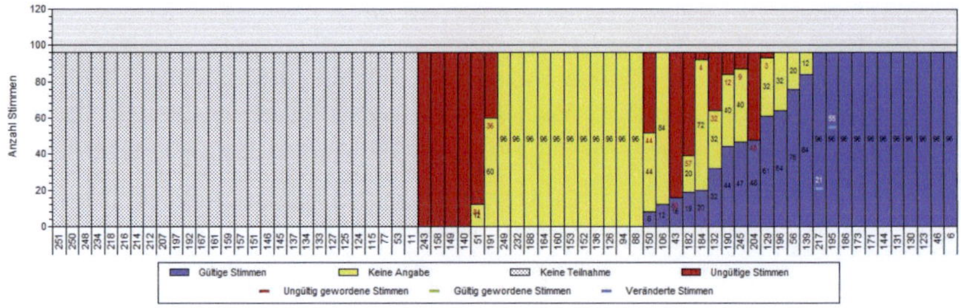

Abbildung 79: Studienaktivitäten der Teilnehmer bzgl. zeitlicher Absolutverbreitung der QFM-Sig

Aus der Gruppenanalyse 2: *Absolutverbreitungen für Deutschland* haben sich zwei Gruppen ergeben. Die Gruppierungsanalyse umfasst die Fragen nach 3 Populationen in Deutschland: Privatpersonen, Mitarbeiter in staatlichen Stellen und Mitarbeiter in Unternehmen.

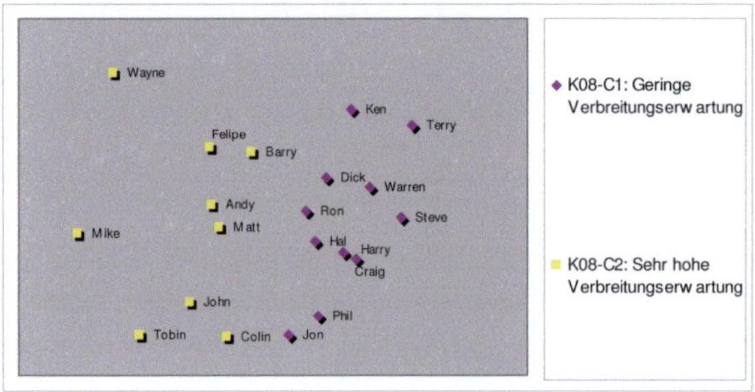

Abbildung 80: Szenariogruppen C1 und C2 zur Absolutverbreitung der QFM-Sig

Die Gruppenanalyse der Teilnehmerstimmen mittels des AHC-Verfahrens nach Ward führt zur Bildung von 2 relevanten Szenariogruppen mit jeweils spezifischem Stimmverhalten unter Berücksichtigung von 95 Facettenfragen [vgl. Abbildung 79].

55% der Teilnehmer (Flieder, K08-C1 mit 11 Tln.) haben insgesamt eher geringe Verbreitungserwartungen an die Q- und F-Sig in den nächsten 30 Jahren.

45% der Teilnehmer (Gelb, K08-C2 mit 9 Tln.) sehen insgesamt sehr hohe Verbreitungsraten der Q- und F-Sig in den nächsten 30 Jahren.

5.5.3 *Region Deutschland: Überblick über die Ergebnisse*

Die Übersicht der Studienaktivitäten der Teilnehmer zur Fragestellung der Diffusionsbewegung der PKI [vgl. Abbildung 81] zeigt eine relativ niedrige Beteiligung. Die meisten nicht effektiven Stimmen sind jedoch nicht durch ungültige Stimmen, sondern durch bewusste Ablehnung der Fragestellung („Keine Angabe“) entstanden, was immer noch auf eine Abwägung und anschließender eine bewusste Entscheidung durch die Studienteilnehmer schließen lässt.

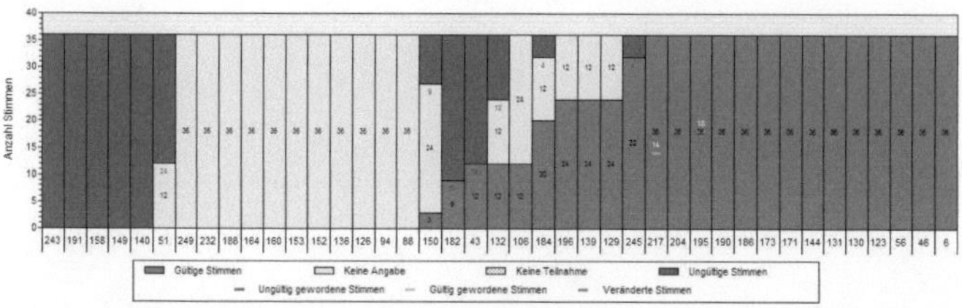

Abbildung 81: Studienaktivitäten der Teilnehmer bzgl. zeitlicher Absolutverbreitung in Deutschland

In der Feedbackrunde haben 2 Teilnehmer ihre Stimmabgabe an vielen Stellen verändert, dies lässt ein zwar sehr partielles, aber dort doch reges Interesse an den Meinungen der anderen Teilnehmer erkennen.

5.5.4 *Region Deutschland: Detaildarstellung der Antworten*

Die Verbreitung der Q- und F-Sig bei Mitarbeitern in Unternehmen wird von Personen der optimistischen und pessimistischen Gruppe deutlich differenziert wahrgenommen [vgl.Abbildung 82]. Im Falle der Q-Sig wird ein starker Anstieg bis 2016 (44%) und ein Überschreiten der 80% Grenze im Jahr 2036 erwartet. Mit deutlichem Abstand, auch der Standardabweichungsintervalle, erreicht der Erwartungswert der pessimistischen Gruppe Flieder mit knapp 20% im Jahr 2036 eine vergleichsweise geringe Verbreitung der Q-Sig. Als Gesamtdurchschnitt wird 31% im Jahr 2016 und schließlich 52% im Jahr 2036 berechnet. Die klare Trennung der Expertenmeinungen lässt jedoch auf verdeckte Faktoren schließen, deren Erfüllung oder Nichterfüllung schließlich ausschlaggebend für eine sehr unterschiedliche Entwicklung der Q-Sig bei Mitarbeitern in Unternehmen in Deutschland sein werden.

In der Einschätzung der F-Sig Entwicklung zeigt Gruppe Gelb eine noch höhere Geschlossenheit. Hier wird nach steilem Anstieg bereits für das Jahr 2016 ein 60%-Verbreitung erwartet, die sich im Jahr 2036 einer 100%-Verbreitung angenähert hat. Die Gruppe Flieder zeigt sich hier uneinheitlich, da einige sehr pessimistische Gruppenmitglieder auf einer sehr geringen Verbreitung von max. 5% bestehen, wohingegen einige andere sich der 100%-These der Gruppe Gelb angeschlossen haben. Der Gesamtdurchschnitt von 43% im Jahre 2016 und schließlich 70% im Jahre 2036 darf als valide Gruppenmeinung aller an der Frage teilnehmender Experten gewertet werden.

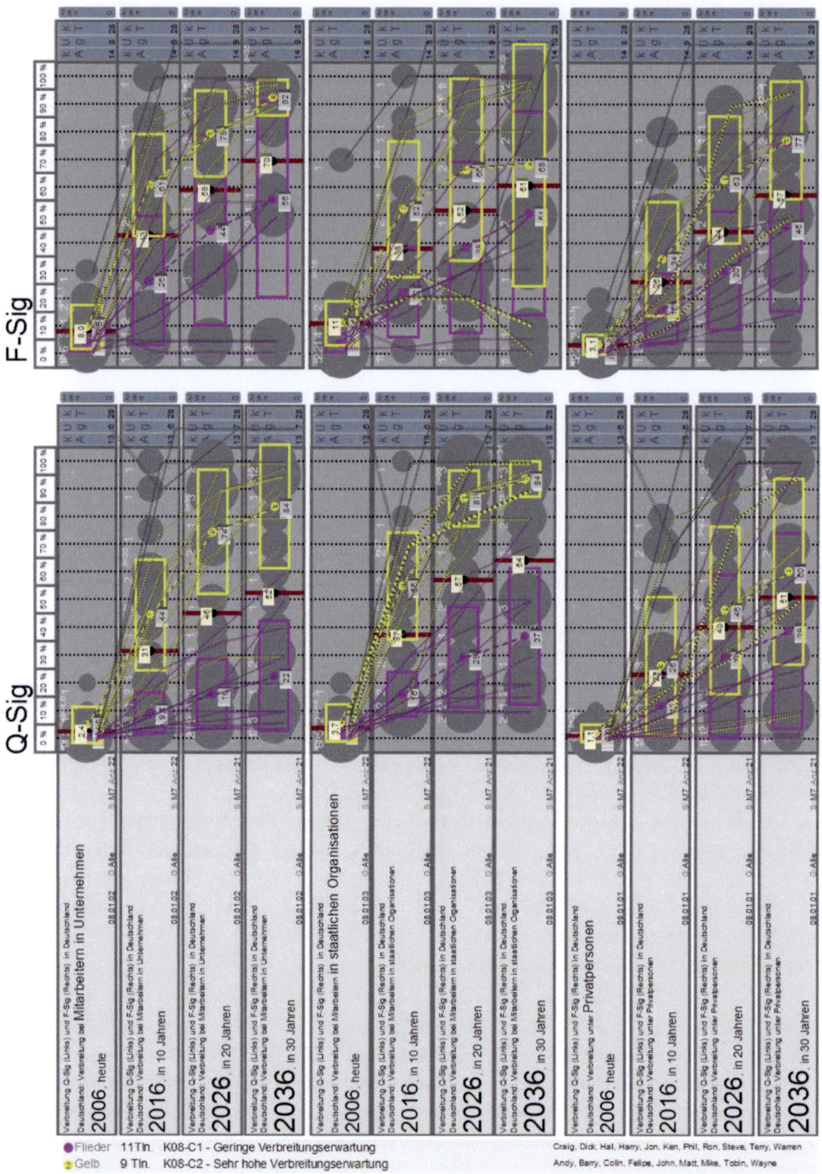

Abbildung 82: Übersicht der zukünftigen Q- und F-Sig-Diffusion in Deutschland

Für die Population der Mitarbeiter in staatlichen Organisationen zeichnet sich bzgl. der Nutzung der Q-Sig wieder ein bipolares Meinungsbild ab. Die optimistische Gruppe Gelb sieht die Diffusionsbewegung der Q-Sig in staatlichen Stellen ähnlich erfolgreich wie die F-Sig-Diffusion in der Population der Mitarbeiter in Unternehmen.

Gruppe Flieder sieht eine lineare Verbreitung, die in 2036 einen Wert von 37% erreicht. Hier gehen die Meinungen aber deutlich auseinander. Die Diffusionsbewegung der F-Sig in der Population der Mitarbeiter in Unternehmen ist ebenso von unterschiedlichen Erwartungen geprägt. Insbesondere der substitutive Charakter der Q-Sig für die F-Sig trägt hier zu einer großen Streuung der Expertenmeinungen bei. Dies wird besonders deutlich bei den Stimmen von Barry und Felipe aus der Gruppe Gelb: Beide gestehen der F-Sig eine Verbreitung bis 30% im Jahr 2016 zu, sind aber offensichlich der Meinung, dass die Verbreitung bis zum Jahr 2036 auf bis zu 0% zurückgeht. Aus diesem Verlauf, zieht man die hohe erwartete Verbreitung der Q-Sig von Barry und Felipe in Betracht, wird deutlich, dass Barry und Felipe von einer Verdrängung der F-Sig durch die Q-Sig ausgehen. Die anderen Verläufe lassen auf die Annahme einer friedlichen Koexistenz der Q-Sig mit der F-Sig schließen. Nicht vollständig auszuschließen ist aber auch ein anderes Fragenverständnis der beiden Teilnehmer. Nimmt man nicht die Verbreitung der F-Sig-fähigen Smartcards als Gegenstand der Diffusionszählung, sondern die Zahl der getätigten F-Sig-Transaktionen, so ist die Nullverbreitung (bzw. 10%) der F-Sig im Jahre 2036 besser zu verstehen. Somit kann die große Intra-Gruppenstreuung für die F-Sig in der Population einerseits auf ein unterschiedliches Fragenverständnis als auch auf die Unsicherheit der Studienteilnehmer zurückzuführen sein.

Die Verbreitung der F-Sig unter Privatpersonen in Deutschland, so zeigt es die graphische Auswertung in Abbildung 82, wird im Jahre 2036 mit 57% nur um 6 Prozentpunkte über der Verbreitung der Q-Sig liegen. Diese Einschätzung basiert auf einer geschätzten Basisverbreitung der F-Sig von 3,1% im Jahr 2006, respektive 1,1% für die Q-Sig. Für die F-Sig zeichnet sich ein Jahr-2036-Szenario ab, in dem die optimistische Gruppe Gelb (C2) mit 77% eine sehr hohe Verbreitung der Q-Sig vorhersagt, im Gegensatz zur Gruppe Flieder (C1), die im Jahr 2036 noch bei einer Verbreitung von knapp 50% steht. Aber auch die pessimistische Gruppe Flieder sieht im Jahr 2036 noch Marktpotenzial, was sich an mittels der nach oben zeigenden Steigung der Diffusionskurve erahnen lässt. Die Verbreitungsstruktur der F-Sig unter Privatpersonen ähnelt der bipolaren Verbreitungsstruktur der Q-Sig in staatlichen Organisationen und in Unternehmen. Zwar ist die Bipolarität nicht so deutlich ersichtlich, aber dennoch vorhanden. Mithin kann von einem oder mehreren gemeinsamen Faktoren für die Verbreitung ausgegangen werden.

Barry und Colin zeigen mit ihrer Einschätzung den Kurvenverlauf einer Standard-Bass-Kurve. Die anderen Mitglieder der optimistischen Gruppe zeigen in der asymptotischen Annäherung an das Gesamtmarktpotenzial den Schlussverlauf der Standard-Bass-Kurve. Ein langsamer Beginn mit ansteigender Grenzrate der Diffusion wird von den meisten Optimisten so nicht gesehen, vielmehr wird bereits im Jahr 2006 mit einer starken Verbreitungsrate begonnen. Umgekehrt zeigen die Pessimisten eher den Anfang der Standard-Bass-Kurve, die von einer langsamen

Zunahme der Diffusionsgeschwindigkeit geprägt ist. Auch die pessimistische Gruppe Flieder zeigt vereinzelte Diffussionsverläufe mit Standard-Bass-Charakter, so z.B. im Bereich Q-Sig in staatlichen Organisationen.

Da die Standard-Bass-Kurve nur eines von vielen Diffusions-Modellen darstellt, stellt sich die Frage mit welchem Diffusionsmodell ggf. der hier extrahierte Diffusionsverlauf der Q- und F-Sig verwandt wäre. Ein viel versprechender Ansatz wird dazu von Franses geäußert. Er schlägt eine Autokorrelationsanalyse der empirischen Daten mit verschiedenen Diffusionsmodellen vor. [Vgl. Fran02] Dieser Ansatz entspricht einer Ergänzung der statistischen Methode der *nicht linearen Regression.*

Über die Verbreitung der Q-Sig unter Privatpersonen herrschen innerhalb der optimistischen, wie auch der pessimistischen Gruppe unterschiedliche Ansichten, die zu einer weitgehenden Gesamt-Mittelwerttendenz beider Gruppen führen. Deutlich ist hier Steve aus der Gruppe Flieder zu erkennen, der eine 100% Erwartung der Q-Sig für 2026 und 2036 erwartet, wohingegen Andy - von der optimistischen Gruppe Gelb - der Q-Sig unter Privatpersonen im Jahre 2036 gerade einmal eine Verbreitung von 10% zugesteht. Offensichtlich gehen die Meinungen und die implizite Gewichtung verschiedenster Einflussfaktoren so weit auseinander, dass hier die große Streuung der Expertenmeinungen durchaus allgemein als große Unsicherheit über die zukünftige QF-Sig-Entwicklung in der Population der Privatpersonen zu interpretieren ist.

Zusammenfassung:

Die Verbreitung der Q- und F-Sig wird kontinuierlich zunehmen. Für die F-Sig wird bis 2016 ein Siegeszug in der Population der Mitarbeiter in Unternehmen erwartet. Im gleichen Zeitraum wird ein glücklicher Vorstoß, mit dem Potenzial zum endgültigen Siegeszug für die Q-Sig in der Population der Mitarbeiter in staatlichen Stellen gesehen.

Die Verbreitung der F-Sig unter Privatpersonen ist durch eine leicht bipolare Einstellung geprägt. Hier, wie auch bei der Q-Sig in Unternehmen und Q-Sig in staatlichen Stellen, spielen weitere verdeckte Faktoren eine entscheidende Rolle bei der zukünftigen Verbreitung bzw. bei der Unsicherheit über die zukünftige Verbreitung der digitalen Signatur in diesen Populationen.

Fazit:

Nur ca. die Hälfte der Teilnehmer fühlte sich in der Lage eine Einschätzung der Absolutwerte der Verbreitung der digitalen Signatur abzugeben. Aus den dennoch abgegebenen Einschätzungen ließen sich interessante Einblicke in mögliche Szenarien der zukünftigen Entwicklung und deren zugrunde liegenden Bestimmungsfaktoren gewinnen. Schließlich wurden Ansatzpunkte zur Verbesserung der Fragestellung gefunden. Als Schwachpunkt der Fragestellung wurde erkannt, dass die substitutive Beziehung von Q- und F-Sig nicht als Rahmenbedingung der Fragestellung in Erscheinung trat.

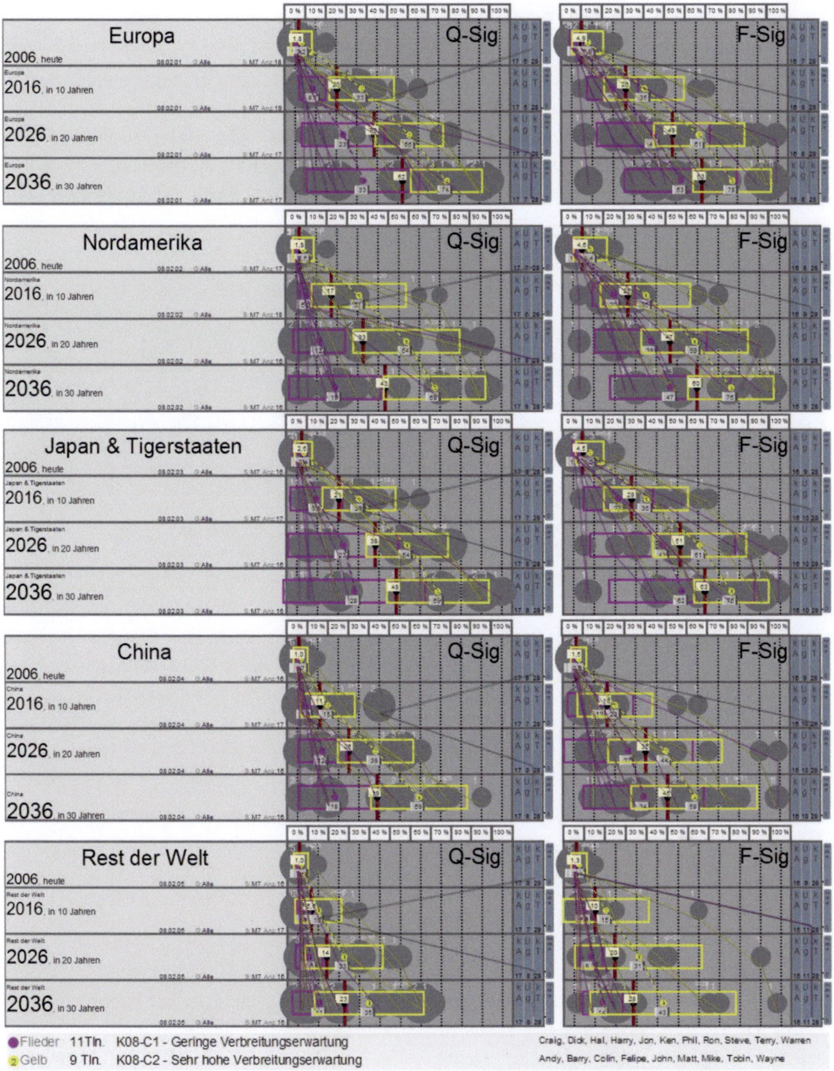

Abbildung 83: Übersicht der zukünftigen QF-Sig-Diffusion weltweit

5.5.5 Regionen weltweit: Überblick über die Ergebnisse

Die Übersicht der Studienaktivitäten der Teilnehmer zur Fragestellung der temporalen Absolutverbreitung der PKI in Populationen weltweit [vgl. Abbildung 84] zeigt eine sehr mäßgie Beteiligung mit einigen ungültigen Stimmen. Insgesamt sind bei den nicht effektiven Stimmen immerhin deutlich mehr aktiv verweigerte Stimmen („Keine Angabe“) als tatsächlich ungültige Stimmen, dennoch zeigt dieses Bild, dass sich die meisten der Teilnehmer mit der Fragestellung überfordert gefühlt haben.

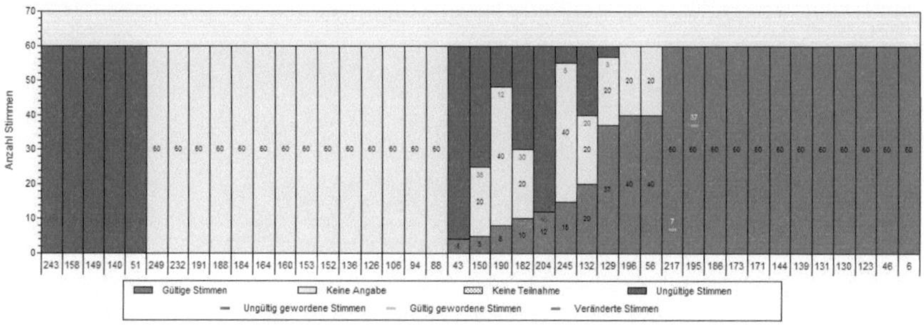

Abbildung 84: Studienaktivitäten der Teilnehmer bzgl. zeitlicher Absolutverbreitung in Regionen weltweit

In der Feedbackrunde haben nur 2 Teilnehmer ihre Stimmabgabe verändert, dies lässt ein zwar sehr partielles, aber dort doch reges Interesse an den Meinungen der anderen Teilnehmer erkennen.

5.5.6 Regionen weltweit: Detaildarstellung der Antworten

Abbildung 83 gibt eine Übersicht der zukünftigen QF-Sig-Diffusion weltweit. Dabei wird sowohl die pessimistische Gruppe Flieder als auch die optimistische Gruppe Gelb als szenariobildende Gruppen dargestellt.

5.5.7 Zusammenfassung und Fazit

Es ist kritisch anzumerken, dass sich nur ca. 50% der Experten zu einer Schätzung bewegen ließen, alle anderen haben hier „keine Angabe“ zurückgemeldet. Einige Begründungen hierfür lauten im Originaltext beispielsweise „Keine verlässliche Informationsbasis für Schätzungen“, oder „Es fehlen ausgeprägte Statistiken über den derzeitigen Stand“. Daher ist die Aussagekraft der verbliebenen Stimmabgaben angegriffen und muss tendenziell als gering angesehen werden. Benötigt werden daher weitere zeitliche Einschätzungen von leichter greifbaren Indikatoren, die vor dem Wissenshintergrund der beteiligten Experten ggf. einfacher einzuschätzen sind. Dennoch hat die Beantwortung der Fragestellung durch bis zu 22 Teilnehmer einen wichtigen Beitrag zur Forschungsfrage 3 – die Frage nach der zukünftigen Verbreitung der PKI – liefern können.

5.6 Ebene D4: Diffusion in Branchen

Die Teilnehmer der Studie wurden in Kapitel 6.2 nach deren Einschätzung über das Nutzenpotenzial in 17 Branchen befragt. Diese Fragen zielen auf die Ebene D4: *Märkte und Branchen.* Jede Branche wurde mit 2 Facettenfragen belegt. Den Teilnehmern wurden zwei Facettenfragen vorgelegt: Potenzial heute (keines, mittleres, hohes) und Verbreitung im Jahr 2016 (sehr gering, teilweise, führend, 90%).

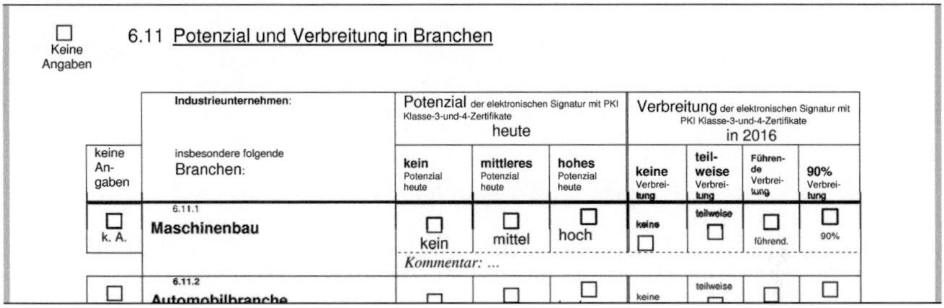

☐ Keine Angaben 6.11 Potenzial und Verbreitung in Branchen

keine Angaben	Industrieunternehmen: insbesondere folgende Branchen:	Potenzial der elektronischen Signatur mit PKI Klasse-3-und-4-Zertifikate heute			Verbreitung der elektronischen Signatur mit PKI Klasse-3-und-4-Zertifikate in 2016			
		kein Potenzial heute	mittleres Potenzial heute	hohes Potenzial heute	keine Verbreitung	teilweise Verbreitung	Führende Verbreitung	90% Verbreitung
☐ k. A.	6.11.1 Maschinenbau	☐ kein	☐ mittel	☐ hoch	keine ☐	teilweise ☐	☐ führend.	☐ 90%
	Kommentar: ...							
☐	6.11.2 Automobilbranche	☐	☐	☐	keine	teilweise ☐	☐	☐

Abbildung 85: Auszug Fragebogen Potenzial und Verbreitung in Branchen

Die Fragestellung der Branchenabfrage wurde bewusst kurz gefasst, da die relativ zur Studienteilnehmerzahl große Anzahl von Branchen eine ohnehin schon geringe Beteiligung an der Frage erwarten ließ. Tatsächlich haben durchschnittlich 33% der Teilnehmer die Auswahl „Keine Angabe" gewählt. Mit durchschnittlich 31 Antworten ist die Frage aber noch in einem Bereich für eine belastbare Aussage. Auch hier zeigt sich der Vorteil der Möglichkeit „Keine Angabe" zu wählen, da in diesem Fall diejenigen, die sich zu keiner Aussage befähigt sahen, nicht zu einer Nonsens-Aussage gezwungen wurden.

5.6.1 Überblick über die Ergebnisse

Die Übersicht der Studienaktivitäten der Teilnehmer zur Fragestellung des Nutzenpotenzials der PKI in Branchen zeigt eine mittlere Beteiligung mit nur wenigen ungültigen Stimmen.

In der Feedbackrunde haben 8 Teilnehmer ihre Stimmabgabe an einigen Stellen verändert, dies lässt ein relativ geringes Interesse an den Meinungen der Teilnehmer untereinander erkennen. Die große Menge von ca. 25 Teilnehmern, die so gut wie alle Fragen zu Branchenpotenzialen verweigert haben, zeigt, dass sich diese Teilnehmer durch die Fragestellung überfordert sahen.

Die Kommentierungstätigkeit mit insgesamt genau zwei Kommentaren zeigt ebenfalls an, dass bei den Teilnehmern kein gesteigertes Interesse an dieser Fragestellung vorliegt.

Die Gruppenanalyse der Teilnehmerstimmen mittels AHC-Verfahren nach Ward führt zur Bildung von 4 relevanten Szenariogruppen mit jeweils spezifischem Stimmverhalten unter Berücksichtigung von 32 Facettenfragen [vgl. Abbildung 86].

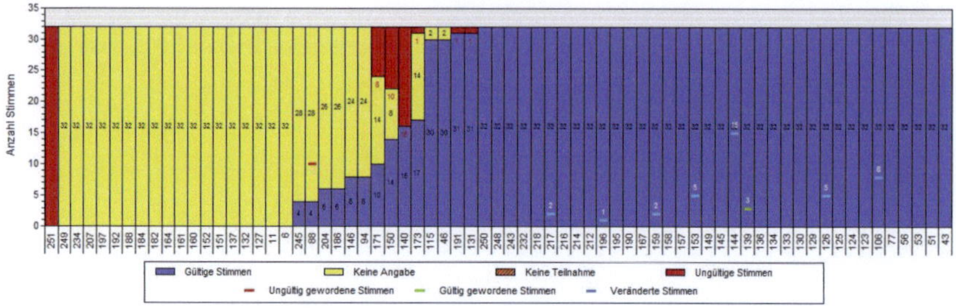

Abbildung 86: Studienaktivitäten der Teilnehmer bzgl. Nutzenpotenzials der PKI in Branchen

28% der Teilnehmer (Gelb, K06_Br3A mit 14 Tln.) sehen die Branchenverbreitung der Q-/F-Sig differenziert negativ.

42% der Teilnehmer (Blau, K06_Br3B1 mit 21 Tln.) sehen tatsächlich eine Branchenverbreitung der PKI, dies aber zumeist nur teilweise.

22% der Teilnehmer (Hellblau, K06_Br3B1 mit 11 Tln.) sehen die Branchenverbreitung tendenziell positiv, unterscheiden aber explizit zwischen den Branchen.

8% der Teilnehmer (Flieder, K06_Br3C mit 4 Tln.) sehen die Branchenverbreitung der PKI undifferenziert positiv.

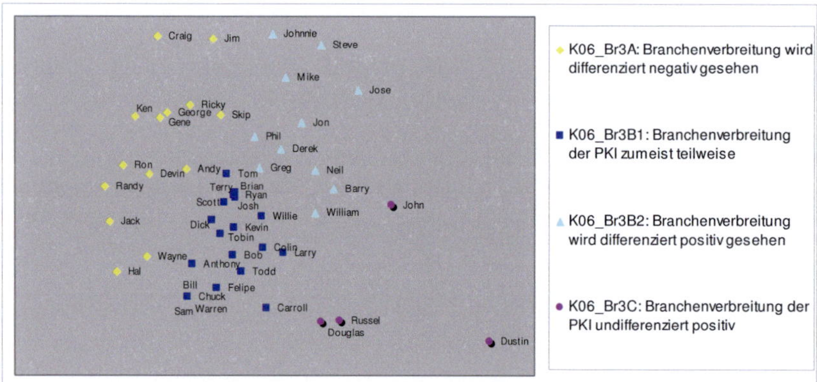

Abbildung 87: Szenariogruppen der Branchenverbreitung im Jahr 2016

5.6.2 *Detaildarstellung der Antworten*

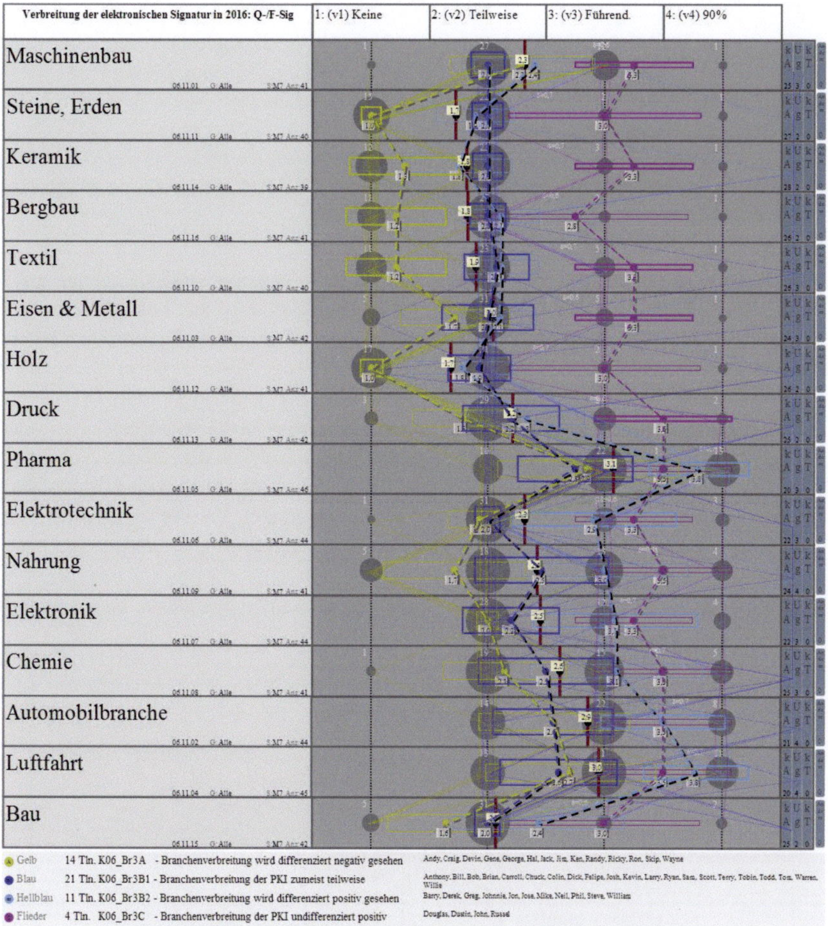

Abbildung 88: Zukünftige Verbreitung der PKI in Branchen

5.6.3 *Zusammenfassung und Fazit*

Die Ergebnisse legen nahe, dass im Jahre 2016 die PKI in Form von mindestens der F-Sig führend in den Industriebranchen Pharma, Luftfahrt und Automotive Verbreitung gefunden haben wird. Eine wenigstens teilweise Verbreitung wird, in absteigender Reihenfolge, für die Branchen Chemie, Elektronik, Nahrung, Elektrotechnik, Maschinenbau, Druck, Bau, Eisen & Metall, Bergbau, Keramik sowie Steine und Erden vorhergesagt.

5.7 Ebene T1&S: Verbundprobleme und -lösungen im Umfeld der PKI-Technologie

Um die Ebene T1 des T2D4JS-Modells zu modellieren, wurden den Teilnehmern Fragen mit Bezug auf die in Kapitel 2 identifizierten Problemelemente und Lösungsbausteine vorgelegt. Dabei handelte es sich um 16 Problemfaktoren und 8 Lösungsfaktoren, die jeweils mit 6 Facettenfragen zu bearbeiten waren.

Die Analyse der Problemelemente und Lösungsbausteine wurde im Rahmen einer seperaten Vertiefungsstudie von insgesamt 42 Teilnehmern bearbeitet.

Das Design des Themenkomplexes „Problemauflösung und Lösungsetablierung im sozioökonomischen und technischem Umfeld der PKI-Technologie" weist drei Besonderheiten auf: 1. Fragestellungen in Zwillingsform , 2. Die besondere Länge der Fragestellung und 3. Die hohe Anzahl von Facettenfragen.

1. Besonderheit: Fragestellungen in Zwillingsform - Es werden pro Themenkomplex ein Problemfaktor und ein Lösungsfaktor zugleich behandelt. Da es Problemfaktoren gibt, die eng mit einem Lösungsfaktor verbunden sind, wurden immer ein Problemfaktor und ein Lösungsfaktor zugleich vorgestellt und zur inhaltlichen Bewertung bereitgestellt. Bei Problemfaktoren ohne besonders verbundenen Lösungsfaktoren wurde die Abfrage einzeln durchgeführt et verce visa.

Um Perzeptionsunterschiede zwischen den Themenkomplexen zu vermeiden, ist der Text in einer immer gleichartigen Art strukturiert [vgl. Abbildung 89].

Zielnennung und Zielbeschreibung	
Nennung Problemfaktor mit Hinweis auf das Ziel Kurzbeschreibung des Problems Detailbeschreibung des Problems	Nennung Lösungsfakor mit Hinweis auf das Ziel Kurzbeschreibung der Lösung Detailbeschreibung der Lösung
Seine hemmende Wirkung des Problems A auf Erreichung des Zieles begründet sich folgendermaßen: **Text**	*Die fördernde Wirkung zur Erreichung des vorgegebenen Zieles ergibt sich so:* **Text.**
*Um Sachverhalt A abzulösen, bedarf es folgender Vorbedingungen:***Text.**	*Um die Lösung zu etablieren, bedarf es der folgenden Vorbedingungen:* **Text.**
Der komplementäre Zusammenhang des problematischen Sachverhalts A durch den problemlösenden Sachverhalt B wird wie folgt begründet: **Text.**	

Abbildung 89: Struktur der Darstellung von Ziel sowie Problem- und Lösungsfaktoren

Die Verbindung von Problem- zu Lösungsfaktor wird über das einheitliche Zielsystem hergestellt. Dabei wird zunächst das Ziel genannt und ggf. um eine Zielbeschreibung ergänzt. Der

Problemfaktor wird nun als Hindernis und der Lösungsfaktor als Lösungsbeitrag bzgl. der Erreichung des Ziels dargestellt. Die Darstellung der Einflussfaktoren geschieht in 5 Stufen: 1. Verkürzte, plakative Nennung mit Bezugnahme zum Ziel; 2. Die Kurzbeschreibung des Einflussfaktors; 3. Ggf. weitere, ergänzende Details; 4. Die hemmende Wirkung des Problemfaktors auf die Erreichung des Ziels wird explizit erläutert und 5. Es werden Vorbedingungen genannt, die erfüllt werden müssen, damit der Problemfaktor aufgelöst werden kann. Weiterhin folgt abschließend ggf. eine Erläuterung, warum der dargestellte Lösungsfaktor mit dem Problemfaktor in einem komplementären Zusammenhang stehen. Abbildung 90 zeigt exemplarisch das Thema 11 aus dem Fragebogen.

7.11 Problem: **Hürdenlose, einfache Weitergabe der PIN-Nummer** mit dem Lösungsinstrument **Einsatz biometrischer Verfahren**, um dem Ziel Sichere Identifikation des signierenden Benutzers näher zu kommen.

Das Ziel "*Sichere Identifikation des signierenden Benutzers*" bedeutet: *Die Identifizierung der handelnden Person bei der mitgeführten persönlichen Sicherheitsumgebung (PSE) soll eindeutig und für den Benutzer einfach und schnell geschehen.*

Der Sachverhalt "***Hürdenlose, einfache Weitergabe der PIN-Nummer***" stellt ein Hindernis dar, um das Ziel "*Sichere Identifikation des signierenden Benutzers*" zu erreichen.

Kurzbeschreibung des Problems:

Die Hemmschwelle, im Namen anderer Personen elektronisch zu signieren, liegt relativ niedrig. Auch die Weitergabe der PIN-Nummer im Sinne einer Vollmacht kann allzuleicht geschehen.

Detailbeschreibung des Problems:

Die Eingabe oder Weitergabe einer "Persönlichen Identifikationsnummer" (PIN) baut keine besonderen emotinalen oder technischen Barrieren auf.

Der Sachverhalt "***Einsatz biometrischer Verfahren***" ist ein Lösungsbeitrag, um das Ziel "*Sichere Identifikation des signierenden Benutzers*" zu erreichen.

Kurzbeschreibung der Lösung:

Für die Identifikation des Benutzers bei seiner PSE ersetzen biometrische Verfahren die Identifikation der Person.

Detailbeschreibung der Lösung:

Das Pärchen "Wissen und Besitz" wird ausgetauscht gegen "Individualität und Besitz"

Das illegale Ausspähen oder die unbedachte Offenbarung von PINs, falls diese beispielsweise auf Zetteln notiert wurden, schwächt die Identitätsfunktion. Gegen die Konsequenzen, die für einen Benutzer in einem solchen Fall entstehen könnten, werden verbraucherschutzrechtliche und datenschutzrechliche Bedenken entgegen gehalten.

Um das Problem abzulösen, bedarf es folgender Vorbedingungen: ***Steigender Problemdruck von Seiten Verbraucherschützern; Nutzung von immer höherstelligen PIN-Nummern könnte zu einem Gedächtnisproblem bei den Nutzern führen.***

☐ Keine Angaben — 7.11. Frage A: **Alles verstanden?**
Haben Sie den geschilderten Sachverhalt verstanden?
☐Ja ☐Nur teilweise ☐Nein
Gründe: ...

☐ Keine Angaben — 7.11. Frage B: **Ihr Kenntnisstand?**
Wie schätzen Sie Ihren Kenntnisstand zum geschilderten Sachverhalt ein?
☐Hoch ☐Mittel ☐Niedrig
Kommentare zum Sachverhalt: ...

Fragen - nächste Seite >>>

Abbildung 90: Vorstellung Problem- und Lösungsfaktoren zur Biometrie

2. *Besonderheit: Die besondere Länge der Fragestellung* - Die Fragestellung ist länger als gewöhnlich und kann bis zu einer 3/4 Seite Text umfassen, der zum Teil in zwei Spalten angeordnet ist. Unter dem Text zur Darstellung des Ziels, des Problems- sowie des Lösungsfaktors folgen zwei flankierende Fragen: 1. Die Frage, ob der Studienteilnehmer die Frage verstanden hat und 2. Die Frage nach dem eigenen Kenntnisstand zu diesem Sachverhalt. Beide Fragen können als Multiple-Choice beantwortet und mit Kommentaren versehen werden. So wird erreicht, dass der Studienteilnehmer nach Durchlesen der Beschreibung der Einflussfaktoren in-

nehält und sich selber die Frage stellt, ob er oder sie denn den Sachverhalt überhaupt verstanden hat. Ein Ermuntern also, die Fragestellung aufmerksam zu lesen. Ggf. führt diese Frage zu einem erneuten Lesen und damit zu einem tieferen Verständnis für die Fragestellung. Des Weiteren bietet die Frage mit der Kommentierungsmöglichkeit ein Ventil, um ggf. negative Empfindungen zu äußern, und damit die Motivation für die nächsten Fragen zu erhalten. Die zweite Frage zielt auf dem individuellen Kenntnisstand des Teilnehmers zum speziellen Thema.

3. Besonderheit: Die hohe Anzahl von Facettenfragen – Jedes Thema besteht aus drei begleitenden und fünf inhaltlichen Facettenfragen. Die oben genannten Facettenfragen nach Fragenverständnis und Kenntnisstand zum Sachverhalt schließen die Darstellung der Problem- und Lösungsfaktoren ab. Nach den fünf inhaltlichen Facettenfragen [vgl. Abbildung 91] folgt die abschließende Frage nach den Erfahrungen der Teilnehmer mit der gerade bearbeiteten Fragestellung.

Ziel	
Problemfaktor	*Lösungsfaktor*
1. Für wie wünschenswert halten Sie die Überwindung des Problems?	1. Für wie wünschenswert halten Sie die Etablierung der Lösung?
2. Wie werten Sie allgemein die Bedeutung des Problems?	2. Wie werten Sie allgemein die Bedeutung der Lösung?
3. Wie bewerten Sie die praktischen Auswirkungen des Problems heute?	3. Wie bewerten Sie die praktischen Auswirkungen der Lösung heute?
4. Wie bewerten Sie die praktische Auswirkungen des Problems in 10 Jahren (in 2016)?	4. Wie bewerten Sie die praktische Auswirkungen der Lösung in 10 Jahren (in 2016)?
5. Wann wird das Problem in der Praxis überwunden sein?	5. Wann wird die Lösung in der Praxis etabliert sein?

Abbildung 91: Struktur der inhaltlichen Facettenfragen zu Problem- und Lösungsfaktoren

Diese ersten beiden der fünf inhaltlichen Facettenfragen erfassen die Dringlichkeit und Wichtigkeit des Einflussfaktors. Die Dringlichkeit wird durch die Frage, als wie wünschenswert eine Problemüberwindung bzw. eine Lösungsetablierung angesehen wird, zum Ausdruck gebracht. Die Wichtigkeit wird durch die Frage nach der subjektiven Einschätzung, wie wünschenswert der Teilnehmer die Problemüberwindung bzw. die Lösungsetablierung beurteilt, realisiert.

Die nächsten beiden Facettenfragen fragen die Wirksamkeit der Einflussfaktoren heute und in 10 (2016) Jahren ab und sollen den Studienteilnehmer gedanklich auf die Finalfrage nach der Jahreszahl vorbereiten. Die Antwort verlangt, mit jeweils 3 gleichen Skalen, die Einschätzung der Auswirkung der Lösung bzw. des Problems für die Jahre 2006 und 2016.

Die letzte inhaltliche Facettenfrage ist die Finalfrage. Im Falle der Problemfaktoren wird hier nach der genauen zeitlichen Einordnung gefragt. Es soll das Jahr angegeben werden, wann das Problem um 80% abgestellt ist. Eine Ausnahme bildet das Problem „Multiple PSEs". Hier wurde davon ausgegangen, dass das Inkrafttreten des Problems sehr spät stattfindet, daher wurde in diesem Fall nicht nach der Problemauflösung, sondern nach dem Zeitpunkt der 20%-Wirksamkeit des Problems gefragt. Im Falle von Lösungsfaktoren wird von dem Studienteilnehmer die zeitliche Einordnung der Etablierung der Lösung abgefragt. Hierbei soll angenommen werden, dass zum genannten Zeitpunkt die Lösung zu 80% etabliert wäre. Die Antwort ist in beiden Fällen, der Problemlösung und der Lösungsetablierung, als Auswahl aus einem 4-Jahres-Raster einer Multiple-Choice-Antwort zu geben. Andere Antwortfacetten wären ebenso denkbar gewesen, z.B. die Nennung eines Jahres in einem Freitextfeld oder die Nennung einer Jahresdifferenz von heute bis zum Zieljahr. Die gewählte Multiple-Choice-Variante hat den Vorteil, dass sie dem Teilnehmer sowohl die absolute Jahreszahl also auch die Zeitdifferenz vor Augen führt [vgl. Abbildung 92].

Ziel: Sichere Identifikation des signierenden Benutzers

***Problem:** Hürdenlose, einfache Weitergabe der PIN-Nummer*	***Lösung:** Einsatz biometrischer Verfahren*
7.11. Frage C: Für wie <u>wünschenswert</u> halten Sie die <u>Überwindung</u> des Problems? ☐Problem **sollte unbedingt** überwunden werden ☐Überwindung wäre ggf. **erstrebenswert** ☐Es **kann so bleiben** wie es ist ☐Es **soll so bleiben** wie es ist ✦ ☐ Keine Angaben Gründe: *Ihr_Kommentar*	7.11. Frage D: Für wie <u>wünschenswert</u> halten Sie die <u>Etablierung</u> der Lösung? ☐Der Sachverhalt **sollte unbedingt** realisiert werden. ☐Eine Realisierung wäre ggf. **erstrebenswert** ☐Es **kann so bleiben** wie es ist ☐Es **soll so bleiben** wie es ist ✦ ☐ Keine Angaben Gründe: *Ihr_Kommentar*
7.11. Frage E: Wie werten Sie <u>allgemein</u> die <u>Bedeutung</u> des Problems? ☐ Zentrales theoretisches Hemmnis ☐ Mittleres theoretisches Hemmnis ☐ Gar kein Hemmnis ✦ ☐ Keine Angaben Gründe: *Ihr_Kommentar*	7.11. Frage F: Wie werten Sie <u>allgemein</u> die <u>Bedeutung</u> der Lösung? ☐ Hohe theoretische Bedeutung ☐ Mittlere theoretische Bedeutung ☐ Niedrige theoretische Bedeutung ✦ ☐ Keine Angaben Gründe: *Ihr_Kommentar*
7.11. Frage G: Wie bewerten Sie die <u>praktischen Auswirkungen</u> des Problems **<u>heute</u>**? ☐ Bedeutendes Hemmnis in der Praxis ☐ Auffälliges Hemmnis in der Praxis ☐ Kein akutes Hemmnis in der Praxis ✦ ☐ Keine Angaben Gründe: *Ihr_Kommentar*	7.11. Frage H: Wie bewerten Sie die <u>praktische</u> <u>Wirksamkeit</u> der Lösung **<u>heute</u>**? ☐Deutliche Wirksamkeit in der Praxis ersichtlich ☐Teilweise Wirksamkeit in der Praxis zu beobachten ☐Keine Wirksamkeit in der Praxis zu registrieren ✦ ☐ Keine Angaben Gründe: *Ihr_Kommentar*
***Wdh. Problem:** Hürdenlose, einfache Weitergabe der PIN-Nummer*	***Wdh. Lösung:** Einsatz biometrischer Verfahren*
7.11. Frage I: ... <u>praktische Auswirkungen</u> des Problems **<u>in 10 Jahren</u>** (in 2016)? ☐ Bedeutendes Hemmnis ☐ Auffälliges Hemmnis ☐ Kein akutes Hemmnis ✦ ☐ Keine Angaben Gründe: *Ihr_Kommentar*	7.11. Frage J: ... <u>praktische Auswirkungen</u> der Lösung **<u>in 10 Jahren</u>** (in 2016)? ☐ Deutliche Verbesserungen in der Praxis spürbar ☐ Teilweise Verbesserungen in der Praxis zu erkennen ☐ Verbesserungen in der Praxis kaum nachweisbar ✦ ☐ Keine Angaben Gründe: *Ihr_Kommentar*
7.11. Frage K: Wann wird das <u>Problem</u> in der Praxis <u>überwunden</u> sein? ☐2006 Problem ist heute schon zu 80% überwunden ☐2010 Problem ist **in 4 Jahren** zu 80% überwunden ☐2014 Problem ist **in 8 Jahren** zu 80% überwunden ☐2018 Problem ist **in 12 Jahren** zu 80% überwunden ☐2022 Problem ist **in 16 Jahren** zu 80% überwunden ☐2026 Problem ist **in 20 Jahren** zu 80% überwunden ☐>2026 Überwindung in **über 20 Jahren oder niemals** ✦ ☐ Keine Angaben Gründe: *Ihr_Kommentar*	7.11. Frage L: Wann wird die <u>Lösung</u> in der Praxis <u>etabliert</u> sein? ☐2006 Lösung ist heute bereits zu 80% etabliert ☐2010 Lösung ist **in 4 Jahren** zu 80% etabliert ☐2014 Lösung ist **in 8 Jahren** zu 80% etabliert ☐2018 Lösung ist **in 12 Jahren** zu 80% etabliert ☐2022 Lösung ist **in 16 Jahren** zu 80% etabliert ☐2026 Lösung ist **in 20 Jahren** zu 80% etabliert ☐>2026 Lösung in **über 20 Jahren oder niemals** ✦ ☐ Keine Angaben Gründe: *Ihr_Kommentar*

7.11. Frage M:
Wie kamen Sie mit dieser Frage zurecht?
☐Gut
☐Nicht so gut Gründe: *Ihr_Kommentar*

Abbildung 92: Multiple-Choice-Fragebogen zu Problem- und Lösungsfaktoren

Der Nachteil der gewählten Variante liegt hier in der Geschlossenheit der Skala, die dem unentschlossenen Teilnehmer durch die Vorgabe von relativ großen Skalenschritten von vier Jahren suggeriert, dass generell mit langen Zeiträumen zu rechnen sei. Dieser Gefahr wurde durch die Auswahlmöglichkeit am oberen Ende der Zeitskala vorgebeugt, welche lautet „[…] über 20 Jahre oder niemals“, so dass angenommen wird, dass die Teilnehmer durch die Vorgabe der Skala nicht oder nur gering beeinflusst wurden.

5.7.1 *Überblick: Alle Facettenfragen der Vertiefungsstudie*

Die Übersicht der Studienaktivitäten der Teilnehmer zur Fragestellung der Verbundprobleme und -lösungen im Umfeld der PKI-Technologie [vgl. Abbildung 93] zeigt zunächst eine große Anzahl von Teilnehmern der Hauptptstudie, die nicht an der Vertiefungsstudie teilgenommen haben. Für das Feld der Studienteilnehmer der Vertiefungsstudie wird eine hohe Beteiligung mit überwiegend gültigen Stimmen ausgewiesen.

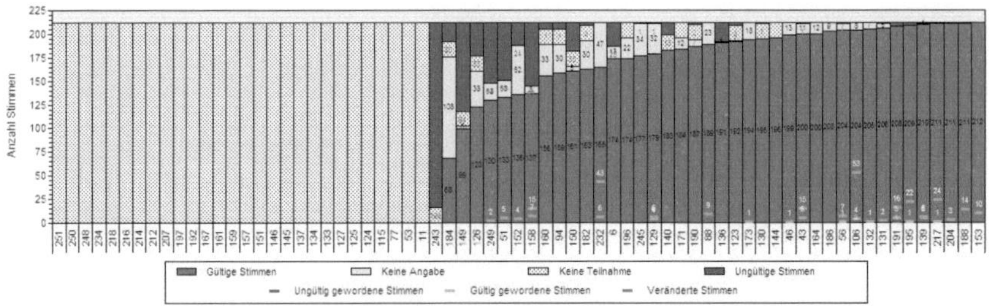

Abbildung 93: Studienaktivitäten der Teilnehmer in der Vertiefungsstudie

Die nicht effektiven Stimmen weisen einen hohen Anteil von nicht gültigen Stimmen auf, was darauf hindeutet, dass hier gewisse Fragestellungen vollständig vergessen worden sind oder die Bearbeitungsmethode nicht stringent war. Die kleinen Blöcke von Nicht-Teilnahmen lassen sich auf die Auslassung der in der Initialrunde hinzugekommenen Umfänge zurückführen. In der Feedbackrunde haben 21 Teilnehmer ihre Stimmabgabe an einigen Stellen verändert, dies lässt ein reges Interesse an den Meinungen der Teilnehmer untereinander erkennen.

5.7.2 *Überblick: Dringlichkeit und Wichtigkeit von Lösungen und Problemüberwindungen*

Die Übersicht der Studienaktivitäten der Teilnehmer zur Fragestellung der „Dringlichkeit und Wichtigkeit von Lösungen und Problemüberwindungen“ zeigt eine hohe Beteiligung mit nur wenigen ungültigen Stimmen [vgl. Abbildung 96]. In der Feedbackrunde haben 19 Teilnehmer ihre Stimmabgabe an einigen Stellen verändert, dies lässt ein reges Interesse an den Meinungen der Teilnehmer untereinander erkennen.

Die Gruppenanalyse der Teilnehmerstimmen mittels des AHC-Verfahrens nach Ward führt zur Bildung von 4 relevanten Szenariogruppen mit jeweils spezifischem Stimmverhalten unter Berücksichtigung von 56 Facettenfragen [vgl. Abbildung 97].

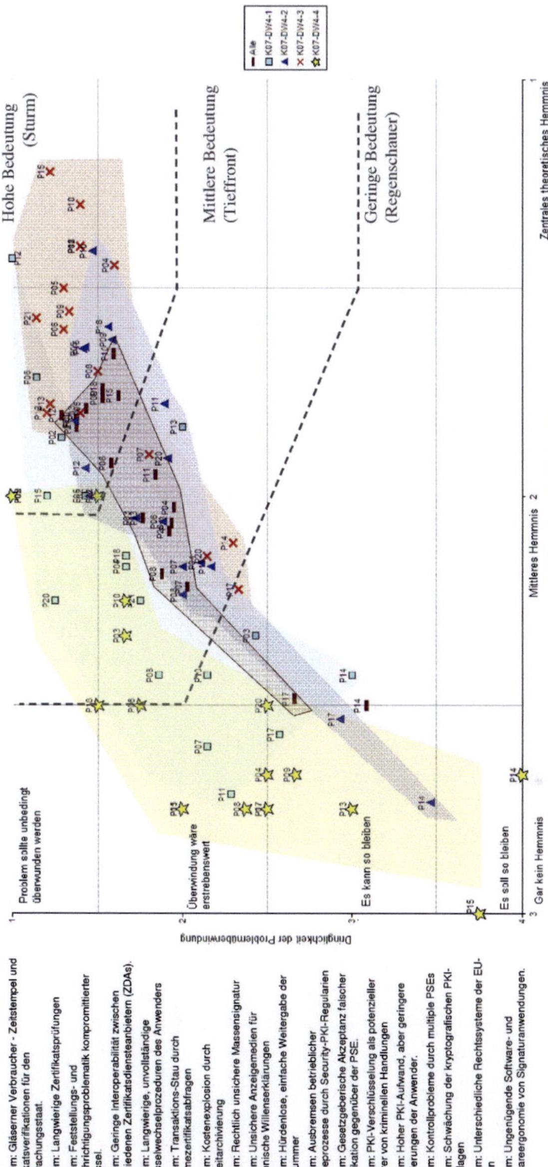

Abbildung 94: Bedeutungsportfolio von Problemfaktoren (4 Szenarien)

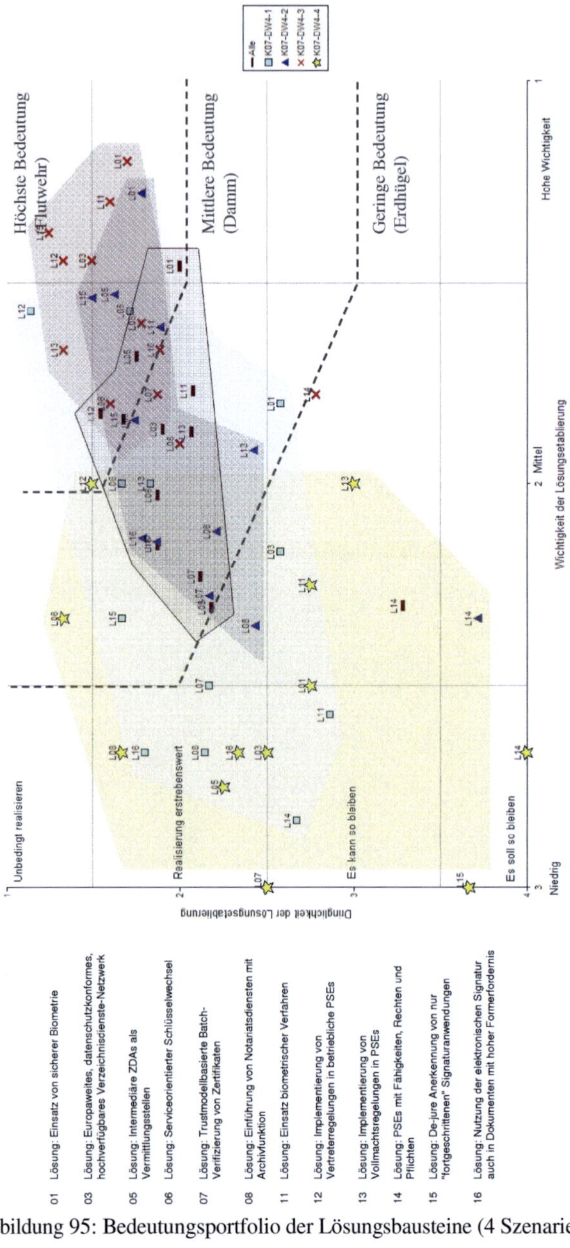

Abbildung 95: Bedeutungsportfolio der Lösungsbausteine (4 Szenarien)

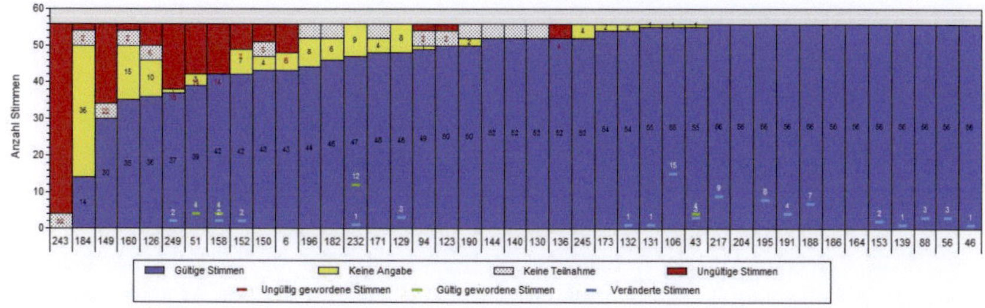

Abbildung 96: Studienaktivitäten der Teilnehmer bzgl. Dringlichkeit und Wichtigkeit bei P&L

48% der Teilnehmer (K07-DW4-2 mit 19 Tln.) schätzen die Wichtigkeit von Problemüberwindungen oder Lösungsetablierungen im PKI-Bereich tendenziell mit einer mittleren Höhe bei leicht gefühlter Dringlichkeit. 25% der Teilnehmer (K07-DW4-1 mit 10 Tln.) schätzen die Wichtigkeit als tendenziell hoch ein und sehen höchste Dringlichkeit in der Problemüberwindung oder bei der Lösungsetablierung. 18% der Teilnehmer (K07-DW4-3 mit 7 Tln.) schätzen die Wichtigkeit als tendenziell niedrig ein, wobei trotzdem eine gewisse Dringlichkeit gesehen wird. 10% der Teilnehemer (K07-DW4-4 mit 4 Tln.) schätzen die Wichtigkeit als tendenziell niedrig ein, urteilen über die Dringlichkeit aber mit größerer Spannweite.

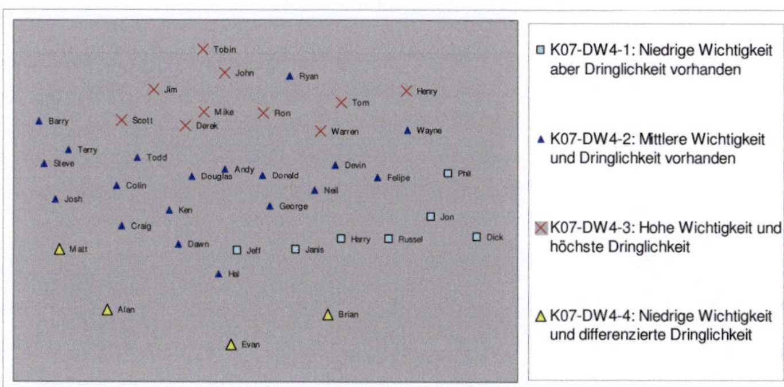

Abbildung 97: MDS-Analyse der Szenariogruppen zur Dringlichkeit und Wichtigkeit: 4 Gruppen

Die Dringlichkeit und Wichtigkeit der Problemfaktoren werden in Abbildung 94 jeweils für alle vier Szenariogruppen und für die Gesamtgruppe dargestellt. Die Differenzierung der Gruppen geschieht über Formen der Punkte sowie deren Farben. Um nun zu einer prägnanten Zusammenfassung der Bedeutung eines Problemfaktors zu gelangen, wird das Portfolio in drei Bereiche unterteilt. Der Bereich mit gleichzeitig geringer Wichtigkeit und niedriger Dringlichkeit wird zusammenfassend als Bereich mit geringer Bedeutung definiert und erhält die bildliche Beschreibung: *Regenschauer*. Mittlere Bedeutung wird als *Tieffront* charakterisiert und der Bereich der hohen Bedeutung als *Sturm*.

Die Dringlichkeit und Wichtigkeit der Lösungsfaktoren werden in Abbildung 95 jeweils für alle vier Szenariogruppen und für die Gesamtgruppe dargestellt. Die Differenzierung der Gruppen geschieht über Formen der Punkte sowie deren Farben. Um nun zu einer prägnanten Zusammenfassung der Bedeutung eines Lösungsfaktors zu gelangen, wird das Portfolio in drei Bereiche unterteilt.

Der Bereich mit gleichzeitig geringer Wichtigkeit und niedriger Dringlichkeit wird zusammenfassend als Bereich mit geringer Bedeutung definiert und erhält die bildliche Beschreibung *Erdhügel* in Anlehnung an eine einfache Maßnahme gegen Hochwasser. Mittlere Bedeutung wird als *Damm* charakterisiert und der Bereich der hohen Bedeutung als *Flutwehr*.

Die Portfoliodarstellung der Dringlichkeit und Wichtigkeit von Problemfaktoren zeigt auf, dass die weniger wichtigen Probleme eine sehr hohe Dringlichkeit haben. Dringlichkeit und Wichtigkeit weisen klare Abhängigkeiten von einander auf. Die Portfoliodarstellung der Dringlichkeit und Wichtigkeit von Lösungsbausteinen zeigt ebenfalls eine Abhängigkeit der beiden Faktoren auf, die aber wesentlich weniger stark ausgeprägt ist, als dies bei den Problemfaktoren der Fall ist.

5.7.3 Überblick: Wirksamkeit von Lösungen und Problemüberwindungen heute und in 10 Jahren

Die Übersicht der Studienaktivitäten der Teilnehmer zur Fragestellung der Wirksamkeit von Lösungen und Problemüberwindungen zeigt eine hohe Beteiligung. Nicht effektive Stimmabgaben entfallen hälftig auf verweigerte Stimmen („Keine Angabe“) und auf ungültige Stimmen. In der Feedbackrunde haben 17 Teilnehmer ihre Stimmabgabe an vielen Stellen verändert, dies lässt ein reges Interesse an den Meinungen der Teilnehmer untereinander erkennen.

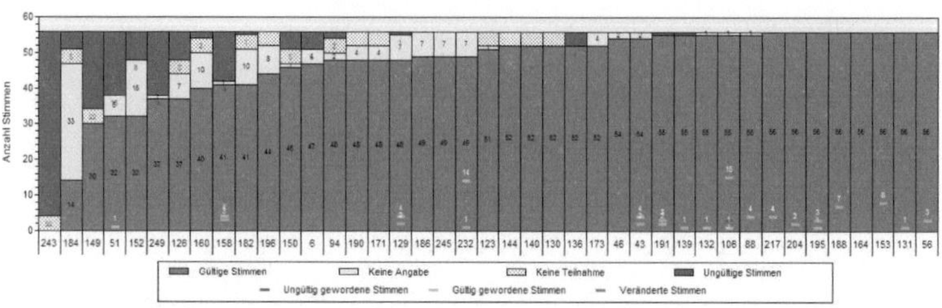

Abbildung 98: Studienaktivitäten der Teilnehmer bzgl. Wirksamkeit 2006-2016 bei P&L

Die Gruppenanalyse der Teilnehmerstimmen mittels des AHC-Verfahrens nach Ward führt zur Bildung von 5 relevanten Szenariogruppen mit jeweils spezifischem Stimmverhalten unter Berücksichtigung von 56 Facettenfragen [vgl. Abbildung 101].

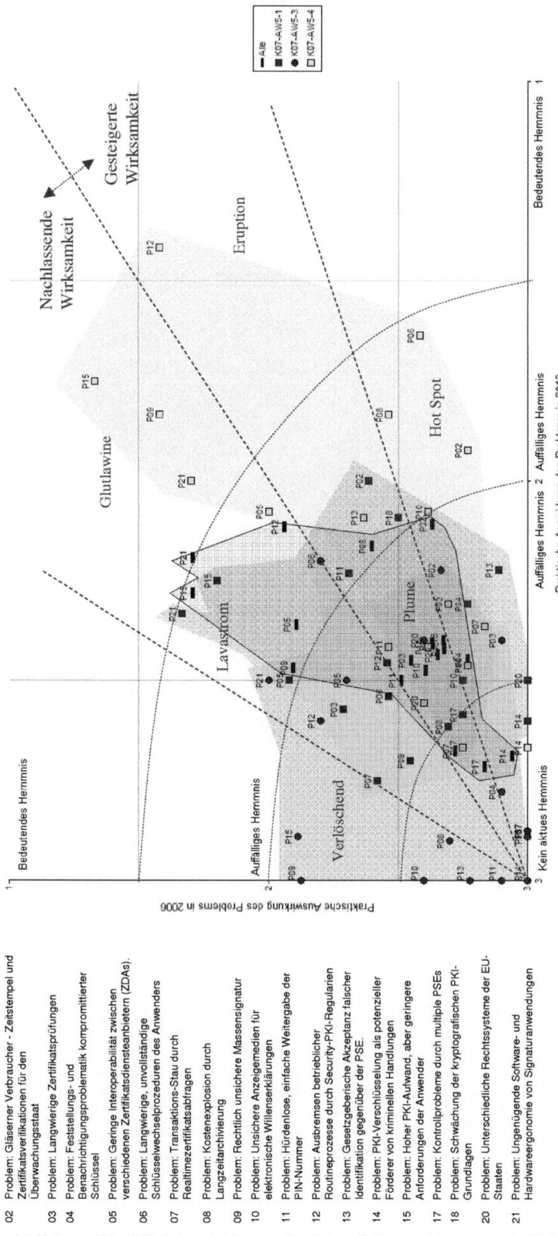

Abbildung 99: Wirksamkeit von Problemfaktoren heute und 2016

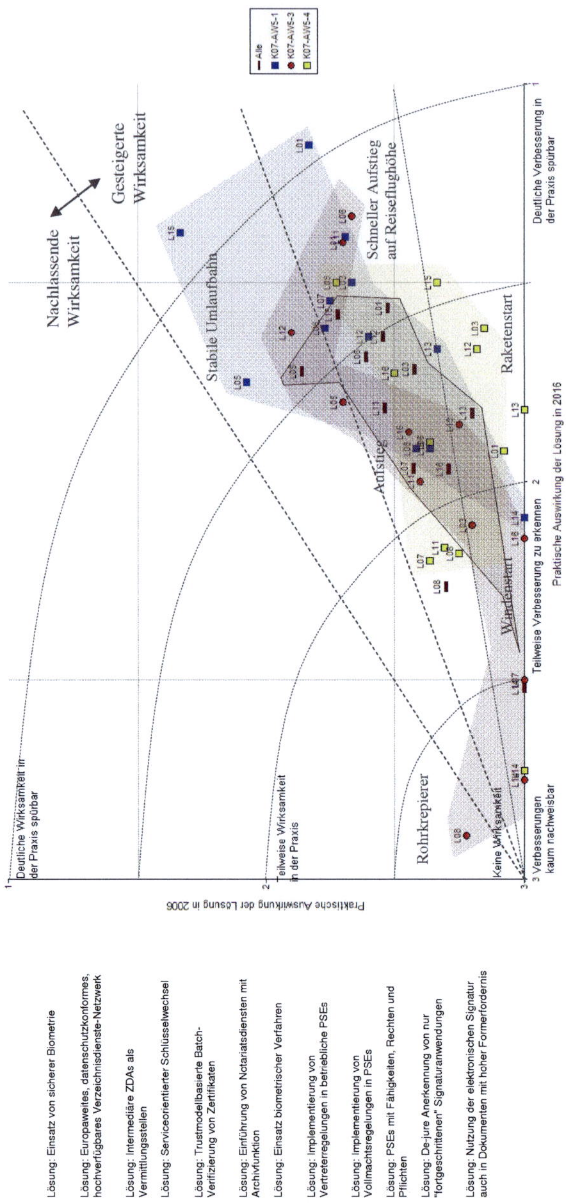

Abbildung 100: Portfolio der Wirksamkeit von Lösungsfaktoren heute und 2016

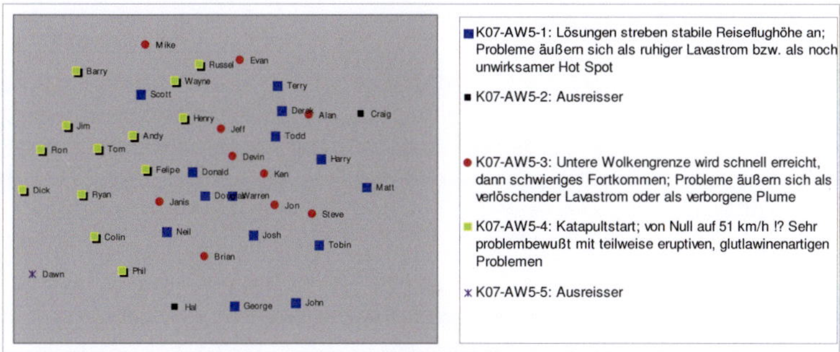

Abbildung 101: MDS-Analyse der Szenariogruppen zur Wirksamkeit von P&L

Die Gruppen K07-AW5-2 und K07-AW5-5 bündeln die Meinungsprofile von drei Teilnehmern und werden daher als Ausreißergruppen angesehen und nicht weiter analysiert. Um zu einer Charakterisierung der Szenariogruppen zu gelangen, wurde für die Lösungsfaktoren und die Problemfaktoren eine jeweils eigene Portfoliodarstellung erstellt.

Im Abbildung 100 werden die Lösungsfaktoren in einem 2D-Portfolie entlang der Dimensionen *Auswirkung 2016* (X-Achse) und *Auswirkung 2006* (Y-Achse) für die drei Szenariogruppen dargestellt. Die Flächen, die von den Gruppen umspannt werden, wurden umrissen und nach den Gruppenfarben eingefärbt.

Für die Szenariogruppen der Auswirkung von Lösungsfaktoren ergibt sich folgendes Bild:

35% der Teilnehmer (Blau, K07-AW5-1 mit 14 Tln.) haben demnach die Vorstellung, dass die meisten Lösungen in 2016 zu einer klaren Verbesserung für die Einsatzsituation der PKI-Technologie führen, die Lösungen streben also – bildlich gesprochen – eine stabile Reiseflughöhe an.

25% der Teilnehmer (Rot, K07-AW5-3 mit 10 Tln.) gehen ebenfalls von einer Entfaltung der Lösungen aus, die Wirkungsausprägung wird allerdings nicht so hoch angesehen. Dafür wurde vereinfachend ein Aufstieg eines Flugzeugs bis unterhalb der Wolkengrenzen als charakterisierendes Bild für diese Gruppe gewählt.

33% der Teilnehmer (Gelb, K07-AW5-4 mit 13 Tln.) sehen heute quasi gar keine Wirksamkeit der Lösungsfaktoren, gehen aber trotzdem von einer nachhaltigen Wirksamkeit in 2016 aus, die ungefähr die Höhe der *Wolkengrenze* erreicht. Daher wird für diese Gruppe das Bild des *Katapultstarts* gewählt, wobei aber nicht sehr hohe Geschwindigkeiten erreicht werden.

Für die Auswirkung von Problemfaktoren wurde in Abbildung 99 ebenfalls ein Portfolio erstellt. Für die Charakterisierung der resultierenden Wirkung eines Problemfaktors zwischen 2006 und 2016 wurden Analogien aus dem Vulkanismus herangezogen.

Für die drei Szenariogruppen ergibt sich folgendes Bild:

35% der Teilnehmer (Blau, K07-AW5-1 mit 14 Tln.) haben demnach die Vorstellung, dass es einige mittlere Probleme gibt, die bis 2016 in ihren Ausmaßen schrumpfen werden, ebenso wie es einige, heute noch kleine, Probleme gibt, die bis 2016 langsam zunehmend in das Blickfeld laufen. Bildhaft ausgedrückt: Probleme äußern sich als ruhiger Lavastrom bzw. als noch unwirksamer Hot Spot, der sich aber entwickelt.

25% der Teilnehmer (Rot, K07-AW5-3 mit 10 Tln.) gehen ebenfalls davon aus, dass es Probleme gibt, die bis 2016 geschrumpft sind, genauso wie es Probleme gibt, die sich noch entwickeln werden. Keins der Probleme wird dabei eine solche Auswirkung erreichen, dass es als auffälliges Problem wahrgenommen werden wird. Bildlich gesprochen: Probleme äußern sich als verlöschender Lavastrom oder als verborgene Plume[16].

33% der Teilnehmer (Gelb, K07-AW5-4 mit 13 Tln.) schließlich sehen die Probleme bis 2016 fast ausschließlich als sich von einer ohnehin schon klar vorhandenen Basis vergrößernd an. Falls ein Nachlassen der Intensität auftritt, dann nur unter solchen Problemen, die bereits „eruptive“ Wirksamkeit erlangt haben. Diese Gruppe kann als sehr problembewusst mit teilweise eruptiven, glutlawinenartigen Problemen gekennzeichnet werden.

5.7.4 *Übersicht der Etablierung von Lösungen oder Auflösungen von Problemen*

Die Übersicht der Studienaktivitäten der Teilnehmer zur Fragestellung der Problemüberwindung und Lösungsetablierung im Bereich der PKI-Technologie zeigt eine gute Beteiligung mit einigen nicht effektiven Stimmen [vgl. Abbildung 102]. Unter der Mehrzahl der nicht effektiven Stimmen sind jedoch die aktiv verweigerten Stimmen, so dass immer noch mit einer hohen Teilnehmermotivation für diese Fragestellungen gerechnet werden kann.

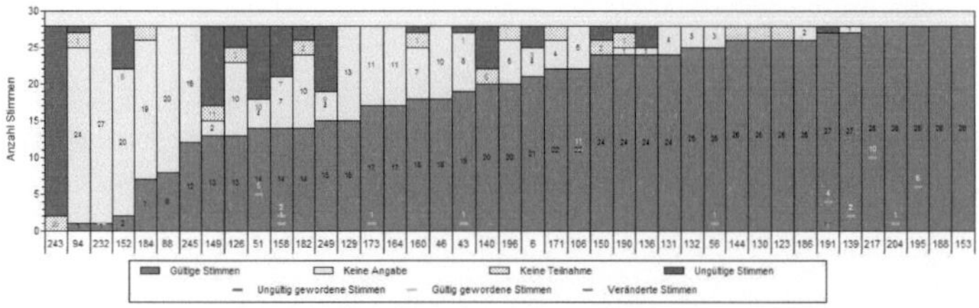

Abbildung 102: Aktivitäten der Tln. bzgl. Lösungsetablierung und Problemüberwindung

In der Feedbackrunde haben 12 Teilnehmer ihre Stimmabgabe an einigen Stellen verändert, dies lässt zudem auf ein vorhandenes Interesse an den Meinungen der Teilnehmer untereinander schließen.

[16] Als engl. *Plume* wird eine Magmasäule bezeichnet, welche aus dem unteren Erdmantel aufsteigt – ein natürlicher, aus dem Erdinnern geheizter Konvektionsstrom.

Die Gruppenanalyse der Teilnehmerstimmen mittels des AHC-Verfahrens nach Ward führt zur Bildung von 4 relevanten Szenariogruppen mit jeweils spezifischem Stimmverhalten unter Berücksichtigung von 28 Facettenfragen [vgl. Abbildung 103].

23% der Teilnehmer (Grün, K07-004A mit 9 Tln.) erwarten eine frühe Problemlösung und in der Tendenz eine ebenso frühe Lösungsetablierung.

20% der Teilnehmer (Rot, K07-00B mit 8 Tln.) erwarten eine zumeist späte Problemlösung und in der Tendenz eine ebenso späte Lösungsetablierung.

35% der Teilnehmer (Gelb, K07-00C mit 14 Tln.) äußern 80%-Problemlösungszeitpunkte, die zumeist zwischen den Randmeinungen von Gruppe Grün und Rot liegen. Da die Varianz dieser eigentlich teilnehmerstärksten Gruppe relativ hoch ist, eignet sich diese Gruppe nur bedingt als prägnante Szenariogruppe.

23% der Teilnehmer äußern sich bzgl. des Problemlösungszeitpunktes und der Lösungsetablierungszeiten in verschiedener Art unterschiedlich, so dass es schwer fällt die Meinungsäußerungen dieser Gruppe in ein Schema zu pressen. Aufgrund der Uneinheitlichkeit und der zum Teil großen Antwortvarianz innerhalb der Gruppe kann aus dieser Gruppe ebenfalls kein homogenes Szenario abgeleitet werden.

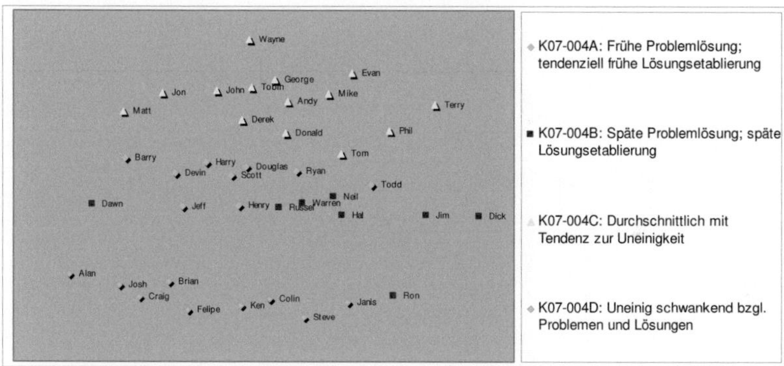

Abbildung 103: Szenariogruppen der Lösungsetablierung und Problemauflösung

Als Ergebnis der Gruppenanalyse wird festgehalten, dass die Gruppen Grün und Rot, die insgedamt 43% der Teilnehmer stellen, als Grundlage für eine Szenarioanalyse herangezogen werden. Im Folgenden werden auf dieser Basis die Problemfaktoren sowie die Lösungsfaktoren jeweils in separaten Kapiteln dargestellt.

5.7.4.1 Übersicht zur Auflösung von Problemen

Abbildung 104 und Abbildung 105 stellen zwei komplexe Szenarien der Problemüberwindung im Bereich der PKI-Technologie dar. Dabei wird jeweils als Grundlage eine Portfoliodarstellung aus der Jahreszahl der Problemüberwindung (X-Achse) und der Wichtigkeit des Problems dargestellt.

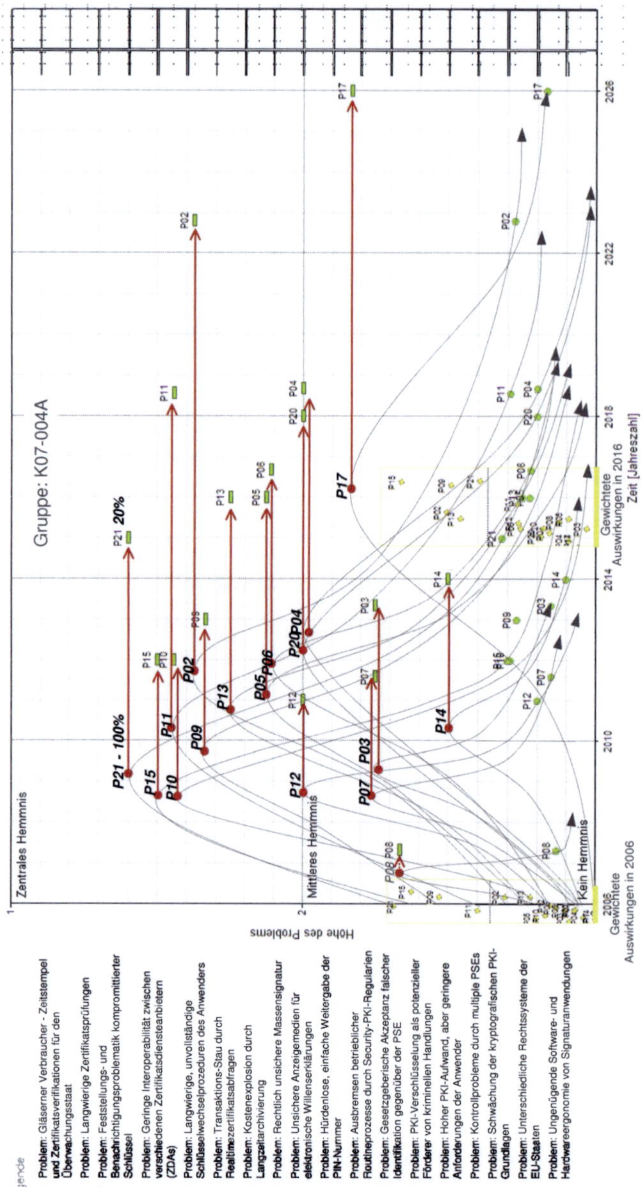

Abbildung 104: Optimistisches Szenario der Problementwicklung und –auflösung für die PKI-Technologie

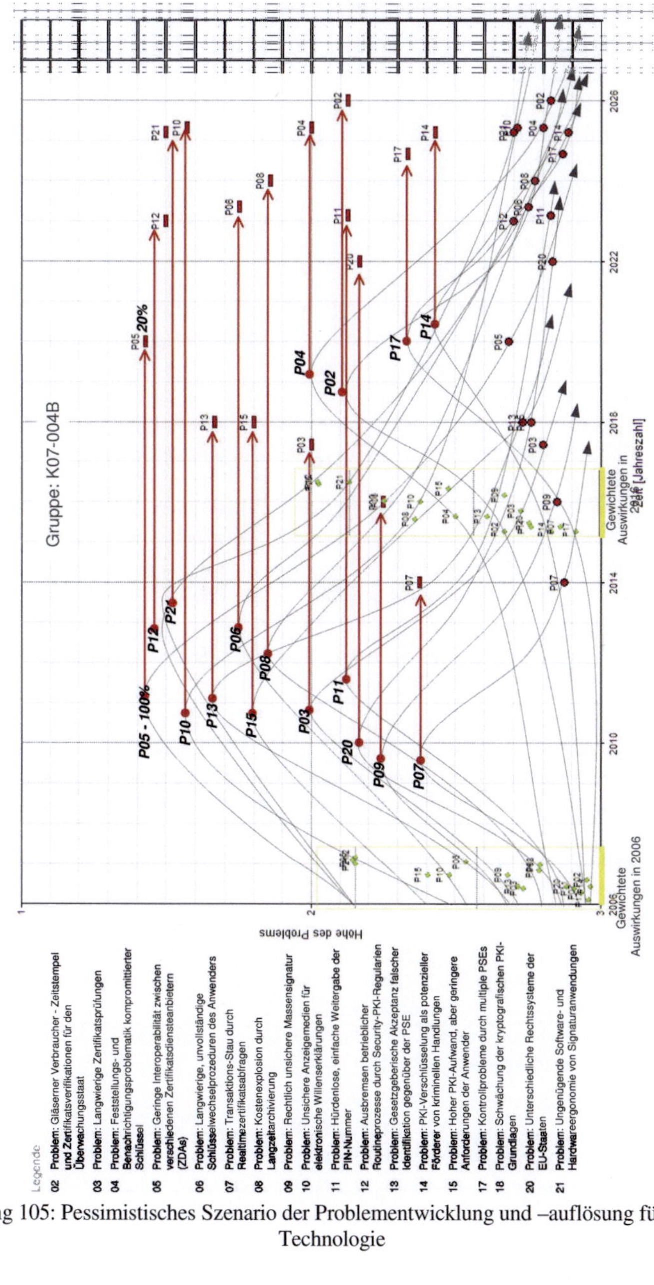

Abbildung 105: Pessimistisches Szenario der Problementwicklung und –auflösung für die PKI-Technologie

Ziel der Darstellung soll es sein, für jedes Problem eine Art Diffusionskurve darzustellen. Auf der Y-Achse wird dabei in Abhängigkeit von der Zeit die tatsächlich erwartete Wirksamkeit des jeweiligen PKI-Problems aufgetragen. Die maximale Wirksamkeit wird dabei durch die von der jeweiligen Szenariogruppe geschätzten theoretischen Bedeutung des Problems vorgegeben. Der Zeitpunkt der 20%-Wirksamheit ergibt sich aus der Jahreszahl der 80%-Problemüberwindung. Zwei weitere Stützpunkte erhält die Kurve durch die Auswirkungen 2006 und 2016. Dabei wurden die Auswirkungen 2016 und 2006 beide mit einem gemeinsamen Faktor derart skaliert, dass die Kurven einen grundsätzlich plausiblen Verlauf aufweisen, ohne dabei allzu große Abweichungen von den Stützpunkten 2006/2016 zu produzieren.

Die Auswirkungen 2006 und 2016 wurden dabei mit den Bedeutungen des jeweiligen Problems gewichtet. In einigen ganz idealen Fällen sind so durch die nachfolgende manuelle Interpolation Kurven entstanden, die alle vier Stützstellen exakt in die Kurve einschließen. Schließlich wurde das Maximum der Kurve grafisch ermittelt und als Startpunkt gekennzeichnet. Dieser Startpunkt gibt den Zeitpunkt an, für den das Problem nach Meinung der jeweiligen Szenariogruppe zum ersten Mal sein Maximum erreicht. Dies ist der Ausgangspunkt für einen waagerechten Pfeil, der an der explizit abgefragten 20%-Marke des Problemfaktors endet. Damit sind einfache Indikatoren entstanden, welche den Kurvenverlauf, und damit den Verlauf der Problemwirksamkeit, aufzuzeigen im Stande sind. Die Höhe des Pfeils gibt dabei die prinzipielle Bedeutung des Problemfaktors für die PKI-Technologie insgesamt wieder, die waagerechte Position und die Länge geben Aufschluss über die zeitliche Wirksamkeit des Problemfaktors.

Der Unterschied des pessimistischen Szenarios zum optimistischen Szenario ist wie folgt zu beschreiben:

Im optimistischen Szenario [vgl. Abbildung 104], das von der Gruppe K07-004A gebildet wird, treten einige erste Probleme bereits 2009 mit 100%-Wirksamkeit zu Tage. Es gibt hierbei auch mehrere Probleme, die in ihrer Wichtigkeit zwischen mittel bis zentral eingeschätzt werden. Es zeigt sich, dass weiterhin viele Probleme binnen 4 Jahren soweit bewältigt werden, dass ihre Restwirksamkeit nunmehr nur noch 20% beträgt. Probleme mit eher niedriger Relevanz werden auch als tendenziell schneller lösbar angesehen (max. vier Jahre).

Im pessimistischen Szenario hingegen [vgl. Abbildung 105], das von der Gruppe K07-004B gebildet wird, werden etwas weniger Probleme als mindestens mittelschwer angesehen. Auch treten die meisten Probleme in diesem Szenario nicht vor 2011 zu 100% in Erscheinung. Nach dem Auftreten der Probleme kann es aber fünf bis acht Jahre dauern ehe die hindernde Problemwirkung auf die 20%-Marke gefallen ist.

Im optimistischen Szenario sind die dominanten Probleme, die *ungenügende Software- und Hardwareergonomie von Signaturanwendungen* (P21), *der hohe PKI-Aufwand bei gleichzeitig geringeren Anforderungen der Anwender* (P15) und *die unsicheren Anzeigemedien für die elektronische Willenserklärung* (P10). Diese sollen weitgehend in 2009 ihre volle Wirkung (Hemmnis) entfalten.

Im pessimistischen Szenario sind die dominanten Probleme *die geringe Interoperabilität zwischen verschiedenen ZDAs* (P05), ebenfalls *die unsicheren Anzeigemedien* (P10) und *die gesetzgeberische Akzeptanz falscher Identifikationen gegenüber der PSE* (P13). Die drei Problemfaktoren sollen ca. 2011 ihre volle Bremswirkung entfalten.

Warum wird nun eine spätere Problementfaltung als pessimistisch angesehen? Die Wirkung von Problemen kann sich natürlich nur entfalten, wenn eine entsprechende Bewegung gegen die Problemfaktoren stattfindet. Überträgt man diesen Gedanken auf das pessimistische Szenario, so kann man plausibel unterstellen, dass in diesem Szenario einfach auch von einer späteren Nachfrage nach PKI-Technologie ausgegangen wird. Die logische Konsequenz ist die, dass die maximale Problemwirksamkeit damit auch erst später einsetzt.

Im pessimistischen Szenario gilt für vier Problemfaktoren, dass sie ihr Maximum erst nach 2016 erreichen, zwei wichtige davon sind die *Feststellungs- und Benachrichtigungsproblematik* (P04) und *die Datenschutzproblematik* (P02). In beiden Szenarien gehört auch *das Kontrollproblem im Falle multipler PSEs* (P17) zu den letzten vier manifestierten Problemen.

Es zeigt sich, dass die Wichtigkeit kein Indikator für die Geschwindigkeit der Problemlösung ist.

5.7.4.2 *Detaildarstellung der Facettenfragen zum Zeitpunkt der Problemauflösung*

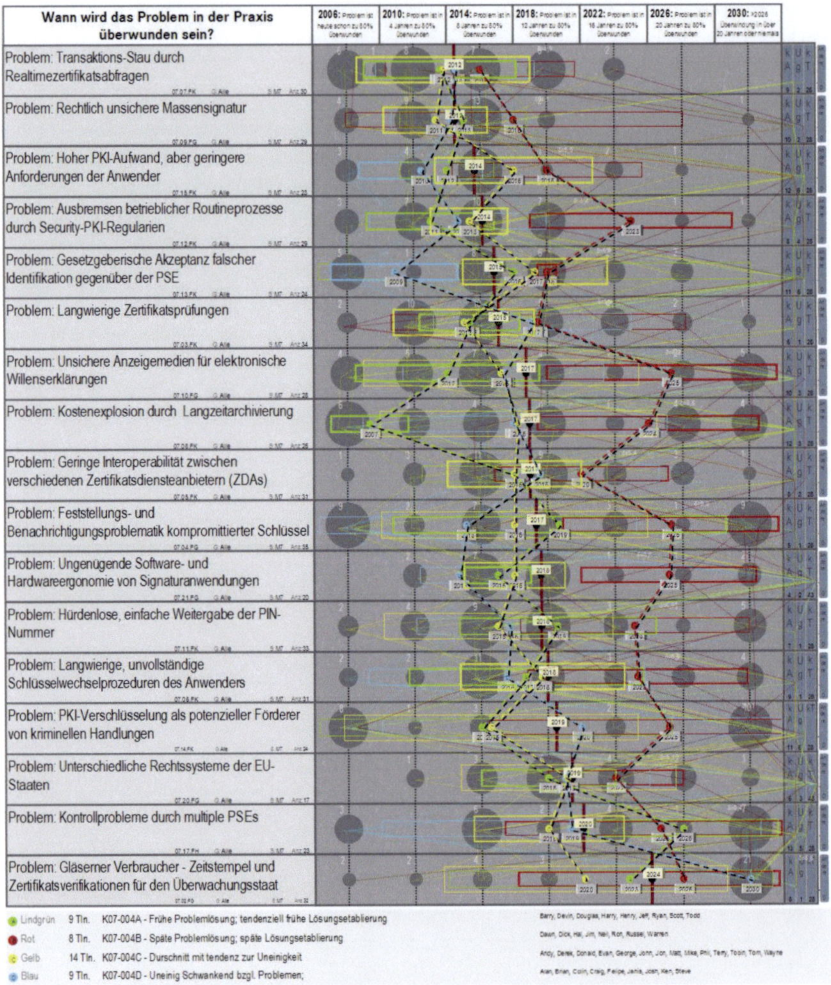

Abbildung 106: Zeitpunkt der Auflösung verschiedener PKI-Probleme

5.7.4.3 *Übersicht zur Lösungsetablierung*

Abbildung 107 und Abbildung 108 stellen zwei komplexe Szenarien der Lösungsetablierung im Bereich der PKI-Technologie dar. Dabei wird jeweils als Grundlage eine Portfoliodarstellung aus der Jahreszahl der Lösungsetablierung (X-Achse) und der Wichtigkeit der Lösung dargestellt. Ziel der Darstellung soll es sein, für jede Lösung eine Art Diffusionskurve darzustellen.

Auf der Y-Achse wird dabei in Abhängigkeit von der Zeit die tatsächlich erwartete Wirksamkeit des jeweiligen PKI-Lösungsfaktors aufgetragen. Die maximale Wirksamkeit wird dabei durch die von der jeweiligen Szenariogruppe geschätzten theoretischen Bedeutung der Lösung vorgegeben. Der Zeitpunkt der 80%-Etablierung der Lösung wird direkt durch die entsprechende Facettenfrage geliefert.

Zwei weitere Stützpunkte erhält die Kurve durch die Auswirkungen 2006 und 2016. Dabei wurden die Auswirkungen 2016 und 2006 zunächst mit dem Faktor der Lösungswichtigkeit (Y-Achse) gewichtet und dann beide Auswirkungen mit einem gemeinsamen Faktor derart skaliert, dass die Diffusionskurven einen grundsätzlich plausiblen Verlauf aufweisen, ohne dass allzu große Abweichungen von den Stützpunkten in Kauf genommen werden mussten. Nachfolgend wurde eine grafische Interpolation der Lösungsdiffusionskurven durchgeführt, die alle vier Stützstellen möglichst exakt in die Kurve integrieren. Um die Kurvenverläufe durch einfache Pfeile abstrakt darstellen zu können, wurde der für einen Lösungsverlauf prägnante Prozentsatz der Wirkungsentfaltung auf 30% geschätzt. Der zeitliche Startpunkt der 30%-Wirksamkeit einer Lösung wurde nun manuell als Schnittpunkt zwischen der Diffusionskurve und der waagerechten 30%-Linie ermittelt. Dies ist der Ausgangspunkt für einen waagerechten Pfeil, welcher an der explizit abgefragten 80%-Marke des Lösungsfaktors endet. Damit sind einfache Pfeil-Indikatoren entstanden, welche den Kurvenverlauf, und damit den Verlauf der Lösungswirksamkeit aufzuzeigen im Stande sind. Die Höhe des Pfeils gibt dabei die prinzipielle Bedeutung des Lösungsfaktors für die PKI-Technologie insgesamt wieder, die waagerechte Position und die Länge des Pfeils geben Aufschluss über die zeitliche Wirksamkeit des Lösungsfaktors (30% - 80% Wirksamkeit).

Im optimistischen Szenario, welches durch die Gruppe K07-004A repräsentiert wird, erhält *der Einsatz von sicherer Biometrie* ab 2009 eine tragende und überragende Rolle (L01 und L11). Weiterhin steuert bereits ab 2006 die bis 2014 zu 80% etablierte Lösung der *Interoperabilität zwischen ZDAs* (L05) eine der wichtigsten Lösungsbeiträge für die Verbreitung der PKI-Technologie bei. Ab 2012 und ca. 2015 kommen noch wichtige Beiträge aus dem Bereich *des serviceorientiertem Schlüsselwechsels* (L06) und *der Ertüchtigung der PSE* (L14).

Im pessimistischen Szenario, welches durch die Gruppe K07-00B repräsentiert wird, kommt dem Einsatz von sicherer Biometrie (L01) auch eine gewichtige Bedeutung zu, jedoch wird der mit 30%-wirksame Einsatz dieser Lösungskomponente nicht vor 2013 erwartet. Höher gewichtet und mit ebenfalls früherem Einsatz wird *das hochverfügbare Verzeichnisdienstenetzwerk auf europäischer Ebene* (L03) für 2010 erwartet. Die 80%-Wirksamkeit wird jedoch erst im Jahr 2022 gesehen (im optimistischen Szenario: 2016). Jeweils im Jahre 2012 werden die am höchsten bewerteten Lösungen L15: *Anerkennung der F-Sig*, L13 und L12: *Ertüchtigung von PSEs* sowie die Lösung L05 mit *Intermediären ZDAs* erwartet.

Die Lösung L6: *Serviceorientierter Schlüsselwechsel* wird in beiden Szenarien diametral unterschiedlich bewertet. Im pessimistischen Szenario wird dieser Lösungsfaktor am niedrigsten eingeschätzt..

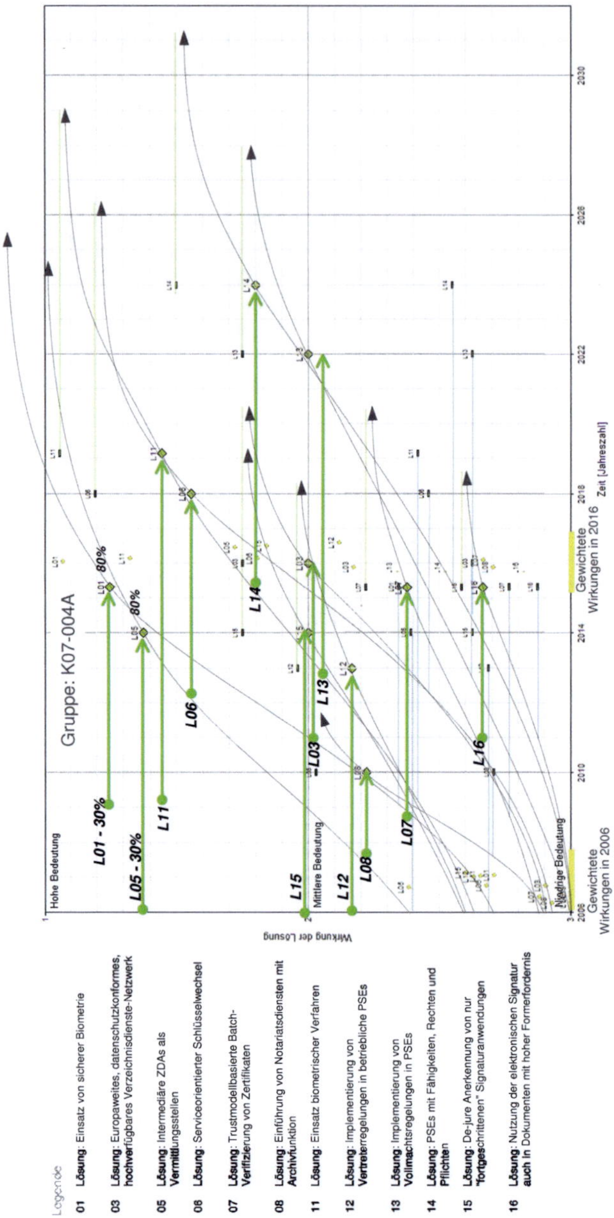

Abbildung 107: Etablierung von Lösungsfaktoren: Szenario: Optimistisch

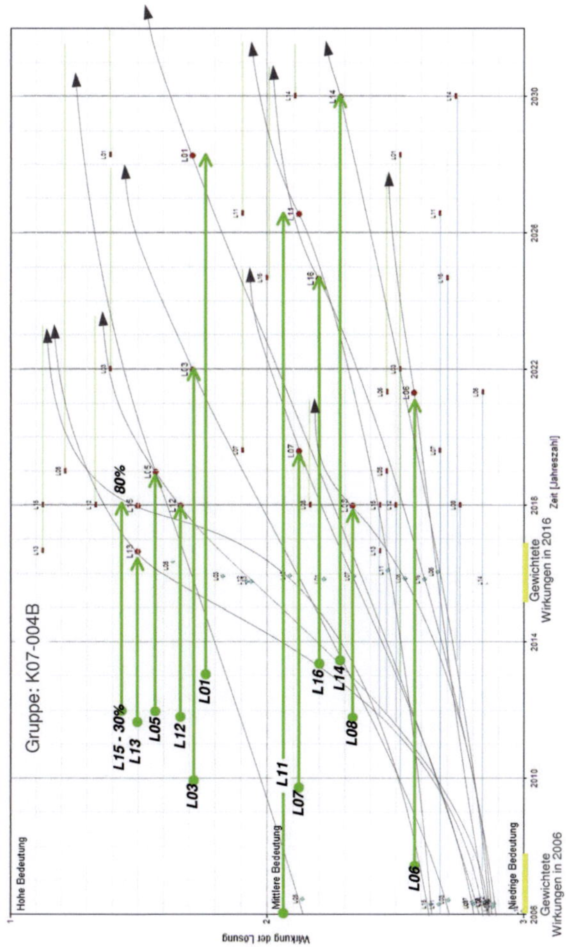

Abbildung 108: Etablierung von Lösungsfaktoren: Szenario: Pessimistisch

Hingehen wird im optimistischen Szenario die Wertigkeit im Bereich hoher Bedeutung auf Rang 4 gesehen wird. Zusammen mit Höchstbewertung *der F-Sig-Anerkennung* (L15) liegt der Schluss nahe, dass das pessimistische Szenario eigentlich die Voraussetzung für eine intensive F-Sig-Nutzung beschreibt und das optimistische Szenario die Nutzung der Q-Sig als Ziel verfolgt.

Es zeigt sich, dass die Wichtigkeit kein Indikator für die Geschwindigkeit der Lösungsetablierung ist.

5.7.4.4 *Detaildarstellung der Facettenfragen zum Zeitpunkt der Lösungsetablierung*

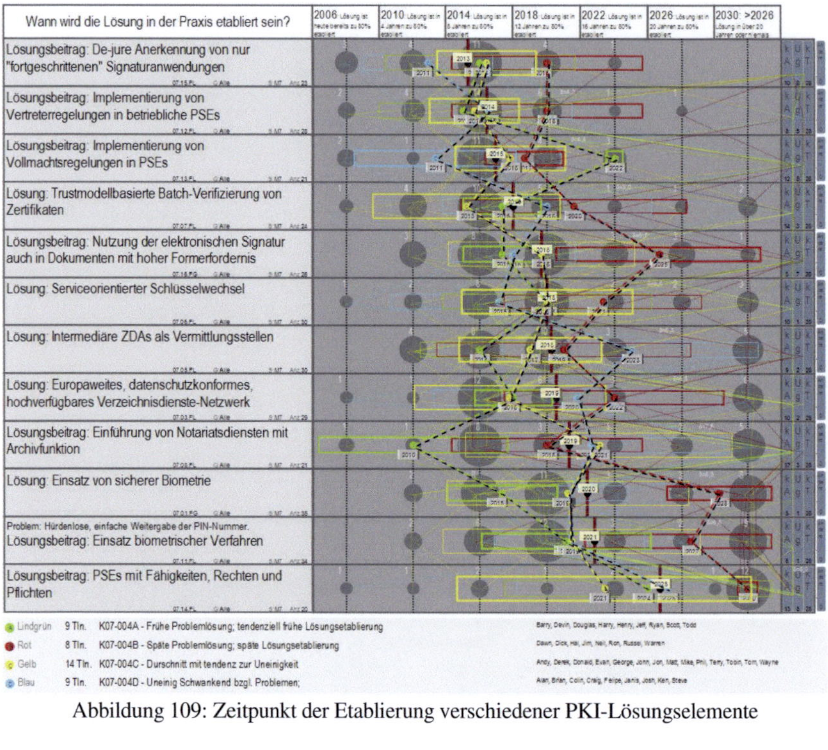

Abbildung 109: Zeitpunkt der Etablierung verschiedener PKI-Lösungselemente

5.7.5 *Gesamtüberblick über Lösungs- und Problembetrachtungen*

In Abbildung 110 sind die Charakteristika von Problem- und Lösungsfaktoren in einem tabellarischen Überblick zusammengefasst. Als Grundlage diente die Gesamtmenge der Antworten aller Teilnehmer der Vertiefungsstudie. Im Folgenden werden, basierend auf der Antwortmenge der gesamten Teilnehmer der Vertiefungsstudie, die Problem- bzw. Lösungsfaktoren mit ähnlichem Wirkungsprofil abschließend gewürdigt.

1. Frühe 80%-Überwindungen von Problemen im PKI-Bereich werden zuerst um 2012 erreicht. Dazu gehören die Probleme: 7.9: Rechtlich unsichere Massensignatur, 7.7: Transaktions-Stau durch Realtimezertifikatsabfragen, 7.12: Ausbremsen betrieblicher Routineprozesse durch Security-PKI-Regularien, 7.15: Hoher PKI-Aufwand, aber geringere Anforderungen der Anwender und 7.3: Problem: Langwierige Zertifikatsprüfungen.

Kapitel	Problem	Bedeutung des Problems	**Wirkungsprofil** der Problemfaktoren	Lösung	Bedeutung der Lösung	**Wirkungsprofil** der Lösungen
7.1	-			Einsatz von sicherer Biometrie	1 - Flutwehr	1 - Über den Wolken
7.2	Gläserner Verbraucher - Zeitstempel und Zertifikatsverifikationen für den Überwachungsstaat	2 - Tieffront	3 - Hot Spot	-		
7.3	Langwierige Zertifikatsprüfungen	2 - Tieffront	4 - Plume	Europaweites, datenschutzkonformes, hochverfügbares Verzeichnisdienste-Netzwerk	2 - Damm	2 - Aufsteiger
7.4	Feststellungs- und Benachrichtigungsproblematik kompromittierter schlüssel	2 - Tieffront	4 - Plume	-		
7.5	Geringe Interoperabilität zwischen verschiedenen Zertifizierungsdiensteanbietern (ZDAs)	1 - Sturm	2 - Lavastrom	Intermediäre ZDAs als Vermittlungsstellen	1 - Flutwehr	1 – Stabile Umlaufbahn
7.6	Langwierige, unvollständige Schlüsselwechselprozeduren des Anwenders	1 - Sturm	3 - Hot Spot	Serviceorientierter Schlüsselwechsel	2 - Damm	2 - Aufsteiger
7.7	Transaktions-Stau durch Realtimezertifikatsabfragen	2 - Tieffront	4 - Plume	Trustmodellbasierte Batch-Verifizierung von Zertifikaten	2 - Damm	2 - Aufsteiger
7.8	Kostenexplosion durch Langzeitarchivierung	2 - Tieffront	4 - Plume	Einführung von Notariatsdiensten mit Archivfunktion	2 - Damm	3 - Windenstarter
7.9	Rechtlich unsichere Massensignatur	1 - Sturm	2 - Lavastrom			
7.10	Unsichere Anzeigemedien für elektronische Willenserklärungen	1 - Sturm	4 - Plume	-		
7.11	Hürdenlose, einfache Weitergabe der PIN-Nummer	2 - Tieffront	4 - Plume	Einsatz biometrischer Verfahren	2 - Damm	2 - Aufsteiger
7.12	Ausbremsen betrieblicher Routineprozesse durch Security-PKI-Regularien	1 - Sturm	2 - Lavastrom	Implementierung von Vertreterregelungen in betriebliche PSEs	1 - Flutwehr	1 – Über den Wolken
7.13	Gesetzgeberische Akzeptanz falscher Identifikation gegenüber der PSE	2 - Tieffront	4 - Plume	Implementierung von Vollmachtsregelungen in PSEs	1 - Damm	2 - Raketenstart
7.14	PKI-Verschlüsselung als potenzieller Förderer von kriminellen Handlungen	3 - Regenschauer	4 - Kalter Stein	PSEs mit Fähigkeiten, Rechten und Pflichten	3 - Erdhügel	3 - Rohrkrepierer
7.15	Hoher PKI-Aufwand, aber geringere Anforderungen der Anwender	1 - Sturm	1 - Glutlawine	De-jure Anerkennung von nur „fortgeschrittenen" Signaturanwendungen	1 - Flutwehr	1 – Über den Wolken
7.16	-			Nutzung der elektronischen Signatur auch in Dokumenten mit hoher Formerfordernis	2 - Damm	2 - Aufsteiger
7.17	Kontrollprobleme durch multiple PSEs	3 - Regenschauer	4 - Kalter Stein			
7.18	Schwächung der kryptographischen PKI-Grundlagen	1 - Sturm	4 - Plume			
7.20	Unterschiedliche Rechtssysteme der EU-Staaten	1 - Sturm	4 - Plume			
7.21	Ungenügende Software- und Hardwareergonomie von Signaturanwendungen	1 - Sturm	1 - Glutlawine			

Abbildung 110: Liste der Problem- und Lösungsfaktoren der PKI-Technologie

Von einer frühen, relativ sicheren 80%-Lösungsrealisierung kann im Fall von folgenden 6 Lösungsbeiträgen ausgegangen werden: 7.15: De-jure Anerkennung von nur „fortgeschrittenen“ Signaturanwendungen, 7.7: Trustmodellbasierte Batch-Verifizierung von Zertifikaten, 7.12: Implementierung von Vertreterregelungen in betriebliche PSEs, 7.13: Implementierung von Vollmachtsregelungen in PSEs, 7.6: Serviceorientierter Schlüsselwechsel, 7.5: Intermediäre ZDAs als Vermittlungsstellen.

2. Eine relativ sichere Spätauflösung von Problemfeldern ist ab 2017 zu erwarten, für 7.5: Geringe Interoperabilität zwischen verschiedenen ZDAs, 7.13: Gesetzgeberische Akzeptanz falscher Identifikation gegenüber der PSE, 7.6: Langwierige, unvollständige Schlüsselwechselprozeduren des Anwenders, 7.21: Ungenügende Software- und Hardwareergonomie von Signaturanwendungen, 7.11: Hürdenlose, einfache Weitergabe der PIN-Nummer und für 7.20: Unterschiedliche Rechtssysteme der EU-Staaten.

Folgende 5 Lösungsbeiträge können als späte Lösungsrealisierung angesehen werden: 7.16: Nutzung der elektronischen Signatur auch in Dokumenten mit hoher Formerfordernis, 7.3: Europaweites, datenschutzkonformes, hochverfügbares Verzeichnisdienstenetzwerk, 7.8: Einführung von Notariatsdiensten mit Archivfunktion, 7.1: Einsatz von sicherer Biometrie, sowie 7.11: Einsatz biometrischer Verfahren.

Wahrscheinlich deutlich nach 2022 werden die Probleme 7.17: Kontrollprobleme durch multiple PSEs und 7.2: Gläserner Verbraucher - Zeitstempel und Zertifikatsverifikationen für den Überwachungsstaat zu 80% gelöst sein, sicherlich auch, weil diese Probleme erst später als solche wahrgenommen werden.

Folgende Problemgruppen weisen eine relativ hohe Standardabweichung auf und können daher nur als „Indifferente Spätauflösungen zwischen 2010 und 2030 Erwähnung finden: 7.8: Kostenexplosion durch Langzeitarchivierung, 7.10: Unsichere Anzeigemedien für elektronische Willenserklärungen und 7.4: Feststellungs- und Benachrichtigungsproblematik kompromittierter Schlüssel, 7.14: PKI-Verschlüsselung als potenzieller Förderer von kriminellen Handlungen.

5.7.6 Zusammenfassung und Fazit

Die Analysen der Vertiefungsstudie über Problemfaktoren und Lösungselementen der PKI-Technologie haben viele Antworten bezüglich der Forschungsfrage 2 nach der Entwicklung der nötigen PKI-Basistechnologien gegeben. Die Antworten der Teilnehmer haben es ermöglicht, aus den einzelnen Fragefacetten Diffusionskurven für Problemlösungen bzw. Lösungsetablierungen von insgesamt 30 spezifischen PKI-Wirkungszusammenhängen zu erstellen. Dabei haben die unterschiedlichen Meinungen der Teilnehmer zu einer plausiblen Aufstellung von verschiedenen zukünftigen Szenarien beigetragen.

5.8 Ebene T2: Die Wertschöpfungskette der PKI-Technologie

Die Teilnehmer der Studie wurden im ersten inhaltlichen Studienkapitel (Kapitel 2) nach deren Einschätzung über 11 spezielle Teilnehmer der Wertschöpfungskette der PKI-Technologie befragt. Diese Fragen zielen auf die Ebene T2 – Wertschöpfungskette der PKI-Technologie – des T2D4SJ-Diffusionsmodells.

5.8.1 Definition der Fragestellung

In einer ersten Facettenfrage wurden die Studienteilnehmer nach ihrer Beurteilung der heutigen (Jahr 2006) Leistungsfähigkeit gefragt. Dies konnte mit 1: *Engpass*, 2: *Nacholbedarf* und 3: *Zugpferd* beantwortet werden. Die zweite Facettenfrage bezieht sich auf die Veränderung der *Leistungsfähigkeit* bis zum Jahre 2016 und konnte mit 1: *Hemmnis besteht weiter*, 2: *Das Hemmnis wird abgebaut* und 3: *Wandlung zum Zugpferd* beantwortet werden.

2 Leistungsfähigkeit der Akteure in der PKI-Wertschöpfungskette: IST-Einschätzung, Erwartungen 2016 und Empfehlungen

Bei welchen Marktteilnehmern innerhalb der Wertschöpfungskette der PKI sind aus Ihrer Sicht Schwachstellen bei der Einführung von PKIs zu erwarten? Geben Sie ggf. Gründe an. Werden die Hemmnisse nach Ihrer Einschätzung im Jahr 2016 abgebaut sein?

Hier werden dem Studienteilnehmer die PKI-Akteure präsentiert. Diese müssten zusammen in der Lage sein, die technischen, rechtlichen und organisatorischen Rahmenbedingungen für den erfolgreichen Aufbau und Betrieb einer PKI zu liefern.
Der Studienteilnehmer wird für jeden Akteur nach seinem Eindruck gefragt, ob dieser in der Lage ist, die nötigen Leistungen heute zu erbringen. Bitte bewerten Sie nach folgendem Schema:

Schulnote 1/2: Der Akteur ist der Stürmer und das Zugpferd für alle anderen.
Schulnote 3/4: Der Akteur bewegt sich im Mittelfeld und hat Nachholbedarf.
Schulnote5/6: Der Akteur ist ein deutlicher Engpassfaktor bzw. ein Hemmnis.

Für die Zukunft in 2016 kann der Studienteilnehmer seine Einschätzung für die Fitness der Akteure in drei Kategorien abgeben (Hemmnisse bestehen weiterhin, Akteur stellt kein Hindernis dar, Akteur ist Zugpferd und Aktivist der PKI-Wertschöpfungskette).
Weiterhin wird der Studienteilnehmer gebeten, Ratschläge für den jeweiligen Akteur in Freiform abzugeben und/oder Gründe für seine getroffenen Einschätzungen zu nennen.

		Akteur der Wertschöpfungskette PKI	Leistungsfähigkeit heute			Falls heute kein Zugpferd, wie entwickelt sich der Akteur bis 2016?		
			Engpass Hemmnis	**Nachhol-bedarf** Mitttelfeld	**Zugpferd** Aktivist	**Hemmnis** besteht weiter	**Hemmnis abgebaut**	**Wandlung zum Zugpferd**
☐ Keine Angaben	2.1.1	A1 - Internationale Organisationen, z.B. Normungsorganisationen.	Engpass heute ☐	Nachholbed. heute ☐	☐ Zugpferd heute	Hemmnis ☐ 2016	Es wird! ☐ 2016	Zugpferd. ☐ 2016
			Kommentar oder Ratschlag an den Akteur A1: *Ihr_Kommentar*					
☐ Keine Angaben	2.1.2	A2 - Europäische Gesetzgeber	Engpass heute ☐	Nachholbed. heute ☐	☐ Zugpferd heute	Hemmnis ☐ 2016	Es wird! ☐ 2016	Zugpferd. ☐ 2016
			Kommentar oder Ratschlag an den Akteur A2: *Ihr_Kommentar*					

Abbildung 111: Auszug Fragebogen T2: Betreiber, Anbieter, Player und Treiber

5.8.2 Überblick über die Ergebnisse

Die Übersicht der Studienaktivitäten der Teilnehmer zur Fragestellung der Leistungsfähigkeit der Akteure der PKI-Wertschöpfungskette [vgl. Abbildung 112] zeigt eine hohe Beteiligung mit nur wenigen ungültigen Stimmen. In der Feedbackrunde haben 28 Teilnehmer ihre Stimmabgabe an einigen Stellen verändert, dies lässt ein sehr reges Interesse der Teilnehmer an den Meinungen anderer Teilnehmer erkennen.

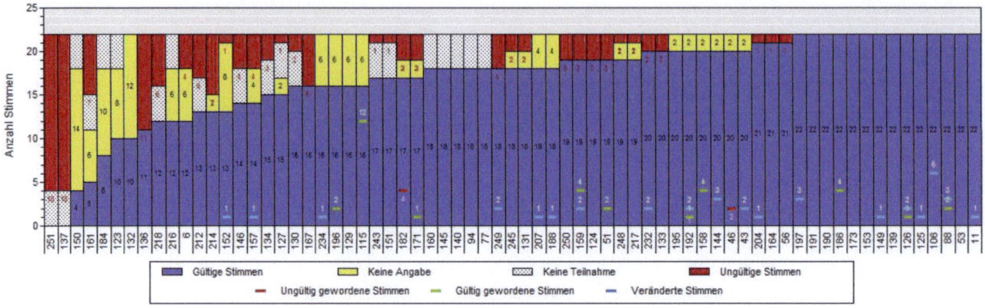

Abbildung 112: Studienaktivitäten der Teilnehmer bzgl. der Leistungsfähigkeit der PKI-Akteure

Die Gruppenanalyse der Teilnehmerstimmen mittels des AHC-Verfahrens nach Ward führt zur Bildung von 6 relevanten Szenariogruppen mit jeweils spezifischem Stimmverhalten unter Berücksichtigung von 22 Facettenfragen [vgl. Abbildung 113].

33% der Teilnehmer (Blau, K02-16A-1 mit 22 Tln.) sehen Hersteller und Emissäre von Smartcards und Hersteller von Unternehmenssoftware in Zukunft als mittelstarke Zugpferde.

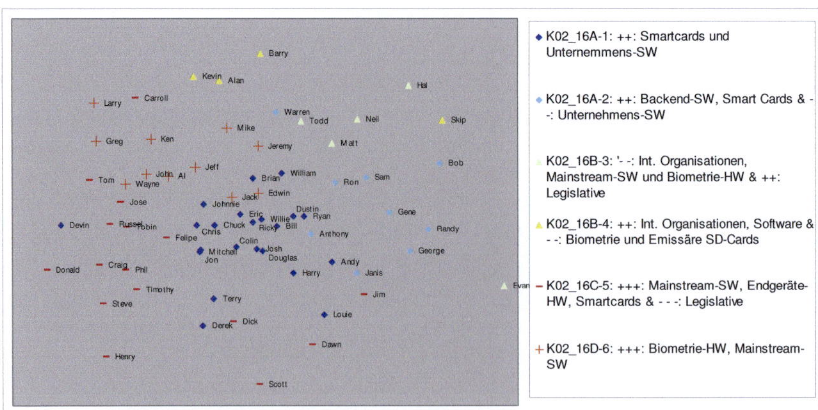

Abbildung 113: MDS-Analyse der Facette: Leistungsfähigkeit im Jahr 2016

14% der Teilnehmer (Hellblau, K02-16A-1 mit 9 Tln.) sehen zusätzlich die Hersteller von Backend-Software für PKI und dann, wie auch Gruppe Blau, die Hersteller und Emissäre von Smartcards als zukünftige Zugpferde für die PKI-Technologie. Hersteller von Unternehmens-Software werden explizit in ihrer Bedeutung heruntergestuft.

23% der Teilnehmer (Rot, K02-16A-1 mit 15 Tln.) sehen die Hersteller von Mainstreamsoftware, von Endgeräten und von Smartcards explizit als mit großem Abstand führend für die PKI-Verbreitung. Vom Gesetzgeber wird leider eine deutlich behindernde Rolle für die Zukunft erwartet.

17% der Teilnehmer (Orange, K02-16A-1 mit 11 Tln.) schließen sich der Einschätzung von Gruppe Rot, dass die Hersteller von Mainstreamsoftware absolute Zugpferde für die PKI sein werden, an und fügen ein zweites „Pferd“ in das Gespann, nämlich die Hersteller von Biometriehardware.

9 Teilnehmer in den Gruppen K02-16B-1 und K02-16B-2 können als Ausreißer aufgefasst werden.

5.8.3 Detaildarstellung der Antworten

Als führende Gruppe erweisen sich heute (2006) die *Hersteller von Smartcards und die Hersteller von Backendsoftware für PKI-Applikationen* (A8, A7), diese werden als die Parteien mit dem geringsten Nachholbedarf angesehen. Zu der führenden Gruppe stoßen bis zum Jahr 2016 die Anbieter von Endgeräten (A10), die Emittenten von Smartcards (A11) sowie die Hersteller von Mainstream- und Unternehmenssoftware.

Als eine Gruppe mit Nachholbedarf heute zeigen sich die Hersteller von Mainstreamsoftware, Hersteller von Unternehmenssoftware, Anbieter von Endgeräten und schließlich Emittenten von Smartcards und die internationalen Organisationen.

Internationale Organisationen fallen im Vergleich mit dem Gesamtfeld dadurch auf, dass sie graphisch gesehen eine große Rückwärtsbewegung vollführen. Dies bedeutet für die internationalen Organisationen, dass sie in den Bereich „Hemmnis 2016“ abzurutschen drohen. Uneinheitlich zeigt sich eine Gruppe mit hoher Standardabweichung (> 0,5), die klaren Nachholbedarf aufweist: Hersteller für Biometriehardware, Anbieter von Middleware-SW für PKIs sowie der deutsche und europäische Gesetzgeber.

Internationale Organisationen (A1, Rang 11 in 2016) werden von den Studienteilnehmern in den Kommentaren als „träge“ und „sehr langsam“ bezeichnet. Sie seien „definitorisch sehr aktiv“, würden jedoch aus einer „passiven Position“ die Themen nicht vorantreiben. Häufig wird in den Kommentaren auf die fehlende rechtliche und prozessuale Einheit der verschiedenen Organisationen (CEN, ETSI, W3C etc.) hingewiesen. Eine Lücke in der Standardisierung wird bspw. im Bereich der Langzeitarchivierung gesehen. Positive Stimmen sehen die Normungsaktivitäten bereits abgeschlossen (z.B. X.509), negative Stimmen sprechen von widersprüchlichen

Normen und sprechen den internationalen Organisationen keine entscheidende Rolle bei der zukünftigen Etablierung der PKI-Technologie zu.

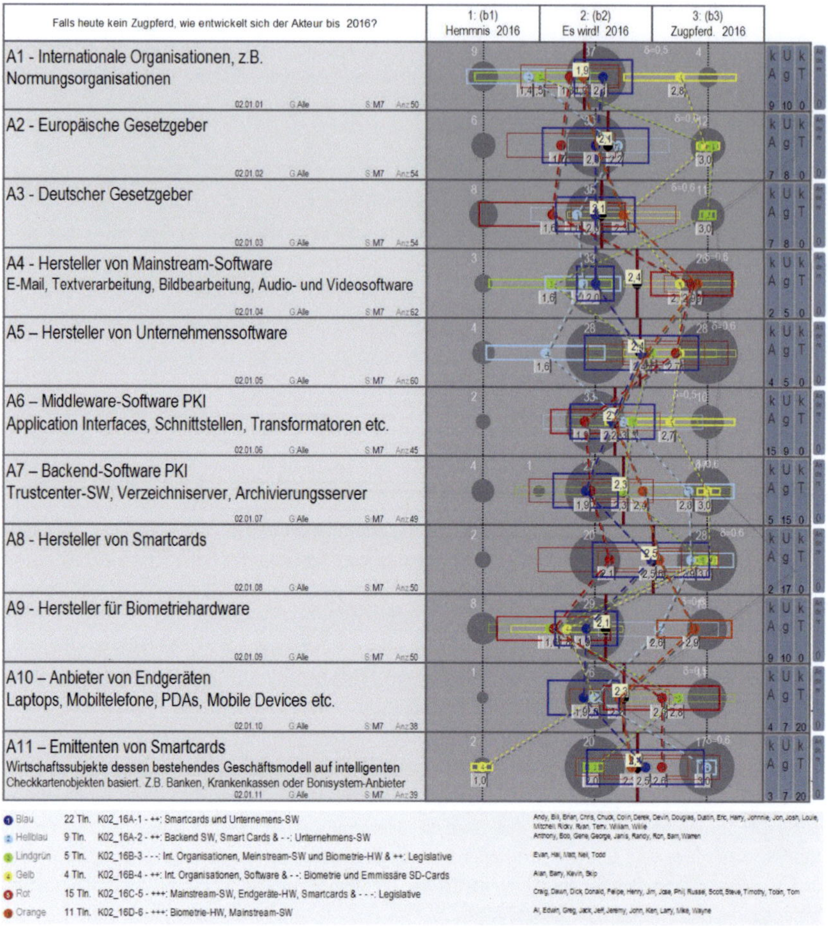

Abbildung 114: Treiberfunktionen innerhalb der PKI-Wertschöpfungskette im Jahr 2016

Der *deutsche Gesetzgeber* (A3, Rang 9 in 2016) wird als „Vorreiter" gewürdigt und z.T. auch in Zukunft in dieser Rolle gesehen. Z.T wird das Signaturgesetz, insbesondere die Aufsichtspflichten, als „restriktiv" beschrieben. Initiativen für mehr Pragmatismus in der Gestaltung und Auslegung der Gesetze (bspw. im Bereich elektronische Rechnung) würden „abgeblockt". Das Signaturgesetz wird positiv angerechnet, weil dadurch der Aufbau der Trustcenterinfrastruktur vorangetrieben wurde. Allerdings würden die aktuellen Bedürfnisse der realen Geschäftsprozesse im Moment durch das Gesetz nicht erfüllt werden.

Der *europäische Gesetzgeber* (A2, Rang 8 in 2016) wird als „politisch sehr aktiv“ und als „teilweise zu streng“ beschrieben. Dabei wird die Durchsetzungskraft der Richtliniengebung (SigRL) als „schwach“ bezeichnet. Es wird mehrfach auf die „unterschiedliche Interpretation“ in den Mitgliedstaaten der EU hingewiesen. Als Handlungsoptionen werden die „European Bridge CA“, eine mehr einheitliche Durchsetzung der Signaturrichtlinie (SigRL), und die Idee einer „Europäischen Bürgerkarte“ genannt.

Softwareherstellern (A4-7) wird in den Kommentaren der Teilnehmer durchgängig geraten, die Nutzerfreundlichkeit ihrer Produkte zu verbessern. Mangelnde Durchgängigkeit und geringe Kompatibilität untereinander wird häufig als zugrunde liegendes Übel genannt. Die Zielgruppe der *Hersteller von Mainstreamsoftware* (A4, Rang 5 in 2016) besteht nach Meinung der Teilnehmer hauptsächlich aus Herstellern von Email-Programmen und Programmen für die Textverarbeitung. Das erreichen einer kritischen Masse wird mehrfach als wichtiges Ziel genannt. Den *Herstellern von Unternehmenssoftware* (A5, Rang 3 in 2016) wird nahe gelegt, die PKI-Technologie in dem Softwareprodukt so zu integrieren, dass der Enduser sie nutzen kann „ohne darüber nachzudenken“. Die *Backend-Software* (A7, Rang 6 in 2016) wird als ausgereift angesehen. Defizite werden jedoch noch im Bereich Archivierung gesehen.

Den *Herstellern von Smartcards* (A8, Rang 1 in 2016) wird eine schwierige Situation attestiert. Sie sind einerseits abhängig von dem Vorhandensein von Kartenlesern, was dahin führen könne, dass die Smarttokens oder USB-Tokens zukünftig eine dominierende Rolle einnehmen könnten. Andererseits sind die Hersteller abhängig von den *Emittenten der Smartcards* (A11, Rang 2 in 2016), wie z.B. den Banken, den Zertifizierungsdiensteanbieter oder dem Staat selber. Den Emittenten wird erst in der Zukunft eine wichtigere Rolle bei der Verbreitung der PKI zugeschrieben. Die Gründe liegen darin, dass die Emittenten ihre jeweilige Karte primär als Instrument der Kundenbindung ansehen, und es daher heute zu einer Reihe von Insellösungen gekommen ist. Nicht vergessen wird, dass diese Gruppe mit HBCI bereits Erfahrungen im Bereich PKI hat, und dass sich herausgestellt hat, dass es sehr schwer ist, im PKI-Bereich kostendeckende Geschäftsmodelle zu entwickeln.

Hersteller von Biometriehardware (A9, Rang 1 in 2016) sehen sich mit der Einschätzung der Studienteilnehmer konfrontiert, dass die Technik eine „geringe Zuverlässigkeit“ und eine „hohe Fehlerrate“ habe. Positive Stimmen sehen den erreichten Stand als „ausreichend zuverlässig“ an. Biometrie, so ist den Kommentaren zu entnehmen, ist generell entkoppelt von der Frage nach dem Einsatz einer PKI. Insbesondere staatliche Aktivitäten, wie z.B. die USA im Kampf gegen den Terror oder verschiedene Projekte mit Reisepässen, werden als der stärkste Trigger für den Einsatz der Biometrie – und zwar zunächst ohne PKI – angesehen.

Die Gruppe der *Anbieter von Endgeräten* (A10, Rang 4 in 2016) wird vom Teilnehmerfeld in zwei Gruppen unterteilt: A10a: *Mobilfunkbetreiber* und deren Partner für Mobiltelefone und A10b: *Hersteller von PDAs und Laptops* ohne direkte Verbindung zu SIM-Karten. Den TPM- und SIM-Karten wird ein guter „Formfaktor“ zugeschrieben. Zusammen mit dem großen Marktvolumen ergeben sich zwei wichtige Gründe, warum Mobilfunkbetreiber in Zukunft als

Keyplayer angesehen werden. Als Hindernisse der PKI-Ausbreitung in beiden Untergruppen werden proprietäre Standards und Bedienungskonzepte sowie fehlende Integration von Kartenlesern in die Produkte genannt.

5.8.4 Zusammenfassung und Fazit

Die abschließende Frage „Wie kamen Sie mit dieser Frage zurecht“ hat zu 27 Kommentaren geführt. Drei fünftel der Teilnehmer haben angegeben, dass sie mit der Fragestellung gut zurechtgekommen sind. Oftmals wurde jedoch die Art und Anzahl der möglichen Antwortkategorien als „unglücklich“ und zu „vereinfachend“ angesehen. Da jeder Teilnehmer der Wertschöpfungskette aufgrund seiner Position eine unterschiedliche Beziehung zur Führungsrolle bei der Verbreitung der PKI-Technologie hat, ist es nachvollziehbar, dass ein einheitliches Bewertungsschema, dem nur das Ziel des Vorantreibens der PKI zugrunde liegt, ggf. zu Irritationen führen kann. In der Gestaltung der Facettenfragen liegt also, trotz der statistischen guten Erfolgsquote dieses Studienabschnittes, noch Verbesserungspotenzial. Es zeigt sich, dass die abschließende Feedbackfrage in der Lage war, die sich aufgestaute Frustration, die sich bei manchen Teilnehmern zweifellos entwickelt hat, aufzunehmen und diese in einen konstruktiven Studienbeitrag umzuwandeln.

5.9 Ebene T1 & S: Thesen des Delphi-Boards

Die Verbundthesen beinhalten bekannte und vermutete Kausalitäten zwischen PKI-Technologien, Gesetzesvorgaben, IT-Normen und -Standards, Trägertechnologien, Prozessnutzungen sowie Nutzergruppen und Märkten. Diese wurden innerhalb der Studie durch die Experten bestätigt oder falsifiziert sowie kommentiert. Damit nehmen die Thesen einen Querschnittsbereich des T2D4JS-Modells ein. Die Facettenfragen zu den Thesen rücken damit in den Modellbereich sozioökonomischer und juristischer Faktoren. Der Zusammenhang ist jedoch nicht immer deutlich zu erkennen.

5 Thesen bzgl. elektronischer Signatur und PKI

Hier werden Thesen bzgl. der elektronischen Signatur und PKI aufgeführt, die der Literatur entnommen wurden. Der Studienteilnehmer wird gebeten den Wahrheitsgehalt der These zu bewerten.

5.1 These 1

"Starke PKI als Voraussetzung für die Verbreitung der elektronischen Signatur: Der flächendeckende Einsatz der elektronischen Signatur in ganz Deutschland ist nur mit einer von **zentraler** Seite aufgebauten, zuverlässigen Infrastruktur für die Zertifikatserstellung und -verteilung realisierbar."

	5.1.1 Wahrheitsgehalt der These			
□ Keine Angaben	□ These ist falsch	Stimmt eher nicht □	Stimmt teilweise □	□ These ist wahr

Ggf. Kommentar: ...

5.1.2 Bedeutung der These		
irrelevant oder trivial □	□ hat was	□ wichtig

Abbildung 115: Auszug Fragebogen T1 & SOEC: Thesen des Delphi-Boards

Insgesamt wurden auf Grundlage der aktuellen Literatur (bis 2006 einschließlich) Thesen verschiedener nationaler und internationaler Autoren entnommen, zum Teil verdichtet und zusammen in Form von 19 Thesen den Teilnehmern vorgelegt.

Es wurde nach jeweils 2 Facetten gefragt: 1. Der geschätzte Wahrheitsgehalt der These und 2. Die beigemessene Bedeutung der These.

5.9.1 Überblick über die Ergebnisse

Die Übersicht der Studienaktivitäten der Teilnehmer zu 19 Autorenthesen [vgl. Abbildung 116] zeigt eine hohe Beteiligung mit nur wenigen ungültigen Stimmen. In der Feedbackrunde haben 33 Teilnehmer ihre Stimmabgabe an einigen Stellen verändert, dies lässt ein reges Interesse an den Meinungen der Teilnehmer untereinander erkennen.

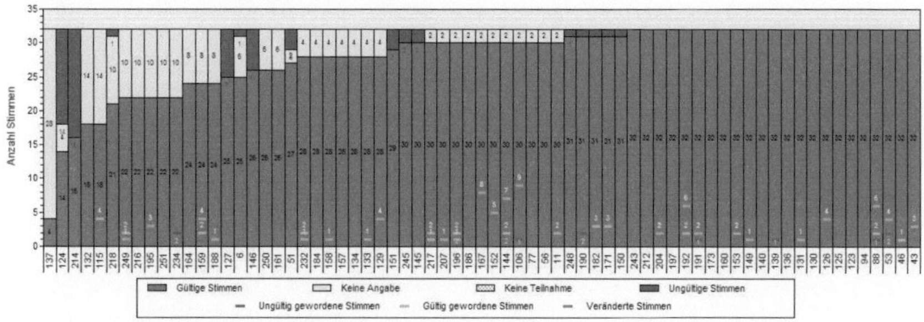

Abbildung 116: Studienaktivitäten der Teilnehmer bzgl. 19 Autorenthesen

Die Gruppenanalyse der Teilnehmerstimmen mittels des AHC-Verfahrens nach Ward führt zur Bildung von 4 relevanten Szenariogruppen mit jeweils spezifischem Stimmverhalten unter Berücksichtigung von 32 Facettenfragen.

7% der Teilnehmer (Hellblau, K05a-B1 mit 5 Tln.) sind der Meinung, dass ein rascher Erfolg in Sachen PKI-Einsatz durch einen staatlichen Betrieb von ZDAs und verstärkter Standardisierung erzwungen werden kann. Demnach sei eine rigorose staatlich betriebene Standardisierung nötig, wie auch ein staatlich beaufsichtigter Betrieb! Sind diese Voraussetzungen erfüllt kann die kritische Masse noch vor 2016 erreicht werden.

60% der Teilnehmer (Flieder, K05a-B2 mit 41 Tln.) sind der Meinung, dass die PKI-Technologie zunächst weiter zu entwickeln sei. Danach könne ein Massenmarkt durchaus erschließbar sein, dies jedoch erst nach 2016.

19% der Teilnehmer (Himbeer, K05a-B3 mit 13 Tln.) sind der Meinung, dass die Verbreitung der F-Sig und Q-Sig durchaus schon zeitnah geschehen kann. Ein Massenmarkt kann jedoch nur über eine zentral gesteuerte Infrastruktur erschlossen werden! Zwischenzeitlich sind die Voraussetzungen für dezentrale ZDA-Strukturen schon gegeben, und die Nutzung von PKI-Diensten zwischenzeitlich schon mal beginnen.

13% der Teilnehmer (Grün, K05a-B4 mit 9 Tln.) sind der Meinung, dass die Entwicklung der PKI-Technologie mehr Zeit braucht. Sowohl Q- als auch F-Sig sollten erst ab 2016 nochmals ernsthaft als Alternative betrachtet werden. Die PKI hat eine untergeordnete Bedeutung in den nächsten 10 Jahren. Weitere Reglementierungen würden keine Wirkung zeigen!

5.9.2 Darstellung der Antworten

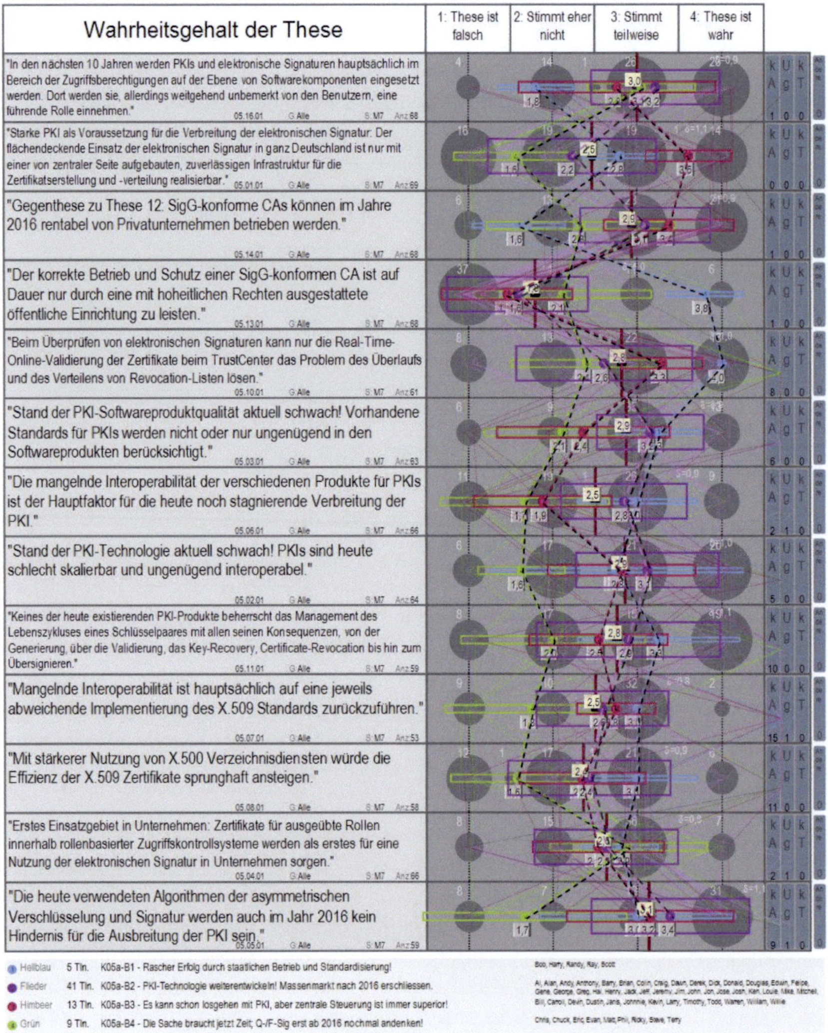

Abbildung 117: Thesen des Autors mit Szenariogruppen

5.10 Ebene T1 & SJ: Thesen der Studienteilnehmer

In der Initialrunde der PKI-Delphi-Studie wurden die Teilnehmer eingeladen, ihre eigenen Thesen aufzustellen. Davon wurden von den Teilnehmern insgesamt 79-mal Gebrauch gemacht. Nach Analyse der Antwortstrukturen wurden insgesamt 4 prinzipielle Fragestellungen charakterisiert: 17 Thesen, 6 Empfehlungen, 50 Meinungen und 6 Statements.

		Authentisierung - Statement von Tom	*Bedeutung ?*
☐ Keine Angaben	5203	Attributzertifikate haben keine Bedeutung erlangt. Zertifikate dienen daher in der Regel nur als Identitätsnachweis. Das reicht für eine Verarbeitung in IT-Systemen aber nicht aus, weil ohne ein existierendes lokales Benutzerkonto keine oder nur sehr rudimentäre Berechtigungsaussagen getroffen werden. [..]	☐Wichtig ☐Interessant ☐Trivial oder uninteressant
		Kommentar: ...	

		Authentisierung - These von Andy	*Zustimmung zur These?*	*Bedeutung ?*
☐ Keine Angaben	5204	Für die Authentifikation werden sich PKI-Technologien kaum durchsetzen. Dies gilt insbesondere für das Internet-Banking.	☐Ja, bestimmt! ☐So könnte es sein. ☐Wohl eher nicht. ☐Nein!	☐Wichtig ☐Interessant ☐Trivial oder uninteressant
		Kommentar: ...		

		Authentisierung - Meinung von Edwin	*Zustimmung zur Meinung?*	*Bedeutung ?*
☐ Keine Angaben	5205	Die Authentisierungsfunktion der elektronischen Signatur wird (auch in dieser Studie) meist ignoriert: nicht immer muss eine Signatur einer elektronischen Willenserklärung gleichen. (Dies wurde selbst in der EU-Signaturrichtlinie korrekt erkannt).	☐Ganz meiner Meinung! ☐Teilweise Zustimmung ☐Eher nicht. ☐Nein!	☐Wichtig ☐Interessant ☐Trivial oder uninteressant
		Kommentar: ...		

		Juristische Aspekte - Empfehlung von Matt	*Zustimmung zur Empfehlung?*	*Bedeutung ?*
☐ Keine Angaben	5206	Die ZPO sollte dahin ergänzt werde, dass absolut klar gestellt wird, wie welcher Beweis erbracht werden kann.	☐Stimmt genau! ☐Wäre ggf. zu empfehlen ☐Eher nicht empfehlenswert ☐Nein!	☐Wichtig ☐Interessant ☐Trivial oder uninteressant
		Kommentar: ...		

Abbildung 118: Auszug Fragebogen T1 & SOEC: Beiträge der Studienteilnehmer

Abbildung 118 zeigt die Facettenstruktur exemplarisch anhand des Fragebogens, im Folgenden werden die vier verschiedenen zum Einsatz kommenden Facetten erläutert:

1. **17 Thesen:** Diese Antworten weisen 1. einen Zeitpunktbezug, 2. einen Populationsbezug und 3. einen Bezug zu einer PKI-Technologie auf und wurden daher als echte *These* charakterisiert. Die Thesen wurden mittels zwei Facetten abgefragt: 1. Zustimmung zur These (1: Ja, bestimmt, 2: So könnte es sein, 3: Wohl eher nicht, 4: Nein!) und 2. Bedeutung der These (1: Wichtig!, 2: Interessant, 3: Trivial oder uninteressant).
2. **6 Empfehlungen:** Diese Antworten weisen 1. Hinweise auf Problemfaktoren und 2. Handlungsanweisungen mit Hinweis auf Lösungsfaktoren auf und wurden daher als *Empfehlungen* charakterisiert. Die Empfehlungen wurden mittels zwei Facetten abgefragt: 1. Zustimmung zur Empfehlung (1: Ja, bestimmt, 2: So könnte es sein, 3: Wohl eher nicht, 4: Nein!) und 2. Bedeutung der Empfehlung (1: Wichtig!, 2: Interessant, 3: Trivial oder uninteressant).
3. **50 Meinungen:** Diese Antworten beinhalten eine allgemeine Kausalitätsbehauptung und eine explizite oder implizite Bewertung dieser Behauptung und wurden

daher als *Meinung* bezeichnet. Die Meinungen wurden mittels zwei Facetten abgefragt: 1. Zustimmung zur Meinung (1: Ganz meiner Meinung, 2: Teilweise Zustimmung, 3: Eher nicht, 4: Nein!) und 2. Bedeutung der Empfehlung (1: Wichtig!, 2: Interessant, 3: Trivial oder uninteressant).

4. **6 Statements:** Diese Antworten weisen mehr oder minder komplexe Kausalitätsbehauptungen auf und nehmen nur diffus Bezug zu Populationen und Zeiträumen, daher wurden sie als *Statements* bezeichnet. Die Statements wurden mit einer Facette abgefragt: Bedeutung des Statements (1: Wichtig! 2: Interessant, 3: Trivial oder uninteressant).

5.10.1 Überblick über die Ergebnisse

Die Übersicht der Studienaktivitäten der Teilnehmer zu 76 Teilnehmerthesen [vgl. Abbildung 119] zeigt eine hohe Beteiligung mit nur wenigen ungültigen Stimmen. In der Feedbackrunde haben 18 Teilnehmer ihre Stimmabgabe an einigen wenigen Stellen verändert, dies lässt auf ein durchaus vorhandenes Interesse an den Meinungen der Teilnehmer untereinander schließen.

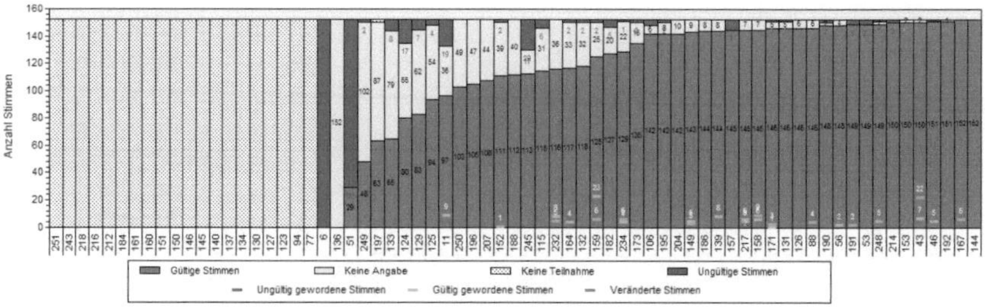

Abbildung 119: Studienaktivitäten der Teilnehmer bzgl. 76 Teilnehmerthesen

Alle Fragestellungen, die eine Varainz > 0,85 hatten, wurden einer Gruppenanalyse unterzogen. Die entstehenden Gruppen wurden qualitativ anhand der Antwortprofile untersucht und charakterisiert.

Fragestellungen, bei denen die Gruppen keine erkennbar unterschiedlichen Mittelwerte ausgebildet haben, wurden in einem zweiten Schritt verworfen. Diese Fragen, die trotz großer Gesamtstreuung keine klar erkennbare Intergruppenstreuung ausweisen, unterliegen, so wird angenommen, anderen fragestellungsbezogenen Problemen, wie z.B. einer unklaren Fragestellung oder einer zu stark interpretierbaren Fragestellung. Daraus haben sich 14 interessierende Fragestellungen ergeben. Die Gruppenanalyse der Teilnehmerstimmen mittels des AHC-Verfahrens nach Ward führt zur Bildung von 3 relevanten Szenariogruppen mit jeweils spezifischem Stimmverhalten unter Berücksichtigung von 14 Facettenfragen [vgl. Abbildung 120].

70% der Teilnehmer (Lindgrün, K05_T26_A mit 33 Tln.) verteten die Meinung, dass zunächst die PKI-Voraussetzungen zu justieren seien und dann beginnend mit F-Sig und viel Ausdauer das Feld der Konkurrenztechnologien aufzurollen sei.

21% der Teilnehmer (Rot, K05_T26_B mit 10 Tln.) verteten die Meinung, dass die Weichen gestellt sind und dass sich auf Basis dieser Voraussetzungen die Q-Sig früher oder später durchsetzten wird.

9% der Teilnehmer (Orange, K05_T26_C mit 4 Tln.) verteten die Meinung, dass unter gemeinsamer Anstrengung nun pragmatisch der Einsatz der PKI – gleich welcher Art – forciert werden sollte.

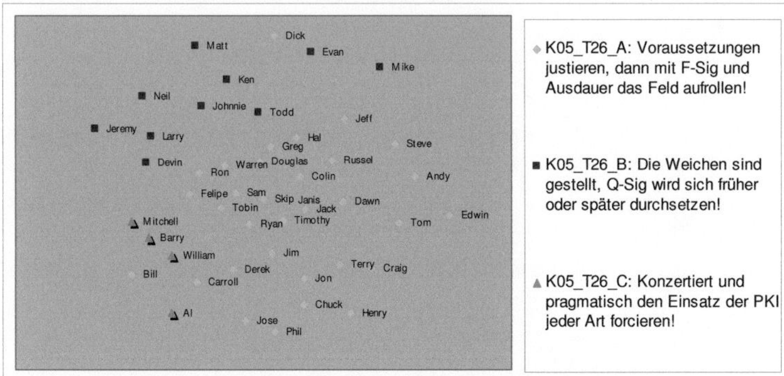

Abbildung 120: Szenariogruppen der TOP-Teilnehmerthesen

Weitere Thesen, die von allen Teilnehmern weitestgehend volle Zustimmung erhalten haben, sollen im Folgenden aufgeführt werden:

- 25.06: Voraussetzung für eine weite Verbreitung ist die Integration der PKI in weit verbreitete Software-Komponenten und ihre einfache Handhabung.
- 25.11: Integration in Standardsoftware wichtig.
- 29.08: Usability und Handling von PKI entscheiden letztendlich über die Akzeptanz einer PKI.
- 29.04: Die heute etablierten PKIs sind für den unbedarften Nutzer in den Anwendungen zu komplex und unverständlich implementiert.
- 30.02: Es müssen finanzielle Vorteile bei der Nutzung von PKI-Lösungen erzielbar sein (e.g. weniger Prüfbedarf, gesetzliche Notwendigkeit, reduzierte Betriebskosten…).
- 25.03: Als Treiber einer PKI sind am besten diejenigen Organisationen geeignet, die bereits heute Karten ausgeben und für die das Thema Sicherheit eine große Rolle spielt, also die Banken (eCash), die Mobilfunkbetreiber, die Krankenversicherungen und der Staat (elektronischer Personalausweis).
- 19.02: Die gesetzlichen Anforderungen an sog. Klasse 2 Leser sind dann sinnlos, wenn die Signatur-Validierung dieses Merkmal nicht nachweisen kann. Für Massensignaturen

in komplexen Szenarien (z.B. el. Rechnungsläufe) wird die Anforderung erst recht problematisch. (Gesetze machen nur Sinn, wenn ihre Nichteinhaltung beweisbar ist.)

- 27.04: Allein schon der Einsatz von fortgeschrittenen (und damit preiswerteren) Signaturen erhöht die Sicherheit beträchtlich. Würden z.B. Banken signierte Emails versenden, wäre ein neues Sicherheitsniveau erreicht.
- 32.02: Signaturkarten werden sich nicht allein, sondern in Kombination mit anderen Anwendungen, wie Ausweiskarten und Geldkarten, durchsetzen.
- 26.02: PKI-Technologien werden sich sehr unterschwellig und für den Benutzer nicht immer sichtbar durchsetzen (z.B. Verknüpfung Zertifikat-Benutzeraccount im Windows Betriebssystem).
- 25.07: Ohne die Weitergabe von Teilen des Effizienzgewinns in den Prozessen an den Endnutzer wird es keinen auch nur ansatzweise flächendeckenden Einsatz von elektronischer Signatur geben.
- 32.05: Die Verbreitung von PKI wird durch Aufnahme als Feature von Standardanwendungen größere Verbreitung finden.
- 19.01: Derzeit dominieren Techniker die Themen der Signatur. In der Regel geht es jedoch um kaufmännische oder rechtliche Entscheidungen.
- 31.03: Interoperabilität zwischen den Trustcentern ist Voraussetzung für den Einsatz von PKI.
- 27.5: Qualifizierte Signaturen werden nur im hochrechtsverbindlichen Kontext, etwa Steuererklärungen, Grundbucheinträgen, eine Rolle spielen. Im E-Commerce wird die einfache fortgeschrittene Signatur dominieren.
- 31.4: Es muss stärker über Topologien diskutiert werden, um PKIs zwischen den Identitätsinseln Firma, Behörde etc. zu verbinden (Die EB-CA ist ein guter Ansatz, erreicht aber keine KMUs).
- 32.6: PKIs in offenen Benutzergruppen sind die Ausnahme.
- 32.4: Automatisierte Lösungen von Authentisierungen und Signaturen stellen die Mehrzahl dar und werden die Mehrzahl bleiben.
- 19.4: Das Bewusstsein, dass elektronische Vorgänge lediglich die bereits existierenden Vorgänge ersetzen und keine (oder nur kleine) wirklich neuen Verhaltensweisen in der Gesellschaft entstehen, wird sich langsam aber sicher etablieren. (Beispielsweise ist die qualifizierte Signatur nur der Ersatz für die Unterschrift, d.h. die elektronische Form der Ersatz für die schriftliche Form. Daher handelt es sich hier nur um eine rechtliche und keine technische Beschreibung.)
- 27.2: PKIs werden zukünftig die Vertrauensbeziehungen innerhalb und außerhalb einer gemischten Organisation/Unternehmung abbilden können und entsprechend (nutzungsabhängig) implementiert werden können. [Transportsicherheit (Maschinen-PKI), Email-Sicherheit (Gateway-PKI), Authentifizierungssicherheit (Smartcard-PKI), Informations- und Benutzersicherheit (Benutzer-PKI)]
- 19.10: Im Privatkundenbereich gibt es nur wenige Anwendungsfelder für Q-Sig und F-Sig.

5.10.2 Darstellung der 14 polarisierenden Teilnehmerthesen

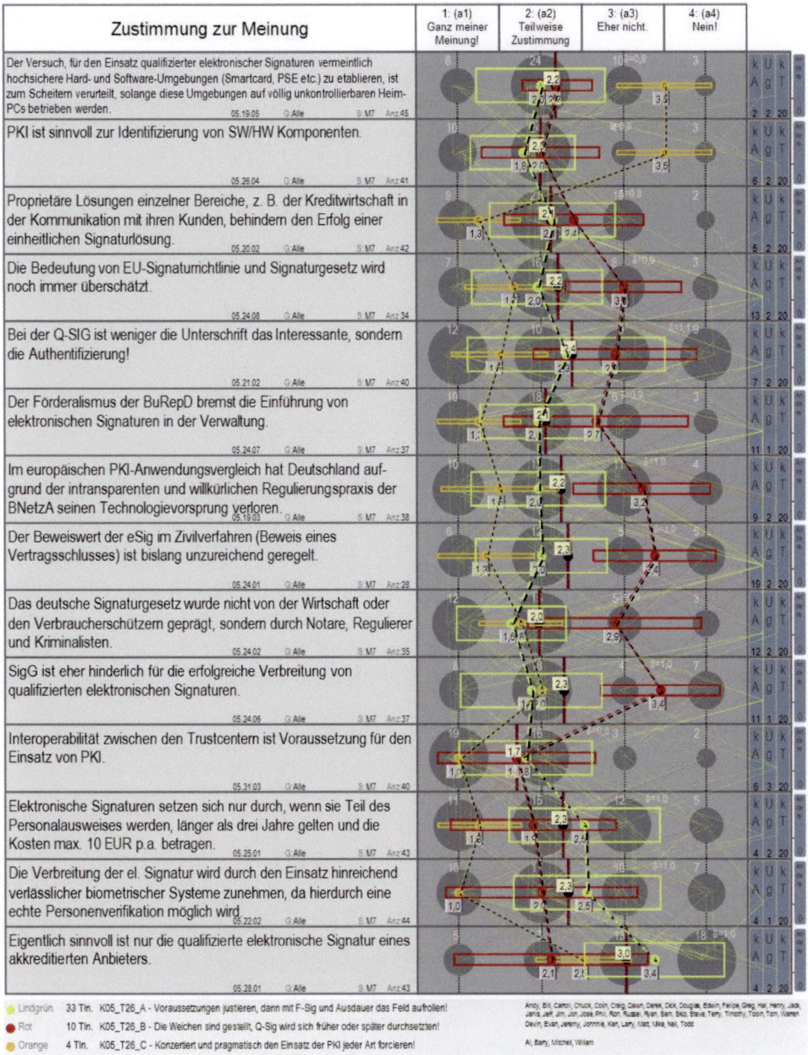

Abbildung 121: Polarisierende Thesen der Teilnehmer mit szenariobildender Funktion

5.10.3 Zusammenfassung und Fazit

Die Möglichkeit, dass die Teilnehmer selber die Studie erweitern konnten, wurde ausgiebig genutzt. Die Teilnehmer konnten ihre eigenen Thesen formulieren und sie den Expertenkollegen zur Evaluierung vorlegen! Die meisten der aufgebrachten Thesen wurden von allen Experten fast einhellig bestätigt, einige wenige wurden als nicht zutreffend zurückgewiesen. 14 Facettenfragen wiesen eine so große Varianz auf, dass sie sich mit gruppenbildenden Verfahren in drei Gruppen mit jeweils geringer Varianz aufteilen ließen. Dies zeigt, dass auch die Teilnehmer selber polarisierende Ansichten geäußert haben, denn auch hier konnten spezifische Szenariogruppen gebildet werden, die anhand der Antwortprofile sachlogisch typisiert werden konnten.

5.11 Zusammenfassung der Ergebnisse Kapitel 5 und Fazit der PKI-Delphi-Studie

Folgende drei Hauptergebnisse der Studie können festgehalten werden:

Ergebnis: Eingang in bestehende Technologien und Geschäftsprozesse:

- In Geldbörsenobjekten, wie z.B. Smartcards sowie Softwareprodukte und Programmiertechnologien, wird die PKI-Technologie im Jahr 2016 führend Verbreitung gefunden haben.
- Geschäftsprozesse von Unternehmen gehören zu den größten potenziellen Nutznießern einer PKI-Integration.
- Insbesondere die beweiswürdige Präsentation von Rechnungen aller Art, Vorgänge im Gesundheitswesen und Vorgänge im virtuellen Rathaus können einen starken Nutzen durch elektronische Signaturen realisieren.
- Die Qualitätsdokumentation in Unternehmen sowie allgemein der Einsatz einer Corporate-ID-Card jeweils mit PKI-Technologie wird im Jahr 2016 weit verbreitet sein.

Ergebnis: Verschiedene Qualitäten der PKI

- Der qualifizierten Signatur nach deutschem Muster wird sowohl europaweit, wie auch international eine Chance auf Verbreitung eingeräumt.
- Die Signatur auf Maschinenebene wird sich zuallererst und am schnellsten durchsetzen. Die nachfolgende Adoption der fortgeschrittenen Signaturen findet zuerst in den Branchen Pharma, Finanzdienstleistung, Luftfahrt und Automotive statt.
- Der qualifizierten Signatur nach deutschem Muster wird insbesondere im Gesundheitssektor eine Chance auf Verbreitung eingeräumt. Ansonsten werden fortgeschrittene Signaturen im Jahr 2016 eine führende Rolle in allen ökonomischen Sektoren einnehmen.

Ergebnis: Entwicklung von Lösungen im Bereich der PKI-Technologie

- Der Einsatz von Biometrielösungen, als Bindeglied zwischen der persönlichen Sicherheitsumgebung und der Person selber, wird die Entwicklung der personengebundenen digitalen Signatur entscheidend prägen.
- Die Lösung des Problems der unsicheren Anzeige von Willenserklärungen wird ebenfalls entscheidend zum Erfolg der digitalen Signatur beitragen.

Die PKI-Delphi-Studie hat nahezu alle Ebenen des T2D4JS-Modells mit verschiedenen Fragestellungen berührt. Bei der Analyse der Antworten konnte immer wieder festgestellt werden, dass es auf eine Fragestellung nicht immer nur eine richtige Antwort gibt. Die Möglichkeit, seine abgegebenen Stimmen in der Feedbackrunde unter den Eindruck der Meinungen der anderen Experten zu verändern, wurde zwar häufig genutzt, dies hat aber nicht zu einer deutlichen Konvergenz der Teilnehmerurteile geführt. Vielmehr hat sich herausgestellt, dass je nach Fragestellung 2 bis 5 klar von einander abgegrenzte Meinungsbilder die Stimmabgabe der Experten geleitet haben. Dahinter sind verschiedene Erfahrungen der Experten mit unterschiedlichen Praxis- oder Theorieelementen der PKI-Technologie zu vermuten. Die solcherart geprägten Denk- und Erfahrungsmuster haben in der Studie ein Echo gefunden und wurden dadurch zum Teil verändert und ggf. auch gefestigt.

Diese Unterschiedlichkeit der Ansichten haben entschieden dazu beigetragen, dass nun für nahezu alle Ebenen des T2D4JS-Modells Szenarioanalysen zur Verfügung stehen. Diese Szenarioanalysen beziehen sich auf die Potenzialschätzung der PKI in Prozessen, in Sekundärtechnologien, auf die Einschätzung der zukünftigen Fähigkeiten der PKI-Akteure, auf die Entwicklung komplexer Problem- und Lösungselemente der PKI-Technologie und auf zeitliche Entwicklungen der Verbreitung von verschiedenen Qualitäten der PKI in verschiedensten Populationen.

Die Antwortprofile und deren Gewichtung haben Erkenntnisse über die Forschungsfragen 1-3 vertiefen können. Es wurden verschiedene Fragen nach der Anwendbarkeit der PKI, Fragen nach Entwicklung der Basistechnologie sowie nach der zukünftigen Entwicklung von Q-Sig, F-Sig und M-Sig aufgestellt und beantwortet. Durch verschiedene Methoden der univariaten und multivariaten Statistik konnte eine Datenbasis erstellt werden, mit dessen Hilfe die weitere Gestaltung und -evaluierung des T2D4JS-Modells vollzogen werden kann.

Im Bereich der sozioökonomischen Faktoren hat die PKI-Delphi-Studie keine relevante Fragendichte erreicht, so dass hier eine noch weitgehend unbearbeitete Ebene des T2D4JS-Modells identifiziert werden kann.

In vielen konkreten Metafragen zur Qualität des Fragebogens haben die Teilnehmer durch ihr Feedback zu einer Qualifizierung des Fragebogens beigetragen.

Mit den Ergebnissen der PKI-Delphi-Studie ist die Relevanz der meisten Ebenen des T2D4JS-Modells für eine wirklichkeitsgetreue Modellierung der Diffusion der PKI in eben diesen Ebenen nachgewiesen und in einer relativ tiefen Detaillierung mit realen Daten befüllt worden.

Im folgenden Kapitel 6 wird die Frage nach der Beziehung der einzelnen Modellebenen zueinander näher beleuchtet. Zudem werden die in Kapitel 3 aufgestellten Thesen detailliert und mit statistischen Methoden, zum Teil mit Bezug auf Ergebnisse aus Kapitel 5, evaluiert werden.

6 Validierung des T2D4JS-Modells der PKI-Diffusion

Dieses Kapitel widmet sich der Evaluierung des T2D4JS-Modells. Ziel ist es, die vom Modell vorhergesagten Diffusions-Phänomene für die PKI-Technologie zu überprüfen. Die Vorhersagen über die statischen und dynamischen Aspekte des T2D4JS-Modells wurden dabei in Form von Hypothesen, die in Kapitel 3 formuliert wurden, ausgedrückt. In diesem Kapitel sollen diese Hypothesen evaluiert werden. Die Evaluierung ist ein Test der Hypothesen an der Wirklichkeit. Als „Wirklichkeit" wird in diesem Fall die PKI-Delphi-Studie angesehen. Dies bedeutet, dass die Hypothesen mit Hilfe von statistischen Prüfungen, die sich auf die Studienergebnisse stützen, bestätigt oder falsifiziert werden können.

Um die Evaluierungsfähigkeit einer Hypothese herzustellen, wird zunächst jede Hypothese mit Bezug auf die Beschreibung der PKI-Studie in Kapitel 4 und unter zu Hilfenahme der beschreibenden Statistik neu formuliert und detailliert. Danach werden univariate, bivariate oder multivariate statistische Methoden angewendet, um die jeweilige Hypothese auf Basis der Studienergebnisse zu prüfen. Eine besondere Stellung nimmt dabei das multivariate Analyseinstrument der Pfadmodellierung mit Hilfe der PLS-Methode ein. Nachdem alle Hypothesen geprüft sind, wird das Gesamtmodell zusammenfassend beurteilt.

6.1 Vorgehensmodell zur Evaluierung des T2D4JS-Modells

Um das T2D4JS-Modell zu evaluieren, gilt es zunächst eine geeignete Methode festzulegen. Zu diesem Zweck gibt es verschiedene wissenschaftliche Methoden der Modellbildung und -evaluierung. Es gilt nun, aus diesen Möglichkeiten, eine adäquate Methode für eine Evaluierung zu identifizieren. Die zwei wichtigsten Methoden sind:

1. Hypothesenprüfende Kausalanalyse mit konfirmatorischen Charakter, z.B. LISREL, mit Strukturgleichungsmodellen;
2. Kausalanalyse mit teilweise explorativem Charakter, z.B. PLS-PM, mit Pfadgleichungsmodellen.

Aufgrund der vorliegenden Fülle an Facettenfragen aus der PKI-Delphi-Studie, die von ausgewiesenen Experten in 69 Fällen bearbeitet wurde, ist die Grundlage für eine ausführliche Analyse mit Strukturgleichungsmodellen möglich und wird daher im Folgenden als Werkzeug der Modelldetaillierung und -evaluierung für das T2D4JS-Modell benutzt. Um einen hohen Anteil an explorativem Erkenntniszuwachs abzusichern, ist der Einsatz der Methoden PLS-PM der Methode LISREL vorzuziehen [vgl. HiGö99].

Die grundsätzliche Methode zur Bildung und Evaluierung von Hypothesen beschreibt Hildebrandt als einen Kreislauf aus induktiver und deduktiver Logik. Dabei wird zunächst auf Grundlage von bekannten Ergebnissen induktiv allgemeine Konzepte aufgestellt. Daraus werden deduktiv spezielle Hypothesen generiert, die messbar sind und mittels einer Datenerhebung bewertet und strukturiert werden können. Nach der Messung des Ergebnisses werden diese mit relevanten Methoden interpretiert und stehen danach als ein weiterer Erkenntnisbaustein für den Kreislauf zur Verfügung. [Vgl. Hild07, S. 85]

Für die vorliegende Arbeit wurde daraus ein Evaluierungsmodell entwickelt [vgl. Abbildung 122], welches darstellt, wie das T2D4JS-Modell bestätigt oder falsifiziert werden kann. Die Zusamenhänge des Modells werden im Folgenden kurz erläutert.

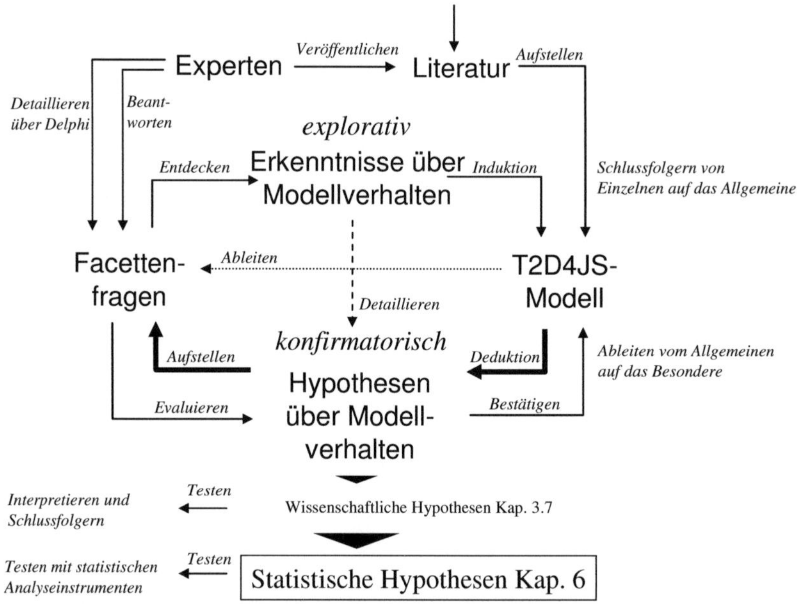

Abbildung 122: Entstehung und Validierung von Hypothesen über das Verhalten des T2D4JS-Modells

Als Grundlage für die Entstehung des T2D4JS-Modells kann die von Experten veröffentlichte wissenschaftliche Literatur angesehen werden. Von diesem allgemeinen Modell der PKI-Diffusion wurden deduktiv Hypothesen abgeleitet, welche formulieren, wie sich einzelne Elemente des Gesamtmodells verhalten. Damit wurde das Modell formalisiert beschrieben und detailliert. Die Hypothesen lagen in Kapitel 3.7 zunächst als abstrakte, sprachliche Konstrukte vor. Der Test solcher Hypothesen kann argumentativ erfolgen, wobei auf das Vokabular des Fachgebiets der Wirtschaftsinformatik und Betriebswirtschaftslehre zurückgegriffen werden kann. Auch die Teilnehmer haben so auf die Entwicklung der Hypothesen Einfluss erhalten. Der Grund liegt in der aktiven Beteiligung der Teilnehmer an der Erstellung, Gestaltung bzw. Veränderung der Facettenfragen des PKI-Delphi-Fragebogens. Aus diesen abstrakten Hypothesen von Kapitel 3.7 wurden iterativ die Hypothesen für Kapitel 6.2 entwickelt. Der iterative

Zyklus ergibt sich dabei über das hypothesengeleitete Aufstellen der Facettenfragen für die PKI-Delphi-Studie und die folgende explorative und konfirmatorische Auswertung der Ergebnisse.

Als Ergebnis dieser rekursiven Prozeduren sind die detaillierten Hypothesen in Kap. 6 entstanden. Diese Hypothesen beziehen sich nun auf die Facettenfragen des PKI-Delphifragebogens. Die Hypothesen haben zudem die Eigenschaft, dass sie sich durch statistische Methoden testen lassen.

6.1.1 Vorgehensmodell für die Erstellung eines Pfadgleichungsmodells

Die sachlogische Hypothesenvalidierung mittels eines statistischen Pfadgleichungsmodells verläuft in 6-8 Schritten, die im Folgenden in Anlehnung an das Vorgehensmodell von Backhaus et al. dargestellt werden [vgl. BEPW05, S. 355 ff.]:

1. Hypothesenbildung: Die Hypothesen liegen in Form der Thesen H1-H10 vor. Dort werden Intra- und Inter-Ebenenbeziehungen des T2D4JS-Modells für die PKI-Diffusion auf sachlogischer Ebene, mit Bezug zu den Fragestellungen von Kapitel 5, beschrieben.
2. Erstellung eines Pfaddiagramms: Verbinden von direkten Manifestvariablen – den Facettenfragen aus Kapitel 5 – zu latenten Variablen; Aufbau von Verbindungen zwischen latenten Variablen.
3. Spezifikation einer Modellstruktur: Anwendung traditioneller multivariater Analyse, wie AHC und MDS-Analyse; Analyse der Ergebnisse und Auswertung mit sachlogischen Überlegungen.
4. Parameterschätzung: Umsetzung des Modells mit den Ausdrucksmöglichkeiten des Programms (XLSTAT-PLS-PM); Einstellung der Durchführungsparameter und Durchführung der Parameterschätzungen.
5. Beurteilung der Schätzergebnisse: z.B. Kommunalitäten, Konfidenzintervalle und Blocktreue der latenten Variablen prüfen.
6. Ende oder Modifikation der Modellstruktur oder weiter bei Punkt 2.
7. Finale Beurteilung der Modellgüte; Ggf. Multigruppenanalyse, um zu prüfen, ob es szenariorelevante Unterschiede des Pfaddiagramms gibt.
8. Darstellung der Ergebnisse: Darstellung der Manifestvariablen als Boxplot, ggf. mit grafischer Korrelationsanalyse.

6.1.2 Werkzeug: PLS-PM

Das Modul PLS-PM des Programms XLSTAT realisiert ein statistisches Strukturgleichungsmodell mit der Methode PLS-PM. Dabei werden Kausalitäten zwischen statistischen Variablen formuliert und die Stärke des Zusammenhangs analysiert. PLS-PM steht für *partial least square path modelling*. [Vgl. ChNe99].

Der Zusammenhang zwischen Variablen des Modells wird grundsätzlich als linear angenommen. Der Vorteil der PLS-Methode ist, dass PLS auch bei relativ kleinen Stichprobengrößen noch anwendbar ist, wobei sogar die Anzahl der erklärenden Variablen die Zahl der Beobachtungen übersteigen kann. Laut Panten und Boßow-Thies ist die PLS-Methode eher als *Soft-Modelling Approach* zu bezeichnen und eigne sich daher besonders für explorative Situationen und zur Erklärung komplexer Zusammenhänge, wenn Theorien sowie etablierte Skalen für den vorliegenden Problembereich noch nicht besonders erforscht worden sind. Gleichwohl kann der Ansatz auch für konfirmatorische Analysen, bei bekannten sachlogischen Zusammenhängen, eingesetzt werden [vgl. PaBo07, S. 317].

Das Tool, das über Microsoft Excel aufgerufen wird, erlaubt die grafische Modellierung von Pfadmodellen und die Anzeige von Ergebnissen der PLS-Regression im Modell, teilweise auch durch grafische Elemente wie größenabhängige Beziehungspfeile zwischen den Variablen.

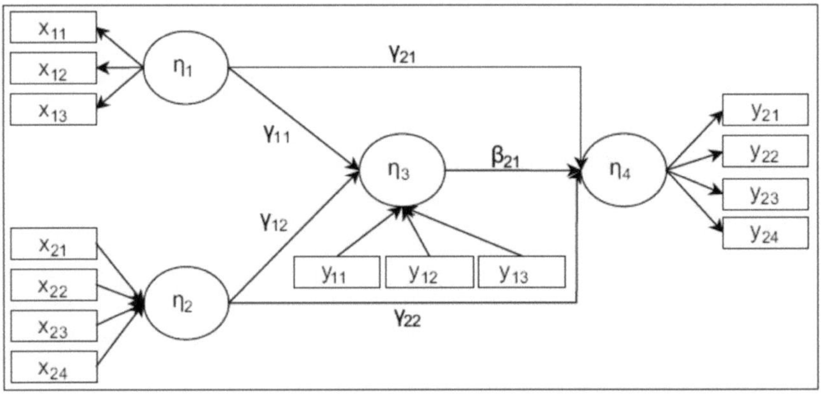

Abbildung 123: Prinzipdarstellung eines PLS-Modells [Quelle PaBo07, S. 313]

Durch die Bildung von latenten Variablen werden dabei mehrere Facettenfragen [vgl. x un y inAbbildung 123] zu einer relevanten latenten Variable [Vgl. η in Abbildung 123] zusammengefasst. Dies dient der Abstrahierung und Vereinfachung des Pfadmodells. Latente Variablen basieren immer auf mindestens einer statistischen Variablen, die wiederum aus genau einer Facettenfrage gebildet wurde. Da diese Variablen im Gegensatz zu den latenten Variablen tatsächlich als beobachtete Variablen vorliegen, werden sie Manifestvariablen genannt.

Es gibt dabei zwei Bildungsregeln für latente Variablen:

- Im **reflektiven Modus A** [vgl. η1] werden die latenten Variablen als einen den Manifestvariablen zugrunde liegenden gemeinsamen Faktor verstanden. Es wird angenommen, dass mit einer Änderung von einer Manifestvariable die Änderung der anderen

Manifestvariablen einhergeht. Somit verlaufen die Pfeile im Pfadmodell von den latenten Variablen zu den Manifestvariablen.

- Im **formativen Modus B** [vgl. η2] wird die latente Variable als *ein Index über die Manifestvariablen* verstanden. Dabei wird unterstellt, dass die Manifestvariablen nicht denselben Sachverhalt messen. Somit verlaufen im Falle von formativen latenten Variablen die Pfeile von den Manifestvariablen zu der latenten Variable [vgl. PaBo07, S. 314].

Die Vorgehensweise bei der Erstellung der Strukturgleichungsmodelle ist dabei iterativ und kann sich auch anderer multivariater Analysemethoden bedienen, um zu Erkenntnissen über mögliche Strukturzusammenhänge zu gelangen. Alle Strukturmodelle müssen durch sachlogische Überlegungen begründbar sein.

6.1.3 Erläuterung wichtiger Gütekriterien von Modellstrukturergebnissen

Ein Pfadmodell kann auf zwei Ebenen validiert werden:

1. Validierung des Messmodells: Qualität der latenten exogenen Variablen
2. Validierung des Strukturmodells: Qualität der endogenen latenten Variablen

Im Folgenden werden sowohl die Standardqualitätsmaße als auch Kennzahlen des simulationsbasierten Konzeptes *Blindfolding* für die Beurteilung der zwei Modellebenen erläutert. Beim Blindfolding werden in sieben Schritten jeweils ein Siebtel der Beobachtungen der Variablen nicht in die Erstellung der PLS-Modellparameter miteinbezogen. Mit den so berechneten Regressionsgleichungen werden die endogenen Variablenwerte der jeweils weggelassenen Variablen berechnet. Von den sieben Läufen werden Durchschnittswerte errechnet. Die Unterschiede der tatsächlichen Variablenwerte zu den Vorhersagewerten werden quadriert und summiert.

Qualitätsebene 1: Messmodell:

Kommunalität (Abkürzung *Com*)**:** Der Umfang an Varianzerklärung, den die Manifestvariablen für die latenten Variable liefern, wird als Kommunalität bezeichnet. Die Kommunalität ist der Durchschnitt aller quadrierten Korrelationen zwischen sämtlichen an der latenten Variable gebundenen Manifestvariablen. Die möglichen Werte liegen zwischen 0 und 1. Je höher die Kommunalität ist, desto besser vertritt die latente Variable die Manifestvariable. Die beste Kommunalität ist 1 und tritt im Modell quasi nur dann auf, wenn gerade genau eine Manifestvariable in die latente Variable eingeht.

Blocktreue der Manifestvariablen: Für die Bildung der latenten Variablen ist es wichtig, dass die beteiligten Manifestvariablen statistisch eindimensional sind. D.h. sie sollen gemeinsam genau eine, nämlich ihre latente Variable, erklären. Es kann aber auch sein, dass die Manifestvariablen gemeinsam eine weitere Variable erklären können. Damit würden die Manifestvariablen aber ihrem Block, also ihrer latenten Variable, untreu werden. Die latenten Variablen würden dadurch mehrdeutig und die erzielten Ergebnisse nicht mehr plausibel sein. Die Blocktreue kann durch eine Faktorenanalyse über die Manifestvariable geprüft werden, dabei sollte der erste Faktor mindestens eins betragen und die nachfolgenden Faktoren deutlich unter eins am besten gegen null fallen. Eine Maßzahl für die Blocktreue wird durch Dillon Goldstein´s ρ (Abkürzung; D.G.s Roh oder nur Roh) gegeben, der die Prüfung auf Unidimensionalität in einen einzelnen Faktor bündelt. Bei Werten von über 0,7 kann die Hypothese der Unidimensionalität angenommen und daher von einer Blocktreue der Manifestvariablen ausgegangen werden.

Cross-Validated Communality (Abkürzung: Com(BL))**:** Die Beurteilung der latenten Variablen durch das Blindfolding geschieht durch einen Index, der ein Quotient aus den quadrierten Fehlern zwischen tatsächlicher Mittelwertabweichung und vorhergesagter Mittelwertabweichung und (im Nenner) die tatsächlichen Mittelwertabweichungen beinhaltet. Negative Werte zeigen an, dass das Segment des Vorhersagemodells keine signifikanten Ergebnisse liefert. Werte größer als null sind akzeptable Werte und lassen einen Vergleich zwischen den endogenen Variablen zu.

Qualitätsebene 2: Strukturmodell:

Latente Variable, die Wirkungseingänge von anderen Variablen erhalten, können weitere Qualitätsmaße realisieren:

Bestimmtheitsmaß des Pfadmodells (Abkürzung: R^2 oder R2)**:** R^2 wird der Quotient zwischen der durch das Pfadmodell vorhergesagten endogenen Variablen und der durch Manifestvariablen tatsächlich gelieferten Werte genannt. Das Bestimmtheitsmaß ist wiederum die quadrierte Korrelation beider Werte.

Sowohl für die Beurteilung des Bestimmtheitsmaßes R^2 als auch für die geschätzten Werte der Regressionskoeffizienten in *Partial Least Square*-Modellen liegen unterschiedliche Empfehlungen vor. Laut Chin ist ein Bestimmtheitsmaß von 0,67 als „substantiell" zu bezeichnen, während Ergebnisse in Höhe von 0,33 und 0,19 als „durchschnittlich" bzw. „schwach" einzustufen sind. Von Lohmöller jedoch werden Pfadkoeffizienten bereits ab einer Höhe von 0,1 in Partial Least Squares-Modelle aufgenommen. [Vgl. Ring04, Chin89]

Schätzrelevanz (Q^2): Die Beurteilung der latenten endogenen Variablen durch das *Blindfolding* geschieht durch einen Index, der einen Quotienten aus den quadrierten Fehlern zwischen tatsächlicher Mittelwertabweichung und vorhergesagter Mittelwertabweichung und (im Nenner) den tatsächlichen Mittelwertabweichungen beinhaltet. Dieser Vergleich wird als Kreuzvalidierung bezeichnet, daher ergibt sich der englische Begriff *Cross-Validated Redundancy* (Abkürzung: *Red(BL)*). Bei endogenen Variablen werden sowohl die Manifestvariablen, als auch die Beiträge anderer latenter Variablen berücksichtigt. Negative Werte zeigen an, dass das gesamte Vorhersagemodell keine signifikanten Ergebnisse für die endogene Variable liefert. Werte größer als null sind akzeptable Werte und lassen einen Vergleich zwischen den endogenen Variablen zu [vgl. Chin98, S. 318, Ring04, S. 21].

$$\text{Endogene Variable} = a * \text{Var1} + b * \text{Var2} + c * \text{Var3} + d$$

Im Rahmen der Optimierung der Fehlerquadrate des PLS-Algorithmus werden neben den Gewichten der Manifestvariablen auch die Regressionsformeln der endogenen Variablen optimiert. Die Qualitäten dieser Regressionsformeln sind es, die durch die Schätzrelevanz und das Bestimmtheitsmaß gemessen werden. Die PLSPM-Methode wird kontinuierlich weiterentwickelt, insbesondere die Herausforderung der gegenseitigen kreuzweisen Aufladung, also eine reduzierte Blocktreue, von latenten Variablen wird gegenwärtig bearbeitet [vgl. Bry08].

6.2 Evaluierung der T2D4JS-Modellhypothesen

In Kapitel 3.7 wurden im Rahmen der sachlogischen Interaktionsanalyse der verschiedenen Ebenen des T2D4JS-Modells eine Reihe von Hypothesen über die Dynamik innerhalb dieser Ebenen sowie zwischen den verschiedenen Ebenen aufgestellt. Diese Hypothesen werden im Folgenden einer Validierung unterzogen. Dabei soll sich herausstellen, ob die Hypothesen zutreffend sind, oder ob sie abgelehnt werden müssen.

Zunächst werden dazu die Hypothesen aus den Kapiteln 3.7, 3.5.3, 3.6.1 und 3.2.4 genannt und mit Blick auf die Inhalte der PKI-Studie konkretisiert. Die Hypothesenbildung geschieht in den oben genannten Kapiteln aufgrund sachlogischer Überlegungen auf Basis des T2D4JS-Modells. Im Folgenden werden diese Hypothesen auf der Basis der Erkenntnisse aus Kapitel 5 über den Studienaufbau und die Studienergebnisse neu formuliert. In Hinblick auf die statistische Evaluierung wird der Bezugspunkt der Hypothesen von der sachlichen Ebene auf die verfügbaren statistischen Variablen der PKI-Delphi-Studie fokussiert. Die solcherart konkretisierte Hypothese hat nun die Eigenschaft, dass sie mit statistischen Methoden [vgl. Kapitel 6.1] falsifiziert oder bestätigt werden kann. Die Hypothesen werden in den folgenden Kapiteln evaluiert. Dabei bestimmt die Komplexität der Thesenevaluierung die Reihenfolge.

6.2.1 H4i: Verbindung zwischen relativer und absoluter Verbreitung der Q-Sig

H4i macht die Vorhersage, dass sich die Antworten der Teilnehmer bezüglich der Verbreitung der Q-Sig im Bereich der Endverbraucher gleichen, auch wenn die Fragen unterschiedlich gestellt wurden. Zum einen schätzten die Studienteilnehmer in Studienkapitel 6 die relative Verbreitung in Bezug zu anderen Konkurrenztechnologien für das Jahr 2016 ein. Dabei standen die Ausprägungen sehr gering (1), teilweise (2), führend (3) und 90% (4) als metrische Skala zur Auswahl. Zum anderen wurden die Teilnehmer im Studienkapitel 8 nach einem prozentualen Schätzwert der Absolutverbreitung in den Jahren 2006, 2016, 2026 und 2036 gefragt. Dabei konnten im Intervall von 0%-100% in Freitextform ein Prozentwert angegeben werden. In einigen Fällen glichen sich der Populationenbezug beider Fragestellungen. Für die Population *Endverbraucher* bzw. *Consumer* sollen, laut Hypothese H4i, sich für den Fall der Q-Sig die Antworten der Teilnehmer in beiden Fällen gleichen. Wenn die Absolutverbreitung der Q-Sig in Prozessen für den Endkunden in 2016 hoch geschätzt wird, so wird, laut H4i, die geschätzte relative Verbreitung in 2016 der Q-Sig in der Population der Endkunden ebenfalls hoch eingeschätzt werden. Umgekehrt, behauptet H4i, dass mit einer niedrig geschätzten Absolutverbreitung für das Jahr 2016 auch eine niedrig geschätzte Relativverbreitung in demselben Jahr zu beobachten sei. H4i kann auch als Konsistenzthese aufgefasst werden, die prüft, ob die Teilnehmer konsistente Stimmabgaben getätigt haben, oder, im Falle der Widerlegung von H4i, ob die Teilnehmerantworten eher nicht durch sachlogische Gegebenheiten erklärbar sind.

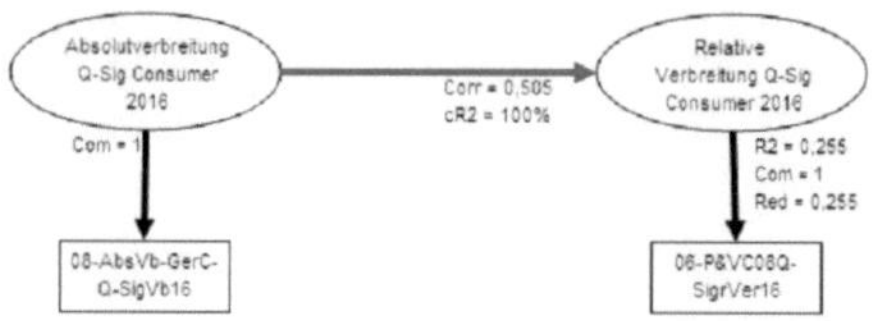

Abbildung 124: PLS-Pfadmodell für den Zusammenhang Absolutverbreitung zu Relativverbreitung

Beurteilung der Modellgüte:

Die Kommunalitäten betragen genau eins [vgl. Abbildung 124], weil die latenten Variablen aus genau einer Manifestvariablen bestehen. Entsprechend braucht die Blocktreue nicht überprüft zu werden. Das Bestimmtheitsmaß des Pfadmodells für die endogene Variable der relativen Verbreitung der Q-Sig im Segment *Consumer* beträgt 0,255.

Fazit:

Die Voraussetzungen der exogenen Variablen stimmen. Die exogene Variable *Absolutverbreitung Q-Sig Consumer* und die endogene Variable *Relative Verbreitung Q-Sig Consumer 2016* sind mit 0,505 hoch korreliert. Die endogene Variable weist ein Bestimmtheitsmaß von 0,225 auf. Damit kann die Hypothese H4i als bestätigt angesehen werden. Die Studienteilnehmer haben die gleiche Fragestellung nach der Verbreitung der Q-Sig im Bereich der Endverbraucher mit jeweils unterschiedlichen Fragefacetten sachlogisch nachvollziehbar in ähnlicher Weise beantwortet. Aus dem konsistenten Antwortverhalten im Falle zweier sachlogisch nachvollziehbar verkoppelter Fragestellungen kann nun induktiv die Hypothese eines allgemein korrekten und fachlich angemessenen allseits konsistenten Antwortverhaltens aufgestellt werden. Auch für den Fall, dass es sich bei den zwei Fragestellungen um eine ebenenübergreifende Verbindung handelt, darf vermutet werden, dass die Antworten sachlogisch fundiert und nachvollziehbar sind. Allgemein wird die Aussage, dass es sich bei den Teilnehmerantworten um ernstzunehmende Expertenantworten handelt, durch die Hypothese H4i gestärkt. Die weiteren Hypothesen sollen auch weitere Hinweise in diese Richtung liefern.

6.2.2 H4k: Verbesserung der Vorhersage der relativen Verbreitung

H4k erweitert die Hypothese H4i und behauptet, dass die Vorhersage für die relative Verbreitung durch weitere Variablen verbessert werden kann. Zu sehen ist, dass das Bestimmtheitsmaß durch Hinzunahme der geschätzten Absolutverbreitung 2026 sich von 0,255 auf 0,304 verbessert hat [vgl. Abbildung 125].

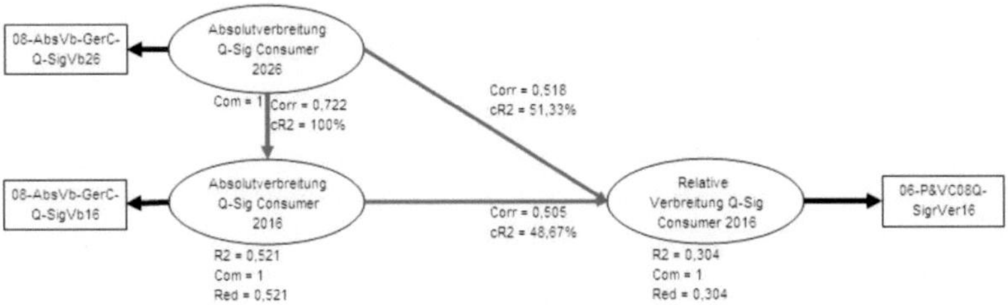

Abbildung 125: Verbesserung des Bestimmtheitsmaßes durch weitere exogene Variablen

Auch ist zu sehen, dass die neue Variable sogar höher korreliert und entsprechend 51,3% zur Varianzerklärung der Zielvariable beiträgt. Im nächsten PLS-Modell in Abbildung 126 wurde die *Absolutverbreitung 2036* als erklärende Variable für die Relativverbreitung noch hinzugenommen.

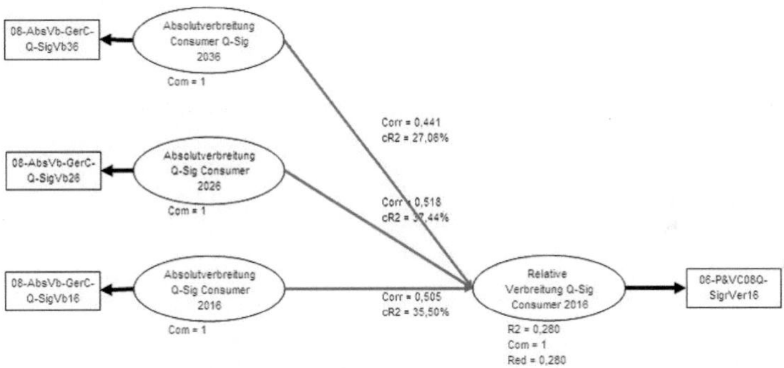

Abbildung 126: Verschlechterung des Bestimmtheitsmaßes durch weitere exogene Variablen

Hier zeigt sich allerdings, dass jetzt das Bestimmtheitsmaß auf 0,280 fällt. Hier wird deutlich, dass die große Varianz der Variable *Absoluteinschätzung für die Verbreitung der Q-Sig im Jahr 2036* nun überwiegend mit der Unsicherheit der Teilnehmer und weniger mit der Unterschiedlichkeit der Meinungen der Teilnehmer zu tun hat. Erstaunlicherweise liefert die Variable der *Geschätzten Absolutverbreitung in 2006* (ohne Abbildung) nochmals eine Erhöhung des Bestimmtheitsmaß um 0,01 auf 0,305.

Die Bestimmtheitsmaße des Pfadmodells aus Abbildung 125 können sich jedoch, je nach betrachteter Gruppe, stark unterscheiden. Zwei Gruppeneinteilungen lohnen sich näher zu untersuchen: Die WAN-Einteilung sowie die Szenariogruppen der Frage nach der Absolutverbreitung. Die Szenariogruppen sind in die Gruppe C1 und C2 eingeteilt. C1 stellt 10 Teilnehmer, welche auf die Facettenfragen nach der absoluten Diffusionsrate oft sehr hohe Prozentwerte nannten. C2 beinhaltet 13 Teilnehmer mit zumeist sehr niedrigen Prozentangaben bzgl. Verbreitung der Q-, F- oder M-Sig in verschiedenen Populationen.

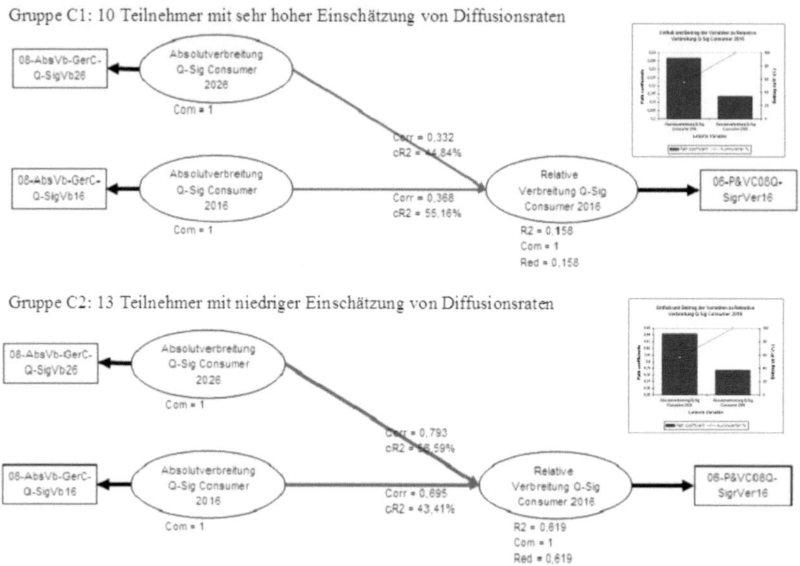

Abbildung 127: Vergleich der Szenariogruppen zu der Hypothese H4k

In Abbildung 127 sind die Ergebnisse für beide Gruppen grafisch dargestellt. Auffällig ist, dass Gruppe C2 mit 0.619 ein deutlich höheres Bestimmtheitsmaß als Gruppe C1 mit 0,158 hat. Dies ist plausibel auf die geringere Varianz der Gruppe mit geringer absoluter Diffusionsrate zurückzuführen. In Abbildung 128 sind zum Zweck der visuellen Plausibilisierung die Antworten auf die entsprechenden Facettenfragen nochmals als Boxplot mit grafischen Korrelationslinien gezeigt.

Wichtig ist, dass die Gruppeneinteilung der Szenariogruppen nicht nur aus den vier Variablen entspringt, da ja die Szenariogruppen jeweils für größere Fragenbereiche einheitliche Gruppen bilden sollen. Die Irrtumssicherheit der Aussage, dass sich beide Gruppen signifikant von einander unterscheiden beträgt jedoch nur 66-74%.[17] Dies ist sicher der geringen Gruppenstärke geschuldet. Aus der grafischen Korrelation ist aber auch zu entnehmen, dass ca. 2 der Teilnehmer nicht ganz konsistente Stimmen abgegeben haben oder diese Stimmen mit einem völlig anderem Fragenverständnis abgegeben haben, denn die grafische Korrelation führt zwei Stimmen auf, die in 2016 eine nur „sehr geringe" Verbreitung prognostizieren, die aber auf eine relativ hohe absolute Verbreitung von 20%-30% im Jahr 2016 zurückzuverfolgen sind.

Für die WAN-Gruppeneinteilung ist eine Durchführung der Mehrgruppenanalyse ebenfalls sinnvoll, hier ist von Interesse, ob eine der drei Gruppen ggf. derart einheitlich, nachvollziehbare und konsistente Stimmen abgegeben hätte, so dass die PLS-Regression dies mit einem hohen Bestimmtheitsmaß erkennbar machen würde – selbst wenn die Varianz der einzelnen Stimmen hoch wäre!

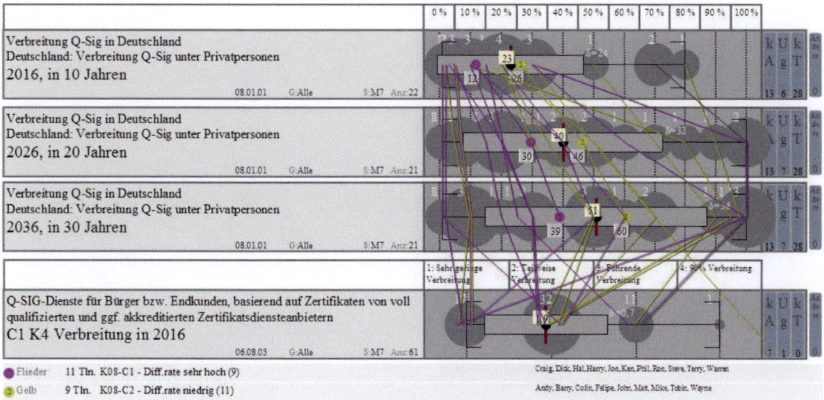

Abbildung 128: Boxplots für Hypothese H4k mit Szenariogruppen

Als Ergebnis der WAN-Mehrgruppenanalyse wurde zwischen den Gruppen keine signifikanten (alpha>=10%) Unterschiede festgestellt. Bemerkenswert ist jedoch, dass für jede einzelne Gruppe deutlich höhere Bestimmtheitsmaße festgestellt wurden als für die Gesamtheit aller 23 Teilnehmerstimmen. Aber auch dies ist mit der insgesamt geringeren Stimmenzahl der Gruppen zu begründen, da ja die lineare Regressionsgleichung nun viel weniger Beobachtungen zu genügen hat und daher prinzipiell die Chance hat, die einzelnen Stimmen genauer abzubilden.

Fazit:

Die Hypothese H4k hat gezeigt, dass neben der *absoluten Verbreitung 2016* eine weitere Variable, nämlich die *Absolute Verbreitung 2026,* die Bestimmtheit des PLS-Pfadmodells für die

[17] Die Irrtumssicherheit wurde mit Hilfe der Option „Mehrgruppenanalyse" mit dem Programm XLSTAT-PLS-PM durchgeführt. Dabei wurden die Veränderung der Modellgütekriterien des zugrundeliegenden PLS-Pfadmodells aufgrund mehrfach zufällig veränderter Gruppeneinteilungen ermittelt und somit die Signifikanz der Gruppenunterschiedlichkeit statistisch nachgewiesen.

endogene Variable *Relative Verbreitung Q-Sig Consumer 2016* zu verbessern. Damit ist die Hypothese H4k bestätigt. Im Rahmen der Thesendiskussion wurde die Möglichkeit der Mehrgruppenanalyse genutzt, um mögliche Gruppenunterschiede bei den erzielbaren Bestimmtheitsmaßen zu analysieren. Dabei wurden weder bei der WAN-Gruppierung noch bei den speziellen Szenariogruppierung signifikante (mit Alpha>10%) Unterschiede festgestellt. Dies heißt nicht, dass es keine Unterschiede in den Gruppenaussagen gäbe, sondern nur, dass die Vorhersagbarkeit und die Konsistenz der Stimmabgabe oder die Varianz der Stimmabgabe in keiner Gruppe stark unterschiedlich war. Das Ergebnis der Gruppenanalyse ist daher als positiv zu bewerten, heißt es doch, dass das Teilnehmerfeld homogen ist und die Szenario-Aussagen, die auf Gruppenunterschieden beruhen, keine Zweifel erfahren haben.

6.2.3 *H4j: Absolutverbreitung erklärt Relativverbreitung für F-Sig bei Konsumenten*

Die Hypothese H4j trifft die Aussage, dass die Antworten der Teilnehmer bzgl. der Fragen nach der absoluten Verbreitung der Q-, F- oder M-Sig sich in den Antworten der Teilnehmer bzgl. der Fragen nach der relativen Verbreitung der Q-, F- oder M-Sig wiederspiegeln. Abbildung 129 stellt die zugehörigen Pfaddiagramme dar.

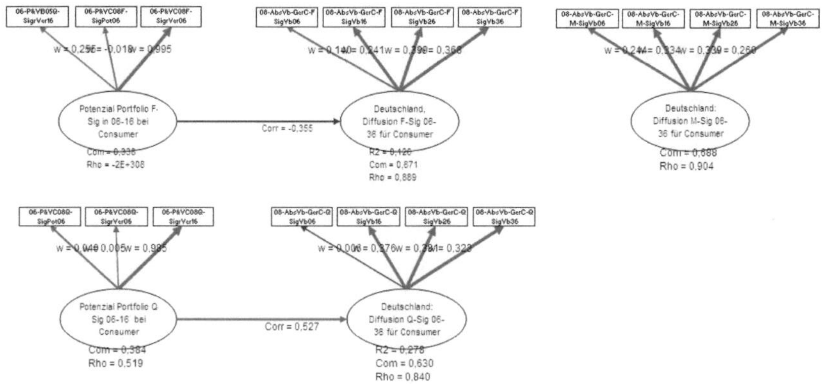

Abbildung 129: Vergleich von relativen und absoluten Verbreitungen der QFM-Sig

Da es zur Frage der Absolutverbreitung der M-Sig keine Entsprechung gab, kann die These H4j für die Signaturqualität der M-Sig nicht überprüft werden.

Beurteilung der Modellgüte: Das Messmodell weist hohe Kommunalitäten aus. Die Blocktreue ist in einem Fall grenzwertig und im Fall der negativen Korrelation nicht berechenbar.

Fazit zur These: H4j kann mit kleinen Einschränkungen bestätigt werden.

6.2.4 *H4c: Populationspotenzial spiegelt relative Verbreitung der PKI wieder*

Hypothese H4c sagt voraus, dass die Expertenschätzungen zur Verbreitung eine der Formen der Q-, F- oder M-Sig in den jeweiligen Populationen linear abhängig sind von der Einschätzung des Potenzials der Q-, F- oder M-Sig in derselben Population. Den Test auf einen linearen Zusammenhang lässt sich mittels des Korrelationskoeffizienten durchführen.

Tabelle 10 führt die Ergebnisse jeweils für die Kombination Population-zu-Sig-Qualität auf. Es ist zu sehen, dass die größte Korrelation von 0,570 zwischen Potenzialeinschätzung und Verbreitungseinschätzung für die Population *Großkonzerne* in Verbindung mit der Q-Sig auftritt, gefolgt von der F-Sig im Gesundheitswesen (0,558) und der Q-Sig in Banken und Versicherungen.

Tabelle 10: Korrelationen von QFM-Sig-Potenzial 2006 zu QFM-Sig-Verbreitung 2016

Variablen	06 Mittelwert	06 Varianz	16 Mittelwert	16 Varianz	Korrelation	Signifikant
06-P&V-A06 - Staatliche Stellen - F-Sig	2,150	0,294	2,583	0,743	**0,455**	X
06-P&V-A06 - Staatliche Stellen - Q-Sig	1,898	0,356	2,508	0,746	**0,330**	X
06-P&V-A07 - Gesundheitswesen - F-Sig	1,965	0,465	2,595	0,945	**0,558**	X
06-P&V-A07 - Gesundheitswesen - Q-Sig	2,112	0,542	2,897	0,865	**0,412**	X
06-P&V-B01 - Industrie allg. - F-Sig	2,017	0,250	2,703	0,368	0,236	
06-P&V-B01 - Industrie allg. - M-Sig	2,373	0,263	3,203	0,559	**0,283**	X
06-P&V-B01 - Industrie allg. - Q-Sig	1,280	0,261	1,695	0,308	0,237	
06-P&V-B02 - Großkonzerne - F-Sig	2,203	0,293	2,880	0,403	**0,263**	X
06-P&V-B02 - Großkonzerne - Q-Sig	1,466	0,374	1,845	0,327	**0,570**	X
06-P&V-B03 - KMU - F-Sig	1,746	0,253	2,322	0,415	**0,300**	X
06-P&V-B03 - KMU - Q-Sig	1,246	0,245	1,576	0,273	0,203	
06-P&V-B04 - Automotive OEM - F-Sig	2,071	0,183	2,908	0,447	**0,368**	X
06-P&V-B04 - Automotive OEM - Q-Sig	1,357	0,317	1,796	0,299	**0,464**	X
06-P&V-B05 - Automotive Zulieferer - F-Sig	2,083	0,261	2,755	0,418	**0,450**	X
06-P&V-B05 - Automotive Zulieferer - Q-Sig	1,316	0,272	1,837	0,278	**0,456**	X
06-P&V-C08 - Endkunde/Bürger - F-Sig	1,697	0,311	2,262	0,430	0,039	
06-P&V-C08 - Endkunde/Bürger - Q-Sig	1,361	0,368	1,934	0,529	**0,357**	X
06-P&V-D09 - Banken & Versicherungen - F-Sig	2,079	0,248	2,802	0,514	0,205	
06-P&V-D09 - Banken & Versicherungen - Q-Sig	1,767	0,433	2,248	0,642	**0,514**	X
06-P&V-D10 - Dienstleister - F-Sig	2,053	0,314	2,737	0,418	0,220	
06-P&V-D10 - Dienstleister - Q-Sig	1,421	0,332	1,813	0,455	**0,550**	X

Werte in Fettdruck sind signifikant von Null verschieden mit einem Signifikanzniveau von alpha=0,05

Am wenigsten mochten die Teilnehmer ihrer Potenzialeinschätzung folgen, wenn es um die Schätzung der Verbreitung der F-Sig beim Endkunden bzw. beim Bürger ging. Dort liegt quasi keine Korrelation vor. Es folgen mit einer geringen, nicht signifikanten Korrelation die Q-Sig für klein- und mittelständige Unternehmer (0,203) sowie die F-Sig in Banken & Versicherungen.

Weitere Ausschlüsse sollen die Korrelationsplots für die eben genannten 3 höchst- und niedrigstkorrelierten Populationen geben [vgl. Abbildung 130]. Die Einzelstimmen wurden jeweils zufällig um maximal 0,2 Einheiten um den eigentlichen Wert gestreut im Diagramm eingetragen, damit die Anzahl der gleichartigen Stimmabgaben durch Punktwolken sichtbar wird.

Das geschätzte Potenzial ist jeweils auf der X-Achse abgetragen und die geschätzte Verbreitung auf der Y-Achse. Im Diagramm *F-Sig für Endkunden* (oben links) ist klar zu sehen, dass sich die Punktwolken der Verbreitung in 2016 völlig unabhängig von der X-Achse, also der Einschätzung des *Potenzials heute*, zeigen. Das Diagramm *F-Sig im Gesundheitswesen* (Mitte unten) zeigt, wie eine hohe Korrelation typischerweise aussehen kann: Die Punktwolken auf der Y-Achsen zeigen eine deutliche Abhängigkeit von der Position auf der X-Achse (Potenzial 2006).

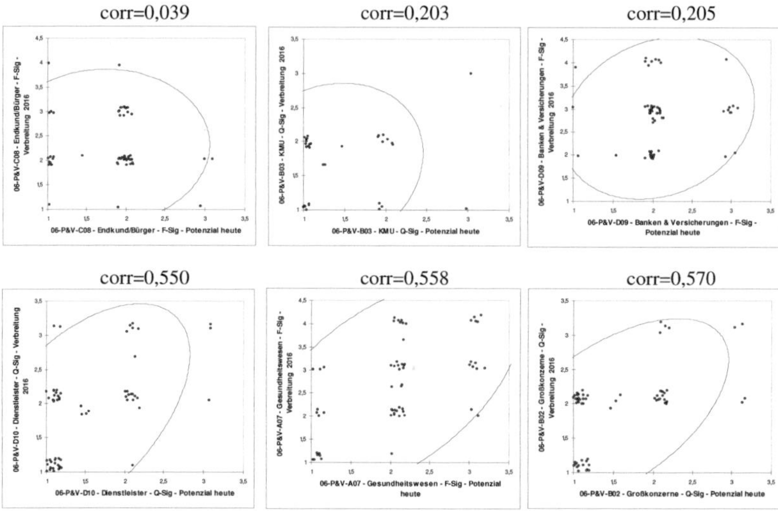

Abbildung 130: 6 Korrelationsplots von Sig-Potenzial & -Verbreitung

Da die Mehrzahl der Korrelationen signifikant positiv ist, kann vorausgesetzt werden, dass die Teilnehmer die Schätzung des Potenzials in 2006 tatsächlich als Leitgröße für eine Schätzung der Verbreitung in 2016 genommen haben. Damit hat sich die Erwartung über die Methode der Abarbeitung des Fragebogens, die in der These H4c zum Ausdruck kommt, bestätigt.

Es bleibt zu fragen, ob bei einigen Fragestellungen manche Teilnehmer von dieser Methode abgewichen sind. Eine Korrelationsanalyse der Daten aus Tabelle 10 zeigt, dass die Varianz der Potenzialeinschätzungen 2006 bei einer geringen Korrelation zwischen *Potenzial in 2006* und *Verbreitung in 2016* ebenfalls sehr gering ist und umgekehrt. Anders ausgedrückt: Die Korrelation zwischen Potenzial in 2006 und Verbreitung in 2016 korreliert mit der Varianz der Potenzialeinschätzung 2006. Wenn sich die Teilnehmer also recht uneinig über das PKI Potenzial in einer Population im Jahr 2006 waren, so führt der Mechanismus zu einem weit auseinander gezogenem Antwortfeld mit entsprechend hohen Korrelationswerten [vgl. Abbildung 131], weil nämlich Teilnehmer ihre Verbreitungseinschätzung 2016 von der Potenzialeinschätzung abhängig gemacht haben.

Die arithmetischen Mittelwerte der Potenzialeinschätzung 2006 und der Verbreitung 2016 korrelieren schließlich nahezu perfekt mit 0,964. Ist aber eine Potenzialeinschätzung auf eins oder drei ganz offensichtlich ausgeschlossen, wie man es den Beispielen in Abbildung 130 oben unterstellen mag, so verdichtet sich die Punktwolke. Damit wird sie aber anfälliger für Ausreißermeinungen, die nun eine Regressionsgerade durch die konzentrierte Punktewolke leichter „verdrehen" können. Aus dieser Sicht können die niedrig korrelierten Variablenpaare aus *Potenzialeinschätzung in 2006* plus *Verbreitungseinschätzung in 2016* in Teilen auch auf die Randeffekte der Skaleneinteilung und darauf aufbauend auf Zufallseffekte aufgrund von Ausreißermeinungen zurückgeführt werden.

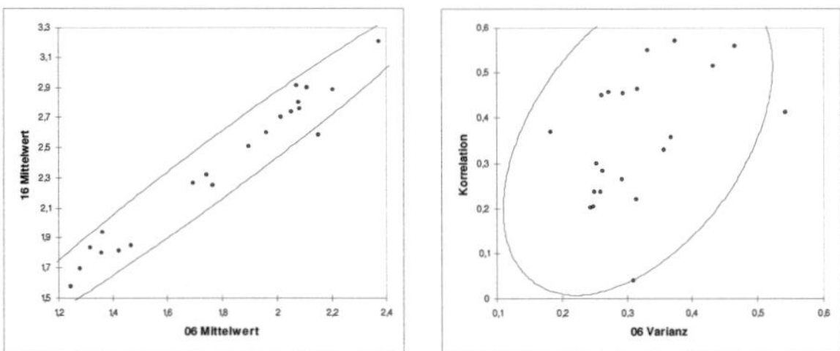

Abbildung 131: Korrelationsplots univariater Maße der Potenzialeinschätzung 2016 und Verbreitung 2016

6.2.5 *H1a: Sekundärtechnologie: Korrelation von Potenzial 2006 und Verbreitung 2016*

Die Hypothese H1a macht die Vorhersage, dass die beiden Facettenfragen zur PKI-Integration in Sekundärtechnologien voneinander abhängen. Von der Potenzialeinschätzung im Jahr 2006 hängt nämlich die geschätzte relative Verbreitung im Jahr 2016 ab. Die Potenzialeinschätzung konnte von den Teilnehmern mit den drei Ausprägungen geringes (1), mittleres (2) oder hohes (3) Nutzenpotenzial der PKI vorgenommen werden. Die relative Verbreitung war durch die Ausprägungen *kaum* (1), *untergeordnet* (2) oder *führend* (3) geprägt.

Der Validierung der Hypothese H1 wird mittels Bildung von je einer latenten Variable, die „Zukunftschance" genannt wird, durchgeführt. Als Manifestvariable wird dabei jeweils die Potenzial- und die Verbreitungsfacette gewählt. Wenn zwischen der latenten Variablen und ihrer zugehörigen Manifestvariablen eine hohe Korrelation besteht, so kann H1a als bewiesen angesehen werden.

Abbildung 132 zeigt auf, dass die jeweiligen Manifestvariablen der Facette *PKI-Potenzial in 2006* und relative *PKI-Verbreitung in 2016* zusammen die latente Variablenklasse „PKI-Zukunftschancen in Technologien" bilden können.

Beurteilung der Modellgüte:

Die latenten Variablen weisen allesamt eine Blocktreue nach dem Kriterium G.D. Roh>0.7 aus. Die Korrelationen der Manifestvariablen befinden sich in einem guten Bereich von 0.6 bis 0.9 und die Kommunalitäten der latenten Variablen bewegen sich ebenfalls in einem guten Bereich zwischen 55% und 82%.

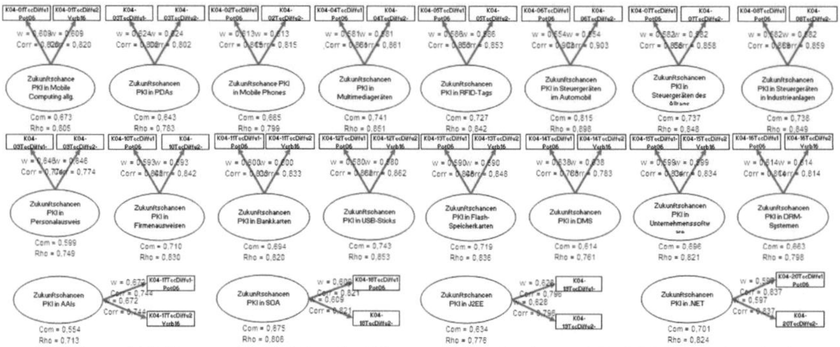

Abbildung 132: Latente Variablen der Klasse „Zukunftschance" für PKI in Technologien

Damit kann die These H1a als bestätigt angesehen werden. Die Variablen *Zukunftschancen der PKI* sind somit sachlogisch nachvollziehbare und belastbare latente Variablen, die für eine weitere Analyse zur Verfügung stehen.

6.2.6 H1b: Sachlogische Gruppierung der Sekundärtechnologien

Die Hypothese H1b macht die Vorhersage, dass aus der Stimmabgabe zur Potenzial- und Verbreitungsschätzung der PKI sachlogisch nachvollziehbar zusammenhängende Gruppen gebildet werden können. Die statistische Untersuchung mittels Pfaddiagramm hat zu der Bildung von 4 latenten Variablen geführt, die in Abbildung 133 hellgelb hinterlegt sind:

1. Zukunftschancen der PKI in Geldbörsenobjekten: Hier wurden die latenten Variablen bzgl. Zukunftschancen der PKI für USB-Sticks, Flashspeicherbausteinen, Firmenausweise, Bankkarten, Personalausweise und PDAs gebündelt. Die Korrelationen liegen zwischen 0,50 und 0,80.
2. Zukunftschancen der PKI in Scheckkartenformaten: Hier wurden die latenten Variablen bzgl. Zukunftschancen der PKI in Personalausweisen, Bankkarten und Firmenausweisen zusammengefasst. Die Korrelationen liegen bei über 0,8.
3. Zukunftschancen der PKI in elektronischen Steuergeräten: Hier wurden die latenten Variablen bzgl. Zukunftschancen der PKI für elektronische Steuergeräte 1. des Alltages, 2. im Automobil und 3. in Industrieanlagen zusammengefasst. Die Korrelationen liegen zwischen 0,8 und 0,9.

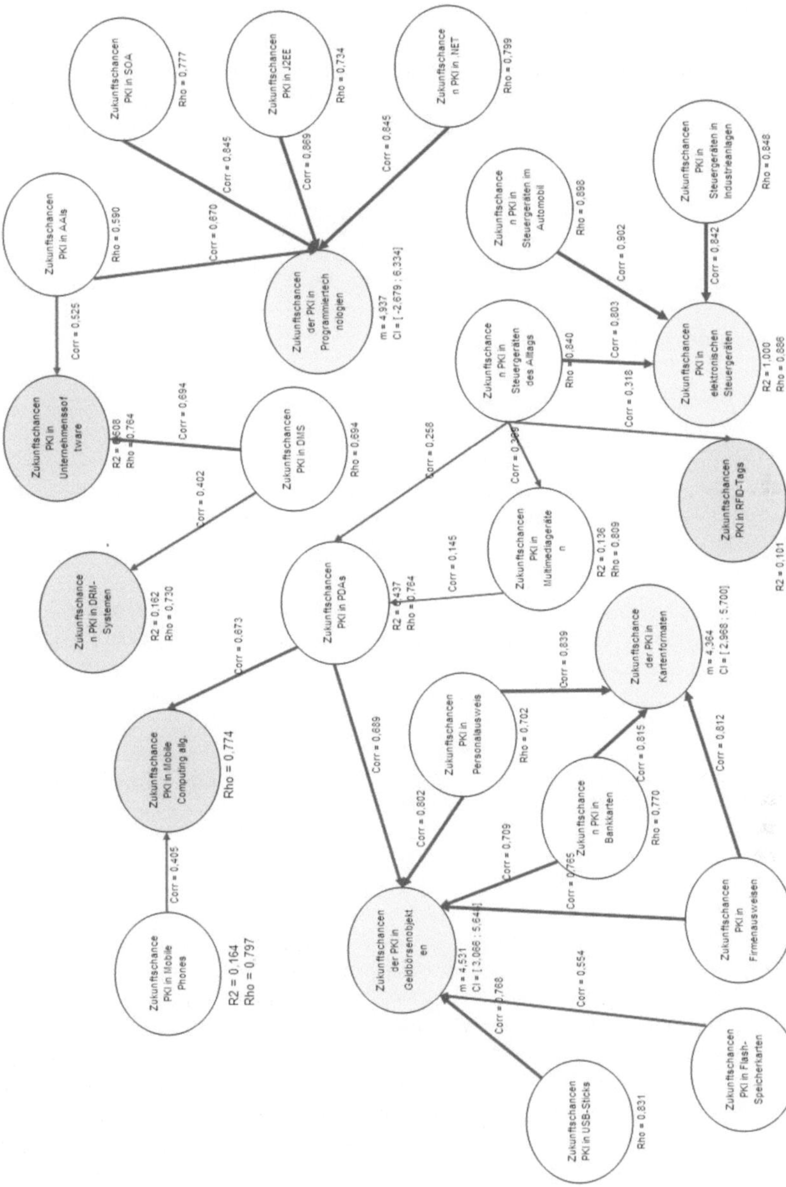

Abbildung 133: Gruppierung der Bereiche der Zukunftschancen der PKI in Technologien

4. Zukunftschancen der PKI in Programmiertechnologien: Hier wurden die latenten Variablen bzgl. Zukunftschance der PKI in SOA, Dot Net, J2EE und AAI zusammengefasst. Die Korrelationen liegen zwischen 0,7 und 0,9.

Weitere 4 Variablen (grau hinterlegt) verbleiben als solitäre Chance bzw. bündeln noch vorhandene diffuse Zukunftschancen der PKI in sich.

Fazit:

Die Korrelationen bewegen sich zwischen mittelmäßigen bis hin zu substantiellen Werten über 0,67. Damit konnte eine Struktur der Zukunftschancen der PKI-Technologien in anderen Technologien der Ebene D1 sachlogisch und statistisch nachgewiesen werden. These H1b kann damit als bestätigt gelten.

6.2.7 H3a: Die Diffusion von mit PKI ausgestatteter Sekundärtechnologie in Prozesse

Die AHC-Analyse zwischen den Variablen, die eine relative Verbreitung der PKI allgemein in Sekundärtechnologien abgefragt haben, und den Variablen, die eine Nutzenschätzung der PKI allgemein für Prozesse enthalten, hat auf beiden Seiten verschiedene Cluster und zwei klare Zusammenhänge erbracht.

In den Clustern kommen die konsistenten Einschätzungen der Experten auf diesen beiden Gebieten zum Ausdruck. Durch diese Einschätzung lassen sich – durch die AHC-Analyse und anschließender Analyse der Faktorenladungen und deren Korrelationen untereinander – Muster in der Stimmabgabe erkennen, die eine statistische Gruppierung, wie auch eine sachlogische Erläuterung der aufgeworfenen Beziehungen, ermöglichen. Abbildung 134 zeigt zwei Technologie-Prozesspaare auf, bei denen sachlogisch und statistisch eine Beziehung besteht. Die 5 Technologiecluster sind unterhalb der Mitte der Darstellung horizontal angeordnet (Ellipsen), die 6 Prozesscluster befinden sich oberhalb der Mitte, ebenfalls horizontal angeordnet.

Beurteilung der Modellgüte:

Zu erkennen ist, dass die Prozessgruppe *Nachweisbare Kommunikation* einen leichten Beitrag von der Gruppe *Mobile Computing und elektronische Steuergeräte* erhält. In der Gruppe der Prozesse mit Affinität zur PKI, aber ohne starken direkten Technologiebezug, sind generell Prozesse, bei denen die PKI mittleren Nutzen stiften kann, enthalten, z.B. Kreditverträge, virtuelle Behördengänge oder die elektronische Rechnung. Diese Gruppe erhält dennoch nachweisbare Beiträge von *Programmiertechnologien allgemein* und dem Technologiebereich *Smart Card*. Beide Bereiche vereinen nach Einschätzung der Experten ein großes Potenzial der PKI-Nutzung und eine große Verbreitung der PKI-Technologie in 2016 in sich [vgl. Kapitel 5].

Der nächste Prozesscluster: *B2B-Prozesse allgemein,* welcher keine besonderen PKI-Affinitäten – abgesehen von Qualitätsprozessen – zugewiesen hat, erhält einen Technologiebeitrag aus dem Cluster *Mobile Computing* und *elektronische Steuergeräte*.

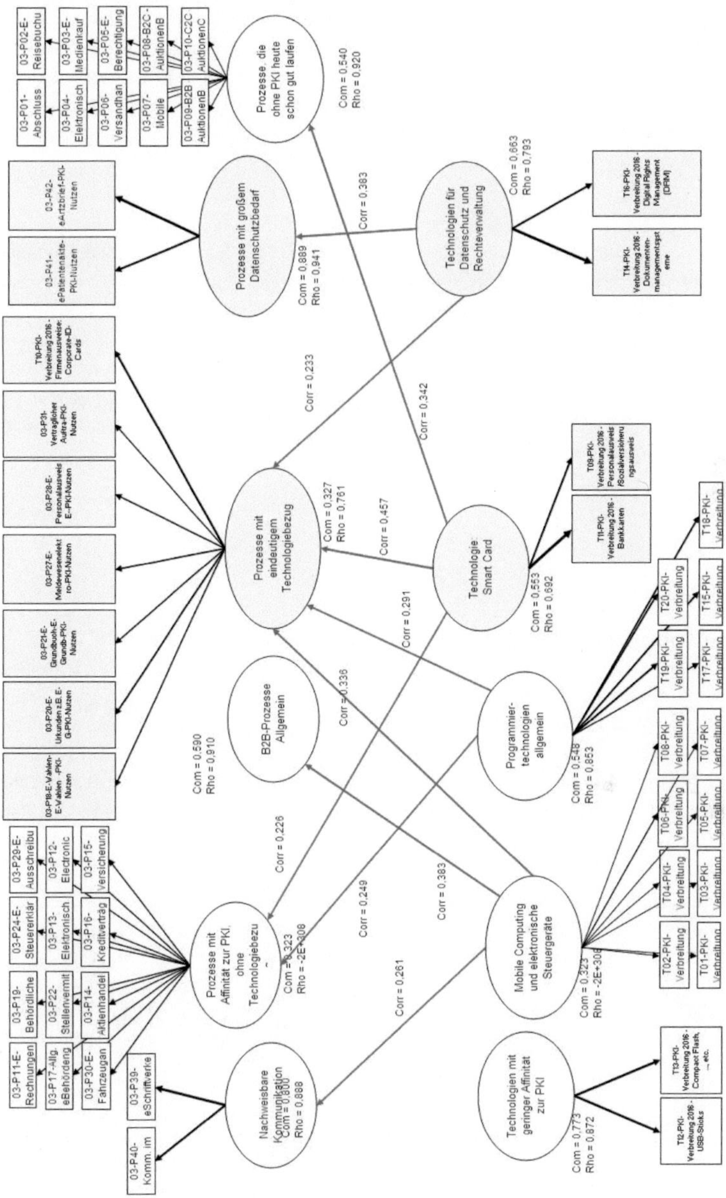

Abbildung 134: Eingang von PKI-affinen Sekundärtechnologien in PKI-affine Prozesse

Es folgt der Prozesscluster mit eindeutigem Technologiebezug, welcher Prozesse wie *elektronische Wahlen*, *E-Urkunden* und *Auftragsabschluss* beinhaltet. Dies alles sind Prozesse mit ausgewiesener Affinität zur PKI-Technologie. Dieser Cluster erhält mehrere Beiträge aus dem Technologiebereich, darunter den höchst korrelierten Beitrag in diesem H3-Bereich von 0,457, vom Bereich der *Smart Card*, dazu weitere Beiträge aus dem Bereich *Mobile Computing*, *Programmiertechnologien* und dem DMS/DRM-Cluster.

Der nächste Cluster bildet die *elektronischen Patientenakte* und den *elektronischen Arztbrief* ab und erhält große Beiträge aus dem Bereich *DMS/DRM* also dem Technologiebereich für Datenschutz und Rechteverwaltung. Es folgen Prozesse, die ohne PKI-Einsatz heute schon gut funktionieren, wie z.B. der elektronische Versandhandel, sowie Auktionen und Medienverkauf über das Internet. Dieser Cluster erhält nur einen kleinen Beitrag aus dem Bereich *Smart Card*. Ein genauerer Blick auf die Daten zeigt, dass hierbei fast ausschließlich die Bankkarte für die im Vergleich große Korrelation von 0,342 verantwortlich ist. Es ist also erkennbar, dass die PLS-PM-Analyse auch für nicht PKI-affine Prozesse in der Lage ist, eine Technologie-zu-Prozess-Relation aufzubauen.

Fazit:

Die AHC-Gruppierung mit anschließender PLS-PM-Analyse hat zwei klare Technologie-zu-Prozess-Relationen offenbart: Smartcards werden 2016 eine wichtige Rolle für elektronische Wahlen, elektronische Urkunden, das elektronische Grundbuch, das elektronische Meldewesen, den elektronischen Personalausweis, den vertraglichen Auftragsabschluss und den Firmenausweis spielen. Diese Aussage ist sachlogisch nachvollziehbar und aus Sicht eines Experten fast schon trivial! Dennoch wurde die Aussage indirekt durch Verknüpfung zweier Fragenbereiche gewonnen und nicht durch direkte Expertenabfrage und ist daher als explorative Erkenntnis zu werten.

Die zweite, klare Verbindung besteht zwischen den elektronische Prozessen des Gesundheitswesens sowie den Dokumentenmanagementsystemen und den Technologien des Eigentumschutzes. Diese Erkenntnis ist insofern interessant, als dass sie nicht trivial ist. Die Aussage dahinter ist die, dass Smartcards und offene PKI-Technologie hier nicht ausreichen, um die Prozesse des Gesundheitswesens ausreichend mit Technologie zu versorgen, vielmehr müssen nach Ansicht der Experten tendenziell geschlossene Systeme, wie DMS und DRM, in diese Prozesse integriert werden.

Damit kann die Strukturierungsthese für die Verbindung zwischen den Diffusionsebenen D1: *Sekundäretechnologien* und D2: *Geschäftsprozesse* bestätigt werden. Damit ist ein zentraler Zusammenhang des T2D4JS-Modells der PKI-Diffusion positiv evaluiert worden.

6.2.8 H5a: Die Nutzung von PKI-affinen Prozessen in Populationen

Im Folgenden wird die Hypothese vertreten, dass durch die kombinierte Analyse der Geschäftsprozessaffinitäten zur PKI mit den *Verbreitungserwartungen 2016 in Populationen* statistisch erkennbar wird, welche Prozesse von welcher Population benutzt werden. Die Ergebnisse der statistischen Analyse werden sachlogisch diskutiert und abgewogen.

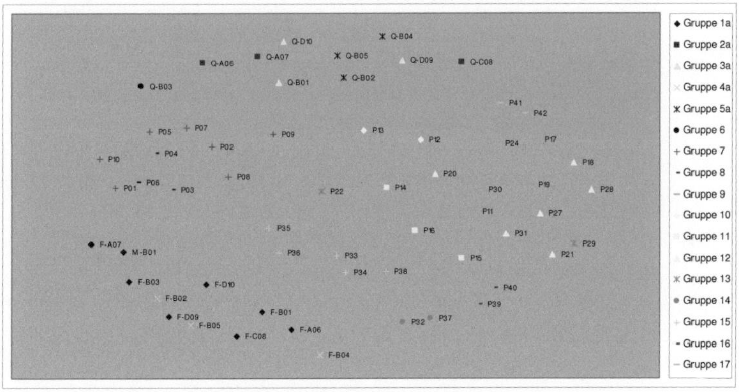

Abbildung 135: MDS-Analyse der Mischung der Variablen bzgl. Prozessen und Q-/F-Sig-Verbreitung

Eine AHC-Analyse der betroffenen Variablen aus dem Bereich *Relative Verbreitung der Q-/F-/M-Sig im Jahr 2016* sowie aus dem Bereich *Prozessaffinität* hat offenbart, dass die innere Korrelation der Bereiche so groß ist, dass im MDS-Schaubild eine Separierung der beiden Bereiche zu sehen ist [vgl. Abbildung 135].

Die Populationen haben sich nach Q- und F-Sig separiert. Oben sind die mit „Q-" beginnenden Variablen zu erkennen, unten die mit „F-" beginnenden Variablen. Dazwischen liegen die Prozesse, die sich intern wiederum auf zum Teil abgetrennten Clustern zusammengefunden haben.

Analog zum MDS-Schaubild wurden die latenten Variablen des PLS-PM-Pfadmodells gebildet. Die Populationen wurden aufgrund der Gruppierungsinformationen des Dendrogramms noch feiner aufgeteilt [vgl. Abbildung 136].

Die Verbindungen zwischen Prozessen und Populationsverbreitungen wurden eingetragen, solange die Korrelationen zwischen den Variablen größer als 0,200 waren. Bei dem Vorgang wurde eine sachlogische Prüfung der Zuordnung vorgenommen. Bei Unstimmigkeiten wurden die Ladungsfaktoren der latenten Variablen mit sämtlichen Manifestvariablen zu Rate gezogen und dann ggf. die Verbindung gelöscht. Auf diese Art wurden die 3 Verbindungen gelöscht: 2

Verbindungen der *E-Gesundheit* zu „Industrie"-Variablen und die Verbindung *Versandhandel* zu *Staat & Gesundheit*. Daraus entsteht das PLS-PM-Pfadmodell in Abbildung 137.

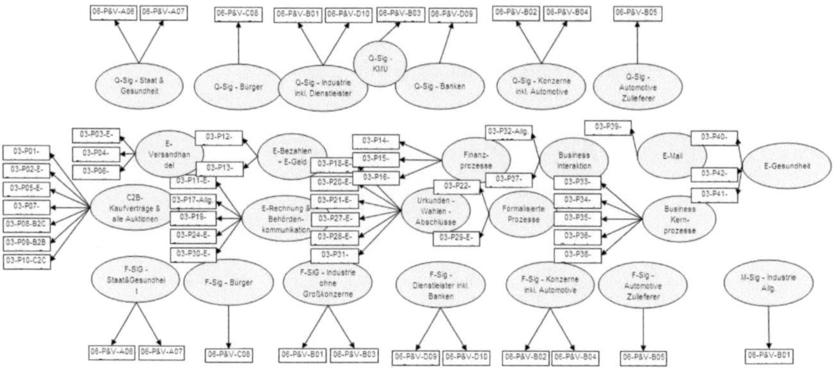

Abbildung 136: Latente Prozess- und Populations-Variablen nach der AHC-Gruppierung

Pfeile, die in Objekte eingehen, sagen aus, dass die Variablen des Ausgangsortes der Pfeile herangezogen werden sollen, um die Zielvariable (endogene Variable) zu erklären. Ziel des PLS-Algorithmus ist es, für alle endogenen Variablen eine lineare Gleichung zu finden, so dass die quadrierten Abweichungen der vorhergesagten Werte der Zielvariablen zu den tatsächlichen Werten der Zielvariablen minimiert werden. Tatsächlich zeigen die Ergebnisse, dass das Modell nur einen geringen Teil der Varianz der Zielvariablen erklären kann, dies war aber schon bei den Ausgangskorrelationen von 0,2 bis 0,3 nicht anders zu erwarten.

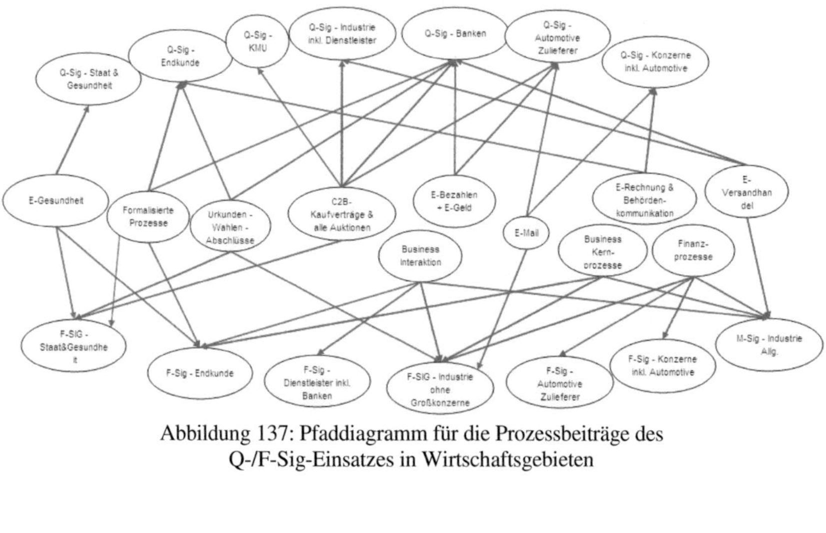

Abbildung 137: Pfaddiagramm für die Prozessbeiträge des Q-/F-Sig-Einsatzes in Wirtschaftsgebieten

Wichtig ist jedoch, dass das Pfaddiagramm validiert ist. Die Prüfung der Blocktreue aufgrund D.G. Roh ergibt durchgehend Werte von über 0,7, auch die Unterschiede der Faktorenladungen von Faktor 1 zu Faktor 2 stimmen für eine Blocktreue der latenten Variablen. Damit kann davon ausgegangen werden, dass das Pfaddiagramm für die Prozessbeiträge des Q-/F-Sig-Einsatzes in Wirtschaftsgebieten valide ist.

In Tabelle 11 kann in den grau hinterlegten Zellen die Korrelation, die jeweils zwischen mit einem Pfeil verbundenen latenten Variablen besteht, nachgelesen werden. Dort sind auch vollständig alle Korrelationen zwischen den latenten Prozessvariablen und den Populationsvariablen hinterlegt. Sie sind erwartungsgemäß im Verhältnis relativ klein. Zu finden sind auch negative Korrelationen, die als negativer Nutzen, also als Behinderung bewertet werden können. Es sind weiterhin die Summen über die Spalten und Zeilen gebildet worden. Hieraus lassen sich ergebnisorientierte Aussagen gewinnen, welche die Analyse zurück auf die sachlogische Ebene der PKI-Technologiediffusion bringen. Tabelle 11 kann als Zuordnungsmatrix zwischen Prozessen zu Wirtschaftspopulationen angesehen werden. Dabei wird jeweils unterschieden, ob die jeweiligen Populationen die Prozesse mit F-Sig oder mit Q-Sig als Basis für ihre Geschäftstransaktionen betreiben wollen. Die Summen in der Zeile „Σ F-Sig" können als relatives Maß angesehen werden, das die Gesamtgröße des Nutzens anzeigt, die ein Prozess mit der elektronischen Signatur gesamthaft in den Wirtschaftspopulationen stiften kann.

Tabelle 11: Prozessnachfrage aus Wirtschaftsgebieten für F- und Q-Sig-Unterstützung

	Business Interaktion	Business Kernprozesse	C2B-Kaufverträge & alle Auktionen	E-Bezahlen + E-Geld	E-Gesundheit	E-Mail	E-Rechnung & Behördenkommunikation	E-Versandhandel	Finanzprozesse	Formalisierte Prozesse	Urkunden - Wahlen - Abschlüsse	Σ	
F-Sig - Automotive Zulieferer	0,052	0,135	0,073	0,104	0,068	0,013	-0,147	0,123	**0,150**	0,143	0,019	0,7	*9%*
F-Sig - Dienstleister inkl. Banken	**0,220**	0,174	0,117	0,093	0,072	0,182	0,118	0,160	0,193	0,180	0,203	1,7	*22%*
F-Sig - Endkunde	0,175	**0,319**	0,072	-0,075	0,180	-0,066	0,013	0,036	0,043	0,161	-0,037	0,8	*10%*
F-SIG - Industrie ohne Großkonzerne	**0,297**	**0,298**	0,060	0,024	0,121	**0,235**	0,159	0,170	**0,297**	**0,213**	0,175	**2,0**	*26%*
F-Sig - Konzerne inkl. Automotive	0,134	0,068	-0,052	0,034	0,031	0,128	0,052	0,036	**0,286**	0,128	0,100	0,9	*12%*
F-SIG - Staat & Gesundheit	0,152	0,144	0,256	0,102	**0,204**	0,124	0,065	0,285	0,064	0,010	**0,275**	1,7	*21%*
Σ F-Sig	***1,0***	***1,1***	0,5	0,3	0,7	0,6	0,3	0,8	***1,0***	0,8	0,7	7,9	*100%*
	13%	14%	7%	4%	9%	8%	3%	10%	13%	11%	9%	100%	
Q-Sig - Automotive Zulieferer	0,050	0,085	0,221	0,263	0,221	0,174	0,019	0,130	0,034	0,113	0,000	1,3	*15%*
Q-Sig - Banken	-0,060	-0,052	**0,321**	**0,199**	0,157	-0,039	**0,198**	**0,269**	0,102	**0,193**	**0,262**	**1,5**	*18%*
Q-Sig - Endkunde	-0,061	0,022	-0,015	0,038	0,106	-0,305	**0,209**	0,095	0,099	**0,345**	**0,211**	0,7	*8%*
Q-Sig - Industrie inkl. Dienstleister	-0,117	0,016	**0,446**	0,153	0,135	0,081	**0,225**	**0,247**	0,084	0,152	0,188	**1,6**	*18%*
Q-Sig - KMU	-0,049	0,122	0,136	0,165	0,144	0,136	0,050	0,156	0,010	0,003	-0,075	0,8	*9%*
Q-Sig - Konzerne inkl. Automotive	0,076	**0,204**	**0,237**	0,109	**0,208**	0,105	**0,312**	0,102	0,100	0,171	0,067	**1,7**	*19%*
Q-Sig - Staat & Gesundheit	0,115	0,061	0,059	0,023	**0,370**	-0,081	0,146	0,141	0,051	0,136	0,105	1,1	*13%*
Σ Q-Sig	-0,05	0,5	***1,4***	0,9	***1,3***	0,1	***1,2***	1,1	0,5	1,1	0,8	8,8	*100%*
	-1%	5%	16%	11%	15%	1%	13%	13%	5%	13%	9%	100%	
M-Sig - Industrie Allg.	0,224	0,240	0,109	0,066	0.081	0,101	0,017	0,266	0,219	0,145	0,163	1,6	100%
	14%	15%	7%	4%	5%	6%	1%	16%	13%	9%	10%	100%	

Für die F-Sig lässt sich festhalten, dass die Prozesscluster *Business Interaktion*, *Business Kernprozesse* und *Finanzprozesse* zusammen 40% der Gesamtnutzensumme (7,9) erbringen. Die

Überstützung dieser drei Prozesse mittels der F-Sig sowie die Anwendung dieser Prozesse in den assoziierten nachfragenden Populationen, könnte, so kann plausibel vermutet werden, die Killerapplikationen für die F-Sig hervorbringen.

Kritisch ist festzustellen, dass die Population der Endkunden und Bürger in drei Gebieten mit einer Behinderung durch die F-Sig zu rechnen hat, dies bezieht sich auf die Prozesscluster: E-mail, E-Bezahlen und E-Geld und Urkunden-Wahlen-Abschlüsse. Wird nun der Prozesscluster Business Kernprozesse, der im engeren Sinne ggf. zum Begriff Endkunde, aber nicht zu Bürger harmoniert, ausgeblendet, dann bleibt eine Gesamtnutzensumme von 0,8-0,319≈0,5 und mithin eine Teilhabe der Population Endkunden/Bürger von nur noch 7% am Gesamtnutzen des Einsatzes der F-Sig übrig. Diese statistische Erkenntnis deckt sich mit der sachlogischen Vermutung und der vielfach geäußerten Meinung, dass der Nutzen der elektronischen Signatur asymmetrisch verteilt ist. Mit Blick auf die Nutzensummen der Populationen lassen sich demnach als Hauptnutznießer des F-Sig Einsatzes die Bereiche Industrie, Banken sowie der Staat benennen.

Für die Q-Sig mit einer Gesamtnutzensumme von 8,8 sind es die Prozesscluster *C2B-Kaufverträge & Auktionen*, *E-Gesundheit*, *E-Rechnungen* und *Behördenkommunikation*, die zusammen 44% der Gesamtnutzensumme erbringen. Es kann auch hier wieder plausibel vermutet werden, dass es Prozesse aus diesen Gebieten sein werden, welche die elektronische Signatur zuerst implementieren werden und sich daraus eine Killer-Applikation für die Q-Sig entwickeln könnte. Auffällig bei der Nutzenbetrachtung ist, dass die Nutzenbeiträge für den Prozess-Cluster *Business Interaktion* sich mehr als nivellieren, dass sie sogar negativ (-1%) werden. Sachlogisch ist dies ebenso vielfach geäußert worden, dass nämlich der Aufwand für den Q-Sig-Einsatz im Bereich *Business* zu groß ist, weil hier bereits vielfach etablierte Trustmodelle die Zusammenarbeit effizienter und in ähnlich vertrauenswürdigen Maßstab heute schon gewährleisten können.

Wie kann die statistische Rechnung dieses Ergebnis so reproduzieren? Die Meinungen der Experten über die allgemeine Nützlichkeit der PKI in den beiden, dem Cluster zugeordneten, Prozessen muss im Verhältnis zu der von denselben Experten geschätzten relativen Verbreitung der Q-Sig in den Populationen *Banken*, *Endkunde*, *Industrie* und *KMU* so stark abgewichen sein, dass es im ganzen zu einer negativen Korrelation dieser Variablen gekommen ist. In der ersten Stufe der wissenspsychologischen Interpretation ließe sich argumentieren, dass die Experten sehr wohl den theoretischen Nutzen erkannt haben, sie haben aber die Entwicklung so eingeschätzt, dass die genannten Populationen bis 2016 diesen theoretischen Nutzen nicht umgesetzt haben würden. Zumal bei der Beantwortung der Frage nach dem Nutzen der PKI in Prozessen von einer hypothetischen Vollausstattung mit Q-Sig ausgegangen werden sollte.

Weiterhin ist im Szenario der Q-Sig auffällig, dass hier ebenfalls der Endkunde/Bürger nach Einschätzung der Experten mit 8% wiederum das kleinste Stück vom „Nutzenkuchen" der Q-Sig erhält. Auch bei der Q-Sig sind wieder Behinderungen des Endkunden ausgewiesen: Wie schon bei der F-Sig ist dies die Email und, neu, die Prozesse des Clusters *C2B-Kaufverträge & Auktionen*. Dafür profitiert der Endkunde/Bürger vom Nutzen, welche die Q-Sig in den Prozessgruppen *E-Rechnung & Behördenkommunikation*, *Formalisierte Prozesse* und *Urkunden - Wahlen – Abschlüsse* stiftet.

Die Verteilung der Nutzenbeiträge der Prozesse auf die geschätzte Verbreitung der M-Sig in 2016 scheint auch plausibel, so können sich die Vorteile der maschinellen Signatur insbesondere dort gut entfalten, wo es bereits bewährte Trustmodelle gibt, sei es dort, wo Prozesse bereits durch die Gesetzeslage optimal unterstützt werden (E-Versandhandel) oder wo die Gemeinschaft der Prozessbeteiligten bereits eine geschlossene Gesellschaft mit eigenen Regeln aufgebaut hat. Das Kriterium der geschlossenen Gesellschaft trifft auf die Prozesscluster *Business Kernprozesse*, *Business Interaktion* und *Bankprozesse* zu. Dort also kann die M-Sig bestehende Transaktionen durch maschinelle, nicht-personengebundene Signaturen beschleunigen oder sicherer machen.

Fazit:

Die statistische Kombination der Fragestellungen der Diffusionsebenen D2: *Geschäftsprozesse* und D3: *Populationen* konnte durch die Korrelation von zentralen latenten Prozess- und Populationsvariablen weiteres Expertenwissen der Teilnehmer sichtbar machen. Die Kausalitäten zwischen theoretischem Nutzen der PKI und praktischer Erwartung der Verbreitung der PKI im Jahr 2016 konnte genutzt werden, um eine Matrix zu erstellen, die es erlaubt, viele populationsspezifische Prozessnutzenbeiträge im Zusammenhang mit dem Einsatz der Q-, F- und M-Sig zu offenbaren. Damit ist die Hypothese H5a über die Interaktion der T2D4JS-Modellebenen D2 und D3 begründet annehmbar. Damit ist die zentrale theoretische Wirkungskette der PKI-Technologiediffusion um ein Kettenglied erweitert worden.

Somit kann die Dynamik der PKI-Technologie-Diffusion beginnend bei der primären PKI-Technologie-Bereitstellung mit ihren Problemen und Hindernissen über die Integration in sekundäre Technologien und wiederum deren Nutzung in Prozessen bis hin zur Inanspruchnahme der PKI-Technologie im Rahmen der Durchführung von Prozessen in abgegrenzten Populationen durch das T2D4JS-Modell erklärt werden.

Weitere Schritte der Evaluierung sind nun die Untersuchung der durch das Modell hergestellten Verbindungen zwischen Populationen und *Märkten & Branchen*, sowie die Beziehungen zu sozioökonomischen Fragestellungen und anderen komplexen Thesengebilden.

6.2.9 H7a: Relation zwischen Branchen und Populationen

Die Hypothese H7a stellt die Behauptung auf, dass sich die Nutzungsintensität der Populationen, welche die Q-, F- oder M-Sig in jeweils ihrer spezifischen Art nutzen, oder aber in Zukunft nutzen werden, in den PKI-Nutzungsprofilen der verschiedenen Branchen wiederspiegeln. H7a unterstellt dabei die Existenz einer Zuordnungsmatrix zwischen Populationen und Branchen. Mit der Existenz einer plausiblen Zuordnung, würde der Zusammenhang zwischen Ebene D3: *Nutzenpopulationen* und D4: *Märkte und Branchen* als bestätigt angesehen werden können.

Plausibel wäre die Zuordnung genau dann, wenn mit Hilfe der Antworten der Ebene D3 und der Zuordnungsmatrix sowie mit Hilfe geeigneter Regeln die Antworten für Ebene D4 vorhergesagt werden könnten. Da das Ergebnis der Antworten auf Ebene D4 bereits vorliegt, wird die Evaluierung von H7a versuchen, diese Zuordnungsmatrix zu finden. Dies wird mit Hilfe der AHC-Analyse und der PLS-PM-Pfadmodellierung zu leisten sein.

Zur Analysebeteiligung werden die Fragen nach Verbreitung der Q-, F- und M-Sig in 2016 jeweils auf Ebene der Populationen und auf Ebene der Branchen herangezogen.

Eine AHC-Analyse ergibt 2 starke Verbindungen zwischen Branchen- und Populationsverbreitung in 2016: 1. Die Branchen Pharma, Automotive und Luftverkehr zusammen mit der M-Sig für die Population *Industrie allgemein*. 2. Endkunden und Mitarbeiter in KMUs zusammen mit den Branchen Nahrung, Chemie, Elektronik und Elektrotechnik. Weitere Cluster bilden sich ohne Vermischung der Ebenen. Die Populationen mit Nutzungsbezug zur Q-Sig weisen im Dendrogramm die deutlich größere Nähe zu den Branchenfragen auf.

Die MDS-Analyse bestätigt das Bild [vgl. Abbildung 138], hier liegt eine Sandwich-Situation vor: In der Mitte lang gestreckt die Branchen-Verbreitungen, oben die Q-Sig-Populationen und unten die F-Sig-Populationen. Sowohl für Q- als auch für F-Sig gilt, dass die Populationen *Administration A6* und *Administration A7* am weitesten von den Branchen entfernt liegen. Sachlogisch ist dies unmittelbar nachvollziehbar, da in den Industriebranchen diese Populationen gar nicht vertreten sind. Ebenso sind die großen Entfernungen von D09: *Banken & Versicherungen* und D10: *Dienstleister* zu erklären.

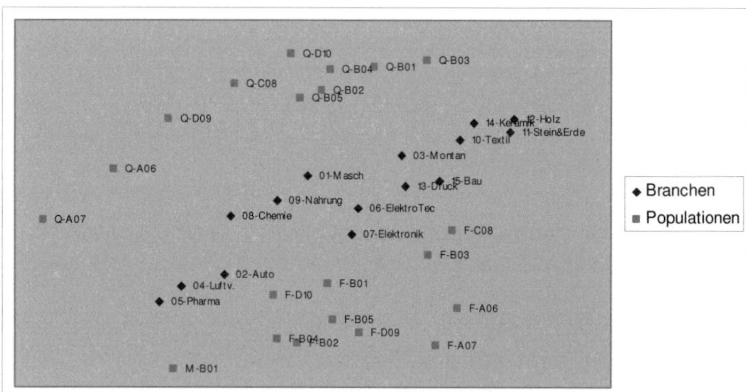

Abbildung 138: MDS-Darstellung der PKI-Verbreitung in Branchen und Populationen

Als Ausgangscluster für die Bildung von latenten Variablen wird im Falle der F- und Q-Sig in Populationen auf die Clusterung dieser Ebenen, wie sie auch schon für die Validierung der These H5 benutzt wurde, zurückgegriffen.

Auf der Ebene der Branchen werden die Branchen Elektronik und Elektrotechnik zu Elektronik/Elektrik (E&E) zusammengefasst. Holz, Keramik, Bergbau, Steine&Erden sowie Textil werden zu *Sonstige* zusammengefasst.

Das Pfadmodell [vgl. Abbildung 139], das auf Grundlage der Korrelationsanalyse zwischen den beteiligten Variablen und sachlogischen Überlegungen erstellt wurde, wurde nach einem Berechnungslauf um negative Korrelationen, die von *Q-Sig Großunternehmen* und *Q-Sig KMU* ausgingen, befreit.

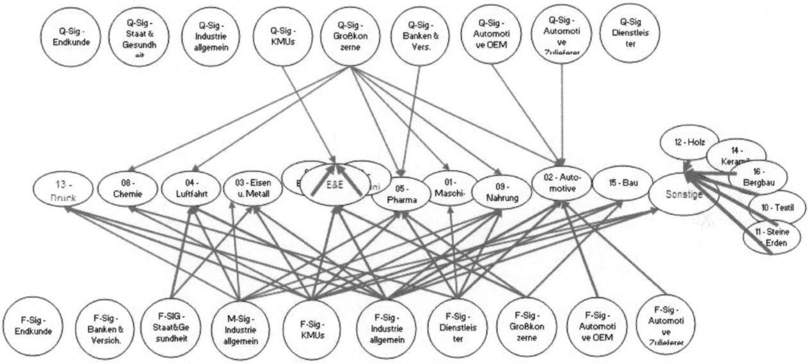

Abbildung 139: Pfadmodell für die Verbindung von Populationen mit Branchen

Es ist deutlich zu erkennen, dass die Populationseinschätzung bzgl. Q-Sig-Nutzung kaum einen Beitrag zur Einschätzung der Branchenverbreitung liefern kann. Die Beiträge von der Seite der F-Sig-Nutzung sind zahlreich. Allerdings wird auffällig, dass die Populationen an sich sehr abstrakt sind und in sich wenig Bezug zu Branchen aufweisen. Und so zeigt auch die Pfadberechnung an, dass nur für die Bereiche *Sonstige*, *EE*, *Automotive* und *Luftfahrt* eine signifikante Prognose möglich ist. Da nur für die Branche *Automotive* spezifisch und sachlogisch zuordnenbare Populationsvariablen existieren, wurde das finale Modell auf die Branche Automotive reduziert [vgl. Abbildung 140].

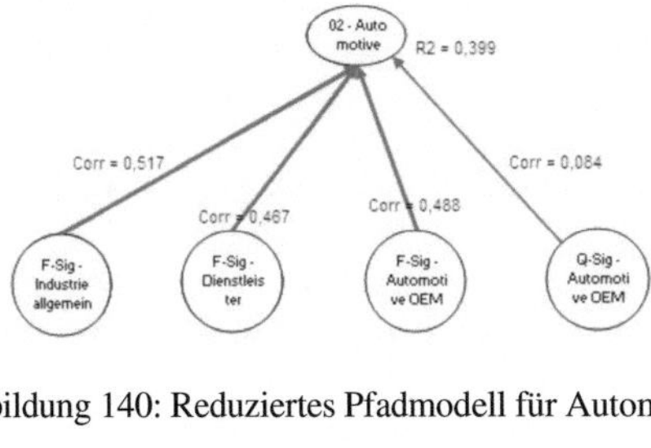

Abbildung 140: Reduziertes Pfadmodell für Automotive

Da eine allgemeine Aussage zu allen Branchen mit Hilfe des Modells nicht möglich ist, muss die Hypothese H7a abgelehnt werden.

Fazit:

Die allgemeinen Interdependenzen zwischen der Ebene D3*: Nutzerpopulationen* und D4: *Märkte & Branchen* konnten durch das vorliegende Studienmaterial nicht aufgedeckt werden.

6.2.10 H7d: Einsatz der PKI in Automotive realistisch

H7d sagt voraus, dass der Einsatz der PKI in der Branche *Automotive* realistisch ist. Diese These muss, um Prägnanz zu bekommen, ausdifferenziert werden. Zunächst stellt sich die Frage des Verhältnisses der Automobilbranche zur Q-Sig wie auch zur F-Sig. Zur Präzisierung und Validierung stehen auf Ebene D4 die Fragen nach der Verbreitung 2006 und 2016 bzgl. der elektronischen Signatur allgemein zur Verfügung. Über diese beiden Fragen wurde in Abbildung 141 die latente Variable *PKI-Chancen Branche Automotive in 2016* als Indexvariable mit einer guten Kommunalität von 0,622 erstellt. Diese Chancen müssen in Entwicklungen der Populationen *Automotive OEM* sowie *Automotive Zulieferer* sowohl auf Seiten der Q-Sig als auch auf Seiten der F-Sig in Form der relativen Verbreitung ersichtlich sein. OEM und Zulieferer-Verbreitung korrelieren sowohl für F-Sig als auch für Q-Sig mit über 0,7 hoch.

Die explorative Erkenntnis, die sich aus diesem inneren 5er-Arrangement ergibt, ist, dass die Populationen OEM und Zulieferer von der Seite der F-Sig mehr Einfluss auf die PKI-Chancen in *Automotive* haben als von der Q-Sig auf der rechten Seite. Daraus lässt sich sachlogisch ableiten, dass die Teilnehmer der Studie der F-Sig in der Branche Automotive die größeren Chancen einräumen. Diese aus H7d explorativ abgeleitete These ist mit einem Bestimmtheitsmaß von 0,134 zwar nahe am unteren zulässigen Bereich, dennoch ist die Erkenntnis von Wert, da sie gewonnen wurde, ohne dass diese Fragestellung explizit an die Teilnehmer gerichtet wurde!

Das 5er-Arrangement, bestehend aus latenten Variablen mit konkretem Bezug zur Branche *Automotive*, wird zur weiteren Validierung durch jeweils drei höher aggregierte Populationen in ihrer Aussage unterstützt. Dies sind klein- und mittelständische Unternehmen als repräsentative Ebene für die Zulieferer der OEM. Die Verbindung der KMUs mit dem Modell ist sowohl für die Q-Sig als auch für die F-Sig nur gering ausgeprägt. Die geschätzte Verbreitung der elektronischen Signatur in Großkonzerne weist auf beiden Seiten eine gute Korrelation zu den Automobilherstellern auf. Die geschätzte absolute Diffusionskurve der F-Sig weist sowohl den *Automotive OEMs*, als auch anderen Großkonzernen eine Partizipation an der F-Sig aus. Für die Q-Sig ist eine Partizipation in 2016 für *Großkonzerne allgemein* aufgrund der geringen Korrelation von 0,151 eher unwahrscheinlich. Mit 0,604 ist die Absolutverbreitung im Bereich *Business* in Deutschland aber sehr hoch mit den Automobilherstellern korreliert, was auf eine enge Kopplung der Branche *Automotive* an den Einsatz der Q-Sig in Geschäftsprozessen hindeutet.

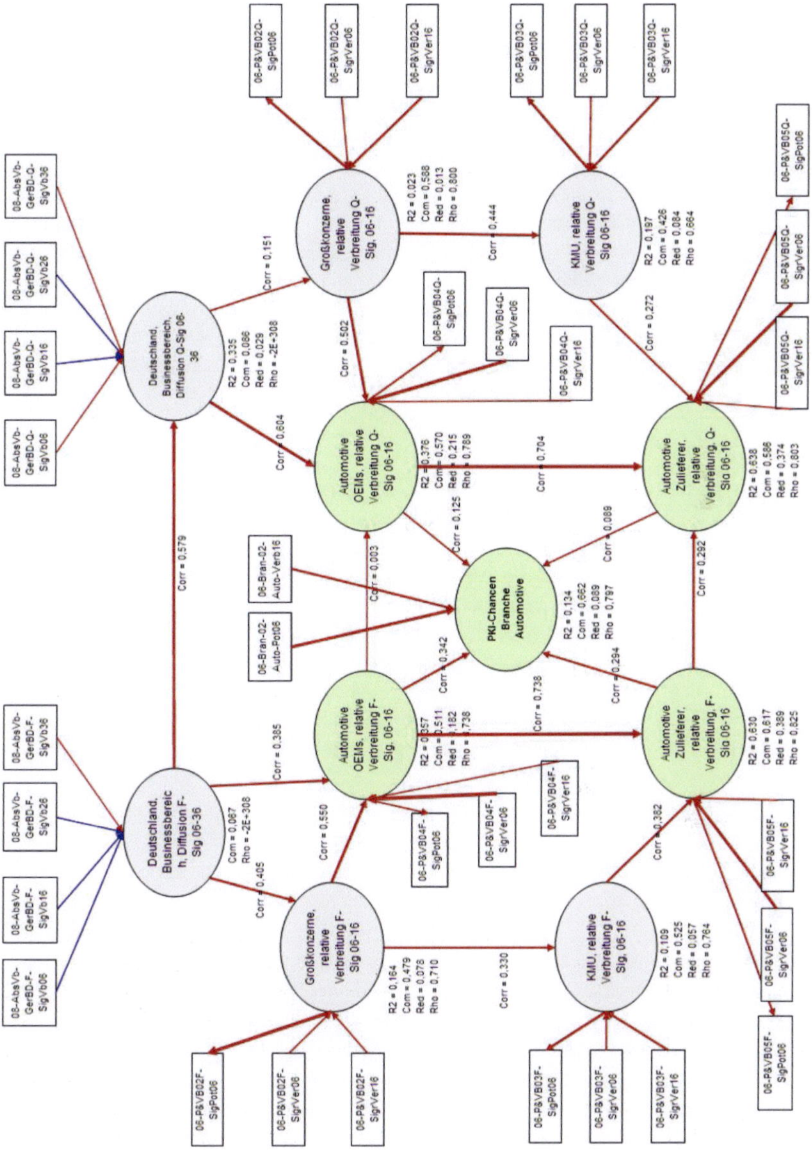

Abbildung 141: Pfaddiagramm zu H7d: PKI-Chancen in Branche *Automotive*

Beurteilung der Modellgüte:

Unter einfachen faktoranalytischen Bedingungen bei der Messung der Güte von Teilmodellen des in Abbildung 141 dargestellten Pfaddiagramms kann das gesamte Modell positiv evaluiert werden. Die Ergebnisheuristiken einer Blindfolding-Analyse (nicht abgebildet) lassen jedoch an der ein oder anderen ohnehin schon schwachen Stelle Lücken offenkundig werden. Im Zentrum herrschen bei einer Schätzrelevanz von -0,117 Red (BL) erste Zweifel an der Klarheit der Verbindungen zwischen OEM-Entwicklungspfaden der PKI zusammen mit Zulieferer-Entwicklungspfaden der PKI sowie auch in Richtung und der PKI-Entwicklung für die Branche *Automotive* allgemein. Das Konzept der KMUs als Aggregation der Entwicklung in dem Bereich der Automobilzulieferer wird durch die Variationen des Blindfolding-Algorithmus als dünn aber noch tragfähig beurteilt. Die Beziehung zwischen Großkonzernen und KMUs, dass zeigt jeweils eine negative Schätzrelevanz, kann aber die Entwicklung in den KMUs nicht erklären.

Fazit:

Die These des realistischen Einsatzes der PKI in der Automobilindustrie kann bestätigt werden. Es zeigt sich jedoch eine Tendenz, dass die wirklich große PKI-Chance in der Branche *Automotive* mehr bei den OEMs zu suchen ist, weniger bei den Zulieferern. Die Entwicklung zwischen Großkonzernen und KMUs scheint fast entkoppelt zu sein. Wohingegen die Kopplung zwischen OEMs und ihrer Supply Chain deutlich größer ist als in der restlichen Industrie. Die F-Sig hat in der Automobilindustrie Chancen, bis 2016 eine Verbreitung gefunden zu haben. Chancen, die auf jeden Fall besser sind als die Integration in Großunternehmen allgemein. Für die Q-Sig kann aus dem Pfaddiagramm zur Hypothese H7d entnommen werden, dass die OEMs der Automobilindustrie stellvertretend, ggf. auch in führender Position (im Vergleich zu anderen Branchen), an der Verbreitung der Q-Sig allgemein partizipieren werden.

6.2.11 H8g: Strukturierung von Problemlösungen und Lösungsetablierungen

H8g macht die Vorhersage, dass sich sowohl die Problemkonglomerate als auch die Lösungsbausteine in Hinblick auf eine Q-Sig-Nutzung strukturieren lassen.

Eine AHC-Analyse der Top-Variablen mit der Frage nach der Lösungsetablierung hat 5 latente Variablen mit hoher Kommunalität ergeben [vgl. Abbildung 142]:

1. **Optimale Identifikation bei der PSE:** Hier finden die Variablen *Einsatz sicherer Biometrie*, sowie die redundante Variable *Einsatz biometrischer Verfahren* und die Variable *Problemüberwindung einfache Weitergabe der PIN* zusammen.
2. **Optimale Benutzerfreundlichkeit**: Hier finden die Variablen *Problemüberwindung unsichere Anzeigemedien* und *Nicht ausreichende Softwareergonomie* zusammen.

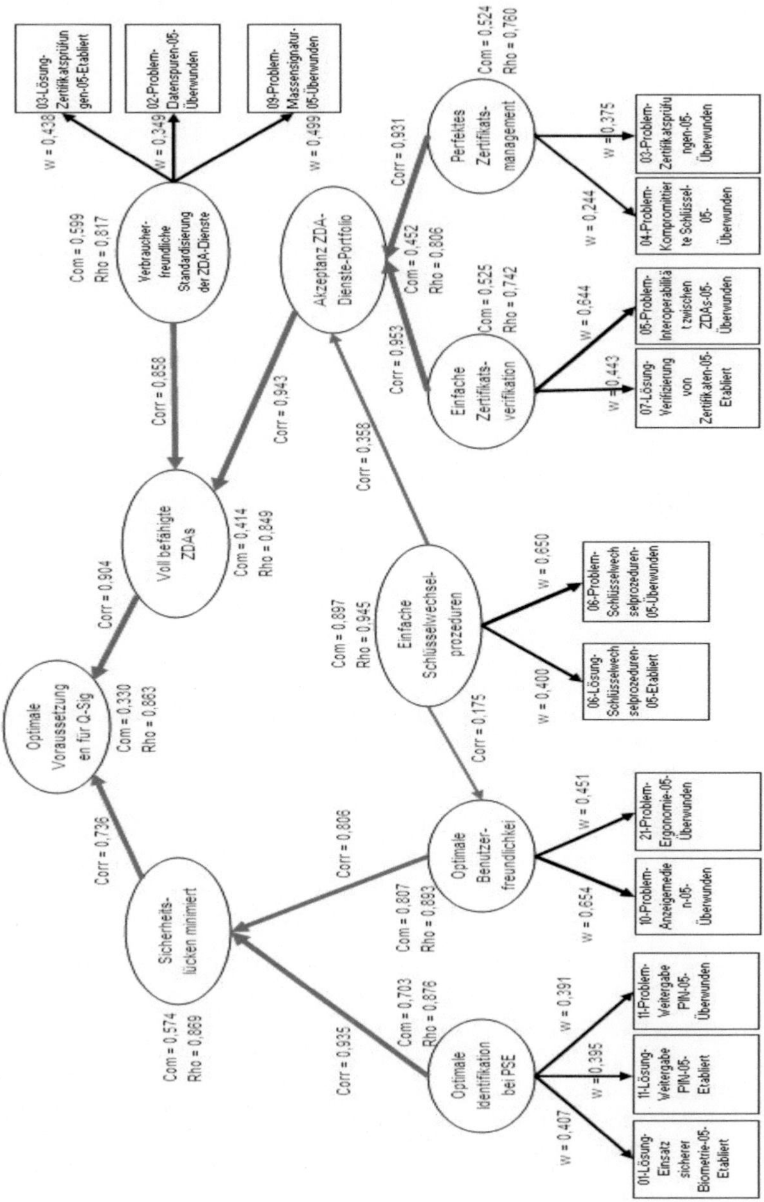

Abbildung 142: Vorbedingungen für einen Einsatz der Q-Sig

Sowohl die unsichere und unbequeme Identifikation bei der PSE, als auch eine suboptimale Benutzerfreundlichkeit sind Quellen von Fehlern und Missverständnissen, die als Sicherheitslücken in der Mensch-Maschine-Schnittstelle beim Vorgang der elektronischen Signierung angesehen werden können. Daher werden die latenten Variablen 1 und 2 wiederum zusammen mit allen Manifestvariablen als latente Variable *Sicherheitslücken minimiert* zusammengefasst. Weitere zwei latente Variablen beziehen sich auf ZDA-Dienste:

3. **Einfache Zertifikatsverifikation**: Hier finden die Variablen 07: *Lösungsetablierung trustmodellbasierte Batchverifizierung von Zertifikaten* und 05: *Problemüberwindung der Interoperabilität* zwischen ZDAs zusammen.
4. **Perfektes Zertifikatsmanagement**: Hier finden die Variablen 04: *Problemüberwindung kompromittierte Schlüssel* und 03: *Problemüberwindung Zertifikatsprüfungen in der Warteschleife* zusammen.

Die Nutzerperspektive der *einfachen Zertifikatsverifikation* und die ZDA-Perspektive des *perfekten Zertifikatemanagements* können gemeinsamen als Kundenakzeptanzkriterien für die Angebote eines ZDAs tituliert werden. So werden die Variablen 3 und 4 zusammen mit ihren Manifestvariablen zu der latenten Variable *Akzeptanz des ZDA-Dienste-Portfolios* zusammengefasst.

Die nächste latente Variable betrifft auch die ZDAs, bezieht sich jedoch mehr auf die regulativen Einflussfaktoren auf die ZDAs:

5. **Verbraucherfreundliche Standardisierung der ZDA-Dienste**: Hier finden die Variablen 03: *Lösungsetablierung europaweites Verzeichnisdienstenetzwerk*, 02: *Problemüberwindung gläserner Verbraucher* und 09: *Problemüberwindung bzgl. Akzeptanz der Massensignatur* zusammen.

Die durch eigene Fähigkeiten erzeugte Kundenakzeptanz der ZDAs und die von Regulierungsorganisationen getriebene Verbraucherfreundlichkeit und Einheitlichkeit der Angebote der ZDAs insgesamt kann zusammengefasst als *Ertüchtigung der ZDAs interpretiert* werden. So werden die Variablen 3,4 und 5 zu der latenten Variablen: *Ertüchtigung des ZDAs* zusammengefasst. Hierbei sinkt allerdings die erklärende Kraft in Form der Kommunalität von zunächst über 50% der Gesamtvarianz der latenten Variablen 3,4,5 auf nun 41%.

Eine weitere latente Variable *Einfache Schlüsselwechselprozeduren* bildet sich aus 06: *Problemüberwindung komplizierte Schlüsselwechselprozeduren* und dessen Lösungsetablierung serviceorientierter Schlüsselwechsel. Diese latente Variable weist für sich mit einer Kommunalität von 89% eine hohe Erklärungskraft für die beiden Manifestvariablen auf, jedoch sind die statistischen Korrelationen zu sachlogisch nahe liegenden latenten Variablen wie *Optimale Benutzerfreundlichkeit* mit 0,175 oder *Akzeptanz ZDA-Dienste-Portfolio* mit 0,358 relativ gering. Es lässt sich plausibel Vermuten, dass die Teilnehmer den Faktor *Einfache Schlüsselwechselprozeduren* nicht als notwendigen Faktor für die Variable *optimale Voraussetzungen für Q-Sig* ansehen, weshalb diese Variable auch nicht in die weitere Erstellung der höher aggregierten Variablen Eingang gefunden hat.

Fazit:

Mit Blick auf die explorativ ermittelten, höher aggregierten Variablen kann festgestellt werden, dass wenn die existierenden Sicherheitslücken minimiert sind und die ZDAs voll befähigt sind, dies als Voraussetzung für den erfolgreichen Einsatz der Q-Sig angesehen werden kann. Alle 5 latenten Variablen werden daher zusammen mit ihren Manifestvariablen zu der latenten Variable *Optimale Voraussetzungen für die Q-Sig* zusammengefasst. Die erklärende Kraft der Variable beträgt jetzt noch 33% der Gesamtvarianz, d.h. weitere Faktoren und verborgene Einstellungen der Teilnehmer oder aber generell Unsicherheiten in der konsistenten Einschätzung über alle 13 Manifestvariablen lassen ca. 67% der Varianz dieser Topvariable unerklärt. Die hohen Korrelationen zwischen den einzelnen latenten Variablen zeugen jedoch von einer guten Übereinstimmung der sachlogischen Aggregation der Problem- und Lösungsbereiche einerseits mit der statistisch nachweisbaren Strukturierung der Manifestvariablen andererseits.

Die Hypothese der inneren Strukturierung von Problemlösungen von PKI-Hürden sowie die Hypothese der Etablierung von PKI-Lösungsbausteinen kann daher als bestätigt angesehen werden. Den teilnehmenden Experten kann eine konsistente Stimmabgabe bestätigt werden, daher sind die getroffenen Expertenurteile und -schätzungen, die in der Vertiefungsstudie über die Diffusionsebene T1 des T2D4JS-Modells abgegeben wurden, in ihrer Aussagekraft gestärkt worden.

6.2.12 H9: Explorative Analysen auf T1 zusammen mit D1 und D2

Eine AHC-Analyse auf Basis der 42 Prozessvariablen, der 20 Technologievariablen und 29 Problem- bzw. Lösungsbausteinen der PKI-Technologie hat insgesamt 13 Cluster geliefert, von denen 7 mit interessanten Zusammenhängen identifiziert wurden. Die anderen 6 Cluster waren homogene Verklumpungen, die ausschließlich aus Prozessen oder Technologievariablen zusammengesetzt waren und nicht mit Problem-/Lösungsbausteinen verknüpft waren. Die MDS-Analyse bestätigt dieses Gruppierungsergebnis [vgl. Abbildung 143]. Dort sind drei Teilgebiete zu erkennen, die jeweils von den Problem-Lösungsbausteinen, den Prozessaffinitäten und den PKI-Technologieadoptoren eingenommen wurden. An den Grenzgebieten jedoch, wo sich die Gebiete treffen, sind die 7 Cluster entstanden, in denen jeweils ein identisches Mind-Set unter einer Vielzahl von Experten zum Ausdruck kommt.

In den Clustern sind miteinander hoch korrelierende Variablen enthalten. Es wurde nun für jeden der Cluster eine PLS-PM-Analyse durchgeführt, um die Hauptaussagen dieser Cluster herauszuarbeiten. Dabei wurden jeweils alle Schritte der Pfadmodellierung durchgeführt.

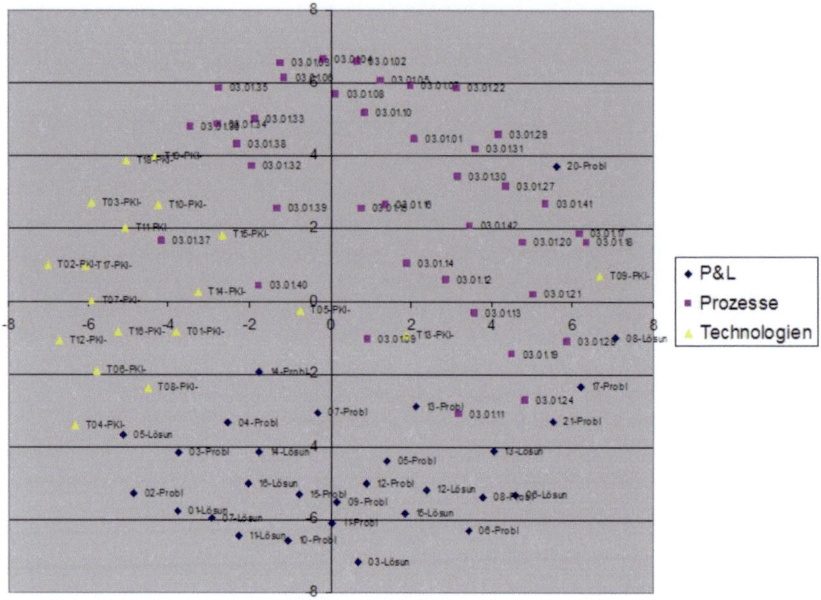

Abbildung 143: MDS-Analyse der PKI-Technologie-Lösungsbausteine mit Prozessen und Technologien

6.2.13 *H9 ExE01: Erfolgsfaktoren der F-Sig-Nutzung*

Die Pfadmodellierung von Cluster H9-ExE01 hat eine latente-TOP-Variable: *Erfolgreiche Nutzung von F-Sig,* die alle Variablen beinhaltet. [Vgl. Abbildung 144]

Die Aufteilung dieser Variable wird anhand von 5 weiteren latenten Variablen erkennbar: *Anerkennung F-Sig*, *Geschäftsprozesse behinderungsfrei trotz PKI*, *Einfache Identifikation gegenüber der PSE*, *Einfache Schlüsselwechselprozeduren* und die *Nutzung von Killer-Applikationen der F-Sig* sind nach Analyse und Interpretation der statistischen Grundlagen die Haupterfolgsfaktoren der erfolgreichen Nutzung der F-Sig.

Der Erfolgsfaktor der *Killer-Applikationen der F-Sig* ist als endogene Variable modelliert. Als Voraussetzung für die Etablierung dieser Killerapplikationen können insbesondere die drei Problem- und Lösungsbausteine der latenten Variablen *Geschäftsprozesse behinderungsfrei trotz PKI*, *Einfache Identifikation gegenüber der PSE* und *Einfache Schlüsselwechselprozeduren* angesehen werden. Die vier exogenen Variablen lassen sich nun als Voraussetzungen betrachten und die Korrelationsstärke mit den endogenen Variablen als die Stärke des Beitrages für einen Erfolg oder Misserfolg des Einsatzes der F-Sig interpretieren.

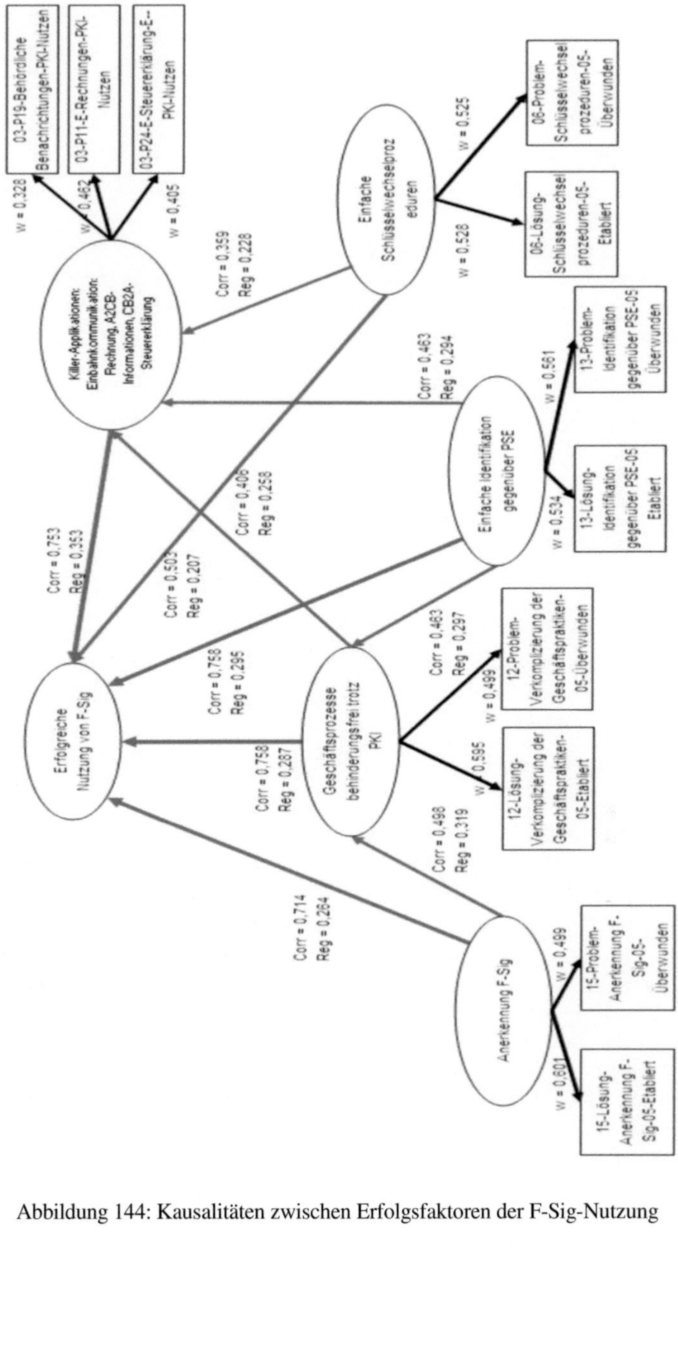

Abbildung 144: Kausalitäten zwischen Erfolgsfaktoren der F-Sig-Nutzung

Da die endogenen Variablen die zeitliche Einschätzung der Problemauflösung und Lösungsetablierung der Experten beinhalten, kann eine Aussage über den Wegfall der Hauptbarrieren der F-Sig-Nutzung gewonnen werden [vgl. Abbildung 145].

Fazit:

Die erfolgreiche Nutzung der F-Sig hängt mit 26% von der Anerkennung der F-Sig ab. Diese Anerkennung wird nach Meinung der Experten im Jahr 2013 zu 80% geschehen sein. Zu 29% geht die latente *Variable Geschäftsprozesse behinderungsfrei trotz PKI* ab dem Jahr 2014 als Erfolgsfaktor ein. Die einfache *Identifikation gegenüber der PSE* wird im Jahr 2015 zu 80% erreicht sein und liefert 29,5 % zum F-Sig-Erfolg. Mit einem Gewicht von 21 % gehen im Jahr 2018 *Einfache Schlüsselwechselprozeduren* in den F-Sig Erfolg ein.

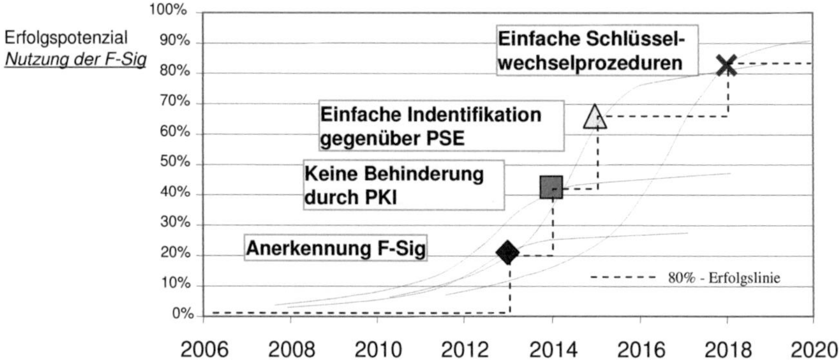

Abbildung 145: Verlauf des 80% Erfolgspotenzials für die Nutzung der F-Sig

Unter Berücksichtigung, dass die Erfüllungsjahre der exogenen Variablen definitionsgemäß die 80%-Marke beschreiben, ergibt sich eine Treppenfunktion der Erfolgsfaktorenentwicklung [vgl. Abbildung 145] aufgrund der Expertenurteile über die Jahreszahl der 80%-Etablierung von PKI-Lösungen, bzw. der 80%-Überwindung von PKI-Problemen.

6.2.14 H9 ExE02: Integration von Q-Sig- und F-Sig-Bild

Der Versuch, die einzelnen Teilmodelle über F-Sig, Q-Sig und Prozessebenen miteinander zu kombinieren, ist in Abbildung 146 zu sehen. Darin wurde das Modell *Erfolgsfaktoren der F-Sig-Nutzung*, das Modell *Vorbedingungen für einen erfolgreichen Einsatz der Q-Sig* und das Prozessmodell *Killerapplikationen Q-Sig* zusammengeführt. Zu erkennen ist, dass zwischen den Variablen *Voll befähigte ZDAs* und *Einfache Schlüsselwechselprozeduren* statistische Korrelationen mit der erfolgreichen Nutzung von F-Sig bestehen. Die deutlich stärkere Korrelation von voll befähigten ZDAs zu der Q-Sig ist plausibel nachvollziehbar, da die ZDAs für fortgeschrittene Signaturen nicht die entscheidende Rolle spielen, wie sie dies für die Q-Sig tun.

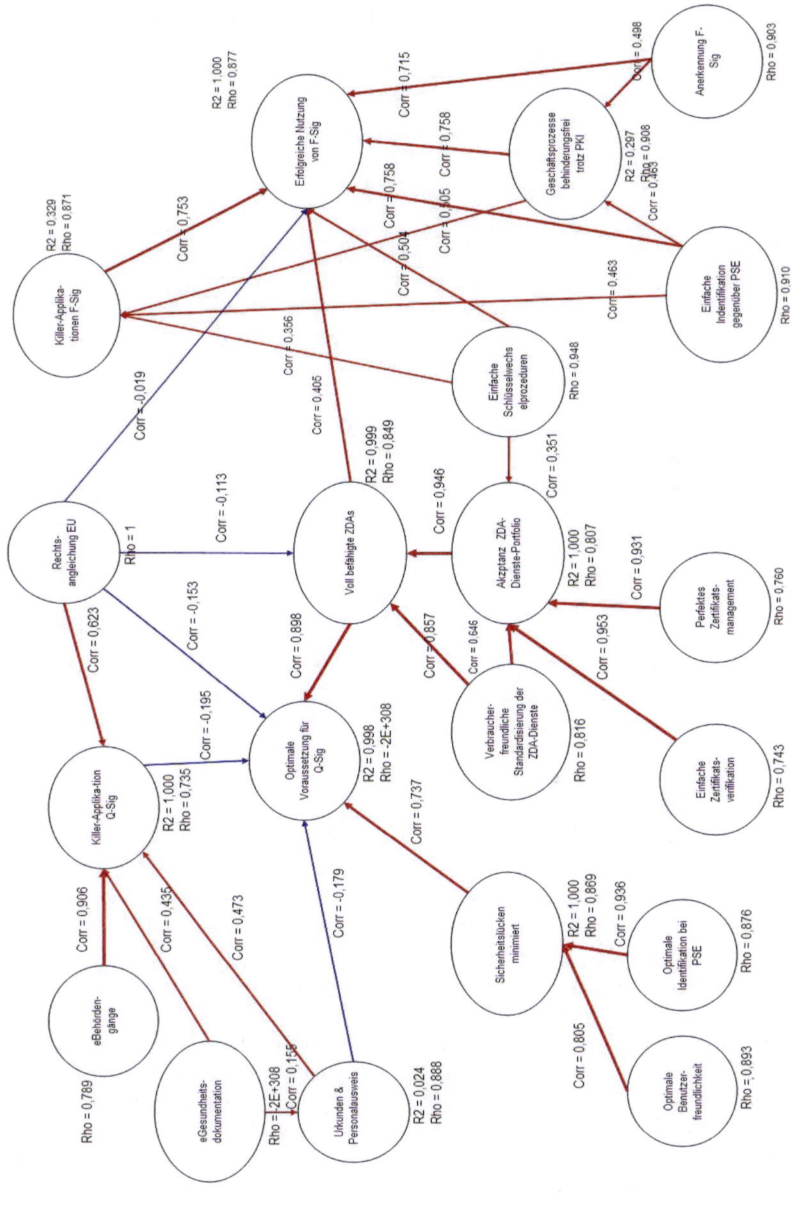

Abbildung 146: Konstruktion eines Multi-Ebenenmodells

Die fünf blauen Pfeile dokumentieren jedoch schwach negative Korrelationen zwischen den Elementen des Modells der Q-Sig-Voraussetzungen, wie *Rechtsangleichung EU,* und den Elementen der Q-Sig-Applikationen, wie z.B. *elektronische Behördengänge, Urkunden & Personalausweis*. Ein starker Zusammenhang zwischen den Voraussetzungen und der Etablierung von Prozessen, wie er bei der F-Sig zu beobachten ist, kann also für die Q-Sig so nicht hergestellt werden. Sachlogisch lässt sich dieser Zusammenhang mit einer Unsicherheit der Experten bzgl. der Prozesspotenziale der Q-Sig interpretieren.

Andererseits kann auch eine geringe Varianz einer Variablen zusammen mit zwei Ausreißern die Korrelation zwischen Variablen schnell negativ werden lassen. In diesem Fall wäre keine ausreichende Varianz bei den Prozessvariablen vorhanden, mit der eine relevante Korrelation zu anderen Variablen aufgebaut werden kann. Sachlogisch hieße das, dass die gestellte Frage trivial wäre, da sie, von egal wem, gleichartig beantwortet wird.

Damit kann die Erweiterung der internen Gruppenbildung auf Ebene T1 im Sinne der Hypothese H8g bestätigt werden. Die Hypothese der vollständigen Erweiterungsfähigkeit auf die Prozessebene und damit auch die Hypothese der vollständigen Interaktion zwischen den Ebenen T1: *Lösungsetablierung und Problemüberwindung* und D2: *PKI-Affinität zu Geschäftsprozessen* muss daher abgelehnt werden.

6.2.15 H10a: Bezüge von Thesenfragen zu anderen Ebenen

Die Hypothese H10a geht davon aus, dass es Thesen des Autors oder wahlweise von Teilnehmern der Studie gibt, die sich thematisch zu bestimmten Ebenen einordnen lassen und dass diese sachlogische Einordnung auch statistisch nachvollziehbar ist.

Eine statistische Einordnung und Gruppierung kann mit einer AHC-Analyse mit Gruppenbildung und einer anschließenden MDS-Analyse beginnen. Zunächst soll jedoch die Problematik der unterschiedlich zu interpretierenden Skalen näher beleuchtet werden. Zwischen den Thesen der Teilnehmer und den des Autors gibt es einen fundamentalen Unterschied in der Skala: Der Wert 1 bedeutet bei den Thesen des Autors, dass die These abgelehnt wird, wohingegen der Wert 1 für eine These eines Teilnehmers als vollständige Zustimmung zur These gilt. Dieses Problem ist lösbar, indem die Skalen transformiert und dadurch angepasst werden. In diesem Fall wurden die Antworten zu den Autorenthesen invertiert. Dies ist möglich, weil metrische Skalen vorliegen. Mit dieser Grundlage ergibt sich ein MDS-Schaubild für die 89 Thesen, wie in Abbildung 147 zu sehen. Teilnehmerthesen und Thesen des Autors sind farblich unterschieden, die Beschriftung führt in den ersten fünf Stellen die Referenz auf die These und nach dem Gleichheitszeichen das arithmetische Mittel der Antworten. Es wurde die Facette nach dem Zustimmungsgrad zur These ausgewertet, die Thesen des Autors wurden auf die Skala der Teilnehmerthesen transformiert. (1=„Ganz meiner Meinung“; 2=„Teilweise Zustimmung“; 3= „Eher nicht“; 4= „Nein!“). Ähnliche Antwortstrukturen führen zu einem geringen Abstand der Positionierung im MDS-Diagramm.

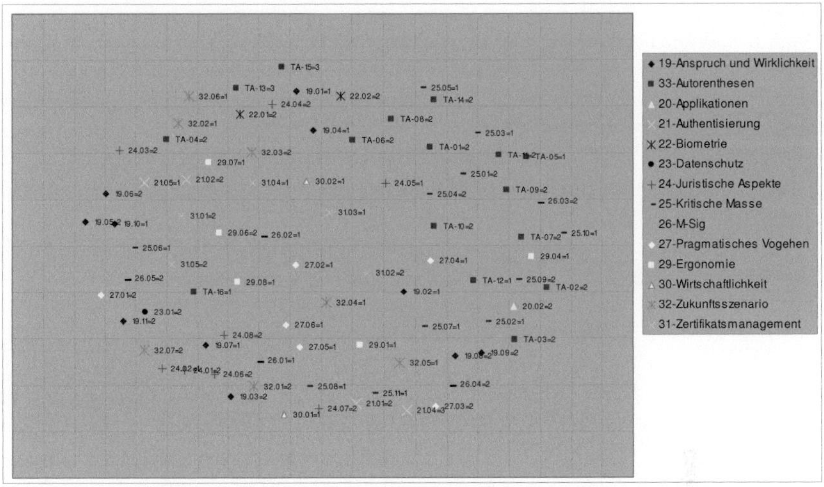

Abbildung 147: MDS-Darstellung der 89 Thesen zur PKI-Diffusion

Da hier sehr viele Variablen berücksichtigt wurden, sind die Positionen ein starker Kompromis. Welche Antwortbilder besonders ähnlich sind, kann jedoch dem Dendrogramm der vorangegangen AHC-Analyse entnommen werden [vgl. Anhang S.281]. Ein solches sehr ähnliches Pärchen stellen die Teilnehmerthesen 5.20.02 und 5.24.07 dar. Eine Grundvoraussetzung für die statistische Einordnung anderer Thesen ist die nachgewiesene Ähnlichkeit zweier Thesen aus der Grundgesamtheit der 89 Thesen. Die Darstellung beider Thesen zeigt anhand der grafischen Korrelation sehr deutlich das gleichartige Antwortverhalten der Teilnehmer auf. Es wird aber auch deutlich, dass die Thesen inhaltlich weit auseinander liegen. Andere Beispiele zeigen ein ähnliches Bild.

Damit wird deutlich, dass eine statistische Überprüfung einer sachlogischen Beziehung zwischen zwei Thesen kaum möglich ist. Es sind zwar die Skalen gleich, jedoch ist die Fragestellung bei jeder These anders, so dass ein purer Skalenvergleich keinen Anhaltspunkt für eine statistisch basierte Strukturierung liefert. Damit ist eine Grundvoraussetzung für die Einordnung anderer Variablen in die 89 Thesen nicht erfüllt. Die These H10a muss daher abgelehnt werden.

6.3 Zusammenfassung der Hypothesenvalidierung

In Kapitel 6 wurde das T2D4JS-Modell einer statistischen Evaluierung unterzogen. Die Evaluierung bezog sich dabei auf die statischen und dynamischen Zusammenhänge innerhalb der Ebenen T, D und J/S sowie auf die Beziehungen dieser Ebenen und deren Unterebenen untereinander. Die Evaluierung vollzog sich in drei Schritten: Zuerst wurden die allgemeinen Hypothesen auf das empirische Datenmaterial der PKI-Delphi-Studie projiziert und somit konkretisiert. In einem zweiten Schritt wurde zunächst entschieden, ob die Hypothese mittels den Szenarioergebnissen aus Kapitel 5 bereits validiert oder falsifiziert wurde. War dies nicht der Fall, so wurde mit Hilfe multivariater statistischer Analysemethoden Strukturgleichungsmodelle aufgestellt und deren Qualität iterativ mittels verschiedener Gütemaßstäbe geprüft. Zuletzt wurden die Ergebnisse der Evaluierung diskutiert und damit schließlich eine Entscheidung über die Annahme oder Ablehnung der zugrunde liegenden Hypothese getroffen.

In Tabelle 12 werden die Ergebnisse der Evaluierung der Einzelhypothesen zusammenfassend dargestellt:

Tabelle 12: Zusammenfassung der Modellevaluierung

<table>
<tr><th>Typ</th><th>Referenz</th><th>Hypothese</th><th>Validierungsmethode</th><th>Ergebnis</th></tr>
<tr><td colspan="4">These H1: Beziehungen innerhalb der Ebene D1, Sekundärtechnologien: Je größer das PKI-Potenzial einer Technologie ist, desto größer wird die PKI-Verbreitung in diesen Technologien in Zukunft sein.
Aus Kap. 3.6.1.1 kommt die These, dass das PKI-Potenzial einer Technologie aus Einzelbewertungen abgeleitet werden kann: B1: Position der Technologie im Lebenszyklus, B2: Integrationsfähigkeit der Technologie, B3: Entwicklungsmethode und B4: Rechenkraft. Das Gesamtpotenzial ergibt sich als Summe über die Bewertungspunkte der Einzelbewertungen B1-B4.</td><td>H1a: bestätigt
H1b: bestätigt
H1c: bestätigt für eine Szenariogruppe</td></tr>
<tr><td>Intra-Ebene</td><td>H1a auf D1</td><td>Potenzial 2006 und Verbreitung 2016 bilden latente Variable „Zukunftschance".</td><td>Korrelationen zwischen den Manifestvariablen</td><td>bestätigt</td></tr>
<tr><td>Intra-Ebene</td><td>H1b auf D1</td><td>Sachlogische Technologiechancen der PKI lassen sich statistisch nachweisen.</td><td>PLS-PM, Korrelationen 0,5-0,9</td><td>bestätigt</td></tr>
<tr><td>Intra-Ebene</td><td>H1c auf D1</td><td>Der Technologierang, der sich auf dem geschätzten PKI-Potenzial der Experten ergibt, korreliert mit der Rangermittlung nach den Kriterien Bz1, Bi2, Be3, Br4.</td><td>Vergleich der Ergebnisse in Kapitel 5.2.3, Korrelationsanalyse</td><td>bestätigt für eine Szenariogruppe</td></tr>
<tr><td colspan="4">These H2: Beziehungen innerhalb der Ebene D2, Geschäftsprozesse: a) Die theoretisch vorgegebene Gliederung entspricht der Wirklichkeit.
Aus Kap 3.5.3 kommt zusätzlich die Strukturierungsthese bzgl. der Affinität von Geschäftsprozessen zur PKI-Technologie über die Einordnung in 4 Quadranten. Dabei werden zwei Dimensionen unterschieden: Situative Erfordernisse und Gesetzgeberische Erfordernisse. Daraus wurden in Kapitel 3.6.1.2 konkrete theoretische Prozessbewertungen durchgeführt.</td><td>H2a: bestätigt
H2b: teilweise bestätigt</td></tr>
<tr><td>Intra-Ebene</td><td>H2a auf D2</td><td>Gruppierung der Prozesse spiegelt sich in latente Prozessvariablen wieder.</td><td>AHC, MDS</td><td>bestätigt [vgl. Gaud08, S.1234]</td></tr>
<tr><td>Intra-Ebene</td><td>H2b auf D2</td><td>Theoretische Prozessaffinität entspricht Expertenurteil.</td><td>Rangkorrelationen; Statistik in Kap.5.3.4</td><td>teilweise bestätigt</td></tr>
<tr><td colspan="4">These H3: Interaktion zwischen Ebene D1: Sekundärtechnologien und D2: Geschäftsprozesse: a.) Ein hohes PKI-Integrationspotenzial einer Technologie geht einher mit einem hohen Nutzen in Geschäftsprozessen, welche diese Technologien einsetzen. Unter der Voraussetzung, dass eine Technologie oder ein bestimmtes Bündel von Technologien in Prozessen zum Einsatz kommt, verhält sich das Nutzenpotenzial der PKI in Prozessen proportional zum Nutzenpotenzial der PKI in Technologien.</td><td>H3a: bestätigt</td></tr>
<tr><td>Inter-Ebene</td><td>H3a auf D2+D3</td><td>m x PKI-Nutzen in Technologien => m x PKI-Potenzial in Prozessen (Voraussetzung m Technologien wirken in n Prozessen mit.)</td><td>AHC & PLS-PM</td><td>bestätigt</td></tr>
<tr><td colspan="4">These H4: Beziehungen innerhalb der Ebene D3: Nutzerpopulationen:
a.) Die Potenziale der Q-, F- und M-Sig haben immer eine Rangfolge: Das geringste Potenzial besteht für Q-Sig, das zweithöchste Potenzial besteht für F-Sig und das höchste Potenzial für M-Sig; b.) Die Verbreitungsrate je Population ist für die M-Sig am höchsten, gefolgt von der F-Sig und schließlich von der Q-Sig; c.) Die Potenziale und erwartete Verbreitung für Q-, F- oder M-Sig korrelieren positiv mit der zukünftigen Verbreitung; d) Großunternehmen profitieren zuerst von der Q-Sig; e) Die Verbreitung der PKI wird auf allen Signaturebenen und in allen Populationen kontinuierlich zunehmen; f) Die Verbreitungsrate der M-Sig wird höher sein als die der F-Sig; g) Die Verbreitungsrate der F-Sig wird wiederum höher sein als die der Q-Sig; h) Die Diffusionskurve hat den Verlauf der Standard-Bass-Kurve: Zunächst beginnender Aufstieg bei einer zunehmenden Steigung, später dann Aufstieg der Verbreitungskurve mit sinkender Grenzrate. Dies entspricht einer Abflachung der Diffusionskurve und asymptotische Annäherung an ein Populationsmaximum.
Aus Kapitel 3.2.4 kommt zusätzlich die These, dass fortgeschrittene Signaturen zu allererst in großen Organisationen Verbreitung finden. Bevorzugt werden dabei solche Organisationen, die über überdurchschnittlich viele Kontakte zu Kunden und Partnern verfügen.</td><td>H4a: bestätigt
H4b: bestätigt
H4c: bestätigt
H4d: wiederlegt
H4e: bestätigt
H4f: offen
H4g: teilweise wiederlegt
H4L: teilweise nachweisbar
K3.2.4: bestätigt</td></tr>
</table>

Typ	Referenz	Hypothese	Validierungsmethode	Ergebnis
Intra-Ebene	H4 auf D3	Äquivalenz relativer und absoluter Verbreitung der Q-Sig bei Endkunden	PLS-PM, Korrelation: 0,5	bestätigt
Intra-Ebene	H4a auf D3	Rangfolge Potenzial QFM-Sig	Rangvergleiche; Univariate Statistik in Kap. 0, S. 161	bestätigt
Intra-Ebene	H4b auf D3	Rangfolge Verbreitungsrate Q-, F-, M-Sig	Rangvergleiche; Univariate Statistik in Kap. 0, S. 163	bestätigt
Intra-Ebene	H4c auf D3	Korrelation Potenzial 2006 mit Verbreitung 2016	PLS-PM in Kap. 6.2.4, S. 229	bestätigt
Intra-Ebene	H4d auf D3	Populationsreihenfolge der Q-Sig Adoption: Großunternehmen zuerst	Rangvergleiche; Univariate Statistik in Kap. 5.	wiederlegt
Intra-Ebene	H4e auf D3	Kontinuierliche Zunahme der Q-, F-, M-Sig in allen Bereichen	Grenzrate der Verbreitung; Univariate Statistik in Kap. 5 [vgl. Kapitel 5.5.4, S. 167 und Kapitel 5.5.6, S. 172].	bestätigt
Intra-Ebene	H4f auf D3	M-Sig > F-Sig	Grenzrate der Verbreitung; Univariate Statistik in Kap 5, studi-Kap 08	offen – 05, da nicht gezeichnet
Intra-Ebene	H4g auf D3	F-Sig > Q-Sig	Grenzrate der Verbreitung; Univariate Statistik in Kap 5 [vgl. Kapitel 5.5.4, S. 167].	teilweise wiederlegt
Intra-Ebene	H4h auf D3	Q-, F-, M-Sig mit Standard Bass-Verlauf	Grenzrate der Verbreitung; Univariate Statistik in Kap. 5 [vgl. Kapitel 5.5.4, S. 167].	teilweise bestätigt
Intra-Ebene	H4i auf D3	Eine spezielle Verbindung zwischen relativer Verbreitung (Studi-Kap. 06) und absoluter Verbreitung (Studi-Kap. 08)	PLS-PM [vgl.6.2.1, S. 223]	bestätigt
Intra-Ebene	H4j auf D3	Allgemein Consumer-Bereich: Absolute Verbreitung allgemein erklärt die relative Verbreitung	PLS-PM [vgl. Kapitel 6.2.3, S. 228]	bestätigt
Inter-Ebene	H4k auf D3	Existenz Mehrfaktoreneinflüsse auf relative Verbreitung	PLS-PM [vgl. Kapitel 6.2.2, S. 224]	bestätigt
Inter-Ebene	H4L auf D3	Substitutives Verhalten Q-Sig zur F-Sig	Univariate Statistik; Grafische Analyse, [vgl. Kapitel 5.5.4]	teilweise nachweisbar
These H5: Interaktion zwischen der Ebene D2: Geschäftsprozesse und D3: Nutzerpopulationen: Populationen, welche eine hohe Nutzungsrate von PKI-affinen Prozessen aufweisen, haben auch ein entsprechend hohes Adoptionspotenzial für die PKI.				bestätigt
Inter-Ebene	H5a auf D2+D3	Geschätztes Populationspotenzial lässt sich mittels gewichteter Prozesspotenzialanalyse bestätigen.	AHC, MDS, PLS-PM	bestätigt
These H6: Beziehungen innerhalb der Ebene D4, Märkte und Branchen: a) Je höher das PKI-Nutzenpotenzial in einer Branche ist, desto höher wird die zukünftige Verbreitung in der Branche sein.				H6a: offen
Intra-Ebene	H6a auf D4	Relative Branchenverbreitung 2016 hängt von Nutzenpotenzial 2006 ab.	Graphische Korrelation	offen - 05 – weil nicht ausgewertet
These H7: Interaktion Ebene D4: Märkte und Branchen mit anderen Ebenen: a) Je mehr eine Branche PKI-affine Prozesse und Technologien einsetzt, desto größer wird die Verbreitung von F- oder Q-Sig in dieser Branche sein; b) Je stärker entwickelt die Wirtschaft einer Weltregion ist, desto höhere Verbreitungsraten der einzelnen Signaturebenen sind zu erwarten; d) Der Einsatz der PKI in Automotive ist realistisch.				H7a: nicht bestätigt H7b: nicht evaluierbar H7d: bestätigt
Inter-Ebene	H7a auf D4+D2	Beziehung „Branche zu PKI" ist analog der Beziehung „Branche zu PKI-affinen Populationen."	AHC, MDS, PLS-PM [vgl. Kapitel 6.2.9, S. 241]	nicht bestätigt
Inter-Ebene	H7b auf D4+D3	Wirtschaftsstärke und PKI-Verbreitung		nicht evaluierbar
Inter-Ebene	H7d auf D4+D3	Einsatz der PKI in Automotive ist realistisch.	PLS-PM, [vgl. Kapitel 6.2.8, S. 237]	bestätigt + Erkenntnis: F-Sig zuerst
These H8: Beziehungen innerhalb der Ebene T1 & SOEC: Verbundprobleme und Verbundlösungen zur PKI-Technologie: a) Der Kenntnisstand, den der Teilnehmer bzgl. einer Frage mitbringt, ist entscheidend für die nachfolgende Einschätzungen zum geschilderten Sachverhalt; b) Dringlichkeit (Frage B) und Wichtigkeit (Frage C) sind unabhängig voneinander. Aus Kapitel 2.6 kommt zusätzlich die These, dass Problem- und Lösungsbausteine prägnante Unterschiede in Dringlichkeit und Wichtigkeit aufweisen; d) Auswirkung 2006 > Auswirkung 2016: wenn die Auswirkungen 2006 (Frage D) höher sind als die Auswirkungen in 2016 (Frage E), so liegt die Jahres-				H8a: offen Rest: teils bestätigt H8b: tlw. wiederlegt H8d: bestätigt H8e: bestätigt

Typ	Referenz	Hypothese	Validierungsmethode	Ergebnis
prognose der Lösungsetablierung/Problemüberwindung (Frage F) vor 2016; e) Auswirkung 2006 < Auswirkung 2016: wenn die Auswirkungen 2006 (Frage D) niedriger sind als die Auswirkungen in 2016 (Frage E), so liegt die Jahresprognose (Frage F) nach 2016; f) Ist die theoretische Wichtigkeit (Frage C) sehr niedrig, so wird das Problem (Frage F) früh überwunden werden; f) Schnelle Problemüberwindung oder Lösungsetablierung bei geringer Wichtigkeit; g) Problemlösungen und Lösungsetablierungen lassen sich zu größeren latenten Variablen gruppieren.				H8f: wiederlegt H8g: bestätigt
Intra-Ebene	H8b	Dringlichkeit (Frage B) und Wichtigkeit (Frage C) sind unabhängig voneinander.	Graphisches Portfolio [vgl. Kapitel 5.7.2, S. 180]	teilweise wiederlegt
Intra-Ebene	H8d	Auswirkung 2006 > Auswirkung 2016: wenn die Auswirkung 2006 (Frage D) höher sind als die Auswirkungen in 2016 (Frage E), so liegt die Jahresprognose der Problemüberwindung (Frage F) vor 2016.	Graphische Überprüfung; [vgl. Kapitel 5.7.4.1, Abbildung 104 und Abbildung 105, Seite 190]	bestätigt
Intra-Ebene	H8e	Auswirkung 2006 < Auswirkung 2016: wenn die Auswirkung 2006 (Frage D) niedriger sind als die Auswirkungen in 2016 (Frage E), so liegt die Jahresprognose (Frage F) nach 2016; f) Ist die theoretische Wichtigkeit (Frage C) sehr niedrig, so wird das Problem früh überwunden werden.	Graphische Überprüfung; [vgl. Kapitel 5.7.4.1, Abbildung 104 und Abbildung 105, Seite 190 und Kapitel 5.7.4.3]	bestätigt
Intra-Ebene	H8f	Schnelle Problemüberwindung oder Lösungsetablierung bei geringer Wichtigkeit	Graphische Überprüfung, [vgl. Kapitel 5.7.4.1 und Kapitel 5.7.4.3]	wiederlegt
Intra-Ebene	H8g	Problemlösungen und Lösungsetablierungen lassen sich zu größeren latenten Variablen gruppieren.	AHC, PLS-PM [vgl.Kapitel 6.2.11, S. 246]	bestätigt
These H9: Interaktion zwischen der Ebene T1 und anderen Ebenen: Eine insgesamt frühe Problemüberwindung oder Lösungsetablierung geht einher mit einer hohen Potenzialeinschätzung für Prozesse, mit einer hohen Technologieverbreitung in der Zukunft sowie mit einer hohen zukünftigen Verbreitung in den Populationen.				offen
Inter-Ebene	H9-ExE01 auf T1 und D2	Erfolgsfaktoren für eine erfolgreiche Nutzung der F-Sig	AHC, PLS-PM [vgl. Kapitel 6.2.13 S. 250]	erkannt & bestätigt
Inter-Ebene	H9-ExH02 auf T1 und D2	Erfolgsfaktoren für eine erfolgreiche Nutzung der Q-Sig	AHC, PLS-PM [vgl. Kapitel 6.2.14, S. 252]	undeutlich
Inter-Ebene	H9-ExE03 auf T1	Voraussetzungen für eine erfolgreiche Nutzung der Q-Sig: siehe H8g	AHC, PLS-PM [vgl.Kapitel 6.2.11, S. 246]	erkannt & bestätigt
These H10: Interaktion zwischen Ebene S/J: Sozioökonomische und juristische Ebene: In den Thesen der Teilnehmer wird der Einfluss von sozioökonomischen Faktoren deutlich. Für die 19+17 Thesen lassen sich für spezielle Teilnehmergruppen signifikante Korrelationen mit anderen Ebenen finden. Ist dies der Fall kann die These als Bestätigung der anderen sachlogischen Verbindungen zwischen den Ebenen des T2D4JS-Modells gelten, dies gilt auch für den Fall, dass die These abgelehnt wird. Wird die These zusätzlich angenommen, kann die These für eine Präzisierung des Diffusionsmodells benutzt werden. Sollte keine signifikante Korrelation zu anderen Facettenfragen anderer Ebenen und zusätzlich eine Thesenablehnung vorliegen, so muss die These verworfen werden.				H10a: abgelehnt H10b: nicht evaluierbar H10c: bestätigt H10d: falsifiziert
Inter-Ebene	H10a auf SJ + Dx	Es gibt generelle eindeutige Bezüge der Thesenfragen zu anderen Ebenen.	AHC + PLS-PM	abgelehnt
Inter-Ebene	H10b auf D4+S	Wirtschaftsstärke in Verbindung mit der PKI-Verbreitungsrate	Sozioökonomische Faktorenanalyse	nicht evaluierbar
Intra-Ebene	H10c	Die Thesen der Teilnehmer lassen sich mit statistischen Mitteln zu sachlogischen Clustern zusammenfassen.	HFA, AHC, PLS-PM [vgl. Kapitel 5.10.1, S. 210;]	bestätigt
Intra-Ebene	H10d Ebene SJ auf Ebene Dx oder Tx	Die Thesen der Teilnehmer können als Validierungsfragen eingesetzt werden. So kann eine hohe Korrelation zwischen einer MEST-Frage und einer Potenzialaussage für Prozesse oder Technologien die Potenzialaussage zusätzlich durch die MEST-Aussage inhaltlich fundieren.	AHC [vgl. Kapitel 6.2.15, S. 254]	falsifiziert

Insgesamt wurden 7 Hypothesen abgelehnt. 10 Hypothesen wurden mit Hinweis auf die Szenarioergebnisse in Kapitel bestätigt. 14 Hypothesen wurden nach genauer statistischer Analyse angenommen. Bei der Analyse der Hypothesen sind durch die explorative Vorgehensweise weitere inhaltliche Erkenntnisse über die Dynamik der PKI-Diffusion im T2D4JS-Modell zu Tage getreten. 5 Thesen konnten nicht evaluiert werden.

6.4 Fazit: Das T2D4JS-Modell nach der statistischen Validierung

Die Evaluierung von 31 Hypothesen zum Modellverhalten des T2D4JS-Modells zur PKI-Diffusion mit Hilfe einer Experten-Delphi-Studie hat größtenteils zu einer Annahme der Hypothesen geführt. Zum Teil wurden im Rahmen der Evaluierung explorativ neue Erkenntnisse über das T2D4JS-Modell gewonnen. Damit hat sich die Erwartung, wie sich die PKI-Technologie innerhalb und außerhalb Deutschlands in den nächsten 10 Jahren und darüber hinaus entwickeln wird, konkretisiert.

Im Folgenden werden die wichtigsten Erkenntnisse der einzelnen Modellebenen [vgl. Abbildung 148] zusammengefasst:

T1 und T2: Unter Berücksichtigung der 3 PKI-Qualitäten M-Sig, F-Sig und Q-Sig wurden hier die vermuteten Beziehungen zwischen PKI-Technologie und der PKI-Wertschöpfungskette bestätigt. Insbesondere wurden unter einer Vielzahl von möglichen Hindernissen und Lösungsmöglichkeiten vier Erfolgsfaktoren identifiziert und eingeordnet, die den erfolgreichen Einsatz der F-Sig in den nächsten 10 Jahren bestimmen: 1. Die homogene Anerkennung der F-Sig in Geschäftsprozessen sollte 2013 zu 80% etabliert sein. 2. Softwareergonomieprobleme sollten in 2014 ebenfalls zu 80% überwunden sein. 3. Eine einfache Identifikation gegenüber der PSE u.a. mit Biometrie sollte im Jahr 2015 erreichbar sein. 4. Einfachere Schlüsselwechselprozeduren würden nach der Beurteilung der Experten im Jahr 2018 nahezu in allen Bereichen etabliert sein.

Insgesamt kann also zwischen 2013 und 2018 mit sehr günstigen Voraussetzungen für den Einsatz der F-Sig gerechnet werden. Als Killerapplikationen für die F-Sig wurden alle Formen der Einwegkommunikation identifiziert: Rechnungsversand allgemein, Informationsschreiben von staatlichen Stellen sowie Anträge, wie z.B. die Steuererklärung, an staatliche Stellen.

Für die Anwendung der Q-Sig wurden Bedingungen für eine optimale Einsatzvoraussetzung aus den Teilnehmerantworten extrahiert. Diese wäre durch die Minimierung aller Sicherheitslücken und die volle Befähigung der ZDAs gegeben. Erstere Hauptbedingung würde sich durch die Optimierung der Identifikationsprozesse gegenüber der PSE und durch eine optimierte Benutzerfreundlichkeit der Benutzerapplikationen ergeben. Die Befähigung der ZDAs Identifiziert wiederum zwei Haupterfolgsfaktoren: 1. Die Verbraucherfreundliche, europaweite Standardisierung der ZDA-Dienste und 2. die Erhöhung der Kundenakzeptanz der ZDA-Dienste mittels eines perfekten und einfachen Zertifikatsmanagements. Der Optimierung von Schlüsselwechselprozeduren kommt dabei keine so große Bedeutung zu.

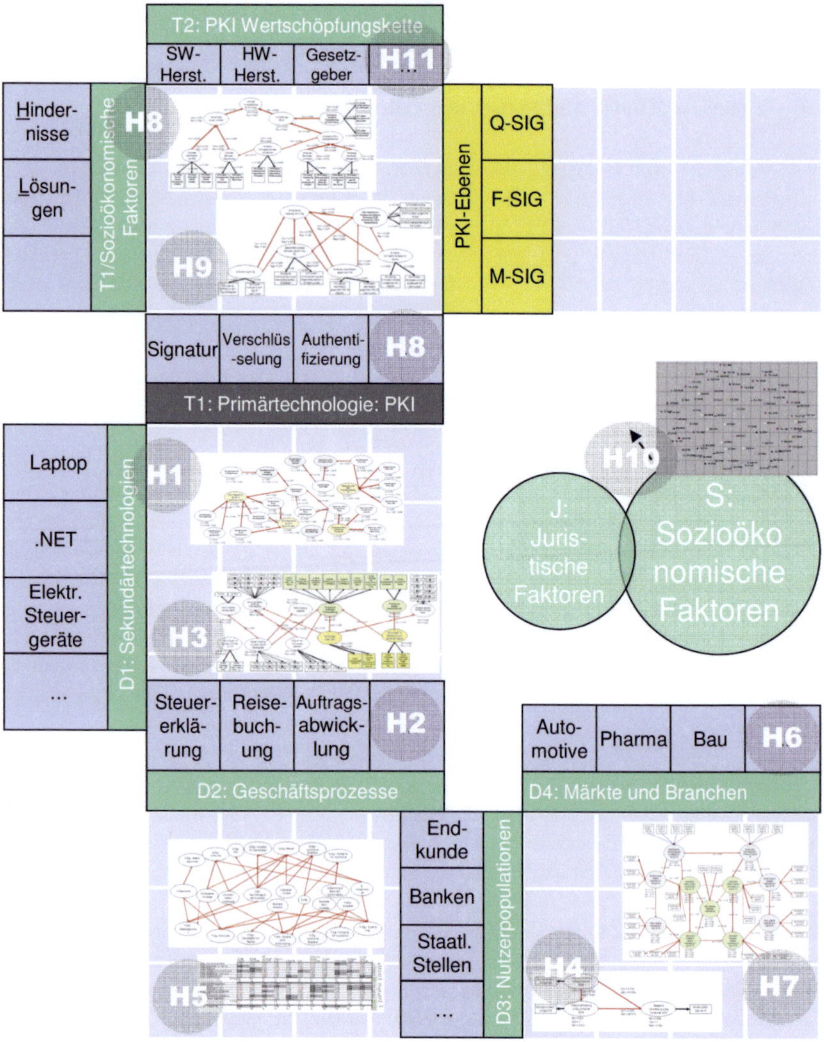

Abbildung 148: Gesamtevaluierung des T2D4JS-Modells der PKI-Diffusion

Ebene D1 mit D2: Auf Ebene D1: *Sekundärtechnologien* wurden zunächst anhand der Antwortstruktur die sachlogische Gruppierung der einzelnen Technologien bestätigt. Der Zusammenhang zwischen Sekundärtechnologien und deren Einsatz in Prozessen war erwartungsgemäß größtenteils diffus, dennoch ist deutlich geworden, dass die Smartcard allgemein stark mit solchen Prozessen verbunden ist, in denen die Q-Sig für eine Virtualisierung nahezu unentbehrlich ist, wie z.B. Beurkundungen, Auftragsabschlüsse in größerem Maßstab und Identifikation in Unternehmen. Dokumentenmanagementsysteme mit DRM-Technologien würden insbesondere im Gesundheitswesen ein größeres Einsatzfeld finden.

Ebene D2 mit D3: Die Evaluierung der Ebene D2: *Geschäftsprozessaffinität der PKI* zusammen mit Ebene 4: *Potenzial und Verbreitung in Populationen* mit der Unterscheidung nach Q- und F-Sig, hat herausragende Ergebnisse geliefert. Zunächst wurde mit Hilfe der PLS-Modellierung Zuordnungen von Prozessen zur Nutzung in Populationen deutlich, die mit einer sachlogischen Analyse konform gehen.

Dies wurde möglich, weil die detaillierten Zusammenhänge im Antwortverhalten der jeweiligen Teilnehmer codiert sind. Mit Hilfe einer Hauptfaktorenanalyse konnten diese Zusammenhänge schließlich in Form einer Tabelle rekonstruiert werden. Damit konnte für jedes Segment die Stärke der Prozessnachfrage aus verschiedenen Wirtschaftsgebieten, jeweils nach Q- und F-Sig getrennt, dargestellt werden. Insbesondere das Phänomen der ungleichen Nutzenverteilung beim Einsatz der Q- und F-Sig zu besonderen Ungunsten der Bürger und Endverbraucher konnte hier plausibel rekonstruiert und detailliert dargestellt werden.

Ebene D3 mit D4: Auf der Ebene der Nutzerpopulationen konnte die konsistente Beurteilung der zukünftigen Situation durch die Experten nachgewiesen werden. Dies war die Grundlage für eine intensive Evaluierung der Zusammenhänge zwischen Teilpopulationen, die im Zusammenhang mit der Automobilbranche stehen. Die Zusammenhänge waren unter Einbeziehung der Q-Sig- bzw. F-Sig-Optionen erkennbar sowie sachlogisch nachvollziehbar. Die F-Sig spielt demnach in den nächsten 10 Jahren gegenüber der Q-Sig die dominierende Rolle in der Branche Automotive. Zusammenhänge zwischen anderen Populationen und Branchen konnten nicht validiert werden. Dies war jedoch der vergleichsweise schwachen Abdeckung mit Facettenfragen in der PKI-Delphi-Studie geschuldet. Im Zusammenspiel dieser beiden Ebenen wurde deutlich, dass einerseits die Studienteilnehmer aus dem Nutzerbereich in der Automobilbranche ihren Erfahrungshintergrund hatten.

Ebene S und J: Die Evaluierung des Modellbereichs der sozioökonomischen und juristischen Einflussfaktoren auf die PKI-Diffusionsentwicklung waren sehr schwach mit Datenmaterial aus der PKI-Delphi-Studie unterfüttert. Der Versuch, einen statistischen Zusammenhang zwischen den Thesenfragen der Teilnehmer, die ja viel sozioökonomische und juristische Aspekte beinhalten, herzustellen, hat keine signifikanten Ergebnisse erbracht, da die vorhandenen Korrelationen zu anderen Modellebenen nicht mehr sachlogisch nachvollziehbar sind.

Zusammenfassend lässt sich feststellen, dass das T2D4JS-Modell gerade in den Bereichen T1, T2, D1, D2 und D3 erfolgreich evaluiert wurde. Die Ebenen D4, J und S haben zwar auch inhaltliche Ergebnisse geliefert, hier konnten jedoch keine explizite Beziehung zu anderen Ebenen statistisch nachgewiesen werden. Wie diese Beziehung auf Ebene D4 aufgebaut sein kann, wurde aber exemplarisch für die Branche Automotive positiv validiert.

7 Mögliche weitere Forschungsfelder

7.1 Mögliches weiteres Vorgehen

Das mögliche weitere Vorgehen im Rahmen einer Forschung am Diffusionsmodell für die PKI-Technologie umfasst sowohl die Modellentwicklung, die Erhebung der Modellparameter als auch die Modellevaluierung.

Dabei stellen die folgenden Punkte die naheliegenden nächsten Schritte dar:

- Erweiterung des Modells um sozioökonomische Kennzahlen der adressierten Populationen, Branchen und Regionen.
- Adäquate Modellierung eines Fehlermodells inkl. Identifikation skalenbedingter Schwachstellen des Erhebungsmodells der PKI-Delphi-Studie.
- Ausweitung der Szenariotechniken: Anwendung statistischer Verfahren mit Bezugnahme auf die Wahrscheinlichkeitstheorie sowie Analyse der Redundanzen der Szenariogruppen untereinander.
- Analyse der Rolle von individuellen Denk- und Handlungsschema der Experten auf die manifestierten Szenariogruppen. Berücksichtigung von soziodemographischen Faktoren der Experten.
- Diffusionskurvengewinnung: Entwicklung eines neuen Regressionsmodells, um die Diffusionsparameter der Standard-Bass-Kurve oder andere Diffusionskurven aus dem statistischen Material zu extrahieren. Anwendung weiterer mathematischer Diffusionsgleichungen, ggf. Entwicklung von neuen Diffusionsmodellen, z.B. für die Beschreibung der Entwicklung von Problemfaktoren und der Entwicklung von Lösungsfaktoren der PKI-Technologie.
- Nutzung fortgeschrittener Regressionsmethoden wie die der neuronalen Netze, um weitere Vorhersagen aus den Antwortbildern derjenigen Teilnehmer zu generieren, die nicht an der Fragestellung nach dem Diffusionsverlauf mitgewirkt haben.
- Vertiefte Untersuchung der Beziehung F-Sig zu Q-Sig hinsichtlich einer substitutiven Beziehung versus einer komplementären Beziehung.
- Analyse der Rückwirkungen des T2D4JS-Modells auf das allgemeine Adoptions- und Diffusionsmodell der PKI-Technologie.

Mit der Basis der Forschungsergebnisse kann zudem ein Leitfaden für eine Entscheidungsfindung für Unternehmen entwickelt werden, der beschreibt, wie eine optimale Adoptionsentscheidung für die PKI-Technologie unter den jeweiligen real gegebenen Umständen einer Organisation oder eines Unternehmens aussehen kann. Dabei müsste das Ziel verfolgt werden, zu jedem Zeitpunkt eine optimierte Nutzen- zu Aufwandsrelation für die vom PKI-Einsatz betroffenen Geschäftsfelder zu erreichen. Weiterhin wäre bei dieser Strategiegestaltung der evolutionäre Ansatz eines gestuften Einsatzes, beginnend mit F-Sig und schließlich endend mit der Q-Sig, zu integrieren.

7.2 Ausblick

Weitere, an den erreichten Stand anknüpfende, Forschungsansätze liegen im Bereich der Marktforschung zur Erfassung von tatsächlichen Ist-Diffusionskurven aus dem Bereich PKI, in einer Ausweitung der Studie hinsichtlich des Studienpanels auf europäische Experten sowie in einer Wiederholung der Befragung nach angemessener Zeitspanne zur Validierung der Studienergebnisse.

Um die erzielten Ergebnisse weiter zu bestätigen, wäre als nächster möglicher Schritt eine empirische Betrachtung der tatsächlichen Verbreitung der Nutzung von PKI-Diensten in den verschiedenen Populationen denkbar. Die Ergebnisse dieser Marktforschung können herangezogen werden, um die ermittelten zukünftigen Diffusionsverläufe der PKI-Technologie zu qualifizieren.

Weiterhin wäre die Verbindung zwischen individueller, fallbasierter Erfolgsfaktorenanalyse von bereits installierten PKI-Systemen und den Ergebnissen dieser Arbeit zu untersuchen, mit dem Ziel, die wechselseitigen Auswirkungen besser zu verstehen. Eine Untersuchung des individuellen Adoptionsverhaltens in der Gruppe der „Early Adopters“ in den Gruppen Privatpersonen, Unternehmen und staatliche Organisationen könnte weitere interessante Erkenntnisse über die verschiedenen Adoptionsmuster im Verlauf der PKI-Diffusion erbringen.

Damit wäre auch eine Weiterentwicklung des allgemeinen PKI-Adoptions-/Diffusionsmodells möglich. Weitere Aspekte der Weiterentwicklung wären in den globalen Netzwerkbeziehungen sowie in globalen Wertschöpfungs- und Supply-Chain-Ketten zu suchen. Darunter würde auch eine Analyse des Erfolgsbeitrags der Teilnehmer PKI-Wertschöpfungskette fallen.

Schließlich wäre nach einem angemessenen zeitlichen Abstand eine Wiederholung der PKI-Delphi-Studie, in Verbindung mit den Ergebnissen der oben aufgeführten empirischen Studie, ein wissenschaftlich interessanter Schritt. – Sowohl in Hinblick auf neue Erkenntnisse über die weitere Diffusion der PKI-Technologie, als auch in Hinblick auf das mögliche Lernpotenzial für die beteiligten Experten.

Eine im Umfang reduzierte Studie könnte in Form eines regelmäßigen Screenings mit einem festen zeitlichen Abstand durchgeführt werden. Dies könnte als Innovations- und Investitionsbarometer für Wissenschaft und Wirtschaft dienen.

Schließlich könnte die Anwendung des Modells auf andere Technologien geschehen, um so die entwickelten Methoden der Modellerstellung und -evaluierung für andere Technologiebereiche nutzbar zu machen.

8 Fazit

In dieser Arbeit wurde ein Modell hergeleitet, welches die verantwortlichen Hauptfaktoren der Diffusion von PKI-Technologien beinhaltet. Dabei wurde allgemein verdeutlicht, dass die Verbreitung unterschiedlicher Qualitäten der elektronischen Signatur über eine Kaskade verschiedener Ebenen hin zu den Zielmärkten und –branchen verläuft.

Das Diffusionsmodell der PKI-Technologie wurde T2D4SJ-Modell genannt, es besteht aus den Ebenen Sekundärtechnologie, Geschäftsprozesse, Benutzerpopulationen, Branchen & Märkte, juristische Faktoren und sozioökonomische Faktoren. Unterschiedliche Qualitäten der elektronischen Signatur wurden definiert und in das Modell integriert. Mittels einer Delphi-Studie wurden die Modellparameter beschrieben und durch Experten bewertet. Die Ergebnisse konnten den Modellaufbau der einzelnen Ebenen bestätigen. Im Bereich der sozioökonomischen Faktoren der PKI-Technologie wurden Lücken im Befragungsmodell identifiziert. Die Beziehungen zwischen den Ebenen wurden theoretisch hergeleitet und mittels der durch die Delphi-Studie erhobenen Daten evaluiert.

Die Forschungsfrage 1 nach der Affinität der elektronischen Signatur zu verschiedenen Geschäftsprozessen wurde durch Integration der Ebene D2: *Geschäftsprozesse* in das T2D4JS-Modell der PKI-Diffusion beantwortet. Es wurden in Kapitel 5 42 Geschäftsprozesse und deren Affinität zu qualifizierten Signaturen untersucht. Dabei wurde die Affinität modellgeleitet theoretisch analysiert und anschließend praktisch durch Expertenurteile bestätigt. Die in der Forschungsfrage aufgeworfene Frage nach der Bedeutung der fortgeschrittenen Signatur konnte in Kapitel 6 im Rahmen der Evaluierung der Beziehungen der Modellebenen zueinander mittels der statistischen Pfadanalyse beantwortet werden.

Die Forschungsfrage 2 nach der Entwicklung der Basistechnologie der PKI wurde mittels der Integration der Ebenen T1 und T2 in das T2D4JS-Modell beantwortet. T2 beinhaltete eine Analyse der gegenwärtigen und zukünftigen Agilität von verschiedenen Teilnehmern der Wertschöpfungskette der PKI-Technologie. Ebene T1 hat 30 komplexe Sachverhalte der PKI-Entwicklung in einer Technologieroadmap für die PKI dargestellt. Dabei wurden Erfolgsfaktoren für den Einsatzes von fortgeschrittenen elektronischen Signaturen wie auch Erfolgsfaktoren für den Einsatz der qualifizierten elektronischen Signatur extrahiert und gewichtet.

Die Forschungsfrage 3 nach der zukünftigen Verbreitung der digitalen Signatur wurde durch die Modellierung der Ebenen D3, D4 sowie D1 beantwortet. In der Ebene D3 wurde die Verbreitung der verschiedenen Qualitäten der digitalen Signatur (Q-Sig, F-Sig und M-Sig) in verschiedenen Populationen analysiert. Dabei wurde ein Zeithorizont von 30 Jahren und verschiedene Populationen in Deutschland und der Welt berücksichtigt. Ebene D4 hat Aufschluss über die zukünftige Verbreitung in Industriebranchen gegeben. Der Aspekt der Technologienutzung wurde durch Ebene D1: *Nutzung der PKI in Sekundärtechnologien* beantwortet.

Die Forschungsfrage 4 nach der geeigneten Modellierung wurde durch die Aufstellung des kombinierten Adoptions- und Diffusionsmodells in Kapitel drei, sowie durch die Ableitung des T2D4JS-Modells und dessen statistische Evaluierung mittels des multivariaten PLS-Modellierunganansatzes beantwortet.

Alle Forschungsfragen wurden im Rahmen der Arbeit mittels differenzierten Szenarios möglicher zukünftiger Entwicklungen beantwortet. Dabei sind verschiedene Forschungsfelder wie die Innovationstheorie, die Feldforschung mittels Delphi-Studie, Wissensmanagement, Investitionsrechnung und Geschäftsprozessanalyse sowie natürlich die PKI-Technologie selber in die Forschungsarbeit eingegangen. Die Ergebnisse bieten verschiedene Anknüpfungspunkte für vertiefende Forschungen an verschiedenen Teilaspekten sowie Hinweise auf weitere mögliche Forschungsfelder im Bereich der Innovationsforschung für die PKI-Technologie, aber auch für andere Technologien.

Literaturverzeichnis

[Albe01] Albers, Sönke: Marktdurchsetzung von technologischen Nutzungsinnovationen; In: Hamel, Winfried; Gemünden, Hans Georg: Außergewöhnliche Entscheidungen - Festschrift für Jürgen Hauschildt, Vahlen, München 2001, S. 513-546.

[AlBH01] Albers, Sönke; Brockhoff, Klaus; Hauschildt Jürgen (Hrsg.): Technologie und Innovationsmanagement. Leistungsbilanz des Kieler Graduiertenkollegs, Deutscher Universitäts-Verlag, Wiesbaden 2001, S. 79-116.

[AlWa04] Alber, Gernot; Walther, Thomas: Quanteninformationsverarbeitung - Prüfstein für IT-Sicherheit; In: Thema Forschung , TU Darmstadt, Vol. 44, 2004, S. 45-50.

[BaB+06] Bartelheimer, Peter; Boes, Andreas; Fuchs, Tatjana; Grimm, Natalie; Hacket, Anne; Land, Rainer; Mayer-Ahuja, Nicole; Weber, Carolin: Berichterstattung zur sozioökonomischen Entwicklung Deutschlands – Zweiter Bericht – Zwischenbericht - Teil II: Konzept und Gliederung für einen zweiten Bericht; In: http://soeb.de/img/content/zwischenbericht_2006_teil_2_web.pdf, Abzug am 6.7.2008.

[Baet05] Baethge, Martin (Hrsg.): Berichterstattung zur sozioökonomischen Entwicklung in Deutschland, VS Verlag, Wiesbaden 2005.

[Bähr99] Bähr-Seppelfricke, Ulrike: Diffusion neuer Produkte. Der Einfluss von Produkteigenschaften, Deutscher Universitäts-Verlag, Wiesbaden 1999.

[BaKS00] Bayus, Barry L.; Kim, Namwoon; Shocker, Allen D.: Growth Models for Multiproduct Interactions: Current status and new directions; In: Mahajan, Vijay; Muller, Eitan; Wind, Yoram (Hrsg.): New Product Diffusion Models, Springer, Berlin 2000, S. 141-163.

[Bart07] Bartmann, Dieter: Die strategische Bedeutung der Informationstechnologie für den Bankvertrieb; In: BIT, 2007, Nr. 2, S. 7-12.

[Bask05] Baskerville, Richard; Mathiassen, Lars; Pries-Heje, Jan; Degross, Janice (Hrsg.): Business Agility and Information Technology Diffusion, Springer, Berlin 2005.

[Bass69] Bass, Frank M.: A New Product Growth Model for Consumer Durables, Management Science, Vol. 15, 1996, S. 215-227.

[Beck08] Beck, Wolfgang: Grundfragen der elektronischen Aufbewahrung; In: Beck, Wolfgang; Stember, Jürgen (Hrsg.): Verwaltungswissenschaften – Aktuelle Schwerpunkte und Herausforderungen, Lit Verlag, Berlin 2008, S. 107 ff.

[BEPW05] Backhaus, Klaus; Erichson, Bernd; Plinke, Wulff; Weiber, Rolf: Multivariate Analysemethoden – Eine anwendungsorientierte Einführung, 11. Auflage, Springer, Berlin 2005.

[Bhar02] Bharvada, Kamini: Electronic Signature, Biometrics and PKI in the UK; In: International Review of Law Computers, Vol. 16, No. 3, 2002, S. 265-275.

[BiPS05] Bichler, Martin; Pikovsky, Alexander; Setzer, Thomas: Kombinatorische Auktionen in der betrieblichen Beschaffung - Eine Analyse grundlegender Entwurfsprobleme; In: Wirtschaftsinformatik, Vol. 47, Nr. 2, 2005, S. 126–134.

[BMB+06] Bless, Roland; Mink, Stefan; Blaß, Erik-Oliver; Conrad, Michael; Hof, Hans-Joachim; Kutzner, Kendy; Schöller, Marcus: Sichere Netzwerkkommunikation - Grundlagen, Protokolle und Architekturen; In: Digitale Zertifikate, PKI und PMI, Springer, Berlin Heidelberg 2006, S. 349-395.

[BMWI00] Bundesministerium für Wirtschaft und Technologie, BMWI: Elektronischer Geschäftsverkehr, Ratgeber für kleine und mittlere Unternehmen, Sept. 2000.

[BoEi02] Bovenschulte, Andreas; Eifert, Martin: Rechtsfragen der Anwendung technischer Produkte nach dem Signaturgesetz; In: Datenschutz und Datensicherheit Vol. 26, 2002, S. 76-78.

[BPRS02] Brandner, Ralf; Pordesch, Ulrich; Roßnagel, Alexander; Schachermeyer, Joachim: Langzeitsicherung qualifizierter elektronischer Signaturen; In: Datenschutz und Datensicherheit, Nr. 26, 2002, 97-103.

[Bry08] Bry, Xavier: New Estimation Procedures for PLS Path Modelling; In: http://arxiv.org/abs/0802.1002 , Abzug am 1.11.2008.

[Buch01] Buchanan, James M.: Game theory, mathematics and economics; in: Journal of Economic Methodology, Vol 8, 2001, S. 27-32.

[BüEs04] Büger, Matthias; Esslinger, Bernhard: Das Zusammenspiel von Bausteinen zur Erfüllung fortgeschrittener Sicherheitsanforderungen von elektronischen Geschäftsprozessen; In: Reimer, Helmut (Hrsg.): TeleTrustT 1989 – 2004; Bilanz und Ausblick; Festschrift anlässlich des 15-jährigen Bestehens von TeleTrustT Deutschland e.V.; In: http://www.signplus.com/de/ press/ inthepress/ 0410_teletrust_1989_2004_s47_48.pdf; Abzug am 22.6.2008, S. 41-42.

[Bune08] Bundesnetzagentur; In: http://www.bundesnetzagentur.de, Abzug vom 21.6.2008.

[CaTu06] Carayanis, Elias G.; Turner, Eric: Innovation diffusion and technology acceptance: The case of PKI technlogy; In: Technovation, Vol. 26, 2006, S. 847-855.

[Chin98] Chin, Wynne W.: The partial least squares approach to structural equation modeling; In: Marcoulides, George A. (Hrsg.): Modern Methods for Business Research, Lawrence Erlbaum Associates, Hilsdale, New York 1998, S. 295-336.

[CHM+03] Childerhouse, Paul; Hermiz, Ramzi; Mason-Jones, Rachel; Popp, Andrew; Towill, Dennis-R.: Information flow in automotive supply chains - present industrial practice; In: Industrial Management + Data Systems, Vol. 106, MCB UP Ltd 2003, S. 491-502.

[ChNe99] Chin, Wynne. W.; Newsted, Peter R.: Structural equation modeling analysis with small samples using partial least squares; In: Hoyle, Rick. H. (Hrsg.): Statistical strategies for small sample research, Thousand Oaks 1999, S. 307 ff.

[ClLP98] Clement, Michel; Litfin, Thorsten; Peters, Kay: Netzeffekte und Kritische Masse; In: Albers Sönke et al. (Hrsg.): Marketing mit Interaktiven Medien – Strategien zum Markterfolg, Verlag Frankfurter Allgemeine Buch, Frankfurt am Main 1998, S. 81-94.

[Cuhl07] Cuhls, Kerstin: Die Identifikation von Zukunftstechnologien in Japan; In: Moehrke, Andreas; Walke, Anja (Hrsg.): Japans Zukunftsindustrien, Springer, Berlin Heidelberg 2007, S.36-52.

[Cuhl98] Cuhls, Kerstin: Technik-Vorausschau in Japan, ein Rückblick auf 30 Jahre Delphi-Expertenbefragungen; Physica-Verlag, Berlin 1998.

[CuMö05] Cuhls, Kerstin; Möhrle, Martin G.: Unternehmensstrategische Auswertung der Delphi-Berichte; In: Technologie-Roadmapping, Springer, Berlin 2005, S. 103-130.

[DiHe76] Diffie, Whitfield; Hellmann, Martin E.: New Direction in Cryptography; In: IEEE Transactions on Information Theory, Vol. 22, Nr. 6, 1976, S. 644-654.

[Dill78] Dillmann, Don A.: Mail and telephone surveys - The total design method, Wiley, New York 1978.

[Dude01] Dudenhöffer, Ferdinand: Die Auto- und Zulieferindustrie im Informationszeitalter: Trends beim Blick in das Jahr 2010; In: GAK – Gummi, Fasern, Kunststoffe, Fachmagazin Polymerindustrie, Vol. 54, Nr. 1, 2001, S. 44- 47.

[Dum+05] Dumortier, Jos; Kelm, Stefan; Nilsson, Hans; Skouma, Georgia; van Eecke, Patrick: Study for the European Commisson – DG Information Society; In: ec.europa.eu/ information_society/eeurope/2005/ all_about/security/ electronic_sig_report.pdf, Abzug am 3.11.2008.

[Ecke05] Eckert, Claudia: IT-Sicherheit: Konzept, Verfahren, Protokolle, Oldenburg, München 2005.

[EFMN08] EFMN - European Foresight Monitoring Network; In: http://www.efmn.eu, Abzug am 29.6.2008.

[EiPü02] Eifert, Martin; Püschel, Jan Ole: Ausländische E-Government-Strategien und ihre institutionelle Rahmenbedingungen im Überblick - Studie im Rahmen der rechtswissenschaftlichen Begleitforschung zum MediaKomm-Projekt, Verlag Hans-Bredow-Institut, Hamburg 2002.

[ElSc00] Ellison, Carl; Schneier, Bruce: Ten Risks of PKI - What you're not being told about Public Key Infrastructure; In: Computer Security Journal, Vol. 16, Nr. 1, 2000, S. 1-7.

[ETSI08] Mission Statement for Electronic Signatures and Infrastructures Standardisation in ETSI; In: http://portal.etsi.org/esi/el-signmission.asp, Abzug am 22.06.2008.

[FePf00] Federrath, Hannes; Pfitzmann, Andreas: Datenschutz und Datensicherheit; In: Schneider, Uwe; Werner, Dieter (Hrsg.): Taschenbuch der Informatik; 3. Auflage, Carl Hanser Verlag, München 2000, S. 586-602.

[Fidi08] ohne Autor, in: http://www.fidis.net, Abzug am 1.11.2008.

[Fisc04] Fisch, Martin: Nutzungsmessung in Internet - Erhebung von Akzeptanzdaten deutscher Online-Angebote in der Marktforschung; In: Internet Research, Vol. 17, Verlag Reinhard Fischer, 2004.

[FiSW04] Fiedler, Arno; Steiert, Peter; Wappler, Stephan: Services für eBusiness & eGovernment - ISIS-MTT und European Bridge-CA; In: Reimer, Helmut (Hrsg.) : TeleTrustT 1989 – 2004 – Bilanz und Ausblick; Festschrift anlässlich des 15-jährigen Bestehens von TeleTrustT Deutschland e.V.; In: http://www.signplus.com/de/ press/ inthepress/ 0410_teletrust_1989_2004 _s47_48.pdf, Abzug am 22.6.2008, S. 27.

[FKSV05] Fischer–Dieskau, Stefanie; Kunz, Thomas; Schmidt, Andreas U.; Viebe, Ursula: Grundkonzepte rechtssicherer Transformation signierter Dokumente; In: Federrath, Hannes (Hrsg.): Gesellschaft für Informatik - LNI - Proceedings Nr. 62, GI, Bonn 2005, S. 401-412.

[Fran02] Franses, Philip Hans: Testing for residual autocorrelation in growth curve models; In: Technological Forecasting & Social Change, Vol. 69, 2002, S. 195-204.

[Fri+06] Fritsch, Sebastian; Karatsiolis, Vangelis; Lippert, Marcus; Wiesmaier, Alexander; Buchmann, Johannes: Towards Secure Electronic Workflows; In: Public Key Infrastructure - Third European PKI Workshop: Theory and Practice, EuroPKI 2006, Italy , 2006, S. 154-168.

[FrRo05] Fritsch, Lothar; Rossnagel, Heiko: Die Krise des Signaturmarktes - Lösungsansätze aus betriebswirtschaftlicher Sicht; In: Federrath, Hannes (Hrsg.): Sicherheit 2005, Druck+Verlag GmbH, Bonn 2005, S. 315-327.

[GaBr02] Garcia, Marie L.; Bray, Olin H.: Technology roadmapping: the integration of strategic and technologyplanning for competitiveness; In: PICMET '97: Portland International Conference on Management and Technology; In: http://www.sandia.gov/ PHMCOE/ pdf /Sandia'sFundamentals ofTech.pdf, Abzug am 5.7.2008, S. 25-28.

[Gart01] Gartner Group: Warten auf die PKI-Renaissance; In: InformationWeek 20, 20.9.2001, S. 32ff.

[Gaud07] Gaude, Michael: Future Diffusion of PKI Technology - A German Delphi Study; In: Pohlmann, N.; Reimer, H.; Schneider, W. (Hrsg.): ISSE/SECURE 2007 Securing Electronic Business Processes - Highlights of the Information Security Solutions Europe/SECURE 2007 Conference, Vieweg, Wiesbaden 2007, S. 386-395.

[Gaud08] Gaude, Michael: Zukünftige Verbreitung der Digitalen Signatur in Geschäftsprozessen - Ergebnisse einer Delphi-Studie; In: Bichler, Martin; Hess, Thomas; Krcmar, Helmut; Lechner, Ulrike; Matthes, Florian; Picot, Arnold; Speitkamp, Benjamin; Wolf, Petra (Hrsg.): Multikonferenz Wirtschaftsinformatik 2008, GITO-Verlag, Berlin 2008, S. 1223-1237.

[GeSZ05] Geschka, Horst; Schauffele, Jochen; Zimmer, Claudia: Explorative Technologie-Roadmaps - Eine Methodik zur Erkundung technologischer Entwicklungslinien und Potenziale; In: Möhrle, Martin G: Technologie-Roadmapping, Springer, Berlin Heidelberg 2005, S. 161-184.

[GoMe01] Gollan, Lutz; Meinel, Christoph: Elektronische Signaturen - Eine amerikanische und europäische Perspektive; In: Bundesamt für Sicherheit in der Informationstechnik (Hrsg.): 2001-Odysee im Cyberspace, Ingelheim 2001, S. 97-112.

[Gond07] Gondrom, Tobias: Evidence Record Syntax – a new International Standard for Long-Term Archiving of Electronic Documents and Signed Data; In: Pohlmann, N.; Reimer, H.; Schneider, W. (Hrsg.): ISSE/SECURE 2007 Securing Electronic Business Processes - Highlights of the Information Security Solutions Europe/SECURE 2007 Conference, Vieweg, Wiesbaden 2007, S. 367-375.

[Grev07] Greving, Bert: Messen und Skalieren von Sachverhalten; In: Albers, Sönke; Klapper, Daniel; Konradt, Udo; Walter, Achim; Wolf, Joachim: Methodik der empirischen Forschung, Gabler 2007, S. 65-78.

[Grun07] Grunwald Armin: Auf dem Weg zu einer Theorie der Technikfolgenabschätzung - der Einstieg; In: Technikfolgenabschätzung – Theorie und Praxis, Nr. 1, 16. Jg., 2007, S. 7-14.

[GuSB04] Guida, Richard; Stahl, Robert; Bunt, Thomas; Secrest, Gary; Moorcones, Joseph: Deploying and using public key technology: lessons learned in real life; In: Security & Privacy Magazine, IEEE, Vol. 2, Nr. 4, 2004, S. 67-71.

[Gutm02] Gutmann, Peter: PKI: it's not dead, just resting; In: Computer, Vol. 35, Nr. 8, 2002, S. 41 - 49.

[GWK+07] Gruhn, Volker; Wolff-Marting, Vincent; Köhler, André; Haase, Christian; Kresse, Torsten: Elektronische Signaturen in modernen Geschäftsprozessen - Schlanke und effiziente Prozesse mit der eigenhändigen elektronischen Unterschrift realisieren, Vieweg, Wiesbaden 2007.

[Häde02] Häder, Michael: Delphi-Befragungen - Ein Arbeitsbuch. Westdeutscher Verlag, Wiesbaden 2002.

[Hake95] Haken, Hermann: Erfolgsgeheimnisse der Natur: Synergetik: Die Lehre vom Zusammenwirken, Rowohlt, Hamburg 1995.

[HaPa04] Hartmann, Michael; Paulus, Sachar: Das Zusammenspiel von Bausteinen zur Erfüllung fortgeschrittener Sicherheitsanforderungen von elektronischen Geschäftsprozessen; In: Reimer, Helmut (Hrsg.) : TeleTrustT 1989 – 2004 – Bilanz und Ausblick; Festschrift anlässlich des 15-jährigen Bestehens von TeleTrustT Deutschland e.V.; In: http://www.signplus.com/de/ press/ inthepress/ 0410_teletrust_1989_2004_s47_48.pdf, Abzug am 22.6.2008. S. 39-42.

[Hawk01] Hawking, Stephen W.: The Universe in a Nutshell, Bantam Books, 2001.

[Haye72] Hayek, Friedrich August von: Die Theorie komplexer Phänomene; In: Kerber, Wolfgang (Hrsg.): Die Anmaßung von Wissen - Neue Freiburger Studien, Mohr, Tübingen 1996, S. 281-306.

[Heck93] Hecker, Manfred Rudolf: Forensische Handschriftenuntersuchung – eine systematische Darstellung von Forschung, Begutachtung und Beweiswert, Kriminalistik Verlag, Heidelberg1993.

[HeNS07] Hellbach, Dirk; Néméth, Monika; Schrader, Wernher von: Internet der Dinge, Reihe VDI-Buch, Springer, Berlin 2007, S. 347-364.

[HePe99] Herrmann, Gaby; Pernul, Günther: Viewing Business-Process Security from Different Perspectives; In: International Journal of Electronic Commerce, Vol. 3, Nr. 3, Springer, Berlin 1999, S. 89-103.

[HeSc07] Heidt, Guido; Schoepf, Reinhard: PKI and Entitlement - Key Information Security Management Solutions for Business and IT Compliance; In: Pohlmann, N.; Reimer, H.; Schneider, W. (Hrsg.): ISSE/SECURE 2007 Securing Electronic Business Processes - Highlights of the Information Security Solutions Europe/SECURE 2007 Conference, Vieweg, Wiesbaden 2007, S. 376-385.

[Hess07] Hesse, Malte: PKI für die Praxis, Erfolgskriterien von Public-Key-Infrastrukturen; In: <kes> die Zeitschrift für Informations-Sicherheit, Nr. 4, August 2007, S. 60-68.

[Heus04] Heusch, Clemens-August: Die elektronische Signatur - Änderung des Bürgerlichen Rechts aufgrund der Signatur-Richtlinie (1999;93;EG) durch das Gesetz zur Anpassung der Formvorschriften des Privatrechts an den modernen Rechtsgeschäftsverkehr vom 13. Juli 2001, Tenea Verlag, Berlin 2004.

[HiGö99] Hildebrandt, Lutz; Görz Nicole: Zum Stand der Kausalanalyse mit Strukturgleichungsmodellen - Methodische Trends und Software-Entwicklungen - Discussion Paper 46, SFB 373, Humboldt-Universität, Berlin 1999.

[Hild07] Hildebrandt, Lutz: Hypothesenbildung und empirische Überprüfung; In: Herrmann, Andreas;Homburg, Christian;Klarmann, Martin: Handbuch Marktforschung, Gabler 2007, S.81-106.

[HoHu04] Hofreiter, Birgit; Huemer, Christian: Transforming UMM Business Collaboration Models to BPEL; In: Meersman, Robert; Tari, Zahir; Corsaro, Angelo (Hrsg.): On the Move to Meaningful Internet Systems 2004: OTM Workshops; LNCS 3292, Springer, Berlin 2004, S. 507–519.

[HüKn03] Hühnlein, Detlef; Knosowski, Yvonne: Aspekte der Massensignatur; In: Tagungsband D•A•CH Security, IT-Verlag, 2003, S. 293-307.

[Hvar04] Hvarre, Jan: Electronic signatures in Denmark: free for all citizens; In: e-signature and law journal, Vol. 1, No. 1, 2004.

[KaGr07] Kauffeld, Simone; Grote, Sven: Alles Leben ist Problemlösen - Das Kasseler-Kompetenz-Raster; In: Schäfer et al (Hrsg.): Arbeitsleben - Facetten der Analyse, Gestaltung und Entwicklung, kassel university press, Kassel 2007, S. 309-334.

[KaLP05] Katsikas, Sokratis K.; Lopez, Javier; Pernul, Günther: Security, Trust and Privacy in Digital Business. In: Lecture notes in computer science – 10th Panhellenic Conference on Informatics, Springer, Berlin 2005, S. 548-558.

[Klei07] Klein, Susanne: Die Beweiskraft elektronischer Verträge - Zur Entwicklung der zivilprozessrechtlichen Vorschriften über die Beweiskraft elektronischer Dokumente; In: JurPC Web-Dok. 198/2007, Abs. 1-71, http://www.jurpc.de/-aufsatz/20070198.htm, Abzug am 5.7.2007.

[Koel02] Költzsch, Torsten: Geschlossene Public-Key-Infrastruktur-Lösungen, Josef Eul, Lohmar 2002.

[Lam03] Lamberti, Hermann-Josef: Neuansatz für Digitale Signatur - Mit jeder Chipkarte jede Internetanwendung sicher nutzen; In: Die Bank, Nr. 3, 2003, S. 188-216.

[LaUl02] Langenbach, Christian J.; Ulrich, Otto (Hrsg.): Elektronische Signaturen: Kulturelle Rahmenbedingungen einer technischen Entwicklung; In: Ethics of Science and Technology Assessment , Band 12, Springer, Berlin 2002.

[LeDi04] Lekkas, Dimitrios; Gritzalis, Dimitris: Cumulative Notarization for Long-term Preservation of Digital Signatures; In: Computers & Security, Vol. 23, 2004, S. 413–424.

[LePi07] Lederer, Anno; Pieper, Reinhold: Die elektronische Signatur als Rationalisierungs- und Vertriebsinstrument für Banken; In: Dietrich, Lothar; Schirra, Wolfgang (Hrsg.): Innovationen durch IT - Erfolgsbeispiele aus der Praxis Produkte, Prozesse, Geschäftsmodelle, Springer, Berlin Heidelberg 2006, S. 369-380.

[Lio+05] Lioy, Antonio; Marian, Marius; Moltchanova, Natalia; Pala, Massimiliano: PKI past, present and future; In: International Journal of Information Security, Springer, Vol. 5, Nr. 1, 2006, S. 18-29.

[LiRo05] Lippmann, Silvia; Roßnagel, Heiko: Geschäftsmodelle für signaturgesetzkonforme Trust Center; In: Ferstl, Otto K.; Sinz, Elmar J; Eckert, Sven; Isselhorst, Tilmann (Hrsg.): Wirtschaftsinformatik 2005 - eEconomy, eGovernment, eSociety. Physica-Verlag, Heidelberg 2005, S.1167-1186.

[LoOP05] Lopez, Javier; Oppliger, Rolf; Pernul, Günther: Classifying Public Key Certificates; In: Chadwick, David; Gansen Zhao (Hrsg.): Public Key Infrastructure, Springer, Berlin 2005, S. 135-143.

[Lory03] Lory, Peter: A Process-Oriented Model for Authentication on the Basis of Coloured Petri Net; In: Van der Aalst et al. (Hrsg.); BPM 2003, LNCS 2678, Springer, Berlin Heidelberg 2003, S. 232-245.

[Luhm93] Luhmann, Niklas: Temporalisierung von Komplexität - Zur Semantik neuzeitlicher Zeitbegriffe; In: ders.: Gesellschaftsstruktur und Semantik. Studien zur Wissenssoziologie der modernen Gesellschaft. Band 1, Frankfurt am Main 1993, S. 235-300.

[Lutt07] Lutterbeck, Bernd: Internet – Herausforderungen für die Informationsgesellschaft?; In: Stand und Perspektiven von 15 Jahren Internetnutzung - Vortrag am Europa Institut an der Universität Zürich (EIZ), 21. Juni 2007; In: http://ig.cs.tu-berlin.de/ma/bl/ap/2007/BerndLutterbeck-Internet-HerausforderungenFuerDieInformationsgesellschaft-2007-06-21.pdf, Abzug am 7.7.2008.

[MaMW00] Mahajan, Vijay; Muller, Eitan; Wind, Yoram: New-Product Diffusion Models: From Theory to Practice; In: Mahajan, Vijay, Eitan Muller and Yoram Wind (Hrsg.): New Product Diffusion Models, Springer, Berlin 2000, S. 3-24.

[MaPe85] Mahajan, Vijay; Peterson, Robert A.: Models for Innovation Diffusion, Sage Publications Inc. 1985.

[Maur03] Maurer, Ueli: Intrinsic Limitations of Digital Signatures and How to Cope With Them? them"; In: Proceedings of the 6th Information Security Conference (ISC'03), LNCS-2851, 2003, S.180-192.

[MeHa06] Meints, Martin; Hansen, Marit: Identitätsdokumente - eIDs und maschinenlesbare Ausweise; In: Datenschutz und Datensicherheit, Vol. 30, Nr. 9, 2006, S. 560-564.

[Metc05] Metcalfe, Stan: Ed Mansfield and the Diffusion of Innovation: An Evolutionary Connection; In: Journal of Technology Transfer, Vol. 30, Nr. 1/2, 2005, S. 171-181.

[Müll07] Müller, Klaus-Rainer: IT-Sicherheit mit System, Vieweg, Wiesbaden 2007.

[NeTA08] Netzwerk TA – Netzwerk der deutschsprachigen Technikfolgenabschätzungs-Community; In: http://www.netzwerk-ta.net/, Abzug am 6.7.2008.

[NFKP05] Nowey, Thomas; Federrath, Hannes; Klein, Christian; Plößel, Klaus: Ansätze zur Evaluierung von Sicherheitsinvestitionen; In: Sicherheit 2005, Beiträge der 2. Jahrestagung des GI-Fachbereiches Sicherheit, LNII (P-62), Köllen-Verlag, Bonn 2005, S. 15-26.

[PaBo07] Panten, Gregor; Boßow-Thies, Silvia: Analyse kausaler Wirkungszusammenhänge mit Hilfe von Partial Least Squares (PLS); In: Albers, Sönke; Klapper, Daniel; Konradt, Udo; Walter, Achim; Wolf, Joachim: Methodik der empirischen Forschung, Gabler, 2007, S. 311-326.

[PaPe92] Paschen, Herbert; Petermann, Thomas: Technikfolgen-Abschätzung. Ein strategisches Rahmenkonzept für die Analyse und Bewertung von Techniken; In: Petermann, Thomas (Hrsg.): Technikfolgen-Abschätzung als Technikforschung und Politikberatung, Campus, Frankfurt a. M. 1992, S. 19-42.

[Paul07] Paulus, Sachar: PKI als Grundlage für SOA; In: Datenschutz und Datensicherheit - DuD, Vol. 31, Nr. 9, September 2007, S. 676-680.

[PeOL05] Pernul, Günther; Opplinger, Rolf; Lopez, Javier: Why have Public Key Infrastructures failed so far? In: Internet Research, Vol. 15, Nr. 5, 2005, S. 544-556.

[Pfit05] Pfitzmann, Andreas: Biometrie–wie einsetzen und wie keinesfalls?; In: Zeitschrift für Datenrecht und Informationssicherheit, Schulthess 5/4, 2005, S. 154–157.

[PoKB05] Popper, Rafael; Keenan, Michael; Butter, Maurits: EFMN-2005 Mapping Report; In: http://www.bimos.be/efmn/images/stories/pdf/reports/EFMN-_Mapping_Report_2005.pdf, Abzug am 6.7.2007.

[Pord00] Pordesch, Ulrich: Der fehlende Nachweis der Präsentation signierter Daten; In: Datenschutz und Datensicherheit, Vol. 24, 2000, S. 89-95.

[PrDu04] Pröve, Jörg; Duschek, Stefan: Sicherheit macht sich bezahlt; In: Funkschau, Vol. 20, 2004, S. 20 -21.

[PuSr00] Putsis, William P., Srinivasan, V.: Estimation techniques for macro diffusion models; In: Mahajan, Vijay, Eitan Muller and Yoram Wind (Hrsg.): New Product Diffusion Models , Springer, Berlin 2000, S. 263-291.

[Reim04] Reimer, Helmut: TeleTrustT 1989 – 2004 – Bilanz und Ausblick; Festschrift anlässlich des 15-jährigen Bestehens von TeleTrustT Deutschland e.V.; In: http://www.signplus.com/de/press/inthepress/0410_teletrust_1989_2004_s47_48.pdf; Abzug am 22.6.2008, S. 23.

[Rein98] Reiners, Wilfried: Der „virtuelle“ Kaufvertrag - Zustandekommen von Kaufverträgen im Internet; In: Wirtschaftsinformatik, Vol. 40, Nr. 1, 1998, S. 39 - 43.

[Renn05] Renner, Renato: Beweisbare Sicherheit durch Quantenkryptografie; In: it - Information Technology, Oldenbourg, Vol. 49, Nr. 2, 2007, S. 127-131.

[ReTa02] Rebstock, Michael; Tafreschi, Omid Amirhamzeh: Secure Interactive Electronic Negotiations in Business-to-Business Marketplaces; In: Proceedings of the 10th European Conference on Information Systems (ECIS 2002), University of Gdansk, Gdansk 2002, S. 564-572.

[Ring04] Ringle, Christian Marc: Gütemaße für den Partial Least Squares-Ansatz zur Bestimmung von Kausalmodellen; In: Hansmann, K.W.: Arbeitspapier Nr. 16, Universität Hamburg, Institut für Industriebetriebslehre und Organisation, 2004.

[RoAl01] Roßnagel, Alexander: Das neue Recht elektronischer Signaturen; Neue Juristische Wochenschrift, Nr. 54, 2001, S. 1817-1826.

[RoAl02] Roßnagel, Alexander: Marktwirtschaftlicher Datenschutz - eine Regulierungsperspektive; In: Bizer, Johann; Lutterbeck, Bernd; Rieß, Joachim (Hrsg.): Umbruch von Regulierungssystemen, Freundesgabe für Alfred Büllesbach, 2002, S. 131-150; In: http://www.alfred-buellesbach.de/ PDF/ Freundesgabe.pdf, Abzug am 1.11.2008.

[RoAl99] Roßnagel, Alexander: Das Neue regeln, bevor es Wirklichkeit geworden ist; In: Sauer, Dieter; Lang, Christa (Hrsg.): Paradoxien der Innovation: Perspektiven sozialwissenschaftlicher Innovationsforschung, Campus, Frankfurt am Main 1999, 193-209.

[Roge02] Rogers, Everett M: Diffusion of preventive innovations; In: Addictive Behaviors, Vol. 27, Nr. 6, 2002, S. 989-993.

[Roge95] Rogers, Everett M.: Diffusion of Innovations, 4. Auflage, The Free Press, New York 1995.

[Rohr08] Sebastian Rohr: Trusted Computing und die Umsetzung in heutigen Betriebssystemen; In: Trusted Computing - Ein Weg zu neuen IT-Sicherheitsarchitekturen, Vieweg+Teubner Wiesbaden, 2008, S.57-70.

[Roßn05] Roßnagel, Heiko: Diffusion of electronic Signatures; In: Gasson, Mark; Meints, Martin; Warwick, Kevin (Hrsg.): Fidis - Future of Identity in the Information Society – Deliverable Nr. 50751: D3.2: A study on PKI and biometrics; In: http://www.fidis.net/fileadmin/fidis/deliverables/fidis-wp3-del3.2.study_on_PKI_and_biometrics.pdf, 2005, Abzug am 7.9.2008, S. 41-49.

[Roßn06] Roßnagel, Heiko: On Diffusion and Confusion – Why Electronic Signatures Have Failed; In: Trust and Privacy in Digital Business, Third International Conference, TrustBus 2006, Springer, Berlin 2006, S. 71-80.

[RSA78] Adleman, Leonard; Rivest, Ron; Shamir, Adi: A Method for Obtaining Digital Signatures and Public-Key Cryptosystems; In: Communications of the ACM, Vol. 21, Nr. 2, 1978, S. 120-126.

[Scha06] Schallnus, Ricarda Nadine: Mitarbeiterqualifizierung und Wissensnutzung in Konzernen und Unternehmungsnetzwerken - Eine Prozessanalyse mit erklärten Beispielen aus der IT-Branche; In: http://www.diss.fu-berlin.de/ 2006/ 319 , Abzug am 8.6.2008.

[Schm00] Schmidt, Andreas U.: Signiertes XML und das Präsentationsproblem. Datenschutz und Datensicherheit, Vol. 24, 2000, S. 153-158.

[Schm96] Schmidt, Tobias: Zur Erschließung der Theorie sozialer Systeme für Untersuchungen des finanziellen Sektors, Dissertation, Universität Göttingen, 1996.

[Scho00] Schoder, Detlef: Forecasting the sucess of telecommunication services in the presence of network effects; In: Information Economics and Policy, Vol. 12, 2000, S. 181-200.

[Scho05] Schoop, Mareike: A Language-Action Approach to Electronic Negotiations; In: Systems Signs & Actions, Vol. 1, No. 1, 2005, S. 62–79.

[Scho95] Schoder, Detlef: Diffusion von Telekomunikationsdiensten, Phänomenologie und Erklärung, Dissertation, Universität Freiburg, 1995.

[Schr05] Schreiber, Susanne: Die qualifizierte elektronische Signatur - Vertrauensbonus vom Gesetzgeber, Schaffung von Vertrauen bei den Bürgern durch das deutsche Signaturbündnis?; In: Ferstl, Otto K.; Sinz, Elmar J; Eckert, Sven; Isselhorst, Tilmann (Hrsg.): Wirtschaftsinformatik 2005 - eEconomy, eGovernment, eSociety. Physica-Verlag, Heidelberg 2005, S. 1187-1206.

[Seib04] Seibt, Angelika: Qualitätsmerkmale forensischer Schriftgutachten; In: Zeitschrift für Schriftpsychologie und Schriftvergleichung, Vol. 68, 2004, S. 44-62.

[ShBK04] Shocker, Allan D.; Bayus, Barry L.; Kim, Namwoon: Product Complements and Substitutes in the Real World: The Relevance of „Other Products", Journal of Marketing, Vol. 68, 2004, S. 28-40.

[Sing00] Singh, Simon: Geheime Botschaften, Carl Hanser Verlag, 2000.

[SiRe04] Simon, Carlo; Rebstock, Michael: Integration of Multiattributed Negotiations within Business Processes; In: Desel, Jörg; Pernici, Barbara; Weske, Mathias (Hrsg.): Business Process Management Proceedings, Second International Conference BPM; Vol. 3080, Lecture Notes in Computer Science, Springer, Berlin 2004, S. 148-162

[SoTi02] Sokol, Bettina; Tiaden, Roul: Big Brother - Die schöne neue Welt der Vermarktung personenbezogener Informationen; In: Bizer, Johann; Lutterbeck, Bernd; Rieß, Joachim (Hrsg.): Umbruch von Regulierungssystemen, Freundesgabe für Alfred Büllesbach, 2002, S. 131-150; In: http://www.alfred-buellesbach.de/ PDF/ Freundesgabe.pdf, Abzug am 1.11.2008.

[SrPu00] Putsis, William P.;Srinivasan, V.: Estimation techniques for macro diffusion models; In: Mahajan, Vijay; Muller, Eitan; Wind, Yoram (Hrsg.): New Product Diffusion Models, Springer, Berlin 2000, S. 263-291.

[Sta+08] Stahl, Ernst; Krabichler, Thomas; Breitschaft, Markus; Wittmann, Georg: Risiken der Zahlungsabwicklung im Internet - Bedeutung, Gegenmaßnahmen und zukünftige Herausforderungen; In: Van Baal, S.; Hudetz, K. (Hrsg.): Risikomanagement im E-Commerce - Empirische und konzeptionelle Beiträge zur Planung, Steuerung und Kontrolle der Risiken des Online-Handels, Deutscher Betriebswirte-Verlag, Gernsbach 2008, S. 51-72.

[Stein05] Steinmüller Karlheinz: Methoden der Zukunftsforschung - Langfristorientierung als Ausgangspunkt für das Technologie-Roadmapping; In: Technologie-Roadmapping, Springer, Berlin Heidelberg 2005, S. 81-101.

[Stie04] Stieldorf, Andrea: Siegelkunde, Verlag Hahnsche Buchhandlung, Hannover 2004.

[TAB08] Büro für Technikfolgen-Abschätzung beim Deutschen Bundestag (TAB); In: http://www.tab.fzk.de, Abzug am 5.7.2008.

[Voß00] Voß, Werner: Taschenbuch der Statistik, Fachbuchverlag Leipzig, München 2000.

[Wack02] Wacker, Alois: Zur Wirksamkeit der Total Design Method (TDM) nach Dillman - Am Beispiel der Hannoverschen Absolventenstudie; In: Allmendinger, Jutta (Hrsg.): Entstaatlichung und soziale Sicherheit. Verhandlungen des 31. Kongresses der Deutschen Gesellschaft für Soziologie in Leipzig 2002; In: http://www.sozpsy.uni-hannover.de/ pdf/r%FCcklauf- absolventenstudie.PDF, Abzug am 1.11.2008

[Wel+05] Welfens, Paul J.J.; Jungmittag, Andre;Zoche, Peter; Beckert, Bernd; Joisten, Martina: Nachfrage- und Angebotsperspektiven der Internetwirtschaft: Szenarioanalysen für Deutschland, Physica-Verlag, 2005.

[WeSK01] Weitzel, Tim; Son, Sertac; König, Wolfgang: Infrastrukturentscheidungen in vernetzten Unternehmen - Eine Wirtschaftlichkeitsanalyse am Beispiel von X.500 Directory Services; In: Wirtschaftinformatik, Vol. 43, 2001, S. 371-381.

[Whea06] Wheatmann, Vic et al.: Hype Cycle for Information Security, Gartner Inc., Stamford 2006.

[Wölf07] Wölfl, Thomas: Formale Modellierung von Authentifizierungs und Autorisierungsinfrastrukturen - Authentizität von deskriptiven Attributen und Privilegien auf der Basis digitaler Zertifikate, DUV, Wiesbaden 2007.

[Zuse67] Zuse, Konrad: Rechnender Raum; In: Elektronische Datenverarbeitung, Vol. 8, 1967,S. 336-344.

Anhang

Teilnehmerliste der PKI-Delphi-Studie

Henning H. Arendt, @bc - Arendt Business Consulting, Inhaber
Jürgen Bachinger, Hewlett-Packard GmbH
Frank Bitzer, BDCON - Bitzer Digital Media
Bertram Bresser, IBMT -Fraunhofer- Institut Biomedizinische Technik
Dr. Klaus-Dieter Brinkmann, HZD - Hessische Zentrale für Datenverarbeitung, Leiter Stabstelle Hessen PKI
Frank Byszio, D-Trust GmbH
Arno Fiedler, Nimbus Network Technologieberatung, Geschäftsführer
Reiner Förg, Lisa Dräxlmaier GmbH, Infrastruktur Architekt / Gruppenleiter
Dr. med. Christoph F-J Goetz, Kassenärztliche Vereinigung Bayerns, Leiter Telemedizin
Felix Grabmeyer, BMW AG
Prof. Dr. Rüdiger Grimm, Universität Koblenz-Landau
Saskia Günther, Allianz SE
Marc T. Hanne, OMNIKEY GmbH, Sales Manager EMEA
Andreas Heckel, Secaron AG, Partner
Dr. Clemens-August Heusch, LL.M., Rechtsanwalt, Bird&Bird, Düsseldorf
Dr. Karl-Adolf Höwel, DATEV eG - im Team mit:
Thorsten Wunderlich, DATEV eG
Georg Hübbers, NEC Deutschland GmbH, Sales Manager EMEA für IT-Security-Lösungen
Dr. Detlef Hühnlein, secunet Security Networks AG, Partner
Dieter Hüll, DaimlerChrysler AG
Helge Hundacker, Universität Koblenz-Landau, FB4, IWVI
Dr. Willi Kafitz, Siemens Enterprise Communications GmbH & Co. KG
Christian Kanja, Glück & Kanja Consulting AG, Vorstand R&D
Stefan Kelm, Secorvo Security Consulting GmbH
Dr. Florian Kunstein, Anstalt für Kommunale Datenverarbeitung in Bayern (AKDB)
Karsten Kutowski, ComNetMedia AG, Leiter Digitale Signatur
Andreas Kutschat, Applied Security GmbH
Dr. Christian J. Langenbach, DLR - Deutsches Zentrum für Luft- und Raumfahrt e.V.
Jörg Manigel, Webasto AG
Anastasia Meletiadou, Universität Koblenz-Landau, FB4, IWVI
Michael Morgenthaler, SAP AG, Information Security Manager, CISA, CISM
Isabel Muench, BSI: Bundesamt für Sicherheit in der Informationstechnik
Thorsten Müller, Utimaco Safeware AG, Entwickler, Gateway Solutions
Roland Müller, DaimlerChrysler Financial Services AG
PD Dr. Rolf Oppliger, eSECURITY Technologies
Dr. Quang-Vu Pham, HSH Nordbank AG, IT-Sicherheit
Prof. Dr. Hartmut Pohl, Fachhochschule Bonn-Rhein-Sieg, Fachbereich Informatik, Informationssicherheit
Dr. Ulrich Pordesch, Fraunhofer - Zentrale der Fraunhofer-Gesellschaft, IT-Sicherheitskoordinator
Georgios Raptis
Prof. Dr.-Ing. Helmut Reimer, TeleTrusT Deutschland e.V.
Dr. Manfred Reitenspiess, Fujitsu Siemens Computers
Dr. Joachim Rieß, DaimlerChrysler AG, Konzernbeauftragter für den Datenschutz
Heiko Rossnagel, Goethe Universität Frankfurt
Andrea Rupprich, usd.de ag
Dr. Roman Schafgassner, Magna Steyr Fahrzeugtechnik GmbH & Co KG
Gerald Scheer, Utimaco Safeware AG, Projektmanager
Andreas Schilcher, ZF Friedrichshafen AG, Informatik-Vorentwicklung, Projektleiter PKI
Mathias Schmid, Deutscher Sparkassen Verlag GmbH, Produktmanager Zertifizierungsdienstleistungen S-TRUST
Wolfgang Schneider, Fraunhofer SIT Institut für sichere Informationstechnologie, Stellv. Institutsleiter
Dr. Sarah Spiekermann, Humboldt-Universität zu Berlin
Dr. Ernst Stahl, ibi research an der Universität Regensburg - im Team mit:
Georg Wittmann, Lehrstuhl für Wirtschaftsinformatik II, Universität Regensburg
Thomas Krabichler, Lehrstuhl für Wirtschaftsinformatik II, Universität Regensburg
Markus Breitschaft, ibi research an der Universität Regensburg
Peter Steiert, TeleTrusT Deutschland e.V., Projektmanager Bridge-CA
Rolf Steinecke, Deutsche Bahn AG, Geschäftsführung des Ressorts IT/TK-Sicherheitsmanagement DB, GTS
Winfried Stephan, T-Systems GEI GmbH
Prof. Dr. Christoph Thiel, Fachhochschule Düsseldorf, Lehrstuhlinhaber, Lehrstuhl Betriebssysteme, Algorithmen und Kryptologie
Michael Thiel, BSI: Bundesamt für Sicherheit in der Informationstechnik - im Team mit:
Dr. Astrid Albrecht, BSI
Utz Gnaida, BSI
Stephan Wappler, IT Services and Solutions GmbH, IT-Security Specialist
Dr. Gerhard Weck, INFODAS GmbH, Leiter IT Security Consulting
Werner Wich, Stadt Nürnberg, E-Government-Büro
Dr. Burkhard Wiegel, Zertificon Solutions GmbH, Geschäftsführer
Jung-Uh Yang, Microsoft Deutschland GmbH
Andreas Zurbel, Sparkassenverband Niedersachsen
Florian Zwerger, SAP Deutschland AG & Co. KG
Weitere:
3 Wissenschaftler
3 Nutzer
1 Anbieter

Ergebnisse der Hypothesenvalidierung:

Hypothese H1a:

Latente Variable	Manifestvariablen	Standard-ladungen	Kommuna-litäten	Redun-danzen	Standard-ladungen (Bootstrap)	Standard-fehler	Kritischer Quotient (CR)	Untergrenze (95%)	Obergrenze (95%)
Zukunftschance PKI in Mobile Computing allg.	K04-01TecDiffu1-Pot06	0,820	0,673		0,815	0,030	27,545	0,747	0,882
	K04-01TecDiffu2-Verb16	0,820	0,673		0,815	0,030	27,545	0,747	0,882
Zukunftschance PKI in Mobile Phones	K04-02TecDiffu1-Pot06	0,815	0,665		0,803	0,031	26,591	0,733	0,872
	K04-02TecDiffu2-Verb16	0,815	0,665		0,803	0,031	26,591	0,733	0,872
Zukunftschancen PKI in PDAs	K04-03TecDiffu1-Pot06	0,802	0,643		0,797	0,028	29,125	0,734	0,859
	K04-03TecDiffu2-Verb16	0,802	0,643		0,797	0,028	29,125	0,734	0,859
Zukunftschancen PKI in Multimediageräten	K04-04TecDiffu1-Pot06	0,861	0,741		0,858	0,033	26,395	0,784	0,932
	K04-04TecDiffu2-Verb16	0,861	0,741		0,858	0,033	26,395	0,784	0,932
Zukunftschancen PKI in RFID-Tags	K04-05TecDiffu1-Pot06	0,853	0,727		0,856	0,018	47,129	0,815	0,897
	K04-05TecDiffu2-Verb16	0,853	0,727		0,856	0,018	47,129	0,815	0,897
Zukunftschancen PKI in Steuergeräten im Automobil	K04-06TecDiffu1-Pot06	0,903	0,815		0,898	0,010	87,816	0,875	0,921
	K04-06TecDiffu2-Verb16	0,903	0,815		0,898	0,010	87,816	0,875	0,921
Zukunftschancen PKI in Steuergeräten des Alltags	K04-07TecDiffu1-Pot06	0,858	0,737		0,848	0,038	22,577	0,762	0,934
	K04-07TecDiffu2-Verb16	0,858	0,737		0,848	0,038	22,577	0,762	0,934
Zukunftschancen PKI in Steuergeräten in Industrieanlagen	K04-08TecDiffu1-Pot06	0,859	0,738		0,863	0,018	47,929	0,822	0,903
	K04-08TecDiffu2-Verb16	0,859	0,738		0,863	0,018	47,929	0,822	0,903
Zukunftschancen PKI in Personalausweis	K04-09TecDiffu1-Pot06	0,774	0,599		0,775	0,036	21,662	0,694	0,856
	K04-09TecDiffu2-Verb16	0,774	0,599		0,775	0,036	21,662	0,694	0,856
Zukunftschancen PKI in Firmenausweisen	K04-10TecDiffu1-Pot06	0,842	0,710		0,821	0,028	29,819	0,757	0,885
	K04-10TecDiffu2-Verb16	0,842	0,710		0,821	0,028	29,819	0,757	0,885
Zukunftschancen PKI in Bankkarten	K04-11TecDiffu1-Pot06	0,833	0,694		0,838	0,047	17,596	0,731	0,945
	K04-11TecDiffu2-Verb16	0,833	0,694		0,838	0,047	17,596	0,731	0,945
Zukunftschancen PKI in USB-Sticks	K04-12TecDiffu1-Pot06	0,862	0,743		0,880	0,040	21,429	0,789	0,971
	K04-12TecDiffu2-Verb16	0,862	0,743		0,880	0,040	21,429	0,789	0,971
Zukunftschancen PKI in Flash-Speicherkarten	K04-13TecDiffu1-Pot06	0,848	0,719		0,838	0,070	12,048	0,679	0,998
	K04-13TecDiffu2-Verb16	0,848	0,719		0,838	0,070	12,048	0,679	0,998
Zukunftschancen PKI in DMS	K04-14TecDiffu1-Pot06	0,783	0,614		0,776	0,049	16,152	0,667	0,886
	K04-14TecDiffu2-Verb16	0,783	0,614		0,776	0,049	16,152	0,667	0,886
Zukunftschancen PKI in Unternehmenssoftware	K04-15TecDiffu1-Pot06	0,834	0,696		0,819	0,029	28,650	0,753	0,885
	K04-15TecDiffu2-Verb16	0,834	0,696		0,819	0,029	28,650	0,753	0,885
Zukunftschancen PKI in DRM-Systemen	K04-16TecDiffu1-Pot06	0,814	0,663		0,818	0,044	18,534	0,719	0,918
	K04-16TecDiffu2-Verb16	0,814	0,663		0,818	0,044	18,534	0,719	0,918
Zukunftschancen PKI in AAIs	K04-17TecDiffu1-Pot06	0,744	0,554		0,742	0,076	9,751	0,569	0,914
	K04-17TecDiffu2-Verb16	0,744	0,554		0,742	0,076	9,751	0,569	0,914
Zukunftschancen PKI in SOA	K04-18TecDiffu1-Pot06	0,821	0,675		0,814	0,036	22,689	0,732	0,896
	K04-18TecDiffu2-Verb16	0,821	0,675		0,814	0,036	22,689	0,732	0,896
Zukunftschancen PKI in J2EE	K04-19TecDiffu1-Pot06	0,796	0,634		0,790	0,060	13,236	0,654	0,926
	K04-19TecDiffu2-Verb16	0,796	0,634		0,790	0,060	13,236	0,654	0,926
Zukunftschancen PKI in .NET	K04-20TecDiffu1-Pot06	0,837	0,701		0,820	0,052	16,115	0,702	0,937
	K04-20TecDiffu2-Verb16	0,837	0,701		0,820	0,052	16,115	0,702	0,937

Abbildung 149: Ladungen der latenten Variablen der Klasse „Zukunftschance“ für PKI in Technologien

Hypothese H10a:

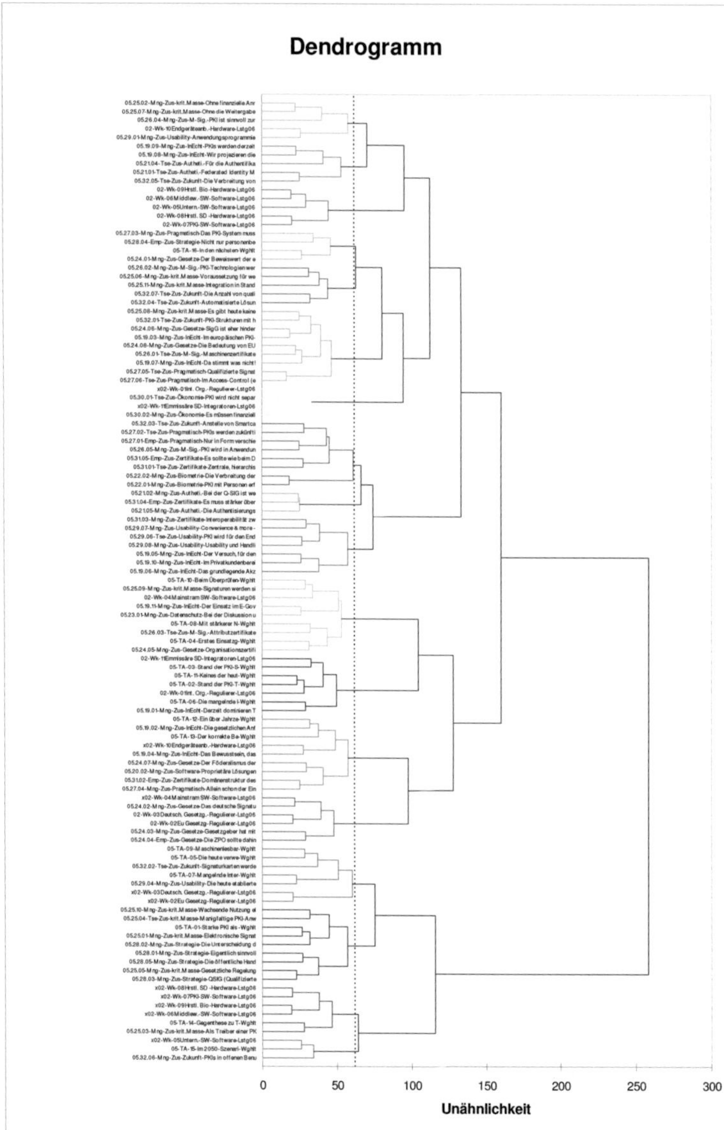

Abbildung 150: Dendrogramm zur AHC-Analyse der 89 Thesen zusammen mit Ebene-T2-Variablen

Matrixdarstellung der Teilnehmerantworten

02 – Wertschöpfungskette: M7- Teilnehmerantworten

Wertschöpfungskette PKI \Teilnehmer	Harry 6	Mitche 11	Hal 43	Jon 46	Dougl 51	Larry 53	Ron 56	Kevin 77	Tom 88	Scott 94	Andy 106	Johnn 115	Wayne 123	Greg 124	Skip 125	Devin 126	Chris 127	Warre 129	John 130	Colin 131	Matt 132	Sam 133	Gene 134	Georg 136	Craig 139	Josh 140	Tobin 144	Bob 145	Antho 146	Neil 149	Brian 150	Louie 151	Henry 152	Jim 153
01 - Int. Organisationen - Leistung 2006		2		2	2	1	2	2	2	2	2	2		2	3	2	2		2	2	2	1	2	3	2	2	2	2	2	2		3	2	1
01 - Int. Organisationen - Leistung 2016		2		2	2	1	2	3	2	1	2	2		2	3	2	2		2	2	1	1	2		2	2	2	1	1	2		3	1	2
02 - Europ. Gesetzgb. - Leistung 2006		1	3	2	2	2	2	3	2	2	2	2		1	3	2	2		2	2	3	2	3	3	2	2	2	3	3	3	2	2	2	1
02 - Europ. Gesetzgb. - Leistung 2016		2	3	2	2	2	2	3	2	1	2	2		2	3	2	2		2	2	3	2			2	2	2	3		3	3	1		2
03 - Deutsch. Gesetzgb. - Leistung 2006	1	1	3		2	2	2	1	3	2	2	2		2	2	2	1		2	2	3	2	3	3	1	2	2	1	2	3	2	2	1	1
03 - Deutsch. Gesetzgb. - Leistung 2016	1	2	3		2	2	2	2	3	1	2	2		3	2	2	2		2	2	3	2			1	2	2	1	2	3	2		1	2
04 - Hrstl. Mainsstream-SW - Leistung 2006	2	1	1	2	2	2	1	2	2	2	2	2	2	2	2	2		2	2	2	2	2	1	2	2	2	2	2	2	1		2	2	2
04 - Hrstl. Mainsstream-SW - Leistung 2016	2	2	1	2	2	3	2	3	3	2	2	2	3	3	2	2		2	3	2	2	2	2	1	3	2	3	2	2	2		2	3	3
05 - Hrstl. Unternehmens-WS - Leistung 2006	2	2	2	2	2	3	2	3	2	2	2	2	2	3	2	1	3	2	2			1	1	2	2	2	2	2	1	1		2		1
05 - Hrstl. Unternehmens-WS - Leistung 2016	2	3	3	3	2	3	2	3	3	2	2	3	3	3	2	3	3	2	3			2	1	1	3	2	3	2	2	2		2		2
06 - Hrstl. Middleware-SW - Leistung 2006	2	2	1	2	2	3	2	3	2	2	2			3	2	1	2	3	2			2	2	3	2	2	2	3	2	2		1		1
06 - Hrstl. Middleware-SW - Leistung 2016	2	2	2	2	2	3	3	3	2	1	2				2	3	2	3	2			2	2		2	2	2	3	2	2		3		2
07 - Hrstl. PKI-Backend-SW - Leistung 2006	2	2	3	2	3	3	3	2	2	1	2		2	3	3	2	1	3	3	2		3	3	3	3	2	2	3	3	2		2	2	2
07 - Hrstl. PKI-Backend-SW - Leistung 2016	2	2	3	2	2	3	3	3	2	1	2		2		3	2	2	3		2		3			2	2	2	3		3		2	2	3
08 - Hrstl. SD - Leistung 2006	1	2	2	2	3	3	3	2	3	3	2	3	3	3	3	2	3	3	3	2		3	2	3	3	2	2	3	3	3		3	1	2
08 - Hrstl. SD - Leistung 2016	3	2	3	2	2	3	3	3	2	3	3	3	2		3	2		3		2		3	3		2	2	2	3		3		3	1	3
09 - Hrstl. Biometrie-HW - Leistung 2006		2	2	2	2	3	2	1	2	2	1		2	2	2	1	2	3	2	1	2	3	2	3	2	2	2	3	3	2		1	1	1
09 - Hrstl. Biometrie-HW - Leistung 2016		2	1	2	2	3	2	2	2	2	1		3	3	1	2	2	3	3	2	2	3	3		2	2	2	3		2		2	1	1
10 - Anbieter Engeräte - Leistung 2006		2	2	2		2	2		2		2	2		2	2	1		2		1		2			2		2			2				2
10 - Anbieter Engeräte - Leistung 2016		2	3	2		3	2		3		2	2		3	2	1		2		2					3		3			3				3
11 - Emmissäre SD - Leistung 2006		2	2	2		2	2		2		2	3		2	3	2		3		2		1			2					2				2
11 - Emmissäre SD - Leistung 2016		2	2	2	2	3			2		2	3		3	1	3		3		2					2					2				3

Wertschöpfungskette PKI \Teilnehmer	Bill 157	Todd 158	Jack 159	Alan 160	Eric 161	Evan 164	Willian 167	Dick 171	Phil 173	Jeff 182	Donal 184	Mike 186	Janis 188	Steve 190	Derek 191	Al 192	Barry 195	Felipe 196	Timoth 197	Terry 204	Edwin 207	Willie 212	Chuck 214	Dustin 216	Ken 217	Ricky 218	Russe 232	Jerem 234	Randy 243	Ryan 245	Jose 248	Dawn 249	Carroll 250
01 - Int. Organisationen - Leistung 2006	2	2	2	2		2	3		2			2		2	2	2	2	2	2	3	2	2	3	1	2	2	2	2	3		2	2	3
01 - Int. Organisationen - Leistung 2016	2	2	2	2		1			2			2		2	2	2	3	2	2		2	2		2	2	2	2	2			2	1	
02 - Europ. Gesetzgb. - Leistung 2006		3	2	3		3	2	2	2	1		1	2	2	2	2	3	2	2	2		2	2	2	3	2	2	2	2	2	2	2	3
02 - Europ. Gesetzgb. - Leistung 2016		3	2	3		3	2	1	2	2		2	2	1	3	2	3	2	2	1		2	2	2		2	2	2	2	2	2	1	
03 - Deutsch. Gesetzgb. - Leistung 2006		3	2	3	3	3	2	2	1	1		2	2	1	1		2	1	1	1		2	2	2	2	3	2	2	2	2	1	2	2
03 - Deutsch. Gesetzgb. - Leistung 2016		3	2	3		3	3	1	1	2		2	2	1	2		2	2	2	2		2	2	2	2		2	3	2	2		2	3
04 - Hrstl. Mainsstream-SW - Leistung 2006	2	1	2	2		1	1	3	2	2	1	2	2	3	3	2	2	2	2	2	2	3	2	1	2	2	2	1	1	2	2	2	2
04 - Hrstl. Mainsstream-SW - Leistung 2016	2	2	3	3		1	2		3	3	3	3	2	3	2	3	3	3	3	2	3		2	2	2	2	3	3	2	2	3	2	3
05 - Hrstl. Unternehmens-WS - Leistung 2006	2	2	2	3	3	2	3	2	2	2	1	2	1	3	2	1	2	2	2	2	2	2	2	2	2	3	2	2	1	2	2	2	2
05 - Hrstl. Unternehmens-WS - Leistung 2016	2	3	2	3		2		2	3	2	3	2	1	3	2	2	3	2	3	3	2	2	3	2	3		3	2	1	2	3	3	3
06 - Hrstl. Middleware-SW - Leistung 2006	2		2	2		2	3	3	2			2	2	2	1	1			2	1	2	3	2			3	2		1	2		3	2
06 - Hrstl. Middleware-SW - Leistung 2016	2		2	3		3		2	2			2	2	2	2	2			2	2	2		2				2		1			2	3
07 - Hrstl. PKI-Backend-SW - Leistung 2006	3	1	3	3	3	2	3	2	2	2	1	3	2	2	2	3	3	2	2	2	2	3	3		2	3	2		2	2	2	3	2
07 - Hrstl. PKI-Backend-SW - Leistung 2016		2		3		1		2	2	2	1	3	2	2	1	2	3	2	2	2	2				3		2		3		2	3	3
08 - Hrstl. SD - Leistung 2006	3	2	3	3	3	3	3	2	2	3	2	3	2	3	2	2	3	2	2	2	2	3	3	3	2	3	3	3	2	2	2	3	3
08 - Hrstl. SD - Leistung 2016		3		3				2	2		1	3	2	2	2	2	3	2	2	3	3			3	2		2	3	3	3	3	3	
09 - Hrstl. Biometrie-HW - Leistung 2006	2	2	3	2	3	2	3		2	2		2	2	2	1	1	1		1	1	1	3			2	3			1	2	2	2	2
09 - Hrstl. Biometrie-HW - Leistung 2016	2	2		2		1			2	3		3	2	2	2	3	2		1	2	2				3				2	2	2	1	3
10 - Anbieter Engeräte - Leistung 2006	1	2	2			2	2	2	2	2		2		1	2	2	2		2	2	1				2		2	2		2	2		2
10 - Anbieter Engeräte - Leistung 2016		2	2			3	2	2	2	2		2		2	2	2	2		2	2	2				2		3	2		2	3		2
11 - Emmissäre SD - Leistung 2006	2	2	2			2	2	2	2	3		2	2	3	2	2	3	2	2	2	2				2		2	2		2	2		2
11 - Emmissäre SD - Leistung 2016		2	2			2	3	2	2	2		2	3	3	3	2	1	3	3	3	2				3		3	2		2	3		3

Veränderungen nach Feedback-Runde: ▒ =Gültig geworden ▒ =Verändert ■ = Ungültig geworden

03 – Prozessaffinität: M7- Teilnehmerantworten

Prozess \ Teilnehmer	Harry 6	Mitchell 11	Hal 43	Jon 46	Douglas 51	Larry 53	Ron 56	Kevin 77	Tom 88	Scott 94	Andy 106	Johnnie 115	Wayne 123	Greg 124	Skip 125	Devin 126	Chris 127	Warren 129	John 130	Colin 131	Matt 132	Sam 133	Gene 134	George 136	Mitt 137	Craig 139	Josh 140	Tobin 144	Bob 145	Anthony 146	Neil 149	Brian 150	Louie 151	Henry 152	Jim 153
01 Allgemein: (Formfreier) Abschluss von Kaufverträgen im In	1	1	3	3	3	1	3	2	2	4	3	4	3	1	2	3	1	4	3	3	4	1	2	2		2	3	3	3	3	2	4	4	1	3
02 E-Reisebuchung	1	1	1	2	3	1	3	3	2	4	3	4	2	4	2	3	1	3	3	3	4	1	4	2		3	3	3	3	2	2	4	3	1	3
03 E-Medienkauf Bücher, DVDs, CDs etc.	1	1	1	2	2	3	2	2	2		3	4	2	3	2	3	1	2	3	2	4	1	2	2		2	3	2	3	2	2	4	3	1	2
04 Elektronische Produkte Übertragung von Nutzungs-, Genuss-	1	1	1	2	2	3	2		2	3	2	4	1	3	2	3	1	2	3	2	4	1	2	2		2	3	2	3	2	2	4	4	1	1
05 E-Berechtigungshandel z.B. Eintrittskarten, Tickets, Guts	1	2	3	4	3	1	3	2	2	3	4	4	2	3	2	3	1	3	3	2	4	1	4	2		4	3	4	3	3	3	4	4	1	3
06 Versandhandel Alle Katalogwaren	1	1	1	2	3	1	3	1	2	2	2	4	2	4	2	3	1	2	3	2	4	1	3	2		3	3	3	3	2	2	4	3	1	3
07 Mobile Transaktion Kauf übers Handy etc.	1	1	3	4	2	1	3	2	2	3	2	4	3	2	2	3	1	2	4	2	4	2	5	2		3	3	3	3	3	2	4	2	1	2
08 B2C - Auktionen Business to Consumer	1	2	3	3	2	1	3	4	2	3	3	4	2	4	2	3	1	3	3	3	4	2	5	2		4	3	3	3	3	2	4	4	1	3
09 B2B - Auktionen Business to Business	4	3	4	4	4	1	3	4	2	3	4	4	2	3	3	4	1	4	3		3	3	5	4	3	4	3	4	3	3	4	4	4	1	4
10 C2C - Auktionen Consumer to Consumer	1	3	4	3	3	1	4	2	2	4	2	4	2	1	3	4	1	4	3	2	4	2	3	2	1	3	3	4	3	4	2	4	4	1	2
11 Allgemein: Elektronische Rechnung Beweiswürdige Präsent	4	4	3	4	4	5	5	4	4	4	4	5	3	4	5	4	2	4	3	5	2	4	5	4	2	3	3	5	4	4	3	4	5	1	4
12 Electronic Payment Zahlen per digital signiertem Scheck	4	5	3	4	4	5	5	4	2	5	4	5	5	4	3	5	2	3	4	4			5	4	2	4	3	4	3	4	4		4	3	4
13 Elektronisches Geld	2	3	1	4	2	5	3	4	2	4	4	5	5	5	2	5	2	3	4	1	4		5	4	2	5	2	4	3	4	2	4	3	3	4
14 Aktienhandel	4	3	4	3	4	4	3	5	3	5	4		3	4	3	3		3	3	3	4	2	5	4		3	3	4	3	3	4	4	3	1	4
15 Versicherungsabschluss	4	4	2	4	4	4	4	5	3	5	4	5	2	4	2	3		4	3	2	5	2	5	4		3	4	4	3	3	3	4	4	1	4
16 Kreditverträge	4	5	2	4	4	4	4	5	3	5	4	5	2	4	3	3		4	4	3	5	2	5	5		5	4	4	3	4	4	4	2	1	4
17 Allgemein: Behördengänge und andere Vorgänge im "Virtuell	4	4	4	3	3	4	3	4	4	5	4	5	4	4	3	4	1	4	2	4	5	4	5	5		2	3	4	3	4	4	3	5	1	3
18 E-Wahlen	4	5	5	4	2	4	2	5	5	5	4	5	4	5	4	5		4	4	5	5	5	5	5		4	3	5	3	4	3		4	1	5
19 Elektronische behördliche Benachrichtigungen	4	3	2	4	3	4	4	5	4	4	4		4	4	3	4	3	4	3	4	2	4	3	5		3	3	4	3	4	3	3	4	1	3
20 E-Urkunden z.B. E-Geburtsurkunde		4	5	5	5	4	5	5	4	5	5	5	4	4	4	5	2	4	4	5	5	4	5	5		5	4	5	5	4	5	4	5	1	5
21 E-Grundbuch	4	5	5	5	4	4	5	5	4	5	5	5	4	4	3	5	3	4	4	5	5	4	5	5		5	4	5	5	4	5	4	5	4	5
22 Stellenvermittlung Arbeitsmarkt	3	1	2	3	2	4	2	5	2	3	2	4	2	3	2	2	1	4	3	2	3	2	3	2	2	2	2	2	2	3	2	3	3	1	2
23 E-Bafög	3	4	2	4		4	4	4	3	3			2	4	3	3	1	4	3	4	4	2	4	5		2	4	3	3	3	4	4	2	1	3
24 E-Steuererklärung	4	4	4	4	4	4	4	5	3	4	4	4	4	3	2	4	1	4	3	4	4	5	4	5	2	2	4	4	3	4	4	4	4	1	4
25 E-Veräußerungsmitteilungen Für Fahrzeuge oder Immobilen	3	3	3	3		4	3	5			5		2		2	4			3	4	4		3			3	3	3	3	4		3	4	1	4
26 E-Handelsregister -Eintragung	4	4	3	4	5	4	4	5		5	5		2		3	5		4	4	5	3	3	5	5		4	4	5	3	4	4	4	4	1	5
27 E-Meldewesen elektronische Melderegisterauskunft, und –e	4	5	2	4	5	4	5	5	3	4	4	4	4	3	3	5		4	4	5	3	4	5	5		4	3	4	3	4	5	4	5	1	4
28 E-Personalausweis	4	5	5	4	4	4	5	5	3	5	5	4	5	5	4	5		4	4	5	5	5	5	5		4	3	5	5	3	5	1	5	1	5
29 E-Ausschreibung Auftragsvergabe der öffentlichen Hand	3	4	2	4	4	4	5	5	4	5	4	4	2	3	4	5	4	4	4	5	3	2	4	5		4	3	5	3	4	4	4	5	1	4
30 E-Fahrzeuganmeldung	4	5	2	3	4	4	5	4		5	4	5	2	4	4	4	1	4	4	4	5		4	5		3	3	4	3	4	4	4	5	1	4
31 Vertraglicher Auftragsabschluss elektronische Signatur un	4	4	4	3		4	4	5		5	4	4	2	4	3	4	4	4	4	5	4	4	5			3	3	5	3	4	3	4	2	1	3
32 Allgemein: Geschäftsprozesse in Unternehmen	4		2	4	3	4	3	4	3	2	4	2	2	3	3	3	4	2	3	3	4	1	2	2	4	2	3	4	3	3	2	4	3	1	2
33 Auftragsabwicklung			3	4	2	4	3	5	3	3	3	2	2	4	2	3	1	2	4	3	4	2	4	2		2	3	3	3	3	2	4	2	1	3
34 Lieferabrufe	4		3	4	2	4	3	4	3	3	3	2	2	4	2	3	1	2	4	3	4	2	4	2	2	3	3	3	3	3	2	4	2	1	3
35 Wareneingangsvereinnahmung	3		2	3	2	4	3	4	3	3	3	2	2	3	2	3	1	2	4	2	4	2	2	2	2	2	3	3	3	3	2	3	2	1	3
36 Bestands- und Kapazitätsabfragen beim Lieferanten	3		2	3	2	4	2	5	2	3	2	4	2	3	2	2	1	2	4	2	3	2	2	2	2	2	3	2	3	3	2	3	4	1	2
37 Qualitätsdokumentation	4		3	4	2	4	4	5	4	3	3	2	2	4	3	4	4	2	4	3	4	2	3	2		4	4	4	3	3	3	4	5	1	3
38 Online-Transport-Begleitschein	4		2	4		3	3	5	3	3	3	3	2	4	3	3	1	2	4	3	4	1	3	2	2	2	3	3	3	4	3	4	4	1	3
39 Allgemein: Elektronischer Schriftverkehr E-Mail in densel	4	3	1	4	3	4	4	3	3	3	4	4	4	3	2	4	4	3	3	4	4	1	2	3	3	3	3	4	3	3	2	2	4	1	3
40 Kommunikationsvorgänge von Standesorganisationen mit ihre	4	2	2	4		4	5	4	3	3	3	4	3		2	4	3		4	2	3	3	2			2	3	3	3	3	2	2	4	1	3
41 Elektronische Patientenakte	5	4	3	4	4	5	2	5	4	5	5	4	5	5	3	5	4	4	5	5	5	5	5	3		3	4	5	4	4	5	5	5	3	5
42 Elektronischer Arztbrief	5	5	3	4	4	5	4	5	4	5	5	4	5	5	3	5	4	4	5	5	5	5	4	3		4	4	5	4	4	5	5	5	3	5

Prozess \ Teilnehmer	Bill 157	Todd 158	Jack 159	Alan 160	Eric 161	Evan 164	William 167	Dick 171	Phil 173	Jeff 182	Donald 184	Mike 186	Janis 188	Steve 190	Derek 191	Al 192	Barry 195	Felipe 196	Timothy 197	Terry 204	Edwin 207	Willie 212	Chuck 214	Dustin 216	Ken 217	Ricky 218	Russel 232	Jeremy 234	Randy 243	Ryan 245	Jose 248	Dawn 249	Carroll 250
01 Allgemein: (Formfreier) Abschluss von Kaufverträgen im In	2	3	2	4	2	3	4	3	3	2	4	4	4	3	3	4	4	4	1	2	2	4	3	3	2	3	3	3			3	4	3
02 E-Reisebuchung	2		4	4	2	3	4	1	3	2		2	3	3	3	2	2	3	1	2	2	2	2	2	3	2	3	3	3		2	3	3
03 E-Medienkauf Bücher, DVDs, CDs etc.	2	1	2	4	2	3	3	1	3	2		2	3	2	3	2	3	3	1	2	2	2	2	2	2	2	3	2	3		2	1	3
04 Elektronische Produkte Übertragung von Nutzungs-, Genuss-	2	3	2	4	2	2	3	1		2		2	2	2	3	2	3	3	1	2	2	3	2	2	2	4	3	2	4		2	2	3
05 E-Berechtigungshandel z.B. Eintrittskarten, Tickets, Guts	4	4	3	4	3	2	4	1	3	2		2	3	3	3	4	4	4	1	2	2	4	2	2	3	4	3	2	4		2	4	3
06 Versandhandel Alle Katalogwaren	2	1	1	4	2	2	3	1	3	2			3		3	1	3	3	1	2	2	3	2	2	3	2	3	2	3		2	2	3
07 Mobile Transaktion Kauf übers Handy etc.	2	3	2	4	2	3	4	1	2	2		4	2	3	3	4	4		1	2	2	3	2	1	1	3	3	2	4	3	2	4	3
08 B2C - Auktionen Business to Consumer	4	3	4	4	2	4	4	1	3	3		4	4	2	4	4	4	4	1	2	2	3	2	3	3	2	3	2	3	3	4	1	3
09 B2B - Auktionen Business to Business	4	4	4	4	3	4	4	4	4	3		4	4	4	5	4	5	4	3	3	2	2	3	2	4	4	4	2	4	4	4	4	4
10 C2C - Auktionen Consumer to Consumer	4	1	4	4	2	4	3	1	2	3		4	4	2	4	4	3	1	1	1	2	2	1	2	2	2		2	3	3	3	1	2
11 Allgemein: Elektronische Rechnung Beweiswürdige Präsent	4	5	4	2	5	4	3	5	4	2	4	5	4	3	4	4	5	4	3	3	3	4	4	5	5	2	4	5	4	4	4	4	5
12 Electronic Payment Zahlen per digital signiertem Scheck	4	3	4	4	5	3	4	4	3	2	4	5	4	4	5	4	5	4	1	4		4	2		4	2	4	5	4	3	4	5	4
13 Elektronisches Geld	4	3	4	1	5	4	4	4	3	2	4	5	4	3	5	4		5	1	4		4	1	2	4	2		5	4	3	4	5	4
14 Aktienhandel	4	3	4	4		4	4	4	3	2	4	4	4	4	5	4	4	4	3	3		4	2	2	3	3	3	5	4	4	4	4	4
15 Versicherungsabschluss	4	3	4	4	5	4	4	4	3	3	4	4	4	4	5	3	5	4	4	3		4	3	4	3	2	3	5	3	5	3	4	3
16 Kreditverträge	4	3	4	4	5	4	4	4	3	3	4	5	4	4	5	2	5	4	4	3		4	3	2	4	2	3	5	3	5	4	4	4
17 Allgemein: Behördengänge und andere Vorgänge im "Virtuell	3	4	4	5	4	5	4	4	2	3	5	5	4	4	3	4	4	4	4	2	3	4	4	5	4	4	4	3	4	5	4	4	5
18 E-Wahlen	4	5	4	5	5	5	4	3	2	3	5	5	4	4	3	5	5	5	4	4	4	4	1	5	4	1		5	5	5	4	5	5
19 Elektronische behördliche Benachrichtigungen	4	4	4	4	3	3	4	4	3	2	5	5	4	4	3	4	5	4	3	3	3	4	2	5	4	4	4	3	4	4	4	4	5
20 E-Urkunden z.B. E-Geburtsurkunde	5	4	3	5	5	5	4	3	2	3	5	5	4	5	4	5	5	4	4	4		4	5	5	5	3	4	5	5	5	4	4	5
21 E-Grundbuch	5	4	3	4	5	5	4	4	2	3		5	4	4	4	5	5	5	4	5		4	2	5	4	3	4	5	5	5	5	5	4
22 Stellenvermittlung Arbeitsmarkt	2	2	2	3	3	2	3	1	2	2		2	2	3	3	2	2	1	3	2	2	2	2	3	3	2	3	3	2	4	3	3	3
23 E-Bafög	4	4	2	3		3	4	3	2	3		5		3	3	4	5		3	2		2	4	5	3	4	4	5	3	5	4		
24 E-Steuererklärung	4	5	4	3	3	4	4	5	3	3		5	4	3	3	4	5	3	3	4	3	3	2	5	4	4	4	4	3	5	4	4	5
25 E-Veräußerungsmitteilungen Für Fahrzeuge oder Immobilen	2	3	3	3			4	4		3		5		3	3	3			3	3		3	3	5	3		4		3	5			
26 E-Handelsregister -Eintragung	4	5	3	5	3		4	4	3	3		5		5	4	4	3		3	2		3	3	5	4	3	4	4	5	5	4		
27 E-Meldewesen elektronische Melderegisterauskunft, und –e	4	3	3	5	4	4	4	3	3	3	5	5	4	5	4	4	4	4	3	3	3	2	3	5	4	1	4	5	5	5	4		5
28 E-Personalausweis	5	5	5	3	5	5	4	2		3	5	5	4	5	4	5	5	4	4	4	3	4	2	5	5	4	4	5	5	5	5	5	5
29 E-Ausschreibung Auftragsvergabe der öffentlichen Hand	3	2	5	4		5	3	3	3	3		2	4	1	4	4	4	2	3	4		3	4	5	4	4	4	5	3	5	4	5	5
30 E-Fahrzeuganmeldung	4	4	3	5	4	4	3	4	3	3	5	5	4	3	3	4	5	3	3	2		3	4	5	3	3	4	5	4	5	4	5	4
31 Vertraglicher Auftragsabschluss elektronische Signatur un	4	3	3	4	4	5	4	3	3	3	5	5	4	3	4	4	4		3	4	3	3	3	5	3		4	5	4	5	4		
32 Allgemein: Geschäftsprozesse in Unternehmen		3	1	4	4		3	4	4	2		4	3	1	3	4	4	3	2	2	2	3	2	4	3	3	2	1	3	4	4	2	2
33 Auftragsabwicklung	4	3	1	4	3	2	3	3	4	2		4	3	1	3	4	3	2	2	2	2	2	3	4	3	3	4	2	3		4		3
34 Lieferabrufe	4	3	3	3	3	2	3		4	2		4	3	1	3	3	3		2	2	2	3	2	4	3	3	3	2	2		4		3
35 Wareneingangsvereinnahmung	4	2	2	3	3	3	3	1	4	2		2	3	1	3	1	3		2	2	2	3	2	3	3	3	3	2	3				3
36 Bestands- und Kapazitätsabfragen beim Lieferanten	4	2	1	2	2	2	2		4	2		4	2	1	3	2	3		2	2	2	3	2	2	2	2	3	2	2		3	2	4
37 Qualitätsdokumentation	4	4	1	4	3	3	4	4	3	2	4	2	3	3	3	4	4	3	3	2	2	3	3	5	4	3	2	3	3		4	1	4
38 Online-Transport-Begleitschein	4	4	1	4	3	3	2	3	3	3		4	2	2	3	1	4		1	2	2	3	2	4	4	3	3	4	3		4	1	2
39 Allgemein: Elektronischer Schriftverkehr E-Mail in densel	2	4	4	5	2	3	4	4	4	3	4	4	3	2	4	4	4	4	1	3	1	3	2	3	3	1	3	4	4	3	4	1	2
40 Kommunikationsvorgänge von Standesorganisationen mit ihre	2		4	3	2	3	3	4	3	2		3	3	2	3	3	4	3	2	3	2	3	3	4	3	3	3	3	4	4	4	1	
41 Elektronische Patientenakte	5	5	5	5	5	5	4	5	3	4	5	5	4	4	4	4	5	5	3	5	4	4	5	5	5	5	4	5	4	5		5	5
42 Elektronischer Arztbrief	4	5	5	5	5	5	4	5	3	3	5	5	4	4	4	4	5	5		5	4	4	5	5	4	5	3	5	4	5		5	5

04 - Technologiepotenzial: M7-Teilnehmerantworten

Technologie \ Teilnehmer	Harry 6	Mitche 11	Hal 43	Jon 46	Dougla 51	Larry 53	Ron 56	Kevin 77	Tom 88	Scott 94	Andy 106	Johnni 115	Wayne 123	Greg 124	Skip 125	Devin 126	Chris 127	Warre 129	John 130	Colin 131	Matt 132	Sam 133	Gene 134	Georg 136	Craig 139	Josh 140	Tobin 144	Bob 145	Antho 146	Neil 149	Brian 150	Louie 151	Jim 153	Bill 157	Todd 158	Jack 159	Alan 160	Eric 161	Evan 164	Willia 167	Dick 171	Phil 173	Jeff 182	Donal 184	Mike 186	Janis 188	Steve 190	Derek 191	Al 192	Barry 195	Felipe 196	Timoth 197	Terry 204	Edwin 207	Willie 212	Chuck 214	Dustin 216	Ken 217	Ricky 218	Russe 232	Jerem 234	Randy 243	Ryan 245	Jose 248	Dawn 249	Carrol 250
T01-PKI-Potenzial heute - Mobile Computing allg.	2	1	1	2	1	2	2	2	1	2	2	1	3	1	2	1	1	2	3	3	2	1	1	2	2	2	2	1	2	1	1	1	1	1	2	2	2	3	3	2	2	1	1		1	1	2	2	1	3	2	2	2	2	1	1	1	2	1	2	1	2	3	2		1
T02-PKI-Potenzial heute - Handy (engl. Mobile Phones)	1	1	1	2	1	1	1	1	1	2	1	1	3	1	1	1	1	1	2	2	1	1	1	2	1	1	1	1	2	1	1	1	1	1	1	2	2	3	2	1	1	1	1		1	1	2	1	1	1	1	1	2	1	3	1	1	1	1	2	1	2	1	1	3	1
T03-PKI-Potenzial heute - Personal digital asistant	1	1	1	2	1	1	1	2	1	2	2	1	3	1	1	1	1	2	3	2	1	2	1	2	1	1	1	1	2	1		2	1	1	1	2	2	3	2	2	2	1	1		1	1	2	2	1	3	2	1	2	1	1	1	1	1	1	2	1	1	1	2	1	1
T04-PKI-Potenzial heute - Multimedia-Geräte (Audio und Video)	1	1	2	1	2	1	1	1	1	1	1	1	1	1	2	1	1		1	1	1	1	1	1	1	1	1	1	1	1		1	1	1	1	1	2	1	2	1	1	1	1		1	1	3	2	1	1	2	1	3	1	2	1	1	2	1	1	1	1	1	1	1	1
T05-PKI-Potenzial heute - RFID-Tags	1	1	1	1	1	2	1	1	1	3	1		2	1	2	2	1		1	2	1	1	2	2	2	1	1	1	2	1		2	1	1	2	1	1	3	1	3		1	1		1	1	1	2	1	1	3	2	1	2	2	1		2	1	2	1	1	1	1	1	1
T06-PKI-Potenzial heute - Elektronische Steuergeräte im Automobil	1	1	2	2	1	1	1	1	3	2	1	1	1		1	1	1		3	3	1	1	1	1	2	1	1	1	2	1	1	2	1	1	1	2	1	3	1	2		1	1		1	1	2	2	2	2	3	2	3	1	3	1	1	1	1	1		1	1	1	3	2
T07-PKI-Potenzial heute - Elektronische Steuergeräte in sonstigen E	1	1	1	2	1	1	1	1	1	2	1	1	1		1	1	1		2	1	1	1	1	1	2	1	1	1	2	1	1	2	1	1	1	1	1	3	1	1		1	1		1	1	1	2	1	1	1	2	2	1	2	1	1	1	1	1		1	1	1		
T08-PKI-Potenzial heute - Elektronische Steuergeräte in sonstigen In	1		2	2	1	1	1	1	1	2	1	1	1		1	1	1		3	2	1	1	1	1	2	1	1	1	2	1	1	2	1	1	2	2	1	3	2	2	2	1	1		1	1	3	2	1	1	1	2	2	1	2	1	1	1	1	1		1		1	1	
T09-PKI-Potenzial heute - Personalausweis/Sozialversicherungsausw	1	1	1	2	1	1	1	2	1	3	1	1	2	1	1	1	1	1	2	2	1	3	1	3	2	1	1	1	1	1		2	2	1	3	1	1	3	3	1	1	1	1	1	1	2	3	2	2	2	3	3	1	1	2	1	1	2	2	2	1	1	1	1	1	1
T10-PKI-Potenzial heute - Firmenausweise: Corporate-ID-Cards	2	2	1	2	2	2	2	2	2	3	2	1	3	2	1	2	2	2	3	2	2	3	2	3	2	2	2	2		1		2	1	1	2	2	3	3	3	2	2	2	1	2	1	2	3	2	2	3	3	3	3	1	2	2	2	3	2	2	2	2	1	1	1	2
T11-PKI-Potenzial heute - Bankkarten	2	2	2	2	2	1	2	2	1	3	1	3	3	2	1	2	1	2	3	2	2	3	3	3	2		2	1	1	1		3	1	1	3	2	3	3	2	2	2	2	1		1	1	3	2	1	1	3	3	1	2	2	1		2	1	2	2	1	1	1	1	1
T12-PKI-Potenzial heute - USB-Sticks	1	1	1	1	1	2	1	2	1	3	2	1	3	1	1	1	1	2	3	2	1	2	1	3	2	1	2	1	2	1		2	1	1	2	2	1	3	2	1	1	1	1		1	1	3	2	2	2	1	1	2	2	1	1	1	2	1		1	1	1	2		1
T13-PKI-Potenzial heute - Compact Flash, ..., etc.	1	1	1	1		2	1	1	1	3	1	1	3	1	1	1	1	1	1	1	1	2	1	1	2	1	1	1		1		1	1	1	2	2	1	2	2	1	1	1	1		1	1	1	1	1	2	1	1	1	1	1	1		1	1		1	1	1	1		1
T14-PKI-Potenzial heute - Dokumenten-managementsysteme	1	3	1	2	2	3	2	2	2	2	2	1	3	2	1	1	1	2	3	3	2	3	2	2	2	2	2	2	2	3	2	3	1	1	2	2	2	3	3	2	2	1	1		1	1	3	1	2	2	2	3	2	1	1	1	1	2	2	2	2	1	1	1		2
T15-PKI-Potenzial heute - Unternehmenssoftware (SAP etc.)	1	3	1	2	2	3	2	2	2	3	3	1	2		1	2	1		3	2		2	2	3	2	2	2	1	1	2		2	1	1	2	2	3	3	3	2	2	1	1		1	1	3	2	3	3	2	3	2	2	1	1	1	2	2	2	2	1	2	2		2
T16-PKI-Potenzial heute - Digital Rights Management (DRM)	2	2	2	2	2	3	1	2	1	1	2	1	1	2	1	2	1	2	3	2	2	3	1	1	1	1	2	1	2	2	1	2	2	1	3	3	3		2	1	1	2	1		1	1	3	1	3	1	2	3	3	1	3	2		2	1	2	2	2	1	1	3	1
T17-PKI-Potenzial heute - Authentication and Authorisation Infrastruc	1	3	2	3	3	2	2		2		2	1		2	2	2	2		3	3				3	3	2	2	2	2	1	1	2	2	1	3		2	3	3	2	3	2	1		1	1	3	2				3	3		2	2		2		2		2	2	1	3	1
T18-PKI-Potenzial heute - Service Oriented Architectures (SOA)	1		1	1	2	3	2		3		2				1	2	1		3	3		2		3	2	2	2	1	2	1	1	2	1	1	2		1	3	2	2	1	1	1		1		3	2		1		3	2		2	1			1	2		2		1		1
T19-PKI-Potenzial heute - J2EE	1		2			3	2		2		2		1		1	2			3	2		2			1	2	2	1		1	1	3	1		2		2	3	2	2	2	1	1		1	1	3	1		1		3	2		2	1		2		2		1		1		1
T20-PKI-Potenzial heute - . NET	2		1		2	3	2		2		3		1		3	2			3	2		2			1	1	2	1		1	1	2	1	1	2		2	3	2	2	2	1	1		1	1	3	1		1		3	3		2					2		1		2		1
T01-PKI-Verbreitung 2016 - Mobile Computing allg.	3	2	2	3	3	3	2	3	3	2	3	2	3	3	3	3	2	3	3	2	3	2	2	2	2	3	3	3	3	3	1	2	3	3	3	2	3	3	3	3	3	3	2		3	2	3	3	2	3	3	3	3	2	2	2	2	3	2	2	2	2	3	3		3
T02-PKI-Verbreitung 2016 - Handy (engl. Mobile Phones)	3	2	2	3	3	3	2	3	3	2	2	1	3	2	2	2	2	2	3	2	3	1	2	2	2		2	3	2	2	1	2	3	3	2	2	3	3	3	2	2	3	2		2	1	2	2	2	1	2	2	2	2	3	3	1	2	1	2	2	2	2	2	3	3
T03-PKI-Verbreitung 2016 - Personal digital asistant	3	2	1	2	3	3	2	3	3	2	3	2	3	2	3	3	2	3	3	2	2	2	1	2	2		3	3	3	3		3	2	3	2	2	3	3	3	3	2	3	2		2	1	2	3	3	3	3	2	3	3	3	1	2	3	2	2	2	2	3	3	1	3
T04-PKI-Verbreitung 2016 - Multimedia-Geräte (Audio und Video)	2	1	3	2	2	2	2	2	2	2	2	3	2	2	3	2	1		2	2	1	1	1	1	2		2	1	2	2		2	2	1	1	1	3	2	2	1	3	2	3		1	1	3	3	1	1	2	2	3	1	2	3	1	2	2	1	2	1	2	2	1	2
T05-PKI-Verbreitung 2016 - RFID-Tags	2	1	2	2	3	3	3	3	3	3	2		3	1	3	3	2		2	2		1	3	2	3	2	3	2	3	2		3	3	1	3	1	3	3	1	3		2	1		3	1	[illegible]	3	1	3	3	3	3	3	2	3		3	1	2	2	2	1	3	2	3
T06-PKI-Verbreitung 2016 - Elektronische Steuergeräte im Automobi	3	2	2	3	2	2	2	3	3	2	2	2	1		2	2	2		3	3	2	1	1	1	3	2	2	2	3	2	2	3	2	1	2	2	2	3	2	2		2	1		1	1	2	3	3	2	3	2	3	2	3	3	2	1	1	2		2	2	3	3	3
T07-PKI-Verbreitung 2016 - Elektronische Steuergeräte in sonstigen	2	1	2	2	2	1	2	2	2	2	1	1	1		2	1	2		2	2	2	1	1	1	2	2	2	2	2	1	2	2	2	1	1	1	2	3	2	2		2	1		1	1	1	3	1	1	1	2	2	1	3	3	1	2	2	2		1	2	3		
T08-PKI-Verbreitung 2016 - Elektronische Steuergeräte in sonstigen	2		3	3	2	2	2	2	3	3	2	1	1		2	2	2		2	2	3	1	2	1	3	2	2	2		2	2	2	2	1	2	2	1	3	2	2	2	2	1		2	2	3	3	2	2	1	2	3	1	3	3	1	2	1	2		1		3	1	
T09-PKI-Verbreitung 2016 - Personalausweis/Sozialversicherungsau	3	3	3	2	3	3	1	3	2	3	3	3	3	3	1	3	3	3	3	3	3	3	3	3	3	2	3	3	3	2		3	3	3	3	2	3	3	2	2	2	2	2	3	2	3	3	3	3	2	3	2	3	2	2	3	1	3	3	2	3	3	2	2	1	3
T10-PKI-Verbreitung 2016 - Firmenausweise: Corporate-ID-Cards	3	2	1	3	3	2	3	3	3	3	3	2	3	2	3	3	3	3	3	2	3	3	3	2	3	3	3	3	3	3		2	3	2	2	2	3	3	3	3	2	3	2	3	3	2	3	3	3	3	3	3	3	2	2	3	3	3	3	2	3	3	2	3	1	3
T11-PKI-Verbreitung 2016 - Bankkarten	3	3	3	3	3	2	3	3	3	3	2	3	3	3	3	3	2	3	3	3	3	3	3	3	3		3	3	3	3		3	3	2	1	3	3	3	3	3	2	3	2		3	3	3	3	2	3	3	3	2	2	3	2	3	3	2	2	3	2	2	2	1	3
T12-PKI-Verbreitung 2016 - USB-Sticks	3	1	2	1	2	2	2	2	1	3	2	1	3	1	2	2	2	2	2	2	2	3	2	3	2		2	2	2	3		2	2	1	1	2	1	3	2	2	1	2	2		2	2	3	2	2	2	1	1	2	3	2	1	2	1	1		2	3	2	2		1
T13-PKI-Verbreitung 2016 - Compact Flash, ..., etc.	2	1	1	1		2	1	2	1	3	1	1	3	1	2	2	2	1	2	1	2	3	1	1	2	1	1	2		2		1	2	1	1	2	1	1	1	2	2	2	1		2	1	2	2	2	2	1	1	2	2	2	1		1	1		2	2	1	1		1
T14-PKI-Verbreitung 2016 - Dokumenten-managementsysteme	3	3	2	3	3	3	3	3	2	2	3	3	3	3	3	3	3	3	3	2	3	3	2	2	3	3	3	3	2	3	2	3	3	2	3	3	3	3	3	3	3	2	2		3	1	3	2	3	3	3	3	3	2	3	3	3	3	3	2	2	3	3	3		3
T15-PKI-Verbreitung 2016 - Unternehmenssoftware (SAP etc.)	2	3	2	3	3	3	3	3	2	3	3	2	3		3	3	2		3	2		2	3	2	3	3	3	3	3	3		2	2	2	3	3	3	3	3	2	3	3	2		3	2	3	3	3	3	3	3	3	3	2	3	3	2	3	2	3	2	2	3		3
T16-PKI-Verbreitung 2016 - Digital Rights Management (DRM)	3	2	3	3	3	3	2	3	3	2	3	3	2	3	2	3	2	3	3	2	3	3	2	1	2	2	3	3	2	3	3	3	3	2	1	3	3		2	3	3	2	2		2	2	3	2	3	3	2	3	3	3	3	3		3	3	3	2	3	2	3	3	3
T17-PKI-Verbreitung 2016 - Authentication and Authorisation Infrastr	3	3	3	3	3	2	3		2		3	2		3	3	3	3		3	2				3	2	3	3	3	3	3	3	2	3	2	2		3	3	3	3	3	3	3		3	2	3	3				3	3		2	3		3		2		2	2	3	3	3
T18-PKI-Verbreitung 2016 - Service Oriented Architectures (SOA)	3		2	3	3	3	3		3		2				3	3	2		3	2		3		3	2	3	3	2	3	2	3	3	2	1	2		2	3	2	3	2	3	1		3		3	2		2		3	2		2	3			2	2		3		2		3
T19-PKI-Verbreitung 2016 - J2EE	3		2			3	3		2		3		2		2	2			3	1		3			2	3	3	2		2	3	3	2		1		3	3	2	3	2	3	1		3	2	3	2		2		3	2		2	3				2		2		3		3
T20-PKI-Verbreitung 2016 - . NET	3		2		2	3	3		2		3		2		3	2			3	1		3			2	3	3	2		2	3	2	2	1	1		3	3	2	3	2	3	1		3	2	3	2		2		3	3		2	3				2		2		3		3

=Gültig geworden =Verändert = Ungültig geworden

05 – Teilnehmer-Thesen

05 – Teilnehmer-Thesen: M7 – Anspruch und Wirklichkeit

Frage/ Teilnehmer	Mitchell 11	Hal 43	Jon 46	Douglas 51	Larry 53	Ron 56	Tom 88	Andy 106	Johnnie 115	Greg 124	Skip 125	Devin 126	Warren 129	Colin 131	Matt 132	Sam 133	Craig 139	Tobin 144	Neil 149	Henry 152	Jim 153	Bill 157	Todd 158	Jack 159	Evan 164	William 167	Dick 171	Phil 173	Jeff 182	Mike 186	Janis 188	Steve 190	Derek 191	Al 192	Barry 195	Felipe 196	Timothy 197	Terry 204	Edwin 207	Chuck 214	Ken 217	Russel 232	Jeremy 234	Ryan 245	Jose 248	Dawn 249	Carroll 250
19-InEcht-01-Mng: Derzeit dominieren T.. -Bedeut.	2	1	1	3	2	1	1	2	1	1	1	1	1	2	2	2	1	1	1	2	1	2	3	2	1	1	2	1	2	1	2	1	1	1	1	1	2	2	2	1	2	1	2		1	1	1
19-InEcht-01-Mng: Derzeit dominieren T.. -Zustim.	2	2	1	2	2	2	1	2	2	2	3	2	2	2	3	2	1	2	2	2	1	3	3	2	1	2	2	3	2	1	2	2	2	2	2	2	4	2	2	2	2	1	2		1	2	2
19-InEcht-02-Mng: Die gesetzlichen Anf.. -Bedeut.		2	2	2	1	1	1	2			2	2	2	1	2	1	2	1	2	2	2	1				2	2	1		1		1	2	1	1	2	2	1	3	1	1	1			2	2	1
19-InEcht-02-Mng: Die gesetzlichen Anf.. -Zustim.		2	2	2	2	2	1	2			2	4	2	1	2	1	1	2	2	1	2	1				2	1	1		1		1	1	1	1	1	2	2	3	2	1	1			2	2	1
19-InEcht-03-Mng: Im europäischen PKI-.. -Bedeut.		2	2		2	2	2	2			1	2	2	2	1	1	1	1	2	1	2	2	3	2	3	2	1	1	2	3		1	2	2				1	3	1	2	3	2		1		1
19-InEcht-03-Mng: Im europäischen PKI-.. -Zustim.		3	2	3	2	3	3	2			2	3	3	2	4	1	1	2	4	1	3	2	3	2	2	2	2	1	3	4		1	2	1				1	2	1	4	3	3		1		1
19-InEcht-04-Mng: Das Bewusstsein, das.. -Bedeut.	1	2	2		1	2	3	3	1	2	2	1	2	2	1	2	1	2	2		1	3	2	2	2	2	2	2	1	2	3	1	2	1	1	3		2	2	2	2	1	2		1	2	1
19-InEcht-04-Mng: Das Bewusstsein, das.. -Zustim.	1	2	2		1	2	1	3	1	1	2	3	2	2	2	1	2	2	1		2	4	1	2	2	2	3	2	2	2	2	1	2	1	2	2		2	4	2	1	3	2		2	4	2
19-InEcht-05-Mng: Der Versuch, für den.. -Bedeut.	2	1	2	1	2	1	1	3	2	1	1	1	2	1	1	1	1	2	1	1	1	2	1	1	2	2	2	2	1	3	3	2	2	3	3	2	2	1		1	2	3	2		1	1	1
19-InEcht-05-Mng: Der Versuch, für den.. -Zustim.	3	2	2	1	2	2	2	3	3	1	2	2	3	2	2	2	3	2	2	1	1	2	2	2	3	3	4	1	1	2	3	2	3	4	4	2	2	2		2	2	3	2		2	1	1
19-InEcht-06-Mng: Das grundlegende Akz.. -Bedeut.	2	2	3	2	2	1	2	3	2	2	2	2	2	2	2	2	1	2	2		2	2	3	2	2	2	2	2	2	3	3	2	2	2	2			2	3	2	2	2	2				2
19-InEcht-06-Mng: Das grundlegende Akz.. -Zustim.	2	3	4	2	3	2	3	4	3	3	1	2	3	3	2	1	3	2	3		3	2	4	3	2	2	2	1	2	3	2	2	3	2	3			2	2	2	3	3	2				2
19-InEcht-07-Mng: Da stimmt was nicht!.. -Bedeut.	2	2	1		2	2	1	2	2	2	2	2	2	1	2	2	1	2	3	1	1	1	3	1	3	2		1		2	2	2	1	1	1	1	2	2	1	1	2	3	2		2	1	1
19-InEcht-07-Mng: Da stimmt was nicht!.. -Zustim.	1	1	1	3	3	2	1	2	3	1	2	2	2	1	3	3	1	2	2	1	2	1	3	1	3	2		1		2	2	1	1	1	2	1	2	2	1	1	2	3	2		2	2	1
19-InEcht-08-Mng: Wir projezieren die .. -Bedeut.		3	2		1	2	2	2	2			2	2	2	1		2	2	2	2	3	2	3	3	3	2	3	2	1	2	2	2	1	2	1	3		2			2	3	3		3		3
19-InEcht-08-Mng: Wir projezieren die .. -Zustim.		3	2	2	1	3	2	2	2			2	2	2	2		2	2	1	1	3	2	3	2	4	2	3	3	3	4	2	3	2	2	2	2		1		3	2	3	3		2		3
19-InEcht-09-Mng: PKIs werden derzeit .. -Bedeut.	2	2	3		1	2	2	3	2		1	2	2	2			2	3	1	1	2	1	3	2	2	3	2	2	3	2	3	3	1	3	1	2		1	3	2	2	3	2		1		3
19-InEcht-09-Mng: PKIs werden derzeit .. -Zustim.	2	2	3	2	2	2	3	2	3	2	3	2	3	2			3	3	1	1	2	1	4	2	3	3	3	2	4	3	2	4	3	2	3	2		2	3	3	3	4	3		2		3
19-InEcht-10-Mng: Im Privatkundenberei.. -Bedeut.	1	1	2	2	1	2	1	2	2		1	2	2	1	2		1	2	1	1	1	1	3		2	1	1	1	1	2	3	1	2	2	3	2		2	1	1	2		1		1		1
19-InEcht-10-Mng: Im Privatkundenberei.. -Zustim.	2	2	2	2	2	1	1	2	3		1	2	3	3	1		1	2	1	1	2	1	2	2	2	1	4	1	1	2	2	1	3	1	3	1		2	1	1	2		1		2		1
19-InEcht-11-Mng: Der Einsatz im E-Gov.. -Bedeut.	1	1	1		2	2	2	2	2	1		1	3	1	1	2	1	2	1	3	2	2	2	2	2	2	1	1		2	3	1	2	2	3			2	3	1	1		1		3		1
19-InEcht-11-Mng: Der Einsatz im E-Gov.. -Zustim.	3	3	1		3	2	3	3	4	3		1	3	3	4	3	2	2	2	1	2	3	3	3	3	3	4	1		2	3	3	2	2	3			2	2	1	4		1		1		4

=Gültig geworden =Verändert = Ungültig geworden

05 – Teilnehmer-Thesen: M7 – Juristische Aspekte

Frage/ Teilnehmer	Mitchell 11	Hal 43	Jon 46	Douglas 51	Larry 53	Ron 56	Tom 88	Andy 106	Johnnie 115	Greg 124	Skip 125	Devin 126	Warren 129	Colin 131	Matt 132	Sam 133	Craig 139	Tobin 144	Neil 149	Henry 152	Jim 153	Bill 157	Todd 158	Jack 159	Evan 164	William 167	Dick 171	Phil 173	Jeff 182	Mike 186	Janis 188	Steve 190	Derek 191	Al 192	Barry 195	Felipe 196	Timothy 197	Terry 204	Edwin 207	Chuck 214	Ken 217	Russel 232	Jeremy 234	Ryan 245	Jose 248	Dawn 249	Carroll 250
24-Gesetze-01-Mng: -Der Beweiswert der .. -Zustim.	2		1		4	2	2	2	3		2		3		4		1	2	3	2		4	2		4	1	1	3		3		2	2	1					2	1	4				2		
24-Gesetze-02-Mng: -Das deutsche Signat.. -Zustim.	2	2	1		2	3	2	2	3		2	3		2	3		2	2	4	1	2	3	1		4	2	1	1	1			1	1	1	2		1		1	2	2	2	4		1		
24-Gesetze-03-Mng: -Gesetzgeber hat mit.. -Zustim.	1	2	3		2	1	3	2	2			2		2	3		2	2	4	2	2	3	1		3	2	3	1	2	1		2	2	2	2			2	2	1	4		2	2	2		
24-Gesetze-04-Emp: -Die ZPO sollte dahi.. -Zustim.	2	2	2			2		2						2	2		3	2	3	3	2	3	2		4	2	2	2		1		2	2	1				3		2	2	3	2		2		
24-Gesetze-05-Mng: -Organisationszertif.. -Zustim.	1	3	2		2	2	3	2				2	2	2	2		1	2	1	3	1	1	3	2		2	2	2				1	1	2	2	2		3	2	1	1			3	1		
24-Gesetze-06-Mng: -SigG ist eher hinde.. -Zustim.	2	2	2	3	2	2	2	4	4			3		2	4		2	2	4	1	1	1	3	2	4	2	2	1	4			2	2	2	2			1	2	1	4		3	2	1		1
24-Gesetze-07-Mng: -Der Föderalismus de.. -Zustim.	1	2	2	3	2	3	3	3	2				2	2	3		1	2	1	2	2	2	2		4	1	1	1	2	4			2	2	1	2		1	3	2	2	2	4	1	1		
24-Gesetze-08-Mng: -Die Bedeutung von E.. -Zustim.	2	2	1		4	2	1	2	3			3		2	4		2	2	2	1	1	1	3	2	2	2	4	1	3			2	2	1				2		2	3		3	2	3		3

=Gültig geworden =Verändert = Ungültig geworden

05 – Teilnehmer-Thesen: M7 – Zukunftsszenarien

Frage/ Teilnehmer	Mitchell 11	Hal 43	Jon 46	Douglas 51	Larry 53	Ron 56	Tom 88	Andy 106	Johnnie 115	Greg 124	Skip 125	Devin 126	Warren 129	Colin 131	Matt 132	Sam 133	Craig 139	Tobin 144	Neil 149	Henry 152	Jim 153	Bill 157	Todd 158	Jack 159	Evan 164	William 167	Dick 171	Phil 173	Jeff 182	Mike 186	Janis 188	Steve 190	Derek 191	Al 192	Barry 195	Felipe 196	Timothy 197	Terry 204	Edwin 207	Chuck 214	Ken 217	Russel 232	Jeremy 234	Ryan 245	Jose 248	Dawn 249	Carroll 250
32-Zukunft-01-Tse: -PKI-Strukturen mit .. -Zustim.	2	2	2		3	2	1	2	2		3	4		3	3		2	2	1		1	1	3	2		2	2	1	2	3	2	2	2	1	2		2	2	1	1	3	3	3	2	1		1
32-Zukunft-02-Tse: -Signaturkarten werd.. -Zustim.	2	2	2		1	2	2		2	1	2	2	1	2	2		1	2	1		2	1	1	1	1	2	3	2	2	1	1	1	2	1	1	1	1	1	1	2	2	2	1	2	2	2	1
32-Zukunft-03-Tse: -Anstelle von Smartc.. -Zustim.		2	2		2	2	2	3	2			2	2	3	2		2	2	3		2	2	3	2		1	3	3	2	2	2	2	2	2	3	2	1	2	2	3	2	2	3	3	2		
32-Zukunft-04-Tse: -Automatisierte Lösu.. -Zustim.		2	2			2	1			1		2		3	3		2	2	1		2	2	1	2		1	3	1	2	3	3	2	1	2	2	2		2	2	3	2	2	2	3	1	2	
32-Zukunft-05-Tse: -Die Verbreitung von.. -Zustim.	2	2	2		2	2	2	1	2	1		2	2	2	2		1	2	2		2	1	2	1	2	2	1	2	1	2	2	2	2	1	1	2		1	2	2	1	2	1	2	1	2	1
32-Zukunft-06-Mng: -PKIs in offenen Ben.. -Zustim.		2	3		1	2	1	2		2		2		2	2		2	2	2		3	4	1	1		1	2	2	2	1		1	2	2	3	3		2		2	[illegible]		1	1	1	1	
32-Zukunft-07-Tse: -Die Anzahl von qual.. -Zustim.	2	2	2	3	3		2	2				3		2	3		4	3			2	3	1	3	3	2	3	1	2	3	2	1	1	2	3	2		1	2	1	1		4		1		1

=Gültig geworden =Verändert = Ungültig geworden

06 - Branchen: M7- Teilnehmerantworten

Population \ Teilnehmer	Hal 43	Jon 46	Dougl 51	Larry 53	Ron 56	Kevin 77	Tom 88	Scott 94	Andy 106	Johnn 115	Wayne 123	Greg 124	Skip 125	Devin 126	Warre 129	John 130	Colin 131	Sam 133	Gene 134	Georg 136	Craig 139	Josh 140	Tobin 144	Bob 145	Antho 146	Neil 149	Brian 150	Jim 153	Bill 157	Todd 158	Jack 159	Willia 167	Dick 171	Phil 173	Mike 186	Steve 190	Derek 191	Barry 195	Felipe 196	Terry 204	Willie 212	Chuck 214	Dustin 216	Ken 217	Ricky 218	Russe 232	Randy 243	Ryan 245	Jose 248	Carroll 250
Automobilbranche - Potenzial der x-Sig allg.	1	2	2	2	1	3	2		2		2	3	2	2	2	3	2	2	2	2	2	2	2	2	2	2	2	2	1	2	2	3	2	3	2	2	2	2	3	2	2	2	2	2	2	2	1		2	2
Automobilbranche - Verbreitung der x-Sig allg.	2	3	3	3	3	3	3		3		2	3	3	2	2	4		2	3	3	2		3	3	2	4		4	2	2	2	4	3	3	4	3	3	4	3	3	3	2	4	2	3	3	2		4	2
Bau - Potenzial der x-Sig allg.	2	2	1	2	1	2			2	2	1	1	1	1	2	2	2	2	1	2	2	2	2	1		1	1	2	1	2	1	2				2	1	3	1		1	2	2	1	1	2	1		1	1
Bau - Verbreitung der x-Sig allg.	2	2	2	2	1	2			2	2	1	2	2	2	2	3	2	2	1	2	2		2	2		2	2	2	2	2	1	3	2			4	2	3	2		2	2	4	2	2	3	1		2	2
Bergbau - Potenzial der x-Sig allg.	1	2	1	2	1	1			1	2	1	1	1	1	2	2	1	2	1	1	1	2	1	1		1	1	1	1	2	1	1				1	1	3	1		1	1	2	1	1	2	1		1	1
Bergbau - Verbreitung der x-Sig allg.	1	2	2	2	1	2			2	2	1	2	2	2	2	2	2	2	1	1	1		2	2		2	2	1	2	2	1	2				2	2	3	2		2	2	4	1	1	3	1		2	2
Chemie - Potenzial der x-Sig allg.	2	2	2	3	1	3			2	3	2	2	1	2	2	3	2	2	2	2	1	2	2	1		1	3	3	1	3	2	2		3		2	1	2	2		2	2	2	2	2	2	1		2	2
Chemie - Verbreitung der x-Sig allg.	2	4	3	3	2	3			2	4	2	3	3	2	2	4	2	2	3	2	1		2	2		3		2	2	3	2	2		3		3	2	3	3		3	2	4	2	3	3	2		4	4
Druck - Potenzial der x-Sig allg.	2	2	2	3	1	2			2	2	2	1	1	1	2	3	2	2	1	1	1	2	2	1	2	1		2	1	2	2	2				2	1	2	1		1	2	2	1	1	2	1		1	1
Druck - Verbreitung der x-Sig allg.	2	2	3	3	1	2			2	2	2	2	2	2	2	4	3	2	2	1	2		2	3	2	2		2	2	2	2	3	2			3	2	3	2		2	2	4	2	2	3	1		2	2
Eisen & Metall - Potenzial der x-Sig allg.	1	2	1	2	1	2			1	1	2	2	1	1	2	2	1	2	1	1	1	2	1	1		1	2	1	1	2	1	2		3		2	1	1	1		1	2	1	1	1	2	1		1	1
Eisen & Metall - Verbreitung der x-Sig allg.	1	2	3	2	1	2			2	2	2	2	2	2	2	3	2	2	2	2	2		2	2		2		2	2	2	1	2	2	3		2	2	2	1		2	2	4	2	2	3	1		2	3
Elektronik - Potenzial der x-Sig allg.	3	2	2	3	1	2		2	2	2	2	2	1	2	2	3	3	2	2	2	2	2	3	1		1	2	2	1	2	2	2		3	2	3	2	2	2		2	1	2	2	2	2	1		2	1
Elektronik - Verbreitung der x-Sig allg.	2	2	3	3	2	2		2	2	3	2	3	2	2	2	3	3	2	2	2	2		2	2		3		2	2	2	2	2	2	3	4	4	3	3	2		3	2	4	2	2	3	2		4	2
Elektrotechnik - Potenzial der x-Sig allg.	2	2	2	2	1	2		2	2	2	2	2	1	2	2	3	2	2	2	2	1	2	2	1		1	2	2	1	2	2	2		3	2	2	2	1	2		1	1	2	2	2	2	1		2	1
Elektrotechnik - Verbreitung der x-Sig allg.	2	3	3	2	2	2		2	2	3	2	3	2	2	2	3	2	2	2	2	1		2	2		2		2	2	2	2	2	2	3	4	3	3	2	2		2	2	4	2	2	3	2		4	2
Holz - Potenzial der x-Sig allg.	1	2	2	1	1	2	1		1	1	1	1	1	1	2	2	1	2	1	1	1	2	1	1		1		1	1	2	1	1				1	1	2	1		1	1	1	1	1	2	1		1	1
Holz - Verbreitung der x-Sig allg.	1	2	3	2	1	2	1		1	1	1	2	1	1	2	2	2	2	1	1	1		2	2		2		1	2	2	1	2				1	2	2	2		2	2	4	1	1	3	1		2	2
Keramik - Potenzial der x-Sig allg.	3		2	2	1	1	[illegible]		1	1	2	1	1	1	2	3	1	2	1	1	1	2	1	1		1		1	1	2	1	1				1	1	2	1		1	1	1	1	1	2	1		1	1
Keramik - Verbreitung der x-Sig allg.	2		3	2	1	2	[illegible]		2	1	2	2	1	1	2	3	2	2	1	1	1		2	2		2		2	2	2	1	2				1	2	2	2		2	2	4	1	1	3	1		2	2
Luftfahrt - Potenzial der x-Sig allg.	2	3	2	3	1	3	[illegible]	3	2	3	2	2	1	2	2	3	3	2	1	2	2	2	2	1	2	2	3	2	1	3	2	3		3		3	2	3	3	2	2	2	3	2	2	2	1	2	2	1
Luftfahrt - Verbreitung der x-Sig allg.	2	4	3	3	3	3	[illegible]	3	3	3	2	3	3	3	2	4	3	2	2	2	4		3	3	2	4		4	2	3	2	4	2			4	4	4	2	3	3	2	4	2	3	3	3	3	4	3
Maschinenbau - Potenzial der x-Sig allg.	1	2	2	1	1	2			1	2	2	2	1	1	2	2	2	2	2	2	1	2	2	1		1	2	2	1	2	2	2		3		1	1	2	2		1	1	2	1	2	2	1		2	1
Maschinenbau - Verbreitung der x-Sig allg.	1	3	3	2	2	2			2	3	2	3	3	2	2	3	2	2	3	3	2		2	2		2		3	2	2	2	2		3		2	2	2	2		2	2	4	2	3	3	2		2	2
Nahrung - Potenzial der x-Sig allg.	1	2	2	3	1	2			1	3	2	1	1	1	2	3	2	2	2	2	1	2	2	1		1	3	2	1	3	1	2		2		2	1	2	1		2	1	2	1	1	2	1		2	2
Nahrung - Verbreitung der x-Sig allg.	1	3	3	3	2	2			2	4	2	2	3	1	2	4	3	2	2	2	2		2	2		3		2	2	3	1	3	3	2		3		3	2		3	2	4	1	2	3	1		4	4
Pharma - Potenzial der x-Sig allg.	3	2	2	2	1	3	[illegible]	3	2	3	2	2	1	2	2	3	3	2	2	2	3	2	3	2	3	2	3	3	1	3	2	3		3		3	2	3	3	2	2	2	3	2	2	2	1	2	2	3
Pharma - Verbreitung der x-Sig allg.	2	4	3	3	2	3	[illegible]	3	3	4	2	3	3	3	2	4	3	2	3	3	4		3	3	2	4		4	2	3	2	4	3	3		4	4	4	3	3	3	2	4	4	3	3	2	3	4	4
Steine, Erden - Potenzial der x-Sig allg.	1	2	2	1	1	2	[illegible]		1	1	1	1	1	1	2	2	1	2	1	1	1	2	1	1		1		1	1	2	1	1				1	1	2	1		1	1	1	1	1	2	1		1	1
Steine, Erden - Verbreitung der x-Sig allg.	1	2	3	2	1	2	[illegible]		1	1	1	2	1	1	2	2	2	2	1	1	1		2	2		2		1	2	2	1	2				2	2	2	2		2	2	4	1	1	3	1		2	2
Textil - Potenzial der x-Sig allg.	1	2	2	3	1	2			1	2	2	1	1	1	2	3	2	2	1	1	1	2	1	1		1	2	1	1	2	1	2				1	1	2	1		1	1	2	1	1	2	1		1	1
Textil - Verbreitung der x-Sig allg.	1	2	3	3	1	2			1	2	2	2	2	1	2	3	2	2	1	2	1		2	2		3		1	2	2	1	2				2	2	2	2		2	2	4	1	1	3	1		2	2

=Gültig geworden =Verändert = Ungültig geworden

06 – Potenzial und Verbreitung: M7- Teilnehmerantworten

Population \ Teilnehmer	6 Harry	11 Mitche	43 Hal	46 Jon	51 Dougl	53 Larry	56 Ron	77 Kevin	88 Tom	94 Scott	106 Andy	115 Johnn	123 Wayne	124 Greg	125 Skip	126 Devin	127 Chris	129 Warre	130 John	131 Colin	133 Sam	134 Gene	136 Georg	139 Craig	140 Josh	144 Tobin	145 Bob	146 Antho	149 Neil	150 Brian	152 Henry	153 Jim	157 Bill	158 Todd	159 Jack	161 Eric	164 Evan	167 Willia	171 Dick	173 Phil	182 Jeff	184 Donal	186 Mike	188 Janis	190 Steve	191 Derek	195 Barry	196 Felipe	197 Timot	204 Terry	207 Edwin	212 Willie	214 Chuck	216 Dustin	217 Ken	218 Ricky	232 Russe	234 Jerem	243 Randy	245 Ryan	248 Jose	250 Carrol
A06 - Staatliche Stellen - F-Sig - Potenzial heute	2	3	2	2	2	2	1	2	2	2	3	2		2	1	2	3	2	3	2	2	2	1	3	2	2	2	2	2	2	3	2	2	1	2	3	2	2	3	3	1		2	2	3	2	3	2	2	3	2	2	2	3	2	2	2	3	2	2	2	2
A06 - Staatliche Stellen - F-Sig - Verbreitung 2016	4	3	2	3	2	1	2	2	2	2	3	2		3	2	3	2	3	3	3	2	2	1	3	3	3	4	2	4	4	2	2	2	1	3	2	3	3	2	3	1		4	2	4	3	4	2	2	4	2	3	2	4	2	1	2	4	3	2	3	3
A06 - Staatliche Stellen - F-Sig - Verbreitung heute	2	1	2	2	1	2	1	2	1	1	2	2		1	1	2	2	2	1	2	2	1	1	3	2	2	2	1	2	2	1	1	2	1	2	2	1	2	1	2	1		2	1	3	2	1	2	1	2	2	2	2	2	1	2	1	3	2	2	2	1
A06 - Staatliche Stellen - Q-Sig - Potenzial heute	1	2	2	2	2	2	1	2	2	2	2	3		2	2	2		2	3	1	3	2	2	2	1	2	1	2	1	2	2	2	2	3	2	3	3	2	2	1	2		1	2	2	1	2	3	2	2	1	3	2	1	2	2	1	1	2	2	1	2
A06 - Staatliche Stellen - Q-Sig - Verbreitung 2016	2	2	3	1	3	3	3	3	4	2	2	3		4	3	3	1	2	3	2	3	1	2	2	2	3	1	2	3	4	1	2	2	3	3	4	3	3	3	2	3		3	2	4	2	3	4	3	2	3	1	2	1	3	4	2	1	3	3	2	2
A06 - Staatliche Stellen - Q-Sig - Verbreitung heute	2	1	3	1	2	1	1	2	1	1	1	2		1	1	2	1	2	1	1	2	1	1	2	1	1	1	1	1	2	1	1	2	2	1	1	1	2	2	1	1		1	1	2	2	1	2	1	2	2	1	1	1	1	2	1	1	1	2	2	1
A07 - Gesundheitswesen - F-Sig - Potenzial heute	1	1	2	2	2		1	2	1	2	2	2		2	1	2	3	2	3	1	3	2		2	2	2	2	3	2	2	1	2	1	1	3	1	3	2	1	3	1		2	1	3	3	3	2	2	3		2	3	2	2	2	2	1	2	1	3	2
A07 - Gesundheitswesen - F-Sig - Verbreitung 2016	2	1	3	2	2	2	2	2	3	2	3	2		3	2	2	2	2	3	3	3	2		3	3	4	4	3	4	4	1	3	3	1	2	1	3	3	1	3	1		4	2	4	3	4	2	3	4		3	4	4	2	1	2	1	4	1	4	4
A07 - Gesundheitswesen - F-Sig - Verbreitung heute	2	1	3	1	1	1	1	2	1	2	2	2		1	1	1	1	2	1	1	3	1		3	1	1	2	1	3	1	1	1	1	1	1	1	1	2	1	2	1		2	1	2	3	1	1	1	2		2	2	1	1	1	1	1	2	1	2	1
A07 - Gesundheitswesen - Q-Sig - Potenzial heute	1	2	3	2	2	2	1	3	1	3	2	3		3	2	3	2	2	3	1	3	2		2	1	3	1	2	2	2	3	3	1	3	2	3	3	3	1	1	2		1	1	3	2	3	3	2	3		3	2	1	2	2	2	2	2	1	2	2
A07 - Gesundheitswesen - Q-Sig - Verbreitung 2016	4	3	2	4	3	3	3	4	3	4	3	3		4	3	4	2	3	4	3	3	1		2	2	4	1	2	4	4	2	4	2	4	2	4	2	3	2	2	3		2	2	4	2	3	4	3	4		1	4	1	4	4	2	2	3	3	2	4
A07 - Gesundheitswesen - Q-Sig - Verbreitung heute	3	1	2	1	1	1	1	2	1	1	2	2		1	1	1	1	1	1	1	3	1		2	1	1	1	1	2	1	1	1	1	2	1	1	1	2	1	1	1		1	1	2	1	1	1	1	2		1	1	1	2	1	1	1	1	1	1	1
B01 - Industrie allg. - F-Sig - Potenzial heute	1		2	2	2	2	2	2	2	2	2	2	2	2	1	1	3	2	3	2	2	2	2	3	2	2	2	2	2	2	3	2	1	2	2		3	2	2	3	2		2	1	2	2	3	2	2	2	2	2	2	1	2	2	2	3	1	2	2	2
B01 - Industrie allg. - F-Sig - Verbreitung 2016	4		2	2	3	3	3	3	3	3	3	3	2	3	2	2	3	3	3	2	2	2	3	3	3	3	4	3	3	3	2	3	2	2	2		3	3	2	3	3		4	2	3	3	4	2	3	2	2	3	3	3	2	2	2	3	2	2	4	3
B01 - Industrie allg. - F-Sig - Verbreitung heute	2		1	1	2	2	1	2	1	2	2	2	1	2	1	1	2	2	1	1	1	1	2	2	2	2	2	1	2	2	1	1	1	1	2		2	2	1	1	1		2	1	2	2	2	1	2	2	2	2	2	2	2	1	1	2	1	2	2	1
B01 - Industrie allg. - M-Sig - Potenzial heute	2		2	2	3	2	2	2	2	1	3	2	2	3	2	2	3	2	3	2	2	3	3	3	2	2	3	3	2	2	2	2	3	3	2		2	2	2	3	2		2	2	3	3	3	3	3	3	2	3	2	3	2	2	2	2	2	3	3	2
B01 - Industrie allg. - M-Sig - Verbreitung 2016	4		2	3	4	3	3	3	4	2	3	3	2	4	4	4	3	3	4	3	2	2	3	4	3	4	4	4	4	3	1	3	4	3	3		2	3	2	3	2		4	3	4	4	3	3	3	4	4	4	4	2	4	3	3	3	3	3	4	4
B01 - Industrie allg. - M-Sig - Verbreitung heute	2		2	2	2	2	2	2	2	1	2	2	1	2	2	2	2	2	2	2	2	1	2	3	2	2	3	3	2	2	2	2	2	1	3		3	2	1	2	2		2	2	3	3	2	3	2	3	3	3	2	3	3	2	2	3	2	2	2	2
B01 - Industrie allg. - Q-Sig - Potenzial heute	1		1	2	1	1	1	1	1	2	1	2	2	2	1	1	1	1	3	1	2	1	2	1	1	1	1	1	1	2	1	1	1	2	1		2	1	1	1	2		1	1	1	1	1	1	1	1	1	3	1	1	2	2	1	1	1	1	1	1
B01 - Industrie allg. - Q-Sig - Verbreitung 2016	1		2	1	2	1	2	2	1	2	2	2	3	2	1	1	1	2	2	2	2	2	2	2	2	2	1	2	2	3	1	2	1	3	2		2	2	1	1	2		2	1	2	2	2	1	1	1	1	1	2	1	2	1	2	1	2	2	2	2
B01 - Industrie allg. - Q-Sig - Verbreitung heute	1		1	1	1	1	1	1	1	1	1	1	1	1	1	1	1	1	1	1	1	1	1	1	1	1	1	1	1	2	1	1	1	1	1		1	1	1	1	1		1	1	1	1	1	1	1	1	1	1	1	1	1	1	1	1	1	1	1	1
B02 - Großkonzerne - F-Sig - Potenzial heute	2		2	2	2	3	1	2	2	2	3	3	2	2	2	2	3	2	3	2	2	3	3	2	2	2	2	2	2	2	3	2	1	2	2		3	2	3	3	2	1	2	1	3	3	3	2	3	2	2	2	2	2	2	2	2	3	1	2	2	2
B02 - Großkonzerne - F-Sig - Verbreitung 2016	3		3	3	3	3	3	3	4	2	3	3	2	3	3	3	3	3	3	2	2	2	4	3	3	3	4	3	3	3	2	3	2	1	3		3	3	3	3	2	1	4	2	4	4	3	3	3	3	2	3	4	3	3	2	2	3	2	3	4	3
B02 - Großkonzerne - F-Sig - Verbreitung heute	2		2	2	2	2	2	2	2	2	2	2	1	2	1	2	2	2	1	2	2	1	3	1	2	2	2	1	2	3	2	2	1	1	2		2	2	2	2	2	1	2	1	2	3	2	2	2	2	2	2	2	2	2	2	1	2	1	2	2	1
B02 - Großkonzerne - Q-Sig - Potenzial heute	1		1	2	1	2	1	1	1	2	2	2	2	2	1	1	1	1	3	1	2	2	2	1	1	1	1	1	1	2	1	2	1	3	2		3	2	2	1	2	1	1	1	1	2	2	1	1	1	1	3	1	1	2	2	1	1	1	1	1	1
B02 - Großkonzerne - Q-Sig - Verbreitung 2016	2		2	2	2	2	2	2	2	3	2	2	2	2	1	1	1	2	3	2	2	2	3	2	2	2	1	2	2	3	1	2	1	3	2		2	2	2	1	2	2	2	1	1	2	2	1	1	2	1		1	1	2	3	2	1	2	2	2	2
B02 - Großkonzerne - Q-Sig - Verbreitung heute	1		1	2	1	1	2	1	1	1	1	1	1	1	1	1	1	1	1	1	2	1	2	1	1	1	1	1	1	3	1	1	1	2	2		1	1	1	1	1	1	1	1	1	1	1	1	1	1	1	1	1	1	1	1	1	1	1	1	1	1
B03 - KMU - F-Sig - Potenzial heute	2	1	2	2	2	2	1	2	1	1	2	2	1	2	1	1	2	2	3	2		2	2	3	2	2	2	1	1	1	2	2	1	2	2		2	2	2	2	2		2	1	2	1	2	2	2	2	1	2	2	1	2	1	2	2	1	2	2	2
B03 - KMU - F-Sig - Verbreitung 2016	3	2	2	2	2	2	2	2	2	2	2	3	2	2	2	3	2	3	3	2		1	2	3	2	2	4	2	2	2	1	2	2	2	2		2	2	2	3	2		4	2	3	2	3	2	3	3	2	3	3	3	3	2	2	2	1	2	4	3
B03 - KMU - F-Sig - Verbreitung heute	2	1	3	1	1	1	1	1	1	1	2	2	1	1	1	1	1	2	1	1		1	1	3	1	1	2	1	1	1	1	1	1	2	2		1	1	2	1	1		2	1	1	2	2	1	2	2	2	2	2	1	2	2	1	2	1		1	1
B03 - KMU - Q-Sig - Potenzial heute	1	1	2	1	1	1	1	1	1	1	1	2	1	1	1	1	1	1	3	1		2	1	2	1	1	1	1	1	1	1	1	1	2	1		2	1	2	1	2		1	1	1	1	2	2	1	1	1	3	1	1	1	1	1	1	1	1	2	1
B03 - KMU - Q-Sig - Verbreitung 2016	1	2	2	1	2	2	2	1	2	2	2	2	2	2	1	1	1	2	3	1		1	1	2	2	2	1	2	2	2	1	1	1	2	2		1	1	2	1	2		2	2	1	2	1	2	1	2	1	1	2	1	2	1	2	1	1	1	2	2
B03 - KMU - Q-Sig - Verbreitung heute	1	1	1	1	1	1	1	1	1	1	1	1	1	1	1	1	1	1	1	1		1	1	2	1	1	1	1	1	1	1	1	1	1	1		1	1	1	1	1		1	1	1	1	1	1	1	1	1	1	1	1	1	1	1	1	1		1	1
B04 - Automotive OEM - F-Sig - Potenzial heute			2	2	2	2	1	3	2		3		2		2	2		2	3	2		3	2	2	2	2	2	2	2			2	1	2			2	2	3	3	2		2	1	2	2	2	2	3	2	2	2	2	3	2	2	2	2	1		2	2
B04 - Automotive OEM - F-Sig - Verbreitung 2016			3	3	3	3	2	3	3		3		2		3	2		3	3	2		3	4	3	3	3	4	3	3			4	2	1			2	3	4	3	2		4	2	3	3	4	3	3	4	2	3	4	4	2	2	2	4	2		4	3
B04 - Automotive OEM - F-Sig - Verbreitung heute			2	2	2	2	1	2	1		2		2		2	2		2	1	1		2	2	2	2	2	2	1	2			2	1	1			1	2	2	2	1		2	1	3	3	2	2	3	2	2	2	2	2	1	2	1	3	1		2	1
B04 - Automotive OEM - Q-Sig - Potenzial heute			1	2	1	2	1	1	2		1		2		1	1		1	3	1		2	2	1	1	1	1	1	1			1	1	3			2	2	3	1	2		1	1	1	1	2	1	1	1	1	3	1	1	1	1	1	1	1		1	1
B04 - Automotive OEM - Q-Sig - Verbreitung 2016			2	2	2	2	2	2	2		2		2		2	1		2	3	2		2	3	1	2	2	1	2	2			2	1	3			2	2	3	1	2		2	1	1	2	2	1	1	2	1	1	1	1	2	3	2	1	2		1	2
B04 - Automotive OEM - Q-Sig - Verbreitung heute			1	1	1	1	1	1	1		1		2		1	1		1		1		2	2	1	1	1	1	1	1			1	1	2			1	2	2	1	1		1	1	1	1	1	1	1	2	1	1	1	1	1	1	1	1	1		1	1
B05 - Automotive Zulieferer - F-Sig - Potenzial heute			2	2	2	2	1	3	2		2		2		2	2		2	3	2		3	2	3	2	2	2	2	2	2		2	1	2			1	3	2	3	2		2	1	2	3	3	2	3	3	2	2	2	1		2	2		1		2	2
B05 - Automotive Zulieferer - F-Sig - Verbreitung 2016			3	3	3	3	2	3	2		3		2		3	3		3	3	2		3	2	3	3	3	4	3	3	3		3	2	1			1	3	2	3	2		4	2	3	4	3	3	3	4	2	3	4	3	2	2	2		2		4	3
B05 - Automotive Zulieferer - F-Sig - Verbreitung heute			2	2	2	2	1	2	1		2		2		1	1		2	1	1		2	1	3	2	2	2	1	2	2		2	1	1			1	2	1	2	1		2	1	3	3	1	1	2	3	2	2	2	2	1	2	1		1		2	1
B05 - Automotive Zulieferer - Q-Sig - Potenzial heute			1	2	1	1	1	1	1		1		2		1	1		1	3	1		2	2	1	1	1	1	1	1	2		1	1	3			1	2	1	1	2		1	1	1	1	1	1	1	2	1	3	1	1	2	1	1		1		2	1
B05 - Automotive Zulieferer - Q-Sig - Verbreitung 2016			2	2	2	2	2	2	1		2		2		2	2		2	3	1		2	2	2	1	2	1	2	2	3		2	1	3			1	3	2	1	2		2	1	1	2	2	2	1	3	1	1	2	1	2	2	2		2		2	2
B05 - Automotive Zulieferer - Q-Sig - Verbreitung heute			1	1	1	1	1	1	1		1		2		1	1		1	1	1		2	1	2	1	1	1	1	1	2		1	1	2			1	2	1	1	1		1	1	1	1	1	1	1	2	1	1	1	1	1	1	1		1		1	1
C08 - Endkund/Bürger - F-Sig - Potenzial heute	1	3	2	2	1	1	1	2	2	1	2	2	1	2	1	1	2	2	2	2	2	2	1	2	2	2	2	2	1	2	3	2	1	2	2	3	1	2	2	2	2		1	1	2	2	1	2	1	1	2	2	2	2	2	1	2	1	1	2	2	1
C08 - Endkund/Bürger - F-Sig - Verbreitung 2016	4	2	2	2	2	1	2	3	2	2	1	2	2	3	2	2	2	3	3	2	2	2	1	2	2	2	3	2	3	3	2	3	3	2	2	1	2	3	2	2	2		3	2	2	3	2	2	2	2	3	3	3	3	2	2	2	2	1	2	4	3
C08 - Endkund/Bürger - F-Sig - Verbreitung heute	2	1	1	1	1	1	1	2	1	2	1	1	1	1	1	1	1	2		1	2	1	1	2	1	1	1	1	1	1	2	1	1	1	2	2	1	1	1	1	1		1	1	2	2	1	1	1	2	2	2	1	2	1	1	1	1	1	1	1	1
C08 - Endkund/Bürger - Q-Sig - Potenzial heute	1	2	1	1	1	2	1	2	1	1	2	3	1	2	1	1	1	2	2	1	2	1	3	1	1	1	1	1	1	2	1	1	1	2	1	3	1	2	1	1	2		1	1	1	1	1	2	1	1	1	3	1	1	1	1	2	1	1	1	1	1
C08 - Endkund/Bürger - Q-Sig - Verbreitung 2016	2	2	3	1	2	3	2	2	1	2	1	3	2	2	3	2	1	2	3	2	2	1	3	1	1	2	1	2	2	3	1	2	2	2	1	4	2	2	1	1	2		1	2	3	1	2	2	2	2	2	1	3	1	2	2	2	2	1	3	2	3
C08 - Endkund/Bürger - Q-Sig - Verbreitung heute	1	1	1	1	1	1	1	1	1	1	1	1	1	1	1	1	1	1	1	1	2	1	1	1	1	1	1	1	1	1	1	1	1	1	1	1	1	1	1	1	1		1	1	1	1	1	1	1	1	1	1	1	1	1	1	1	1	1	1	1	1
D09 - Banken & Versicherungen - F-Sig - Potenzial heute	1		3	2	2	2	1	3	2	2	2	2		2	2	2		2	3	2	2	3	2	3	2	2	2	3	2	2	3	2	2	1	2	1	2	2	2	3	2	1	2	2	2	3		2	2	2	2	2	2	3	1	2	2	2	2		2	2
D09 - Banken & Versicherungen - F-Sig - Verbreitung 2016	4		2	2	2	2	3	3	3	2	3	3		3	4	3		3	3	3	2	3	3	3	3	3	4	3	4	3	2	3	3	1	2	1	3	3	2	3	2	2	4	2	4	3		2	3	3	3	3	4	4	2	2	2	3	2		4	3
D09 - Banken & Versicherungen - F-Sig - Verbreitung heute	2		3	2	2	1	1	2	2	2	2	2		1	2	2		2	1	2	2	2	2	3	1	2	2	1	2	2	1	2	2	1	2	1	2	2	1	2	1	1	2	2	2	3		2	2	2	2	2	2	3	2	2	1	2	1		1	1
D09 - Banken & Versicherungen - Q-Sig - Potenzial heute	1		2	2	2	1	1	2	1	2	2	3		2	1	2		2	3	2	3	3	2	2	1	2	1	2	1	2	2	2	1	3	2	3	3	2	1	1	2	1	1	1	1	2		2	1	1	2	3	2	1	2	2	2	1	1		1	1
D09 - Banken & Versicherungen - Q-Sig - Verbreitung 2016	1		2	2	2	2	3	2	1	3	3	4		2	2	3		2	3	3	3	3	3	2	1	2	1	2	4	3	1	3	1	4	2	4	2	3	1	2	2	1	1	2	2	2		2	2	2	2	2	2	1	3	3	2	1	3		2	3
D09 - Banken & Versicherungen - Q-Sig - Verbreitung heute	1		1	1	2	1	1	2	1	1	1	3		1	1	1		1	1	1	3	1	2	2	1	1	1	1	1	2	1	1	1	1	1	3	1	2	1	1	1	1	1	1	2	2		1	1	1	1	1	2	1	1	1	1	1	1		1	1
D10 - Dienstleister - F-Sig - Potenzial heute	2		3	2	1	2	1	2		2	2	3	2	2	1	2		2	3	3	2	2	3	2	2	2	2	3	2	2	3	2	1	2	2	3	2	2	3	3	1		2	1	2	3	2	2	2	2	2	2	2	2	2	2	2	2	1		2	1
D10 - Dienstleister - F-Sig - Verbreitung 2016	4		2	3	2	2	3	3		2	3	4	3	3	3	3		3	3	3	2	4	3	3	3	3	4	2	3	3	2	3	1	2	2	3	2	3	3	3	2		4	2	3	3	3	2	2	3	3	3	3	3	2	2	2	2	2		4	3
D10 - Dienstleister - F-Sig - Verbreitung heute	2		2	2	1	1	2	2		2	2	3	2	2	2	1		2	1	2	2	2	2	3	2	2	2	1	2	1	2	1	1	1	2	2	1	2	2	2	1		2	1	2	3	1	1	1	2	2	2	2	2	2	2	1	2	1		3	1
D10 - Dienstleister - Q-Sig - Potenzial heute	1		2	1	1	1	1	1		2	1	3	2	1	1	1		2	3	1	2	2	2	1	1	1	1	1	1	2	2	1	1	2	2	2	2	2	1	1	1		1	1	1	2	1	1	1	1	1	3	1	1	2	2	1	1	1		2	1
D10 - Dienstleister - Q-Sig - Verbreitung 2016	1		2	1	2	1	3	1		2	1	3	3	2	1	1		2	3	3	2	3	2	1	2	2	1	1	2	3	1	2	1	3		3	2	3	2	2	2		1	1	1	2	1	1	1	2	2	2	2	1	2	2	2	1	2		2	2
D10 - Dienstleister - Q-Sig - Verbreitung heute	1		1	1	1	1	1	1		2	1	2	2	1	1	1		1	1	1	2	2	2	1	1	1	1	1	1	1	1	1	1	1	2	1	2	1	1	1		1	1	1	2	1	1	1	1	1	1	1	1	1	1	1	2	1		1	1

=Gültig geworden =Verändert = Ungültig geworden

07 – Probleme und Lösungen: Akzeptanzprofil - Teilnehmerantworten

P&L-Fragen: Verständniss und Kenntnisse \ Teilnehmer	Harry 6	Hal 43	Jon 46	Dougl 51	Ron 56	Tom 88	Scott 94	Andy 106	Wayne 123	Devin 126	Warre 129	John 130	Colin 131	Matt 132	Georg 136	Craig 139	Josh 140	Tobin 144	Neil 149	Brian 150	Henry 152	Jim 153	Todd 158	Alan 160	Evan 164	Dick 171	Phil 173	Jeff 182	Donal 184	Mike 186	Janis 188	Steve 190	Derek 191	Barry 195	Felipe 196	Terry 204	Ken 217	Russe 232	Ryan 245	Dawn 249
P&L01-Einsatz sicherer Biometrie-Kenntnisse	1	2	1	2	1	1	1	1	3	1	2	1	1	2	2	1	1	2	2	1	1	1	2	1	1	1	2	1		2	2	2	2	2	2	2	2	2	1	2
P&L01-Einsatz sicherer Biometrie-Verständniss	1	1	1	1	1	1	1	1	1	1	1	1	1	1	1	1	1	1		1	1	1	1	1	1	1	1	1		1	1	1	1	1	1	1	1	1	1	1
P&L02-Datenspuren-Kenntnisse	1	1	1	2	1	1	1	1	3	1	2	1	1	1	2	2	1	2	1	1	1	1	2	1	1	1	1	1	2	2	2	2	2	2	1	1	1	2	2	2
P&L02-Datenspuren-Verständniss	1	1	1	2	1	1	1	1	1	1	1	1	2	1	1	1	1	1	1	1	1	1	1	1	1	1	1	1	1	1	1	1	1	1	1	1	1	1	2	1
P&L03-Zertifikatsprüfungen-Kenntnisse	1	3	1	2	1	1	1	1	2	1	2	1	1	2	2	2	1	2	1	1	1	1	2	1	1	2	2	1	2	2	2	2	1	1	1	2	2	2	2	1
P&L03-Zertifikatsprüfungen-Verständniss	1	1	1	1	1	1	1	1	1	1	1	1	1	1	1	1	1	1	1	1	1	1	1	1	1	1	1	1	1	1	1	1	1	1	1	1	1	1	1	1
P&L04-Kompromittierte Schlüssel-Kenntnisse	1	2	1	1	1	1	1	1	3	1	3	1		3	2	1	1	2	2	1	1	1	2	1	1	1	1	1	2	1	2	1	2	2	1	1	2	2	1	1
P&L04-Kompromittierte Schlüssel-Verständniss		1	1	1	1	1	1	1	1	1	1	1	1	2	1	1	1	1	1	1	1	1	1	1	1	1	1	1	1	1	1	1	1	1	1		1	1	1	1
P&L05-Interoperabilität zwischen ZDAs-Kenntnisse	1	3	1	2	1	1	1	1	2	1	3	1	1	2	2	1	1	2	2	1	1	1	2	1	1	1	1	1	1	3	2	1	2	3	2	1	1	2	2	
P&L05-Interoperabilität zwischen ZDAs-Verständniss	1	1	1	2	1	1	1	1	1	1	1	1	1	1	1	1	1	1	1	1	1	1	1	1	1	1	1	1	1	1	1	1	1	1	1	1	1	1	2	
P&L06-Schlüsselwechselprozeduren-Kenntnisse	1	2	1	1	1	1	1	1	3	1	2	2	1	2	3	1	1	2	2	1	1	1	2	1	1	1	1	1		2	2	2	2	3	3	1	2	2	2	2
P&L06-Schlüsselwechselprozeduren-Verständniss	1	1	1	1	1	1	1	1	1	1	1	1	1	1	1	2	1	1	1	1	1	1	1	2	1	1	1	1		1	1	1	1	1	2	1	1	2	1	1
P&L07-Verifizierung von Zertifikaten-Kenntnisse	1	2	1		1	2	1	2	3	1	2	1	1	3	3	1	1	2	2	1	3	1	2	1	1	1	3	1		3	2	2	2	3	2	1	2	2	2	2
P&L07-Verifizierung von Zertifikaten-Verständniss	1	1	1	3	1	2	1	1	1	1	1	1	1	1	1	2	1	1	1	1	1	1	1	3	1	1	1	1		1	1	1	1	1	1	1	1	2	1	1
P&L08-Langzeitarchivierung-Kenntnisse	1	2	1	1	1	2	1	1	2	1	3	1	1	3	3	1	1	2	2	1	1	1	2	1	1	1	1	1		3	3	2	2	2	2	1	2	2	2	
P&L08-Langzeitarchivierung-Verständniss	1	1	1	1	1		1	1	1	1	1	1	1	1	1	2	1	1	1	1	1	1	2	2	1	1	1	1		1	1	2	1	1	1	1	1	1	1	
P&L09-Massensignatur-Kenntnisse	1	3	1	1	1	1		1	3	1	3	1	1	1	3	1	1	1		1	1	1		1	1	2	2	1		3	2	1	2	3	1	2	1	3	2	2
P&L09-Massensignatur-Verständniss	1	2	1	1	1	1	1	1	1	1	2	1	1	1	1	1	1	1		1	1	1	1	1	1	1	1	1		1	1	1	1		1	1	1	3	1	1
P&L10-Anzeigemedien-Kenntnisse	1	2	1	1	1	1	1	1	3	1	2	1	1	3	2	1	1	1		1	1	1	2	1	1	1	2	1		3	3	1	2	3	1	2	2	2	2	2
P&L10-Anzeigemedien-Verständniss	1	1	1	1	1	1	1	1	1	1	1	1	1	1	1	1	1	1		1	1	1	1	1	1	1	1	1		1	2	1	1	1	1	1	1	1	1	1
P&L11-Weitergabe PIN-Kenntnisse	1	1	1	1	1	1	1	1	2	1	2	1	1	1	2	2	1	2	1	1	1	1	1	1	1	1	1	1		2	2	1	2	2	2	1	1	2	1	2
P&L11-Weitergabe PIN-Verständniss	1	1	1	1	1	1	1	1	1	1	1	1	1	1	1	1	1	1	1	1	1	1	1	2	1	1	1	1		1	1	1	1	1	1	1	1	1	1	1
P&L12-Verkomplizierung der Geschäftspraktiken-Kenntnisse	1	2	1		1	1	1	1	2	2	2	1	1	2	2	2	1	2		1	1	1	2	1	1	1	1	1	1	3	2	1	2	2	3	1	3	2	2	
P&L12-Verkomplizierung der Geschäftspraktiken-Verständniss	1	1	1	2	1	1	1	1	1	2	1	1	1	1	1	2	1	1		1	1	1	1	1	1	1	1	1	1	1	1		1	1	1	1	1	1	1	
P&L13-Identifikation gegenüber PSE-Kenntnisse	1	2	1		1	1	1	2	3		3	1	1	1	2	2	1	2		1		1		1	1	1	1	1	3	3	2	1	2	2	3	1	1	2	2	
P&L13-Identifikation gegenüber PSE-Verständniss	1	1	1		1	1	1	2	1		1	1	1	1	1	1	1	1		1		1		1	1	1	1	1	3	1	1	1	1	1	2	1	1	1	2	
P&L14-Verdecken krimineller Handlungen-Kenntnisse	1	2	1	1	1	1	1	1	2		3	1	1	1	3	3	1	2		1		1		1	1	1	1	1		3	2	1	2	2	2	1	2	3	2	2
P&L14-Verdecken krimineller Handlungen-Verständniss	1	1	1	1	1	1	1	1	1		1	1	1	1	1	1	1	1		1		1		1	1	1	1	1		1	1	1	1	1	1	1	1	1	1	1
P&L15-Anerkennung F-Sig-Kenntnisse	1	2	1	1	1	1	1	1	2			1	1	1	2	1	1	2		1	1	1		1	1	2	1	1		3	3	1		3	1	1	1	2	2	2
P&L15-Anerkennung F-Sig-Verständniss	1	1	1	2	1	1	1	1	1		1	1	1	1	1	2	1	1		1	1	1		1	1	3	1	1		1	1	1	1	1	1	1	1	1	1	1
P&L16-Formerfordernisse-Kenntnisse	1	2	1		1	1	1	1	3		3	1	1	1	2	2	1	2		1		1			1	2	2	1	2	3	3	2	2	3	3	2	1	3	2	
P&L16-Formerfordernisse-Verständniss	1	1	1	3	1	1	1	1	1		1	1	1	1	1	1	1	1		1	3	1		3	1	1	1	1	1	1	1	1	1	2	1	1	1	3	1	
P&L17-Sonstiges-Multiple PSEs-Kenntnisse	1	2	1	2	1	1	1	1	3		2	1	1	2	2	1	1	2		1	1	1		1	1	1	1	1	2	2	2	1	1	2	1	1	2	2	2	2
P&L17-Sonstiges-Multiple PSEs-Verständniss	1	1	1	1	1	1	1	1	1		1	1	1	1	1	1	1	1		1	1	1		1	1	1	1	1	1	1	1	1	1	1	1	1	1	1	2	1
P&L18-Sonstiges-Quantencomputer-Kenntnisse	1	2	1	2	1	1	1	1	3		2	1	1	3	2	2	1	2		1	1	1		1	1	1	1	1	3	2	2	2	2	2	1	1	2	2	2	2
P&L18-Sonstiges-Quantencomputer-Verständniss	1	1	1	1	1	1	1	1	1	1	1	1	1	1	1	1	1	1		1	1	1		1	1	1	1	1	1	1	1	1	1	1	1	1	1	1	1	1
P&L20-Rechtssysteme in der EU-Kenntnisse		1	2		1	2		2			3		1	1		1					2	1	3		1		2			3	2		2			2	1	2	2	3
P&L20-Rechtssysteme in der EU-Verständniss		1	1		1	1		1			1		1	1		1					1	1	2		1		1			1	1		2			2	1	1	1	1
P&L21-Ergonomie-Kenntnisse		2	1	2	1	1		2			1		1	2		1					1	1	2		1		2			2	2		2	2		2	1	2	2	2
P&L21-Ergonomie-Verständniss		1	1	1	1	1		1			1		1	1		2					1	1	1		1		1			1	1		1	2		1	1	2	2	1

=Gültig geworden =Verändert = Ungültig geworden

07 – Probleme und Lösungen: Bedeutungsprofil - Teilnehmerantworten

Lösungen & Probleme mit Dringlichkeit und Wichtigkeit \ Teiln.	Harry 6	Hal 43	Jon 46	Dougl 51	Ron 56	Tom 88	Scott 94	Andy 106	Wayne 123	Devin 126	Warre 129	John 130	Colin 131	Matt 132	Georg 136	Craig 139	Josh 140	Tobin 144	Neil 149	Brian 150	Henry 152	Jim 153	Todd 158	Alan 160	Evan 164	Dick 171	Phil 173	Jeff 182	Donald 184	Mike 186	Janis 188	Steve 190	Derek 191	Barry 195	Felipe 196	Terry 204	Ken 217	Russe 232	Ryan 245	Dawn 249
01-Lösung-Einsatz sicherer Biometrie-01-Dringl.	2	4	2	1	2	3	1	2	1	1	2	1	1	1	2	2	2	2	2	4	2	2	1	2	4	4	4	1		1	2	2	1	2	2	2	2	3	2	1
01-Lösung-Einsatz sicherer Biometrie-02-Wichgkt.		2	1	1	1	1	1	1	2	1	2	1	1	2	1	1	1	1	2	3	2	1	1	2	3	3	3	1		1	1	1	1	1	2	1	1		2	1
02-Problem-Datenspuren-01-Dringl.	1	2	1		1	2	1	1	1	3	2	2	1	1	2	2	1	1	1	1	2	1	1		1	1	2	2	2	1	1	1	1	1	2	1	1	1	1	2
02-Problem-Datenspuren-02-Wichgkt.	1	2	2		1	2	1	2	2	3	2	1	2	2	2	2	1	1	3	1	2	1	2		3	3	2	1	3	1	2	2	2	1	2	1	1	2	2	3
03-Lösung-Zertifikatsprüfungen-01-Dringl.	1	2	4	2	2	2	1	2	2	2	1	2	1	2	1	2	2	1	1	2	2	1	2	4	2	3	2	3	1	2	3	1	1	2	1	3	2	2	2	2
03-Lösung-Zertifikatsprüfungen-02-Wichgkt.		3	3	2	1	1	1	2	1	1		2	1	2	1	2	2	1	1		3	1	3	3	3	1	2	2	2	2	3	1	1	2	1	3	2	2	2	3
03-Problem-Zertifikatsprüfungen-01-Dringl.	1	2	4	2	1	1	1		1	3	1	2	2	1	1	2	1	1	1	2	2	1	2		2	3	1	3	2	2	3	1	2	2	1	2	2	2	2	2
03-Problem-Zertifikatsprüfungen-02-Wichgkt.		2	3	2	1	1	2	2	2	2	2	2	2	2	2	2	1	1	2		3	2	3	3	2	3	2	2	3	2	2	1	2	2	2	3	2	2	2	2
04-Problem-Kompromittierte Schlüssel-01-Dringl.	2	2	2	2	2	2	1	2	2	2	2	1	2	2	3	3	3	1	1	2	3	2	2	3	3	1	2		1	1	2	2	1	1	3	3	2	1	2	2
04-Problem-Kompromittierte Schlüssel-02-Wichgkt.	2	2	2	2	2	2	1	2	3	2		1	2	2	2	2	2	1	3		3	1	2	3	3	1	2	3	2	1	3	2	1	1	3	2	2		2	3
05-Lösung-Interoperabilität zwischen ZDAs-01-Dringl.	2	2	1	1	2	2	2	2	1	2	1	2		2	1	2	2	2	2	1		1	1	4	2	2	1	2	2	2	2	1	2	1	2	2	2	2		
05-Lösung-Interoperabilität zwischen ZDAs-02-Wichgkt.	2	2	1	1	2	1	2	2	1	1	1	1	2	2	1	2	2	2	1	3	1	2	2	3	3	1	2	1	1	2	2	1	2	1	2	2	2	2		
05-Problem-Interoperabilität zwischen ZDAs-01-Dringl.	2	2	1	1	1	1	1	1	1	1	1	2	1	2	1	2	1	1	1	1	1	1	1		3	1	1	1	2	2	2	1	2	2	2	3	1	2		
05-Problem-Interoperabilität zwischen ZDAs-02-Wichgkt.	2	2	2	2	1	1	2	2	2	1	2	2	1	2	1	2	1	1	1	3	1	1	3	3	3	1	2	2	1	2	3	1	2	2	2	2	2	2		
06-Lösung-Schlüsselwechselprozeduren-01-Dringl.	1	2	1	2	2	2	2	2	4	2	1	2	2	2	2	3	2	1	2	1	1	2	2		1	2	2	2		1	2	3	2	2		2	2		2	2
06-Lösung-Schlüsselwechselprozeduren-02-Wichgkt.	2	3	2	2	2	2	2	2	3	1	2	2	2	2	3	2	2	1	2	3	1	3	2		2	3	2	1		1	2	2	2	1		2	2		2	3
06-Problem-Schlüsselwechselprozeduren-01-Dringl.	1	2	1	2	1	1	2	1	3	2	1	2	1	2	1	3	2	1	2	1	1	2	3	3	1	1	1	2		1	1	2	1	1		2	2	1	2	1
06-Problem-Schlüsselwechselprozeduren-02-Wichgkt.	2	3	2	2	1	2	2	2	3	2	2	2	2	2	1	2	2	1	2	3	1	2	2	3	2	1	2	2		1	2	2	2	2		2	2	1	2	2
07-Lösung-Verifizierung von Zertifikaten-01-Dringl.	1	2	2	2	2	2		2	2	2	2	1	2		2	4	2	2	2	2		2	2		3	4	2			2	2	2	2	3	3	1	2	2	2	2
07-Lösung-Verifizierung von Zertifikaten-02-Wichgkt.	3	1	2	2	2	1	3	2	2	3	2	1	3		3	3	2	1	2	3		2	2		3	3		2		2	2	2	2	3	3	2	3	3	1	2
07-Problem-Verifizierung von Zertifikaten-01-Dringl.	2	2	1	2	2	2	2	2	2	3	2	1	2	2	1	2	1	1	2	2	2	2	2	3	3	3	2	3		2	2	2	2	3	2	2	2	2	1	3
07-Problem-Verifizierung von Zertifikaten-02-Wichgkt.		2	3	2	2	2	2	2	2	3	2	2	2	2	2	2	1	1	2	3	2	2	2	3	3	3		2		2	2	2	2	3	2	2	3	3	2	3
08-Lösung-Langzeitarchivierung-01-Dringl.	2	2	3		2	2	2	1		3	2	2	3	2	2	2	2	2	2	2	2	2	2		1	2	2	2		2	2		2	3	3	3	3	2	3	
08-Lösung-Langzeitarchivierung-02-Wichgkt.	2	3	3	3	2	2	1	2	1	2	2	3	3	3	2	2	2	1	2	3	1	3	2		2	2	3	3		2	3	2	2	3	3	3	2		3	
08-Problem-Langzeitarchivierung-01-Dringl.	2	1	2		1	2	2	2	1	3	1	2	2	3	1	2	2	2	1	2	1	1	1	4	1	2	2	2		1	2		2	3	3	3	3	1	2	
08-Problem-Langzeitarchivierung-02-Wichgkt.	2	3	3	3	1	3	2	2	1	2	2	2	2	3	2	2	2	1	2	3	1	1	3	3	2	2	2	3		2	3	2	2	3	3	2	2	2	2	
09-Problem-Massensignatur-01-Dringl.	1	2	1	2	1	2	1	1	2	1		1	1	3	3	2	2	1		1	1	2	1		4	1	1			2	1	1	1	1	1	2	1		1	3
09-Problem-Massensignatur-02-Wichgkt.	2		2	2	2	2	1	1	2	2		2	1	2	2	2	2	1		3	1	2	1		3	2	1	3		2	2	1	1	1	1	2	1		2	3
10-Problem-Anzeigemedien-01-Dringl.	3	1	2	1	2	2	1	1	2	2	2	1	1	3	2	2	2	1		1	1	1	1		1	2	2	2		1	2	1	2	3	1	1	2	2	1	1
10-Problem-Anzeigemedien-02-Wichgkt.	3	2	2	1	1	2	1	1	3	1	2	1	1	3	1	1	2	1		3	2	1	1	2	1	1	3	2		1	3	1	1	2	2	1	2	3	1	1
11-Lösung-Weitergabe PIN-01-Dringl.	2	3	2	1	2	3	1	2	1	1	2	1	2	1	2	2	2	1	4	4	2	2	1	2	4	4	4	2		1	2	2	1	1	2	3	2	4	2	1
11-Lösung-Weitergabe PIN-02-Wichgkt.	3	2	3	1	1	2	1	1	1	2	2	1	1	1	2	2	2	1	3	3	1	2	1	2	3	3	3	1		1	2	2	1	2	2	2	1	3	1	1
11-Problem-Weitergabe PIN-01-Dringl.	2	3	2	1	2	2	1	2	1	2	2	1	1	1	3	2	2	1	3		2	1	1		3	4	2	2		1	2	2	1	1	3	1	2	2	2	2
11-Problem-Weitergabe PIN-02-Wichgkt.	3	2	3	1	2	2	1	2	2	2	2	1	2	2	1	2	2	1	3	3	1	1	1	3	3	3	2	2		2	3	2	1	1	3	1	2	3	2	1
12-Lösung-Verkomplizierung der Geschäftspraktiken-01-Dringl.	1	1	1		2	1	2	2	1	2	2	1	2	2	2	2	2	1		1		1	2	1	2	1	1	1		1	1	3	1	1	2	2	2	2	2	
12-Lösung-Verkomplizierung der Geschäftspraktiken-02-Wichgkt.	3	3	2		2	2	2	2	2		1	1	2	2	2	2	2	1		3		2	2	1	2	1	1	2		1	1	3	1	3	2	2	2	1	1	
12-Problem-Verkomplizierung der Geschäftspraktiken-01-Dringl.	1	1	1		1	1	2	1	1		1	1	1	2	1	1	2	1		1	1	1	2	1	2	1	1	1		1	1	3	2	1	2	1	2	1	1	
12-Problem-Verkomplizierung der Geschäftspraktiken-02-Wichgkt.	2	2	2		2	2	2	2	2	3	1	1	1	2	2	2	2	2		3	3	2	2	1	2	1	1	2		1	1	3	2	1	2	1	3	1	1	
13-Lösung-Identifikation gegenüber PSE-01-Dringl.		3	1		2	2	2	2	2		1	1	4	1	2	2	4	1		4		1		4	3	2	1	3		1	2	1	1	3		2	2	2	2	
13-Lösung-Identifikation gegenüber PSE-02-Wichgkt.		1	2		1	2	2	2	2		2	2	2	1	2	2	3	2		3		2		1	3	1	2	3		1	2	2	1	2		2	2	2	1	
13-Problem-Identifikation gegenüber PSE-01-Dringl.		4	2		1	1	2	2	2		1	1	2	2	3	2	3	1		4		1			3	2	1	3		1	2	1	2	1		2	3	2	1	
13-Problem-Identifikation gegenüber PSE-02-Wichgkt.		2	3		2	1	2	2	2		2	2	2	2	2	3	3	2		3		1		3	3	1	1	2		2	2	2	2	2		2	3	2	1	
14-Lösung-Verdecken krimineller Handlungen-01-Dringl.	1	3	4	4	4	3	2	4			2	1	4	4	3	4	4	2				4		4	4	4	3			4	2	4	3	4	4	4	3	2	4	3
14-Lösung-Verdecken krimineller Handlungen-02-Wichgkt.	3	2	3	3	3	1	1	3	3		1	2	1	2	3	2	3	2				1		3	3	3	3			3	2	3	2	1	3	2	2	3	1	3
14-Problem-Verdecken krimineller Handlungen-01-Dringl.	2	3	4	4	4	2	2	4	3		2	2	4	4	3	4	4	1			1	2		4	4	4	4	3		4	3	4	3	3	4	3	2	1	4	3
14-Problem-Verdecken krimineller Handlungen-02-Wichgkt.	2	3	3	2	3	1	2	3	3		1	2	3	3	3	2	3	2				3		2	3	3	3	3		3	2	3	2	3	3	2	2	1	3	3
15-Lösung-Anerkennung F-Sig-01-Dringl.	1	2	2		2	1		2	1			1	2	3	1	1	1	1			1	1		4	4		1	2		2	2	1	1	3	1	1	2	2	1	2
15-Lösung-Anerkennung F-Sig-02-Wichgkt.	3	1	2		2	1		2	2			1	2	3	2	1	1	1		3	1	1		3	3		2	3		2	2	1	2	2	2	1	2	2	1	
15-Problem-Anerkennung F-Sig-01-Dringl.	1	2	1		1	1	2	1	1			1	3	3	1	1	1	1		4	1	1		4	4		1			2	2	1	1	2	1	1	2	1	1	2
15-Problem-Anerkennung F-Sig-02-Wichgkt.	2	2	2		1	1	2	2	1			1	3	3	2	2	1	1		3	1	1		3	3		2	2		2	2	1	1	1	1	1	2	2	1	3
16-Lösung-Formerfordernisse-01-Dringl.		2	2		1	3	3	2	2		2	1	2	2	2	2	1	1		2		2			3	2	2	1	2	2	2	2	2	2	1	2	2		1	
16-Lösung-Formerfordernisse-02-Wichgkt.	3	3	2	3	1	1	3	2	2		2	1	2	2	3	2	1	1		3		2			3	3	2	3	2	2	3	2	2	3	1	2	3		1	
20-Problem-Rechtssysteme in der EU-01-Dringl.		2	1	2	2	2		2			2		2	3		1					3	2	2		2		1			2	1		2	2		2	2	2	2	2
20-Problem-Rechtssysteme in der EU-02-Wichgkt.		2	2	2	2	2		2			2		2	3		2					3	2	2		2		2			2	2		2	2		2	2	3	1	2
21-Problem-Ergonomie-01-Dringl.		1	2	2	2	1		2			1		1	2		1					1	1	1		1		2			1	1		1	1		1	1	2	2	2
21-Problem-Ergonomie-02-Wichgkt.		2	2	2	2	2		2			1		2	2		2					1	1	1		2		3			2	2		2	1		3	2	2	2	1

=Gültig geworden =Verändert = Ungültig geworden

07 – Probleme und Lösungen: Wirkungsprofil - Teilnehmerantworten

	Harry	Hal	Jon	Dougl	Ron	Tom	Scott	Andy	Wayne	Devin	Warre	John	Colin	Matt	Georg	Craig	Josh	Tobin	Neil	Brian	Henry	Jim	Todd	Alan	Evan	Dick	Phil	Jeff	Donal	Mike	Janis	Steve	Derek	Barry	Felipe	Terry	Ken	Russe	Ryan	Dawn
Lösungen & Probleme mit Dringlichkeit und Wichtigkeit \ Teiln.	6	43	46	51	56	88	94	106	123	126	129	130	131	132	136	139	140	144	149	150	152	153	158	160	164	171	173	182	184	186	188	190	191	195	196	204	217	232	245	249
01-Lösung-Einsatz sicherer Biometrie-03-Ausw.2006	3	2	2		3	3	2	3	3	3	2	2	2	2	1	2	2	2	3	1	3	3	2	2	3	3	3	3		2	2	2	2	3	3	3	3	3	3	3
01-Lösung-Einsatz sicherer Biometrie-04-Ausw.2016	1	2	1	1	1	3	1	2	1	1	1	1	1	1	1	2	1	1	2	2	2	2	1	1	3	3	3	2		1	1	1	1	1	2	2	1	2	2	3
02-Problem-Datenspuren-03-Ausw.2006	2	3	3		3	3	1	3	3	3	3	3	3	2	3	3	2	2	3	3	3	2	3		3	3	3	3	3	1	3	2	2	1	3	2	3	3	3	3
02-Problem-Datenspuren-04-Ausw.2016	2	3	3		1	3	1	2	3	3		1	2	2	2	3	2	2	3	2	3	1	2		3	2	1	2	3	1	2	2	2	1	2	2	2	2	2	3
03-Lösung-Zertifikatsprüfungen-03-Ausw.2006		1	3		3	3	3	3	2	2	3	3	3	2	1	1	2	2	2	2	3	3	3	3	3	3	2	3	2	3	3	3	2	3	3	3	3	3	3	3
03-Lösung-Zertifikatsprüfungen-04-Ausw.2016	1	2	3	1	1	2	2	2	1	2	2	1	1	1	1	3	1	2	1	1	2	2	2	3	2	1	1		1	1	3	2	2	2	2	3	2	2	2	1
03-Problem-Zertifikatsprüfungen-03-Ausw.2006	2	1	3	2	3	3	2	3	3	3	2	3	2	2	2	2	2	2	2	2	3	2	3	3	3	3	2	3	3	3	3	3	2	3	2	3	3	3	3	3
03-Problem-Zertifikatsprüfungen-04-Ausw.2016	3	2	3	3	2	2	3	3	3	3	3	2	2	1	2	3	2	3	2	1	3	2	3	3	2	3	1	3	3	2	3	1	3	3	2	3	3	2	2	3
04-Problem-Kompromittierte Schlüssel-03-Ausw.2006	3	3	3	2	3	3	3	3	3	3	3	3	2		3	3	3	1	3	3	3	3	3	3	3	1	3	3	3	2	3	3	3	3	3	3	3	3	3	1
04-Problem-Kompromittierte Schlüssel-04-Ausw.2016	3	2	3	3	2	2	2	3	3	2		1	2	2	2	3	3	3	2	2	3	2	3	3	3	3	2		1	3	3	3	2	3	3	3	3	1	3	1
05-Lösung-Interoperabilität zwischen ZDAs-03-Ausw.2006	3	2	1		3	3	2		3	2	2	2	2	2	1	2	2	2	1	2	3	2	2	3	2	1	1	3	2	3	3	2	2	2	2	2	2	3		
05-Lösung-Interoperabilität zwischen ZDAs-04-Ausw.2016	3	2	1	1	1	2	2	2	1	2	2	1	2	2	2	3	2	1	1	1		1	2	3	2	1	1	2	2	2	3	1	2	1	2	2	1	2	2	
05-Problem-Interoperabilität zwischen ZDAs-03-Ausw.2006	3	2	2		2	2	2	3	2	2	2	2	1	3	1	2	2	1	1	2	3	1	3	3	3	1	2	3	2	3	3	1	2	1	2	3	1	3	3	
05-Problem-Interoperabilität zwischen ZDAs-04-Ausw.2016	3	2	2	3	1	2	3	3	3	3	2	1	2	3	2	3	3	3	1	2	3	1	3	3	3	2	1	2	2	2	3	2	3	3	2	3	3	2	2	
06-Lösung-Schlüsselwechselprozeduren-03-Ausw.2006	3	1	2	2	3	3	3	3	3	3	2	1	2	2	2	3	2	2	2	2	3	3	3		2	3	2	3		3	1	2	3	2		2	3		2	3
06-Lösung-Schlüsselwechselprozeduren-04-Ausw.2016	1	2	1	2	1	1	3	2	3	1	1	1	2	2	1	3	2	1	1	2		2	2		2	3	1	1		1	2	1	2	2		2	1		2	2
06-Problem-Schlüsselwechselprozeduren-03-Ausw.2006	3	1	3	2	3	3	3	3	3	1	3	2	2	2	3	3	3	2	2	3	3	2	3	3	3	1	2	3		1	1	2	2	3		2	2	3	3	2
06-Problem-Schlüsselwechselprozeduren-04-Ausw.2016	2	1	3	2	2	2	3	2	3	3	2	2	1	3	2	3	3	3	2	2		1	3	3	1	1	1	2		1	2	3	3	2		3	2	1	2	3
07-Lösung-Verifizierung von Zertifikaten-03-Ausw.2006	2	3	3		2	3	3	2	3	3	3	1	2	2	2	3	2	3	3	3		2	2		3	3		3			3		2	3	3	2	3	3	3	2
07-Lösung-Verifizierung von Zertifikaten-04-Ausw.2016	1	1	2		1			2	2	3	1	1	2	2	2	3	1	1	2	3		2	3		3	3					2		2	2	3	1	2	3	2	1
07-Problem-Verifizierung von Zertifikaten-03-Ausw.2006	3	2	3		3	3	2	3	3	3	3	2	2	3	1	3	2	2	2	3	3	3	3	3	3	3		3			3	3	3	3	3	3	3	3	2	3
07-Problem-Verifizierung von Zertifikaten-04-Ausw.2016	2	3	3		2	2	3	2	3	3	3	3	3	3	2	3	3	3	2	3		2	3	3	3	2		2			3		3	3	3	3	3	3	1	3
08-Lösung-Langzeitarchivierung-03-Ausw.2006	3	3	3		3	3	3	2	2	3	2	3	3	3	2	3	3	3	2	2	3	3	2		2	3	2	3		3	3	3	2	3	3	3	3	3		
08-Lösung-Langzeitarchivierung-04-Ausw.2016	1	2	3		1	2	2	2		3	2	1	2	3	2	2	2	1	2	2		2	2		3	2	2	3		3	3	3	2	3	3	3	3	2	3	
08-Problem-Langzeitarchivierung-03-Ausw.2006	3	3	3	3	3	3	2	3	1	3	3	3	3	3	1	3	3	3	2	3	1	2	3	3	2	2	3	3		1	3	3	3	3	3	3	3	3	2	
08-Problem-Langzeitarchivierung-04-Ausw.2016	1	2	3	3	2	2	3	1	1	3	2	3	2	3	2	2	3	3	2	3	1	1	3	3	3	2	3	3		2	3	3	3	3	3	3	3	1		
09-Problem-Massensignatur-03-Ausw.2006	3		2	3	2	2	1	1	3	1		3	1	3	3	2	3	2			1	2	2		3	1	2	3		3	2	1	2	2	1	3	2		1	3
09-Problem-Massensignatur-04-Ausw.2016	2		3	3	1	3	1	1	3	3		3	1	3	3	3	3	3		3	3	3			3	1	3			3	3	3	3	1	1	3	3		1	3
10-Problem-Anzeigemedien-03-Ausw.2006	3	2	3	2	2	3	3	3	3	2	3	3	2	3	3	3	3	3		1	3	3	3	3	3	1	3	3		2	3	3	2	3	3	2	3	3	2	1
10-Problem-Anzeigemedien-04-Ausw.2016	3	3	3	3	1	2	2	2	3	3	3	1	1	3	2	3	3	3		3	3	2	3	3	3	1	3	3		3	3	3	2	3	2	2	3	3	1	1
11-Lösung-Weitergabe PIN-03-Ausw.2006	3	2	3	3	3	3	2	2	2	3	2	3	2	2	3	2	2	2	3	3	3	3	1	2	3	3	3	3		2	3	2	2	3	3	2	2	2	3	1
11-Lösung-Weitergabe PIN-04-Ausw.2016	2	2	3	1	2	3	1	2	1	1	1	1	2	1	2	2	2	1	2	2		2	1	2	3	3	3	2		1	2	2	1	2	2	2	2	3	1	1
11-Problem-Weitergabe PIN-03-Ausw.2006	3	3	3	2	2	3	2	3	2	2	3	3	2	1	3	2	3	2	3	3	3	3	2	3	3	3	2	3		3	3	3	1	1	3	2	3	3	2	2
11-Problem-Weitergabe PIN-04-Ausw.2016	2	3	3	3	1	3	3	2	3	3	3	1	2	1	2	2	3	3	2	3		2	2	3	3	3	3	3		3	3	3	2	2	3	2	3	3	2	2
12-Lösung-Verkomplizierung der Geschäftspraktiken-03-Ausw.2006	3	2	2		3	3	3	2	3	2	3	1	2	2	2	3	3	2		2		3	2	1	3	3	3	1		3	3	1		3	3	3	3	3		
12-Lösung-Verkomplizierung der Geschäftspraktiken-04-Ausw.2016	1	1	1		2	2	2	2	2		2	1	2	2	2	2	2	1		2		1	2	2	2	2	1			1	2	1	1	1	2	2	2	2	1	
12-Problem-Verkomplizierung der Geschäftspraktiken-03-Ausw.2006	3	1	2		1	1	3	2	2	3	3	1	1	3	2	3	2	3		2		1	3	1	3	1	2	3		1	2	3	2	1	2	2	2	3	2	
12-Problem-Verkomplizierung der Geschäftspraktiken-04-Ausw.2016	2	2	3		1	1	2	2	2	3	2	1	1	2	3	2	3	3		3		2	3	1	2	1	1	3		3	2	3	3	2	2	3	3	1	1	
13-Lösung-Identifikation gegenüber PSE-03-Ausw.2006		2	3		3	3	3	3	3		3	3	3	2	2	3	3	3		3		3		2	3	3	3			3	3	2	2	3		3	3	3	3	
13-Lösung-Identifikation gegenüber PSE-04-Ausw.2016		3	2		2	2	2	2	2		2	1	2	1	2	2	3	1				1		2	3	1	2			1	2	1	2	2		1	2	2	2	
13-Problem-Identifikation gegenüber PSE-03-Ausw.2006		3	3		2	3	3	3	2		3	3	3	3	3	3	3	3		3		2		3	3	2	2	3		2	2	3	2	1		3	3	3	3	
13-Problem-Identifikation gegenüber PSE-04-Ausw.2016		2	3		2	2	2	3	2		3	1	2	2	2	3	3	3		3		3		3	3	2	2	3		3	3	3	2	1		2	3	2	2	
14-Lösung-Verdecken krimineller Handlungen-03-Ausw.2006	3	3	3	3	3	3	3	3	3		3	3	3	3	3	3	3	3				3		3	3	3	3				3	3	3	3	3	3	3	3	3	3
14-Lösung-Verdecken krimineller Handlungen-04-Ausw.2016	2	3		3	2	2	2	3	3		2	1	3	1	3	3	3	1				3		3	3	3	3				2		2	2	3	3	3		3	3
14-Problem-Verdecken krimineller Handlungen-03-Ausw.2006	3	2	3	3	3	3	3	3	3		3	3	3	3	3	2	3	3				3		3	3	3	3	3		3	3	3	3	3	3	3	3	3	3	3
14-Problem-Verdecken krimineller Handlungen-04-Ausw.2016	2	2	3	3	3	2	2	3	3			2	3	3	3	2	3	3				2		3	3	3	3	3			3	3	2	3	3	3	3	1	3	3
15-Lösung-Anerkennung F-Sig-03-Ausw.2006	1	2	2		3	3		2	3		2	1	2	3	1	1	2	2		3	3	3		3	3		2	3		3	2	2	2	3	3	1	2	3	2	
15-Lösung-Anerkennung F-Sig-04-Ausw.2016	1	2	1		2	1		1	2			1	2	3	1	1	1	1		3	1	2		3	3		1			2	1	1	2	2	1	1	1	2	1	2
15-Problem-Anerkennung F-Sig-03-Ausw.2006	1	1	1		1	1	3	1	1		3	2	3	3	1	1	1	2		3	1	1		3	3		1	3		3	1	1	1	1	1	1	1	2	2	3
15-Problem-Anerkennung F-Sig-04-Ausw.2016	1	2	2		1	1		1	2			3	3	3	2	3	3	3		3	3	2		3	3		2	3		3	3	3	2	1	2	1	3	2	1	3
16-Lösung-Formerfordernisse-03-Ausw.2006	3	3	3	3	2	3	3	2	2			3	2	3	1	3	2	2		3		3			3	3	3	3	3	3	3	3	3	3	2	3	3			
16-Lösung-Formerfordernisse-04-Ausw.2016	2	3	1	3	1	3	3	1	1		2	1	2	3	2	3	1	1		3		2			3	3	2		1	2	2	1	2	2	1	2	3		1	
20-Problem-Rechtssysteme in der EU-03-Ausw.2006		3	3	3	3	3		3			3		2	3							3	3	3		3		1			3	2		3	3		3	2	3	2	1
20-Problem-Rechtssysteme in der EU-04-Ausw.2016		2	2	2	3	3		2			2		2	3		2					3	2	3		2		3			3	3		2	2		3	2	3		2
21-Problem-Ergonomie-03-Ausw.2006		2	2	2	2	1		2			2		1	2		1					1	1	1		2		2			3	2		2	3		1	1	2	2	1
21-Problem-Ergonomie-04-Ausw.2016		2		2	2	2		2			2		1	2		3						1	2		2		3			2	3		3	3		3	3	2		1

=Gültig geworden =Verändert = Ungültig geworden

07 – Probleme und Lösungen: Jahresprofile - Teilnehmerantworten

Lösungen etabliert & Probleme überwunden \ Teilnehmer	Harry	Hal	Jon	Dougl	Ron	Tom	Scott	Andy	Wayne	Devin	Warre	John	Colin	Matt	Georg	Craig	Josh	Tobin	Neil	Brian	Henry	Jim	Todd	Alan	Evan	Dick	Phil	Jeff	Donal	Mike	Janis	Steve	Derek	Barry	Felipe	Terry	Ken	Russe	Ryan	Dawn
	6	43	46	51	56	88	94	106	123	126	129	130	131	132	136	139	140	144	149	150	152	153	158	160	164	171	173	182	184	186	188	190	191	195	196	204	217	232	245	249
01-Lösung-Einsatz sicherer Biometrie-05-Etabliert	18	30	26	14	30	30	10	18	10	14	22	14	18	14	14	14	26	18	30	18		26		22	14	30	30	18		14	18	18	18	18	22	30	18			30
02-Problem-Datenspuren-05-Überwunden		30			30	30		30	10	6	30	14	30	14	14	30	30	18		30	30	30	30		10	30	30	30	30	14	30	30	18	18	30	30	30			6
03-Lösung-Zertifikatsprüfungen-05-Etabliert	14	22		14	14				14		22	14	18	10		14	30	18	22	14		30		6		30	14		14	14	30	30	14	18	18	30	18		18	14
03-Problem-Zertifikatsprüfungen-05-Überwunden	14	26	10	14	14			10	10	10	22	14	14	10	10	14	14	18	22	14		26	10	10		6	22		10	18	30	22	14	14	18	10	18		18	6
04-Problem-Kompromittierte Schlüssel-05-Überwunden		22	30	18	30	6		14	10	18		18	6	14	14	6	6	18	26	14		30	10	6	6	14	30	30	22	14	30	14	22	30	6	6	30		6	30
05-Lösung-Interoperabilität zwischen ZDAs-05-Etabliert	18		14	18	14				10	14		18	14	14	18	30	30	18	18	14		14	10		10	30	22	14	22	22	30	18	18	10	30	18	18			
05-Problem-Interoperabilität zwischen ZDAs-05-Überwunden	14		14	18	14				10	14		18	18	14	14	14	14	18	18	14		22	10	6	10	26	18	14	22	22	26	18	14	26	30	18	18			
06-Lösung-Schlüsselwechselprozeduren-05-Etabliert	14		14	14	18			18	30	14	26	22	18	10	18	6	10	18	22	14		18	30		18	30		18		18	26	14	18	18		14	18			14
06-Problem-Schlüsselwechselprozeduren-05-Überwunden	10		14	14	18			14	30	14	26	22	26	14	18	6	10	18	22	14		30	30	6	18	30		18		18	26	14	14	14		14	22			14
07-Lösung-Verifizierung von Zertifikaten-05-Etabliert	14	18			14			10	10			10	14	10	14			18	22	14		14			6	30				14	18	14	14	14	30	26	18		18	
07-Problem-Verifizierung von Zertifikaten-05-Überwunden	10	18			14			8	10	6		10	14	14	10	10	14	18	22	14		18	10	6	6	10				22	18		14	14	6	6	18	10	18	6
08-Lösung-Langzeitarchivierung-05-Etabliert	14	18			14			14	30		26	10		30	18	14		18		14		14								26	22	30	14	6	14	30	30			
08-Problem-Langzeitarchivierung-05-Überwunden	10	18			14			18	30		26	10	10	6	18	14		18	30	14		26	6	6		30				26	22	26	14	6	6	6	30			
09-Problem-Massensignatur-05-Überwunden	10			14	14	14		14	10	10		10	14	6	10	10	10	10		14		14		6	6	30	14			14	10	14	14	18	18	14	14			6
10-Problem-Anzeigemedien-05-Überwunden		18	30	18	30				10	14	14	14	26	6	14	10		10		14	6	30			6	30		18		14	18	14	22	6		26	10		10	30
11-Lösung-Weitergabe PIN-05-Etabliert	18	22		18	30			18	10	14	14	14	18	10	14	18	14	18	30	14		30	30	26	30	30	30	18		18	18	26	22	18	22	30	18		18	30
11-Problem-Weitergabe PIN-05-Überwunden	14	22	30	18	30			14	10	14	14	14	18	10	6	14	14	18	18	10		18	30		6	30	18	14		18	18	26	22	22		14	10		18	30
12-Lösung-Verkomplizierung der Geschäftspraktiken-05-Etabliert	14	14	10		14	14		14	14			10	14	10	18	22	18	14		10		18	14	6	14	26		6		18	18		14	18	14	14	14			
12-Problem-Verkomplizierung der Geschäftspraktiken-05-Überwunde	10	18	10		30	14		10	14			10	10	14	14	18	18	14		10		18	14	6	14	26		6		18	18	6	14	14	18	14	10			
13-Lösung-Identifikation gegenüber PSE-05-Etabliert			22		18			14	14		18	14		14	22	18		14		6		14		6			14			18	14	10	14	22		14	14			
13-Problem-Identifikation gegenüber PSE-05-Überwunden			22		18			14	14		18	14		14	22	14	6	14		6		18		6		18	14	6		18	14	10	26	26		18	6			
14-Lösung-Verdecken krimineller Handlungen-05-Etabliert	18	30	30		30				10			22	30	14		28		14				30		30		30					22	6	30	30	30	30	30			
14-Problem-Verdecken krimineller Handlungen-05-Überwunden	14	30	30		30				10			22	30	14	6	30	6	14				30		30		30		6			22	6		30	6	6	30		6	6
15-Lösung-Anerkennung F-Sig-05-Etabliert	10	14	14					14	14			10	6		18	14	14	14		6		22		6			18			18	14	10	14	18	14	10	14			
15-Problem-Anerkennung F-Sig-05-Überwunden	10	14	14					14	14			10	6		14	10	14	14		6		22		6			14			18	14	10	22	14	14	26	14			
16-Lösung-Formerfordernisse-05-Etabliert	14		18		18			14	10			14	14	26	22	14	18	10		10		26				30	18		14	18	18	22	26	14	18	22	14		18	
20-Problem-Rechtssysteme in der EU-05-Überwunden				14		18		18			22		26			18						18			10		14			30	14		22	22		22	18		18	26
21-Problem-Ergonomie-05-Überwunden		18		14	26	14		18			22			14		10						30	14		18		10			18	14		18	14		18	14		18	30

=Gültig geworden   =Verändert   = Ungültig geworden

08 - Absolutdiffusion: M7- Teilnehmerantworten

	Harry	Hal	Jon	Ron	Andy	Wayn	Warre	John	Colin	Matt	Craig	Tobin	Brian	Dick	Phil	Jeff	Donal	Mike	Steve	Barry	Felipe	Terry	Ken	Ryan
Population \ Teilnehmer	6	43	46	56	106	123	129	130	131	132	139	144	150	171	173	182	184	186	190	195	196	204	217	245
China, Verbr. F-Sig in 2006	0,0		0,0	0,1		10,0	1,0	1,0	0,0		2,0	5,0		0,0	0,1	1,0		2,0		0,0	0,1		1,0	
China, Verbr. F-Sig in 2016	5,0		20,0	10,0		20,0	5,0	10,0	10,0		6,0	60,0		5,0	50,0			15,0		15,0	10,0		5,0	
China, Verbr. F-Sig in 2026	10,0		40,0	20,0		45,0	15,0	20,0	50,0		8,0	90,0		10,0	99,0			65,0		30,0	10,0		10,0	
China, Verbr. F-Sig in 2036	15,0		50,0	30,0		65,0	20,0	30,0	80,0		8,0	98,0		30,0	99,0			75,0		50,0	10,0		20,0	
China, Verbr. M-Sig in 2006	1,0		0,0			25,0		1,0	0,0		3,0	5,0		0,0	0,1	10,0		2,0		1,0			1,0	70,0
China, Verbr. M-Sig in 2016	2,0		20,0			45,0		5,0	10,0		60,0	50,0		5,0	50,0			50,0		30,0			10,0	90,0
China, Verbr. M-Sig in 2026	4,0		40,0			70,0		10,0	80,0		60,0	75,0		12,0	85,0			85,0		60,0			50,0	90,0
China, Verbr. M-Sig in 2036	6,0		60,0			98,0		20,0	95,0		60,0	80,0		20,0	99,0			95,0		90,0			70,0	
China, Verbr. Q-Sig in 2006	1,0		1,0	0,1		10,0	1,0	1,0	0,0	1,0	0,0	0,1		0,0	0,0			1,0		0,0	0,1		0,0	
China, Verbr. Q-Sig in 2016	1,0		10,0	5,0		25,0	3,0	5,0	2,0	20,0	4,0	40,0	40,0	5,0	1,0			15,0		2,0	10,0		2,0	
China, Verbr. Q-Sig in 2026	1,0		30,0	10,0		45,0	8,0	10,0	50,0	50,0	10,0	60,0		8,0	1,0			50,0		20,0	20,0		30,0	
China, Verbr. Q-Sig in 2036	1,0		50,0	15,0		65,0	15,0	15,0	90,0	70,0	10,0	75,0		15,0	1,0			70,0		40,0	50,0		40,0	
Deutschland+Endkunden/Bürger, Verbr. F-Sig in 2006	2,0		0,0	0,1		10,0	2,0	1,0	1,0			1,0		0,1	0,1	20,0	10,0	5,0	1,0	0,5	5,0	0,0	1,0	0,0
Deutschland+Endkunden/Bürger, Verbr. F-Sig in 2016	15,0		40,0	30,0		20,0	7,0	50,0	25,0			50,0		10,0	25,0		80,0	65,0	10,0	10,0	20,0	5,0	5,0	1,0
Deutschland+Endkunden/Bürger, Verbr. F-Sig in 2026	30,0		70,0	45,0		35,0	15,0	70,0	90,0			75,0		25,0	50,0		80,0	85,0	20,0	35,0	50,0	10,0	5,0	1,0
Deutschland+Endkunden/Bürger, Verbr. F-Sig in 2036	60,0		90,0	50,0		50,0	30,0	80,0	95,0			100,0		40,0	90,0		80,0	95,0	30,0	50,0	70,0	15,0	5,0	1,0
Deutschland+Endkunden/Bürger, Verbr. M-Sig in 2006	0,0		0,0	1,0		20,0		1,0	0,0		2,0	0,1		0,1	0,1	30,0		1,0	1,0	1,0		2,0	5,0	70,0
Deutschland+Endkunden/Bürger, Verbr. M-Sig in 2016	3,0		25,0	30,0		40,0		10,0	20,0		10,0	25,0		10,0	50,0			5,0	5,0	20,0		5,0	10,0	90,0
Deutschland+Endkunden/Bürger, Verbr. M-Sig in 2026	5,0		50,0	55,0		65,0		20,0	80,0		10,0	50,0		20,0	80,0			10,0	10,0	40,0		10,0	20,0	90,0
Deutschland+Endkunden/Bürger, Verbr. M-Sig in 2036	1,0		70,0	60,0		95,0		30,0	95,0		10,0	75,0		30,0	90,0			20,0	15,0	70,0		15,0	50,0	
Deutschland+Endkunden/Bürger, Verbr. Q-Sig in 2006	1,0	0,1	0,0	0,1	1,0	10,0	1,0	1,0	0,0	3,0	1,0	0,1		0,0	0,0	1,0		2,0	0,1	0,1	1,0	1,0	0,0	1,0
Deutschland+Endkunden/Bürger, Verbr. Q-Sig in 2016	10,0	3,0	30,0	15,0	2,0	20,0	5,0	50,0	10,0	30,0	2,0	80,0	70,0	20,0	5,0			5,0	30,0	20,0	20,0	1,0	10,0	70,0
Deutschland+Endkunden/Bürger, Verbr. Q-Sig in 2026	20,0	20,0	60,0	20,0	5,0	35,0	15,0	70,0	80,0	50,0	2,0	90,0		40,0	7,0			7,0	100,0	30,0	50,0	1,0	40,0	100,0
Deutschland+Endkunden/Bürger, Verbr. Q-Sig in 2036	30,0	25,0	100,0	30,0	10,0	50,0	20,0	90,0	95,0	70,0	2,0	98,0		50,0	10,0			10,0	100,0	50,0	70,0	1,0	60,0	100,0
Deutschland+staatl. Stellen, Verbr. F-Sig in 2006	2,0		5,0	1,0		20,0	7,0	1,0	1,0			10,0		2,0	1,0	10,0	70,0	20,0	5,0	15,0	10,0	10,0	1,0	15,0
Deutschland+staatl. Stellen, Verbr. F-Sig in 2016	30,0		40,0	20,0		40,0	20,0	60,0	50,0			80,0		20,0	50,0		100,0	85,0	15,0	30,0	20,0	1,0	2,0	20,0
Deutschland+staatl. Stellen, Verbr. F-Sig in 2026	50,0		70,0	30,0		70,0	30,0	80,0	90,0			90,0		30,0	99,0		100,0	95,0	30,0	20,0	20,0	1,0	5,0	20,0
Deutschland+staatl. Stellen, Verbr. F-Sig in 2036	80,0		100,0	30,0		95,0	50,0	80,0	95,0			98,0		40,0	99,0		100,0	98,0	50,0	0,0	10,0	1,0	5,0	
Deutschland+staatl. Stellen, Verbr. M-Sig in 2006	1,0		0,0	1,0		40,0		10,0	1,0		5,0	25,0		1,0	0,1	60,0	50,0	33,0	10,0	5,0		10,0	2,0	70,0
Deutschland+staatl. Stellen, Verbr. M-Sig in 2016	5,0		30,0	25,0		55,0		50,0	30,0		80,0	75,0		10,0	90,0		100,0	85,0	90,0	80,0		1,0	40,0	90,0
Deutschland+staatl. Stellen, Verbr. M-Sig in 2026	10,0		50,0	30,0		80,0		70,0	90,0		80,0	90,0		20,0	99,0		100,0	95,0	100,0	95,0		1,0	70,0	90,0
Deutschland+staatl. Stellen, Verbr. M-Sig in 2036	15,0		70,0	40,0		98,0		80,0	99,0		80,0	98,0		30,0	99,0		100,0	95,0	100,0	98,0		1,0	80,0	
Deutschland+staatl. Stellen, Verbr. Q-Sig in 2006	1,0	3,0	0,0	1,0	1,0	20,0	3,0	1,0	0,0	5,0	2,0	0,2		1,0	1,0	5,0		10,0	5,0	3,0	10,0	5,0	0,1	5,0
Deutschland+staatl. Stellen, Verbr. Q-Sig in 2016	15,0	10,0	10,0	30,0	50,0	40,0	10,0	50,0	15,0	60,0	10,0	60,0	50,0	20,0	30,0			80,0	10,0	70,0	70,0	10,0	20,0	100,0
Deutschland+staatl. Stellen, Verbr. Q-Sig in 2026	15,0	30,0	20,0	40,0	100,0	70,0	15,0	80,0	90,0	80,0	10,0	90,0		50,0	50,0			90,0	20,0	100,0	80,0	10,0	60,0	100,0
Deutschland+staatl. Stellen, Verbr. Q-Sig in 2036	15,0	50,0	20,0	50,0	100,0	95,0	20,0	80,0	95,0	90,0	10,0	98,0		80,0	50,0			95,0	30,0	100,0	90,0	10,0	70,0	100,0
Deutschland+Unternehmen allg., Verbr. F-Sig in 2006	5,0		5,0	0,1		20,0	5,0	1,0	1,0			10,0		1,0	1,0	15,0	30,0	20,0	5,0	5,0	10,0	10,0	2,0	5,0
Deutschland+Unternehmen allg., Verbr. F-Sig in 2016	30,0		70,0	40,0		40,0	15,0	60,0	50,0			80,0		10,0	50,0		100,0	85,0	15,0	40,0	70,0	1,0	5,0	5,0
Deutschland+Unternehmen allg., Verbr. F-Sig in 2026	60,0		90,0	55,0		70,0	30,0	80,0	90,0			90,0		30,0	99,0		100,0	95,0	30,0	50,0	80,0	1,0	5,0	5,0
Deutschland+Unternehmen allg., Verbr. F-Sig in 2036	85,0		95,0	55,0		95,0	50,0	90,0	95,0			98,0		60,0	99,0		100,0	98,0	50,0	80,0	90,0	1,0	5,0	5,0
Deutschland+Unternehmen allg., Verbr. M-Sig in 2006	2,0		0,0	5,0		40,0		30,0	1,0		8,0	25,0		1,0	0,1	60,0	70,0	33,0	10,0	10,0		10,0	10,0	70,0
Deutschland+Unternehmen allg., Verbr. M-Sig in 2016	1,0		50,0	25,0		55,0		50,0	25,0		80,0	75,0		10,0	90,0		100,0	85,0	90,0	50,0		1,0	50,0	90,0
Deutschland+Unternehmen allg., Verbr. M-Sig in 2026	20,0		70,0	30,0		80,0		90,0	90,0		80,0	90,0		20,0	99,0		100,0	95,0	100,0	80,0		1,0	80,0	90,0
Deutschland+Unternehmen allg., Verbr. M-Sig in 2036	30,0		90,0	40,0		98,0		90,0	99,0		80,0	98,0		30,0	99,0		100,0	95,0	100,0	90,0		1,0	80,0	
Deutschland+Unternehmen allg., Verbr. Q-Sig in 2006	1,0	1,0	0,0	0,1	1,0	20,0	1,0	1,0	0,0	5,0	2,0	0,5		0,1	0,1	1,0		5,0	0,1	1,0	10,0	1,0	0,5	1,0
Deutschland+Unternehmen allg., Verbr. Q-Sig in 2016	5,0	5,0	10,0	25,0	50,0	40,0	5,0	60,0	15,0	50,0	4,0	60,0	90,0	10,0	10,0			75,0	2,0	30,0	20,0	5,0	20,0	100,0
Deutschland+Unternehmen allg., Verbr. Q-Sig in 2026	10,0	20,0	20,0	35,0	100,0	70,0	7,0	80,0	90,0	70,0	4,0	90,0		20,0	10,0			90,0	4,0	50,0	30,0	5,0	40,0	100,0
Deutschland+Unternehmen allg., Verbr. Q-Sig in 2036	10,0	30,0	20,0	40,0	100,0	95,0	10,0	80,0	95,0	90,0	4,0	98,0		50,0	10,0			95,0	6,0	70,0	30,0	6,0	60,0	100,0
Europa, Verbr. F-Sig in 2006	1,0		5,0	0,1		15,0	2,0	1,0	1,0		2,0	20,0		0,1	0,1	10,0		10,0	2,0	3,0	5,0	10,0	1,0	
Europa, Verbr. F-Sig in 2016	15,0		40,0	25,0		30,0	10,0	20,0	20,0		4,0	60,0		20,0	40,0			65,0	15,0	20,0	30,0	20,0	10,0	
Europa, Verbr. F-Sig in 2026	30,0		70,0	40,0		55,0	20,0	40,0	75,0		6,0	90,0		30,0	99,0			85,0	30,0	35,0	50,0	50,0	20,0	
Europa, Verbr. F-Sig in 2036	60,0		90,0	45,0		75,0	30,0	60,0	95,0		8,0	98,0		40,0	99,0			95,0	50,0	50,0	70,0	65,0	40,0	
Europa, Verbr. M-Sig in 2006	1,0		0,0			25,0		1,0	1,0		3,0	25,0		0,1	1,0	50,0		33,0		5,0		10,0	5,0	70,0
Europa, Verbr. M-Sig in 2016	5,0		30,0			45,0		8,0	40,0		60,0	60,0		5,0	40,0			85,0		25,0		20,0	20,0	90,0
Europa, Verbr. M-Sig in 2026	10,0		60,0			70,0		15,0	90,0		60,0	90,0		10,0	70,0			95,0		50,0		50,0	50,0	90,0
Europa, Verbr. M-Sig in 2036	15,0		80,0			98,0		20,0	95,0		60,0	98,0		15,0	99,0			95,0		85,0		65,0	80,0	
Europa, Verbr. Q-Sig in 2006	1,0	0,1	2,0	0,1		15,0	1,0	1,0	0,0	2,0	2,0	0,2		0,0	0,0			2,0		0,1	5,0	1,0	0,0	
Europa, Verbr. Q-Sig in 2016	5,0	3,0	20,0	10,0		30,0	5,0	30,0	10,0	30,0	4,0	60,0	40,0	5,0	5,0			50,0		30,0	20,0	20,0	10,0	
Europa, Verbr. Q-Sig in 2026	10,0		50,0	15,0		55,0	15,0	50,0	70,0	50,0	4,0	75,0		10,0	7,0			75,0		40,0	30,0	50,0	50,0	
Europa, Verbr. Q-Sig in 2036	15,0		80,0	25,0		75,0	20,0	70,0	95,0	70,0	4,0	90,0		20,0	10,0			90,0		50,0	50,0	65,0	60,0	
Japan & Tigerstaaten, Verbr. F-Sig in 2006	1,0		5,0	0,1		10,0	2,0	1,0	1,0		2,0	20,0		0,0	0,1	5,0		10,0		4,0	10,0		1,0	
Japan & Tigerstaaten, Verbr. F-Sig in 2016	25,0		40,0	25,0		20,0	15,0	20,0	20,0		6,0	60,0		3,0	50,0			65,0		20,0	40,0		10,0	
Japan & Tigerstaaten, Verbr. F-Sig in 2026	50,0		85,0	50,0		45,0	30,0	30,0	75,0		6,0	90,0		5,0	99,0			85,0		50,0	50,0		20,0	
Japan & Tigerstaaten, Verbr. F-Sig in 2036	75,0		90,0	60,0		65,0	40,0	50,0	90,0		6,0	98,0		8,0	99,0			90,0		80,0	60,0		40,0	
Japan & Tigerstaaten, Verbr. M-Sig in 2006	1,0		0,0			25,0		1,0	1,0		3,0	25,0		0,0	1,0	45,0		33,0		5,0			5,0	70,0
Japan & Tigerstaaten, Verbr. M-Sig in 2016	5,0		30,0			45,0		10,0	30,0		60,0	60,0		5,0	50,0			85,0		30,0			20,0	90,0
Japan & Tigerstaaten, Verbr. M-Sig in 2026	10,0		60,0			70,0		20,0	90,0		60,0	90,0		12,0	85,0			95,0		80,0			80,0	90,0
Japan & Tigerstaaten, Verbr. M-Sig in 2036	15,0		80,0			98,0		30,0	95,0		60,0	98,0		20,0	99,0			95,0		90,0			80,0	
Japan & Tigerstaaten, Verbr. Q-Sig in 2006	1,0		10,0	0,1		10,0	1,0	1,0	0,0	3,0	2,0	0,2		0,0	0,0			2,0		1,0	10,0		0,0	
Japan & Tigerstaaten, Verbr. Q-Sig in 2016	5,0		40,0	10,0		25,0	5,0	10,0	8,0	30,0	4,0	60,0	30,0	3,0	1,0			50,0		30,0	30,0		10,0	
Japan & Tigerstaaten, Verbr. Q-Sig in 2026	5,0		70,0	20,0		45,0	15,0	15,0	70,0	50,0	6,0	75,0		5,0	1,0			75,0		50,0	50,0		60,0	
Japan & Tigerstaaten, Verbr. Q-Sig in 2036	5,0		100,0	25,0		65,0	20,0	20,0	95,0	70,0	6,0	90,0		8,0	1,0			90,0		50,0	70,0		60,0	
Nordamerika, Verbr. F-Sig in 2006	2,0		2,0	0,1		15,0	2,0	1,0	1,0		1,0	20,0		0,1	0,1	10,0		15,0	1,0	2,0	5,0		1,0	
Nordamerika, Verbr. F-Sig in 2016	25,0		35,0	20,0		30,0	10,0	15,0	25,0		3,0	60,0		15,0	25,0			70,0	15,0	15,0	30,0		30,0	
Nordamerika, Verbr. F-Sig in 2026	50,0		65,0	30,0		55,0	20,0	25,0	75,0		3,0	90,0		20,0	40,0			85,0	20,0	30,0	50,0		90,0	
Nordamerika, Verbr. F-Sig in 2036	75,0		90,0	40,0		75,0	30,0	50,0	95,0		3,0	98,0		25,0	50,0			95,0	30,0	50,0	70,0		80,0	
Nordamerika, Verbr. M-Sig in 2006	1,0		0,0			25,0		1,0	1,0		3,0	40,0		0,1	1,0	50,0		33,0		5,0			5,0	70,0
Nordamerika, Verbr. M-Sig in 2016	5,0		30,0			45,0		10,0	50,0		30,0	75,0		3,0	30,0			85,0		20,0			30,0	90,0
Nordamerika, Verbr. M-Sig in 2026	10,0		60,0			70,0		20,0	90,0		30,0	90,0		8,0	60,0			95,0		50,0			70,0	90,0
Nordamerika, Verbr. M-Sig in 2036	15,0		80,0			98,0		30,0	95,0		30,0	98,0		12,0	90,0			95,0		85,0			80,0	
Nordamerika, Verbr. Q-Sig in 2006	1,0	0,1	0,0	0,1		15,0	1,0	1,0	0,0	2,0	0,0	0,2		0,0	0,0			5,0		0,1	5,0		0,0	
Nordamerika, Verbr. Q-Sig in 2016	5,0	5,0	10,0	8,0		30,0	5,0	10,0	5,0	30,0	1,0	60,0	20,0	5,0	1,0			70,0		20,0	20,0		5,0	
Nordamerika, Verbr. Q-Sig in 2026	5,0		40,0	12,0		55,0	15,0	20,0	90,0	50,0	1,0	75,0		8,0	1,0			80,0		30,0	30,0		10,0	
Nordamerika, Verbr. Q-Sig in 2036	5,0		70,0	20,0		75,0	20,0	30,0	95,0	70,0	1,0	90,0		15,0	1,0			90,0		40,0	50,0		20,0	
Rest der Welt, Verbr. F-Sig in 2006	0,0		0,0	0,1		10,0	1,0	1,0	0,0		1,0	5,0		0,0	0,1	1,0		1,0		0,0	0,1		0,0	
Rest der Welt, Verbr. F-Sig in 2016	1,0		10,0	5,0		20,0		5,0	5,0		3,0	60,0		2,0	10,0			2,0		5,0	10,0		5,0	
Rest der Welt, Verbr. F-Sig in 2026	1,0		15,0	10,0		45,0		10,0	40,0		3,0	90,0		4,0	15,0			2,0		10,0	20,0		10,0	
Rest der Welt, Verbr. F-Sig in 2036	1,0		20,0	20,0		65,0		15,0	70,0		3,0	98,0		8,0	25,0			2,0		20,0	30,0		20,0	
Rest der Welt, Verbr. M-Sig in 2006	0,0		0,0			25,0		0,0	0,0		2,0	5,0		0,0	0,1	10,0		1,0		1,0			1,0	70,0
Rest der Welt, Verbr. M-Sig in 2016	1,0		20,0			45,0		2,0	5,0		40,0	50,0		1,0	10,0			2,0		20,0			5,0	90,0
Rest der Welt, Verbr. M-Sig in 2026	1,0		35,0			70,0		4,0	70,0		40,0	75,0		3,0	25,0			2,0		40,0			30,0	90,0
Rest der Welt, Verbr. M-Sig in 2036	2,0		40,0			98,0		8,0	90,0		40,0	80,0		5,0	50,0			2,0		60,0			60,0	
Rest der Welt, Verbr. Q-Sig in 2006	0,0		1,0	0,1		10,0	1,0	0,0	0,0	1,0	1,0	0,1		0,0	0,0			1,0		0,0	0,1		0,0	
Rest der Welt, Verbr. Q-Sig in 2016	1,0		10,0	1,0		25,0	1,0	2,0	1,0	10,0	2,0	30,0	10,0	1,0	1,0			2,0		5,0	5,0		5,0	
Rest der Welt, Verbr. Q-Sig in 2026	1,0		20,0	5,0		45,0	3,0	3,0	30,0	30,0	2,0	50,0		3,0	1,0			2,0		10,0	10,0		10,0	
Rest der Welt, Verbr. Q-Sig in 2036	1,0		40,0	10,0		65,0	5,0	5,0	60,0	50,0	2,0	60,0		8,0	1,0			2,0		20,0	15,0		20,0	

ELECTRONIC COMMERCE

Herausgegeben von Prof. Dr. Dr. h. c. Norbert Szyperski, Köln, Prof. Dr. Beat Schmid, St. Gallen, Prof. Dr. Dr. h. c. mult. August-Wilhelm Scheer, Saarbrücken, Prof. Dr. Günther Pernul, Regensburg, Prof. Dr. Stefan Klein, Münster, Prof. Dr. Detlef Schoder, Köln, und Prof. Dr. Tobias Kollmann, Essen

Band 35
Horst B. Kutsch
Repräsentativität in der Online-Marktforschung – Lösungsansätze zur Reduktion von Verzerrungen bei Befragungen im Internet
Lohmar – Köln 2007 • 310 S. • € 52,- (D) • ISBN 978-3-89936-624-2

Band 36
Christian Schläger
Attribute-based Infrastructures for Authentication and Authorisation
Lohmar – Köln 2008 • 302 S. • € 49,- (D) • ISBN 978-3-89936-670-9

Band 37
Daniel Risch
Nutzung von Kundenprofilen im E-Commerce – Dargestellt am Beispiel des B2C E-Commerce in der Schweiz
Lohmar – Köln 2008 • 430 S. • € 58,- (D) • ISBN 978-3-89936-684-6

Band 38
Fridjof Lücke
Kooperationsmanagement im Online-Vertrieb
Lohmar – Köln 2008 • 312 S. • € 62,- (D) • ISBN 978-3-89936-748-5

Band 39
Jörg Gilberg
Technische Ausgestaltung und wirtschaftliche Beurteilung des überbetrieblichen RFID-Einsatzes
Lohmar – Köln 2009 • 220 S. • € 55,- (D) • ISBN 978-3-89936-834-5

Band 40
Michael Gaude
Ein Modell der Technologiediffusion der elektronischen Signatur – Erstellung und empirische Validierung
Lohmar – Köln 2009 • 320 S. • € 62,- (D) • ISBN 978-3-89936-876-5